皇帝 和祖宗

華南的國家與宗族

科大衛 著

卜永堅 譯

商務印書館

本書中文譯稿由江蘇人民出版社有限公司授權使用。

皇帝和祖宗——華南的國家與宗族

作　　者：科大衛

譯　　者：卜永堅

責任編輯：李倖儀

封面設計：涂　慧

出　　版：商務印書館 (香港) 有限公司

　　　　　香港筲箕灣耀興道 3 號東滙廣場 8 樓

　　　　　http://www.commercialpress.com.hk

發　　行：香港聯合書刊物流有限公司

　　　　　香港新界大埔汀麗路 36 號中華商務印刷大廈 3 字樓

印　　刷：美雅印刷製本有限公司

　　　　　九龍觀塘榮業街 6 號海濱工業大廈

版　　次：2017 年 7 月第 1 版第 1 次印刷

　　　　　© 2017 商務印書館 (香港) 有限公司

　　　　　ISBN 978 962 07 5693 1

　　　　　Printed in Hong Kong

版權所有　不得翻印

鳴謝

　　本書之寫作，歷時凡二十年。在這麼長的一段時間內，幫助過我的朋友與同事是如此之多，以至於我無法一一開列。但我至少必須鳴謝的，是一小羣在香港與內地的朋友，他們把田野調查視為歷史學家的家常便飯。他們包括：劉志偉、陳春聲、鄭振滿、程美寶、蔡志祥、趙世瑜、梁洪生、邵鴻；另外還有當時並不在中國任教的蕭鳳霞、丁荷生（Kenneth Dean）、勞格文（John Lagerwey）。我也必須鳴謝已經過世的朋友彭振球。彭雖然是律師，但直至二十世紀九十年代初他過世之前，他陪伴我多次走訪內地。我不敢說我們開創先河，但我敢說我們獨闢蹊徑，希望以後借道者日見其夥吧。

　　當然，除了他們之外，有更多的人，在我寫作這本書的各個階段，幫助了我。最早鼓勵我寫這本書的，是葉顯恩、譚棣華、許舒（James Hayes）。在不少地區，當地人士和當地博物館負責人為我廣開方便之門。曾經有幾年，我在廣東省立中山圖書館長期閱讀史料，古籍部的館員對我的寬容與耐心，我是很要感謝的。在一關鍵時刻，艾德·維克伯格（Ed Wickberg）從英屬哥倫比亞大學圖書館為我找出一批重要文獻。黃永豪不僅幫我把影印資料從廣州搬回香港，而且他碩士論文所處理的一批寶貴史料，也讓我獲益匪淺。二十世紀八十年代，當我研究佛山時，羅一星處處啟發着我。二十世紀九十年代，周紹明（Joseph McDermott）安排了不少研討會，使我能夠在建立自己觀點之際，與同行們切磋討論。

我寫作此書的決心愈來愈強烈，目的是擺脫珠江三角洲，邁向新區域。而在新的區域中，許多人幫助了我：在台灣，有吳密察與黃富三；在山西，有張正明。假如我沒有在珠江三角洲以外的區域進行田野調查，恐怕我無法發展出一套觀點，把這本書寫成現在這個樣子。

我也必須鳴謝各個提供研究經費的單位。我在香港中文大學任教至 1989 年，期間幾次得到中國文化研究所和共濟會東亞研究基金（Freemasons' Fund for East Asian Studies）的資助。1990 年我加入牛津大學後，走訪中國，往往得到東方研究院的旅費資助；而英國人文及社會科學院對於外國學者的資助，也使我能在英國召開學術會議，與中國學者會面。順益台灣原住民基金會資助了我在台灣的一個研究項目；而蔣經國國際學術交流基金會則資助了我的一個有關台灣、山西、廣東的比較研究項目。香港人文及社會科學研究所提供了一筆經費，應付出版費用。對於以上單位的資助，我謹此致以最高的謝意。

有不少人閱讀了本書不同階段的草稿，他們包括：沈艾娣（Henrietta Harrison）、宋怡明（Michael Szonyi）、何漢威、朱鴻林、麥哲維（Steven Miles）、丁荷生、周紹明。他們指出了本書不少錯誤，我非常感謝。賀喜與謝曉輝協助整理本書的參考書目與中英辭彙對照表，杜正貞在本書完稿時也幫了忙，對於她們，我都非常感謝。

走訪歷史田野，參加學術會議，意味着長期不在家。我的妻子和女兒們卻也容忍得下我的古怪行徑。本書謹此獻給她們。

當然，本書所有錯誤，都是我自己犯的，與別人無關。

對於非專業讀者的提示

在本書所研究的時段內，在大部分時期，中國在行政上都被劃分為省，省以下設府，府以下設縣。所謂"衙門"，是指省級官員、知府、知縣等官員辦公的建築物。

珠江三角洲大致相當於廣州府的範圍，廣州府位於廣東省內。在明朝與清朝，廣東省均由巡撫管治。在明朝，廣東巡撫直接聽命於北京的中央政府；在清朝，廣東巡撫雖然仍直接聽命於北京的中央政府，但也受兩廣總督的管轄。我在書中將會說明，兩廣總督這一職位，是由十五世紀設立的兩廣地區最高軍事將領演變過來的。

明朝的里甲制度，在縣以下的行政規劃中，留下了痕跡。所謂"里甲"，是指把一個縣的戶，組成"甲"，再把"甲"組成"里"。縣衙門大概為每一"里"都繪製地圖，因此之故，有時候"里"也被稱為"圖"。

凡是登記了戶口的家庭，其男子均可參加科舉考試。在最高一級考試（會試）合格的考生，獲頒授"進士"的頭銜。在省級考試合格的，則成為"舉人"；在縣級考試合格的，就成為"秀才"。

度量衡的問題可以很麻煩。年齡以"歲"為單位，並從"一歲"算起，因此中國人的"十歲"，相當於西方計算方法的"九歲"。糧食是以容量為單位的，一"石"米大約相當於 103 公升；一"石"穀（即尚未褪殼的米）相當於 100 斤，大約相當於 132 英磅。土地以"畝"來衡量，一"畝"大約相當於六分一英畝。貨幣方面，以塊狀流通的白銀，其單位為"兩"（1.33安士）；鑄成貨幣的白銀，稱為"銀元"，1 銀元大約相當於 0.72 兩。

譯者説明

原書註釋採用尾註形式，譯本改為頁下註形式，便利讀者理解。

譯文註釋，以每章為新起點。換言之，某些史料或研究論著，雖可能全書每章均有引用，但在任何一章，第一次引用時，仍作"初引"處理，方便讀者檢索。

譯文將英文原著頁數標示於每頁相應之處，方便讀者查對。

譯文將原書引用之史料及著作，部分改用近年出版之版本，便利讀者查對。

譯文使用"蜑"、"獠"、"猺"等字眼，絕非贊同這些字眼的歧視意味，而是忠實反映相關史料裏的字眼用法。

凡無法查對原文之人名、地名，蓋以"XX(音)"表示。

本書為 2009 年出版《皇帝和祖宗 —— 華南的國家與宗族》之繁體字版，糾正了簡體字版的一些錯誤。

本繁體字版之出版，得到香港商務印書館之鼓勵支持；譯文之修改，得到科大衛教授、敖迎盈、范家偉、賀喜、黃志繁、潘星輝等師友之指正。特此鳴謝。

另外，譯者也得到以下三個研究項目的支持：

（1）香港特區政府大學研究資助局教育資助委員會 (RGC)2012—2013 年度優配研究金項目（GRF）"王法與神力：明清徽州社會之形成（1300—1800）"（#451512）；

（2）2016—2017 年度優配研究金項目 "清代科舉制度下的應試輔助教材——一個文化產業之研究"（#14647516），譯者為以上兩個研究項目的支持人；

（3）香港特區政府大學研究資助局教育資助委員會（RGC）第五輪卓越學科領域計劃（AoE）"中國社會的歷史人類學研究"。特此鳴謝。

代序　告別華南研究

科大衛

　　蔡志祥兄希望我可以寫一篇比較理論性的文章，慶祝華南研究會成立十周年。想來想去，覺得理論性的文章很難寫，所以只能以一篇反省個人經驗的報告應付。但是，談到個人經驗，就必須考慮以後的路向，所以題目就變成現在這樣子。

　　談到理論，可以說華南研究深受人類學者弗里德曼和華德英的影響。弗里德曼我沒有個人接觸的機會。華德英則在她去世前一兩年，當我們剛開始新界口述歷史計劃的時候，在香港中文大學任教。在學校中和田野上，我都有得益於她的機會。我相信自己可以從弗里德曼的家族理論轉到社會認知理論，是受她影響的。弗里德曼認為華南社會結構的主體是一姓一村的單位。這個論點，不等於說每一條鄉村只有一個姓氏，而是說一姓一村是鄉村發展的一個共同方向。從這個共同點出發，弗里德曼總結了人類學和歷史學關於中國宗族的概念。長期以來，從很多學者已經發表的有關家族運作的論著，大家都知道宗族、祠堂、族譜和族產，在中國社會有很重要的作用。但是，弗里德曼最強調的是宗族與地方社會的結合。不但如此，更因為說明了宗族與地方社會的結合，他就能夠說明整個宗族概念的運作。地方上的宗族是個控產機構，地方宗族可以連起來建立地方社會以外的宗族組織。所以他把宗族分成地方宗族、中層宗族和高層宗族。宗族的層次愈高，愈脫離與地方社會的關係。在大城市（例如廣州）建立的祠堂（例如陳家祠），變成小部分人的聯繫機構，而不是鄉村的管理組織。

　　弗里德曼的理論在西方中國社會史的研究有很大的影響，是有多種原因的。其一，因為在六十年代後期和七十年代初期，不少研究者對當時還比較有勢力的"控制論"（例如蕭公權的《農村中國》）已經不滿。當時除了弗里德曼外，還有施堅雅對農村市場理論的影響。可以說，五十年代到六十年代初期，皇權對社會進行"控制"，士紳階層作為皇權的執行者那一套理論已經被淘汰。那個時候，我們這些比較年青的學者，以魏斐德和孔飛力為首，開始應用弗里德曼和施堅雅的理論來探討縣政府以外的農村世界。受弗里德曼的宗族理論和施堅雅關於市場的概念的影響，我們開始從一個思想架構轉移到另外一個思想架構上來。

　　我應該說清楚"控制論"與弗／施兩個理論架構的分別。"控制論"令我們不滿的地方，是被統治者往往被描述成被動者。政府制定了政策，人民乖乖地適從，社會由此得以安定。這個理論解釋不了動亂，所以就把動亂說成是失控。這個理論也解釋不了經濟發展，以為經濟發展必然來自政府政策。弗里德曼承認鄉民可以因他們的需要主動地建構宗族，施堅雅掌握了活潑的農村市集的規律。我們那個時期就是憑這些概念開始去了解中國農民怎樣創造歷史。

　　不過，當時我對這些論點還沒有現在想得這樣清楚。到了近年我才開始了解自己這些年來研究的連貫性。我的博士論文的出發點，不是農村社會，而是農民動亂。還是和其他學者一樣，主要考慮階級剝削的影響。我們當時都不大理會農村社會的地緣關係。更因為忽略地緣關係而簡化了國家與地方的互動。我的博士論文沒有討論地緣關係。我只是在階級剝削的描述上，指出當時的歷史論者沒有注意的幾個現象（例如清末物價變動與動亂的關係）。但是，因為這樣，從此對農村經濟產生了興趣。又因為農村動亂往往摻入宗教的成分，所以也有注意民間宗教的運作。不能誇大當時我對民間宗教的興趣：我讀過的主要還是李世瑜先生的《近代華北秘密宗教》，認識是很膚淺的。

　　我在 1975 年唸完了研究院，回到香港工作。1976 年到中文大學授課。為了上課方便，也因為租金比較便宜，住在大埔墟。當時對民間宗教還是沒有多大興趣。我記得當年盂蘭節，從住的地方拐一個彎便是拜祭的場地，但我也沒有走進去看一下。我對民間宗教開始感到有興趣，從而了解其對鄉村社會的重要性，來自兩方面的影響。

首先，剛到中大不久，認識了許舒。香港很多同行都知道，許先生是香港政府的高級公務員，也是香港政府公務員中對新界農村最有研究的一位。許先生是一個罕有的收藏家。他收集了很多文獻，而且絕對願意向學者提供利用他收藏的方便。我當時對新界一無所知，但對地方文獻很有興趣。我很記得許先生向我介紹元朗墟大王廟乾隆年間的租佃糾紛的碑記。在七十年代後期，第一歷史檔案館收藏的刑科題本還未發表，我們研究租佃問題能用的文獻沒有多少。所以，我看見新界有這類的原始資料，便馬上覺得應該有系統地搜集。很幸運，當年在中大擔任中國文化研究所所長的是陳荊和教授。陳教授自己曾經把新加坡的漢文碑刻記錄並出版，對我的提議很鼓勵。當時我的好朋友陸鴻基也在中大任教，歷史系的前輩教授香港史的吳倫霓霞博士也願意參加。所以我們三人便組織了香港碑文抄錄計劃。給我們最大幫忙的是一羣熱心的學生。那幾年，尤其是暑假，不論晴雨，他們在香港各地奔跑。我的工作主要是校對，但是也因此帶着碑記抄本走到香港和新界很多廟宇。有關租佃的碑記，我們沒有再發現。不過，碑文抄錄給我初步認識新界農村的機會。

碑文抄錄後來變成了口述歷史計劃。其間有我們思想上的發展，也有機緣的巧合。在新界的鄉村，我受到很多衝擊。記得有一次，特別體會到口述資料對生活的貼切。當時我們在邊境禁區內（即羅湖／深圳交界）抄錄碑文。因為到邊境禁區需要警察局批准，我每次都和學生一起去。又因為當時我還沒有駕駛執照，禁區內公共交通也不方便，每次到禁區都請朋友鄔健冰開車送我們去。那一天，碑文抄完了，還有時間，我們就和村民聊天。在座有位老婆婆，知道我們來抄錄碑記與研究鄉村生活有關，主動向我們說："我不會給你們說我的經歷。"一聽她這樣說，我知道她有需要講出來的故事。我們更不願意離開，一直等到她講。她講了一個很動人的故事。年輕時，日戰剛開始，她和家人逃難逃到這裏。家裏一無所有。父母同意以十塊錢把她娉給本村一戶人家。先收了五塊。當時沒有飯吃，自己走到未婚夫門口，請他們結算剩下的五塊。鄉村女孩子在這個場合的感受，你需要聽他們自己講出來才可以理解。和她一起的，有個哥哥或弟弟，是病死的。死前的一陣子，老婆婆發覺已經沒有辦法，問他還有甚麼想要。他說想吃個橙。婆婆替他找到一個，他卻已經斷氣了。後來日本人來到鄉村，把她的丈夫帶去。雖然結果逃回來，但是有一段時間，婆婆是個沒有錢的外來人，嫁到這裏，生活不好受。鄔健冰是個心地善良的人，婆婆一邊講一邊哭，她也一邊聽一邊在哭。我的感受是有點憤怒。我們在學校唸的歷史捆綁在一個與實際生活沒有關係的系統下，沒辦法把這些重要的經歷放進去。老婆婆的故事是沒有文字記載的。我們不記錄下來，以後就沒有人可以知道。這是我記得我感覺到口述歷史重要的一個經驗。

另外有一次，也是從禁區回來，開車路過粉嶺，看見有人在搭竹棚。我們下車去問了一下。村民很友善，說他們在準備 "打醮"，到時候歡迎我們參加。當時我對 "打醮" 完全不懂，但是這個名詞倒聽過。理由是，大概也是這些時候吧，有一天，蔡志祥兄走到我的房間（他那時還在中大唸研究班），告訴我西貢地區有個 "打醮"，問我有沒有興趣和他一起去看一下。還說台灣很多學者正在研究這類活動。我們去了。看來那個時候，志祥兄也不大懂鄉村宗教的運作。我們兩人晚上坐公共汽車到了北港村，在醮棚裏面走了一下，和喃嘸先生談了幾句，便離開了。我真正了解到 "打醮" 在鄉村社會的作用，是在粉嶺1981 年的醮。

沒有參加過鄉村宗教活動，絕對不能了解鄉村的歷史。最初參加 "打醮"，並不明白周圍發生的事情，有一種無所適從的感覺。從開始繪畫場地地圖、訪問喃嘸先生、了解村民對醮會儀式的概念，到自己對 "打醮" 有點觀感，需要幾年的時間。很感謝彭炳先生（已故）給我們訪問的機會和讓我們複印鄉村禮儀文書（連 "打醮" 應用的科儀書）。從村民的活動，我大致可以了解一點以地緣關係為根據的組織，但是掌握了喃嘸先生的儀式後，才可以領會到鄉村社會所常見的大小傳統的配合。

我相信自己現在比較了解為甚麼覺得拜祭的活動這樣重要。在下面還可以多交代。在八十代初期，我對宗教的興趣主要是受到抄錄碑文、觀察"打醮"和一點人類學的影響。早在抄錄碑文的時候，我已經注意到這些文獻具有契約的作用，而且都是在刻在廟宇牆上的石塊。所以，很清楚的，鄉間的廟宇就是一個可以安放公眾文件的場所，有點像現在的報紙。到我們觀察"打醮"的時候，已經很清楚看到鄉村神祇在代表地緣關係上的作用。在粉嶺的"打醮"，安放在神棚裏面的幾十個神主牌位，主要都是從各地點請回來的，其中只要一個代表祖先。當時人類學的書我沒有看過很多，但是對台灣民間宗教的研究倒讀了一點，也明白了土地神與廟宇神祇的關係、道士正一派的系統等等（這方面，需要感謝陳永海兄，他比我先了解道士的作用和掌握這方面文獻的重要性）。我當時的想法比較簡單，大概就是鄉民不會自己寫下政治的體系，他們的政治體系就是在拜祭儀式中表達出來。因為宗教滲透了鄉村每一項活動，有系統地了解了鄉村宗教便可以重構鄉村的政治環境。

很簡單地說，鄉村社會的地緣關係建構於拜祭的對象。拜祭的對象在村民的眼中分為祖先和神祇兩大類，維繫於拜祭神祇和祖先的活動便構成鄉村社會的主要體系的根據。這個說法不等於說宗教是社會的基礎。地緣團體的基礎很可能是土地控制，但是表達控制土地的許可權往往包括在拜祭的活動之內。很明顯可以看到這一點的就是"打醮"。"打醮"包括三套不同的神祇：就是戲棚內戲班的神、喃嘸先生的神和村民的神。只有村民的神代表地緣關係。"打醮"的主神通常是鄉村主廟的主神；但是神棚上除了這位主神外，還請來在鄉民活動範圍內各個地點的土地神。所以，雖然粉嶺村作為單姓村，村民都確認同一位祖先，"打醮"所表達的關係還是維繫於神祇祭祀上地緣認同。這斷然與宗族活動不同。每年在祭祖的場合，例如清明、重九，村民以子孫的身份重構鄉村的團體生活。只要到新界的祠堂和廟宇訪問，很容易可以感覺到這些地點就是鄉村聯盟的核心。同姓的聯盟像宗族，不同姓的聯盟多建立在神祇拜祭上。這樣一來，我們不能好像弗里德曼一樣，假設宗族是地方必然的發展目標。

很明顯的，表達地緣關係的標誌（symbols），例如神位、"打醮"中的各種遊行，都是超地域的產物。以喃嘸先生在"打醮"的活動為例，"打醮"應用的科儀書，都不是專為那一處地方而寫的。相反地，村民需要喃嘸先生的幫忙，是因為除了"鄉例"外，村民認為還需要有專業禮儀者的"法力"。喃嘸先生的拜祭禮儀，並非起源於鄉民的活動範圍。他們領導的禮儀，有很長的淵源。聽他們講，由龍虎山張天師傳下來。張天師所代表的道統在他們眼中有合法性，並不在於村民的承認，而在於村民以為其合法性已經有廣泛的承認。農村社會史往往表達多個不同的傳統。有部分是鄉民認同為自己的，有部分是他們認為是外在世界的。我們寫歷史的時候，就是需要識別這些傳統，說清楚來龍去脈。

大概與我們開始觀察"打醮"的同時，由於偶然的關係，新界西貢區也找我們替當地寫日治時期的歷史。現在想起來，我相信與華德英有點關係。當時她在中文大學作客座教授，跟西貢區的理民府（日後改稱為民政官）認識。當年的理民府 Colin Bosher 原來是唸人類學的，所以很鼓勵我們的研究。同時，中文大學當時的學生事務部主任溫漢彰先生是西貢區鄉事委員會的成員，也了解我們的研究興趣。我在中大的同學和好朋友譚汝謙，曾擔任新亞書院的輔導長，與溫先生有來往，當時除了擔任歷史系的職務外，還是學校的東亞研究中心主任。得到多方面的推動，我們正在抄錄香港碑文的幾個人，便在東亞研究中心下開始了口述歷史的工作。

老實說，我們都不懂甚麼叫做口述歷史。用這個名詞好像是和譚汝謙討論的結果。問題是，跑到鄉間去，怎樣介紹我們的研究。說"調查"很容易把人家嚇壞。事實上，我們有興趣的歷史，不止書面的，也包括口述成分。後來才知道，在鄉間用"歷史"兩個字來介紹我們的研究，還是有問題的。受過小學教育的鄉民都唸過"歷史"，一提到

"歷史"，他們便告訴你他們以前讀過的"歷史"而不是他們地方上的經驗。我們後來介紹自己的時候，常說我們有興趣的，是以前的生活，強調我們來自城市的人不明白鄉村的情況。另外一類問題，是用了口述歷史這個名詞後，我們應不應該所有訪問都採用一個很公式化的處理辦法。例如，有些口述歷史計劃很緊張錄音訪問，把錄音每句記下來。我們採取這個處理辦法的困難，是沒有足夠的經費。但是，除此之外，我也以為太公式化的處理對我們的研究不適宜。應用答錄機甚至影響訪問村民對訪問的態度，這也需要考慮。我以為我們的工作方式，不是邀請村民回到中文大學接受我們的訪問，而是我們跑到鄉村裏了解他們的歷史。在他們的地點作訪問有很多好處，在周圍的事物就是開口的題材，尤其是牆上掛着的照片和廟宇祠堂裏面的神主牌位。但是，在鄉村的訪問，不能有很公式的程序。我們跑到鄉村去，最實在的問題是：有沒有廟宇，有沒有祠堂，拜祭地點在哪裏，拜祭包括甚麼活動，誰參加誰不參加，誰有份擔任組織的工作，活動的組織是用甚麼名義。這些問題主要是弄清楚鄉村組織。再下來，我們需要了解的，是經濟生活、生產、消費、市場活動之類的問題。最有用的資料是被訪人的生平履歷。訪問是個摸索被訪人知識範圍的過程。方法不是沒有，其實可以很簡單的說明。其一，訪問是個學習過程，連語言和名詞都是學習範圍。你問你的問題，讓被訪人回答。他聽不明你只要記錄清楚他聽不明，千萬不要解釋，否則變了指導被訪人怎樣回答你的問題。其二，最好的問題是最簡單的問題，也就是"甚麼"：這是甚麼？用來做甚麼？有甚麼發生？其三，注意被訪人生平，因為你需要知道他跟你講的事和他的經歷有甚麼關係。但是你不能要求他給你順序的回答。人談話不一定有系統，你需要讓他講，你自己來整理。有時候你等半天才講到一句對你寫歷史有用的資料。注意被訪人用甚麼辦法表達時間：他／她結婚前後，父親過世前後，戰爭爆發前後，鄉村某件事情前後。其四，整理的時候，資料一定需要清楚三方面的來源，就是說：哪些資料是被訪人自己經歷的，哪些是他聽人家講的，哪些是他自己猜的，應該能分別出來。其五，一定要做筆記。沒有筆記的訪問資料寫文章時一定不能用。讓歷史學者不根據筆記寫歷史，就是讓他亂寫。你的讀者絕對有理由懷疑你採訪的歷史，你最好的保證就是清楚的筆記。我從來沒有上過口述歷史課，這些習慣都只是從經驗學回來的。

我們記錄口述歷史並非表示我們排除文字材料。相反的，我們記錄口述歷史，同時也在新界搜集書寫資料。我們當然並非搜集鄉村文書的始創者。早在六十年代，港大羅香林教授和倫敦亞非學院的 Hugh Baker 博士（現在是教授），已經在新界收集族譜。以後，林天蔚和蕭國健兩位先生在猷他學會資助下，繼續了這項活動。我們研究新界史的人，從他們的工作得益不少。但是他們除了族譜外，沒有搜集其它文書（蕭先生一直有注意碑記，應該一提）。從搜集文書方面來說，到我們開始口述歷史計劃的時候，差不多已經是太遲了。鄉民説也有很多在日治時期當燃料燒掉。水淹蟲蛀已經毀壞了新界鄉村戰後剩下來的大部分文書。資料愈罕有愈感覺寶貴。所以我決定的辦法是，不論內容，凡是村民願意借給我們複印的檔案，我們全部複印。這些材料，後來釘裝成《新界文獻》，可能有兩萬，我沒有數過。這是一批研究鄉村歷史很寶貴的材料。從一開始，這批文獻就全部公開複印，放在香港和外國的圖書館。在香港，中文大學聯合書院、大會堂圖書館和新界沙田圖書館都藏有複印本。香港大學馮平山圖書館還把它做成二十多卷顯微膠捲。在國外，英國大英圖書館、美國史丹佛大學胡佛圖書館、日本東京大學東洋文化研究所都有複印本。

文書的搜集得到夏思義博士的不少幫助。我認識夏博士的時候，他是新界沙田地區的理民府。夏博士是研究英國中古史出身，對英國的教區尤其有研究。我從他的中古史心得，得到很多啟發。《新界文獻》很大部分是我們一起搜集的。也因為得到他的支持，新界沙田圖書館特別成立了一個鄉村文獻的部門。部門內現存的海下村歷史文獻，也是夏博士出力募捐來的。

我的《中國鄉村社會的結構：香港新界東部的宗族與鄉村》就是用口述、碑記、文書、觀察等材料寫成的。出版後，所有讀過的人都説很難懂，所以可能應該在這裏交代一下。這本書出發的時候，受弗里德曼的影響比較多。寫成的時候，主要的論點是華德英的論點。我有時候懷疑整本書在替華德英做註腳。

　　寫這本書經過兩個不同的過程。研究開始時，我在追尋新界鄉村的歷史。我不知道可以追到多遠。香港政府的檔案裏面留下不少大概是 1899 年新界割讓時候的記錄，從這些記錄，我們對清末新界社會有些基本的概念。這些記錄也是弗里德曼在他第二本有關華南宗族的書中應用到的材料。加在這個基礎上的，就是我當時相信可以從禮儀活動重構社會史的觀念下找回來的資料。從這裏出發，可以重構鄉村聯盟的變遷，相當清楚地知道鄉村聯盟是甚麼時候成立，從甚麼背景成立，成立後有甚麼變化（"打醮"往往是鄉村聯盟的文化遺傳）。割讓前，這些聯盟叫"約"，很明顯是太平軍以後團練機構的變形。問題是，假如太平軍以前的鄉村聯盟不是"約"，它可以是甚麼模式？一問這個問題，就引起現在有些書還稱為"五大族"的問題。"五大族"的問題，是 Hugh Baker 首先弄錯，以為新界一直以來有侯、廖、鄧、彭、文五個"家族"。這是個後來的觀念。割讓前，新界根本不是一個整體。深圳社學只代表本地人，是個鄉紳的管理機構，其中不止五姓。未有深圳社學之前，沒有一個代表全新界的機構，但是有幾個代表鄉紳的團體。其中一個是上水報德祠。報德祠有新和舊兩個約。舊約不知始創年代，新約創於 1908 年。五個"大姓"是上水報德祠新約的參與者。舊約只有四姓，大概成立於清初。清初海禁後才興起的上水廖姓已經是其中成員。海禁前新界東部勢力最大的龍躍頭鄧姓，於明代中期後興起。明初，龍躍頭鄧姓還是東莞伯何真的部下，田產都依附到何真勢力之下，何真抄家後才收回來。關於田產這點，龍躍頭鄧姓的族譜有記錄，但是因為港大馮平山圖書館把這本書編錯了姓氏，一直沒有人注意。至於何真與新界的關係，傳說之中有好幾個故事。除了傳說外，我還很幸運地在劍橋大學圖書館偶然翻到《廬江郡何氏家記》的記錄。這本《廬江郡何氏家記》是除了很有問題的大廟宋代碑刻外，新界最早的文字記錄。

　　我在訪問過程中，一直在追尋這個故事。我很記得，有一天，大概在 1982 年，我在元朗訪問了兩位老先生，知道了一點有關深圳社學的事情並得到一件打官司的文件，坐上了公共汽車，感覺鬆了一口氣，好像整個新界歷史的脈絡開始有頭緒了的樣子。我的書，原來就是打算把這個故事順歷史時間寫下來。書稿弄過好幾次（那時還未用電腦書寫），才發現不能寫下去，因為讀者不會明白我利用宗教禮儀來找尋社會史線索的辦法。所以，最後把這個歷史重構的部分，歸納到最後一章，整本書的其他部分用來說清楚從禮儀所見的地方架構。裏面還需要補充弗里德曼一個很大的缺陷。弗里德曼雖然提議了分別地方宗族與高層氏族這兩個概念，但是怎樣分別這個問題完全沒有解決。主要理由是因為他沒有把地緣關係弄清楚（一村一姓可以代表地方氏族，但是憑甚麼根據決定某一個羣體是一條鄉村？）。我以為要弄清楚這個問題，需要加插"入住權"的概念。就是說，村民是個在鄉村有入住權的人，鄉村就是有入住權的人的羣體。入住權包括建房子的權利，也包括開發鄉村荒地的權利，是村民最重要的權利。

　　弗里德曼對我們了解宗族社會最大的啟發，就是分別了抽象的宗族（即以畫弧線為目的的宗族）與對財產權有控制的宗族。他以"控產機構"(corporation) 的概念來表示後者。這個字在英文的字源上，很有來歷。它與 corpse（屍體）一字同源，是由"身體"的概念演變過來。可能有宗教的意味，因為早期的西方控產團體就是教會，即是一個以耶穌的身體共餐作為維繫根據的團體。從這方面來看，與宗族是由祖先身體的氣所產生的概念有相通的地方。另方面來說，"身體"的觀念，也很明顯代表一個"整體"的意思，所以，到了現在，成立一個控產的"法人"，也可以用這個字來代表。這是後話。與入住權的關係，就是弗里德曼既然把控產放到宗族概念的核心，不把入住權和田產分開，就無法說清楚地方宗族與中層宗族的分別。所以，入住權的概念，不是反對弗里德曼，而是補充他的論點。

　　入住權、地域權、地產權的分別，後來成為我第二本書《貿易擴充與農民生計：解放前江蘇和廣東的農村經濟》的論點。那本書的目的是批評貿易擴展不能改善農民生活的觀點。這三種權利的分別，其實在新界的研究都已經看出來。

　　了解了何謂"產"之後，"控產機構"的概念對我的研究很重要。但是在新界東的書裏面，還未到達這一步。比較清楚的是把歷史發展脈絡的部分搬到最後一章之時，整本書的趨向都改變了。現在的問題再不是地區社會怎樣變化，而是怎樣從禮儀的變化上看到社會的變化。

　　華德英在一篇文章裏，對這個問題有個答案。很簡單，就是説，社會認知過程牽涉三套不同等觀念（社會認知，英文 social consciousness，是個人歸屬於哪處社會的答案），其一就是我對我的社團的看法；其二是我對我的社會團所歸屬的社會的看法；其三是我對周圍的社團的看法。華德英説，在認知發展過程中，一和二的看法愈拉愈近，而一和三愈拉愈遠。應用到新界歷史，自從明代以來，通過宗教和宗族的發展，鄉村的制度愈來愈接近大家以為是大一統的要求，但是同時，村民愈來愈感覺到族羣上分歧。宗教方面，主要是正一派道教的影響，即是喃嘸先生的傳統。宗族方面，是在家廟祭祀祖先的擴張，也是書寫族譜傳統的擴張。兩方面很有共通之處。喃嘸先生嚮往正統的合法性，但是這個合法性來自正一派的傳統，借助官僚制度的禮儀。換言之，喃嘸先生作法事的時候，是應用其以為是合法的官僚禮儀。家廟祭祀和科舉功名的演繹很有關係：從明初到清中葉，科舉功名一直增加，新界的家族有向上浮動的趨勢。向上移的家族以自以為代表正統的習俗為依據，與以家廟為核心的家族制度輔承。讀書人就是宗族領域之內的喃嘸先生。國家的傳統從而可以變成鄉土的傳統，這才是《中國鄉村社會的結構》的主題。這個主題也是我以後研究的一個導向。

　　口述歷史計劃在 1980/81 年左右已經開始。1982/83 年我在劍橋大學。我兩本書的初稿是在劍橋的時候寫的。回到香港，先繼續寫作《中國鄉村社會的結構》，大約 1984 年完成，1986 年出版。然後修改《貿易擴充與農民生計》，1989 年出版。《香港碑銘彙編》算是我們碑文抄錄的報告，1986 年由香港歷史博物館出版。我這個時候還是皇家亞洲學會香港分會學報的編輯。雖然工作很忙，在《中國鄉村社會的結構》還未出版，口述歷史計劃也在繼續之時，我已經需要開始考慮研究的方向。我當時的想法大概是這樣子：我可以選擇繼續新界口述歷史的研究，新界還要研究的問題也很多。但是，面對了一個問題幾年，需要想的問題已經想過了。再研究下去只有重複自己的想法。要找尋新的衝擊，需要新的環境。書既然已經寫了出來，應該在別的範圍下找題目。因為我一直在研究農村社會，便決定研究一下城市的歷史。我的選題是明清的佛山鎮（現在佛山市）。

研究佛山鎮的一個考慮就是它離香港比較近。我在中文大學的年代有個古怪校規：留在香港不回校不研究也算工作，離開香港儘管您整天在圖書館看書算休假。所以我可以離開香港到國內研究的時間不多。那個時候和現在不同，從香港到佛山是需要走半天的，不過這樣還是可以應付。在 1985/86 年的時候，我也到過佛山市，對佛山的印象很好。這方面需要感謝當時的佛山博物館館長陳志亮先生。

我認識陳志亮先生是在 1979 年隨王德昭教授到國內訪問的時候。這是我第二次到國內去（頭一次在 1973 年唸研究院的時候，和吳茂生、黃紹倫、潘心正一起去）。一起去的，還有中大同事吳倫霓霞和陳善偉兩位。我們先拜訪了中山大學歷史系，那是我頭一次跟湯明檖教授見面。當時是文化革命剛過去後再開放的時候，情況還是有點緊張。湯教授對我很好，知道我特別有興趣農村經濟後，告訴我佛山地區革命委員會出版了一本《珠江三角洲農業志》，建議我到佛山時問一下。我們從廣州到佛山，參觀了有名的祖廟，就在參觀的時候，碰到當時還是副館長的陳志亮先生。我問陳先生有沒有《珠江三角洲農業志》，他不單把這本書拿給我看，還介紹了好幾種剛發現的資料，例如對佛山歷史研究很重要的《太原霍氏族譜》。我一直有印象佛山不但是個歷史重鎮，而且是有豐富歷史研究材料的地方。

從廣州回來，我並沒有對佛山作甚麼研究。1980 年我參加中大同事組織的旅行團到了北京訪問。目的是了解一下有沒有機會到第一歷史檔案館看資料。我去的時候還是早了一點，大概 81/82 年開始，一檔已經很開放，但是我在北京的時候，連門也進不了。下來的幾年，我比較專心新界歷史。到廣州看書主要是 1983/84 年的事。

　　頭一次到廣州看書，我記得很清楚。黃永豪兄當時在中大當研究生，許舒剛買到一批撕爛的地契。我把碎片拿回家像砌圖一樣把它拼起來。許舒再找人裱好。黃永豪考慮可以拿這批材料作碩士論文研究，但是必須找到與資料有關的族譜。所以我們一起到廣州去。上火車的時候還未確定是否可以進廣東省圖書館看書，我們說過，假如進不去，便下一班車回香港。到埠時，發現譚棣華、黃啟臣兩位先生已經在車站等候我們。安頓後，譚先生帶我們到圖書館去，辦手續很順利。我們很明顯感到中國歷史研究的條件已經改變過來了。從這個時候開始到 1989 年離開中文大學，我每年的假期都有相當時間是在廣州過的。

　　到廣東省圖書館看書，有機會便跑到珠江三角洲的鄉村和市鎮去，結交新的朋友，1980 年代後期是個開心的時候。我在廣東省圖書館主要是看族譜。譚棣華兄和劉志偉兄給我很大的幫忙和指導。我在珠江三角洲的研究談不上田野調查。蕭鳳霞當時在小欖作田野工作，也發現了可以在沙灣研究。通過她的關係，我倒有幾次訪問地方人士的機會。我跟蕭鳳霞認識，是當她在中文大學任教的時候。她開始小欖田野工作後，可以說是志同道合。佛山去了好幾次。羅一星兄當時在廣東省社科院，也在廈門大學唸博士班，佛山的歷史是他的研究題目，我也和他很合得來，多次一起討論佛山歷史。我在這幾年，可以有點田野的經驗，主要是在 1989 年，得到中文大學的資助，在珠江三角洲找幾個點作研究。這個項目是和葉顯恩先生合作，主要參與者是蕭鳳霞、劉志偉和羅一星。蕭鳳霞與劉志偉在沙灣，羅一星和我在蘆苞。我應該承認主要的田野工作是羅一星做的，我只有跑過去一兩次。另外一次機會是和蕭國健兄合作，與深圳博物館一起研究離沙頭角不遠的屏山墟，這個項目由香港區域市政博物館贊助。我開始考慮到，怎樣從地方史可以歸納到對整個中國歷史有關的結論。我以為辦法就需要多作地點上的個案研究，需要比較不同地點的經驗，才可以脫離一個以長江下游作為典型的中國社會史。可以說這個想法有受施堅雅的文章影響，但是，我們很快便知道與他的說法是有相當分歧的。

　　八十年代後期我發表了兩篇有關珠江三角洲歷史的文章。其中一篇的出發點是我原先考慮研究珠江三角洲的目的，討論佛山鎮在明清時期的演變；另一篇討論宗族作為一種社會制度在珠江三角洲的發展。佛山鎮一文主要利用族譜和《佛山忠義鄉志》作根據，討論鎮內的權力架構怎樣從里甲制之下的頭目（稱為里排）演變到依靠科舉考試爭取社會地位的鄉紳手上。這篇文章彌補有關明清市鎮行政與社會歷史的不足之處。一直以來，談到明清資本主義萌芽的研究雖然多，都是千篇一律記錄江南市場的發達，而未談到社會結構。羅一星兄《明清佛山經濟發展與社會變遷》與我這篇文章是特別對這個問題有注意。很可惜，我們的著作雖然有其他學者引用，但是大致來講，同行都未注意到我們從宗教活動歸納行政與社會結構的方法。我到了英國工作以後，在這方面再寫了兩篇文章；談江南明代幾個有名的市鎮的組織，也和同事劉陶陶博士合編了一本書，說明中國現代化過程，是把整個明清的鄉族本位的宗族架構移向以城鎮本位的階級架構。

　　珠江三角洲宗族制度的歷史則成為我以後十多年研究的開始。回復到宗族的歷史，與我跑到佛山作研究的出發目的有點距離。但是，選佛山作研究對象，原來找到了珠江三角洲宗族制度的源頭。要說明這個看法，需要說清楚宗族制度史的性質。早在弗里德曼以前，已經有很多人對宗族制度作研究。這些研究的主要取向，集中在宗族制的作用與運作。它們談到宗族制下的族產、族產收入的應用、科舉制度與宗族的結合等等。弗里德曼在這些論點的基礎上，把討論帶回到地域和地緣關係上。但是在很大程度上，他的論點還是個功能的論點。華德英的討論，則超越了功能的問題。她的問題不是地方社會有沒有那個有功能的機構，而是假如地方的人，在認知上相信某類社會機構存在，例如大傳統，是不是需要把他們的活動和這個傳統拉近以助認同。這樣一來，既然地緣關係而非同宗是先決條件，既然同宗只是認同的表現方法，宗族制度變成普遍公認的社會制度只能是個歷史上的產物，宗族制度與其附屬的社會結構必然有其與地緣和認同有關係的發展的歷史。所以，我們特別注意的，不是一個機械性的宗族制度的作用，而是與宗族制有關的標誌，例如墓祭、家廟、神主、族譜如何在一個地域範圍開始與擴大。其間有功能的假設，也有意識形態的假設。佛山的歷史在宗族制度史上的重要性，是因為在明代，這個制度的普及在佛山的範圍有決定性的發展。佛山是明初興起的市鎮，雖然商業發達，很明顯的，嘉靖以前沒有家廟的建設。應該說明，家廟是明代法律規定的建築模式，就是我們在八十年代還可以在珠江三角洲隨時可見的"祠堂"。明初的法律，限制平民祭祖的代數和祭祖用的建築物，到嘉靖年間，法律改過來，家廟才開始在珠江三角洲周圍興建。因為祭祖的限制，佛山在黃蕭養亂後，出現了在祖廟旁的流芳祠，基本上是因為防衛佛山有功，得到政府特別批准，祭祀防衛佛山領袖的神主牌位的機構。這些領袖的後人，憑這個機構，取得佛山的領導權。不到一百年後，流芳祠代表的領導階層，已經明顯地發生變化。嘉靖年間開始，佛山的權力機構中開始出現官職很高的家族。其中最有名的是霍韜。霍韜的家族，是我找到的在佛山及其周圍最早建家廟的團體。在廣東省圖書館看族譜的時候，因為需要弄清楚家廟出現前後的情況，我也一直注意其他在這個時期建家廟的家族，例如南海方氏，即方獻夫的家。也因為蕭鳳霞與劉志偉開始了潮連鄉的田野研究，我有機會去過，也因此而注意到陳白沙的活動（潮連在陳白沙家鄉江門對面）。把這些零碎的事實合起來是個意外。記得有一次，在香港大學圖書館，因為要找湛若水的資料，翻閱了一本英文的博士論文。裏面提到嘉靖年間的大禮議。更列出了在這個歷史性的爭辯中支持嘉靖皇帝的幾名大臣：桂鄂、張璁、方獻夫、霍韜、湛若水。我幾乎不能相信，不過一下子整段歷史清楚了。霍韜、方獻夫在家鄉建家廟，不止是個祭祖的活動，也是個政治活動。大禮議牽涉到整個"孝道"的問題，在禮儀上，建家廟變成表達"孝道"的辦法。所以大禮議不單是朝廷裏的鬥爭，而是整個祭祖禮儀上的變化。這樣一來，嘉靖年間宗族的變化可以解釋了。從這個方向去想宗族發展的問題，我連貫到嘉靖年間魏校在廣東禁"淫祠"的活動，憨山德清以後在廣州復興佛教的影響，等等。

當然，每一個發現只是問題的開始。注意到大禮議對我的衝擊，是因為我們六十年代後期唸大學的人，在研究方向上找農民鬥爭來作對象是當年反潮流的表現。發現宗族制度演變的因素不只在民間，而同時在朝廷的政治，使我知道研究社會史不等於逃避政治史。在研究宗族的同時，需要面對族羣問題的研究，這個感覺更明顯。我在新界遇到的族羣問題只是本地人、客家人、水上人的分別。在《宗族作為文化的創造》一文中，我開始注意瑤族的族羣認同。在我的學習背景上，有幾件有關的事情可以一提。其中，應該說明蕭鳳霞對族羣認同的問題比我敏感。她在研究水上人（也有稱為蜑家，但這是個對水上人沒有禮貌的名詞）的時候，已經注意到"水上"的概念，是反映他們沒有入住權。珠江三角洲沙田開發的歷史，包括水上人和陸上人對產權控制從而產生的身份分別。我對於瑤人認同的觀察，只是這個論點的延伸。另外，在我離開中文大學的前後幾年，族羣變成中大人類學系的一個研究重點。對我尤其有影響的是第一次瑤族的討論會。這是我頭一次接觸到《過山榜》一類的文書。詳細不要說了，《過山榜》是瑤族用漢文記載其遷移和入住傳說的文件（我讀到的《過山榜》部分是參加會議的國內團體帶到香港來的，另百鳥芳郎編的《瑤人文書》是饒宗頤教授借給我的，特此致謝）。這個故事的流傳對我的研究很有作用，是因為在形式上，它和珠江三角洲尤其是南海、順德一帶普及傳授的珠璣巷故事很相近。瑤人應用漢字書寫的禮儀，和傳錄《過山榜》令我感到詫異。《過山榜》與珠璣巷故事同源而意異，我在離開香港前發表的《宗族作為文化的創造》開始注意，但是瑤"族"所以為"族"的來龍去脈，則在來到英國後，參加族羣歷史討論會所寫有關明代瑤亂的文章才弄清楚。

我離開中大後，1990 年來到英國。在英國的生活與在香港很不同，不用多說。可以一提的是在這裏，指導研究生的時間比較多，回到珠江三角洲訪問或坐在廣東省圖書館的時間非常難得。在教學方面，我在香港是講西洋史和中國近代經濟史，來到這裏需要講中國近代史，這個轉變令我必須掌握新的資料。也是來到這裏才發生的事，就是對香港史比較多注意。其中包括編著《香港史資料，社會編》，也包括替香港公開大學（當時還是學院）編香港史課程。香港史和近代史對我的城市歷史研究很有作用，不過這裏不用再提。與華南宗族研究特別有關係的工作則是與學生的共同研究，到了英國以後才開展的台灣原住民研究，和在九十年代蔡志祥兄組織的華南研究考察。台灣原住民研究計劃不是我個人的研究計劃，而是我們學系中文部的研究計劃。計劃由我負責。這個計劃得到台灣順益原住民博物館和台灣大學歷史系支持。1995 到 1997 三年間，每年暑假我們一輩人到台灣去大概一個多月；每年也有台灣學者到牛津大學講學。我從這個關係認識了研究台灣史的黃富三、吳密察教授，和吳密察兄由此合作到其他項目。也因為這個項目，我比較多留意台灣人類學者的著作。台灣人類學和台灣史的著作不容易讀。我們對台灣地理不熟悉的人，很難同時照顧多個不同地點的詳細描述。我是在這幾年，有機會在台灣各地跑過，才開始不覺得這些寶貴和詳盡的研究很陌生。同時注意台灣原住民和瑤族，很容易發現兩者的差別在定義而不在社會的實質。現在台灣有強烈原住民身份的人，是清朝稱為 “後山” 地區（即中央山脈以東）的居民。他們不認為自己是同一 “族” 的人。現在應用 “九族” 的概念，也是日本統治下改過來的。他們認為 “九族” 之中每一族的語言都不同，在有些 “族” 裏，一 “族” 不止説一種語言。以人口來算，説同樣語言的人數不過是幾萬。比較來説，在廣東或廣西，瑤族所包括的人口就比這個數目大得多。儘管在香港開會的時候，瑤族的代表解釋瑤族包括不止一種語言而是三種語言，每一種語言的範圍都比台灣原住民的語言範圍大。甚麼是一種語言是個有趣的問題。這兩個地區的分別，表示誰跟誰算是同一族，是個歷史定義的結果。以台灣來説，南部的 “族” 基本上是清代的政治單位。北部的 “族” 是遲與外界接觸的後果。瑤族是個 “族”，則是明代稅收的定義。瑤，就是在明初在廣東和廣西沒有參加里甲登記，也沒有受 “土司” 所管理的人。也就是到了天順／成化年間，受到廣西土司和登記在里甲內的“民”所攻擊的人。

來到英國後，我另一個發展方向是研究商業史。我一直對中國商業史很有興趣。在中大教中國近代經濟史的時候也常提到。在 1986 年，得黃宗智教授邀請，到加州大學洛杉磯校講一個學期課，晚上沒事做，把中國經濟史課程的講文寫出來，才比較清楚多年來講課時的論點。（這個經驗教訓大學當局，除非教師有時間消化講課的內容，否則不能有系統地授課。）來到英國後，1993 年，蔡志祥兄找我到香港科技大學作專題演講，我選了商業史的題目，結果講了三次，後來科技大學華南研究中心以講題《中國與資本主義》為題把它出版。我認為《中國與資本主義》是我發表過最好的文章。我的論點大概是，中國早在十六世紀已經有資本主義，不過，明代朝廷把資本主義廢除，走到“官督商辦”的路上。代價是中國沒有發展到集資的機構（例如銀行），所以到十九世紀後半期，需要大規模投資的時候，沒有投資的架構。二十世紀的歷史，充分表現出這個架構對經濟發展的重要性。到清末公司法出現以後，這個局面才開始改變過來。

表面來看，商業史跟宗族研究沒有甚麼大的關係。但是，完全不能這樣說。中國商業制度史，絕對是宗族制度史的延續。現時，中國商業史，太注重商品的流動，而忽視了令商品可以流動的制度。我們知道田產可以買賣，但是我們不問需要甚麼制度存在，田產才可以買賣。我們知道田產買賣應用契約，但是我們對應用契約的環境毫不敏感。商業史上關注的問題，不只是哪種商品運到哪裏出售。商業之可以能夠產生，有賴集資、信貸、會計、管理、匯兌等多方面的運作。我們從中國傳統重農觀點出發，也太注重工、農、商之分歧。從集資到利潤分配都是商業史需要研究的過程，不論利潤來自手工業作坊還是農田。既然糧食是商業的最大宗貿易，田產買賣、田地開墾、甚至租佃關係都有商業的成分。大規模商業需要集資，風險大的商業也需要集資。明清社會沒有保障商業經營的法律，所以商業經營需要依靠法律以外的途徑。西方歷史也曾經過這個過程：中古時代，最重要的集資機構是修道院。這些機構管理來往歐洲與中東的主要道路，為旅客提供旅館服務。明清最大的集資機構是廟宇和家族。在公司法還未出現的年代，在珠江三角洲，這些機構控制田產和墟市。多姓管理的財產，採取共同建廟的辦法。不用另寫合同，共同建廟和拜祭就是合同。換句話說，合同不是用文字寫出來，而是在禮儀活動演出來。同姓的社團，可以利用宗族的禮儀來共同控產。我在《宗族作為文化的創造》一文中討論廣東省圖書館藏《南海區氏族譜》的契約性。這本族譜記載了區氏一房於乾隆 28 年與其他幾房成立祖先山墳的一張合同，說明房與房之間的宗族關係與合作祭祀相輔成。我還在香港工作時寫的另一篇文章《以宗族作為商業公司：中國商業發展中的保護制與法律的對立》把有關的問題說得更詳細。

　　所以，到了英國後思想上的轉變，可以說是興趣比較多面化。其中，與華南會的成立和蔡志祥兄的努力很有關係。我懷疑我們從香港研究出發的幾個人，在 1990 年以前，都是比較狹窄。我們一直以來研究香港新界及珠江三角洲，對其他地區沒有很多了解。1995 年出版我和蕭鳳霞合編的《腳踏實地：華南的地緣》總結了我們當時多人的研究。書的題目有兩方面的意義。一方面把地域關係放到主體上，另一方面我們強調把文獻和田野研究結合才是 "腳踏實地"。成書的時間比出版早了一兩年。大概這本書還在編的時候，蔡志祥兄成立了的華南研究會，開始創辦暑期的會議和田野工作坊。我懷疑田野工作坊開始於陳其南兄還在中大時候想出來的辦法，就是組織在這方面合作的人到所研究的地方開會。在珠江三角洲開的會，我參加了在佛山和潮連開的兩次。風氣做開來，這些會對我很有作用。通常開會的幾天，包括田野考察。我以為的工作坊作用不在單靠幾天時間來作訪問，最主要的作用就是由研究這個地區的學者，帶領參觀他們研究的領域，同時討論他們下的結論和應用的材料。到過這些地方，有利於以後參看有關這個地方的材料。我是在這些情況下，有機會得鄭振滿兄和丁荷生兄邀請到福建莆田參觀，得陳春聲兄和蔡志祥兄帶隊到潮州，梁洪生兄和邵鴻兄由粵北南雄帶到江西流坑村和吳城鎮。我也應該說，在牛津，宋宜明在福州的研究，還有張小軍對杉洋的研究也讓我有機會認識一點那邊的歷史。加上到了台灣幾次，得到吳密察兄引導去參觀台南，我的視野有所擴展。學者交流最好的情況是既有共通的興趣，又沒有競爭的心態。我們這輩人在學業上的交往，從沒有出現感情上的衝突。

我感覺到我們這輩人，有條件去闖新的領域。我對這個新領域的概念，是一個腳踏實地的社會史。我對研究這個社會史的方法概念大概是這樣子：在珠江三角洲，基本上我們掌握了明代宗族制度幾個主要的演變。在明初，通過里甲制度政府承認了地方社會；通過家廟的興建，族譜的傳播，宗族變成了社會上的核心機構；宗族再從核心的地方機構演變為田土開發的控制產權機構。在年份上，里甲發展，主要在明初到黃蕭養之亂（約15世紀中），家廟的興建開始在嘉靖（16世紀中）。我既然假設里甲是宗族制度的前身，所以應該找不同的地方，探討由里甲演變到宗族的過程，從比較中了解這個發展的通義。我們研究莆田、潮州和珠江三角洲三處，剛好可以做這個比較。

這個方法沒有真正應用，因為事情發生得很突然，比我們最豐富的想像更奇怪。需要先提及沈艾娣的論文。沈艾娣是在我到了牛津第三年的時候來當研究生，有興趣民國時期的禮儀。我當時開始考慮禮儀與法律的分別，她的研究給我很多啟發。民國禮儀的變動，反映出禮儀對普羅大眾的行為改變的影響。也反映出我們研究的明初以來一直在創造的禮儀，到此為止已經告一段落。我有興趣的歷史故事，現在有頭有尾，應該可以寫出來。另一個思想衝擊需要說清楚的，是我有興趣禮儀的歷史，一來因為農村宗教的興趣，也因為宗族的演變，包括了禮儀的成分，但，同時也因為哈伯馬斯的著作開始在外國研究中國史的同行中有很大的影響。哈伯馬斯在學術界的影響，與蘇聯東歐勢力範圍瓦解很有關係。西方學者從他的言論，取了 CIVIL SOCI-ETY（民間社會）的名詞，以為這個先決條件可以導致民主制度的發展。所以我們，尤其是在美國的同行，特別注意中國有沒有民間社會這一回事，也因為他們以為民間社會受紳士的領導，以及紳士的領導與明末清初慈善事業發展有關係，所以用了這些論點來支持清末城鎮紳士階層演變的重要性。姑且勿論清末的演變與新政有關係（中國整個社會觀改過來由此開始），我以為不談鄉村宗教活動，單而以紳士的慈善活動來代表民間社會接近離譜。更甚的是，整個討論根本脫離了哈伯馬斯的論點。他的論點比拿我們以前叫"自願團體"（VOLUNTARY ASSOCIATIONS，例如慈善機構）來當民間社會更重要。他說，"社會"是個概念，創於十八世紀，是讀書人用來應付皇帝的工具。"社會"這個概念，源於科學革命以後自然規律的確認。假設人與人的關係都有自然規律，這個東西叫"社會"。中國讀書人也相信自然規律，不過他們沒有把人與人的關係描述成"社會"；從大禮議的過程可以看出，他們認為這個東西叫"禮教"。禮儀是中國歷史上人與人關係的根據，好像社會就是西方歷史上人與人之間的關係的根據。所以，談民間社會談紳士不談宗教，談到紳士離開他們對禮教的觀念不談，而談他們搞慈善，完全是牛頭不搭馬嘴（從這裏另外一個思想上的線索，就是"社會"的概念怎樣跑到中國來。有關這個問題可以看 Arif Dirlik 的著作。我看了以後，和好朋友吳茂生決定需要研究"中國的普羅大眾"—— common man，恐怕沒有一個好的翻譯詞——很可惜，我們寫了一章以後，他已經去世。書還是需要寫出來）。

就是大概這些時候，有一次到廣州，劉志偉兄很高興跟我說，剛和陳春聲、蕭鳳霞他們到過莆田（忘了蔡志祥兄有沒有去），氣了鄭振滿兄一把。因為一直以來，聽他們說，看他們的著作，莆田好像也是和珠江三角洲一樣有祠堂，有宗族制度。誰知，振滿兄把他們帶到某祠堂，裏面甚麼神位都有，連和尚也有一個（後來我也有機會到了這個有和尚像的祠堂。它不是一個家廟，是個宋代開始比較普遍建在墓地旁的祠堂，附近還有一所可能就是宋代功德祠演變過來的佛寺）。他懷疑莆田主要的地方機構根本不是祠堂，而是建得比祠堂更宏偉的廟宇。他也說了，很可能這是因為莆田開發早的緣故。在宋代建立地方機構，根本不會建祠堂。這個解釋非同小可。它就是我們找了多年地方社會建構的道理。假如我們需要談理論，這個就是我們多年來研究的理論。出發點可能還是在弗里德曼和華德英，不過到了這一步，我相信我們可以說我們的理解已經超過他們可以想像的歷史。把劉志偉的話換了來說，地方社會的模式，源於地方歸納在國家制度裏面的過程。國家擴張所用、地方社會接納的理論，就是地方社會模式的根據。循這一方面來走，我們了解一個地區的社會模式，需要問兩個問題。一個是這個地方甚麼時候歸納在國家的範圍？第二，歸納到國家範疇的時候，雙方是應用甚麼辦法？莆田與珠江三角洲的分別就在這裏。南宋把地方歸納到國家的辦法跟明代不同。南宋應用的辦法，是朝廷承認地方神祇。明代的辦法，開始是里甲，後來是宗族禮儀。南宋的轉捩點，需要注意勞格文兄有關宋代朝廷由茅山道教轉變到龍虎山道教與其地方禮儀的影響。所以，莆田的發展，包括南宋朝廷加封地方女神天后，到了明代，有加封的神祇演變成國家祀典的部分，因此清除淫祠沒有把他們摧毀。反過來，明代的珠江三角洲，嘉靖年間，一方面經歷了反淫祠的活動，另方面接受了建家廟的宗族標誌。所以，珠江三角洲的村落，明顯的受到以家廟式的建築物為核心的活動的領導，而在莆田，不是宗族沒有興起，而是宗族制度只是加在一個現有的神祇拜祭制度上面，而尤其是這兩層的禮儀混在同一個建築物的標誌裏面。在這個概念之下，我們研究這些不同地方的人，曾於1995年齊集牛津開會，決定了編三本書：鄭振滿和丁荷生寫莆田，陳春聲和蔡志祥寫潮州，劉志偉、蕭鳳霞和我寫珠江三角洲。目前為止，還未寫出來。想起來慚愧。書還是需要寫出來。我也認為我自己需要把珠江三角洲的社會史更詳細地寫清楚。但是，這兩年開始，我還有另外的打算。

　　三年前，我五十歲的時候，想到以後的研究計劃。有一方面的意念是很原始的：我感覺到不能一輩子只研究華南，我的出發點是去了解中國社會。研究華南是其中必經之路，但不是終點。從理性方面來想，也知道現在是需要擴大研究範圍的時候。從華南的研究，我們得到一個通論，過來的工作就不是在華南找證據。我們需要跑到不同的地方，看看通論是否可以經起考驗。需要到華北去，看看在參與國家比華南還更長歷史的例子是否也合乎這個論點的推測。需要跑到雲南和貴州，看看在歷史上出現過不同國家模式的地區（我是指南詔和大理），如何把不同國家的傳統放進地方文化。我們不能犯以往古代社會史的錯誤，把中國歷史寫成是江南的擴大面。

只有走出華南研究的範疇，我們才可以把中國歷史寫成是全中國的歷史。我就是這樣決定，現在是我終結我研究華南的時候。後來的學者可以比我更有條件批評我的華南研究。我倒希望他們不要停在那裏。他們必須比我們這一代走更遠的路。我們最後的結果，也不能是一個限制在中國歷史範疇裏面的中國史。我們最終的目的是把中國史放到世界史裏，讓大家對人類的歷史有更深的了解。

原載《學步與超越：華南研究會論文集》，
香港文化創造出版社 2004 年 3 月

目　錄

⊙ 尾　聲

第一章
序言

　　許多研究者認為，在華南，單姓村不僅普遍，而且是當地農村社會的主要秩序。莫里斯・費里德曼（Maurice Freedman）把這個秩序形容為 "宗族"（lineage），從此，"宗族" 這個辭彙就家喻戶曉了。但費里德曼的 "宗族" 說，並非獨創，而可說是其來有自。別的不說，十八世紀的清朝政府，就留意到村落械鬥的各方，往往都是源於同一祖先、居住於同一地點的人羣，清朝政府稱這樣的人羣為 "族"。社會學家陳翰笙，根據二十世紀三十年代的一個調查，把這些人羣描繪為集體地主。日本歷史學家清水盛光、王劉惠珍（音 Hui—chen Wang Liu）、奧爾加・朗（Olga Lang）研究了宗族的規條。到了二十世紀五十年代，當中國共產黨進行土改時，就把宗族列為特別關注對象。[1]

　　關於宗族的研究，著作浩繁，但費里德曼分別於 1958 年及 1966 年出版的兩本著作，堪稱宗族研究的轉捩點。[2]費里德曼的影響究竟何

1　Maurice Freedman, *Lineage Organization in Southeastern China* (London: Athlone Press, 1958); *Chinese Lineage and Society: Fukien and Kwangtung* (London: Athlone Press, 1966). Chen Han-seng, *Landlord and Peasant in China: a Study of the Agrarian Crisis in South China* (New York: International Publishers, 1936). 清水盛光，《支那族の結構》（東京：岩波書店，1949）。Liu Wang Hui-chen, *The Traditional Chinese Clan Rules* (Locust Valley, NY: J.J. Augustin, 1959). Olga Lang, *Chinese Family and Society* (New Haven: Yale University Press, 1946).

2　Maurice Freedman, *Lineage Organization in Southeastern China*; *Chinese Lineage and Society: Fukien and Kwangtung*.

在？一言以蔽之，在他這兩本書出版之前，宗族研究只局限於譜牒的文字規條；在他這兩本書出版之後，宗族研究遂進入這些文字規條所賴以產生的社區。誠然，"宗族可以是一個社區"這個觀點，也非費里德曼的獨創。日本的漢學研究，從功能主義的角度出發，就認為"自然村落"產生社區，而社區產生宗族。但是，費里德曼的貢獻，在於特別指出，宗族劃定其領土邊界，靠的不是執行譜牒規條，而是追溯共同祖先。為了證明這個觀點，費里德曼為宗族研究引進了"宗族其實是法人（corporation）"這種看法，也就是說，宗族作為一個集體，有明確的成員制度，並能夠擁有財產。根據這種看法，在華南，宗族就是控股公司，能否成為該宗族的成員，取決於能否追溯到共同的祖先。而宗族成員的身份，必須以參與宗族祭祀、確立宗族譜系而展現出來。但是，即使同屬某個祖先的子孫，卻並不意味着人人都可平均享有宗族的財產。宗族的財產，控制於個別祖先的名義之下，因此，隨着子孫繁衍，在世的宗族成員可以是眾多的、不盡相同的宗族"信托基金"的成員。費里德曼進一步指出，宗族這種"控股公司"，有其地域基礎，宗族之間的結盟，形成了村落及村落聯盟。因此，我們可以從宗族之間的互動、宗族與政府之間的互動這個角度，來把握華南鄉村的歷史。費里德曼的這套觀點，對於魏斐德（Frederic Wakeman）及孔飛力（Philip Kuhn）產生了影響，魏、孔有關中國鄉村社會的非常重要的著作，基本上是對於二十世紀六十年代初蕭公權的主流觀點的修正。[3]

　　我自己的研究，是要把費里德曼的看法，落實到具體的歷史脈絡中。二十年前，我展開這工作時，受到了華德英（Barbara Ward）的影響。當時我出版了一本書，題為《中國鄉村社會的結構》（*The Structure*

3　Frederic Wakeman, Jr., *Strangers at the Gate: Social Disorder in South China, 1839-1861* (Berkeley: University of California Press, 1966).　Philip A. Kuhn, *Rebellion and Its Enemies in Late Imperial China, Militarization and Social Structure, 1796-1864* (Camb. Mass.: Harvard University Press, 1970).　Hsiao Kung-Chuan, *Rural China: Imperial Control in the Nineteenth Century* (Seattle: University of Washington Press, 1960).

of Chinese Rural Society），研究香港新界的鄉村的歷史。[4] 我在書中指出，新界社會的領土觀念，並不依賴宗族。因此，宗族及其使用書面譜牒、追溯共同祖先、在祠堂祭祀祖先等種種花樣，是被引介到新界鄉村中、把新界鄉村聯繫到國家的工具。也就是說，只有當官方意識形態滲透鄉村，宗族制度才會擴散。在香港新界，這個過程發生於十六至十八世紀。又由於宗族作為一個制度，能夠保護成員免受外界的威脅，包括來自官方的威脅，所以，宗族就被視為是把鄉村社會組織起來的主要制度形式。

在《中國鄉村社會的結構》這本書即將寫完之際，我開始思考：以上這套觀點，是否適用於香港新界以外的中國地區呢？根據當時我能夠掌握到的史料，我認為，就表面證據而言，答案是肯定的。本書就是要進一步發揮這套觀點，探討宗族作為一套制度，如何在香港新界以外的地區演進？對於採用宗族這種組織的社區而言，宗族意味着甚麼？

我選擇了珠江三角洲作為我下一步的研究對象，既可說是意料之外，也可說在算計之中。但無論如何，這個選擇是合理的，因為就中國文化、社會、經濟、政治而言，珠江三角洲都是主要區域之一。從研究的角度來說，珠江三角洲也有獨特的便利：現存史料，展示出珠江三角洲的活躍的經濟活動，展示出珠江三角洲被成功地整合到中華帝國、而同時又繼續維持強烈的本地文化認同的過程。凡是接觸過鴉片戰爭史料的研究者，看見廣東人做生意手段之高、對官府忠誠之強（或曰畏懼之深），都應該至少能夠看出珠江三角洲上述特質的一些端倪。廣州行商的風流儒雅，固然反映出珠江三角洲的這些特質，而珠江三角洲鄉民的慷慨激昂，也同樣反映出這些特質。這些鄉民，幾乎自發地迎擊那些闖進他們領土的英國及印度士兵。鴉片戰爭前五百

3

4　Barbara E. Ward, *Through Other Eyes: Essays in Understanding "Conscious Models" -Mostly in Hong Kong* (Hong Kong: Chinese University of Hong Kong Press, 1985). David Faure, *The Structure of Chinese Rural Society: Lineage and Village in the Eastern New Territories, Hong Kong* (Hong Kong: Oxford University Press, 1986).

年，在十四世紀中葉，這片土地人煙稀少，當時就存在的鄉村社區，沒有哪個懂得如何與官府打交道，而大部分村民甚至完全不認為自己是皇帝的順民。

算我走運，能夠從廣州的廣東省圖書館展開我的研究。我與幾個當地的歷史學家交上了朋友，得到他們專業的、慷慨的指導，並且把該圖書館收藏得相當完善的珠江三角洲地區家譜摸索了一番，我迅速意識到，佛山，這個位於廣州城西三十公里的商業及工業市鎮，應該成為我研究的重點。與香港新界不同，佛山更加富裕；但與廣州城也不同，佛山從來沒有被官府控制過。在十六世紀，控制佛山的，是當地的幾個大家族。即便在佛山，也大約是從十六世紀開始，高級官員才建立起宗族，但我很快了解到，其他地區也出現了宗族。宗族的建立，最初是個農村現象，而誕生宗族的佛山，與其說是個市鎮，毋寧說是一羣鄉村。從十五世紀某個時期開始，這些鄉村在同一座廟宇內進行集體祭祀活動。隨着佛山的發展，宗族組織的法則被建立起來，與當地神祇的崇拜並行不悖。終於有一天，我們會說佛山已經成為一間公司。但是，假如佛山開創者的宗族不如此根深蒂固，佛山是不可能有這樣一天的。[5]

一旦要把佛山定位，立即引起錯綜複雜的問題：自十六世紀以來，"鄉"、"鎮"這類字眼就經常與佛山沾上邊；但是，"鄉"、"鎮"這些字眼究竟有何含義？即使我們用從西方歷史所產生的既有觀念來處理，類似"村"、"鎮"、"城"這類辭彙的中、西語境是否能夠順利對應，也是成問題的。用人口多少來區分，也許是個辦法（至 1911 年，佛山人口約達三十萬，而廣州人口則超越一千萬）。但是，用人口多少來定義一個市鎮，其弊端在於無法顧及該區域社會活動的複雜情況。儘管佛山是個商業中心，但商業活動並不就是佛山這個市鎮的全部，商業活動是在佛山的市集裏進行的，而這樣的市集在佛山有好幾個。

4

---

5   我在 1990 年曾撰文研究佛山，見 David Faure, "What made Foshan a town? The evolution of rural-urban identities in Ming-Qing China", *Late Imperial China*, 11:2 (1990), pp. 1-31. 這篇文章所使用的部分史料，也用在本書第七、十、十五章。

如果我們用西方歷史的背景來理解城市，則佛山並非城市，因為中國的歷代皇帝從來沒有承認過佛山在功能上有何獨立之處，更沒有以特許證（charter）的形式賜給佛山獨立地位。但是，佛山也不是中國意義上的"城"，因為它並非官府衙署之駐地。而且，不管佛山究竟是甚麼，總之也不是個鄉村，因為它容許外人入住。佛山的外來人口不斷增加，為佛山的本地居民帶來了好處，鄰近佛山冶鐵作坊的鄉村，與佛山的市集合併起來。就這樣，佛山發展出一條公式，讓私人的企業與官府的需求共存。這條方程式是以宗族的辭彙構思出來的，而且，正如本書將會指出的那樣，這條方程式也適用於整個珠江三角洲。

外地人與本地人之分，前提為入住權之有無。我在《中國鄉村社會的結構》對此看法有所探討。簡單而言，所謂入住權，是在一指定疆域內享用公共資源的權利，包括：開發尚未屬任何人的土地的權利、在荒地上建屋的權利、在山腳拾柴火的權利、從河流或海邊捕撈少量魚類及軟體動物以改善伙食的權利、進入市集的權利、死後埋葬在村落附近的土地的權利。這些權利，並不是每個住在同一條村落的人都擁有的。村民們很清楚哪些人擁有、哪些人沒有這些權利。擁有入住權的理據是：這權利是祖先傳下來的。他們的祖先可能據說由皇帝欽賜土地，或者移居至此而耕種這些土地，或者建造房屋而子孫居住至今，或者購買了這些土地，或者與本地人聯姻，或者把原住民趕走。憑着這些既成的歷史事實，他們的子孫因此擁有這些土地，而且只要不搬走，就擁有入住權。這些關於歷史的觀念，對於村落的組織是極為重要的，因為村民們正是通過追溯祖先的歷史來決定誰有沒有入住權、是不是村落的成員。

一個社區會發展為市鎮還是鄉村，取決於外來者是否被輕易接納、輕易給予入住權，及輕易獲允成家立室。凡是對於外來人口採取開放策略的社區，就會發展為市鎮；凡是把入住權局限於本地人的社區，則始終是鄉村。在香港的新界，即使是集鎮，也不輕易容許外來者享有入住權。為何不同社區對於分享公共資源採取這樣或那樣的策略？線索之一，正是該社區的貿易及其重要性。鄉村本來是爭奪公共土地的場所，但是，佛山要發展貿易，就必須吸引外來人口定居。而且，明中葉之後（姑且說自十六世紀中葉開始），佛山的土地莊園發展已達極限，囤積土地的宗族因此只能另謀致富之道。臨近佛山而位處沙田開發要衝之地的市鎮，例如小欖，就成為以囤積土地為能事的宗族的誕生地。在開發沙田過程中，這些宗族有不少也開始涉足商業，並且把邊界開放給外來人口。[6]

　　一旦外來者獲允入住市鎮後，一旦暴發戶出現，躋身豪強之列，並企圖染指附近土地時，所產生的種種社會問題，必然是錯綜複雜的。別的不說，只須粗略看看家譜，就可知這些問題非常嚴峻、且扣人心弦。我一展開研究，便明白到：佛山及其鄰近地區的歷史，將為整個珠江三角洲社會發展的複雜過程提供一條線索。我也明白到：為了讓我的解釋具有意義，我不能只局限於佛山，而必須經常把佛山與珠江三角洲其他地區、與廣州城本身作比較。換言之，我的佛山研究不能只是地方史，而必須是關於珠江三角洲社會形成的制度史。

　　這裏有必要把佛山的歷史背景交代一下。自十六世紀以來，貿易劇增。原因很多，部分原因是歷史學家所熟知的。到了十六世紀，政治穩定對於經濟的正面作用開始顯現出來，市鎮經濟也出現了被中國歷史學家一度稱為"資本主義萌芽"的跡象，這些跡象包括：市鎮內的糧食市場及其他消費品（例如絲綢和棉製品）市場擴張；海外貿易劇增，把白銀從日本及美洲帶進中國；手工業蓬勃發展，這些手工業作坊有些在鄉村運作，但相當一部分集中在城鎮。廣州城是主要的外貿中心之一，佛山無疑分享着廣州的繁榮。十七世紀中葉的明朝覆滅、以及十九世紀中葉的太平天國叛亂，都曾一度打擊了廣州的繁榮。但除此以外，直至 1929 年大蕭條之前，廣州都持續繁榮。從十六世紀中

6　關於宗族對於外來者的開放問題，參見 Morton H. Fried, "Clans and lineages: how to tell them apart and why – with special reference to Chinese society," *Bulletin of the Institute of Ethnology, Academia Sinica*, 1970, pp. 11-36; Patricia Ebrey, "Types of lineages in Ch'ing China: a re-examination of the Chang lineage of T'ung-ch'eng," *Ch'ing-shih wen-t'i*, 4:9 (1983), pp. 1-20.

葉到二十世紀初這四個世紀，大部分時候，珠江三角洲商機盈然，這
是促使宗族形成的重要原因。[7]

　　貿易增長對於當地社會制度可能產生甚麼影響？要找一個參照
點，與西歐作些比較是有用的。大約在同一時期，西歐也經歷了一輪
增長，其造就的繁榮水平，僅次於十九世紀中葉的工業革命。在這一
輪增長期內，貿易受到強有力的促動，是因為商業法律得到改善，法
律程序得到建立，構成卡爾‧波蘭伊（Karl Polanyi）所謂"自把自為的
市場"（self—regulating market）的各種制度也得到發展。[8] 這個自把自
為的市場，濫觴於十六世紀之前。自十二世紀以來，現代意義的歐洲
政府開始成形，並且與貿易所需要的制度、與控制財產所需要的制度
磨合，這個過程，歷時好幾百年。商業公司的歷史，最清楚地展示出
國家締造、貿易、財產權三者的結合。公司最初是建立在私人契約之
上的合夥制，到了十九世紀，它們終於被國家承認為法律實體。公司
成為能夠控制、轉移財產的團體，並且需要繳稅。管治公司的，不再
是股東而是一羣經理。公司比個人、甚至家族的壽命更加延綿持久，
且覆蓋之廣，亦遠超個人之力所能及者。在中國，雖然商業合夥制也
出現了，但是，卻從來沒有相關的公司法律，為它們提供那種西方貿
易公司與生俱來的獨立與靈活。會計制度也沒有落實到生產層面（中國
的會計只是用於家居開支與商業），因此老闆只能事事親自緊盯，無法
假手於經理。能夠超越個人而延綿持久、覆蓋周全者，不是公司，而
是宗族與家庭。在西方，出現了一股意識形態，不僅承認私有的、個
人的財產權，而且還視之為商業倫理與政治穩定的理所當然的基礎。
在中國，由於宗族始終不是名正言順的商業機構，因此，私有財產權
不是宗族的目的，而是宗族繼續其事業的手段。宗族的事業，是奉祀
祖先神靈、繁衍宗族子嗣。因此，把宗族這個理念推廣普及的理學家

7　有關這個問題的背景，參見 Richard von Glahn, *Fountain of Fortune: Money and Monetary Policy in China, 1000-1700* (Berkeley: University of California Press, 1996).

8　Karl Polanyi, *The Great Transformation* (New York: Rhinehart, 1944).

朱熹，就等於中國的孟德維爾（Mandeville）：宗族的自私自利，能夠為
國家與社會帶來公益。正是由於這套意識形態得到實踐，像佛山及其
周邊鄉村這樣的地緣社區，不僅成為經濟增長的火車頭，也成為明朝
國家的組成部分。[9]

7　　眾所周知，理學意識形態的推行，是與學校的興辦、科舉考試
的制度化，以及一個特殊階層的誕生而同步的；這個階層的人，參與
科舉考試、做官、致仕，並繼續在自己社區內參與公共事務。一套看
重教育與學問的意識形態不斷強化，催生一羣處理政府及本地社會關
係的中介人，這些中介人可以是擁有科舉功名的士紳，也可以是官府
任命的書吏。逐漸地，這套推崇學者及其生活方式的意識形態，滲
透到全社會，雖然區域文化的元素也打進了官方體系。如果我們從宏
觀的角度來觀察中國王朝、並從京城的角度來描繪中國王朝的話，以
上就會是我們所能夠得到的印象。但是，假如我們從區域社會的角度
出發，例如從佛山這類鄉村聚落及城鎮的角度出發，則王朝國家的擴
張，教育程度、士大夫理念、儒家禮儀的普及，為本地精英提供了社
會升遷的工具，並為他們創造了一個架構，讓他們以王朝所認可的語
言來表達他們的本地利益。在中國歷史上的不同時段，區域社會與王
朝國家的關係，體現在不同的辭彙、儀式、統治風格、信仰之上。把
這些辭彙、儀式、統治風格、信仰一言以蔽之，並以之命名一個制
度，就是華南的“宗族”。隨着宗族崛興並為王朝國家意識形態所接
受，區域社會與王朝國家的結合，把地區的利益，亦說成國家的利益。

明王朝於十四世紀中葉頒佈的一系列典章，成了後世品評明朝
政府的尺度。但其實，這些典章所指涉的制度，大部分在十五世紀就
已分崩離析，並於十六世紀被地方官員的改革所取代。這些官員出身
儒士，但職業需要使他們成為務實的能吏。結果，明朝政府產生了巨
變。例如，隨着經濟的貨幣化，賦役折算為白銀，使縣政府得以供養

9　彭慕蘭(Kenneth Pomeranz) 低估了中國與西方商業的制度性差異，見 Kenneth
　　Pomeranz, *The Great Divergence: China, Europe, and the Making of the Modern World
　　Economy* (Princeton: Princeton University Press, 2000).

自己的屬吏。又例如，隨着文字普及、縣衙門職掌擴大，書面文獻在
行政中扮演愈來愈重要的角色。書面文獻的使用既然增加，書面文獻
的編纂也隨之增加，不僅官府衙門如此，家家戶戶也都如此。對於珠
江三角洲的許多家庭而言，掌握文字，就是從十六世紀官府與家族的
書面文獻開始的，在中國許多其他地方，情況自然也一樣。[10] 對於一小
部分家庭而言，掌握文字，意味着有機會藉科舉考試或縣衙門職務而
贏得名望。因此之故，珠江三角洲的許多家族譜牒，首先收錄的是明
初的里甲登記，繼而收錄的是之後幾個世紀內的科舉功名。書面文獻
和官府功名的突然出現，標誌着里甲轉化為宗族。宗族一方面內化了
王朝國家的制度，一方面也把社會地位、族羣差異等有可能"梗化"的
因素儘量掩藏起來。

　　但是，不談土地問題，就無法全面把握十五、十六世紀宗族誕
生的文化背景。明初，里甲戶口的登記是與土地掛鈎的，也是與力役
掛鈎的。從作為法令頒佈的第一天開始，里甲登記就被破壞，因為只
要有辦法，所有里甲戶都逃避力役。但是，里甲登記也有些好處。里
甲戶既然被視為明王朝國家機器的名正言順的成員，一旦發生法律訴
訟，里甲戶就可以把里甲登記的文件拿到縣衙門去協助打官司；一旦
發生政治動亂，有否里甲登記，就成為是否"良民"的重要政治標籤，
因為登記成為里甲本身就意味着得到官府承認為"好百姓"。所以，到
了十六世紀，已經擺脫力役的里甲戶，卻仍然希望保留里甲的登記。
同時，由於里甲登記追不上人口變化，里甲的戶口，就不再對應於"同
居共爨"的家庭單位，而成為了賦役的單位、控制財產的單位。既然
明王朝編制的法令，以里甲登記為前題，並且又鼓吹理學禮儀。於是
"同居共爨"的家庭單位，就以理學的禮儀來包裝自己。這樣一個控制
財產的制度，以子孫相繼為組織規則，並以定期舉行的儀式來體現這

8

10　在華南部分地區，文字是通過宗教文獻進入尋常百姓家的。見 Michel Strickmann, "The
　　Tao among the Yao, Taoism and the sinification of south China," 載酒井忠夫先生古稀祝
　　賀記念の會編，《歷史における民眾と文化：酒井忠夫先生古稀祝賀記念論集》（東京：
　　國書刊行會，1982），頁 23-30。

些規則，就成為費里德曼所指的法人（corporation）了。不錯，早已有
人指出，書面文件的廣泛使用，是有助於商業活動的。更進一步，既
然簽署合約者可能是已故祖先、或順理成章地說是代表這已故祖先的
宗族，則這樣成立的公司，就能夠超越具體個人的壽命而長久延續，
在西方，商業公司是依靠法律來提供這種長久延續性的。禮儀，就像
王朝律例一樣，告知朝廷官員：簽署合約者有甚麼權利與義務，只不
過簽署合約者不是個人而是宗族。杜贊奇（Prasenjit Duara）把一個縣裏
面的關係、層級、權力的結合，說成為"權力的文化網絡"，是正確不
過的。[11]

　　因此，明王朝通過法律來創造里甲，而宗族則通過禮儀來繼承里
甲。當然，用禮儀來包裝的團體而能夠控制財產的現象，並不限於明
朝。在宋朝甚至更早以前，在中國的許多地區，佛教寺院就是主要的
控制財產機構。再之前，則貴族豪門當然也擁有大量財產。在中國歷
史上，王朝國家以不同方式容許控制財產的法人集團（incorporation）
的存在，因而產生的後果，也有顯著的不同。以奉祀神靈的廟宇來控
制財產，這是宋代華南某些地區甚為流行的控制財產方式，通過這種
方式而產生的多姓氏社會，是靠廟宇聯盟而凝聚在一起的。王朝國家
敕封這些神靈，也就承認了奉祀這些神靈的廟宇聯盟的權力與榮耀。
王朝國家對於天后的敕封，既是對於天后這位神祇的"靈惠"的肯定，
也是對於莆田即天后誕生之地的"效順"的肯定。但是，王朝國家通過
承認共同祖先而承認地緣組織，則會產生單姓氏社會，原因很明顯：
同一姓氏的祖父相代，子孫繁衍，自然就產生單姓氏社會。因此，共
同祭祀本身並不足以建構出一個宗族。一個人首先必須是某個祖先的
子孫，才能夠以宗族成員的身份祭祀這個祖先。而這宗族成員的身
份，既必須靠記憶和儀式來追蹤的，也必須靠書面記錄來追蹤的。因
此，比起以神廟為中心的地域聯盟，宗族缺乏開放性。話雖如此，必

11　Prasenjit Duara, *Culture, Power, and the State, Rural North China, 1900-1942*
　　(Stanford: Stanford University Press, 1988), pp. 15-41.

要時祖先也總是可以偽造的，因此宗族也並不總是拒絕外人的。

　　宗族就是地方社會與國家整合的這樣一種產物。要充分了解宗族，必須明白：王朝意識形態所提倡的宗族，其實並非那種在明朝之前就普及於地緣社區、並直到清中葉（亦即十八世紀末）仍普及於比較貧窮和弱勢的地緣社區內的宗族。那種在明朝之前就存在、並於比較貧窮和弱勢的地緣社區內繼續存在的宗族，是控制鄉村入住權的宗族。換言之，只要被確認為宗族的成員，就有權到山邊拾柴火、在荒地建屋。宗族的普及，得力於兩種制度，即白紙黑字的族譜和被稱為"家廟"的符合官方規制的祠堂，大部分老百姓開始接受宗族的"正宗"形態時，對這兩種東西是聞所未聞的。貴族當然是早就獲允建立家廟的，但家廟作為一種制度而獲得普及，卻是從明朝歷史上所謂"大禮議"的宮廷鬥爭才開始的，即大約在十六世紀二十到三十年代。事緣 1522 年即位的明世宗嘉靖皇帝，並非明孝宗弘治皇帝的親生兒子，也非過繼兒子，而是明孝宗弘治皇帝兒子、明武宗正德皇帝的堂兄弟。嘉靖皇帝認為，奉祀自己親生父親，即所謂"繼統"，才算是孝順。但是，朝廷內大部分官員卻認為，維持皇帝血脈於不墮，即所謂"繼嗣"才是最重要的，因此要求嘉靖皇帝視自己為弘治皇帝的兒子，即《明史·世宗本紀》所謂"考孝宗"。在這場"大禮議"中，"孝"的問題成為焦點，因為"孝"是嘉靖皇帝堅執不二的立場。所以，少數在"大禮議"中支持皇帝的官員，仿照官方"家廟"形制，在家鄉為自己的本宗修建祠堂，這種做法其實是一種政治表態。無論如何，修建祠堂，蔚然成風，因為朝廷也修改了律例，以迎合老百姓仿照官方"家廟"形制修建祠堂的熱情。因此，被稱為"家廟"的祠堂從此遍地開花。在過去幾百年，老百姓只在祖先墳前或家裏的祖先牌位前祭祀祖先，如今，他們仿照官方"家廟"形制修建祠堂，以彰顯宗族與官方的關係。首先是富裕人家仿照官方"家廟"形制修建祠堂，後來連貧窮人家也照學如儀，土地也必須劃撥到祖先的名義下，以便應付祭祀祖先

的開支 (即所謂 "蒸嘗")。[12]

從十六世紀開始的這場禮儀變革，前後用了足足三個世紀來完成。費里德曼筆下以祠堂為中心、聚族成村的現象，在明初是既稀少又孤立的。假使費里德曼在明初探訪珠江三角洲，他會看到佛教寺院的殘跡，這些寺院曾經是地方組織的核心；他會看到墳墓以及百姓在墳墓前祭祀祖先的情形；他會在岸邊水上看見七零八落的社區，裏面的人住在船與木棚上；他還會看到無數的廟壇，因為當時的神靈遠多於今天，甚至也遠多於費里德曼寫作時的二十世紀五、六十年代。明王朝縣級政府的行政改革，再加上造成家廟普及的禮儀改革，造就了宗族社會。這個宗族社會，萌芽於十六世紀，熬過了十七世紀明清王朝交替的衝擊，而終結於十九世紀。事實上，當宗族制度在十八世紀復興時，人們已把宗族視為古老的制度，而忘卻了它十六世紀的根源。當二十世紀的新知識分子視宗族為 "封建" 時，他們早已忘記：在培養百姓對於國家的忠誠方面，在培養鄰居的互信方面，在建立公司架構以控制財產、進行投資、因而實現經濟增長方面，正是宗族這個制度發揮了重大作用。

自十六世紀開始普及的理學，其關於王朝國家的理論，把祭祀祖先奉為圭臬，視祭祀祖先為王朝權力與地方社會的紐帶。地方社會通過儒家禮儀，把祖先作為地緣關係的基礎，也就分享王朝的權力。因此，地方社會與王朝共謀，把宗族作為建立社會秩序的基礎。宗族社會對於王朝國家、對於地方社會，都是個方便的建構。宗族代表着一種信仰，至多也不過是對於現實的大概的模擬，在大多數時候、在大多數地方，宗族更只不過是一種盼望。

11

12　Carney T. Fisher, *The Chosen One, Succession and Adoption in the Court of Ming Shizong* (Sydney: Allen & Unwin, 1990). 閻愛民，〈"大禮議" 之爭與明代的宗法思想〉，《南開史學》，1991 年第 1 期，頁 33-55。Thomas A. Wilson, *Genealogy of the Way: the Construction and Uses of the Confucian Tradition in Late Imperial China* (Stanford: Stanford University Press, 1995).

二十世紀對於宗族的批評是可以理解的。宗族開始被視為帶有壓迫性的，因為宗族賴以建立的意識形態，要求個人對於宗族作為一個公司集體作出貢獻，此外一切個人成就，均不認可。孝道不能成為平等與正義的基礎，卻強調敬畏與責任。自然正義（natural justice）也不建立於宗族理論，而建立在民間宗教、建立在滿天神靈中，要對付這些神靈是有辦法的，辦法就是為它們舉行儀式和要求它們遵守道德標準，這些辦法，最終都被寫下來，並被結合到儒學的社會理論。可見，把民間習俗吸納到王朝國家的意識形態，是維持王朝穩定的必要一步。但是，這個過程是永遠不徹底的，因為新的神靈可隨時誕生，現有的神靈也隨時受到新的詮釋，而且民間習俗中有些要素也是不容易被解釋成貼貼服服的。如果學者既不滿意於從王朝到宗族的一以貫之的專橫，又不滿意於臨時發明並往往幼稚的民間宗教習俗，則方便之門，就是獨自修煉，以冀求精神的平安。這也算是一種個人主義，但絕對無法發展出政治上的或者經濟上的個人主義。包括部分歷史學家在內的一些人，說宗族是封建的，這完全沒有說到點子上。宗族是中國十六世紀以來的商業革命的產物，出現於中國最商業化的地區，宗族往往以鄉村而非城市的制度出現，原因是中國的鄉村地區遠比城市地區為普遍。讀者將會看到：在像佛山那樣商業化與工業化的城鎮，宗族以優雅和嫻熟的姿態崛起，服務於商業的需要，強調公益、和平、穩定，以及效忠王朝。

我自己在這個複雜的領域的探索，得益於二十世紀八十到九十年代出版的許多研究著作，其中最重要的著作，是很早就與我密切合作的學者所寫得。鄭振滿於一九九二年出版了他有關福建宗族的博士論文，強調宗族的形成，有合同的成分，當時中國的歷史學家仍然認為宗族是血緣與繼承的產物，鄭振滿的研究，因此粉碎了這種觀點。[13] 鄭振滿之後與丁荷生密切合作的研究，以及丁荷生本人對於福建宗教的

---

13 鄭振滿，《明清福建家族組織與社會變遷》（長沙：湖南教育出版社，1992）。此書由宋怡明翻譯為英語，見 Zheng Zhenman, trans. Michael Szonyi, *Practicing Kinship, Lineage and Descent in Late Imperial China* (Stanford: Stanford University Press, 2002).

12   研究，通過研究禮儀來呈現地方社會的動態，與我自己的研究旨趣互
相呼應。宋怡明頗受鄭振滿的影響，繼續推進，以類似的研究方法，
重構福建省福州城外一個名叫螺州的地方的歷史。梁洪生與邵鴻在流
坑進行細緻的研究，並一手將流坑引進學術討論之中，通過流坑，他
們可以説再現了江西省宗族模式下的一條鄉村。蕭鳳霞為掌握中國
一九四九年以後社會變遷的歷史背景，對新會縣會城區進行了研究，
會城這個地區當然是珠江三角洲的一部分，而蕭鳳霞研究所涵蓋的時
段，比我在這本書所涵蓋的更長遠。陳春聲通過一系列論文，從廣東
省潮州府靠近福建的樟林鎮出發，探究三山國王信仰，該信仰與國內
外的所有潮州人社區的宗教活動都有關係。蔡志祥的博士論文研究中
山縣，之後，他繼續研究潮州商人的網絡。我思考珠江三角洲的問題
時，這些研究都為我提供了比較和借鑒的基礎。[14]

　　在中國或者西方的許多其他研究，為我所關心的制度，提供了研
究基礎，對我也產生莫大的裨益。劉志偉關於里甲的研究；田仲一成
關於戲劇的角色的研究；周紹明關於安徽省徽州府土地租佃制度的研
究和他近年關於書籍與出版的歷史的研究；伊佩霞（Patricia Ebrey）關
於宋朝的宗族的研究和她關於朱熹《朱子家禮》的接受史的研究，對於
我了解這個問題，產生了最深刻的影響。以宗族為核心的意識形態，
是自十六世紀開始演變出來的，但其演變的基礎，則是明朝初年的約
束人身的戶籍制度。在這個研究領域的主要研究者有：蕭啟慶、梁方
仲、傅衣凌、韋慶遠及約翰・達德斯（John Dardess）。

14　Helen F. Siu, *Agents and Victims in South China: Accomplices in Rural Revolution* (New
　　Haven: Yale University Press, 1989). Choi Chi-cheung, *Descent Group Unification and
　　Segmentation in the Coastal Area of Southern China*, Ph.D. dissertation (Tokyo: Tokyo
　　University, 1987). 關於這裏提及的珠江三角洲以外的研究，參見本書第 23 章。

　　同樣，關於道教及中國宗教的研究，也是至關重要的。我對香港新界地區的宗教科儀產生興趣，想了解這些科儀如何反映出當地權力和社會結構的變化。我最初的想法很簡單：雖然許多社會習俗本身隨着時代而變化，但社會觀念卻凝固於宗教科儀之中。事後看來，這種想法推出的研究路線，其成果超出我的想像，對此，我是到達相當深入的研究階段時才意識到的。在中國的王朝時代，社會是靠宗教禮儀來和國家打交道的，儘管這個互動過程在士大夫筆下並不一定很清楚，但馬伯樂（Henri Maspero）、施舟人（Kristoffer Schipper）、武雅士（Arthur Wolf）、勞格文、濱島敦俊、華琛（James L. Watson）、王斯福（Stephan Feuchtwang）、丁荷生、康豹（Paul Katz）、韓森（Valerie Hansen）、司馬虛（Michel Strickmann）、太史文（Stephen Teiser）、祁泰履（Terry Kleeman），以及姜士彬（David Johnson）等人的研究，都指出：各種神靈的歷史裏，以及祭祀這些神靈的儀式裏，蘊藏着豐富的史料，能夠展現社會通過宗教禮儀來和國家打交道的過程。施堅雅（G. William Skinner）關於農村市場網絡的洞見，作為學術基礎，改變了當年像我這樣的研究生的思路，使我們研究中國社會史時，以地域為焦點。[15] 最近，羅友枝（Evelyn Rawski）與柯嬌燕（Pamela Crossley）關

13

15　G. William Skinner, "Marketing and social structure in rural China," *Journal of Asian Studies*, vol. 24, no. 1-3 (1964-1965), pp. 2-43, 195-228, 363-399.

於清王朝的滿洲族羣問題的研究，也至有啟發性。[16]

比起上述研究，我覺得，最近西方的中國歷史研究，嘗試整合出一個大的框架，卻總不太能夠擊中要害。我認為，關於中國的市民社會的辯論，本質上是南轅北轍的，研究中國法律而完全不涉及禮儀，

---

16 Joseph McDermott, "Emperor, elites, and commoners: the community pact ritual of the late Ming," in Joseph McDermott ed., *State and Court Ritual in China* (Cambridge: Cambridge University Press, 1999), pp. 299-351; *A Social History of the Chinese Book: Books and Literati Culture in Late Imperial China* (Hong Kong: Hong Kong University Press, 2006). 劉志偉，《在國家與社會之間 —— 明清廣東里甲賦役制度研究》（廣州：中山大學出版社，1997）。Kristoffer Schipper, "The Written Memorial in Taoist Ceremonies." In Arthur P. Wolf ed., *Religion and Ritual in Chinese Society* (Stanford: Stanford University Press, 1974), pp. 309-324; "Vernacular and classical ritual in Taoism," *Journal of Asian Studies* vol. 65 (1985), pp. 21-51; Terry Kleeman, *A God's Own Tale: The Book of Transformations of Wenchang, the Divine Lord of Zitong* (Albany: State University of New York Press, 1994). Henri Maspero, trans. Frank A. Kierman, Jr., *Taoism and Chinese Religion* (Amherst: University of Massachusetts Press, 1971). Arthur P. Wolf, "Gods, ghosts and ancestors," in Arthur P. Wolf ed., *Studies in Chinese Society* (Stanford: Stanford University Press, 1978), pp. 131-182. John Lagerwey, *Taoist Ritual in Chinese Society and History* (London: Macmillan, 1987). Stephan Feuchtwang, "A Chinese religion exists," in Hugh D.R. Baker and Stephan Feuchtwang, eds., *An Old State in New Settings, Studies in the Social Anthropology of China in Memory of Maurice Freedman* (Oxford: JASO, 1991), pp. 139-161. James Watson, "Anthropological overview: the development of Chinese descent groups," in Patricia Buckley Ebrey and James L. Watson, eds., *Kinship Organization in Late Imperial China, 1000-1940* (Berkeley, Calif.: University of California Press, 1986), pp. 274-292. Kenneth Dean, *Taoist Ritual and Popular Cults of Southeast China* (Princeton: Princeton University Press, 1993); *Lord of the Three in One: the Spread of a Cult in Southeast China* (Princeton: Princeton University Press, 1998); "Transformation of the *she* (altars of the soil) in Fujian," *Cahiers d'Extreme-Asie*, vol. 10 (1998), pp. 19-75; Paul Katz, *Demon Hordes and Burning Boats: The Cult of Marshal Wen in Late Imperial Chekiang* (Albany: State University of New York Press, 1993). 濱島敦俊，《總管信仰：近世江南農村社会と民間信仰》（東京：研文出版，2001）。Valerie Hansen, *Changing Gods in Medieval China, 1127-1276* (Princeton: Princeton University Press, 1990). Michel Strickmann, "The Mao Shan revelations: Taoism and the aristocracy," *T'oung-pao* vol. 63 (1977), pp. 1-64; "History, anthropology, and Chinese religion," *Harvard Journal of Asiatic Studies* vol. 40 (1980), pp. 201-48. David Johnson, "The City-God Cults of T'ang and Sung China," *Harvard Journal of Asiatic Studies* vol. 45, no. 2 (1985), pp.363-457. Stephen Teiser, *The Ghost Festival in Medieval China* (Princeton: Princeton University Press, 1988). Evelyn S. Rawski, "Reenvisioning the Qing: the significance of the Qing period in Chinese history," *Journal of Asian Studies* vol. 55, no. 4 (1996), pp. 829-850. Pamela Crossley, *Orphan Warriors: Three Manchu Generations and the End of the Qing World* (Princeton: Princeton University Press, 1990); *The Manchus* (Cambridge, Mass.; Oxford: Blackwell Publishers, 1997).

也是徒勞無功的。[17] 關於市民社會的辯論也好,最近關於中國民法的討論也好,都不對我的胃口,因為它們都太歐洲中心了。如果我們同意:宗教與禮儀,在聯繫中國的王朝國家與地方社會方面扮演了主要角色,那麼,世俗化版本的市民社會,只能從西方引進中國,因為顧名思義,世俗化的市民社會當然不可能建立在宗教與禮儀之上。但是,哈貝瑪斯(Jürgen Habermas)研究十八世紀歐洲時,他的問題是:歐洲知識分子如何建立一個領域以抑制王權?他的答案是:歐洲知識分子創造了"社會"這個概念。如果我們也用哈貝瑪斯的問題來審視中國歷史,則答案應該是:在十六世紀,中國的士大夫也主張:即使貴為天子,也當敬畏從自然秩序誕生出來的禮儀。這個過程,與歐洲知識分子創造"社會"概念以抑制王權的過程,異曲同工。[18] 明朝的鄉村,就是通過禮儀這頂保護傘而掙脫王朝國家的控制、取得自主權的。我們甚至可以把這個過程回溯至更早:禮儀要能夠成為國家與社會互動的平台,前提是國家必須接納某種形態的道教,因而被鼓勵去參與地方社會的事務;前提是社會通過佛教的各種制度,培養出以文字來記錄祖先世系的習慣、培養出自行建立組織以融資的習慣。得力於禮儀的市民社會,其基石當然集中於祭祀神靈與祭祀祖先的地方:神廟與祠堂,這樣的市民社會,其法律也並不只限於王朝律例。滋賀秀三講得非常清楚:明清時期的地方官,是在禮儀─法律的秩序上審理案件的,因此,地方官於王朝的律例(法)之外,也同樣重視人的感受(情)、社會的秩序(理)。[19]

---

17 我對於市民社會論戰的看法,發表於 David Faure, "State and rituals in modern China: comments on the 'civil society' debate," 載王秋桂、莊英章、陳中民編,《社會、民族與文化展演國際研討會論文集》(台北:漢學研究中心,2001),頁 509-536。

18 同樣,在中國與西方,"法律"所被賦予的角色是有差別的,這種差別非常顯著,認識這種差別也很重要。參見 Harold J. Berman, *Law and Revolution, the Formation of the Western Legal Tradition* (Camb. Mass.: Harvard University Press, 1983).

19 滋賀秀三,〈清代訴訟制度之民事法源的概括性考察 —— 情、理、法〉,載王亞新、梁治平編譯,《明清時期的民事審判與民間契約》(北京:法律出版社,1998),頁 19-53。

讓我做個提要吧。我認為，把宗族的歷史放在地方的和政治的脈絡，能夠從幾個方面促進我們對於中國社會的理解。第一，我們能夠把中國社會轉變過程相當精準地確定於嘉靖時期，即大概在十六世紀二十到三十年代。第二，在這個社會轉變過程中，禮儀成了聯繫王朝國家與地方社會的主角。第三，這個社會轉變過程，與市場的貨幣化也發生關係，在實物稅被劃一計算並以貨幣方式徵收這一點上，關係尤其密切。第四，通過禮儀過程而出現的合股公司，能讓宗族緊握商機，籌集資本作投資之用。第五，不言而喻，儘管城市是王朝統治的重地，但王朝意識形態，卻致力於把王朝與鄉村社會聯繫起來，反把城市擠到角落去。

珠江三角洲的宗族社會，用三百年建立起來，根基穩固，而在十九世紀遭到破壞。破壞開始於意識形態層面，繼續於實踐層面。十九世紀的宗族，由於興辦團練成功，比幾百年前相比，擁有更強大力量。有見及此，因太平天國叛亂而財政收入大減、元氣大傷的清王朝，嘗試重新控制地稅，卻徒勞無功。但最終的後果是：由城市引進的西方思想所培養出來的新興知識分子，開始把宗族及其活動視為落後的根源。當時得令的籌集資本以進行金融投資的新制度，也成了商業公司。無論如何，當 1911 年清朝被推翻之後，沒有皇帝，只剩祖宗，原本把地方社會整合到國家去的方程式，就再也不靈了。同時，知識分子大多數主張，中國現代化的基礎應該是法律而非禮儀；新興的國家主義思想也主張，能夠讓中國富強起來的，不是農業，而是商業與工業。兩種主張不謀而合。因此，宗族歷史的續集，就是用法律取代禮儀來作為合股公司的歷史。不過，這卻是二十世紀中國的故事，也恐怕是另一本書的主題了。

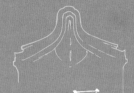

歷史地理

第二章
光怪陸離的廣州

　　如今這個年頭，流行的是板塊構造論。這個理論為珠江三角洲的地理提供了相當方便的解釋：珠江三角洲是個因沉積物堆積而升高的盆地。昔日大陸架上的島，變成珠江三角洲上的山，人類就在山腳下定居，開枝散葉。分別從東、北、西流進珠江三角洲上的主要河流，每年合共灌來八千萬噸沉積物，形成盆地。[1] 人類對於土地的需求，又進一步加速了這個自然的沉積過程，因為生齒日繁，糧價日高，對於種植糧食的土地的需求也就日益增加。人們築起溝渠，要排走滔滔河水，而在河水所帶來的沉積層上定居。但是，河水卻不肯輕易就範，而在堤壩之外積聚起來，堵塞了溝渠，還經常沖決河堤，倒灌到沖積平原中，淹沒了莊稼，卻也留下了更多沉積。馴服如此強大的河流，是得付出血汗，還得賠上性命的。

　　幾百年來，在這片起伏不定的土地上，廣州這個大都市顯得孤零零。它建立在從西流至的河流（西江）的主要河口和一座山（白雲山）的矮坡上。大約在公元前 221 年，秦朝的軍隊滲透該地區。若此事屬實，也就是在廣州這裏，秦朝的一名官員建立了自己的獨立王國。出土於廣州的南越國末代國王陵墓，有一銅提筒，筒上的浮雕，清楚顯

1　周源和，〈珠江三角洲水系的歷史演變〉，《復旦學報(社會科學版)》增刊，1980 年，頁 85-95。

示南越國君臣並非北方人。秦朝及其之前的王朝，把這一帶的南方人稱為百越，銅提筒上的浮雕，顯示一武士，頭戴着羽毛飾物，手拿着一個人頭，站在新月型的獨木舟上，無論怎麼看，都看不出華北民族的樣子。南越國人也許屬泰民族，或者與今天的馬來人更類似，但無論如何已經漢化，證據來自南越王墓裏的中文印章。從地區繼南越王墓之後出現的許多漢墓，我們看得出，中文已經進入該地區，該地區當時存在着一種定居農業文明，很輕易就被來自北方的、挾文字優勢的偉大文明征服。[2] 自晉朝（265—420 年）以降，歷代王朝除派遣官員到南方之外，更把廣州地區整合到王朝的政治版圖中。據傳說，最早受到王朝敕封的嶺南諸神之一，就是悦城龍母。到了晉朝，又增添了葛洪在廣州城東面的羅浮山上煉丹求長生不老的傳說。[3] 當佛教從東南亞向北傳播時，也在廣州的寺院中留下了痕跡。自秦朝以來，廣州已經成為中國的文明世界的一部分，儘管廣州的居民尚未陶冶於中國文明之化。

18

光怪陸離的廣州

在唐朝（618—907 年），廣州是阿拉伯商人從印度洋到中國海的海洋貿易路線上的一個港口，早在八世紀以前，珠江口一帶就已經出現

2　徐松石，《粵江流域人民史》（1938），載氏著，《民族學研究著作五種》（廣州：廣東人民出版社，1993）。Herold J. Wiens, *China's March Toward the Tropics : a Discussion of the Southward Penetration of China's Culture, Peoples, and Political Control in Relation to the Non-Han-Chinese Peoples of South China and in the Perspective of Historical and Cultural Geography* (Hamden, Conn.: Shoe String Press, 1954).

3　關於悦城龍母的最早記錄，見劉恂，《嶺表錄異》，九世紀末刊，卷上，頁 7，載《叢書集成初編》（上海：上海商務印書館，1936），第 3123 號，劉恂是九世紀在廣州任職的官員。關於羅浮山成為道教洞天一事，參見《茅君內傳》，載黃佐等纂，《羅浮山志》，嘉靖三十六年(1557)刊，藏香港中文大學圖書館微縮膠捲部，編號 mic890，卷 1，頁 6b。《茅君內傳》被認為成書於四世紀，但為晚出之著作所轉載。唐杜光庭的《洞天福地岳瀆名山記》，成書於九世紀，對道教的洞天作了有系統的描述，載《道藏》（北京：文物；上海：上海書店；天津：天津古籍，1988），第 11 冊。司馬虛探索了茅君的歷史，見 Michel Strickmann, "The Mao Shan revelations: Taoism and the aristocracy," *T'oung-pao* vol. 63 (1977), pp. 1-64.

了阿拉伯人社區。[4] 盧鈞於九世紀三十年代末擔任廣州刺史,根據《新唐書》的〈盧鈞傳〉,當時的廣州,"蕃獠與華人錯居,相婚嫁,多占田營第舍"。[5] 盧鈞禁止這些行為,但成效究竟有多大,不得而知。

　　外國人社區的東面,才是有城牆環繞的廣州城。比起宋代有城牆環繞的廣州城,唐代的廣州城小得多,城牆裏面有甚麼,也不清楚,大概是廣州刺史的衙署,但負責海洋貿易的官員的衙署、即成立於唐代宗寶應二年(763 年)的市舶使司,卻可能不在廣州城內,因為市舶使司很有理由要靠近港口,也就是說應該位於城牆以外。唐朝廣州城城牆以外的事物還有很多,尤其是主要的佛教寺院即光孝寺、六榕寺、華林寺。據傳說,光孝寺最初是南越國的一處宮署,三國時期,被吳國貶謫的學者虞翻在此講學,他逝世之後,這裏就成了佛教寺院。[6] 光孝寺的大雄寶殿,於東晉安帝隆安五年(401 年)由印度僧人曇摩耶舍(Dharmayasas)建立,這個宏偉的木構建築,今天仍然聳立。五、六世紀時期,光孝寺就像廣州的其他佛教寺院一樣,為印度佛教僧人提供住宿。華林寺之所在,就是所謂"西來初地",亦即來華印度佛教僧人中最著名的達摩(Bodhidharma)於梁武帝普通八年(527 年)踏足廣州居停之處。達摩是公認的佛教禪宗的開山祖師。就是在廣州這裏,佛教的經典被翻譯,被誦唱。光孝寺的記錄稱,禪宗六祖慧能(638 - 713 年)於唐高宗上元三年(676 年)在光孝寺接受剃度,然後

19

4　曾華滿,《唐代嶺南發展的核心性》(香港:香港中文大學出版社,1973)。曾昭璇,《廣州歷史地理》(廣州:廣東人民出版社,1991),頁 344-355。林天蔚著作的參考書目,非常有用,見氏著,〈論宋代對外貿易中廣州的繁榮問題〉,載國際宋史研討會秘書處編,《國際宋史研討會論文集》(台北:中國文化大學史學研究所史學系,1988),頁 63-79。有關八、九世紀時期阿拉伯與中國沿海貿易的概略,參見 George F. Hourani, *Arab Seafaring* (Princeton: Princeton University Press, 1995), pp. 61-79.

5　歐陽修、宋祁等撰,《新唐書》(北京:中華書局,1975),卷 182〈盧鈞傳〉,頁 5367。我把"華人"理解為"自己人",即已經分享着中原王朝文化的人的自我指稱。

6　G. E. Sargent, "The intellectual atmosphere in Lingnan at the time of the introduction of Buddhism," F.S. Drake ed., *Symposium on Historical, Archaeological and Linguistic Studies on Southern China* (Hong Kong: Hong Kong University Press, 1967), pp. 167-169.

住在六榕寺，但慧能的遺體，卻保留於廣東北部的曲江縣的南華寺。[7]

　　慧能的一生都籠罩於傳奇之中。他出家到湖北黃梅山的一個佛教寺院時，是個目不識丁的年輕人，卻繼承了五祖的衣缽，返回廣東。他逝世後不久，遺體就為廣東北部韶州的南華寺所保存，從此，南華寺就成了禪宗的朝聖地之一。伯納德‧弗爾（Bernard Faure）指出，這段歷史顯示，關於慧能的某些傳說，只不過反映出南華寺與禪宗的歷史重鎮——嵩山少林寺的競爭而已。[8] 但是，除南華寺捲入禪宗南北祖庭之爭以外，光孝寺也把慧能接受剃度時留下的頭髮，埋在一舍利塔下，看來也是想提高自己的地位。[9] 南華寺與光孝寺關於慧能的傳說與遺跡如此豐富，很容易讓人產生一個印象，以為唐朝初年佛教僧人在廣東一帶非常積極地弘揚佛法，但是，比較起鄰省江西，就知道這個印象不完全正確。唐朝初年的江西，響應朝廷尊崇佛法的號召，興建了大量佛寺。但在廣東，除了與江西接鄰的邊境即廣東北部的韶州附近，以及從這裏往南直到沿岸的一些零星據點（例如清遠縣）之外，佛教寺院主要集中於沿海城市例如廣州與潮州。[10] 在唐朝的廣東，城牆以外，並沒有多少證據顯示佛教對於當地土著產生甚麼重大影響。

　　唐帝國在廣州派駐刺史兼嶺南節度使，人所共知，這個職位是個肥缺。但是，廣州刺史的真正考驗，在於他是否有能力對付廣州城城牆以外洪荒世界裏的野蠻部落。廣州城的稅收大概是不足以供養當地

7　羅香林，《唐代廣州光孝寺與中印交通之關係》（香港：中國學社，1960），尤其參見頁 33-47、93-129。

8　Bernard Faure, "Relics and flesh bodies: the creation of Ch'an pilgrimage sites," in Susan Naquin and Chen-fang Y, eds. *Pilgrims and Sacred Sites in China* (Berkeley: University of California, 1992), pp. 150-189.

9　羅香林，《唐代廣州光孝寺與中印交通之關係》，頁 81-83。

10　有關江西佛教寺院的大概情形，參見韓溥，《江西佛教史》（北京：光明日報社，1995），頁 12-20、42-44。廣東佛教寺院中有些獨特的個案。例如清遠縣的飛來寺，其興建時間，早至六世紀，原因可從其地理位置得到解釋：飛來寺位於北江，而北江是從江西進入廣東的交通要道。至於建於唐朝的新興縣的佛教寺院，原因可能是新興是慧能的家鄉。見姜伯勤，《石濂大汕與澳門禪史：清初嶺南禪學史初稿》（上海：學林，1994），頁 76-89。

駐軍的，但這也許不要緊，只要來自南方的珍異寶貨能夠運到北方的
唐朝宮廷就可以。廣州城是個由中國王朝提供軍事保護的前哨，阿拉
伯商人在這裏與當地土著做生意。[11]

可以想像，"嶺南"這個廣東與廣西北部山"嶺"以"南"之地，
是光怪陸離的。早在唐朝征服嶺南之前，在中原人的成見裏，嶺南是
個專門出產奇珍異物之地。唐朝以來有關嶺南的著作，往往把《異物
志》當作權威來加以引述。這本書成於漢代，作者據說是個叫做楊孚
的人。根據《異物志》，南方的"異物"包括：一年兩造的稻米；孵出
幼鳥後把巢從樹上往下移的翠鳥；孔雀；美味的荔枝；與北方水產同
樣膾炙人口的鯪魚；檳榔；椰子；還有把臉皮割開、"皮連耳匡，狀如
雞腸，纍纍下垂至肩"的人類。[12] 唐代劉恂的《嶺表錄異》進一步擴
充了嶺南奇異風情的記載。該書留意到聚集在羣山之外、毒人致死的
"瘴"；該書提及颱風帶來的巨浪所造成的破壞，關於這一點，該書的
解釋是：廣州距離大海不過 200 里（115 公里）；該書也注意到"蠻"人
頭領家裏的銅鼓，這段記載更可能指的是廣西而非廣州附近的地區；
該書還提到半人半魚的"盧亭"，他們據說是叛亂領袖盧循之後，逃匿
海上，吃貝殼為生，住在用貝殼搭建的房子裏。[13] 唐朝的另一本書、
戴孚的《廣異記》，也提及嶺南有一種半人半獸的"山魈"，他們蹲在樹
上，向旅客索取過路費。[14]

11　關於唐朝針對嶺南土著部落而發起的軍事行動，以及唐代廣州官員"作法興利以致富"的
　　情況，見曾華滿，《唐代嶺南發展的核心性》，頁 31-40、61-67。

12　楊孚撰，曾釗輯，《異物志》（成書於二至三世紀，輯本刊於 1821 年），載楊偉羣校點，
　　《南越五主傳及其它七種》（廣州：廣東人民出版社，1982），頁 34-47。

13　劉恂，《嶺表錄異》（成書於九世紀），卷 1，載《叢書集成初編》（上海：商務印書館，
　　1936），第 3123 號，頁 4-5。

14　戴孚，《廣異記》，載陶宗儀，《說郛》（上海：商務印書館，1927），卷 4。山魈顯然是無
　　害的，不像有可能在荒野中碰上的某些其他怪物。對於進入羅浮山的道士，葛洪勸他們
　　在背後掛上鏡子，這樣，那些"老魅"由於無法改變自己在鏡子中的映像，就無法逼近。
　　不過葛洪也告訴道士，說他們有可能碰上小孩子，這些背向他們的小孩子，就是山魈，
　　可以呼喚他們，不會有危險。見葛洪，《抱朴子》，轉引自宋廣業，《羅浮山志會編》，康
　　熙五十五年(1716)刊，載《續修四庫全書》（上海：上海古籍出版社，1995），史部第
　　725 冊。

　　嶺南地區作為邊陲的這種光怪陸離的形像，使嶺南地區在人們的想像中被進一步邊緣化。嶺南人被認為是古怪的，而且是信奉古怪事物的。有關嶺南宗教習俗的描述，最能夠體現這一點。經常有記載，宣稱嶺南人與其他南方人（例如長江沿岸及長江三角洲的人）一樣，奉行"淫祀"：

　　　　嶺南風俗：家有人病，先殺雞鵝等以祀之，將為修福；若不差，即刺殺豬狗以祈之；不差，即次殺太牢以禱之；更不差，即是命也。不復更祈。死則打鼓鳴鐘於堂，比至葬訖。初死，但走大叫而哭。[15]

　　但是，除了向鬼神奉獻犧牲之外，最特別的，是請出朝廷的權威來約束鬼神：

　　　　高宗時，狄仁杰為監察御史。江嶺神祠，焚燒略盡。至端州，有蠻神，仁杰欲燒之，使人入廟者立死。仁杰募能焚之者，賞錢百千。時有二人出應募。仁杰問往復何用，人云："願得敕牒"。仁杰以牒與之。其人持往，至廟，便云有敕，因開牒以入，宣之。神不復動，遂焚毀之。其後仁杰還至汴州，遇見鬼者曰："侍御後有一蠻神，云被焚舍，常欲報復。"仁杰問："事竟如何？"見鬼者云："侍御方須台輔，還有鬼神二十餘人隨從。彼亦何所能為？"久之，其神還嶺南矣。[16]

21

　　狄仁杰是到長江下游而不是到嶺南做官的，因此上述記載把故事地點說成端州（肇慶），不過是以訛傳訛。[17] 但上述記載特別之處，是

15　李昉等編，《太平廣記》（北京：中華書局，1961），卷 288，頁 2292〈嶺南淫祀〉條。

16　李昉等編，《太平廣記》，卷 298〈神八〉，頁 2371〈狄仁杰〉條。

17　杜文玉，《狄仁杰評傳》（西安：三秦，2000），頁 46-50、252-64。

説神靈被擊敗之後，會跟隨在它們的征服者之後，後來出現於福建並傳入廣東的道教閭山派，也有類似的説法，二者可謂互相發明。無論是真是假，依靠朝廷權威，降服地方神靈，對於那些大講嶺南奇風異俗的人來説，是合理的。

悦城龍母的故事也類似。悦城與廣州同飲西江之水，悦城在上方，廣州在下方。故事稱：龍母變成了秦始皇的妃子，而秦始皇正是嶺南的征服者。在嶺南，王朝國家把地方神靈整合到更廣闊的宗教信仰中，似乎比赤裸裸的鎮壓來得更普遍。[18] 正如麥大維（David McMullen）指出：“比起（宋朝）理學家，唐朝學者們對於宗教信仰的態度是多元的，他們並不太關心正統的問題。”[19] 或者説，即使他們關心正統，也沒甚麼辦法來抑制嶺南的本土宗教信仰。把嶺南本土信仰加以“招撫”的嘗試，既不多見，也不頻密。更多的時候，是來自北方的士大夫對於南方的宗教習俗見怪不怪，並一直抱有北方的優越感。因此，歷代王朝就把珠江口扶胥鎮（今天的黃埔）的一個歷史悠久的神壇，指定為南海神廟，定期祭祀。[20] 唐朝的文獻也提及羅浮山的朱明洞，視之為道教十大洞天之一。朱明洞與其説是個山洞，倒不如説是個佈滿圓石的山坡。這種地形，很可能也就是某個本地信仰的崇拜對象的所在。[21] 更重要的是，羅浮山流傳下來的，是葛洪煉丹及葛洪妻子鮑姑擅長艾灸的事跡，這些事跡都被記錄在一個據説發生於唐朝的故事及之後的傳説中。鮑姑與廣州淵源不深，但鮑姑在廣州頗有名氣。位於宋朝廣州城城牆以內的一座小山上的三元觀，就是供奉她的，至

22

18　這個故事收錄於劉恂《嶺表錄異》，頁 7。劉恂在九世紀末到廣州做官。

19　David McMullen, *State and Scholars in T'ang China* (Cambridge: Cambridge University Press, 1988), p. 250.

20　對於南海神的祭祀，始於公元 594 年隋文帝的聖旨，並於 726 年得到唐玄宗的重申。751 年，南海神被敕封為廣利王；1041 年，南海神又被敕封為洪聖。參見曾一民，《隋唐廣州南海神廟之探索》（台中：東魯書室，1991）。

21　黃佐，《羅浮山志》；宋廣業，《羅浮山志匯編》；Michel Soymié, "Le Lo-feou chan, etude de geographie religieuse," *Bulletin de l'Ecole francaise d'Extreme-Orient*, 48:1 (1956), pp. 104-119.

今仍存。[22] 關於羅浮山的這些故事，不可等閒視之。在基本上是由北方人創作的關於嶺南的文獻中，存在着像葛洪這樣縱橫南北的角色，這一點是很重要的。這一點顯示：把地方信仰整合到王朝宗教體系，等於另闢疆域，這個疆域不是靠中央王朝的軍事擴張或者政權指揮線而劃定的；在這個疆域裏，嶺南和中國其他地方一樣，既服從皇帝的一統權威，也服從地方神靈的個別權威。

　　南方之人，也出了些學者，但為數不多。黃佐（1490－1566年）是第一個為珠江三角洲人物編寫傳記的土著。他這部《廣州人物傳》收錄了截至唐末（907年）為止的十二名與廣州地區有關的人物。除了少數例子以外，這些我們如今叫得出名字的人，幾乎都是站在政權那一邊的。這十二人中，有三人是由王朝駐廣州官員提拔的本地望族；有四人做了官，其中三人是地方豪強，雖歸順朝廷而仍擁有子弟兵；只有三人在黃佐眼中真正作出學術貢獻，他們是：在東漢末年黃巾之亂時（184—192年）提倡移風易俗的董正，在西晉初年被委任為地方官、並寫出黃佐眼中第一部詳盡的廣州歷史的王範，在九世紀末中進士並退隱山林的楊環。但是，在廣州佛寺翻譯佛經和為廣州的阿拉伯社區翻譯阿拉伯文的兩名翻譯家，卻沒有留下姓名。[23]

　　對於嶺南地區早期的社會組織，我們知道得很少。唐代的文獻偶然提及地方領袖的名字。這些地方領袖無疑包括了薛愛華（Edward Schafer）所說的"中原貴裔"（creoles）。但是，我們應該明白：使用"蠻夷大長老"的"長"這類字眼來形容嶺南的男女領袖，既暴露出使用者的族羣偏見，也暴露出使用者的無知。廣州城內的政府，與中原王朝體系保持密切聯繫。但是，廣州城以外，是個由本地力量控制的"蠻荒

22　這個關於崔煒的故事，載李昉等編，《太平廣記》，卷34，頁216-20。愛德華・沙費（Edward Schafer）對這個故事作了個提要，見 Edward H. Schafer, *The Vermilion Bird, T'ang Images of the South* (Berkeley: University of California Presss, 1967), p. 97. 這個故事，內容非常豐富，充分展現了唐朝人對於南方的觀念，在唐朝人觀念中，構成其南方觀的各種角色，都與廣州城及其附近地區有關。

23　黃佐著，陳憲猷疏註、點校，《廣州人物傳》（廣州：廣東高等教育出版社，1991年據1526年刊本排印），頁9-12、26-28、58-59。

世界", 對於這個 "蠻荒世界", 廣州城裏沒有多少人理解, 也沒有多少人打算理解。

南漢：一段插曲

唐帝國在嶺南的軍事力量, 被黃巢之亂粉碎了。黃巢在北方吃了敗仗之後, 延岸焚劫而南。廣州於公元 878 年被黃巢攻陷、洗劫, 據阿拉伯旅行家阿蔔・賽義德・哈山 (Abu Zaid Hassan) 記載, 廣州城大概有十二萬人先後遭到屠殺。[24] 之後, 包括黃巢帶進廣東的殘部在內的盜匪, 橫行無忌, 唐朝官兵完全莫可奈何。最後, 其中一股盜匪佔領廣州, 建立新王朝, 才恢復了秩序。這個王朝的統治者姓劉, 國號曰漢。

被歷史學家稱為南漢的這個王朝, 興於 907 年, 亡於 960 年, 而就在這幾十年間, 廣州出現了劇變。[25] 南漢歷代君主, 統治風格獨特。他們恢復了海洋貿易, 再度開發採珠業, 當然, 採珠業成了皇家專利。他們也模仿中國的帝王, 制定年號, 委任官吏, 並培養軍事力量, 包括一支象兵。愛德華・沙費認為, 在南漢君主身邊充當顧問, 都是北方賢士。但經仔細考究, 則南漢朝廷的高級官員, 似乎都來自嶺南本土所產生的士紳階層, 儘管不一定是產生於珠江三角洲, 甚至不一定是產生於廣州。這些南漢高官中, 有少數宣稱祖籍北方, 但也承認他們的家族已在南方定居兩至三代之久, 他們所謂的南方是指粵北、廣西或福建地區 (福建當時屬閩國)。閱讀及書寫中文的能力, 成了人才市場追逐的對象。在公元 877 年中進士的倪曙, 為避黃巢之亂, 返回福建家鄉, 效力於閩國。倪曙出使廣州時, 被南漢君主劉隱扣留

24　張星烺,《中西交通史料匯篇》(北京：輔仁大學圖書館, 1930), 卷 2, 頁 61-68, 轉引自中元秀、馬建釗、馬逢達,《廣州伊斯蘭古跡研究》(銀川：寧夏人民出版社, 1989), 頁 276-277。

25　關於南漢的嶺南本土性格的問題, 參見 Steven Bradley Miles (麥哲維), "Rewriting the Southern Han (917-971): the production of local culture in nineteenth-century Guangzhou," *Harvard Journal of Asiatic Studies* 62:1 (2002), pp. 39-75.

錄用。於公元 959 年被誣告謀反而遭處決的鍾允章，就是在劉龑統治期間中進士的，以文學著稱。[26] 南漢君主照搬中原王朝模式，恢復科舉，作為招募士人充當高級官員的制度。[27]

如今，南漢君主最為人所知的，是他們的殘暴，但較少人注意到他們的巨額財富。反映他們的財富的證據之一，是他們大興土木。正式稱帝開創南漢的劉龑，就建造了以金、銀、珍珠為裝飾的"玉堂珠殿"。他的兒子劉晟，據說在廣州城以外建造了超過一千座行宮，作為狩獵時駐蹕之用。南漢末代皇帝劉鋹，則向其征服者宋太祖呈上一個用珍珠紮製的馬鞍，宋太祖"以錢百五十萬給其值"。

除了大興土木之外，對於廣州城內及城郊的佛寺，劉鋹也是個大施主。然而，對於佛教在短暫的南漢時期的曇花一現，我們不應視為佛教的勝利，而應視為佛教的本地化。南漢君主既崇佛教，也崇道教。當公元 914 年之際，劉龑已建造了自己的道教洞天，供奉葛洪和某個源自廣西的玉宸祖師的石像。[28] 公元 925 年，三清殿出現白虹，羣臣認為這代表白龍現身，劉龑因此改元白龍。[29] 公元 941 年，劉龑生病，有"胡僧"認為，劉龑本名"岩"，"岩"會帶來厄運，於是採取《易經》"飛龍在天"之義，改為合"龍""天"於一體的"龑"。[30] 劉龑的兒子及繼位者劉晟，在英州遇到"野人"，得授"神丹"，將之珍藏於雲華石室。這個雲華石室，大概就是劉龑建造的那個道教洞天。[31] 即使在位期間大力布施佛教寺院的劉鋹，也在宮廷內供奉女巫樊鬍子（大概是個外國人），她自稱玉皇大帝降身，坐在專為玉皇大帝而設的寶座上，代玉皇大帝宣示禍福。梁廷楠《南漢書》對於劉鋹大肆興建佛寺的評論

24

26　梁廷楠著，林梓宗校點，《南漢書》（廣州：廣東人民出版社，1981 年據道光九年 [1829] 刊本排印校點），頁 48，59-60。

27　梁廷楠，《南漢書》，頁 47。

28　梁廷楠，《南漢書》，頁 6。

29　梁廷楠，《南漢書》，頁 9。

30　梁廷楠，《南漢書》，頁 13。

31　梁廷楠，《南漢書》，頁 18、81。

本身，就很能反映南漢時期廣州地區佛教與道教的共榮："又崇信釋氏教，於府城四面建二十八寺，以應列宿"。[32]

因應二十八星宿位置來興建佛寺這種做法，從佛教的角度來説，真可説是丈二金剛摸不着頭腦。無獨有偶，公元 942 年，起兵背叛南漢的張遇賢，也宣稱得到"神"示，意識到自己前生乃是十六羅漢之一。[33] 這些記載，正如劉龑的佛寺一樣，都見證了佛教在嶺南的傳播。但佛教的禮儀與教義，也不過是為嶺南人所運用的力量之一，正如嶺南本土神靈的法力一樣。

無論如何，在南漢皇室的扶持之下，佛教勢力確實建立起來，並且壯大起來。向劉晟宣講佛法的文偃，創建了雲門寺，該寺也靠近韶州。文偃死後，其金身被送到劉晟的宮廷內，接受崇拜，然後再被送回雲門寺。[34] 由文偃剃度的達岸（918 — 978 年），到曹溪寺向慧能的畫像禮拜，然後掛單於法興寺（即未來的光孝寺），又創立了寶光寺，門徒雲集，以至於要在寺院附近的田地上搭建草棚來安置他們。[35] 南漢的一位公主，因為在曹溪寺打破了慧能化緣用的托缽，把三千畝田地賜給該寺作為賠償。[36] 劉龑的一個女兒則在寶莊嚴寺（即日後更為人所熟悉的六榕寺）出家為尼，劉龑因此於 964 年向該寺捐贈了一口銅鐘。[37] 劉龑為光孝寺鑄造的一座鐵塔，仍於原地屹立至今。劉龑的宦官與大臣為開元寺鑄造的另一座鐵塔，亦於原地屹立至今。[38] 佛教組織，即使有時候被皇帝鎮壓，仍然堅韌不拔，興建於唐代的開元寺，本身就是

32　梁廷楠，《南漢書》，頁 29。

33　梁廷楠，《南漢書》，頁 103。

34　梁廷楠，《南漢書》，頁 88、95-97。

35　梁廷楠，《南漢書》，頁 98-99；何淙纂輯，《光孝寺志》（原刊乾隆三十四年 [1769]，上海：中華書局，1935 年影印），卷 7，頁 2a-3a；關於寶光寺，參見仇池石，《羊城古鈔》（嘉慶十一年 [1806] 刊，順德潘小磐縮印，1981），卷 3，頁 38a-b〈大通古寺〉條。

36　梁廷楠，《南漢書》，頁 43。

37　梁廷楠，《南漢書》，頁 23、99。

38　羅香林，《唐代廣州光孝寺與中印交通之關係》，頁 163-172。

個見證。南漢文獻，把開元寺說成天清觀，這兩個名稱分別代表佛教與道教。劉鋹在位的末年，想把自己與兒子的雕像安置於天清觀的偏殿，但是，劉鋹的宦官與大臣捐贈給天清觀的鐵塔，仍刻上佛像，這反映出：雖寺名已改，但佛法不滅。[39] 劉鋹的另一位大臣，則在羅浮山附近建立資福寺，這裏原本是劉鋹打算興建行宮之處。[40] 大抵劉鋹禮拜諸神而並不獨崇佛教，劉鋹的大臣們則各有自己的佛教門派。

公元 971 年，南漢被入侵的北宋軍隊降服了，且並沒有造成太大的破壞。南漢在廣州的宮廷被焚毀，但許多南漢時期的建築存留至宋代。南漢君主劉鋹投降了，他和他的幾個大臣被押送至開封，大臣們被處決，他則被赦免。

北宋

宋朝征服南漢的最重要後果，也許就是從公元 971 年起至 1050 年儂智高叛亂為止的接近一百年的和平。但是，在宋朝統治嶺南的這第一百年間，廣州大體上仍然是個極邊之地。宋朝政府在廣州建立起來的行政體系，與北方的行政體系是一樣的，但是，在北方，土地稅是政府財政收入的主要來源之一，在廣州地區則不然。宋朝不再像南漢那樣把採珠業作為政府專利，卻把注意力轉移到鹽業和商稅，鹽業是宋朝政府專利的鹽業，而商稅的主要來源就是海洋貿易和礦物出口、尤其是鐵器的出口。廣州未必是鹽或鐵的交易中心，但應該是繼續像從前那麼富庶的。宋真宗景德四年（1007 年），西江地區爆發的叛亂有威脅廣州之勢，有記載顯示，皇帝本人告訴大臣說，他很擔心廣州的財賦會成為叛亂者覬覦的目標，而萬一廣州真被叛亂者佔領，則更會滋生大亂。[41] 對廣州來說，海洋貿易才是利藪，關於商旅從東南亞前來

39　梁廷楠，《南漢書》，頁 24。

40　張二果、曾起莘著，楊寶霖點校，《崇禎東莞縣志》（東莞：東莞市人民政府，1995 年據崇禎十年 [1639] 刊刻本排印），頁 941-2；梁廷楠，《南漢書》，頁 69。

41　陳昌齊等纂、阮元等修，《廣東通志》（上海：商務印書館，1934 影印 1822 刊刻本），總頁 3382。

廣州的記載，又頻密起來。[42]

宋朝以來的記載，讓人以為，宋朝管治廣州，甚有條理，勝於南漢，當然更勝於唐朝。仔細一看，則其實許多措施，是南漢對中原王朝的模仿，而宋朝率由南漢之舊章而已。有研究認為，宋朝政府（必須指出，主要是位處長江下游的南宋政府）對於縣以下的管治，比前代有很大的進步。[43] 但是，即使在儂智高叛亂平定很久之後，也看不出宋朝對於嶺南地區的縣以下的管治，有甚麼具體的制度可言。沒有證據顯示嶺南地區百姓在北宋時期被納入戶籍登記。用來形容宋朝廣東民壯的 "弓兵"、"矛兵" 這類字眼，說得好聽，其實不過顯示本土力量擁有武裝，捍衛自己的利益，一如從前。但是，早於北宋初年，引人注目的改變仍然出現了，這就是一套新式禮儀的推廣，以及用科舉考試招募土著做官的制度。宋太宗於雍熙二年（985 年）下旨，要求嶺南百姓於婚喪期間的衣着，須符合禮儀的規定；禁止以人為犧牲，獻祭鬼神；禁止和尚娶妻。淳化元年（990 年），宋太宗再度頒佈禁令，禁止以人為犧牲，獻祭鬼神，凡檢舉者有獎賞。宋仁宗即位首年、天聖元年（1023 年），亦下詔禁止 "巫" "覡" 以巫蠱之術害人。[44] 至於科舉方面，數字是很能夠說明問題的。整個唐朝 289 年間，全廣東只 35 人獲得進士學位（其中 5 人來自丞相張九齡家族），而來自廣州及其附近的就有 8 人。唐宋之際的 53 年間，全廣東只出了 8 名進士，其中 2 名來自廣州及其附近。但是，在北宋 155 年間，全廣東出了 189 名進士，其中 31 名來自廣州及其附近。[45] 以上數字並不意味着廣州已經成為嶺南的學術重鎮，當時嶺南的學術重鎮，其實在廣東北部，大約在韶州和連州一帶。但是，隨着進士人數的增加，被稱為 "鄉紳" 的文人階層誕生了。"鄉紳" 這個文人階層利用王朝政權來合理化自己的地位，也

42　關履權，《宋代廣州的海外貿易》（廣州：廣東人民出版社，1987），頁 25-28、66-70。

43　關於這一點，在英語研究著作中，最值得注意的是 Brian E. McKnight, *Village and Bureaucracy in Southern Sung China* (Chicago: University of Chicago Press, 1971).

44　陳昌齊等纂、阮元等修，《廣東通志》，總頁 3380、3382。

45　數字據陳昌齊等纂、阮元等修，《廣東通志》，總頁 1107-1123。

認為自己與王朝政權禍福與共。這種鄉紳，是在北宋時作為一個階層
而出現於嶺南的。

第三章
儒家思想打進來了

　　宋朝的行政改革，著稱於後世，但其實展開得很慢，而在廣州地區，比在長江下游或福建沿岸，展開得更慢。在北宋中國的部分地區，朝廷法令的覆蓋面明顯擴張了，但在廣州地區，這種擴張並不明顯。宋朝的珠江三角洲，分設五縣：南海、東莞、增城、新會和建立於南宋高宗紹興五年（1135 年）的香山。[1] 雖然廣州一定有高級官員進駐，但遲至神宗時期（1068—1085 年），縣官才被委派到縣城去。[2] 即使儂智高的叛亂（1050—1051 年）也沒有為廣州的行政方面帶來任何重大改革。以儂智高為首、來自廣西的叛軍，就像南方所有非漢族羣那樣，被形容為＂蠻＂，他們包圍了韶州與廣州。韶州當地的文人余靖，因為組織抵抗有功，而受到嘉獎。[3] 但是，儂智高叛亂平定之後，廣東、廣西合共有 691 人獲授舉人，則因平亂有功而地位得到提升者，又何止余靖一家。[4] 如果王朝統治廣州及其周邊地區的方式有甚麼改變的話，原因是士紳階層在慢慢形成。黃佐就記載了丁璉的故事，丁於

1　李吉甫，《元和郡縣圖志》(813 年刊)；樂史，《太平寰宇記》(976-983 年刊)；歐陽忞，《輿地廣記》(1117 年刊)；王象之，《輿地紀勝》；《宋史》，俱轉引自陳昌齊等纂、阮元等修，《廣東通志》（上海：商務印書館，1934 影印 1822 刊刻本），頁 93。

2　徐松輯，《宋會要輯稿》（台北：新文豐：1976 年影印清輯本），頁 3803-5。

3　陳昌齊等纂、阮元等修，《廣東通志》，頁 3383-4。

4　陳昌齊等纂、阮元等修，《廣東通志》，頁 3384。

1079 年中進士，當時剛剛上任的廣州知府蔣之奇，出了名的看不起南方籍士紳和官員，卻大為丁璉的學問所折服。[5] 再下一代的廣州士紳，開始利用理學壯大自己。但是，直至北宋末年，廣州的知識精英，仍然被省城的一小羣北方長官所壓制，抬不起頭來。

　　文化背景的改變，卻突然得很，觸發點就是宋朝被迫放棄華北、遷都杭州一事，即公元 1138 年左右。王朝中心的南移，急劇地扭轉了華南歷史的進程。從此，王朝政權不再把廣州當成奇珍異寶的百貨店，而開始認真地希望把廣州的精英整合到王朝之內。當然，歷史從來都不很依照一條直線發展。中原王朝對於嶺南的政治整合，是在經濟發展、禮儀改革的背景下進行的。結果不僅改變了華南本身，也把華南變成一股推動力量，對整個中國都產生了影響。

儒學

　　宋哲宗元祐二年（1087 年），剛走馬上任的廣州知府蔣之奇，按照朝廷禮制，在州學進行釋奠禮祭祀孔子時，發現當地儒學不過是一所簡陋狹窄的廳堂。蔣之奇深感丟臉，下令重修。他說，即使釋、道，都懂得尊重自己的祖師，儒怎能不尊重孔子！[6] 蔣之奇的意見恐怕不是泛泛之談。北宋時期的廣州，有不少漂亮的佛寺與道觀，佛寺、尤其是光孝寺，在珠江的潮汐地帶擁有相當多莊園。蔣之奇的描述亦不見得是廣州獨有的現象。在北宋中國的大部分地區，佛寺都要比儒學更宏偉體面。

　　蔣之奇抵達廣州的時間，距離南方土著儂智高圍攻廣州城一事，不足二十年。這二十年對於廣州來說，很是熱鬧，文獻對此有豐富的

5　黃佐著，陳憲猷疏註、點校，《廣州人物傳》（廣州：廣東高等教育出版社，1991 年據 1526 年刊本排印），頁 110-1。

6　陳大震、呂桂孫纂修，廣州市地方志編纂委員會辦公室編，《元大德南海志殘本・附輯佚》（廣州：廣東人民出版社，1991 據 1304 年殘本排印），頁 156-60。蔣之奇傳記，載黃佐纂修，《廣東通志》（香港：大東圖書公司影印 1561 刊刻本），卷 47，頁 54a-55a，總頁 1231-2；脫脫等編纂，《宋史》（北京：中華書局，1977），頁 10915-10917。

記載。在這裏我們不必進入細節，只須強調一點：在北宋早期，廣州
不僅沒有文人階層可言，許多官員也是由本地人充任，而這些本地人
究竟管轄甚麼地方，也是不清不楚的。廣州之 "不文"，在另一名廣州
知府章楶於宋哲宗紹聖三年（1096 年）撰寫的〈廣州府移學記〉中，
得到印證。據章楶說，在十一世紀四十年代，宋仁宗下旨，要全天下
興建學校，廣州就把 "西城蕃市" 的 "夫子廟" 改建為儒學。宋仁宗皇
祐二年（1050 年），儒學遷移；宋神宗熙寧元年（1068 年），因儂智高
圍攻廣州城之後，廣州增修城牆，儒學所在地劃入城牆範圍，再度遷
移。翌年，有個叫李富的本地有錢人，為儒學興建大殿和偏殿，但建
築質量欠佳，於熙寧二年（1069 年）上任的轉運副使陳安道，就勸李
富捐錢了事。之後，熙寧四年（1071 年）上任的知廣州事程師孟又擴
建了儒學。因此，那座讓蔣之奇舉行釋奠禮時感到丟臉的儒學大殿，
就應該是以上諸公努力的一部分成果了。[7] 蔣之奇的繼任者章楶重建儒
學時，"先之以夫子之殿，次之以議道之堂，兩廡及門，先後有序，講
堂最後，為其梁棟未具爾。"[8]

29

章楶的描述，很能夠得到《宋會要》之類的宋朝官方文獻的印證。
《宋會要》記載仁宗景祐五年（1038 年）安徽潁州興建儒學時，附上評
論說：仁宗於明道（1032 — 1033 年）及景祐（1034 — 1037 年）年間，
下旨於州、縣興建儒學，並撥給土地以資瞻養，從此，許多地方都建
起了儒學。[9] 慶曆四年（1044 年），仁宗又下旨，明令在府、州設立儒
學，在能夠招到二百名以上學生的縣，也要設立儒學；指派儒學教師
的責任，則落在當地轉運使的身上。[10] 哲宗元祐九年（1094 年），有聖
旨下令停建縣學，以修葺縣學為名的籌款活動，也被定為非法行為，
最高刑罰杖一百。顯然，尚書省已經意識到各地興建儒學時的違規行

7　廣州市地方志編纂委員會辦公室編，《元大德南海志殘本・附輯佚》，頁 160-164。章楶
　　傳記，載黃佐纂修，《廣東通志》，卷 47，頁 55b-57a，總頁 1232-3。

8　廣州市地方志編纂委員會辦公室編，《元大德南海志殘本・附輯佚》，頁 162。

9　徐松輯，《宋會要輯稿》（台北：新文豐，1976 影印），頁 2174-2175。

10　徐松輯，《宋會要輯稿》，頁 2175。

為。[11] 十一世紀中葉珠江三角洲及其周邊地區大建儒學的現象，是官方制定的正規教育擴展的結果。[12]

興建儒學，把地方精英整合到王朝之內。我們對這一招的功效，不宜作過高估計。章楶的文章，注意到了商業化的廣州與方興未艾的士人理想之間的鴻溝：

> 蓋（廣州）水陸之道四達，而蕃商海舶之所湊也。犀象珠玉，異香靈藥，珍麗瑰怪之物之所聚也。四方之人，雜居於市井，輕身射利，出沒波濤之間，冒不測之險，死且無悔。彼既殖貨浩博，而其效且速，好義之心，不能勝於欲利，豈其勢之使然歟？又其俗喜遊樂，不恥爭鬥。婦代其夫訴訟，足躡公廷，如在其家室，詭辭巧辯，喧嘖誕謾，被鞭笞而去者無日無之；巨室父子或異居焉；兄弟骨肉急難不相救；少犯長、老欺幼而不知以為非也；嫁娶間有無媒妁者，而父母弗之禁也；喪葬送終之禮，犯分過厚，蕩然無制。朝富暮貴，常甘心焉。豈習俗之積久，而朝廷之教化未孚歟？[13]

就是這類論調，為興建儒學所帶來的教化任務鋪開了路子。

宋朝廣州特別之處，在於其外籍人口不僅人數眾多，而且大概也力量強大。當然，在這裏我們只能依靠筆記小說了。[14] 管治外國人社區的，是所謂"番長"，他負責邀請外國商人參與朝貢貿易。這些外國商人中，有些已經定居廣州，歷經幾代了。曾經在元豐年間（1078—1085

30

11　徐松輯，《宋會要輯稿》，頁 2176。

12　韶州府學與南雄府學，可以作為廣州附近地區興建儒學的例子。韶州府學興建於 1006 年，修葺與擴建於 1055 年、1074 年、1092 年；南雄府學興建於十一世紀四十年代，並重修於 1065 年、1108 年。見黃佐纂修，《廣東通志》，卷 36，頁 40a-40b、51a-51b，總頁 914、920。

13　廣州市地方志編纂委員會辦公室編，《元大德南海志殘本·附輯佚》，頁 160-1。

14　參見陳學軍，〈宋代廣州的蕃姓海商〉，載蔡鴻生編，《廣州與海洋文明》（廣州：中山大學出版社，1997），頁 49-126。該文對宋代廣州的外國社羣作了系統性的概述。

年）住在廣州的朱彧，就記錄了一個住在番坊的劉姓男子故事，他娶了宋朝皇室的女子，因而獲授官職。無獨有偶，上文提到的劉富，也住在番坊附近，不妨把這兩位劉姓之人比較比較。劉姓男子死，沒有子嗣，家屬爭奪財產，事情抖了出來，“朝廷方悟宗女嫁夷部”。特別值得注意的是，朱彧指出，皇室女子不能與祖宗三代都沒有功名的人通婚，但未嘗不能與外國人通婚。[15] 另一個得自親身見聞的記載，出現於十二世紀，提及定居於廣州的蒲氏，家宅非常豪華。[16] 黃佐於明世宗嘉靖四十年（1561 年）刊行的《廣東通志》，則收錄了主簿蘇緘的故事：在一個宴會上，有一富商試圖坐在蘇緘身邊，被蘇緘以杖刑處罰。富商向蘇緘的上司投訴，蘇緘堅持己見，謂自己官職雖低，地位仍高於商人。[17] 儒學興建於番坊，當然不是偶然的。廣州建學校修城牆的歷史顯示：至少到十一世紀為止，外國人社區仍然主導廣州的社會與經濟活動。根據十二世紀的一篇文章，知廣州事程師孟擴建儒學時，名叫卒押陀羅的廣州阿拉伯裔番長，不止捐獻土地，還捐出一棟房子，作為番坊子弟讀書上課之用。後來，程師孟增修廣州城城牆時，即將離開廣州的卒押陀羅也表示願意效力，但宋朝政府拒絕了他的好意。[18]

番坊大概也是廣州城最商業化的地區。雖然儒學文廟就在番坊，但並不意味着番坊的外國商人從此服膺儒術。現有文獻清楚顯示：廣州富裕之家，即使不住在番坊，也緊靠番坊。[19] 但是，儒學建成後不久，外國人也試圖獲允入讀。看來，雖然外國人的一些習俗，例如宗

15　朱彧撰、李偉國校點，《萍洲可談》（宋元筆記叢書，上海：上海古籍出版社，1989），頁 31-2。

16　岳珂，《桯史》（北京：中華書局，1981 據 1214 年刊刻本排印），頁 125-6；羅香林，《一八四二年以前之香港及其對外交通》（香港：中國學社，1959），頁 143-64。

17　張廷玉等修，《明史》（北京：中華書局，1974），頁 13156；黃佐纂修，《廣東通志》，卷 47，頁 32b，總頁 1220。

18　廣州市地方志編纂委員會辦公室編，《元大德南海志殘本・附輯佚》，頁 164-6；陳學軍，〈宋代廣州的蕃姓海商〉，載蔡鴻生編，《廣州與海洋文明》，頁 49-126。

19　黃佛頤（1885-1946），《廣州城坊志》（廣州：南大學出版社，1994 據 1948 年嶺南叢書本排印），頁 160-167；曾昭璇《廣州歷史地理》的附錄內，提供了該地區的簡圖。

教，把他們與本地人分隔開來，但是，外國人卻也並不是固步自封的。我們這種分析，應該不是無稽之談。廣州番坊，正好就是今天廣州穆斯林禮拜之處，這裏有一座始建於八世紀的清真寺，至今仍存。

十一世紀廣州被圍攻一事，也是廣州大建學校的背景之一。當時，官兵失利，幸好廣州城內的市民參與抵抗，而鄰縣也派出本地武裝增援，所以廣州得保無虞。[20] 而就在廣州遭到圍攻前不久，廣州擴建外城城牆，把番坊也圍繞起來。如果説番坊的外國商人對於這個工程連錢都沒有捐過，恐怕很難説得過去。一方面，廣州在建學校、修城牆；另一方面，廣東其他地區也在大興儒學，從事者往往是鎮壓儂智高叛亂而嶄露頭角的地方精英。我們把這兩方面聯繫起來，就能夠看到：王朝政府在廣東的統治，日益延伸，王朝中央標榜的正統思想，也隨之打進廣東。王朝所遵奉的政治哲學基礎，愈來愈被視為與儒家有關。對於這套儒家正統思想，廣東報之以看得見、摸得着的忠誠。

興建儒學過程中的禮儀因素，支持了我們以上的觀點。在廣州重建儒學的蔣之奇，也向皇帝上奏，請求表彰十名曾經在廣州任職的歷代官員，其中四人的名字見諸蔣之奇的傳記中，這四人都以為官清廉著稱。[21] 做官當然應該清廉，但最晚從南朝開始，在廣州做官而清廉，則異常難得。廣州是著名的利藪："世云'廣州刺史但經城門一過，便得三千万'也"。[22] 正直的官員，拒絕同流合污，調任離開廣州，返回北方之際，絕不攜帶任何"南貨"。位居蔣之奇建議表彰十名賢吏之首的，是晉代的吳隱之。他發現妻子拿了一斤香，就把這些香拋進河裏。如此誠實不欺的官員，在廣州歷史上還真是前無古人呢。[23]

蔣之奇為這些清廉官員提供的祭祀，並沒有維持多久。據文獻記

32

20 　黃佐纂修，《廣東通志》，卷 6，頁 13b-15b，總頁 139-40；卷 47，頁 36a-36b、37a、39a-39b，總頁 1222、1223、1224。

21 　這十名官員的名字，參見黃佛頤，《廣州城坊志》，頁 102。

22 　蕭子顯，《南齊書》（北京：中華書局，1972），卷 32〈王琨傳〉，頁 578。按：黃佐《廣東通志》卷 45 頁 6a 總頁 1153 也引述此條，但誤"三千万"為"三十万"。

23 　黃佐纂修，《廣東通志》，卷 44，頁 41b-42b，總頁 1147。

載，到了元代，祭祀這十名廉吏的殿堂就已經消失了。[24] 儒學則相對好一點，根據《大德南海志》這本元朝的廣州地方志，宋恭宗德祐二年（1276 年），元朝軍隊佔領廣州，進駐儒學時，儒學損毀了大部分。[25]

地方精英

十一世紀、甚至直到十二世紀期間，雖然地方官熱心地推廣教化，創造出士紳。但從文獻中，卻看不出這些士紳有多少身份自覺。黃佐嘉靖四十年（1561 年）編纂的《廣東通志》，其傳記部分，提及一些學者與駐廣州官員有交往，但是，代表着士人階級誕生的那種師生關係，卻毫無跡象。到了宋末，升上廟堂、得到祭祀的地方名望，並非蔣之奇表彰的廉吏，而是所有研究明朝以來廣東歷史的學者都熟悉的另一羣人。這羣人中，為首的是開鑿大庾嶺通道、聯繫粵贛二省的張九齡，和獲封"開國公"並於南海縣獲賜封邑的南宋大臣崔與之（1159—1239 年）。知廣州府事方大琮為此二人建立的廟宇"二獻祠"，標誌着對此二人的崇拜，已在廣東地區開花結果，時當十三世紀五十年代。[26]

官方正式祭祀張九齡，比祭祀崔與之早得多，而且，促成對於張九齡的祭祀的一連串事件，不是發生於廣州，而是發生於廣東北部的韶州。張九齡的聲譽，很早就為人所知。十一世紀八十年代，當時的知廣州事蔣之奇就在文章中指出，張九齡是"嶺南二賢"之一。大約在十一世紀一〇年代，當時的知韶州事就興建了紀念張九齡的"風度樓"和祭祀張九齡的廟堂。宋仁宗在位時期（1023—1063 年），張九齡被正式納入朝廷祀典，大概也因此之故，從十一世紀某段時期開始，張九齡的子孫開始每年到張九齡墳前祭祀。[27] 但是，儂智高叛亂平定之

24　廣州市地方志編纂委員會辦公室編，《元大德南海志殘本・附輯佚》，頁 126。

25　廣州市地方志編纂委員會辦公室編，《元大德南海志殘本・附輯佚》，頁 56-57。

26　黃佐纂修，《廣東通志》，卷 30，頁 6a，總頁 753。

27　黃佐纂修，《廣東通志》，卷 16，頁 38b，總頁 435；卷 18，頁 34b，總頁 473。《宋史》，頁 105、2560。

後，韶州把捍衛韶州有功的余靖（1000—1064 年）和張九齡並祀。余靖死後一、二年，他生前的住宅也被改建為祭祀他的廟宇。宋高宗紹興七年（1137 年），朝廷也將余靖納入祀典。到了孝宗淳熙八年（1181 年），當楊萬里撰文描寫張、余二人的廟堂時，此二人已經成為韶州的名宦。[28]

從余靖逝世後，到崔與之出名前，關於祭典的記載上，大概有五十年的空白。就在這段期間，韶州發生了意識形態的轉變。韶州位於大庾嶺南麓，大庾嶺是珠江水系和長江水系的分水嶺。必須指出，唐宋時期，韶州之繁榮，遠超後人之想像。在十二世紀，當理學發展起來時，韶州成了理學革命的"廣東根據地"。亦正因此之故，韶州在歷史上的相對繁榮，才顯得有意義。乾道六年（1170 年），知韶州府事興建相江書院，為廣東的理學革命"打響第一槍"。該書院內，有一祭祀理學祖師周敦頤的殿堂，蓋周敦頤曾經在廣州擔任提點刑獄之職。淳熙二年（1175 年），為該殿堂撰文作記的，是張栻；淳熙十年（1183 年），當該殿重修時，為此事撰文作記的，不是別人，正是朱熹。朱熹的文章指出，與周敦頤一同得饗祭祀的，還有程頤、程顥兄弟。淳祐六年（1246 年），當該殿獲重修和擴建時，周敦頤領導的理學革命，已經成就斐然。五年前，淳祐元年（1241 年），周敦頤、程頤、程顥兄弟、朱熹已經得到朝廷表彰，有關的傳記指出，周敦頤的著作，得到了程頤、程顥兄弟的傳播，繼而得到朱熹和張栻的弘揚。寶祐二年（1254 年），相江書院更得到朝廷欽賜匾額。[29]

從以上有關周敦頤的簡短記載，我們基本上可以看到：以程頤、程顥兄弟、朱熹、張栻為代表的理學思想，在廣東發生影響，比全國大部分地區來得更早。我們可以把理學扎根廣東的時間定得很清楚：

28　黃佐纂修，《廣東通志》，卷 30，頁 23a-23b、23b-24a，總頁 762。

29　黃佐纂修，《廣東通志》，卷 30，頁 24a-25a，總頁 762-3；卷 38，頁 11a-14b，總頁 972-3。有關此事背景，參見 Thomas A. Wilson, *Genealogy of the Way: the Construction and Uses of the Confucian Tradition in Late Imperial China* (Stanford: Stanford University Press, 1995).

就是紹興十六至二十年（1146—1150 年）張栻的父親張浚在連州做官期間。張浚建立了廣東第一間書院，之後，到了韶州建起相江書院時，廣東理學，已經具備穩固的師徒傳承了。[30] 張浚是宋朝的重臣，不僅以對金朝強硬而著稱，而且也以協助南宋遷都立國而聞名。《宋史》記載，張浚是張九齡弟張九皋之後。[31] 直至十二世紀末，韶州都是理學運動的中心。

但是，在廣州，一個文人階層顯然成長起來，而且這些文人是強烈擁護理學的。被崔與之遙尊為師執輩的簡克已的傳記，提供了一些線索。簡克已為張栻的學生。大約在嘉定元年（1208 年），朱熹的得意門生廖德明擔任廣州知府，表彰了當時已經年老的簡克已。[32] 另外還有黃執矩，他師事張栻，也師事張栻的老師胡寅。[33] 士人集團擴張的另一指標，是廣東貢士名額的增長，嘉定三年（1210 年），該名額從 13 增加到 25。[34] 到了十三世紀三十年代，廣州的知識界被官員和熱衷官場之人所主導，這個知識界的領袖，毫無疑問就是崔與之了。崔與之的同志之一，就是許巨川。許於嘉定七年（1214 年）中進士，是二程和朱熹的追隨者。他擔任東莞縣令時，重建縣學。根據李昂英（1225 年中進士，1257 年逝世）的文章，許巨川將 183 畝沒官地和 50 萬緡撥給了東莞縣學。[35] 這樣，在整個珠江三角洲上，東莞縣學就成為首批在

30　有關張栻和朱熹，參見 Hoyt Cleveland Tillman, *Confucian Discourse and Chu Hsi's Ascendancy* (Honolulu: University of Hawaii Press, 1992), pp. 24-82.

31　《宋史》，頁 1977、11297。

32　黃佐纂修，《廣東通志》，卷 57，頁 21b-22b，總頁 1513。

33　黃佐纂修，《廣東通志》，卷 57，頁 22b-23a，總頁 1513-4。

34　黃佐纂修，《廣東通志》，卷 48，頁 30a-30b，總頁 1251。

35　黃佐纂修，《廣東通志》，卷 48，頁 43b，總頁 1258。李昂英，〈東莞縣學經史閣記〉，載吳道鎔輯，《廣東文徵》（香港：香港中文大學，1973），第 1 冊，頁 120-1。宋末元初，東莞縣學內增建"六君子堂"，祭祀六位理學家：周敦頤、程頤、程顥、張載、朱熹、張栻，而張九齡、余靖、崔與之三人亦得配享。該堂被黃佐《廣東通志》列為"古跡"之一，見《廣東通志》，卷 19，頁 9a，總頁 499。

佛寺之外擁有大量土地的機構了。[36] 崔與之地位崇高，但著作不多，而且也似乎並沒有大力弘揚理學。他紹定五年（1232 年）致仕回廣州後，在廣州德高望重，是因為他從前在官場勢隆位尊。端平二年（1235 年），當廣州被叛軍圍攻時，崔與之充分利用他在廣州的名望，號召鄰縣出兵解圍。崔與之逝世於嘉熙三年（1239 年）。淳祐四年（1244 年），當時的知廣州府方大琮，把崔與之張九齡並祀於廣州府學。[37]

　　沒多少證據證明崔與之和理學有甚麼密切關係。崔的全集中收錄了一封來自朱熹的信，僅此而已。但是，崔與之的同道們毫無疑問是熱衷於理學的。廖德明於淳熙十年（1183 年）擔任韶州教授時，擴建了相江書院；嘉定元年（1208 年）知廣州府時，刊行了二程的著作；嘉定四、五年間（1211—1212 年），更刊行了朱熹的《家禮》。伊佩霞（Patricia Ebrey）認為，朱熹逝世後，其生前著作最早獲得刊行者，就包括廖德明刊行的《家禮》，伊佩霞視之為對於朱熹的"重新發現"。[38] 廣州理學運動的下一代核心，就是李昴英，尤其在崔與之死後，李昴英的核心地位更加明顯。端平二年（1235 年），李昴英和崔與之共同捍衛廣州，抵抗叛軍的圍攻。此後不久，李昴英就被調離廣州，到臨安中央任職，直至淳祐十二年（1252 年）才返回廣州。李昴英提及崔與之時，自稱為崔的"學生"。[39] 寶慶元年（1226 年），李昴英為陳淳《北溪字義》的初刻本寫序，《北溪字義》這本從理學角度闡明儒學概念的

35

36　另外，南宋理宗端平年間（1234-6），香山縣令梁益謙也為縣學增撥 226 畝學田，見黃佐纂修，《廣東通志》，卷 48，頁 47a-48a，總頁 1260。

37　李昴英，〈崔清獻公行狀〉，載吳道鎔輯，《廣東文徵》（香港：香港中文大學，1973），第 1 冊，頁 123-4。

38　伊佩霞指出，廖德明刊行的《家禮》，"糾正了之前廣州刊本的錯誤"，這表示，在廖德明刊行《家禮》之前，朱熹的著作已獲刊行。見 Patricia Buckley Ebrey, *Confucianism and Family Rituals in Imperial China* (Princeton: Princeton University Press, 1991), p. 146.

39　關於李昴英的傳記，參見黃佐纂修，《廣東通志》，卷 58，頁 19b-20b，總頁 1528。該傳記提及李昴英擔任過的許多高級官職，卻沒有說李昴英成為"番禺縣開國男"。這個封號，是李昴英的姪兒們提出來的，而且似乎最早也是在明朝才提來出的。參見蕭國健，〈宋代名臣李昴英與大嶼山梅窩發現之"李府食邑稅山"解釋〉，載林天蔚、蕭國健編著，《香港前代史論集》（台北：商務印書館，1985）。

書，是由諸葛珏到韶州做官時帶來的，而在此之前，諸葛珏是番禺知縣（番禺轄區覆蓋半個廣州城）。[40] 本身也是理學家的知廣州府方大琮，於淳祐二年（1242 年）為《家禮》的新刻本寫序。[41] 方大琮對於廣州的理學建設，貢獻良多，例如，諸葛珏任番禺知縣時，修建縣學，方大琮則為該縣學增建一亭。[42] 方大琮逝世後，李昴英疏請追諡，理由是方大琮生前致力於重建儒家禮儀，包括祭祀孔子的釋奠禮和面向社區的鄉飲酒禮。[43] 對於各種儒家禮儀的關懷，與十一世紀以來的學校建設和理學的影響，是同出一轍的。

鄉飲酒禮，過去也在廣州零星地舉辦過，但其儀式一直沒有固定下來。因此，對於講究禮儀之正當的理學家而言，鄉飲酒禮的儀式，當然會成為他們要解決的重要問題。李昴英對於淳祐四年（1244 年）在廣州舉行的鄉飲酒禮，寫了篇詳細的文章。他注意到：鄉飲酒禮的舉辦者，事前在廣州的府學內開會，討論鄉飲酒禮應採取怎樣的儀式。知廣州府方大琮參加了會議，方大琮主張依照周禮行事，並獲得同意。於是，在 2 月 12 日舉行的鄉飲酒禮中，出席的賓、主各 230 人，人人衣冠嚴整，因為他們之前都收到個別通知，對於當日的服飾和姿勢，都作出詳盡指示，要求他們嚴格遵守。鄉飲酒禮就在莊嚴肅穆中舉行，為時大半天，俎豆陳列，鼓樂奏鳴，一依古代法式。參與鄉飲酒禮的長者，部分還名留青史。在鄉飲酒禮的尾聲，作為儀式的一環，地方官站出來，向參與者宣講 "禮" 的重要性。在宋朝的廣州，這次鄉飲酒禮可謂空前絕後，從史料上，再看不見有下一次了，我們也不必假設還有下一次。而且，雖有記載稱，在這次鄉飲酒禮舉辦前一百年，廣州已舉辦過鄉飲酒禮，但現存史料中完全無跡可尋，即使

40　陳淳是朱熹的學生。陳榮捷（Chan Wing-tsit）曾將《北溪字義》翻譯為英語，參見 Chan Wing-tsit, *Neo-Confucian Terms Explained (The Pei-hsi tzu-i) by Ch'en Ch'un, 1159-1223*（New York: Columbia University Press, 1986）.

41　Patricia Buckley Ebrey, *Confucianism and Family Rituals in Imperial China*, p. 148n13.

42　黃佐纂修，《廣東通志》，卷 36，頁 16a-16b，總頁 902。

43　李昴英，〈請祀李韶方大琮狀〉，載吳道鎔輯，《廣東文徵》，第 1 冊，頁 101-2。

李昂英關於淳祐四年鄉飲酒禮的文章，也沒有提及此事。[44]

下一個值得注意的禮儀場合，出現於元代。廣州城於 1276 年落入 元軍之手。近三十年之後，元成宗大德八年（1304 年），崔與之祠堂建 立，廣州的文人一同前來拜祭。必須指出，崔與之祠堂本來有點私家 性質，祠堂是他生前的住宅，而主持祭祀儀式的，是崔與之的嫡孫， 這也符合宗族祭祀的性質。但是，1304 年祭祀崔與之典禮的性質，絕 不止於私家祭祀。這一年，元朝政府下令恢復各地方的官式祭祀，因 此，祭祀崔與之顯然是得到官方批准的。一篇關於是次祭祀的文章， 記錄了崔與之子孫名字之外，還記錄了廣州的"儒官"的名字。[45] 正好， 我們還能看到大德年間的南海縣地方志。這本地方志記錄了所有宋朝 廣州的科舉功名擁有者，其中有人晚至 1274 年才獲得科舉功名。參加 崔與之祭祀典禮的"儒官"們，看來就是這羣擁有科舉功名的人的倖存 者，或者是他們的子孫。[46]

在 1274 年獲得科舉功名的廣州文人之中，有人寫了篇慶祝崔與之 祠堂的詩歌的序言，從中可看出參與祭祀崔與之的廣州文人的用心：

> 士生是邦，必以邦之先哲自待。曲江之士慕文獻（按即張九 齡），其志毅；南海之士慕清獻（按即崔與之），其志恬。蓋所自待 者厚然也。[47] 嶺海三千餘年，任宰相者僅二公，……識者則曰：生 宰相固不易，生賢相尤為難。唐之將否，天生文獻，將以扶之， 不能也；宋之將微，天生清獻，亦將以扶之，又不能也。二公皆 以直道落落於時，而清獻所遭之時，抑又異夫開元之際矣。自端

44　李昂英，〈廣帥方右史行鄉飲酒記〉、〈諭鄉飲酒行禮者〉、〈諭鄉飲酒觀禮者〉，載《廣東文 徵》，第 1 冊，頁 121-2、125。至於是次鄉飲酒禮的其中一名參與者譚凱的傳記，見黃 佐纂修，《廣東通志》，卷 57，頁 25a-25b，總頁 1515。

45　〈奉祠祝文〉、〈常祭祝文〉，載崔與之，《崔清獻公集》（香港：美亞公司，1976 年影印 1850 年芹桂堂刻本），〈外集〉，頁 15a-15b。

46　廣州市地方志編纂委員會辦公室編，《元大德南海志殘本・附輯佚》，頁 67-76。

47　張九齡出身曲江，崔與之出身南海，故云。

平（1234—1236 年）更化，當寧盧轄，白麻造門，中使絡繹幾
千里，公辭至十數，竟不起。此其胸中熟知進退存亡得喪之節，
尚以曲江之出為戒。夫豈以富貴利達動其心、榮其子孫、耀其鄉
邦、如前所云者！成子生乎公之後，不獲挹公之風，因公之嫡孫
崔公繼祖復其故第，為公祠，乃率同志，以詩為喜，且以寄所慕
云。時大德九年（1305 年）乙巳夏五月上瀚，前進士何成子序。[48]

　　祭祀崔與之的目的欲蓋彌彰，在元朝統治下的廣州，文人祭祀崔
與之，意味着廣州文人們也保證會像崔與之那樣，"熟知進退存亡得喪
之節"。崔與之為他們樹立的榜樣，是厭棄功名，廣州文人也打算以這
種高風亮節來光耀桑梓、效忠朝廷。

48　何成之，〈祠堂詩序〉，載崔與之，《崔清獻公集》，〈外集後卷〉，頁 16-16b。

第四章
我們和他們

　　元世祖至元三十一年（1294 年），東莞的李春叟，把李昴英的著作
結集刊行。[1] 李春叟的父親李用，曾經寫書，以理學立場註釋《春秋》，
並通過李昴英呈給朝廷。李春叟於宋理宗寶祐四年（1256 年）中舉人，
在廣州附近當個小官，捲入了南宋末年的亂局。在 1276 年的戰事中，
東莞的熊飛曾率兵增援廣州，戰鬥失利，退守東莞縣城。熊飛宣佈，
所有逃走的東莞縣百姓都必須返回，否則屠戮其村莊，經李春叟勸
阻，熊飛才沒有下手。1277 年，當元軍進入東莞縣時，李春叟更是"單
舟"前赴元軍軍營，代表東莞縣與元軍統帥談判。東莞縣百姓非常感
激李春叟的勇氣，他還在世的時候，東莞縣百姓已經將他的畫像供奉
於他父親的祠堂中。至大三年（1310 年），東莞縣的文人們也在這裏舉
行祭祀。[2]

　　現存不少傳記，展示了像李春叟這類文人的忠誠與兩難抉擇。趙
必瑑，另一名東莞文人，捐錢三千緡、米五百石給熊飛，勸他放過東
莞。[3] 同樣也來自東莞的張元吉，既投降元朝，又站在宋朝一邊。張元

1　李春叟，〈文溪先生集序〉，載吳道鎔輯，《廣東文徵》（香港：香港中文大學，1973），第
　　1 冊，頁 133-4。

2　黃佐纂修，《廣東通志》（香港：大東圖書公司影印 1561 刊刻本），卷 58，頁 26a-29a，
　　總頁 1531-3。

3　黃佐纂修，《廣東通志》，卷 58，頁 29a-30b，總頁 1533。

吉與元軍談判，首先請求元軍不要屠城，接着請求不要加稅。[4] 番禺的
張鎮孫，剛中進士不久，廣州就被攻陷。另一名進士王道夫，加入了
以宋帝昰為核心的南宋流亡政府。王道夫的老師陳大震，則拒絕南宋
流亡政府授予的官職，他活了下來，並於大德年間編纂了南海縣地方
志，把所有宋朝的廣東籍進士的姓名都記錄了下來。[5] 於 1561 年編纂《廣
東通志》的黃佐注意到：元朝很少出身廣東的進士，至於出身廣州及
其周邊的進士，則一個都沒有。[6]

　　南宋（十二世紀）廣東的文人傳統，顯然延續到元朝初年（十三世
紀）。可是，再下一代，這個文人傳統就中斷了。直至十四世紀明朝初
年，理學再度發生影響力，重建文人傳統的各種努力也再度出現。得
到官方支持的學校又成立了；又有人開始講究禮儀之正當性了；科舉
又為廣東文人開闢社會升遷之路；沙田開發了；師徒之傳承、先儒著
作之刊行，建造出了理學家們的身份認同。這一切，都為廣東的文人
傳統打造出想像的基礎。從南宋到清末（1127—1911 年），即所謂中國
歷史上的"晚期帝制"時期，廣東的文人傳統歷經三造：創造於十二世
紀，再造於十六世紀，三造於十八世紀。最終創造出來的廣東文人，
無論各自打着甚麼政治算盤，但都認為自己與全國文人同屬一脈。

　　理學運動一天一天贏得勝利，終於徹底改變了中國社會的面貌。
到了十六世紀，珠江三角洲的文人，就像明朝其他地區的文人一樣，
自視為根據理學所制定的禮教的捍衛者，也自視為社會的模範。在明
朝，理學究竟怎樣成為改變社會的動力？本書以下部分，將予以披
露。但是，理學這個新興的意識形態愈成功，舊有的傳統就愈被排斥
於史料之外。在明朝，理學圈子雖小，卻日益壯大，對於理學圈子以
外的社會，即使要想粗略認識其基本輪廓，已經相當困難。理學的社
會理論佔據主流，凡被這套理論視為不正當的社會行為，都成為理學

4　黃佐纂修，《廣東通志》，卷 58，頁 31a-32a，總頁 1534。

5　黃佐纂修，《廣東通志》，卷 58，頁 34b-35a，35b-38a，總頁 1535-6、1536-7。

6　黃佐纂修，《廣東通志》，卷 11，頁 4b-5a，總頁 268-9。

的意識形態之敵。依靠書面史料的歷史學家們，要想擺脫"化內"之
"我們"與"化外"之"他們"的過份簡化的對立觀，是很困難的，幾
乎是不可能的。因為握筆的是文人，他們寫出來的書，必然放大了他
們的文化標尺。對於未被理學改造的社會的原貌，我們只能在文人的
文化標尺之外，偶爾窺見一斑。

我們：地方統治圈

40

　　在中國歷史上，從遠古以來，地方社會與王朝政權的聯繫，端賴
於地方政府的建置。但是，地方官員必須走出衙門。要實踐政府的理
念，要收稅，要因應百姓的訴求、維持秩序，地方官員都必須走出衙
門。在宋代，朝廷為收稅和徵集力役，登記百姓戶籍。要確保百姓服
役，地方衙門必須發揮作用。但是，知縣手下沒有足夠的專業屬員，
其戶籍登記根本不可靠。怎麼辦？於是，地方社會的成員，就承包起
官方戶籍登記內宣稱的戶數及其賦役，任何研究包稅制度的人，都明
白這一套。就這樣，北宋於太平興國年間（976—983 年）編纂的《太
平寰宇記》，記載嶺南道轄下廣州有主戶 16,059 戶，客戶數目不詳。
主戶、客戶數目代有增減，到了元成宗大德八年（1304 年），廣州的主
戶、客戶數目共達 180,873 戶。[7]

　　研究宋朝的歷史學家，也就只能用這些數字來估計當時的人口
了。我不太關心人口的多少，而更關心社區的成長。對我來說，這些數
字是否準確並不重要，重要的是：南宋時期戶數的增加，顯示南宋政府
銳意擴大收稅和徵集力役的基礎。我們仔細研究地方志內的地方官員的
傳記，就會發現，兩宋的財政基礎，有所轉變。北宋地方官員，往往因
為對進口貨物徵稅，著有成績，而受到地方志褒揚；南宋地方官員，則
往往因為對於轄下百姓輕徭薄賦，而受到地方志褒揚。直至南宋，政府
才開始把珠江三角洲百姓納入稅網，這一點，可從族譜得到印證。族譜

7　樂史，《太平寰宇記》（北京：中華書局，2007），卷 157，頁 3011；廣州市地方志編
　　纂委員會辦公室編，《元大德南海志殘本‧附輯佚》（廣州：廣東人民出版社，1991 據
　　1304 年殘本排印），頁 3。

中關於在宋朝交稅的記載很少，但在明朝交稅的記載卻很多。[8] 地方政府的統治圈，由各種社會關係編織而成，但卻不一定依靠戶籍登記，香山縣程氏宗族，就是這樣的例子。被香山縣程氏奉為祖先的，不是別人，正是 1071 年擔任知廣州府事的程師孟，他在儂智高叛亂平定之後，增建廣州城的城牆。根據寫於 1322 年的族譜的一篇序言，當程師孟在廣州做官時，他的兒子也在東莞任職。官員兒子沒有任何科舉功名而能夠做官，這是宋朝所允許的做法。族譜指出，程師孟兒子未到東莞任職之前，已被任命管理香山鹽田，這毫無疑問是個肥缺。程師孟兒子的三個兒子（也就是程師孟的孫子）從此定居香山，而且即使到了明初，香山程氏宗族裏，至少還有一人控制鹽田。[9]

41

　　官員想收稅，百姓想交稅，縣衙門往往就是這兩種政治算盤打在一起之處。蔡志祥研究 1152 年宋朝設立香山縣時，留意到當時當地兩大宗族的衝突，他認為，香山縣的設立，究其底蘊，就是在打這些政治算盤。[10] 我們梳爬珠江三角洲的族譜，就可以在香山縣程氏之外，再現好幾個家族的歷史，它們囤積土地以致富，因為有官府作靠山。當理學家們登場，主張以禮儀教化地方社會時，這些家族就和新興的地主階層，可能還和登記了戶籍的民戶，融為一體。這羣新百姓，認為朝廷的統治必須符合某個標準，而他們的利益，也靠這個標準而界定。[11]

8　關於宋朝戶籍登記，紹興二十年(1150)任新興縣知縣的黃濟的傳記，很能夠說明問題："先是，鄉民之貧死者猶附於籍，富厚者多避事役。濟榜諭之，且置大甌於門，令民自投戶數於中，限滿始發。於是戶口核實，賦役均平，民以不擾"。見史樹駿修、區簡臣纂，《肇慶府志》，康熙十二年(1673)刊，卷 18，頁 39a-b，載中國科學院圖書館選編，《稀見中國地方志匯刊》(北京：中國書店，1992)，第 47 冊，總頁 715。

9　〈初修序〉，載《程氏族譜》，光緒二年(1876)刊，藏廣東省圖書館，編號 K 0.189/311。

10　Choi Chi-cheung（蔡志祥），*Descent Group Unification and Segmentation in the Coastal Area of Southern China*（Ph.D. dissertation, Tokyo: Tokyo University, 1987）.

11　關於其他例子，參見 David Faure, "The written and the unwritten: the political agenda of the written genealogy," in Institute of Modern History, Academia Sinica ed, *Family Process and Political Process in Modern Chinese History*（Taipei: Institute of Modern History, Academia Sinica, 1992）, pp. 261-98; "The emperor in the village, representing the state in south China," in Joseph McDermott, ed., *State and Court Ritual in China*（Cambridge: Cambridge University Press）, pp. 267-98.

他們："蜑"、"猺"、客家

地方政府的統治圈，由百姓和登記在籍的戶口組成，本身是沒有名字的。在統治圈以外的人，卻被分門別類，以示圈內圈外之別。在廣東，處於統治圈以外，為統治圈所鞭長莫及，因此需要被安上個名字以便區別的人，有兩個著名的例子："蜑"和"猺"。以廣州為核心的統治圈，接觸廣闊的周邊地區時，把這些地區視為其邊陲，就用"蜑"和"猺"這兩個從珠江三角洲以外借過來的字眼，來命名這片地區的人羣。

用"蜑"來指涉族羣，顯然始於五世紀，但當時"蜑"所指涉的，是內陸四川的族羣。到了宋代，"蜑"仍然是某個族羣的稱謂，但所指涉的，已經是廣西境內、住在船上的一種人。接着，到了十世紀晚期刊行的《太平寰宇記》，廣東新會縣也出現了"蜑"。這些"蜑戶，縣所管，生在江海，居於舟船，隨潮往來，捕魚為業，若居平陸，死亡即多"。[12] 這大概是有關廣東蜑民的最早記載。十一世紀，陳師道把兩廣化外之人分為三個族羣："二廣居山谷間，不隸州縣，謂之猺人；舟居，謂之蜑人；島上，謂之黎人"。這套族羣分類，基本上延續至明清時期。[13] 可是，到了十二世紀，廣東蜑民，卻以入海採珠而著稱，這個行業主要集中在海南島對面的合浦縣。蜑民原來還可以分成幾類：或捕魚、或採珠、或伐木，這是周去非的分類法。周去非又提及，蜑船上的小孩子，腰間都綁上繩子，以免遇溺。周去非還提及，一絲不掛、渾身漆黑的蜑民子弟，在海岸邊玩耍時，幾與水獺無異。[14] 雖然如此繪形繪聲，但無論陳師道還是周去非，他們對於蜑民的描述，能否適用於珠江三角洲，卻大成疑問。周去非的觀察，來自他在廣西地區

42

12　樂史，《太平寰宇記》，卷 157，3021。

13　陳師道，《後山集》，卷 21，頁 9b，載文淵閣本《四庫全書》（上海：上海古籍出版社，1987 縮印），第 1114 冊，總頁 714。

14　周去非，《嶺外代答》，1178 年刊，載《叢書集成初編》（上海：商務印書館，1936），第 3118-3119 號，頁 29。

擔任縣令的經驗；而陳師道似乎根本沒有到過南方。[15]

關於珠江三角洲一帶蜑民的最早記載，是 1319 年前夕東莞縣人張惟寅要求停止在縣內一處地方採珠的陳情書。這處地方，就是現在香港的新界。張惟寅把採珠的人稱為"蜑蠻"，說他們非常窮困，騎在他們頭上的，是所謂"首目"。只要採珠不停止，"首目"就繼續抓"蜑蠻"採珠。張惟寅又提到：由於採珠有潛在的危險性，因此"蜑蠻"採珠前要拜神求佑，將祭肉拋進海中作為犧牲。"蜑蠻"們衣衫襤褸，甚至一絲不掛如同海獺。張惟寅這個記載大概是繼承了之前周去非的說法。並非所有蜑民都以採珠為生，有些"蜑蠻"也住在離島上，也與禽獸無異云。[16]

於 1561 年刊行《廣東通志》的飽學之士黃佐，很快意識到，以上對於蜑民的捕風捉影之談，是站不住腳的。黃佐提及，"蛋戶"以捕魚為生，住在船上，"以舟楫為家"，或住在岸邊棚屋，"或編蓬瀕水而居"。由於他們以龍為神明，因此又被稱為"龍戶"。但是，黃佐繼續說："齊民則目為蛋家"，"齊民"泛指已經登記在籍的百姓。"編戶齊民"這句老話，就是"登記戶口，成為皇帝的百姓"的意思。據黃佐解釋：明初，"蛋戶"也被編入里甲，由河泊所管轄，並且需要繳稅，這稅稱為"漁課"。另外，蛋戶容許同姓男女通婚，不冠不履，愚蠢無知，連自己多大年紀都不知道。但是，蛋戶與其他百姓的分別也並非如此絕對的，黃佐發現，近年以來，教育也開始在蛋戶中普及，有些蜑民也上了岸，登記成為"良民"，甚至有些還參加科舉考試，獲得功名。黃佐意識到，"蛋"與"良民"的分別，是權力大小的分別。能夠

43

15　有關宋代及宋代以前對於蜑民的史料的概略，參見 Ho Ke-en, "The Tanka or boat people of south China" in F. S. Drake, ed., *Symposium on Historical, Archaeological and Linguistic Studies on Southern China*（Hong Kong: Hong Kong University Press, 1967）, pp. 120-123.

16　元朝張惟寅〈上宣慰司採珠不便狀〉謂："況蛋蠻種類，並係昔時海賊盧循子孫，今皆名為盧亭，獸形猱舌，椎髻裸體，出入波濤，有類水獺"，載舒懋官修，王崇熙纂，《嘉慶新安縣志》，嘉慶二十四年(1819)刊本，卷 22，頁 15b，載《中國地方志集成・廣州府縣志輯》（上海：上海書店，2003 影印），第 18 冊，總頁 946。

讓船隻停泊的"氅門"，是由住在岸上的有勢力的家族所控制的，因此，蛋民就是因此而上不了岸的人，部分因此成為盜賊。[17]

　　描寫珠江三角洲的人，都被蛋民的傳說所吸引。有關蛋民的通俗傳說與日俱增，到了十七世紀，有關蛋民的描述，都強調蛋民與其他百姓的分別，十七世紀屈大均的《廣東新語》就指出，許多人認為蛋民不像人類，更像禽獸；屈大均駁斥這些看法，並嘗試介紹蛋民的生活方式，澄清誤會。但是，他對蛋民的描述可以讓我們知道蛋民是怎樣被排斥的：據說，蛋民以競唱"蠻歌"方式結婚，得勝者就可把新娘抱進自己的船上。蛋民的女子和男子一樣，善泅，喜吃生魚。但是，屈大均也承認，蛋民們也被登記為住在岸邊的民戶，部分也讀書識字，住了上岸。他還能指出哪些村莊原本是蛋民的聚落，他也注意到，"良家"不會與蛋民通婚。但是，到了屈大均的時代，蛋民已經是珠江三角洲沿岸的一股強大勢力了。他們組成的艦隊，有數以百計的船，分為紅白旗。他們是海盜，他們偷取沙田上的莊稼，並勒索保護費。[18]

　　直至十八世紀，王朝才為蛋民提供了比較公平的法律待遇。1729年，清世宗雍正皇帝下旨，容許蛋民上岸居住，禁止勢豪滋擾。有些歷史學家把雍正皇帝這道聖旨和他打擊社會地位歧視的其他幾道聖旨相提並論；例如要求改善紹興"墮民"、山西樂戶的法律待遇的聖旨。但是，由於蛋民始終處於賤民的地位，我們應該看清楚雍正皇帝的聖旨是怎麼寫的。在這道聖旨中，雍正皇帝注意到陸上居民禁止蛋民上岸居住的習俗。雍正皇帝命令省級政府頒佈告示，容許有足夠財力的蛋民在岸上建造房屋、登記戶籍、開墾荒地。至於沒有足夠財力的蛋民，則任其繼續住在船上。其後，在 1737 年，省級政府頒佈條例以響應雍正皇帝這道聖旨，根據這個條例，任何人，若無法出示有關蛋

44

17　黃佐纂修，《廣東通志》，卷 68，頁 48a-49a，總頁 1854-5。葉春及，《石洞集》，卷 11，頁 49a-49b〈蛋論〉，載文淵閣本《四庫全書》，第 1286 冊，總頁 618。

18　屈大均，《廣東新語》（香港：中華書局，1974），頁 485-6。

門所在的土地的地契及稅單，就不能宣稱擁有罾門，阻止蜑民停泊。
1746 年，省級政府又頒佈條例，禁止任何人把在明朝已經得到有力之
家保護的蜑民視為奴僕。對於以上的聖旨和條例，我們固然可以視為
清政府打擊陸地居民對於蜑民的歧視的努力；但另一方面，我們也可
以視之為清政府強化戶籍登記的努力，清政府想把更多的百姓登記到
陸地的戶籍之中，不管他們是否蜑民，這樣，也就使財產權更加清楚
明確。清政府下一項促進蜑民地位、使他們與普通百姓看齊的措施，
就要等到 1771 年才出現。這年，清政府宣佈：廣東蜑民、浙江九姓漁
戶等各類賤民，從向當地政府登記改籍開始，四代之後，就可以參與
科舉考試。[19] 包括蜑民在內的賤民，地位繼續卑賤，是毫無疑問的。書
面記載也好，民族志也好，都讓我們知道這一點。對於蜑民的卑賤地
位的最佳寫照，應該就是香港新界大埔墟外、汀角村內、一座小小的
關帝廟裏的〈重修本廟題助碑〉，這塊立於乾隆五十年（1785 年）的石
碑，記載了捐款者的姓名及捐款數目，最後一行曰："碑內無名，子孫
永遠不得在此讀書"。單從字面上看，看不出有任何族羣排斥的味道。
但是，關帝廟內原來還有另一塊〈題助客碑〉，同樣立於乾隆五十年，
上面記載了蜑民以"罟船"名義捐贈的款項，其中有些蜑民捐"花邊二
員"即二銀元，比〈重修本廟題助碑〉內的大部分捐款者都要慷慨。可
是，捐款多少並不重要，蜑民儘管可以捐錢，但他們的子弟就是不可

19　關於 1729 年聖旨及相關的條例，參見 Ye Xian'en（葉顯恩），"Notes on the territorial
　　connections of the Dan," in David Faure and Helen F. Siu, *Down to Earth, the Territorial
　　Bond in South China*（Stanford: Stanford University Press, 1995）, pp. 83-88. 葉顯恩也
　　提到，1825 年，一名蜑民因為購買監生學位而受到懲罰。這位蜑民倒霉，因為他的曾祖
　　父沒有申報改籍，而他的姊妹們又與其他蜑民通婚。關於 1771 年聖旨的討論，參見經君
　　健，《清代社會的賤民等級》（杭州：浙江人民出版社，1993），頁 233-236。

以在關帝廟內上課讀書。[20]

　　除了海岸邊的"蜑"之外，自宋朝以來，對於陸地社區的另一股威脅，就是"猺"。"猺"人的歷史很複雜，部分原因，是因為"猺"字和"蜑"字一樣，都是宋朝之前就出現、但指涉廣東境外地區的族羣的字眼，而大概到了南宋，這些字眼才被用來指涉廣東境內的族羣。正如李默指出，"瑤"這個字眼的前身是"俚僚"，而"俚僚"這個字眼的前身是"越"。[21] 在北宋，"傜"本來指住在南嶺北麓的人，他們威脅湖南洞庭湖平原的人民，也就是說威脅長沙城附近的人民。然後，"傜"這個字又被莫名其妙地借用到嶺南，形容廣西、廣東北部的族羣，然後再被借用到整個兩廣地區。"傜"字被借用的歷史，反映出貿易路線在擴張，因此，對於邊疆地區的知識也在增長。到了十六世紀，廣東的官員們很清楚傜民的地理分佈，但是，在此之前，愈古老的記載，對於傜民的分佈，就愈不清楚。

　　湖南境內、洞庭湖以南的人，被稱為"莫傜"。對當時的人來說，"莫傜"意味着甚麼？無從得知。但是，當地引述《隋書》稱，"莫傜"指因為祖先效力朝廷而無須承擔傜役之人，這個說法，卻為後出記載所沿襲。今天被稱為"瑤"的族羣，其傳說和故事，每與洞庭湖有關。瑤民起源神話中的"梅山"，就在此處。這一帶的族羣的歷史，也是連

20　關於人口買賣，參見 James L. Watson, "Transactions in people: the Chinese market in slaves, servants, and heirs," in James L. Watson, ed. *Asian and African Systems of Slavery* (Oxford: Basil Blackwell, 1980), pp. 223-250. 有關販賣女僕的契約等問題，參見中國人民大學清史研究所檔案系中國政治制度史教研室編，《康雍乾時期城鄉人民反抗鬥爭資料》（北京：中華書局，1979），頁 378-381。至於汀角村關帝廟的兩塊碑文，參見科大衛(David Faure)、陸鴻基、吳倫霓霞編，《香港碑銘彙編》（香港：香港市政局，1986），頁 45-47。

21　李默，〈廣東傜族與百越族(俚僚)的關係〉，《中南民族學院學報》，第 23 期(1986)，頁 115-125。

貫的。這就顯示，"莫傜" 與後來被稱為 "猺" 的族羣，有密切關係。[22]

　　南宋以來，官方有關 "傜" 或 "猺" 的記載，產生了變化。原因是 1126 年之後，宋廷遷都至長江以南之後，出現了一系列政治、經濟變化。變化之一，是南宋與金的戰鬥，連續幾年癱瘓了淮南鹽的供應，結果粵鹽開始進入贛、湘市場。南宋政府進而允許商人從廣東購買食鹽，運至廣西出售，該政策至少到 1174 年仍然生效。[23] 變化之二，是南宋在其廣西和雲南邊境進行茶馬貿易。宋朝戰馬，一向來自北方，南宋失去北方，因此從廣西進口戰馬。廣西南部的橫山寨，就成為南宋茶馬交易中心。被遠至雲南的土著販運而至的馬匹，由橫山寨北抵桂林，再溯靈渠而進入長江流域。[24] 變化之三，是廣西開始出產稻米，供應廣東。周去非的《嶺外代答》，對十二世紀的情況記載頗詳，他說，廣西之所以能夠出口稻米給廣東，不是因為稻米產量高，而是當地人口少。他也認為廣西稻米的價格便宜，這大概是與廣州的稻米價格比較而言。[25] 全漢昇綜合南宋的記載後，發現廣西稻米出口廣東後，其中一大部分會再由廣州經海路運至福建和浙江沿岸。全漢昇羅列的證據清楚顯示，在南宋，兩廣都是糧食出口地區。[26] 變化之四，是江西為兩廣供應食牛。每年冬天，江西土著成羣結隊地趕牛進入南方，沿

46

22　尤其請參考余靖 1042 年有關湖南蠻賊的報告，載余靖，《武溪集(附余襄公奏議)》(香港：僑港余氏宗親會，1958 影印成化本)，下卷，頁 5b-6a；李燾的記載即本於此，見李燾，《續資治通鑑長編》(北京：中華書局，1986)，頁 3430。又有關 "莫傜" 無須承擔傜役云云，見魏徵等編撰，《隋書》(北京：中華書局，1973)，卷 31〈地理志下・荊州・熙平郡〉，頁 898："長沙郡又雜有夷蜒，名曰莫徭，自云其先祖有功，常免徭役，故以為名。"

23　戴裔煊，《宋代鈔鹽制度研究》(上海：商務印書館，1957)，頁 351-7；郭正忠，《宋鹽管窺》(太原：山西經濟，1990)，頁 269-80、371-422；周去非，《嶺外代答》，載《叢書集成初編》，第 3118-9 號，頁 50-1。

24　徐松輯，《宋會要輯稿》(台北：新文豐：1976 年影印清輯本)，頁 7137-9、7141、7150-1；周去非，《嶺外代答》，載《叢書集成初編》，第 3118-9 號，頁 51-4。

25　周去非，《嶺外代答》，載《叢書集成初編》，第 3118-9 號，頁 46-47。

26　全漢昇，〈南宋稻米的生產與運銷〉，載氏著，《中國經濟史論叢》(香港：新亞研究所，1972)，頁 265-294；〈宋代廣州的國內外貿易〉，載氏著，《中國經濟史研究》(香港：新亞研究所，1976)，頁 85-158。

途造成許多治安問題，使地方官頭疼不已。[27]

因此，有了以上變化，沿西江這條珠江支流上下，才有蓬勃的貿易可言。隨着大城市與這一帶的接觸愈來愈頻密，文人對於這一帶土著的認識也愈來愈豐富，對於這些土著的名稱，也就愈來愈繁多。在大部分時候，這些土著都被稱為"溪峒蠻"。兩廣大部分山區的土著，都曾經被泛稱為"溪峒蠻"，但是，後來，"溪洞蠻"被縮窄至專門指湘桂粵交界的幾個州內（也就是南嶺的北麓與南麓）的土著。並且，對於這些土著的名稱與分類，也開始有了政策意義。例如，1193年，宋朝政府宣佈，湘桂交界的賓州、桂州、衡州、道州等處，"溪谷"一帶的傜民，不屬"省民"，因此不必繳納兵役稅；"熟戶"為居住於"內地"之人；而"山傜"與"峒丁"則為"居外"之人。[28]

這一套土著的名稱，與宋朝政府的施政的關係，曾在廣西擔任知府的范成大，描寫得很清楚。[29] 廣西的西部邊界，狀如彎弓，從貴州邊界一直伸到海南島。這一帶的人民，是"羈縻州峒"的人民，簡稱"峒"。他們被土司所管轄，土司向朝廷進貢，並得到朝廷的承認。至於傜民，則居住在靠近桂林的深山之中，不納稅，不服役。留意：桂林可不是甚麼"羈縻州峒"，而是一個正規的府。因此，住在深山之中的傜民與住在統治圈內、納糧當差的百姓發生衝突時，桂林的官員，就必須予以處理。范成大的記載顯示，傜民與當地納糧當差的百姓，並非完全隔絕，這兩羣人互相通婚，也互相貿易，傜民出售石材、山貨，換取米、鹽。范成大知靖江府、進駐桂林期間，招募當地七千名壯丁，組成民兵，並憑着這支武裝，迫使傜民首領發誓管束傜民，制止他們生事。桂林地區的傜民，與湖南地區的傜民，同屬一體。也就

27　有關這個現象的記載，時間是1214年，見徐松輯，《宋會要輯稿》，頁5106-7；另外，岡田宏二對於宋代廣西茶馬貿易的最近研究成果，進行了概述，參見氏著，趙令志、李德龍譯，《中國華南民族社會史研究》（北京：中華書局，1993），頁166-245。

28　徐松輯，《宋會要輯稿》，頁7777、7787。

29　范成大著，胡起望、覃光廣校註，《桂海虞衡志校註》（成都：四川民族出版社，1986），頁183-197。

是說，從廣西經靈渠入湖南的主要貿易路線，正好穿越傜民的地盤。在傜區以東、在被視為洞區的彎弓形邊界以外的山區內，還有"獠"，這些"獠"人"住在山中，既無君長，也無戶籍"。[30] 再向西南，深入雲南、貴州地區，則有所謂"蠻"，范成大認為，"峒"也是"蠻"的一種。"峒"和"蠻"的區別在於："峒"向朝廷交稅，且離地方政府衙門較近，"蠻"則較遠。因此，"蠻"可真正是居於化外了。[31]

　　到了元朝，"傜"、"獠"二字被廣泛運用，已經遠遠不限於廣西北部山區和兩廣交界地區了，而且人們也把這二字混為一談，不加分辨。南宋覆亡之際，西江沿岸、西江北部山區，都傳出傜民作亂的消息。1289 年，元軍與傜民打了幾仗，戰鬥地點竟然是相當靠近廣州城的肇慶府和清遠縣，剛好在珠江三角洲北端之外。[32] 元末劉鶚（1290—1364 年）的《惟實集》，謂廣東"戶口數十萬，猺獠半之"。這種無稽之談，當然不能夠說明廣東的族羣成分，只能夠反映出，在十四世紀，人們把"傜"、"獠"這些字眼套在廣東頭上時，套得多麼隨便。[33] 到了明朝，人們繼續相信，傜民居住在珠江三條主要支流即西江、北江和東江的上游。根據《明史》，明朝頭一百年間，這一帶常有傜民酋長向朝廷投誠。除《明史》之外，黃佐於 1561 年刊行的《廣東通志》，更開列出傜民（按：黃佐原文"猺"、"傜"混用）居住地即"傜山"的詳細名單，僅廣州府轄區內的"傜山"，就有 142 處，包括清遠縣 106 處、從化縣 35 處、新會縣一處。傜民和蜑民一樣，也被視為近於禽獸。黃佐《廣東通志》談及傜民時，其實沿襲了宋朝范成大的說法：傜民兇殘暴虐，風俗奇特，但他們竟然還習慣在葬禮中唱歌。[34] 顯然，還是應該

48

30　范成大著，胡起望、覃光廣校註，《桂海虞衡志校註》，頁 198。

31　范成大著，胡起望、覃光廣校註，《桂海虞衡志校註》，頁 207。

32　參見劉國杰的傳記，載黃晉，《黃學士文集》，1355 年刊本，卷 25，頁 7a-15b，載《續金華叢書》（台北：藝文印書館，1972 影印 1924 本）。

33　劉鶚（1290-1364），《惟實集》，卷 3，頁 2b，載文淵閣本《四庫全書》，第 1206 冊，總頁 310。

34　黃佐纂修，《廣東通志》，卷 67，頁 1b-2b，13a-26b，總頁 1793、1799-1805。有關"傜山"的數目，也是從黃佐《廣東通志》中統計出來的。

把傜民這種人擋在統治圈以外的。

步入清朝，史料上愈來愈少傜民作亂的記載，反而，涉及客家人的械鬥的記載卻愈來愈多。客家人從廣東東北部山區的家鄉，沿東江而下，到珠江三角洲及周邊建立殖民地的遷移過程，近年來已由梁肇庭整理出來了。根據梁肇庭的研究，十六世紀，廣東山區的畬人接受招撫，緊接着的幾十年間，就出現了客家人南遷的第一波，客家人遷入惠陽和博羅，再從那裏向南遷移到海豐的岸邊。客家人南遷的第二波，出現於清朝在廣東結束遷海政策（1661—1669 年）之後（詳本書第十三章），同樣，客家人也沿東江而下，進入惠州府，並可能在十八世紀從惠州府遷移到增城、東莞、新安等縣。以上客家人的兩次大規模南遷，還都另有一條遷移路線：客家人越過山區，從粵北進入廣西。然後，循西江進入高州半島，再從那裏遷入珠江三角洲西端的恩平、新寧、鶴山等縣。

梁肇庭比研究客家的前輩們更小心謹慎，他把客家人的族羣問題，與客家人的遷移問題分開處理。他充分意識到，在包括客家人家鄉在內的廣東北部山區，族羣問題非常複雜，這裏也有傜人，也有畬人，還有許多其他族羣名字的人。近年來，很多研究者都注意到，客家話與畬話非常接近，陳永海的研究使我們更加為難，他指出：早期的記載，並不把客家人和畬人分開。梁肇庭自己也呼應陳永海的看法。梁肇庭指出，所謂“客家精神”，是十九世紀初才出現的，事緣 1802 至 1808 年間，客家人捲入了一場動亂之中。也就是說，所謂客家人來自中原的神話、和客家人以廣東北部山區的嘉應州為其“家鄉”並由此繼續遷移的說法，也就是到了十九世紀初才開始形成的。梁肇庭強調，十八世紀末，嘉應州在科舉考試上表現卓越，使其地位提升。這一點，梁肇庭無疑看得很準。可惜，梁肇庭對於江西贛州的客家人參與科舉考試的問題，有所着墨，但對於遷移到廣東其他地區的客家人參與科舉考試的問題，卻沒有處理。客家人與科舉考試的問題是值得多花筆墨的。科舉考試的考生，只能在其戶籍地參與考試，而客家人這個身份，顧名思義就是移民，因此，在客家人入住的地

49

區，儘管客家人已經在當地登記戶籍，本地人往往以客家人的移民身份為藉口，阻止客家人在當地參與科舉考試。在珠江三角洲，就像在贛州一樣，客家人只能爭取另立專門學額來參加科舉考試，在東莞縣，客籍學額直至 1801 年才批出，在新安縣，客籍學額直至 1802 年才批出。[35]

通過梁肇庭的研究，我們可以得出這樣的看法：客家人離鄉外遷，並在外地定居，漸漸地，客家人的遷移歷史被整理出來，客家人也因此被建構成一個族羣。但是，梁肇庭認為，客家人首次大規模外遷，開始於十六世紀末，導致本地社區堅決地把客家人視為外來者，這個觀點太過"乾淨整齊"，不無可商榷之處。必須指出，十五世紀的史料，也有廣東山區人口遷移的記載。[36] 梁肇庭自己也指出，鄉約是直到十六世紀八〇年代才被推廣至廣東北部山區的，因此，當客家人於十七、十八世紀遷移到珠江三角洲及其附近之時，也應該正值富裕村莊以祠堂為中心、並把財產配置於祠堂名下之時。重構於十九世紀的有關客家人遷移的記載，正好與我們的這個推測相吻合。[37] 但是，本

35　Leong Sow-theng（梁肇庭）, *Migration and Ethnicity in Chinese History, Hakkas, Pengmin, and Their Neighbours*（Stanford: Stanford University Press, 1997）. Chan Wing-hoi（陳永海）, "Ethnic labels in a mountainous niche, the case of She 'bandits'," in Pamela Kyle Crossley, Helen Siu and Donald Sutton, eds., *Empire at the Margins: Culture, Ethnicity and Frontier in Early Modern China*（Berkeley: University of California Press, 2005）, pp. 255-84. Segawa Masahisa（瀨川昌久）, "The ethnic identity of the She and the cultural influence of the Hakka: a study based on a survey of She villages in Chaozhou, Guangdong," in Suenari Michio（末成道男）, J.S. Eades and Christian Daniels, eds. *Perspectives on Chinese Society*（Canterbury and Tokyo: Centre for Social Anthropology and Computing, University of Kent at Canterbury, and the Institute for the Study of the Languages and Cultures of Asia and Africa, Tokyo University of Foreign Studies, 1995）, pp. 191-203. 有關東莞、新安的客籍學額問題，參見：陳伯陶等纂修，《東莞縣志》，1927 年鉛印本，卷 26，頁 5a，載《中國地方志集成·廣州府縣志輯》，第 19 冊，總頁 220；舒懋官修，王崇熙纂，《嘉慶新安縣志》，1819 年刊本，卷 9，頁 12a-12b，載《中國地方志集成·廣州府縣志輯》，第 18 冊，總頁 833。

36　Chan Wing-hoi（陳永海）, "Ordination names in Hakka genealogies: a religious practice and its decline," in David Faure and Helen F. Siu, eds., *Down to Earth*, pp. 65-82.

37　Myron L. Cohen, "Lineage organisation in north China," *Journal of Asian Studies*, Vol. 49, No. 3（1990）, pp 509-34.

地人口既然建構出一批文化符號，顯示自己是實踐王朝所認可的正當禮儀的、安土重遷的百姓；這樣，才有客家人遷移的歷史可言。這同樣一批文化符號，既然被用來奠定本地人的"本地人"身份，也會被用來把移民定義成"外地人"。到了十九世紀初，當客家人亦利用起本地人利用過的意識形態和禮儀，並且利用"來自中原"的神話為自己建造其道德優越地位時，客家人不僅把自己和本地人分開，也把畬人分開，並把畬人視為低自己一等的族羣。以上看法也就表示：明朝的社會身份結構，儘管有許多不公平之處，但卻是相當稀鬆的，反而到了清朝，才嚴密起來。原因倒不是因為哪個政府推行甚麼"種族"政策，而是因為，明朝時期，里甲制度被逐漸推廣到整個珠江三角洲（詳見第六章），在地方社會，一旦登記戶籍，本地人和外地人的分別，就被凝固起來，難以消融了。

　　到了宋代，歷經元朝，至於明初，廣州這個王朝的嶺南統治圈的中心，地位愈來愈穩固。廣州城城牆內的"我們"，不再把城牆以外的地區，想像為住着怪物的蠻荒地帶。"我們"愈來愈相信，"他們"這些半人半獸的東西，也是可堪教化的。早於 1333 年，危素就特別指出，傜民是可以受教化的，理學的推廣，無疑與這種主張有密切的關係。[38] 在十六、十七世紀，教化運動是如此成功，以至於，一方面，許多蜑民和傜民融入統治圈，不留下任何原本出身的蛛絲馬跡；另一方面，"蜑"、"傜"這兩個族羣概念，卻被進一步僵化，成為指涉賤民的概念。這些發展趨勢，看似矛盾，但都必須從宗族和王朝的策略中尋求解釋。宗族和王朝的策略往往異常成功，乃至徹底重塑了歷史記憶。客家人身份的歷史，很大程度上就是同一故事延伸至清朝的歷史，要了解客家人如何成為客家人，就必須了解珠江三角洲居民、尤其是廣州一帶的人如何成廣府人。感謝梁肇庭的研究，我們可以輕而

50

38　危素，〈平猺六策序〉："儒者之論，必曰先教化"，載《危學士全集》，乾隆二十三年
　　（1758）芳樹園刻本，卷 3，頁 14a，載《四庫全書存目叢書》（台南柳營鄉：莊嚴文化，
　　1995 年影印 1914 本），集部第 24 冊，總頁 667。

易舉地把廣府人身份歷史的關鍵，定於十八世紀。[39]

39　也可參考程美寶（Ching May-bo），*Guangdong culture and identity in the late Qing and the early Republic*（unpublished D.Phil. thesis, Oxford: University of Oxford, 1996）. 該博士論文展示客家人如何抵抗廣府人的排斥，並於二十世紀重返歷史舞台的中央。

今天珠江三角洲的大部分地區，直至宋代之前，都仍沉在水下。　*51*
從南宋到二十世紀的一千年，人們逐漸把沉積層開發為農業用地。廣
州的歷史地理專家們，認真而詳細地研究考古出土文物及書面史料之
後，已經能夠整理出珠江三角洲開發的時間表。珠江三角洲在宋代的
海岸線，西南從新會開始，向東北延伸至石樓，越過珠江，在東江三
角洲形成一條幾乎南北走向的海岸線。這條宋代海岸線，成為了解珠
江三角洲的社會進化歷程的重要線索。今天，這條宋代海岸線，也正
與珠江三角洲的主要公路大致吻合，因為這條公路正好把珠江三角洲
的主要城鎮都連接起來。這些城鎮包括：石樓、市橋、沙灣、大良、
容奇、桂州、小欖、外海、江門及新會城。這條海岸線以南，就是所
謂“沙田”，“沙田”北面，則有所謂“外田”。外田、沙田的分別，對
於珠江三角洲的社會變遷有着重要的含義。

堤壩與沙田

最早從南宋遷都杭州開始，糧食需求就開始增長，珠江三角洲
的沙田，也因此而開發。南宋遷都引發的一系列事件，導致珠江三角
洲、廣西、長江三角洲之間貿易增加。長江下游城市，創造出一個食　*52*
米市場，把僻處南方的廣西的食米也抽了過來。一方面，食米沿西
江而下，出口到福建和浙江沿岸；另一方面，食鹽則從廣州沿西江而

上，進入廣西。這個交易模式，從此穩定運行，直至市場轉移導致成本出現變化為止。另外，廣州城本身，也發展成一個食米市場。這樣，從南宋開始，在珠江三角洲河岸築堤造田，就有利可圖了。

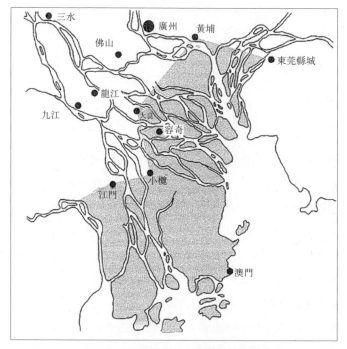

地圖一　珠江三角洲，陰影部分即為沙田

西江、北江、東江沒入珠江河道之處，處處都建起了堤圍。在中國其他地方，土地發展的關鍵，一向是集中領導、規模龐大的水利項目。但是，珠江三角洲則不同。在珠江三角洲，開發土地的，是無數小股人羣的無數互不相干的小型項目。廣州的曾昭璇等學者，進行了卓越的研究，重現了珠江三角洲的歷史地理，因而我們對於珠江三角洲土地的開發，了解得更加清楚了。曾昭璇最重要的發現是：直至宋代之前，今天的珠江三角洲還基本上沒有被開發，當時，西江和北江流進相當於今天珠江三角洲所在之前，就已經形成我們今天所熟悉的枝狀。西江水分二支，東支流在廣州附近入海；西支流則南下，越羚

羊峽而入海。當時的北江，亦應該在靠近今天三水之處匯入西江的東
支流。西江與北江帶來的沉積物形成沙洲，使西江的東支流再也無法
流向廣州，大約在十世紀前的某個時間，北江奪取了西江東支流通往
廣州的河道，西江東支流因此被迫改道南徙。這一番河道遷移，對於
航運和農業所帶來的改變，影響了宋代以後的土地發展。從此，北江
的南段，成了粵北與廣州的主要貿易路線，像佛山這樣的商業重鎮，
就誕生於北江南段岸邊。而在北江的佛山段河道以北，北江又於蘆苞
附近分流，形成一條直達廣州的河道。人類既然定居於此，由於地勢
低矮，必須築堤防水。因此，凡河道遷移後河水漫溢泛濫之處，就是
人類首先築起堤壩之處。在珠江三角洲的西江地區，人類最早築堤之
處，就是羚羊峽以南的地帶；在珠江三角洲的北江地區，人類最早築
堤之處，就是蘆苞的東岸地帶。正如曾昭璇指出，我們基本上可以相
信，在宋代以前，北江、西江在珠江三角洲頻頻改道，正是由於人類
開始築堤，才約束了河水，穩定了河道。[1]

　　我們不太知道這些河堤是怎麼築造起來的。曾昭璇所依賴的地方
志，對於東江河堤的築造，有所記載，除此之外，對於北江、西江河
堤的築造，並沒有留下任何當時人的記載。[2] 有關北江、西江河堤早
期築造記載的缺失，再一次反映出政府對於文獻記載的影響力。在早
期，只有當地方政府參與築堤，才可能會留下書面記載。東江河堤的
築造，正好反映這一點。該河堤重修於 1241 年，〈增築東江堤記〉就
專門描寫此事。從一位長者的口中，我們也知道一百年前此地也曾築
堤。[3] 除此以外，所有能夠留下記載的河堤，都是民間築造，也顯然未
得到官方的承認；毫無疑問，民間築造而沒有留下記載的河堤，更是

1　曾昭璇、黃少敏，《珠江三角洲歷史地貌學研究》（廣州：廣東高等教育出版社，1987），
　　頁 131-147。

2　關於築造於宋代的珠江三角洲堤圍及其分支，參見佛山市革命委員會編寫組，《珠江三角
　　洲農業志》（佛山：佛山市革命委員會，1976），第 1 卷，頁 10-11。

3　錢益，〈增築東江堤記〉，載張二果、曾起莘著，楊寶霖點校，《崇禎東莞縣志》（東莞：
　　東莞市人民政府，1995 年據崇禎十年 [1639] 刻本排印），頁 760-1。錢益為南宋理宗淳
　　祐元年（1241）進士，見《崇禎東莞縣志》，頁 211。

多不勝數。[4] 顯然，在宋代，許多河堤之築造，並非一氣呵成，而是在情況需要下或條件許可下，被不斷地重修或增建。這些水利工程規模甚小，正由於此，所以才沒有留下甚麼記載。這些小堤壩不能説完全沒有作用，但很容易被沖決，每年初夏，西江水必定泛濫成災，這就意味着，在珠江三角洲種植莊稼，就得作好充分的心理準備，知道種植季節有可能受到洪水的干擾。[5]

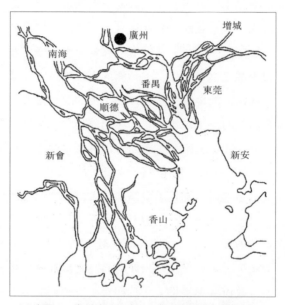

地圖二　廣州城以及珠江三角洲的縣級行政建制

4　其中三條河堤，史樹駿修，區簡臣纂，《肇慶府志》，康熙十二年(1673)刊，卷 16，頁 3b-5a，載中國科學院圖書館選編，《稀見中國地方志匯刊》(北京：中國書店，1992)，第 47 冊，總頁 681-2，以下簡稱《康熙肇慶府志》。這三條河堤中，據説兩條築造於北宋太宗至道二年(996)、一條築造於南宋度宗咸淳八年(1272)，築造者都是本地人。這三段記載都不無疑問，其中，築造於至道二年的兩條河堤之一，最啟人疑竇，因為築造者莫宣卿據説是唐宣宗大中五年(851)的進士，見黃佐，《廣東通志》(香港：大東圖書公司，1977 年影印嘉靖四十年 [1561] 刊本)，卷 11，頁 8a，總頁 270。至於南海縣羅格圍河堤的築造，參見《嶺南冼氏族譜》(宣統二年 [1910] 刊本，藏廣東省圖書館，編號 K0.189/72)，卷 3 之 14，頁 1a；《南海羅格孔氏家譜》(1929 刊本)，卷 6，頁 20a，卷 12，頁 7a-8a。這兩本族譜的記載都稱，羅格圍河堤的築造，得到一名本地官員的批准與支持。

5　《康熙肇慶府志》卷 24，頁 33a，載《稀見中國地方志匯刊》(北京：中國書店，1992)，第 47 冊，總頁 806。

　　進入元代之後，尤其到了明朝，珠江三角洲上築造起更多河堤。現存的史料雖少，但都顯示出，這一時期的河堤築造，是官方與民間合作的結果。黃佐編纂於 1561 年的《廣東通志》，收錄了 1394 年至 1441 年間明朝皇帝的詔令，這些詔令要求地方官協助百姓進行水利項目，並打擊那些霸佔水源或河渠通道的地方豪強。[6] 類似的詔令，在宋元時期，卻少得出奇。從南海縣羅格地區冼氏和孔氏的族譜，我們知道，冼氏和孔氏的祖先在明初有份修建羅格渠。珠江三角洲一帶，像這類動輒上溯明初的記載很常見，但只有一條史料看起來真是出於當時人的手筆。這條史料原本肯定是塊石碑，碑文被廣泛轉載，大略謂南海縣九江地區有陳博文者，於洪武九年（1376 年）奔赴首都南京，向明太祖呈請築堤，得到明太祖親自鼓勵。[7] 珠江三角洲的地方志廣泛轉載此碑文，視為桑園圍的緣起，足見這個故事多麼深入人心。桑園圍是珠江三角洲上的大型基圍，幾百年間，保護着珠江三角洲上最具生產力、因此也最富庶的地區之一。但是，皇帝親自批准珠江三角洲上一個水利工程，就此一例，難使人信服，反使人起疑。這個例子獨一無二，它意味着：不是事事都要得到皇帝批准，而是王朝理念與地方社會的結合，從南宋開始盛行，到明朝而發展至極端。這個故事，為日後十五、十六世紀期間朱氏、陳氏、黃氏等宗族在桑園圍附近築堤建圍的活動，提供了先例。[8] 所有相關記載都顯示，築造堤圍者或請求官方批准，或直接請求官方協助。

　　從南宋到明朝，隨着堤圍數目劇增，當地人必定產生一種看法，認為堤圍以外是一個世界，堤圍以內堆填出來的所謂"沙田"又是另一

6　黃佐，《廣東通志》，卷 26，頁 3a-3b，總頁 658。

7　黎貞，〈穀食祠記〉，吳道鎔輯，《廣東文徵》（香港：香港中文大學，1973），第 1 冊，頁 163。

8　例如，有一條 1618 年的記載，宣稱黃氏宗族擁有黃公堤，見《南海九江朱氏家譜》（同治八年 [1869] 刊），卷 12，頁 10b-11b；何炳坤，《續桑園圍志》（1915 年刊本），卷 12，頁 71a-73a。馮栻宗的《九江儒林鄉志》，也記錄了一篇 1583 年建造惠民閘的碑文，見馮栻宗纂，《九江儒林鄉志》，卷 7，頁 11a-13b，載《中國地方志集成‧鄉鎮志專輯》（南京：江蘇古籍出版社，1992 影印光緒九年 [1883] 刊本），第 31 冊，總頁 484-5。

個世界。明朝後期珠江三角洲所謂的沙田,多半集中於香山、東莞、番禺三縣。上文早已指出,東莞、番禺二縣北部,得到堤圍的保護,該二縣的南部,因此才是沙田地區。香山縣很少有築造堤圍的記載,[9]但整體而言有關這三縣的沙田的記載仍然是很豐富的。從十五世紀開始,開發沙田,就是為了追求利潤。投資於沙田的開發,在當時人眼中是怎麼回事?順德縣逢簡鄉一個名叫劉瑛的人,在 1524 年為子孫留下家訓,對此有詳細的描述:

> 子孫買田,便審不犯水災。予目擊成化丙戌 (1466 年)、壬寅 (1482 年)、乙巳年 (1485 年),俱四五月之間,潦水沖崩海洲 (海洲堡) 圩岸、淹浸馬盛地方,田禾十無一收取。得收者,東涌、香山田也。如財簿 (薄) 不能買香山大帳 (漲) 者,許在東涌、馬齊、古粉、北水、區村地方置買,並擇早禾田為至妙也。慎勿雖為 (原文如此) 與人生揭置買,利積日深,揚石 (原文如此) 不雅。其新生浮沙,最動人心,多有墾置,桍腹納糧。或江河改變,或低窪不成者,或官豪壓占,或忿勇傷人,桎梏拘攣,殫口脫罪,連累實田,雖剔肝而興概,亦膠手而無為矣。當今之時,宜靜不宜動,動則咎及,汝宜慎之。[10]

劉瑛一個清朝初年的後人,在這段家訓後附上一段文字,簡略地記載了沙田投資者所碰上的災難。他一個朋友的叔父有超過一百畝沙田,已經種上了水草達五年之久,其中大部分仍不適用於耕種,升科後則僅登記六畝。另有一人,向官府登記了七、八百畝沙田,沙田一直種不出莊稼,但官府卻照樣收稅如儀,結果,此人妻子自殺。從這兩宗個案可知,開發沙田,規模很大,風險也很高。

9　1404 及 1405 年,香山縣丞彭與志分別領導築造一堤圍,見申良韓纂修,《香山縣志》(康熙十二年 [1673] 序刊本,藏香港中文大學圖書館),卷 3,頁 29a-b。

10　《逢簡南鄉劉追遠堂族譜》,無出版年份,手稿,無頁碼,藏科大衛處。

　　開發沙田，風險大，利潤高，驅使開發者們進行劇烈的競爭。在明朝，沙田的所有權，不是靠佔領而得到的，而有賴於操縱土地登記，顯然，只有當政府的影響力已經滲透到沙田地區，才有土地登記可言。十六世紀，擔任高級官職的霍韜，其家族也參與沙田的開發。霍韜向縣令建議：處理有關沙田的訴訟時，沙田所有權的確切標記，在於訴訟者是否將沙田升科交稅，訴訟者一旦將沙田升科，即等同於擁有沙田。[11] 寫作於十七世紀中葉的屈大均指出，從前，佃戶會率同僱工，在每年的某個季節，前來沙田種植和收割莊稼。到了十七世紀中葉，這個模式改變了。佃戶們建起"墩"這類工事，"結墩以居"佃戶的頭目即所謂"沙頭"，或稱"總佃"，從地主處承包沙田，負責向政府交稅，並把沙田轉佃予其他佃戶。[12] 踏入二十世紀，這一帶出現了一田多主的現象，沙田被耕種之前，歷經幾重轉佃。[13]

　　蕭鳳霞（Helen Siu）注意到，沙田的耕種者，是沒有入住權的。[14] 她認為，入住權建立在合法性的概念上。她這個看法雖說針對較晚近的時段，卻也適用於整個明清時期。地方豪強，採用了士紳的符號與意態，因此得以洗脫沙田住民的卑賤身份，而那些住在船上、棚屋的人，生活方式不變，身份卻從此變成"蜑"，困於"蜑民不得上岸"的桎梏。理學思想與官府管治的延伸，在這個過程中來得正好，因為它創造了統治圈，也創造了統治圈的反面：被逐出圈外之人。

57

11　霍韜，《霍文敏公渭厓集》，載羅雲山編，《廣東文獻》（順德：春輝堂，同治二年 [1863] 刊本），卷 10 下，頁 12b-13b。

12　屈大均，《廣東新語》（香港：中華書局，1974 年重印），頁 51-52。

13　Chen Han-seng（陳翰笙）, *Landlord and Peasant in China: a Study of the Agrarian Crisis in South China*（New York: International Publishers, 1936）.

14　Helen F. Siu, *Agents and Victims in South China: Accomplices in Rural Revolution*（New Haven: Yale University Press, 1989）; "Subverting lineage power: local bosses and territorial control in the 1940s," in David Faure and Helen F. Siu, *Down to Earth, the Territorial Bond in South China*（Stanford: Stanford University Press, 1995）, pp. 209-222.

傳統的象徵：房屋、遺跡、布施

　　直到二十世紀，考古學家才在珠江三角洲發掘出石製工具與陶瓷碎片，除此之外，地面上已經沒有任何遺跡來提醒我們：珠江三角洲也有其本土文化的根源。但是，地方志裏卻記載了大量物質遺跡，它們被視為王朝影響力擴張的見證，而非珠江三角洲本土文化的遺跡。地方志編纂者假設，地方的一套與王朝的一套，通過一個轉化過程而融為一體，王朝 "化" 之，地方則被 "化"。而正好，磚瓦建築的確是伴隨着王朝縣級衙門的建立而進入華南的，而磚瓦建築也最終取代了華南早期的、無法堅久的木質建築。因此，地方志編纂者的這種看法，就顯得證據確鑿了。

　　磚瓦的使用，本身就是上述轉化過程的一部分。十二世紀范成大的同代人周去非，就留意到廣西人住的茅屋分兩層，"上設茅屋，下養牛豕"。[15]《新唐書》也記載，宋璟於八世紀被任命為廣州都督，"廣人以竹茅茨屋，多火，璟教之陶瓦築堵"，這樣，"越俗始知棟宇利而無患災"。[16] 無論這個故事多真多假，十一世紀的蔣之奇寫文章紀念宋璟時，又重複此一故事。蔣之奇還說，廣州當時所有的建築，都始於宋璟之教。[17] 再下一個有關磚瓦建築普及的記載，出現得相當晚近，林大春於 1572 年在屬廣西而接鄰廣東的梧州做官時留意到，即使在梧州這樣重要的城市，除了少數的官府衙署之外，其餘房子都是用竹子搭建的，因此只要一間竹屋着火，數以百計的竹屋就會立即被火海吞噬。1565、1566 兩年，梧州接連發生嚴重火災。林大春因此下令，禁止梧州城內百姓用竹子搭建房屋，並組織一千民夫，開爐燒磚，分給

15　周去非，《嶺外代答》，載《叢書集成初編》（上海：商務印書館，1936），第 3118-9 號，卷 4，頁 41。華南一帶、包括廣東在內的出土漢墓明器中，常有類似的房屋的模型，見廣州市文物管理委員會、中國社會科學院考古研究所、廣東省博物館，《西漢南越王墓》（北京：文物出版社，1991），頁 43-44。

16　《新唐書》（北京：中華書局，1975），卷 124〈列傳・宋璟〉，頁 4391。另見陳昌齊等纂，阮元等修，《廣東通志》（上海：商務印書館，1934 影印 1822 年刊本），頁 4114。

17　陳昌齊等纂，阮元等修，《廣東通志》，頁 4107。

窮人。[18]

　　這類磚瓦故事的意義，不在於顯示，珠江三角洲在唐代某個時間起才突然使用磚瓦。相反，廣州地區至遲在漢代已經使用磚瓦，也就是說，從廣州地區被視為中國王朝領土開始，磚瓦就已經被使用了。要明白這類磚瓦故事的意義，就必須明白，磚瓦建築在珠江三角洲的確別樹一幟，絕不普通。即使有關珠江三角洲普通建築的詳盡記載少之又少，要發現這些普通建築並不困難。只要到珠江三角洲的村莊走一走，就能夠發現少數明朝之前的住宅的遺跡。《遂溪縣志》對於當地房屋的描述，大概適用於珠江三角洲其他地區："屋宇多簡陋，蓋海濱多風，地氣復濕。風則飄搖，濕易盡朽。城中惟官署始用磚石，差可奈久。里巷則土垣素壁，僅蔽風雨"。[19] 到了十七世紀，或曰早於十七世紀前，石材已經成為普遍的建築材料。清初的屈大均，就留意到西樵山出產各種用作建築的石材，並留意到廣州附近頗多以石為基、以磚頭和貝殼為牆的"高樓"。[20]

　　當然，為各種建築落成而撰文作記，大概是流傳後世的文學題材中最常見者。在包括廣州城在內的珠江三角洲，宋代以前的文章，能夠流傳下來的，數目很少，這些文章全都描述珠江三角洲本土神明崇拜的遺跡。西江在德慶的三江匯流之處，出現了龍母的墳墓與祖廟，龍母的兒子，當然就是龍，也正好就是河神。珠江口也有自己的保護神，唐朝皇帝把這保護神敕封為洪聖，而當地人則稱之為扶胥。廣州城以東有羅浮山，山上光禿禿的圓石聳立，讓人產生了"洞天"的想像。我們必須牢記一點：這些遠古的痕跡，被埋在一層層的傳統與記

18　林大春，〈肇造全鎮民居碑記〉，載應檟，《蒼梧總督軍門志》（北京：全國圖書館文獻縮微複製中心，1991 年影印萬曆七年（1579）刊本），卷 28，頁 17b-21a，總頁 362-4。該書是明王朝於兩廣設立的最高軍事指揮部的文獻匯編。林大春曾於梧州擔任僉事一職，大概是按察司僉事之謂，見吳穎纂修，《順治潮州府志》，卷 6，頁 31b，載《北京圖書館古籍珍本叢刊》（北京：書目文獻出版社，1988 年影印順治十八年 [1661] 刻本），第 40 冊，總頁 1523。

19　陳昌齊等纂，阮元等修，《廣東通志》，頁 1802。

20　屈大均，《廣東新語》，頁 186、469-470。

憶之下。一塊露出地面的石頭、一個露天神壇所代表的土地神,往往可能有着古老的根源,即使這根源本身久被遺忘,但幾百年來這些神明繼續享受人間的香火。曾昭璇就提供了一個非常有趣的例子。在清朝的順德縣,當地人對於咸寧城遺址的土地神,崇拜有加。豐富的唐代考古發現已經證明:咸寧城決非傳說,而的確是南漢時期建立的縣治。[21] 地方神明被賦予人的姓名,並因此建立新的形象,這類例子非常之多。各種神明及其崇拜,互相競逐,爭取信眾。珠江口本身就是天后與洪聖鬥爭的舞台。對於天后的崇拜,始於宋代的福建,珠江口兩座主要的天后廟,不會早於十七世紀而出現。我們因此可以相當有把握地推測:直至這兩座天后廟建成之前,進出珠江的船夫的宗教崇拜中心,必然是位於黃埔的洪聖廟。福建沿海貿易帶來天后這個新的神靈,才改變了珠江口的宗教崇拜局面。[22]

　　地方神靈是被王朝收編這一點,如今,我們都很清楚。華生(James Watson) 提供了一個例子:香港新界廈村的一個土地神,被當成了天后。類似的例子,應該在珠江三角洲到處重複。宋怡明(Michael Szonyi) 警告我們:神明名字會改變,但不意味着以前的崇拜也一定隨之改變。這種可能性在珠江三角洲也是存在的。[23] 我們應該從以上例子得出甚麼看法?不要以為神明的改變是歷來如此,相反,這只是相對晚近的宗教變化。假如我們要研究宋代以前珠江三角洲及其周邊的情況,我們就要把歷史時間框架拉長至一千年以上,我們就會看到,有大量證據顯示:王朝的認可,增加了地方神明的聲威;但正因為王朝

21　曾昭璇、黃少敏,《珠江三角洲歷史地貌學研究》,頁 92。

22　這兩座天后廟指澳門的媽閣廟、南頭(即香港新界西北)的天后廟,有關這兩座天后廟的落成日期,見李獻璋,《媽祖信仰の研究》(東京:泰山文物社,1979),頁 364-366。

23　James L. Watson, "Standardizing the gods: the promotion of T'ien Hou ('Empress of Heaven') Along the South China Coast, 960-1960," in David Johnson, Andrew J. Nathan, and Evelyn S. Rawski, eds. *Popular Culutre in Late Imperial China* (Berkeley: University of California Press, 1985), pp. 292-324; Michael Szonyi, "The illusion of standardizing the gods: the cult of the five emperors in late imperial China," *Journal of Asian Studies*, 56:1 (1997), pp. 113-135.

的認可會帶來合法性，所以這種合法性不但被王朝官僚所操縱，也被
地方的各種宗教傳統所操縱；所以，地方的宗教崇拜，不會只因為王
朝力量打進來而被改造一次，而是被不斷改造。要顯示這個過程是困
難的，因為我們今天能夠掌握的，都是使用文字的一方所遺留下來的
記載，而且即使這些記載也殘缺不全。

正由於此，就地方神明崇拜的轉變而言，悦城龍母廟是個很有趣
的例子。奉蛇為神明、供養於神壇的崇拜，遍佈華南各地，人控制巨
蟒的故事，也是個恆常的主題。[24] 福建閭山派傳統中，有一故事，大略
謂有巨蟒為害，當地人須奉獻小孩為犧牲，臨水夫人因而消滅巨蟒。
這個故事，可以説是人控制巨蟒的故事的一個變奏。[25] 但在龍母信仰
中，龍母不但不殺蛇，而且還養蛇。這裏所謂的蛇，就是西江裏的五
條龍，與河水、降雨都有密切關係，這種信仰，毫無疑問在唐代前很
久就形成了。無論如何，在《南越志》這個有關悦城龍母廟的最早的書
面記載中，悦城龍母廟與王朝已經發生了關係，據《南越志》，秦始皇
欲納龍母為妃子，幾次派人到西江來，要把龍母遣送北方，但都被龍
母的兒子阻止了。今天仍保存於龍母廟範圍內的龍母墳，有立於乾隆
四十七年（1782 年）的墓碑。[26] "龍母"這個稱號，是南漢君主劉鋹於
965 年敕封的。下一次的王朝敕封，就得等到明朝洪武九年（1376 年），
當時新興的明王朝，感謝龍母協助平定廣東。[27] 明太祖的詔令，稱龍母

60

24　悦城龍母廟養蛇一事，見李昉等編，《太平廣記》（北京：中華書局，1961），卷 458，
頁 3747〈蘇閩〉條。另外，黃佐《廣東通志》記載了如下故事：十一世紀，有 "村巫" 二
人，以二蛇置於銀器中，迎接湞陽縣令陸起，知縣下令將蛇斬殺，將 "村巫" 逮捕，並將
其隨身物品焚毀，見黃佐，《廣東通志》，卷 47，頁 28a，總頁 1218。黃芝岡在廣西發現
了與仙人呂洞賓有關的蛇的例案，見黃芝岡，〈論兩廣祀蛇之習〉，《中流半月刊》，第 1
卷，第 6 期（1936），頁 366-369。也參見 Wolfram Eberhard, trans. Alide Eberhard, *The
Local Cultures of South and East China*, (Leiden: E.J. Brill, 1968), pp. 231-233.

25　Brigitt Baptandier-Berthier, "The Lady Linshui: how a woman becomes a goddess,"
in Meir Shahar and Robert P. Weller, eds. *Unruly Gods: Divinity and Society in China*
(Honolulu: University of Hawaii Press, 1996), pp. 105-149.

26　我於 1988 年考察龍母廟，看到這碑上題着這個年份。

27　梁廷楠著，林梓宗校點，《南漢書》（廣州：廣東人民出版社，1981 據道光九年 [1829] 刊
本排印校點），頁 24。另見《悦城龍母廟志》（咸豐元年 [1851] 刊本），卷 1，頁 2a-3b。

早於漢初已獲敕封為程溪夫人，之後有關龍母的文獻，轉相引載。刊行於康熙四十九年（1710 年）的《悦城龍母廟志》又稱，1076 年北宋征伐交趾，龍母協助輸送軍需有功，也獲得敕封。龍母獲敕的眾多封號之一，是"孝通"，這是專門指羣龍對於它們的母親 —— 龍母 —— 的孝心。這同一本《龍母廟志》還説，悦城所在的肇慶府境內，合共有超過三百座龍母廟，龍母廟的靈籤，也廣為流傳，據説是出自唐朝詩人羅隱的手筆。[28] 踏入二十世紀，龍母廟內仍供奉着五條蛇，每年的龍母誕也照樣信眾雲集。而來自悦城上游的藤縣的梁氏宗族的婦女，則被請來替龍母添換衣裳，理由是據説龍母出身藤縣。[29] 龍母的各種故事反映出，地方傳説被吸納到王朝意識形態裏，過程並不簡單。崇拜龍蛇、崇拜降服龍蛇的女性、通過孝道而把民眾道德觀念整合到龍母傳説中，這一切都反映出，地方宗教傳統與王朝意識形態的融合，發生於許多層次之中。

　　珠江三角洲的另一座古廟，就是黃埔的洪聖廟了。洪聖廟之建立，是唐代前很久的事。到了唐代，這個神靈已經得到王朝承認，獲敕封為後人所熟知的"洪聖"。在唐代文獻中，黃埔被稱為"扶胥"，這個名字與暹羅有點關係；洪聖廟又稱"波羅廟"，顯然與佛教有關。洪聖廟內有些朽木，可能是支撐斗拱的支柱，考古學家對此進行了炭 14 同位素檢測，將其年份定於 1110 年，正負誤差 80 年。可是，洪聖廟附近的廟頭村，其起源最早也不會比宋代早多少。該村村民自己説得出的起源，也不過就是宋代。而且，正如曾昭璇所指出，該地區直至宋代築造堤圍之前，每年都被洪水泛濫。無論如何，唐宋時期，黃埔與廣州之間的河道，對於海船來説太淺，因此必須在扶胥裝卸貨物。從以上的簡單描述，我們大概可以想像出如此情景：內河艇戶與海船水手聚集於洪聖廟內，他們做買賣的市場，大概有不少用竹子和蘆葦

61

28　吳玉成，《粵南神話研究》，載《國立北京大學中國民俗學會民俗叢書》（台北：東方文化書局，1974 影印 1932 本），頁 132-7。

29　梁伯超、廖燎，〈悦城龍母廟〉，載廣東省政協文史資料研究委員會編，《廣東風情錄》（廣州：廣東人民出版社，1987），頁 12-3。

搭建的房子，大家都視之為臨時建築。而洪聖廟所在的沙洲上，才可能有幾座用磚瓦搭建的比較能夠持久的建築。[30]

洪聖廟裏，保存着本土歷史的痕跡，最值得注意的，是一面銅鼓和一座人像。那面銅鼓是典型的華南銅鼓，在廣西尤其常見；而那座塑像名叫達奚，分明是個胡人。但是，幾百年來，洪聖已經被整合到王朝體系裏。從隋朝 594 年開始，洪聖就被敕封為南海神，享受定期的祭祀。唐、宋皇帝都賜官職予南海神，南漢的劉鋹也照着做。在宋代，洪聖尤其顯赫，據說他於 1052 年協助廣州打退儂智高的進攻。1054 年，宋代皇帝不僅加賜南海神另一個封號以表彰其效順，還敕封其夫人。至於南海神廟獲得捐贈土地的最早記錄，則來自元代的南宋遺民陳大震，他編纂了廣州南海縣的第一部地方志《大德南海志》，記錄了出身廣州的南宋末代進士。早於唐代開始，一座名叫懷光寺的佛教寺院，就出現在南海神廟旁。後來，懷光寺僧人與一些道士，一同包辦起屈氏宗族祖先的祭祀活動，屈氏宗族的祠堂也在南海神廟附近，而那些道士們也有份管理屈氏祠堂。但是，我們不太清楚究竟這個僧道共管的格局是何時形成的。[31]

儘管龍母與洪聖獲得了官方承認，但是，最顯著的變化，不是發生在龍母廟或南海神廟，而是發生在光孝寺。光孝寺能夠把北宋十一世紀初以來歷代方丈的記錄，保存得相當完整。[32] 根據這記錄，當時的方丈守榮，領導着逾百僧眾，他立志開創佛教事業，搜集了 5,048 卷佛經，並建起一座殿堂來收藏這些經卷。[33] 大約同時，一位俗家施主捐

30　曾昭璇，《廣州歷史地理》（廣州：廣東人民出版社，1991），頁 245-251。

31　屈大均，《廣東新語》，頁 205-206；崔弼，《波羅外紀》（光緒八年 [1882] 據嘉慶二年 [1797] 重刊本），頁 2b；羅香林，《唐代廣州光孝寺與中印交通之關係》（香港：中國學社，1960），頁 177-178。

32　何淙纂輯，《光孝寺志》（原刊乾隆三十四年 [1769]，廣州：廣東省立編印局，1935 影印），卷 6，頁 6a。又 "達奚" 者，北朝胡姓，北魏孝文帝漢化期間，"達奚" 改姓 "奚"，後又恢復 "達奚" 之姓氏，參見蘇慶彬，《兩漢迄五代入居中國之蕃人氏族研究》，香港：新亞研究所，1967，頁 151-152。

33　彭惟節，〈幹明禪院大藏經碑〉，載何淙纂輯，《光孝寺志》，卷 10，頁 3a-4b。《光孝寺志》稱這些經卷是皇帝御賜的，見卷 1，頁 3a，但是，彭惟節的碑記並沒有提及此事。

資重修了供奉六祖的殿堂。十一世紀末,在廣州建立府學的知府蔣之奇,在光孝寺建立了一座名為"筆授軒"殿堂,以紀念光孝寺於唐朝翻譯佛經的貢獻。到了十二世紀,光孝寺的成長,顯然緊扣着廣州的社會生活。光孝寺擴建了大雄寶殿;增建了庫院;重修了瘞髮塔和風幡堂(風幡堂即六祖在"風幡論辯"中強調心靈平靜之處);在西殿安放了三座從杭州訂造的貼金佛像,其中一座為觀音;還建起了寺門。南宋理宗寶祐四年(1256 年),光孝寺又增建了延壽庫,可以說是光孝寺有求必應的見證。[34]

　　由於光孝寺參與當地社區活動,光孝寺的產業日益增長。《光孝寺志》卷八記錄了宋代 28 名大施主即所謂"檀越"的名字,其中男子 11 人,女子 17 人。這 28 人,大部分只在《光孝寺志》留下其名字,但其中二人留下了一些事跡,顯示光孝寺為施主們定期做法事,以回報施主們的布施,為此,光孝寺需要在遠離廣州之處設立分寺。其一為新會縣黃夫人,她把數以萬畝的田地捐贈給廣州的幾個寺院,她逝世於南宋高宗紹興元年(1131 年),光孝寺在她位於新會某村的墳墓"立祠墓",在元代,更有一僧人長駐她墳旁,負責祭祀。另一為吳妙靜女士,她的居住地,相當於未來的順德縣龍江鄉,她出嫁前一天,未來丈夫竟然遇溺,她就把夫家的聘禮捐給光孝寺,為亡夫祈福,事在南宋度宗咸淳九年(1273 年)。[35] 元世祖至元二十四年(1287 年),光孝寺獲得捐贈一批土地,因此留下了珠江三角洲最早的土地契約:

> 廣州城南信女鄭氏念八娘,同夫居士林伯彰,用銅錢千緡,置龍岡坊蔡天興土名石硯田、涌底田共八十七畝,又蔡芳田四號,舍入風幡大道場,歲收租利,供佛及僧。[36]

34　何淙纂輯,《光孝寺志》,卷 1,頁 1b;卷 2,頁 9b-9a-b、12b;亦請參考卷 2 其他部分。

35　何淙纂輯,《光孝寺志》,卷 8,頁 2a-3b。

36　何淙纂輯,《光孝寺志》,卷 10,頁 7b。

　　即使在宋朝的末日，珠江三角洲上供奉本地神靈的廟宇、例如龍母廟和南海神廟，都沒有囤積土地的跡象。但佛教寺院卻能夠囤積土地，還得到當地官府與信眾的支持，這就是佛教寺院與王朝國家整合、與當地社區整合的證明。沙田開發的歷史，與土地囤積的歷史，結合於佛教寺院。在以下章節，讀者將會看見，文化意義重大的建築物及其名下的土地，與宗族的歷史，密切相關。讀者也將會看見，是宗族繼承了佛教寺院在珠江三角洲首創的傳統。

63

從里甲到宗族

從十四世紀初，到明朝建立的 1368 年前十年左右，剛好半個世 67
紀多一點。這段時期，珠江三角洲的歷史一片空白。歷史學家只能將
就。書面史料的闕失，反映出元朝（1279—1368 年）帶來的劇烈的社
會變遷。現存有關元初的少量史料，是南宋末代文人留下來的；而有
關元末的史料，則出自與明朝一同誕生的新興統治階層的手筆。歷史
學家對於珠江三角洲的印象，可能是宗族林立、宋明理學所倡導的宗
族禮儀已經得到實踐的地方。可是，明初史料所反映的，卻是個很不
一樣的珠江三角洲。在那個遙遠的元明之際，珠江三角洲社會是由地
方武裝豪強所主宰的，這些豪強要求下屬只忠誠於他們個人，而豪強
之間時則締結盟約，時則乾脆兵戎相見。明王朝就是在這樣一個社會
上強制推行里甲制的。因此，我們必須意識到，權力與財富分配的懸
殊，必然干擾了里甲制的推行，反正，要在當時在整個珠江三角洲推
行里甲制，無論如何是不可能的。里甲制分階段推行，不是設計者的
本意，而是形勢使然。最後，里甲制下的編戶，變成了宗族。這個過
程無法一言以蔽之，故事太複雜了，情節非常曲折，但是，要了解宗
族社會的誕生，就必須明白這個過程。

建立宗族的契機：里甲登記及其他 68

珠江三角洲的書面史料，其元末明初部分，是以地方豪強互相殘

殺開始的。這些豪強，不少已經獲得元朝政府的官職，最後勝出的是何真（約 1324 – 1388 年），他於 1368 年投降明朝，並立即被賞賜高官。之後，在 1387 年，何真更被封為"伯"的貴族稱號，並以東莞的某地為食邑。不過，他必須在首都南京而非珠江三角洲的家鄉度過餘生。期間他曾兩次還鄉，一次在 1371 年，一次在 1383 年，兩次都有特別的任務：招募從前的部將、門生，編入明朝軍隊。1371 年他首次還鄉時，就建立了祠堂與宗族田產即"蒸嘗"，他的蒸嘗規條，提及蒸嘗創始於北宋范仲淹，目的是賑濟族中孤寡和應付祭祖開支。[1] 雖然何真也確實至少把五代祖宗追溯一番，但何真與他的弟弟似乎掌控了所有族田；雖然何真的父親在七兄弟中排行第三，但何真這一支，卻被視為族中的大宗。

　　何家的風光日子並不持久。1393 年，何真死後五年，災難降臨。何真的兩個兒子，被捲入臭名昭著的所謂藍玉謀反案，明太祖下旨，要把何家滿門抄斬，同時被處斬的還有很多人。據何氏宗族文獻《盧江郡何氏家記》，何真的其中一個兒子成功逃脫，並於 1398 年平反後繼續承繼何真的香火。但是，東莞伯的封號沒有得到恢復，而族田也完全毀掉了。何真的其中一支子孫繼續留在東莞，但既無高官職銜，也無貴族封號。[2]

　　《盧江郡何氏家記》反映出，地方豪強與其下屬之間，尊卑等級森嚴。地方豪強不僅擁有佃農為其耕作，還擁有半奴隸式的僕人與士兵、即所謂"家丁"。何真對付一個背叛主人的"奴"的故事，被許多明朝史料所重複，這故事充分反映出時人如何要求"奴"忠於主。這故事稱，1366 年，元末豪強互相攻伐期間，何真的主要對手是王成，

1　Denis Twitchett, "The Fan clan's charitable estate, 1050-1760," in David S. Nivison and Arthur F. Wright, eds. *Confucianism in Action* (Stanford: Stanford University Press,1959), pp. 97-133.

2　何崇祖，《盧江郡何氏家記》，載鄭振鐸輯，《玄覽堂叢書續集》（南京：國立中央圖書館，民國三十六年 [1947] 影印宣德九年 [1434] 刊本）。何崇祖為何真兒子，他逃過了明太祖的滿門抄斬令。

何真懸賞一千兩白銀，獎勵能夠捕獲王成者。王成的一個家丁出賣王成，把王成綁送何真，可是，何真寬宏大量地釋放了王成，卻把那出賣王成的家丁綁起，架在一鍋沸水之上，敲鑼打鼓，巡遊示眾，還逼這家丁的妻子點火燒水。那家丁每慘叫一聲，人羣就高呼："四境有如奴縛主者視此！" [3]

何真在珠江三角洲的功業是空前絕後的，但是，明初許多地方都有類似故事。明初短暫的貴族時期，創造出傳說，成為地方百姓附會其譜系的來源。其中一個例子，文獻相當完整，這就是香港新界東部豪強鄧氏的例子，香港新界東部，正是何真地盤的一部分。鄧氏的族譜，宣稱其祖先娶宋朝皇姑，並以此為由，解釋自己為何在明初控制大片土地。類似的宋朝皇姑祖先傳說，至少見諸四個宗族，這也許只是反映出，娶宋朝皇姑的鄧姓男子，可能來自新會附近的三井村或者其他村落。[4] 鄧氏的族譜稱，明初，其土地被一大姓佔奪，該大姓失勢後，鄧氏才收復失地。這段記載肯定指何真家族的盛衰。[5] 明初短暫的貴族時期所開創的傳統，清楚地反映在何真的宗族建設上，鄧氏宣稱系出宋朝皇姑，顯然是對於這個傳統亦步亦趨，儘管鄧氏沒有任何子孫擁有類似何真的地位。

我們必須明白，鄧氏至遲在南宋已經定居於東莞。到了明初，鄧氏的各個支派必定已經散處各地，要建立一套禮儀，把各派屬同一宗族的關係維持於不墮，關鍵是要擁有共同祖先。在明初，這套禮儀

3　何崇祖，《盧江郡何氏家記》，頁 37b-38a。

4　《方氏家譜》（光緒十六年 [1890] 刊，藏廣東省圖書館，編號 K0.189/438），弘治十六年（1503）李維（音）序，頁 1b。《義門鄭氏家譜》（光緒十五年 [1889] 刊，藏廣東省圖書館，編號 K0.189/140），卷 7，頁 1b，卷 27，頁 2a-2b；《嶺南冼氏族譜》（宣統二年 [1910] 刊，藏廣東省圖書館，編號 K0.189/72）；《東莞方氏家譜》（香港：1965 年，藏香港大學圖書館，編號 2252.9/0240.l。

5　陳璉，〈龍岡鄧公墓志銘〉，載《龍躍頭鄧氏族譜》（無刊行年份，鈔本，藏香港大學圖書館善本部，編號：羅 700.17-7）。根據該文，龍躍頭鄧氏，被一地方豪強侵奪土地，洪武中期，鄧氏試圖把這片失地收回，登記到里甲中，但並不成功："初，有負（附）郭田百餘畝，為豪要兼併。洪武中，有司更造版，公推稅，其怙勢不受，終弗白（頁 32）"。陳璉逝世於景泰五年（1454），享年八十五。

是以皇姑及其丈夫郡馬的墳墓為核心的。直至十六世紀前，鄧氏這些支派，都沒有祠堂；而直至清朝之前，也沒有一個總祠來讓鄧氏各個支派一同進行祭祖活動。明初宗族建設的實質，是由當地豪強建立族田，供自己成員享用；而不是以共同財產為基礎，建立超越地域的同姓組織。同時，鄧氏各派也繼續纂修譜牒，把鄧氏各派之間的聯繫，與已經被改造過的鄧氏宗族的歷史結合起來，產生出共同的祖先傳說。珠江三角洲所有譜牒大致上都有共同的模式：首先有某位開基祖在珠江三角洲某處定居，其後代子孫散處各地，但其中一個或幾個支派則仍然居住於開基之地。[6]

除了東莞伯何真以外，其餘宣稱明初的祖先擁有官方、貴族、或士紳背景的說法，最可靠的也不過是道聽途說，更多時候是穿鑿附會。這類說法在珠江三角洲確實是無處不在的，但究竟有否真憑實據卻是不清楚的。沙頭及其他地區的崔氏，宣稱祖先是南宋崔與之的兄弟，但崔與之是增城人，墳墓也位於增城。沙灣的李氏，宣稱自己是李昂英後人，這說法正如鄧氏的皇姑祖先傳說一樣，無非是通過李昂英"開國男"這一含糊的貴族稱號，來鞏固李氏對於沿岸土地的控制而已。大老村這條相對細小的鄉村，也有莫氏宣稱祖先是唐代狀元。[7] 這類故事所反映出來的祖先傳說，與極為普遍的珠璣巷移民傳說，形成強烈反差。珠璣巷移民傳說，宣稱祖先跟隨大隊人羣從粵北的南雄州珠璣巷南遷至珠江三角洲。珠璣巷移民傳說並不強調祖先如何顯赫，這個傳說在南海、順德的宗族裏非常普遍，但其他地區的宗族也有這個傳說。

大體而言，珠璣巷移民傳說是個有關遷移和定居的傳說。最通行

6　David Faure, "The Tangs of Kam Tin -- a hypothesis on the rise of a gentry family", in David Faure, James Hayes, Alan Birch eds., *From Village to City, Studies in the Traditional Roots of Hong Kong Society*（Hong Kong: Centre of Asian Studies, University of Hong Kong, 1984）, pp. 24-42.

7　《鉅鹿顯承堂重修家譜》（同治十二年(1873)據同治八年(1869)重刊本，藏廣東省圖書館，編號 K0.189/581）。

的版本是這樣的：在宋朝，皇帝的一個妃子與珠璣巷一個商人私奔，因此，為了逃避株連，珠璣巷居民離開家園，順流南下，遷移到廣東南部，並定居下來。在出發之前，為了能夠順利離開珠璣巷並且定居他鄉，珠璣巷居民請求南雄州知州頒發路引，而到達定居地時，珠璣巷居民也向當地知縣登記編戶。在珠璣巷移民傳說的完整版本中，珠璣巷居民呈給南雄州知州的呈文、南雄州知州的批文、珠璣巷居民定居地當地知縣的批文，都有完整的記錄，並成為珠璣巷移民傳說的重要元素。據說，"岡州知縣李叢芳"還發出以下告示：

> 普天之下，莫非王土，率土之濱，莫非王臣。貢生羅貴等九十七人，既無過失，准遷移安插廣州岡州大良都等處，方可准案增立圖甲，以定戶籍。現闢處以結廬，闢地以種食，合應賦稅辦役差糧毋違，仍取具供結冊，連路引繳赴岡州。[8]

由此可見，珠璣巷移民傳說中上述告示的編戶云云，顯然是明朝的里甲編戶，下文對此有更詳盡的解釋。珠璣巷移民傳說實際上始於明朝而非宋朝，證據是目前所有珠璣巷移民傳說，其出現時間，都不早於明朝。[9]

許多關於明朝里甲制的研究，都認為里甲制是明朝政府於 1370 年強制推行的。但是，我們應該將之理解為：這只不過意味着明朝政府於那一年頒發律令，要求實施里甲制而已。如果以為有關里甲制的律令一出，帝國的每個角落就立即實行里甲制，那將是十分誤導的。首都一紙條文，就能讓數以百萬計的家庭自動自覺到縣衙門登記編戶，這種想法太不切實際，不值得我們認真看待。更加合理的看法，是認為在明初登記編戶的只是全國人口的一小部分，而他們之所以登記編

8　轉引自黃慈博，《珠璣巷民族南遷記》（南雄：廣東省南雄縣地方志編委會，1985 據中山大學 1957 年油印本排印），頁 29。

9　David Faure, "The lineage as a cultural invention: the case of the Pearl River delta," *Modern China*, Vol. 15, No. 1（1989）, pp. 4-36.

戶，並不是因為他們願意納糧當差，而是因為實際環境使他們無法規避編戶，而且，對於弱勢社羣，編戶也許還有點好處。何真的家族文獻能夠幫助我們明白里甲制度是如何實施的，以及明初的里甲登記意味着甚麼。何真於 1368 年歸順明朝，其家族文獻描述此事時，有關鍵的一行，提及編戶登記。何真向新興的明王朝獻出其璽印，以及他控制的民戶與士兵的登記冊。東莞縣政府於 1347 年編造的賦役黃冊，內容大概與何真之前歸順明朝時呈獻的登記冊重疊。[10] 1382 年，一萬戶蜑民也被編入水軍的戶籍。[11] 何真封伯後兩次重返廣州，其表面任務是招募當地百姓服兵役，這任務的前提是：當地百姓中，至少一部分已經登記編戶。更有甚者，1394 年，明太祖下令把何真家族滿門抄斬後的一年，廣州總兵官花茂奏請，將東莞、香山縣的所有漏網蜑民編入軍籍。結果，廣州沿岸地區就這樣增置了二十四個衞所。[12] 無論如何，非常特別的是，儘管明王朝對於蜑民如此警惕，何真的家族文獻卻完全沒有提及蜑民。[13] 明王朝也許視這些住在船上的蜑民為潛在的威脅，但我們讀何真家族文獻所得到的印象，是何真對於蜑民或者其頭目，或視為盟友，或視為敵人，但並不視為異類。

　　珠江三角洲的大宗族，在明初登記里甲時，遭際不一，這點是可以從族譜中看出來的。自稱宋朝皇姑之後、散處東莞各處的鄧氏，從來沒有登記到里甲中，鄧氏以宋朝皇姑墳名義控制的大量田產，也沒有被登記。但鄧氏在香港新界屏山的親戚，卻從明朝立國的第一年就

72

10　何崇祖，《盧江郡何氏家記》，頁 46b；陳穎，〈均賦役記〉，元至元八年（1348），載張二果、曾起莘著，楊寶霖點校，《崇禎東莞縣志》（東莞：東莞市人民政府，1995 年據崇禎十年 [1639] 刊刻本排印），頁 702-4。

11　何崇祖，《盧江郡何氏家記》，頁 66b-67b；黃佐纂修，《廣東通志》（香港：大東圖書公司影印嘉靖四十年 [1561] 刊刻本），卷 7，頁 7b，總頁 162。

12　黃佐纂修，《廣東通志》，卷 7，頁 8b，總頁 162；卷 49，頁 16a-17b，總頁 1286-7。

13　何真家族文獻中，至少有一處清楚提及，蜑民在元末積極參與當地的戰事。元至正二十七年（1367），佔據龍潭的盧述善及佔據 "東煮（原文如此）歸德" 的文七，派遣了一百艘船，增援靖康鹽場的李確部隊，對抗何真。參見何崇祖，《盧江郡何氏家記》，頁 38a-39a。

被編入里甲。[14] 同樣，也沒有任何證據顯示崔與之的後人被登記到里甲中。李昴英的子孫，除了其中一支於 1394 年被編入軍籍外，其餘似乎也沒有被登記。莫氏的情況則比較複雜。莫氏的族譜，收錄了一份康熙三十九年（1700 年）的訴訟文書，謂莫氏曾於宋朝把田產捐給佛寺，並相當清楚指出，有關田產的登記，早於萬曆九年（1581 年），蓋這年全國清丈土地，廣東也進行大規模清丈。[15] 三江村趙氏，自稱是宋朝皇室之後，很早就接受登記：他們在元朝改易姓氏，到了明初才恢復趙姓，並且也在明初被陸續登記到里甲中。趙氏的族譜，奉某位逝世於明初的十二世祖為開基祖，他的四個兒子中，長子這一戶，於洪武十四年（1381 年），以趙連城名義，登記為三圖七甲內的"潮居"戶，必須派送成丁，到珠江三角洲某個沿岸衛所當兵。像"趙連城"這樣的名字，顯然是用來開設賦役戶口的假名。次子住在一圖九甲，本來在明朝開國的洪武元年（1368 年）與其長兄登記在同一戶內，但在洪武十四年卻在三圖七甲另外立戶。洪武二十四年（1391 年），次子接到服兵役的命令。為應付這趟差役，次子派了個"鬻男"（買回來的兒子）到首都南京的某個衛所當兵。據家譜記載，這份到南京衛所當兵的差役，於成化四年（1468 年）改為到鄰近新會縣當兵的差役。家譜還記載了長子與三、四子之間因為爭奪沙田而引發的糾紛。三子這一戶，自洪武九年（1376 年）以來就得到北京服兵役，並於洪武二十年（1387 年）被登記稅田 2,200 畝，這些賦役項目都於洪武三十四年（1391 年）被納於官方的記錄中。可是，由於三子無嗣，這些賦役就落在四子這一戶的頭上。基於家譜未予披露的原因，四子控告他的姪兒即長子的兒子趙仲堅規避賦役。趙仲堅把沿岸灘地交給四子，作為賠償。

14　香港屏山和東莞的鄧氏，並非宋朝皇姑之後，被登記到黃田鹽場的里甲中。與宋朝皇姑之後不同，屏山鄧氏的一名成員鄧彥通，早於明洪武十五年（1382）就獲得官方嘉獎，他撰寫〈田賦記〉，謂"大明建國之初，令天下毋得冒相合戶"，為響應聖旨精神，"余時與弟彥祥始別立籍東莞縣，弟立籍黃田場，將祖產立作兩份對分，⋯⋯凡科差均受祥"。載《南陽鄧氏族譜》（無刊行年份，手稿本，藏香港大學圖書館），頁 10a-10b。

15　《鉅鹿顯承堂重修家譜》，頁 48b。

四子則將之成批出售。這故事的結局並不團圓：四子竟然被購買他沿岸灘地的買主"湯斯讓藥死"，此人大概與二子的女婿湯應麟有關，並說湯應麟來自"北到"。[16] 趙氏家族的悲慘結局，讓我們明白了里甲制度實施的真實運作。登記戶口，牽涉到納糧當差的賦役，因此里甲登記絕不只是統計人口這麼簡單，我們必須意識到里甲登記會引發切身的利益衝突，並從這個角度來了解里甲制。

把土地託庇於勢豪，即可規避稅糧，而有關賦役，往往給轉嫁到窮人頭上。對此，明朝的人都很了解。但是，百姓規避賦役時，會利用一些禮儀—法理元素，這些禮儀—法理元素，非常重要，如果我們把規避賦役純粹理解為政治問題，就會忽略這些禮儀—法理元素。我們不可以誇大里甲制實施的程度，不是因為明王朝並不具備足夠的人力來推行里甲制，而是因為里甲一旦設立，地方力量，就可以通過禮儀—法理元素，為自己的利益，或承擔某些賦役，或規避某些賦役。珠江三角洲的族譜，正好反映出這一點。

南海關氏的文獻，就提供了一個很好也很曲折的例子。元明之際，關氏出了個英雄，以祭祀這名英雄為名義的田產，造就了關氏宗族。出生於元至正九年 (1349 年) 的關敏，是本地豪強之一，他投奔何真，擁護明朝，因而戰死，死時相當年青。因此之故，明初，在關敏的家鄉就建立了廟宇，當地縣政府還劃定田地，作為祭祀關敏之用。關氏族人聰明地操縱里甲登記與宗族繼承的規則，發展出一套精確的規條來控制田產，也因此創造出一個宗族來了。由於關敏為獨子，關氏族人就把一位姪兒過繼給關敏以承繼其香火。如果我們粗心大意地讀關氏族譜，就會以為：隨着關氏子孫繁衍，發展出三派，一派為關敏的父親，另外兩派為關敏的叔伯輩即關敏父親的兄弟。對於關氏族譜的這種解讀，是戴着十六世紀眼鏡的粗枝大葉的解讀。當時，以各房各派控制蒸嘗，確實成為宗族的最流行的形態。但是，明初的重要的禮儀—法理脈絡，卻會被戴着十六世紀眼鏡的解讀所忽略。

---

16 《趙氏族譜》（香港：趙揚名閣石印局，1937），卷 2，頁 12b-15a。

我們應該很容易就明白：一父、三子，即使再加上孫子，也無法形 *74*
成一個宗族。就關敏的個案而言，這個家族定居不過兩代：關敏的祖父
是在元代才搬進黃連村的。更有甚者，雖然關氏的族譜宣稱關氏登記為
民籍，但關敏祖父的長子生有一子一女之外，還有兩名負責服兵役的"義
男"。關敏祖父的次子則有二子一女，長子無嗣，次子也生了兩個兒子，
其中一人過繼給已經逝世的關敏。關敏的這位姪兒，過繼給關敏之後，
生下六個兒子，其中一名過繼給一位尚無子嗣的叔伯輩。[17]

對於這十來個人組成的小團體，我們要問的關鍵問題是：究竟
誰控制田產？如何控制田產？顯然，關敏祖父的三房子孫中，二房是
勝利者。兵役已經由長房承擔了；二房又把兒子過繼給已經逝世的關
敏，並且承擔起祭祀關敏的責任，所以二房實際上控制了整個宗族裏
也許唯一的以成員為祭祀對象的廟宇。由於二房承擔起祭祀關敏的責
任，長房，亦即第三代的長子，實際上是被架空了，但是，長房又仍
然被保留着，這異常現象，大概與明朝里甲登記有關係，目的是把兵
役推給長房，而祭祀關敏的田產，則由其他人控制。

有關里甲制度的研究，往往認為明王朝政府像個至高無上的權
威，能把一己意願強加於地方社會。但是，我們把明初的宗族內部繼
承安排，聯繫到祭祀，亦即聯繫到田產控制權時，就會發現，情形似
乎並非如此。浮現出來的景象應該是：明王朝的里甲行政安排，使宗
族禮儀規則，例如子孫繼承規則，具備了法理的意味。因此，編戶登
記就成為了分配田產的手段。"戶"一旦被賦予法律定義，則子孫繼承
也將受到影響，因為法律容許人們操縱過繼來控制田產。但是，子孫
繼承附帶有祭祀祖先的義務，因此，有關田產控制權的法律細節，是
能夠、並且也經常是通過禮儀條文而表達出來的。關敏廟的例子讓我
們明白，對一個宗族成員進行定期祭祀，再把這定期祭祀安置於宗族

17　廣東省圖書館的卡片目錄，把本文這裏所依據的關氏宗族的族譜，寫成："《盧氏族譜》
（不著撰人，手稿本，光緒二十三年 [1897] 刊）"。毫無疑問，這肯定是個錯誤。因為族
譜內載有關敏的傳記，把關敏視為宗族成員。直至景泰三年（1452）順德設縣之前，黃連
村都隸屬於南海縣。

的脈絡裏，對於王朝—鄉村關係，有着重大的意義，遠非單純符號這麼簡單。

　　把軍役交給宗族的一個支派，以便讓宗族的另一個支派 —— 極有可能也是勢力強大的支派 —— 專注於土地囤積，這應該是明初常見的情況，族譜裏經常記載着這種做法的例子。可以想像，在那個動盪的年頭，控制田產與政治聯盟有着密切關係。小欖何氏的文獻稱，其祖先何漢溟（1358 - 1412 年）竟然直接跑到首都，控告一個地方惡霸在他村子犯下的暴行，結果，這個惡霸的田產就被充公。小欖的一個鄉民，如何能夠直接到首都告狀？何氏的文獻對此語焉不詳，但卻提到何漢溟與一位不知名的廣東布政使交上了朋友，也提到何漢溟於洪武十八年（1385 年）編了戶籍，還被任命為小欖地區衛所的里長。而且，何漢溟的父親早於洪武四年（1371 年）就率先登記為民戶。洪武十四年（1381 年），何漢溟被命令到南京的衛所當兵，他以年老為由，派了個兒子來頂替自己。何氏最終成為小欖地區最顯赫的宗族之一，從以上記載看來，何氏田產的基礎，顯然在這段遙遠的時期就已經奠定了。[18]

建立宗族禮儀

　　把控制田產與承擔祭祀聯繫起來，這種做法，是否繼承南宋以來的理學？對於這個問題，答案紛紜。在珠江三角洲大部分地區，沙田開發主要是明朝的事，元朝的覆亡、明朝的建立，產生了緩慢的經濟復蘇期。明王朝為這些地區帶來的好處，最初採取臨時的封賞的形式，繼而採取科舉的方式，因此把理學所包含的文人理想也擴散到這

18　《何氏九郎族譜》（1925 刊），蕭鳳霞贈作者，現由作者所藏。類似的情況也發生在李氏與劉氏宗族，見《南海山南聯鑣里關氏族譜》（光緒十五年 [1889] 刊，藏中山大學圖書館，編號：史(2)050；卷 4，頁 5a、又 5b；《逢簡南鄉劉追遠堂族譜》（無刊行年份，手稿本，由作者所藏）。我在一篇文章中也討論過逢簡劉氏的個案，見 David Faure, "The written and the unwritten: the political agenda of the written genealogy," Institute of Modern History, Academia Sinica, *Family Process and Political Process in Modern Chinese History* （Taipei: Institute of Modern History, Academia Sinica 1992），pp. 261-298.

些地區。但是，在珠江三角洲及其周邊，也有一些地區，例如東莞縣，自南宋以來就堅固地建立起理學的傳統。在這些地區，宗族傳統的建立，卻帶有復興的色彩，不管是真正的復興還是想像的復興。一輩同姓之人，在甚麼背景下採用宗族結構來自我組織？這必然意味着他們會依照理學家所倡導的禮儀，集體祭祀祖先嗎？大部分族譜的文獻證據太簡略，無法讓我們輕易解答這些問題。但是，以下幾個罕有的例子卻顯示出，在明初，採用宗族結構，的確與採用理學禮儀有密切關係。

以下記載，來自香山縣容氏的族譜。這段記載顯示，建立宗族結構，不僅需要祖先譜系，也需要"蒸嘗"即祭祀祖先所用的田產，以便應付定期祭祀的開支。據容悌與的〈創立蒸嘗記〉，洪武十九年（1386年），容氏尚未建起祠堂，就已經採納了宗族的結構：

> 悌與少孤，幼居鄉里，無名族蒸嘗之禮，止問諸親戚故舊之家，時節諱誕之辰，隨家豐儉以奉祀。此吾香山之風俗，隨時奉先，禮也。吾家自高、曾二祖舊有灶田三十餘畝，租百餘石，各房輪流掌管奉祀。嗣後失其誠。高、曾諱誕，幾至缺略。時悌與猶少，未能繼志述事，時時獨念於心。年十八，忝為庠生，每於窗燈之下，見春露濡而心懷怵惕，見秋霜降而心常淒愴。……洪武十九年（1386年）春正月朔日，長幼咸聚於宗舍，悌與以情相告。諸昆弟一聞是語，各皆驚愕，無以自容，遂相以創立春秋二祀，八房之祖考皆與焉。……惜乎未立宗子，遂將應祀祖者編定。書於版冊，輪流奉祀。其餘弟姪未及，以俟後編。嗟乎！人生惟仁義禮樂四事而已，……雖寒族家貧而仁義禮樂不可以不興。[19]

容氏族譜顯示，作者儘管只是個生員，卻已經是族中第一個擁有

76

19　容聯芳編，《容氏譜牒》，民國己巳年(1929)長世堂刊，藏香港中文大學圖書館，卷1，頁5a-b。

官方身份的人。採納宗族結構，就需要用文字把願意輪流承擔祭祖費用的宗族成員記錄下來，這一點也很重要。以"曾祖"、"高祖"來稱呼祖先，意味着蒸嘗是由五服以內的子孫所控制的。五服以外的親戚，就被認為已經離開本家。因此，隨着宗族子孫繁衍，祭祖時所採用的一套共同禮儀，就會迎合宗族的需要，雖然宗族的財產管理結構，仍然掌握在本家手中。

　　歷史比較悠久的宗族，其祭祖儀式就更加講究，包括有時在祠堂裏舉行儀式。東莞縣潢涌村黎氏祠堂門口的一塊石碑，顯示該宗族的譜系結構，歷南宋、元朝而不間斷，明初，黎氏宗族建立祠堂，認為這是恢復傳統之舉。根據該石碑，黎氏定居潢涌村的開基祖是黎宿：

> 自宿以下，頗得考其世次。有口股肉以奉親者，事聞於朝，詔旌表其門閭，署其裏曰"德本"，因建祠於裏門之東以奉其先祀，有田若干頃以供其祠之粢盛。又建義塾於祠西，延師教其族之子弟。宋之季世，皆毀於兵。元至元癸巳（1293 年），舉族同力興復如故。至正乙未（1355 年），復罹兵毀，靡有孑遺。大明定中原，洪武三年（1370 年），黎氏族黨再復義塾，方將經營祠堂，黎力未能舉也。於是重闢祭田，歲時族長率其子孫，權修祠事於義塾。至乙卯歲（1375 年），祠堂始成，春秋祭祀，卒如先志。自元至今百年之間，黎氏之族，以儒起家至教官者若干人，至宰邑者若干人，大明受命，宿十世孫光，起家首拜監察御史。[20]

黎光於洪武五年（1372 年）成為舉人。[21] 因此，我們可以這樣：宗族成員一旦獲得科舉功名，就建立起宗族禮儀，以上碑文就是這個現象的又一例證。無論如何，以上碑文很清楚地說明：黎氏宗族的祭祖

20　1996 年，我在楊寶霖先生的陪同下，參觀了東莞縣潢涌村黎氏祠堂，看見這塊位於祠堂門口外的石碑。楊寶霖先生提供了一份完整的、經過仔細校對的碑文抄本，我獲益匪淺，謹此向楊先生致以最深的謝意。

21　張二果、曾起莘著，楊寶霖點校，《崇禎東莞縣志》，頁 511。

活動，從南宋末年開始，延續不斷。該宗族在宋朝因為某個成員的孝行而獲得朝廷嘉獎，因而建立起一座祠堂以祭祀祖先，並且還經營了蒸嘗。黎氏宗族通過集體努力，試圖恢復祠堂，意味着李氏的宗族結構歷久不衰。但是，在那遙遠的明初，並非所有宗族都能夠合法地建立祠堂。同一塊石碑的碑陰，刻有文字，時間與碑陽文字同年：

> 祠堂之制，非古也。古者大夫三廟，視諸□□□□□□□二廟，視大夫降一等；官師一廟，視大夫□□□□□□焉者。後世諸侯無國，大夫無邑，其制未免有同□□□□度。尊祖者既褻而不嚴，事親者又厭而不尊。□□□□□禮始盡廢矣。士庶人有所不得為者，以祠堂名之，以寓報本反始之誠、尊祖敬宗之意。此廣東東莞黎氏宗祠之所以建也。[22]

由於年代久遠，自然侵蝕、人為破壞，碑文不無漫滅之處，但是，這些漫滅之處的內容，是完全可以從明朝的禮儀條文中填補進去的。明初的律令，對於祭祀祖先時能夠祭祀多少代，有相當清楚的限制：品官祭祀四代，平民只能祭祀父母及祖父母；明初的律令，也特別規定：只有品官才有權在被稱為"家廟"的建築內祭祀祖先。但是，對於在墳墓旁建立祭祀祠堂這種宋朝的習俗，明朝的律令並不禁止。何真官至尚書，因此能夠在家廟祭祀祖先。但東莞橫涌村李氏則不同，李氏並沒有資格在家廟這樣的建築內祭祀祖先，因此，李氏把他們祭祀祖先的建築稱為"祠堂"。在元朝及明初，李氏義學也兼有祭祀祖先的功能。明朝開國之後，祭祀祖先所用的建築，其形制也將被改變。但是，我們必須留意，在明初，由法律規定、由里甲實踐的身份

22　這塊碑文的上方，另有一篇文章，是南宋末年李春叟寫的，歌頌李氏宗族合村而居。除這塊石碑外，祠堂裏還有一塊碑文，載有元至大二年（1309）的文章；另外還有一塊碑文，記載明永樂十三年（1415）重修祠堂的情形。

等差，是被嚴格遵守的。[23]

53

23　明初頒行的《明集禮》，對於祭祀祖先的禮儀，包括祠堂的形制，都有規定。見徐一夔
　　等撰，《明集禮》，卷 6，頁 11a-27a，原刊於洪武二年(1369)，載文淵閣本《四庫全書》
　　(上海：上海古籍出版社，1987 縮印)，第 649 冊，總頁 171-9。

第七章
賦役的崩潰

里甲登記的全面推行，是十五世紀中葉的事。而里甲制度的性質本身也逐漸發生變化：從嚴格要求親身服勞役，變為以繳納白銀代替勞役；從重視登記戶口，變為重視登記田產。這是個緩慢的過程，幾乎用掉了十五世紀中葉到十六世紀中葉這一百年。在珠江三角洲，真正開始這個變化的，是捲入正統十四年（1449年）黃蕭養之亂的地區。在這些被叛亂波及的地區，全面編戶齊民，就有可能改變社會地位，這一點是很重要的。這地區有很多百姓被登記為蜑戶，叛亂的發生以及叛亂期間效忠朝廷的動作，就讓蜑戶們有機會登記為民戶，從而拋棄蜑戶的身份。因此，黃蕭養之亂，意味着當地社區通過編戶而得到王朝國家的承認。其他戶籍改變為民戶這一現象，並不限於黃蕭養亂事地區，但是，黃蕭養亂事地區所開始的其他戶籍改變為民戶這一現象，開啟了改變的趨勢，最終擴散至整個珠江三角洲。

黃蕭養之亂，1449年

對於黃蕭養，我們知道得很少。成書於1451年、相當於時人記載的《平寇略》，形容黃蕭養為"小民"，家境貧窮，充當僱工為生。他在一次田地糾紛中殺了人，坐了牢。獲赦釋放後，在"海面為盜"。不久他再度落網，這次的罪名是"海洋強盜"。以上的記載，其實不足以把黃蕭養落實在珠江三角洲社會的脈絡中，但是，家境貧窮、充當僱工、爭奪土地、輕易出入海洋，把這些記載綜合起來，可以看得出：黃蕭養與那些社會地位卑微、住在沙田、被俗稱為"蜑"的人，關係應該非常密切。

　　不過幾個月的功夫，黃蕭養向附近社區發起進攻，沒有遭遇任何抵抗，他迅速在桂洲、逢簡、大良、馬齊等地建立了政權，這些地區當時屬南海縣，也就是叛亂平定之後成為順德縣的地區。據《平寇略》，只有龍江鎮的父老們，在一個叫做蕭碧的人的領導下，組織起來，抵抗黃蕭養。對於龍江鎮抵抗黃蕭養的組織詳情，《平寇略》有所記載，這記載對於我們了解當時珠江三角洲的社會，非常重要。《平寇略》稱：龍江鎮父老們認為，"非請命上台則眾志不一，非矢諸神明則約法不行"，因此，他們"冒險往都督撫院，領保安黃旗一面、榜文一道"，以十名甲長組建十隊人馬，在附近山上屠豬殺雞，歃血為盟，一面焚香祭天，一面宣讀誓詞，宣佈與黃蕭養勢不兩立。他們除了在龍江鎮設防之外，也與附近的北村、沙頭、龍山、九江與大同等堡結盟。當黃蕭養的叛軍進犯時，他們成功打退了叛軍。[1]

　　這一片地區分成黃蕭養叛軍佔領地區與效忠朝廷地區，其分界線，也就是未來的南海縣與順德縣的分界線。這一點同樣重要。在這片地區，桂洲、逢簡、大良、馬齊位於南方，而沙頭、龍山、九江、龍江位於北方。南方靠近沙田區。這不意味着我們要把黃蕭養叛亂認定為地主與地位卑微的佃農及僱工的鬥爭，我們應該意識到，這些佃農及僱工，由於住近沙田，因此在王朝的社會結構中得到了一種特殊地位。畢竟，這片地區的南北部分之間，並沒有明顯的地標作為分界；並且，除非土地已經獲得登記，否則佃農與地主之間的分界線也是不大清楚的。

81

1　鄧愛山於明景泰二年（1451）撰寫的《平寇略》，是有關黃蕭養之亂的最詳細的記錄。蕭碧等人後來得到嘉獎，他們的神主牌位被安置於龍江鎮的雷將軍廟，據說，在鎮民抵抗黃蕭養期間，雷將軍曾經顯靈襄助。有關蕭碧等人獲嘉獎一事，時人薛藩有〈議舉十一公配祀雷大相公廟文〉。這兩篇文章載佚名纂，《順德龍江鄉志》（又名《龍江志略》），卷5，頁56a-58a，載《中國地方志集成・鄉鎮志專輯》（南京：江蘇古籍出版社，1992 據民國十五年 [1926] 龍江雙井街明新印務局鉛印本影印），第 30 冊，總頁 873-4。

楊信民於景泰元年（1450 年）被任命為廣東巡撫，率兵解廣州之圍，黃佐《廣東通志》對於此事的記載，也印證了珠江三角洲分裂為效忠朝廷與效忠黃蕭養兩大集團：

> 楊信民，……正統十一年（1446 年）升廣東左參議，……正統己巳（1449 年），以劾貪事被逮赴京，廣人不忍其去，軍民客旅猺蠻灶戶萬四千餘人，赴土司保留，耆民何寧等復詣闕奏保，遂蒙復職，敕守白羊關。寧等復奏："賊黃蕭養作亂，願得信民還廣，則寇賊可弭。"上可其奏，召還，入見，□賜大官飲膳，升右僉都御史、巡撫廣東。至廣州時，□（賊）眾數萬，有民欲入城赴訴，官司疑其為賊間，縛之於獄。信民命出之，即印押公據數萬，散布四方，約曰："縱為盜殺人，有此據者，悉免其罪。願入城者，聽。"令既下，信民恩信素孚，民爭趨城。至，輒泣拜台下。信民亦泣而慰之，發粟賑濟。時官民爭曰："縱賊入城，患生不測，咎將誰歸？"信民曰："吾獨當之！"[2]

以上的記載，不僅與《平寇略》有關龍江鎮效忠朝廷的引文相一致，也與逢簡劉氏族譜的互相發明。逢簡劉氏族譜稱，其祖先之一劉觀成，號松溪，組織鄉人抵抗黃蕭養的叛軍。但是，由於黃蕭養叛軍把所有"脅從者皆籍而記之"，官兵得到該名單後，就按照名單上的"姓名鄉里"，"發兵剿捕"，"遂濫及不辜，並鄉之民，多橫罹鋒鏑者"，劉松溪由於不相信官兵會妄殺無辜，沒有及時逃離，"俄而兵至，府君（劉松溪）與子婦何氏、曁孫蛋、平皆遇害"。小欖何氏族譜中關於何洪祿（1421—1449 年）的傳記，也生動地印證了以上的記載："公為鄉正，御史出榜安民，公攬榜，率眾禦賊"。[3] 類似的防衛聯盟也在九

2　黃佐纂修，《廣東通志》，嘉靖四十年(1561)刊，(香港：大東圖書公司，1977 影印)，卷49，頁 52a-52b，總頁 1304。

3　《逢簡南鄉劉追遠堂族譜》(無刊行年份，手稿本，由作者所藏)，頁 25a-26b，29a-31a；《何氏九郎族譜》(1925 刊，蕭鳳霞贈作者，現由作者所藏)，卷 1，頁 25b。

82 江與佛山建立起來。[4] 關於佛山防衛聯盟的記載，保存得非常完整，值
得我們仔細研究，以便了解黃蕭養之亂對於珠江珠江三角洲所帶來的
社會變遷。[5]

佛山防衛聯盟，締結於佛山鎮的一座北帝廟之內。據說，北帝顯
靈支持佛山鎮的防衛者。黃蕭養之亂平定後，朝廷更名該廟曰 "靈應
祠"，並在祠內另設偏殿，供奉二十二個佛山防衛聯盟的領袖的牌位，
定期祭祀。[6] 有關佛山防衛聯盟的設立，廣東布政使參政揭稽的下屬陳
贄提供了最權威的記載。景泰元年（1450 年），黃蕭養之亂平定後，陳
贄巡視佛山，親眼看見了佛山鎮的部分防禦工事：

> 而南海番禺諸村堡多有從為逆者，聲言欲攻佛山。父老赴祖
> 廟叩之於神，以卜來否，神謂賊必來，宜早為備。於是耆民聚其
> 鄉人子弟，自相團結，選壯勇、治器械、浚築濠塹，豎木鋪，周
> 十里許，沿柵置鋪，凡三十有五。每鋪立長一人，統三百餘眾。
> 刑牲歃血，誓於神曰："苟有臨敵退縮、懷二心者，神必殛之！"[7]

佛山鎮與龍江鎮防衛聯盟的相似之處是可以預期的。佛山鎮防衛
聯盟的締結者，也同樣是 "鋪"。刊行於乾隆十七年（1752 年）的佛山
鎮地方志《佛山忠義鄉志》，其編纂者陳炎宗博物洽聞，但對於這個

4　黎春曦纂，《南海九江鄉志》（順治十四年 [1657] 刊），卷 2，頁 23b，卷 5，頁 27b，載
　　《中國地方志集成・鄉鎮志專輯》（南京：江蘇古籍出版社，1992 影印），第 31 冊，總頁
　　244、303。

5　景泰二年（1451），朝廷以佛山父老平黃蕭養之亂有功，賜名佛山為 "忠義鄉"。龍江似乎
　　也得到同樣的嘉獎。

6　唐璧，〈重建祖廟記〉，載陳炎宗總輯，《佛山忠義鄉志》（乾隆十七年 [1752] 刊），卷
　　10，頁 14b-16a。

7　陳贄，〈祖廟靈應記〉，載陳炎宗總輯，《佛山忠義鄉志》，卷 10，頁 12a，藏香港浸會
　　大學圖書館特藏部，編號 T 673.35/105 2525.1 1752 v.1-4。這篇文章也被兩本後出的
　　《佛山忠義鄉志》所轉錄，但鋪的數目則變成 25。見吳榮光纂，《佛山忠義鄉志》，道光
　　十一年（1831）刊，卷 12，頁 13b；汪宗准修、冼寶幹纂，《佛山忠義鄉志》，民國十五年
　　（1926）刊，卷 8，頁 12b，俱載《中國地方志集成・鄉鎮志專輯》（南京：江蘇古籍出版
　　社，1992 影印），第 30 冊總頁 219、409。

"舖"字，仍大感困惑，以至不得不註解一番。他説，"舖"一般是指一羣店舖，但也可能以訛傳訛，變成"駐紮軍隊之處"的意思。對於他來説，"舖"在佛山鎮的脈絡中，純粹意味着鎮民們為抵抗黃蕭養而自我組織起來之處。所有這些"舖"的名字，他都知道，他估計，這些"舖"的數目為二十四，並且在《佛山忠義鄉志》的地圖上把這些"舖"的位置清楚地標示出來。[8]

隨着佛山鎮日漸擴張，佛山的"舖"的數目，在十五與十八世紀之間有所變化，是完全可以理解的。但是，十八世紀的《佛山忠義鄉志》，仍保了佛山曾經分為九"社"的記載。在十八世紀，"社"是指地方鄉村社區祭祀土地神的神龕。雖然"社"並不見於黃蕭養叛亂的當時人的記載，但毫無疑問，其實從明初以來，"社"就是鄰里集合之處。"古洛社"，被譽為佛山最古老的"社"之一，是一座露天的神龕，靠近北帝廟。而"祖廟舖"也可被翻譯為"北帝廟舖"，因為該舖亦即北帝廟之所在。根據黃蕭養之亂爆發以前的兩篇文章，元朝末年，盜賊四出劫掠，北帝廟就已經是鄉民們的集合點。成於十八世紀的紀念"社"的文章，都記得佛山曾被分為九社。其中一篇文章提及，復禮社保存有弘治元年（1488 年）的匾額。另一篇文章則提及，捍衛佛山有功的領袖，其神位設於北帝廟的偏殿，但是，其中一人的神位，卻設於"社"，因此對於他的祭祀，也在該社進行。刊行於乾隆十七年（1752年）的《佛山忠義鄉志》認為，"社"與"舖"相反，"社"才是本地祭祀和賽會的中心。[9]

"九社"、"二十四舖"之外，十八世紀佛山的文獻中還記得有"八圖"。"圖"是里甲制度下、顧及地方建制的行政區劃。"圖"的歷史，就像"社"和"舖"的歷史一樣，與黃蕭養之亂大有關係。

實施里甲制度，就須要建立戶口登記組別，在明朝法律中，這種

8　陳炎宗總輯，《佛山忠義鄉志》，卷 1，頁 5a-7a。

9　《南海佛山霍氏族譜》（康熙四十二年 [1703] 刊，藏廣東省圖書館，編號 K0.189/470.2），卷 11，頁 32a-32b，32b-33b，12a-13a。

登記組別叫做"里";"里"由戶組成,這些戶就叫做"甲"。在廣東,"里"往往被稱為"圖",因此"里甲"也往往被稱為"圖甲"。廣東巡撫戴璟刊行於嘉靖十四年(1535年)的《廣東通志初稿》,是明朝最早的廣東地方志,他解釋:"國家立法,里甲之制,每百十戶為一里,同一格眼,謂之一圖"。這段文字顯示,到了1535年,明朝廣東政府已經為里甲制地區準備了登記表格,廣東巡撫戴璟之所以寫出這段文字,原因之一,正是因為他要為賦稅登記表格的製作,制定規則,這是明朝賦役歷史上眾多改革的其中一步,稱為"均徭"。[10] 但是,我們不必假設"均徭"始於戴璟,早於八十年之前,正是在黃蕭養之亂平定後擔任廣東布政使參政的揭稽,就以實行"均徭"而得到稱譽。[11]

現存史料,顯示黃蕭養之亂以前,佛山鎮不是沒有實行里甲登記,但是,黃蕭養之亂以後,里甲登記才大大地系統化起來。康熙五年(1666年)刊行的《佛山忠義鄉志》,完整地記載了佛山鎮八圖的戶口,還有每圖應繳納的稅糧。[12] 這個清單,應該不會是在黃蕭養之亂以前就製作的。

明初,佛山是個工業市鎮,住在鎮上的都是冶鐵匠人。他們的鑄造工場靠近北帝廟。隨着冶鐵業日益興旺,宣德四年(1429年),比較有錢的冶鐵匠人,購買了北帝廟前的一塊地,開闢蓮花池,奉獻北帝,表示對於北帝的虔信。紀念此事的文章指出,冶鐵匠人所購買的這塊地的稅糧,由長老梁文縉與霍佛兒承擔。[13] 霍佛兒直至黃蕭養之亂期間,依然健在,而且還是捍衛佛山的領袖之一,顯示出十五世紀

---

10 戴璟、張岳等纂修,《廣東通志初稿》,卷25,頁1a-7a,嘉靖十四年(1535)刊,載《北京圖書館古籍珍本叢刊》(北京:書目文獻出版社,1988影印),第38冊,總頁430-3,這裏的引文來自頁2a,總頁430。關於"均徭"問題,參見 Ray Huang, *Taxation and Governmental Finance in Sixteenth-century Ming China* (Cambridge: Cambridge University Press, 1974), pp. 109-118.

11 黃佐纂修,《廣東通志》,卷49,頁54a,總頁1305。

12 康熙五年(1666)刊行的《佛山忠義鄉志》,原書已佚,但這份全鎮八圖的戶口清單,則由陳炎宗《佛山忠義鄉志》轉錄,見該書卷3,頁11b-12a。

13 唐璧,〈重建祖廟記〉,不著撰人,〈清真堂重修記〉,載陳炎宗總輯,《佛山忠義鄉志》,卷10,頁14b-16a,16a-19a。

初佛山這一代領導層的延續。梁文縛與霍佛兒認領冶鐵匠人所購買的
土地的稅糧一事，成為佛山鎮最早的地稅記錄，因此，把此事與霍佛
兒等冶鐵匠人的社會背景聯繫起來，是有幫助的。據《南海佛山霍氏
族譜》，霍佛兒是佛山霍氏開基祖的九世孫。但是，對於族譜裏的世代
數目，我們必須極小心處理。該族譜對於早期祖先的命名，暴露出族
譜編纂者對於早期祖先一無所知；假如我們再比較一下族譜裏有確切
墳墓地點可稽的祖先，則霍佛兒實際上祭祀的祖先，最早也只不過是
他的曾祖父。霍佛兒的兩名親戚，也是捍衛佛山的另外兩名領袖，顯
然，他們也同樣數不出多少祖先世代。這些佛山人並非在明初就已經
登記戶口的百姓，而是手工業作坊的僱主和匠人，其中一部分人富了
起來。黃蕭養之亂平定之際，這些佛山人獲得官方承認，這是他們的
社會地位獲得認可的第一步。而在黃蕭養之亂爆發前很長的一段時間
內，這些佛山人則以本地土地神龕為中心，組成村落聯盟；他們又購
買土地，獻予北帝廟，並因此之故，成為所謂"舖"的防衛組織的成
員。但是，直至佛山編成八個"圖"之前，這些佛山人並不是里甲的成
員。[14]

　黃蕭養之亂爆發前，佛山鎮居民與明王朝國家的關係，建立在多
種複雜的制度安排上；黃蕭養之亂平定後，佛山社會與明王朝國家的
關係發生了變化。這社會—國家關係的變化，反映在佛山地區族譜 　*85*
的逸聞故事中。佛山鶴園陳氏，就是把戶口登記到里甲的最清楚的例
子。陳氏的族譜，不僅列明里甲登記的戶名（陳金）與住址（二十圖
五甲），還用珠璣巷傳說來解釋自己在佛山定居的緣由。珠江三角洲地
區許多在十五世紀才登記到里甲的宗族，它們的族譜裏都有着這共同
點。[15] 相反，在十七世紀產生出佛山最著名文人之一李待問的李氏，則

14　霍佛兒傳記，載《南海佛山霍氏族譜》（康熙四十二年 [1703] 刊，藏廣東省圖書館，編號
　　K0.189/470.2）。梁文縛傳記，載《諸祖傳錄》（光緒十一年 [1885] 刊，藏佛山市博物館），
　　該書記錄了梁佐的世系，參見本章註釋 17。

15　《南海鶴園陳氏族譜》（民國六年 [1917] 刊，藏廣東省圖書館 K0.189/272.2），卷 4，頁
　　22a-24a。

於族譜記載，活躍於十五世紀的四世祖及其兒子，逝世之後，其骸骨被不肖子孫賣掉，直至十六世紀才被族人尋獲。[16] 梁佐是另一個做了大官的佛山文人，但即使如此，梁氏族譜也完全沒有提及里甲登記。因為，正如部分沒有在明初編入里甲的宗族一樣，梁氏宣稱自己的祖先是宋朝的公主。[17]

從十五世紀中葉開始，控有土地的人，開始改變他們對於里甲的抗拒態度。佛山東頭冼氏，其祖先是黃蕭養之亂期間捍衛佛山的領袖之一。據冼氏族譜，該宗族登記到里甲之中的，是在兩個並不相連的 "圖" 內的五個戶名，其中一戶是軍戶，控有屯田。冼氏與佛山地區其他宗族一樣，編纂族譜時的通行做法，是把編戶登記的時間，說成開基祖定居佛山的南宋末年，因此我們不太清楚冼氏究竟何時登記到里甲中。但以下這幾行透露了時間："按本房一世至三世皆單傳，四世生三子，五世而科名崛起，六世家業益隆，田連阡陌，富甲一鎮。既廣購田宅，故多立戶籍以升科。"[18]

用 "三十年為一代" 這個不太精準的規律來計算，從南宋滅亡開始，六代之後，冼氏就購買土地，並登記稅糧，時當十五世紀末。換

16　李氏所謂四世祖李行一死後，被 "族悍盜賣骨殖，棄之草莽" 云云，等於承認自己的卑賤地位，因為祖先的骨殖既然已被盜賣，子孫就無法定期到祖先的墳墓進行祭祀。參見 David Faure, *The Structure of Chinese Rural Society: Lineage and Village in the Eastern New Territories, Hong Kong* (Hong Kong: Oxford University Press, 1986), p. 69. 李氏四世祖的生卒年不詳，但他的父親即三世祖生於永樂二年(1404)而卒於成化二年(1466)，他的兒子即五世祖則生於正統九年(1444)而卒於弘治三年(1490)。五世祖的骸骨，是由李待問的祖父李壯(1518-1590)尋獲的，見《李氏族譜》(崇禎十五年 [1642] 刊，藏佛山市博物館)，卷 1 有關四世祖李行一、五世祖李忠、八世祖李壯的部分。

17　見《諸祖傳錄》。留意：《諸祖傳錄》只是個單行本，而非完整的梁氏族譜，但是，《諸祖傳錄》保存了很多撰寫於明朝上半葉的梁氏成員傳記和墓志銘，因此留下了梁氏從佛山開基祖到明朝上半葉的完整譜系。宋朝公主的梁氏駙馬墳旁，有梁氏祭田 7.373 畝，稅糧寄在 "梁承業" 這個明顯的假名之下，並登記於中村堡七圖一甲李建家(音)戶下。梁氏每十年支付李氏一筆錢，作為李氏代梁氏服十年一輪的里甲徭役的報酬。我們不知道這項賦役安排始於何時，但考慮到《諸祖傳錄》收錄的明初墓志銘中，已經提及宋朝公主及其梁氏駙馬，我們可以假設梁氏於明初就已經控有這塊祭田。

18　《嶺南冼氏族譜》(宣統二年 [1910] 刊，藏廣東省圖書館，編號 K0.189/72)，卷 3 之 6，頁 1b。

言之，正好就是黃蕭養之亂平定後的幾十年間。這時，里甲制比從前推行得更徹底，但是，里甲制已經不再遵從官方原本的設計，不再登記戶口，相反，這時的里甲制，已經是針對田產的賦稅登記了。

登記里甲與控制土地：順德縣羅氏的個案

86

我們必須明白：推行里甲制所牽涉的，遠不只是機械地套用行政手續這麼簡單。推行里甲制是複雜的過程，會影響當地的權力分配。最低限度，推行里甲制，就讓王朝國家扮演了分配戶籍的角色。與此密切相關的就是：凡被編入里甲者，其田產將得到王朝國家的承認、亦即得到王朝國家的保護。到了十五世紀中葉，里甲制名義下的土地登記，改變了整個珠江三角洲。在沙田開發密鑼緊鼓的地區如南海和順德，這種改變更加明顯；在珠江三角洲那些早已有人定居的地區如東莞，這種改變則不那麼明顯。珠江三角洲新開發地帶的居民，也就是說沙田的居民，在明初應該是被編為低人一等的蜑戶。黃蕭養之亂，讓這些蜑戶中比較有勢力的一羣，有機會重新登記為民戶，就這樣，它們最終演變為珠江三角洲上最有勢力的陸上宗族。發生在南海、順德兩縣的這種改變，因此展示出明朝地方政府的權力操作。

拜黃蕭養之亂所賜，順德縣開設於景泰二年（1451 年）。順德縣所轄之地，在明初本來隸屬南海縣。順德縣縣治為大良鎮，大良鎮自順德縣開縣以來，就被羅氏主導。羅氏成員之一羅忠，於黃蕭養之亂平定後，謁見廣東布政使參政揭稽，籲請開縣，因此獲得稱譽。[19] 羅氏宗族有財有勢，這是毫無疑問的，羅氏族譜的一篇寫於明萬曆三十八年（1610）的序言，這樣來形容羅氏宗族在順德縣的地位：

19　羅顯韶，〈上侍郎揭稽請置縣書〉，載吳道鎔輯，《廣東文徵》（香港：香港中文大學，1973），第 2 冊，頁 49。

　　　　羅氏，順德之大姓也，環北郭而居，長老至不能名其稚子。
其食齒當縣什一，游校之士當什二，縉紳當什三焉。[20]

　　羅氏宗族不僅籲請開縣，而且還捐出土地，以便官府設立縣治。
清康熙六十年（1721 年），順德縣知縣寫道：順德縣縣城所有公共設
施，都建立在羅氏捐出的 571 畝地上：城牆、衙門、糧倉、廚房、操
場、公館、神龕、厲壇、寺院、道觀。順德縣知縣還留意到：城內九
圖之中，有九十戶都是由羅氏宗族的羅忠登記的。[21]

　　大良羅氏宗族的早期歷史，保存得並不完好。元末投降明朝的珠
江三角洲地方豪強中，是有姓羅的。根據一條十六世紀的史料，當何
真於明洪武二十六年（1383 年）招募武裝力量時，羅氏與何真達成協
議：羅氏願意派子弟參軍，但服役範圍只限於廣東以內。因此，羅氏
子弟多在當地附近衛所服役。[22] 錢溥在明天順八年至成化三年（1464—
1467 年）間，任順德縣知縣，與羅忠籲請開縣的時間比較接近。錢
溥寫了篇記錄自己政績的文章，該文章讓我們感到，直至順德開縣之
前，大良基本上沒有甚麼開發可言。錢溥用兩句話概括了大良的地
理：東、南、北臨水，西依金榜山。[23] 羅忠籲請開縣的呈文，對於大良
地理的描述，與錢溥的形容一致，羅忠也稱該地是一片澤國，中有數
山。但是，從羅氏族譜可以確知，金榜山上有羅氏二世祖的墳墓，羅
氏二世祖是羅氏宗族的重要人物，其墳墓有着重要的符號意義，是羅

87

20　蔣孟育，〈萬曆庚戌譜序〉，載《順德北門羅氏族譜》（光緒九年 [1883] 刊，藏東京大學東
　　洋文化研究所），〈原序〉，頁 3b-4a。

21　樓儀，〈重修崇報祠記〉，載胡定纂、陳志儀修，《順德縣志》，乾隆十五年（1750）刻本，
　　卷 15，頁 45b-47a，載中國科學院圖書館選編，《稀見中國地方志匯刊》（北京：中國書
　　店，1992 影印），第 45 冊，總頁 1173-4。

22　羅虞臣，〈家萬祿公傳〉，載吳道鎔輯，《廣東文徵》，第 3 冊，頁 68-9。羅虞臣來自順
　　德大良，其祖先羅顯韶，與羅忠一同謁見揭稽，請求設縣，有關羅顯韶事跡，載吳道鎔
　　輯，《廣東文徵》，第 2 冊，頁 49。

23　錢溥，〈順德縣興造記〉，載郭汝誠修、馮奉初等纂，《順德縣志》，咸豐三年（1853）刊，
　　載《中國方志叢書・華南地方》第 187 號（台北：成文出版社，1974 影印），卷 20，頁
　　6a-7b，總頁 1775-8。

氏佔有當地土地的標誌。我們仔細推敲有關的書面史料，就會明白：羅氏捐給官府的土地，緊挨着自己祖墳，絕非偶然。因為，一旦捐出土地，設立縣治，羅氏田產的性質也就完全改變了。

順德縣令錢溥，為羅氏宗族祠堂題匾，還寫了一篇文章。該文章引述羅忠，記錄了羅氏宗族的歷史。要明白順德設縣所造成的社會變遷，我們必須把這篇重要的文章全文引錄，並仔細推敲：

> 敕授七品承事郎羅忠，字廷直，號滄洲、漁樂，順德城外拱北坊洲頭人也。予宰順德之又明年，奉詔復職還。而忠詣拜於予，曰：
>
> "忠有始祖輝之，南雄人，宋末，徙南海大良堡之鳳山居焉。輝之生寶珍，晚修真於山東紫霄圃，即今玄真觀也；寶珍生彥榮；彥榮生顏；顏生原仲，始立蒸嘗田以供祭掃；原仲生景王，景王讀書不仕，克置產業；景王生德鳳；德鳳生應隆、應泉、子仁、敬甫四人，而敬甫實忠之祖也。
>
> 敬甫生父勝堡、叔鼎、用三人。勝堡生拙、魯、默、忠四人。鼎無嗣，選忠繼之。用生秀、常二人。勝堡家居下巷，號陋巷先生，宣德間（1426-1435 年）建立小宗祠於居東，以奉四世之祖。正統（1436-1449 年）以來，父兄繼沒而房屋祠宇悉遭兵燹，鞠焉（為）丘墟，豈勝感歎！景泰（1450-1456 年）初，朝廷既討賊，忠乃謀於鄉老，告分南海三都，設順德縣治於大良，忠捐己資，復建祠堂於舊址。
>
> 然自始祖至忠，十世矣，子孫頗繁衍，迨逾千指，亦有脫穎而出遊庠序者朝廷有事於兩廣，俾民納粟授秩以實軍儲。忠亦不避艱險，以粟三百斛，航海運赴陽江，蒙賜冠帶，加以郎秩，以榮終身，是皆祖宗德善之遺、資業之助。然尤恐後人忽焉而忘其所自，至問焉而不知。……願賜一言為記，將鑱諸石，以垂永久。"
>
> 予聞而歎曰："忠其知所本哉！使忠之族人皆以其心為心，則

88

百世之遠，常如一體之分，其族豈不厚矣哉！昔曾子謂：'慎忠追遠，民德歸厚矣'，而予治邑年餘，未能克盡其厚之道，而終（忠）之為民能知所本如此，則亦厚之兆也。用首記之以厚望其邑人。"[24]

當然，由知縣大老爺題的匾，高掛於羅氏祠堂的門口，再加上由知縣大老爺寫的文章，這都表示官府對於羅氏宗族社會地位的認可、嘉獎。錢溥文章第一句已經把這必須一點表達得很清楚了。錢溥文章一開始就提及羅忠的官職，而最後一段實際上等於說錢溥自己也為羅氏的社會地位感到驕傲，羅氏在整個順德縣的地位之高，是再清楚不過了。但是，錢溥文章也同樣清楚地指出，如果以獲取科舉功名來作為士紳地位的標準，則羅氏宗族直至羅忠這一代才算成為士紳。羅忠的曾祖父羅景壬雖是羅氏宗族第一個學者，但科舉落第。羅忠的科舉功名，亦非得自科舉考試，而是官府對他參與地方事務有功的嘉獎。可見，羅氏是個剛剛擠入搢紳行列的宗族。

可是，構成錢溥這篇文章的核心的，是口頭傳說，而且我們還必須立即意識到，這些口頭傳說完全沒有得到任何書面記載的支持。這現象反映出，羅氏是第一次編纂族譜的，鑒於羅氏是個剛剛擠入搢紳行列的宗族，這現象也是可以預料的。另外，我們還須注意到：錢溥文章說，羅忠父親、人稱陋巷先生的羅勝堡，建立了羅氏宗族的支祠，該支祠毀於黃蕭養之亂，而由羅忠重建於亂後，由此證明，羅忠建立的祭祖行為，可以追溯到黃蕭養之亂爆發以前云云。錢溥文章提及兩點，讓我們明白這個祠堂的性質。首先，這個祠堂只祭祀四代祖宗；其次，這個祠堂被稱為"支祠"，言下之意是可能另有"大宗祠"設於別處，祭祀始祖及其嫡系子孫。這就等於說，羅忠這一支派也承認自己只是羅氏宗族的其中一派，而他們的支祠也只是祭祀那位創立分支的祖先。

遍查羅氏族譜，我們可以確定，在羅忠重修其支祠之前，羅氏宗族並沒有所謂大宗祠。對於羅忠來說，也許最接近於大宗祠的，是羅

24　錢溥，〈羅氏祚光堂記〉，載《順德北門羅氏族譜》，卷 22，頁 6a-7b。

氏二世祖羅寶楨修煉的玄真寺。嘉靖二十八年（1549 年），當羅氏宗族
重修羅寶楨的墳墓時，順德文人何熙寫了篇文章紀念此事，他説：

> 晚修真於鳳山之迎仙閣，即今玄真觀，煉丹井、紫霄圃者，
> 其地也。鄉人因即其地塑公遺像，歲時伏臘，奔走致祀事。蓋自
> 宋為然。[25]

因此，重要的是：祭祀羅寶楨這麼重要的祖先的神龕，是被當
成村落神龕的，而不是被當成羅氏祖先神龕的。同樣重要的是：在這
同一篇文章裏，何熙還説，雖然羅寶楨活到一百二十歲，因此足以成
仙，但"予謂公之所以不朽者，蓋在於其德而不徒在於其年也。"[26] 何
熙的辯護是極為重要的，這意味着，羅寶楨從前受到祭祀，是因為當
地百姓認為羅寶楨是仙人，而在羅氏宗族建立的過程中，羅寶楨就從
長生不老的"仙人"，變成了羅氏宗族的"先人"。

羅氏宗族的故事並不就此結束。一篇撰寫於明正德十四年（1509
年）的紀念玄真觀道士潘月囷的文章，披露了玄真觀的複雜的另一面：

> 順德之坊廂，別無古跡也。惟城南約半里許，有樓翼然、望
> 之蔚深芴杳者，蓋舊號三聖堂也。□□□□嘗修道於此。今遺址
> 煉丹井尚在焉。聖明開治百年，原鄉大良編隸南海，籮纏藤結，
> 洞杳雲叢，人跡罕所履歷。景泰壬申（1452 年），分治順德，始就
> 堂西設□□□扁（區）題曰元真觀，與□□□東西並列。邑侯周公
> 亶以各廢祠田歸觀。籍定而公（按即縣令周亶）已逝，業未及受，
> 故虛稅累連，觀祀斷乏幾十年。[27]

25　《順德北門羅氏族譜》，卷 22，頁 1a-2b。

26　《順德北門羅氏族譜》，卷 22，頁 2a。

27　陳希元，〈元真觀道士月囷置田創殿記〉，載郭汝誠修、馮奉初等纂，《順德縣志》，載《中
　　國方志叢書‧華南地方》第 187 號，卷 20，頁 26a-26b，總頁 1815-7。

很明顯，正如清咸豐《順德縣志》的編纂者抄錄碑文時所留意到的那樣，原碑有些字被刻意鑿去，包括一個據說在三聖堂修道的人的名字，以及與毗鄰三聖堂的建築物的名字。這建築物究竟是甚麼？為何這建築物的名字以及這修道者的名字被鑿去？

這些問題的答案並不難找。清咸豐《順德縣志》留意到，毗鄰玄真觀的，是始建於五代的佛寺，名曰寶林寺。據一條康熙十六年（1662年）的史料，該寺大概在這時復興，在此之前，該寺曾經擁有的二百畝地已被賣光，寺院也基本上被棄置了。[28] 關於寶林寺失去的這批土地，在羅氏族譜裏卻有不少線索。原來，在明崇禎五年（1632年），羅氏族人為這些土地而興訟。羅氏原告的控詞，詳細列出羅氏有關這些土地的里甲登記，證明這些田產應屬羅氏。根據十七世紀的慣例，里甲登記已經與勞役沒有任何關係，而純粹是徵稅的戶口。因此，羅寶楨修煉之處，根本不是個道觀，而是個佛寺即寶林寺。在十六世紀，由於佛寺成為迫害的對象，所以寶林寺和羅寶楨的名字才被鑿去。被告的辯詞，其實也印證了我們這個猜測。被告稱，他們自明弘治年間（1488—1505年）已經居住在這片屬寶林寺的土地上，明嘉靖年間（1522—1566年），順德縣衙門也批准他們把這片土地登記到里甲中，並且同意，寶林寺可以繼續擁有宗族的蒸嘗田。直至十七世紀，土地屬羅氏宗族這個說法才出現，羅氏的理由是：該地是羅氏一位祖先捐給寶林寺的。控辯雙方的陳述，都共同顯示出：在十六世紀打擊佛教的運動期間，寶林寺的土地被當時的居民所佔奪，羅氏宗族因此也就失去了其蒸嘗田。到了十七世紀，打擊佛教的運動鬆懈了下來，羅氏宗族就以里甲登記的名義，要求收回這片土地。因此，在黃蕭養之亂爆發之前，羅氏是通過與佛寺的關係來擁有土地的。隨着羅氏登入搢紳行列，並且以里甲名義登記地稅，羅氏宗族提升地位與發展的新時

28　時應泰，〈贖田記略〉，載郭汝誠修、馮奉初等纂，《順德縣志》，載《中國方志叢書・華南地方》第 187 號，卷 16，頁 45a，總頁 1555。

代開始了。[29]

最後，關於羅忠遞交予廣東布政使參政揭稽的籲請開縣的呈文，我們還要說一點，這就是黃蕭養之亂平定後土地登記的改變。羅忠在其呈文中，為了支持其開縣的建議，描繪了開縣之後政府所可能採取的行政措施："因其地而置縣，域以封疆，防以城池，治以官司，聯以戶口，齊以科教。如此，雖復又黃賊之變，無能為矣。"[30] 羅忠這一段文字，要與黃佐《廣東通志》有關揭稽的傳記一同對照："稽至，見民困弊，即行均徭之法，驗賦重輕、丁力多寡，第為三等而均役之，民以為便。"[31]

92

揭稽推行均徭的結果，就是採用像大良羅氏所實踐的里甲戶口登記。我們無須高深的想像力，也能從《順德北門羅氏族譜》卷 19 看出羅氏往往以代表宗族集體的假名來登記戶口，例如羅嗣昌、羅敬承、羅攸同、羅永昌、羅同賦。揭稽固然把徭役平均化，但更重要的是，他容許百姓通過徵稅戶口，繳納白銀，來充當里甲的徭役。順德設縣成功，這些徵稅戶口也就因此成立，當地的地主也就因此登記到里甲中，從此，這些地主不僅是地主，也是徵稅戶口的擁有者。對於許多人來說，均徭的改革，提供了社會升遷的機會。更有甚者，均徭的改革也隱含着鄉村與王朝國家關係的變化。

29　有關訴訟文書，載《順德北門羅氏族譜》，卷 20，頁 15b-17b。

30　《順德北門羅氏族譜》，卷 21，頁 3a。

31　黃佐纂修，《廣東通志》，卷 49，頁 54a，總頁 1305。

第八章
猺亂與禮儀之正統

明朝賦役制度方面的改革，解放了珠江三角洲許多百姓，使他們不必再親服勞役。但是，要使宗族獲得承認為珠江三角洲社會的主流組織模式，則同時還需要禮儀方面的改革。同樣，這個過程也不是按照誰的設計而發生的。沒有人意識到禮儀改革的出現。在珠江三角洲，從十五世紀六十年代的猺亂開始，眾多表面上各不相關的事件加在一起，才產生了這些異常重大的變化。猺亂始於十五世紀六十年代，終於十六世紀二十年代，這幾十年間，珠江三角洲發生了重大的變化，為該地區的禮儀與政治活動留下了不可磨滅的痕跡，因此，也為地方社會與王朝國家的關係留下了不可磨滅的痕跡。

猺亂、陶魯、陳白沙

猺人在珠江三角洲邊境出沒劫掠，造成威脅，這基本上是十六世紀才出現的問題。遲至嘉靖四十四年（1565 年），葉權（1522—1587年）這位旅行家從北江南下廣州時，留下了這樣令人不安的記載：

> 余歸時，至漁梁灘，見男婦啼哭，裸而西渡，急問之，乃蠻夜出，去此二十里間，擄掠四散矣。比至平浦，男婦走益甚，意蠻在咫尺，同行者倉皇欲回韶州。余曰："此去韶遠，姑北行，得西岸深處輒匿，見蠻走未晚。且蠻初出，當先就村落，未即來河

口，不足大懼。"[1]

葉權描述的是南雄一帶，這裏沿山設立防衛工事，人們時刻提防猺人伏擊，更加害怕官兵路過。從南雄一帶到佛山，坐船要兩週時間。十六世紀的猺亂，還未嚴重到動搖整個珠江三角洲的地步，可是，猺人總在珠江三角洲的邊緣，徘徊不散。

黃蕭養之亂爆發前，猺人的威脅就與日俱增。天順二年（1458 年）起擔任廣東巡撫的葉盛（1420—1474 年），於天順六年（1462 年）的奏疏中引述其下屬將領的報告，讓我們對於日趨嚴重的猺人威脅，有了個大概的印象：

> 兩廣先年，止有廣西猺獞久為民患，因有征蠻將軍掛印鎮守。後因宣德（1426—1435 年）以來，廣東官民不為後慮，招引廣西獞蠻越境佃種空閒田地，自此漸生流賊，勾引出沒。近年廣東黃蕭養作耗，始設副總兵鎮守。查得猺獞蠻賊二十年來，攻破兩廣州縣二十餘處，雖即退散修復，軍民受害已極。前年廣西攻破北流、藤縣；廣東流劫珠池、官窰，事勢危急。伏蒙欽命大軍特下，斬首萬餘，今半年之上，僅得稍寧。[2]

葉盛奏疏內提及的官窰，位於從北江赴廣州的要道上，猺人劫掠官窰，意味着對於廣州也構成嚴重威脅。[3] 兵部也意識到這一危機，因為，在天順七年（1463 年），兵部尚書王竑上奏請求發動大軍征討廣西猺人時，就大量引述葉盛的意見。後來，這支大軍在總督兩廣軍務都

1　葉權，《賢博編》（元明史料筆記叢刊，北京：中華書局，1987，1997），頁 42。

2　葉盛，《葉文莊公奏疏》，明崇禎四年（1631）葉重華刻本，卷 12，頁 12a-12b，載《四庫全書存目叢書》（台南縣柳營鄉：莊嚴文化事業有限公司，1996 影印），史部第 58 冊，總頁 617。

3　葉盛，《葉文莊公奏疏》，卷 13，頁 5a，載《四庫全書存目叢書》，史部第 58 冊，總頁622。留意：官窰距離廣州只有半天的路程。

御史韓雍的指揮下，打了勝仗。總督兩廣軍務都御史這個職位，設立於景泰三年（1452 年），主要任務，就是鎮壓猺人。[4]

據說，直至成化元年（1465 年）猺人在廣西大藤峽的據點被搗毀之前，猺人侵擾劫掠，迄無寧日。大藤峽戰役，是韓雍的功績之一，也是明朝政治史的精彩一幕，不過，要在這裏描述大藤峽戰役的經過，未免離題太遠。但我必須提醒讀者：大藤峽戰役的關鍵地點，不是廣東，而是廣西；大藤峽戰役，不是為了消滅殺人放火的劫掠者，而是為了屠殺土著猺人，因為他們倒霉透頂，正好居住在西江水道上一個可以向往來商船徵稅的地方。在這裏設關抽稅，油水多着呢，因為從廣東溯西江而上的主要商品之一，就是鹽！另外，明王朝派兵進入廣西征討猺人時，也沒有一套既定的邊境管治方針，因為明王朝是被捲入廣西地方政治矛盾的。這些矛盾，基本上是廣西土司掀起的，他們的私人恩怨和貪婪，使戰爭變得無可避免。但無論如何，可以肯定，在十五世紀六十年代初，整個珠江三角洲都因猺人威脅而惴惴不安。在珠江三角洲內，新會縣最靠近猺人戰事地區，因此也最受威脅。新會縣百姓因此武裝起來，廣東自明王朝開國以來首次出現的行政管治哲學的改變，其背景，正是猺亂所導致的軍事化。[5]

明王朝行政管治哲學的改變，得從陶魯這個南方人說起。我們首先從葉盛在天順七年（1463 年）的一封奏疏中，留意到陶魯這個人，葉盛的奏疏提到，順德、香山、新會合共 748 人聯名呈請，請求不要把陶魯調走。當時，陶魯是新會縣縣丞，就在葉盛呈遞這封奏疏的同一年，天順七年，陶魯嶄露頭角，他捍衛新會縣城，首先擊退了盜賊，

4　張萱，《西園聞見錄》，民國二十九年(1940)哈佛燕京學社印本，卷 67，頁 19a，載《續修四庫全書》(上海：上海古籍出版社，1995 影印)，子部第 1169 冊，總頁 532。Carrington Goodrich and Fang Zhaoying, *Dictionary of Ming biography, 1368-1644* (New York: Columbia University Press, 1976), pp. 498-503.

5　David Faure, "The Yao Wars in the mid-Ming and their impact on Yao ethnicity," in Pamela Kyle Crossley, Helen Siu and Donald Sutton, eds. *Empire at the Margins: Culture, Ethnicity and Frontier in Early Modern China* (Berkeley: University of California Press, 2005), pp. 171-189.

繼而擊退了猺人。陶魯成功爭取到當地家族的支持，招募其子弟，組建一支民兵。[6] 為十六世紀廣東留下豐富著述的黃佐，指陶魯組建民兵，在當時實屬創舉。[7] 但是，一個世紀前，何真也招募武裝力量，黃蕭養之亂期間，不少村鎮也自行武裝，抵抗叛軍，則創舉云云，似乎頗成疑問。但既然黃佐認為陶魯組建民兵是創舉，這就表示，陶魯於十五世紀六十年代組建的民兵，予人以不同的觀感。跟隨何真的武裝力量，是被編入明朝正規軍隊、登記為軍戶、並獲分配軍田的。而陶魯於十五世紀六十年代組建的民兵，則來自新會縣全體人民，而非僅僅依賴軍戶。這些民兵，即使跟隨陶魯這樣的將領，離鄉作戰，仍然屬民戶。對於新會民兵這樣的新興武裝力量而言，陶魯應該是個卓越的領袖。他首先獲上級批准，留在新會，成為新會縣令，最後擢升為廣東按察司僉事。到了成化十年（1474 年），韓雍被勒令致仕後，陶魯就成了兩廣地區鎮壓猺人的核心人物。這時，兩廣已經恢復了太平，這段太平日子，還將持續幾十年。

96

　　韓雍與陶魯，相輔相成。韓雍是個外人，指揮着由朝廷集結的征剿猺人部隊；而陶魯則是韓雍信賴有加的本地人下屬，他既征剿猺人，又推行一套意在同化猺人的文化政策。韓雍的政治庇護，成就了陶魯；同樣，陶魯的政治庇護，也為整個廣東建立了士紳傳統，這傳統就體現在理學家陳白沙（1428—1500 年）的大名之上。

　　成化十年，韓雍被勒令致仕之日，陳白沙已經四十七歲，他以厭棄功名著稱，但也以開設私塾、幫助學生考好科舉試而著名，並且與現任官員、退休鄉居的新會縣籍官員，都保持密切聯繫。成化十五年（1479 年）任新會縣知縣的丁積（1446—1486 年），也馬上成了陳白沙的好朋友。我們不難發現，陳白沙等人對於陶魯的稱讚，是與丁積擔

6　葉盛，《葉文莊公奏疏》，卷 13，頁 6a-8a，載《四庫全書存目叢書》史部第 58 冊，總頁 622-3。

7　黃佐，〈三廣公逸事傳〉，載吳道鎔輯，《廣東文徵》（香港：香港中文大學，1973），第 2 冊，頁 427-8。王命璿修，黃淳纂，《新會縣志》（香港大學圖書館縮影膠捲編號 CMF1324，據日本上野圖書館藏萬曆三十七年 [1609] 刊本攝製），卷 2，頁 74b。

任新會縣知縣期間的一些事件有關的。陳白沙指出，韓雍在廣東並不受歡迎。陳白沙為繼韓雍而擔任總督兩廣都御史朱英撰寫祭文時說：

> 昔者，兩廣盜賊充斥，自西而東。韓公率師搗穴攘凶。兵由義勝，民以盜窮。公來繼之，以守易攻，陰慘陽舒，相為始終。[8]

　　雖然陶魯是一介武夫，但為陶魯立傳的霍韜與黃佐，都稱讚陶魯鼓吹文教。霍韜特別指出，陶魯認為，要消滅盜賊，首先必須化之以文教。陶魯把這個主張變成政策，他的部隊打到哪裏，他就在哪裏設立學校，這些地區包括：陽江、恩平、電白等縣。陶魯還在新會的厓門建廟，紀念與南宋末代皇帝一同殉國的三位忠臣。[9]這一切都發生在成化十年（1474年）之後，其中至少一部分事情，陳白沙是積極參與其中的。

　　建立學校，以便安撫當地百姓、以便讓地方官有差可交，證明他們扶持文教、羽翼聖朝，這是明王朝於十五世紀獲廣泛推行的一個政策。建立大忠祠，祭祀南宋忠臣及宋帝昺母親楊太后，這一着，目的是利用新會當地人的情緒。南宋末代皇帝趙昺及其扈從逃亡至厓門並死於厓門海面這一事，即使在當時，就已經收編到許多宗族的歷史內。而通過南宋忠臣來提倡"忠"的概念，對於十五世紀新會當地人而言，可謂正中下懷。[10]但是，要把對於"忠"的提倡擴散到新會縣以外的地區，並不容易。丁積與陳白沙改造了"忠"這套意識形態，對於宗族的建設，至關重要。

8　　陳白沙，《陳獻章集》（北京：中華書局，1987），頁108；王世貞認為，韓雍的優勢，是因為他的職權夠大，且聲勢奪人，兩廣地方官員被"威劫"至須向他行跪禮的地步，見氏著，《觚不觚錄》，萬曆十四年（1586）刊，不分卷，頁18a，載文淵閣本《四庫全書》（上海：上海古籍出版社，1987縮印），第1041冊，總頁435。

9　　霍韜，〈三廣公傳〉，載吳道鎔輯，《廣東文徵》（香港：香港中文大學，1973），第2冊，頁341-2。

10　David Faure, "The emperor in the village, representing the state in south China," in Joseph McDermott ed., *State and Court Ritual in China* (Cambridge, U.K.; New York: Cambridge University Press, 1999), pp. 267-98.

陳白沙推崇丁積，說丁積把新會縣里甲戶為代替徭役而繳納的白銀定量化，這項改革據說極為有效地打擊了衙門胥吏的誅求。陳白沙有關丁積改革的描述，顯示十五世紀末里甲徭役制度已經敗壞到甚麼程度。但是，丁積同樣受到推崇的，是在新會縣實踐洪武禮制，即明太祖制定的官方儀式。維持明初禮儀這個舉措，表面上似乎保守，但我們不要以為此舉和丁積賦役改革的進步性相矛盾。相反，重振明初的洪武禮制，是地方社會的一個手段，以便讓自己面對猺人日益嚴重的威脅時，能夠與王朝國家團結一致。

當然，我們也可以這樣看：明朝地方官維持官方禮制此舉，不過是亦步亦趨緊跟南宋地方官的做法而已。明朝官員提倡以整齊劃一的禮儀，作為教育和教化百姓的手段，他們就像朱熹的南宋門徒一樣，把朝廷禮制，普及民間。丁積用簡易的文字，把冠禮、婚禮、葬禮、祭禮等禮儀的每一道程序都開列出來，並刻印刊行，名曰《禮式》。除了出版這類禮制規條外，丁積還在新會縣父老面前，親自定期祭祀神靈。成化十八年（1482 年），新會旱災，丁積舉行了祈雨儀式；丁積還在一些重要的陵墓和廟宇安置看守人員，並提供祭田，以便維持定期祭祀；對於祭祀與宋帝昺一同殉國的三位南宋忠臣的大忠祠，丁積還特別劃出 200 畝田作為祭田，對於新會縣兩名節烈婦女的墳墓，丁積也劃出 160 畝田作為祭田。但是，陳白沙撰寫的丁積行狀指出："民所敬事者，惟修復里社一壇而已，其不載祀典之祠，無大小咸毀之"，對於陳白沙而言，這就是丁積"政績顯著之大者"。[11]

98

陳白沙撰寫的丁積傳記稱，丁積刊行的《禮式》，是遵照朱熹《朱子家禮》的。當然，想把《朱子家禮》變成實用的、可以一步步照着做的禮儀手冊，絕不創始於丁積。幾十年前，在黃蕭養之亂爆發之前，南海縣人唐豫，就編纂了一套鄉約，部分內容與丁積《禮式》重合。唐豫的鄉約，得到兒子唐璧的推廣。唐璧在黃蕭養之亂時期，避亂於佛山，他對於禮制的講求，也因此為人所知。但是，唐豫的《唐氏鄉約》

11　陳白沙，《陳獻章集》，頁 101-3。

只節錄了《朱子家禮》的一部分，而且《唐氏鄉約》十項條款的內容結構，也遠不及丁積《禮式》那麼有系統，所以明顯得很，《唐氏鄉約》是早期的禮儀改革的嘗試。《唐氏鄉約》除了像朱熹那樣看重冠禮、反對喪禮中的奢華飲宴之外，也強調必須交稅和服軍役。另一方面，《唐氏鄉約》也根據朱熹思想，推行重大的禮儀改革，例如認為婚禮之中應該以祝賀父親而非祝賀新郎為主。[12] 更有甚者，正如朱鴻林指出，十五世紀，明朝官員一直努力從朱熹著作找出解決問題的實用方法，上述書籍的刊行，就是這種努力之一端。這種努力，最終成為追求"實學"的基礎。比丁積早不了多少的瓊州府籍高官兼著名學者丘濬，就曾經註解並刊行《朱子家禮》。[13] 因此，早已存在一串長長的書單，這書單上的書，目的都是要把官方認為可以接受的禮儀傳統予以普及，丁積的《禮式》不過是這書單上的其中一本而已。這些書籍出版之後，一個明顯的後果，就是黃佐《泰泉鄉禮》之刊行，該書把丁積實行的禮制標準化，並且建議，將推行這些標準禮儀列為縣衙門的行政工作。《泰泉鄉禮》又提到，"村峒俚民"、"猺獞"、"各村峒俚人"、"俚峒蠻民"，也是該書教化對象之一，證明十五世紀新會縣對於禮儀的關懷，原來是受到猺亂的影響。[14]

　　上述這些禮儀書，關心的是家庭所奉行的禮儀，但是，正如陳白沙為丁積撰寫的傳記以及黃佐《泰泉鄉禮》這本書的書名所顯示，這些禮儀書的意義，是在鄉村"移風易俗"，使鄉村習俗，符合洪武禮制，所謂洪武禮制，就是把王朝的正統性，建立在王朝國家統治里甲百姓這套秩序上。由官員和士紳發起的這個"移風易俗"的運動，產生了深遠的後果，但卻並不按照這些發動者的初衷而產生。不久，他們就會

99

12　黃佐纂修，《廣東通志》（香港：大東圖書公司影印嘉靖四十年 [1561] 刊刻本），卷 59，頁 47b-49a，總頁 1572-3。

13　Chu Hung-lam（朱鴻林），"Intellectual Trends in the Fifteenth Century," *Ming Studies*, Vol. 27（1989），pp. 1-33.

14　黃佐，《泰泉鄉禮》，嘉靖二十八年（1549）刊，卷 3，頁 27a、27b、30a，載文淵閣本《四庫全書》（上海：上海古籍出版社，1987 縮印），第 142 冊，總頁 628、629。

碰上朝廷中央裏出現的有關禮儀的糾紛，他們目瞪口呆之餘，開始吸取教訓。

　　陳白沙逝世於弘治十三年（1500 年），他的門人，聲名顯赫，不少門人當時就已經做了大官。其中，梁儲、湛若水是高級官員，黃佐除本身也是高級官員以外，還在嘉靖四十年（1561 年）刊行了《廣東通志》。萬曆《新會縣志》用一整卷專門記載陳白沙的門人，他們之中，很多人考取了科舉功名，部分人自己就是思想家。[15] 我們說陳白沙成了一個知識分子宗族的開基祖，這句話一點都沒說錯。陳白沙本人生前就很有意識地建立這個知識分子宗族，他為自己找到了一位知識先驅：以厭棄功名著稱的江西籍大儒吳與弼。[16] 陳白沙的時代，政治大氣候也改變了。正統十四年（1449 年）土木堡之變（英宗被瓦剌部也先擊敗並生擒）造成的景帝即位、英宗復辟的皇位繼承危機，已經煙消雲散。"靖難之變"期間因譴責燕王篡位而被處決並被株連九族的方孝孺，也獲得平反，標誌着儒家的正統思想也已經落地生根。珠江三角洲的許多族譜，都有方孝孺的序言。這顯示，朝廷中央的這些風吹草動，也影響了千里之外的廣東文人的世界。這個時代的另一大事，是王陽明心學的崛興，在陳白沙門人眼中，王陽明與陳白沙的廣東接班人湛若水平起平坐。[17] 陳白沙講究"主靜"的個人修為哲學，與丁積等人講究禮儀規範的管治哲學，二者竟然如魚得水，可以說是有點反常的。但是，只要人們相信有關禮儀是不證自明的天經地義，二者也未嘗不可兼容。而人們的確相信，孝順祖先、忠於皇帝的禮儀，是不證自明的天經地義。

15　王命璿修、黃淳纂，《新會縣志》（香港大學圖書館縮影膠捲編號 CMF1324，據日本上野圖書館藏萬曆三十七年 [1609] 刊本攝製），卷 6。

16　張廷玉等編，《明史》（北京：中華書局，1974），頁 7240。Peter K. Bol, "Neo-Confucianism and local society, twelfth to sixteenth century: a case study," in Paul Jakov Smith and Richard von Glahn, eds., *The Song-Yuan-Ming Transition in Chinese History* (Camb. Mass.: Harvard University Asia Centre, 2003), pp. 241-83.

17　霍與瑕，《霍勉齋集》（出版地不詳，道光三年 [1823] 刊，藏香港中文大學崇基院圖書館特藏部），卷 16，頁 17a-17b，卷 21，頁 1a-1b。

齊整禮儀

在珠江三角洲，陳白沙死後，儒家"忠"、"孝"價值觀與"主靜"哲學思想的結合，是與三位廣東籍高官發起的政治運動分不開的。這三人就是：湛若水、方獻夫、霍韜。這三人中，方獻夫和霍韜是南海縣人，其家鄉靠近西樵山。湛若水雖然是增城縣人，但後來也投奔西樵山，把自己的書院也建立在西樵山。（也許有來有往，後來霍韜的墳墓也安置於增城。）方獻夫更傾向於以王陽明門人自居，而不太以陳白沙門人自居。霍韜則於王陽明、陳白沙二人均不視為老師，但霍韜兒子霍與瑕卻是湛若水的學生，霍與瑕本身也是高官兼學者。湛若水、方獻夫、霍韜三人之中，最為出眾的，無疑是身為作家和陳白沙思想發揚者的湛若水。湛若水最初也絕意宦途，但終於還是在弘治十八年（1505 年）中進士，並且於十六世紀一十年代成了北京官場的紅人，更和王陽明交上了朋友。就明代理學思想的著作而言，湛若水的重要性，僅次於王陽明和陳白沙。方獻夫、霍韜比湛若水年青，要不是十六世紀二十年代的"大禮議"，方、霍二人的宦途，大概會平平穩穩，無足稱道。像"大禮議"這樣能夠把皇帝意志與百姓情緒結合在一起的事件，是很少有的，因此我們必須花點筆墨，探討"大禮議"的脈絡。

"大禮議"的起因，在於明武宗正德皇帝死時無嗣，嘉靖元年（1522 年）繼位的明世宗嘉靖皇帝，是明武宗的堂兄弟。朝中大臣，大部分都認為，維持皇帝血脈於不墮，是至關重要的，因此，他們要求明世宗以明孝宗弘治皇帝繼子的身份，奉祀明孝宗，是之謂"繼嗣"。但是，明世宗不肯，他以"孝"的名義，堅持奉祀自己親生父親興獻王，是之謂"繼統"。明世宗與朝臣，幾次因為在京師建立興獻王廟而正式交鋒，大部分朝臣在皇宮的左順門集體下跪，伏闕哭諫，請求明世宗改變初衷，不少人因此被逮進錦衣衛獄，並被廷杖。但是，有五名官員支持皇帝的決定。這五名官員之中，三人來自珠江三角洲，他們不是別人，正是霍韜、方獻夫、湛若水。站在他們對立面的，也有來自珠江三角洲、並以反對皇帝、堅守節義而為人稱頌者。在"大禮議"上支持皇帝的五名官員都飛黃騰達。但是，當參與左順門哭諫而被廷杖的張溓傷重不治時，他順德家鄉的一座廟裏的銅鐘據説忽然破裂，似乎是冥冥中對於張溓所受的冤屈的抗議。[18]

　　因此，通過霍韜、方獻夫、湛若水三人，珠江三角洲地方社會的潮流，與王朝中央的潮流匯合起來。任職吏部尚書的霍韜，後來就以維護儒家正統而著稱。在廣東這個脈絡裏，我們必須把霍韜維護儒家正統的行為，與陶魯、陳白沙、丁積等人推廣儒家正統禮儀的行為結合一起來考慮。推廣儒家正統禮儀之一端，就是打擊所謂"淫祠"，所謂"淫祠"，主要是指祭祀非朝廷祀典所載的神靈的廟宇。十六世紀以前，珠江三角洲只有相當零碎的打擊"淫祠"的記錄，其中最著名的是新會縣令吳廷舉於弘治二年（1489 年）搗毀數百"淫祠"的行動，而且，吳廷舉的行動完全得不到上級的賞識，他還因此坐牢，罪名是侵吞"淫祠"的棟樑。[19] 到了十六世紀二十年代，打擊淫祠的運動，被悄悄加入了打擊佛教的成分。佛教遭受打擊，與明世宗的性格與信仰應該是有關係的，但是，早在明世宗登基之前，我們已經察覺到珠江三角洲的反佛教傾向。明武宗正德十二年（1517 年），廣州北面白雲山上的一個佛教"邪教"宗派，就被朝廷鎮壓了。該教派自十五世紀中葉以來，就與白雲山的佛教活動有關。黃佐的祖父黃瑜，在其筆記《雙槐歲鈔》記錄了這一事件，並且引述吳與弼這樣的權威人物的説法，謂不

101

18　Carney T. Fisher, *The Chosen One, Succession and Adoption in the Court of Ming Shizong*,（Sydney: Allen & Unwin, 1990); Goodrich and Fang, *Dictionary of Ming biography, 1368-1644*, pp. 36-41; Ann-ping Chin Woo, "Chan Kan-ch'uan and the continuing neo-Confucian discourse on mind and principle,"（Ph.D. dissertation, Columbia University, 1984); 郭汝誠修、馮奉初等纂，《順德縣志》，載《中國方志叢書・華南地方》第 187 號（台北：成文出版社，1974 據咸豐三年 [1853] 刻本影印），卷 23，頁 45a-47b，總頁 2165-70；周之貞等倡修、周朝槐等編纂，《順德縣續志》（出版者不詳，己巳年 [1929] 刊），卷 15，頁 5a；湛若水很遲才決定投靠到明世宗一方，見朱鴻林，〈明儒湛若水撰帝學用書《聖學格物通》的政治背景與內容特色〉，《中央研究院歷史語言研究所集刊》第 62 本第 3 分冊（1993），頁 495-530。

19　黃佐纂修，《廣東通志》，卷 50，頁 21a-22b，總頁 1327，卷 69，頁 23b-24a，總頁 1870；屈大均，《廣東新語》（香港：中華書局，1974），頁 189；葉春及，《石洞集》，卷 10，頁 18a-19b〈壇祀論〉，載文淵閣本《四庫全書》，第 1286 冊，總頁 578。

鏟除宦官與釋氏，就無法恢復世道之正。吳與弼是陳白沙尊為老師的大儒。[20]

雖然如此，直到正德十六年（1521 年），廣東按察司僉事魏校，才發出全面取締 "淫祠" 的命令，全文如下：

> 照得廣城淫祠，所在布列，扇惑民俗，耗盡民財，莫斯為盛。社學教化，首務也。久廢不修，無以培養人才，表正風俗。當職怵然於衷，擬合就行。仰廣州府抄案各官，親詣各坊巷，凡神祠佛宇，不載祀典、不關風教、及原無敕額者，盡數拆除，擇其寬敞者，改建東、西、南、北、中、東南、西南社學七區，復舊武社學一區。[21]

凡祀典所不載、或未蒙朝廷賞賜匾額的廟宇和佛寺，就要被取締，這項規定，是符合明朝律例的。明初，就已經頒發聖旨，下令把未得到官方認可的佛寺搗毀；明朝幾個皇帝，也發出過類似的聖旨。明朝法律也要求對僧尼嚴格執行度牒登記，並由僧綱司統一管轄。這類命令當然無法切實執行，但卻為儒家正統思想的復辟打下了基礎。

毫無疑問，當魏校毀 "淫祠" 時，是把佛寺也包括在內的。他在正德十六年頒佈〈諭民文〉，不僅反對卜祝、巫蠱，也反對佛教的火葬。

---

20 黃瑜撰，魏連科點校，《雙槐歲鈔》（歷代史料筆記叢刊，北京：中華書局，1999），頁 167〈妖僧扇亂〉。

21 魏校撰，歸有光編次，《莊渠先生遺書》（蘇州：王道行校刻，張口同梓，明嘉靖癸亥 [1563] 年刊），卷 9，頁 6a-6b，載美國國會圖書館攝製北平圖書館善本書膠片第 986-987 卷，藏香港大學圖書館微卷部 CMF25861-2；Sarah Schneewind, "Competing institutions: community schools and 'improper shrines' in sixteenth century China," *Late Imperial China*, Vol. 20, No. 1 (1999), pp. 85-106；關於廣東以外的情形，參見 Susanna Thornton, Buddhist monasteries in Hangzhou in the Ming and early Qing (D.Phil. thesis, University of Oxford, 1996); Tien Ju-k'ang（田汝康）, "The decadence of Buddhist temples in fu-chien in late Ming and early Ch'ing," in E.B. Vermeer, ed., *Development and Decline of Fukien Province in the 17th and 18th Centuries* (Leiden: Brill, 1990), pp. 83-100; Timothy Brook, *Praying for Power: Buddhism and the Formation of Gentry Society in Late-Ming China* (Camb., Mass.: Council on East Asian Studies, Harvard University, 1993).

他不僅勒令各類卜祝返回家鄉，還要求廣東百姓家中除祖先神位之外，不得安放任何其他神靈的神位。嘉靖元年（1522 年），魏校又頒佈法令，將寺廟田產一律充公，撥歸社學。他重複着典型的儒家看法："照得各處廢額寺觀及淫祠有田，非出僧自創置也，皆由愚民舍施，遂使無父無君之人，不耕而食，坐而延禍於無窮"。[22]

廣東的打擊佛教運動，大有席捲嶺北之勢。嘉靖十六年（1537 年），霍韜以禮部尚書的身份，上〈正風俗疏〉，重申魏校的看法，並帶頭攻擊北京的佛寺。[23] 霍韜與魏校很早就有交情：十年之前，嘉靖六年（1527 年），霍韜就拜訪了魏校，對於魏校的學問，敬佩有加。此外，霍韜與湛若水參與珠江三角洲的宗教鎮壓，也當然不是巧合。魏校據説和張璁、桂萼過從甚密，張、桂不是廣東人，但卻在"大禮議"支持明世宗，是霍韜的朝中盟友。

在珠江三角洲裏，部分被取締的佛寺，有着悠久的歷史。在新會縣，當魏校於嘉靖二年（1523 年）下令搗毀"淫祠"時，無量寺及其銅佛就此被搗毀了；十年後，嘉靖十二年（1533 年），聚寶閣的田產也被新會縣令充公，作為祭祀陳白沙的祭田。這兩座佛寺都是創建於十二世紀之前的。[24] 在南海縣，本來為福慶寺所有的面積客觀的田產，被充公為義莊。[25] 在珠江三角洲打擊佛教運動中，田產可真是一大目標，而霍韜、湛若水私底下都得到不少好處。霍韜祖先祠堂的石碑記載，該祠堂所在的土地，是從附近一所已被取締的佛寺買來的。至於湛若水就更為人所知了，他在廣州城北的白雲山的甘泉書院，前身正是三座

22　魏校撰，歸有光編次，《莊渠先生遺書》，卷 9，頁 15a-15b，藏香港大學圖書館微卷部 CMF25861-2。

23　Thomas Shiyu Li and Susan Naquin, "The Baoming Temple: religion and the throne in Ming and Qing China," *Harvard Journal of Asiatic Studies*, Vol. 48, No. 1（1988）, pp. 131-188.

24　戴肇辰等修纂，《光緒廣州府志》，光緒五年(1879)刊，卷 89，頁 11b、12b，載《中國地方志集成・廣州府縣志輯》（上海：上海書店，2003），第 2 冊，總頁 516。

25　黎春曦纂，《南海九江鄉志》（順治十四年 [1657] 刊），卷 2，頁 2b，載《中國地方志集成・鄉鎮志專輯》（南京：江蘇古籍出版社，1992 據抄本影印），第 31 冊，總頁 234。

103　被指從事邪教活動的佛寺之一。十七世紀撰書記載廣東瑣事習俗的屈大均，描述甘泉書院前身為道觀、繼而變為佛寺、最後變為書院的過程時，引述湛若水說：“仙變釋，釋變儒”。[26]

魏校在珠江三角洲打擊佛寺，不遺餘力，但他不僅針對佛寺，而是針對所有“淫祠”，也就是說，針對那些為當地百姓信奉的神靈的廟宇。可是，對於魏校這種儒家原教旨式的宗教鎮壓，我們須要將之落實到具體的歷史脈絡。鄉村的宗教，深深地扎根於日常生活習俗，無論頒佈多少法律禁令，都不足以鏟除這些宗教。金花夫人廟的例子，最能反映出魏校的宗教鎮壓有效到甚麼程度。金花夫人據說生前是一位漂亮的女子，溺死於家附近的仙人池。當地百姓信奉金花夫人，為的是求嗣，而金花夫人是通過上女巫身而顯靈的，十七世紀的屈大均有以下的描述：

> 越俗今無女巫，惟陽春有之。然亦自為女巫，不為人作女巫也。蓋婦女病輒跳神，愈則以身為賽。垂鬐盛色，纏結非常，頭戴鳥毛之冠，綴以瓔珞，一舞一歌，迴環宛轉。[27]

女巫利用美貌，討好神靈，祈求子嗣。這裏面的色慾成分，當時人不會無所察覺。雖然金花夫人廟始建於成化五年（1469 年）時得到官方認可，但在魏校的命令下，還是被搗毀了。但屈大均說得很清楚，奉祀金花夫人的女巫是減少了，卻沒有完全消失。[28]

我必須明確指出：鼓吹端正禮儀的，並不限於科舉制度下的文人。鄉村宗教的教士們，也同樣成功地把新興的理學正統思想結合到他們的信條之中。目前有關珠江三角洲的鄉村教士、即所謂喃嘸先生或喃嘸佬的史料，多數來自珠江三角洲以外地區。根據這些史料，喃嘸先生很早

26　屈大均，《廣東新語》，頁 465。

27　屈大均，《廣東新語》，頁 215。

28　也請參考黃佐纂修，《廣東通志》，卷 69，頁 24a，總頁 1870。

就以玉皇大帝朝廷裏的官員自居，因此喃嘸向諸神禱告，就是模仿人間官員向朝廷稟奏。魏校打擊了鄉村的喃嘸和巫覡之後，科舉制度下的文人就緊跟着提倡鄉約。鄉約的形式，是在地方神靈面前宣誓，但誓詞的內容，卻根據明朝律例的精神，加入了孝敬祖先、服從官府的成分。黃佐的《泰泉鄉禮》，刊行於嘉靖十四年 (1535 年)，時當魏校毀"淫祠"運動之後，黃佐把鄉約誓詞的改變的意義，說得很明確：

> 凡春秋二祭，當遵古人社祈年報賽之禮。務在精誠不，不許扮神跳鬼以為盛會，致使男女混雜，有司察其違者，罪之。

還有：

> 凡寺觀、淫祠既廢，修齋、念經、咒水、書符、師巫之徒，終不可化者，難以誅戮。若使其失所，亦所不忍。皆分遣各社充社夫，令社祝掌之。每遇水旱癘疫為人患害之時，使之行禳禮。[29]

這兩段文字很重要，它們顯示，黃佐預料到，鄉村的巫覡行為不會消失，相反，巫覡行為將與鄉約禮儀結合。雖然黃佐繼續利用儒家經典來維護舞龍、驅鬼等鄉村習俗，但方便之門已開，許多鄉村宗教行為是能夠繼續生存下去的。[30]

黃佐的《泰泉鄉禮》，照搬明王朝頒佈的《祀典》。他建議每百戶設一露天社壇，壇上兩塊石頭，一代表"五土之神"，一代表"五穀之神"，百姓到社壇獻祭，祈求神佑，答謝神恩。社祭儀式包括六道程

29　黃佐，《泰泉鄉禮》，卷 5，頁 5a、8b-9a，載文淵閣本《四庫全書》，第 142 冊，總頁 641、643。

30　關於珠江三角洲許多鄉村宗教習俗繼續存在這一點，屈大均提供了許多例子，參見氏著，《廣東新語》，頁 200-219，特別是頁 210 提到的香山縣禾穀夫人信仰，與頁 214 提及的過繼子女予西王母的習俗。屈大均認為祭祀禾穀夫人的禮儀，不符合祭祀后土的禮儀。而子女過繼予西王母之後，到了結婚之前，須由道士解除過繼，這風俗直至最近之前，仍然保留在香港的新界地區。

序：告、禱、誓、罰、禳、會。鄉村成員，在社壇前宣誓成立鄉約之後，就要每年輪流主持社祭，名曰"社祝"。[31]

每年輪充社祝，主持社祭，應該是對於里甲制度下每年輪充里役的亦步亦趨的模仿。因此，明朝律例容許鄉村的社祭組織與里甲組織重疊，完全不是意外。不要忘記，在珠江三角洲也好，在中國大部分地區也好，里甲制度，既是明王朝對於地方權力結構的承認，也是明王朝徵稅徵役的工具。在珠江三角洲，當里甲制度在十五世紀全面推行時，勞役已經迅速地被繳納白銀所取代。而在丁積於新會縣提倡禮儀改革之後，魏校搗毀"淫祠"、打擊鄉村巫覡之前，也就是説在十五世紀八十年代早期之後，十六世紀二十年代之前，黃佐等人不遲不早，就在這時候提倡鄉約以改良社祭。對於許多人來説，鄉村社壇，就成了明朝法律所認可的鄉村集體的中心。因此，中國社會史的研究，忽略了鄉約、社祭、里甲的重疊，就只看重里甲登記這一部分，從而大大誤解了里甲這個在明朝非常重要的制度。明朝的文人雖然反對各種地方宗教習俗，但對於社壇應該成為鄉村的中心，他們是接受的。到了十六世紀，在宗族和社首之外，是根本沒有里甲可言的。[32]

霍韜在廣東打擊"淫祠"，在中央支持明世宗祭祀自己親生父親，風風火火之際，在家鄉南海縣石頭村，建立了自己這一支霍氏的開基祖的祠堂，時為嘉靖四年（1525 年）。此舉引發了爭議，但原因卻不大清楚。起造房屋，安置祖先神主牌位，此舉本身應該不會惹人非議。朱熹的《朱子家禮》認為，即使是庶民百姓，也應該在"寢室"安置四代祖先的神主牌位。但是，這類安置祖先神主牌位的建築的形制，卻是另一回事。所謂形制的問題，也並不是朱熹本人及《朱子家禮》註釋者首先提出來的。明朝禮制規定，品官才能夠建立"家廟"以安置祖

31　黃佐，《泰泉鄉禮》，卷 5，頁 1a-2b，載文淵閣本《四庫全書》，第 142 冊，總頁 639-40。

32　有關嘉靖十年(1531)南海縣鄉約，參見龐嵩，〈更訂鄉約錄序〉，載吳道鎔輯，《廣東文徵》，第 3 冊，頁 106；有關鄉約的宏觀歷史脈絡，參考 Joseph McDermott ed., *State and Court Ritual in China*; 朱鴻林，〈明儒湛若水撰帝學用書《聖學格物通》的政治背景與內容特色〉，《中央研究院歷史語言研究所集刊》第 62 本第 3 分冊(1993)，頁 495-530。

106

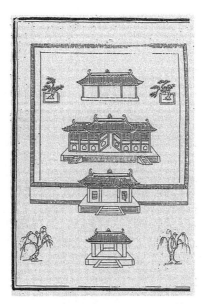

圖一　刊行於洪武二年（1369 年）的明
朝禮制全書《明集禮》有關"家廟"
的形制，載卷 66。

先神主，家廟的形制很獨特：家廟地台高出地面，一列梯級，連接中
門，屋脊翹角，四柱三間，其中一間為寢室。詳見圖一。品官雖獲允
建立家廟，但也不見得有很多品官真的建立這種形制的家廟。此外，
何時祭祀祖先、祭祀多少代的祖先，明朝禮制也都有規定。能夠祭祀
多少代祖先，與自己的等級密切相關：只有皇帝才有資格在冬至祭祀
所有祖先。嘉靖八年（1529 年），明朝修改了禮制，容許所有品官模仿
家廟形制建立祠堂；嘉靖十四年（1535 年），明朝又修改禮制，容許所
有品官在冬至祭祖。[33] 直至禮制修改之前，家廟在珠江三角洲並不常　*107*
見，而少數擁有這種家廟的宗族，是知法犯法的，因此它們也隱瞞家

33　王圻，《續文獻通考》，卷 115，頁 22a-27b，載《四庫全書存目叢書》（台南縣柳營鄉：莊
　　嚴文化事業有限公司，1995 年據中國科學院圖書館藏明萬曆三十一年 [1603] 曹時聘等刻
　　本影印），子部第 187 冊，總頁 237-9；夏言，《夏桂洲先生文集》，明崇禎十一年(1638)吳
　　一璘刻本，卷 11，頁 70a-78b，載《四庫全書存目叢書》，集部第 74 冊，總頁 526-30；徐
　　一夔等撰，《明集禮》，卷 6，頁 11a-27a，載文淵閣本《四庫全書》，第 649 冊，總頁 171-
　　9；常建華，《明代宗族研究》（上海：上海人民出版社，2005），頁 12-22。

廟形制的意義。[34]

可是，建立祠堂，不只是為了抬高社會地位。祠堂是"蒸嘗"亦即祖先名義下的信托基金的持有者，而霍韜的家族祖先基金，正是從一座佛寺那裏購買了南海縣西樵山的土地，這座佛寺被魏校勒令取締。[35] 類似的佛寺田產被充公為義莊、被充公為祭祀朝廷所認可的神靈或人物的廟宇、被充公為學校的例子，就像"淫祠"被改為社學的例子那樣，多不勝數。[36] 奪取"反動"機構的土地，是不會被認為不妥當的。早在十五世紀，陳白沙自己提倡為南宋末代皇帝母親楊太后建廟時，就從類似的被充公土地中找到一塊地。嘉靖八年至十一年（1529—1532 年）擔任總督兩廣軍門都御史的林富，鑒於佛寺被取締後，其田產引起眾多大家族的械鬥，決定將所有這些田產充公，供養官兵。[37]

十六世紀的社會革命

東莞縣文人謝睍，在萬曆年間（1573—1620 年）撰文，回憶他祖父述說的曾祖父的故事：有一家人，被里長指非法改易戶口，把軍戶改為民戶，逃避兵役，謝睍曾祖父當時十九歲，充當證人。[38] 嘉靖四十四年（1565 年），幸虧極為能幹的南海籍官員龐尚鵬的一道奏摺，朝廷才准許軍戶的後代另行編戶。[39] 那時候，里甲的戶名，與真正的居

---

34 David Faure, "The emperor in the village, representing the state in south China," in Joseph McDermott ed., *State and Court Ritual in China*, pp. 267-298.

35 《石頭霍氏族譜》，光緒二十八年（1902）刊，藏廣東省圖書館，編號 K0.189/470；霍氏祠堂牆上一塊石碑，也記載從佛寺購買土地一事。

36 關於佛寺田產被宗族奪取的另一例子，參見萬曆《新會縣志》，卷 9，頁 21b-23a。

37 王鳳雲撰，〈省吾林公大傳〉，載林富著，惠威錄、舒柏輯，《省吾林公兩廣疏略》（隆慶五年 [1571] 孫兆恩刊本，藏東洋文庫，編號 XI-3-A-d-186），頁 4a-b。

38 謝睍，〈竹子籬基碑〉，載《南社謝氏族譜》，無刊行年份，民國三十一年（1942）抄本，由東莞縣楊寶霖先生所藏，感謝楊先生惠借閱覽。謝睍祖父及曾祖父的生卒年不詳，但謝睍有一位叔公，生於正德十一年（1516），卒於萬曆四年（1576），則謝睍的曾祖父十九歲時，當在十五世紀下半葉之際。

39 郭爾阰、胡雲客纂修，《康熙南海縣志》，載《日本藏中國罕見地方志叢刊》（北京：書目文獻出版社，1992 影印日本藏康熙三十年 [1691] 刻本），卷 3，頁 6b，總頁 69。

民，基本上已經對不上號。用劉志偉的話來說，里甲的戶名只是交稅戶口的名字。南海、順德在黃蕭養之亂的眾多事件，已經暴露出里甲制度變化的許多線索，這些線索充斥於珠江三角洲社會史的史料中，將近一百年後，明朝政府才勉強默許了這種普遍的行為。里甲制度的改變，顯然是要針對里甲能否延續的問題。明朝官方的看法是：里甲制實行於明初，而自十五世紀以來就衰敗下去，無可挽回。而珠江三角洲里甲登記的例子顯示出：明朝官方對於里甲制的看法是完全錯誤的。里甲制度並沒有衰敗。像珠江三角洲這樣一個地區，在明初，里甲制度從來就沒有按照官方設想來推行，而當里甲制度真獲得推行時，它已經走了樣，它已經不是以戶口登記為基礎的勞役攤派制度，而成了縣衙門收稅的戶口。十五世紀，發生了地稅與勞役折銀的改變，但當時的縣官，還未能利用這些新的財政收入來招募自己的行政隊伍。在這個背景下，黃蕭養之亂就開闢捷徑，逼着當地社區效忠朝廷，並與朝廷團結一致，換取朝廷賜予的里甲登記。這個政治效忠行動剛剛結束，首先因為猺亂，接着因為"大禮議"造成的動盪，一場禮儀革命就被啟動了，而新近才編入里甲的百姓也被捲入其中。通過里甲登記，通過禮儀改革，珠江三角洲的百姓得到了朝廷的承認，因此也改變了身份，在十六世紀，珠江三角洲百姓中有財有勢的一羣，也開始扮起文人來了。如果我們把這些變化的任何一端，理解為朝廷中央"控制"的強化，未免誤用"控制"這一詞了。但是，一個建立在禮儀上的權力結構，的確成形了，它把地方社會與國家結合起來，而在這個過程中，一個階級也從草莽百姓中誕生出來了。

108

　　十五世紀社會、文化、政治的發展，對於明清時期王朝國家的形成，至關緊要。明初里甲制度的不切實際的設計，包含了一些元素，沒有這些元素，就不可能有十五世紀的種種發展。里甲變得有效，正因為它不是按照官方的原意推行。攤派勞役，漏洞百出，因此社會從來就不像明朝統治者設想的那樣整齊或均等。從明朝人到今天的歷史學家，論及里甲制時，往往認為，明朝政府無法按照自己初衷推行里甲制，是一大失敗。但是，這種看法，忽略了十五世紀出現的、把地

方社會與王朝國家結合在一起的重要基石。同樣重要的是，到了十六
世紀，當里甲制度已經從勞役攤派變成收稅戶口時，一套新的政治意
識形態也開始扎根，這套意識形態，把禮儀和宗族變成了促進國家與
社會關係的工具。就是這套意識形態，最終造就了明清社會。[40]

40　《馮氏族譜》，無刊行年份，無頁數，抄本，藏廣東省圖書館，編號 K0.189/64.2。該譜有
　　關十世祖馮九宵的傳記稱：＂□□□值里排凌虐，公乃挺身率眾□□□□□憲詳准□役
　　古勞都一圖。我馮族起□戶，即居一圖一甲，後人因而定籍＂。馮九宵的生卒年不詳，但
　　十一世的其中一人，則生於嘉靖三十三年(1555)，卒於順治三年(1646)。

第九章
行政改革

　　明朝開國後八十年，整個珠江三角洲只誕生了 33 名進士。而在之
後的兩個世紀內，珠江三角洲合共產生了 390 名進士，換言之，每三年
一屆的會試，平均產生 6 名進士。同樣的模式，也見諸其他科舉功名
的統計上。這些數據意味着甚麼？單憑簡單的算術也能回答。明初，
科舉功名的擁有者數目很少，因此，以里甲應役，或者獲邀參加鄉飲
酒禮，就足以獲得榮耀。從十六世紀開始，族譜得編纂，不再以虛構
的祖宗譜系和里甲登記為核心，而以成員考取科舉功名為核心。擁有
科舉功名的成員，主持祠堂的祭祖活動，贊助宗族的其他活動。宗族
也行動起來，培養成員考取科舉功名。成功者吹噓自己的成功，不成
功者則儘量與科舉功名的擁有者攀上關係，或者只有乾羨慕的份，且
深信自己地位卑賤，就是因為沒有科舉功名。這個變化不是一夜之間
就完成的，從十六世紀到十八世紀，差不多用了三個世紀，社會各階
層才廣泛感受到文人的力量。[1]

1　陳昌齊等纂、阮元等修，《廣東通志》(上海：商務印書館，1934 影印 1822 刊本)，頁
　　1145-77；Benjamin A. Elman, *A Cultural History of Civil Examinations in Late Imperial
　　China* (Berkeley: University of California Press, 2000), pp. 652, 690; 屈大均，《廣東新
　　語》(香港：中華書局，1974)，頁 282。艾爾曼認為，永樂時期(1403-1424)，廣東鄉
　　試的錄取額為 40 名舉人。這個估計遠遠低估了廣東鄉試的實際錄取額，單在其中一屆廣
　　東鄉試中，獲錄取的舉人就遠遠超過一百。

未來被稱為"鄉紳"的、擁有科舉功名的宗族，是與地方政府的行政改革一同成長的。由於衛所制度的敗壞，縣衙門被迫承擔更多行政職能，因此被迫強化起來，把自己改造成為收稅機構。折色納銀，使地方政府能夠招募自己的行政隊伍，與地方社區打交道時，就可以採取強硬手段。[2] 劃一的禮儀，根據明初的設計，是王朝國家與地方社會互動的平台，如今更加得到地方官員們切實的推行，不僅因為他們想要體現自己的權力，也因為他們真誠相信自己做得對。踏入十六世紀，地方政府進行土地丈量，為正被逐步推行的一條鞭法賦役改革奠定了基礎。所謂一條鞭法，是指把名目繁多的苛捐雜稅歸併為一筆總額，以白銀徵收。一條鞭法的改革，擴大了地方政府的統治圈。隨着經濟日益繁榮，隨着政府統治風格改變，朝廷的禮儀逐漸擴散到社會各個階層，而宗族這個制度，就成了士紳化的載體。

行政改革

廣東巡按御史戴璟於嘉靖十四年（1535 年）刊行的《廣東通志初稿》，是廣東第一本省級地方志，也為十六世紀的行政改革提供了最佳記錄。戴璟把自己擬定的許多行政改革規章都保留在《廣東通志初稿》內，後出的廣東地方志，將戴璟這些規章刪去大部分，以便符合文人喜歡的地方志編纂格式。其實，戴璟亦非第一個為廣東地方行政擬定詳細規章的高級官員。在嘉靖四十年（1561 年）刊行廣東第二本省級地方志《廣東通志》的黃佐，就留意到，在正統五年（1440 年），同樣也是廣東巡按御史的朱鑒，就在巡視廣東期間擬定了廿四條規章，並且"廣人至今傳頌之"。[3] 朱鑒這些規章都與政府的具體工作有關，例如要求維持衛所、建立學校、定時祭祀鬼神、管理養濟院、由社區中德高望重之人充任"老人"、由巡檢司維持秩序、必須整頓監獄等等。另

2　John R. Watt, *The District Magistrate in Late Imperial China*（New York: Columbia University Press, 1972）.

3　黃佐纂修，《廣東通志》（香港：大東圖書公司影印嘉靖四十年 [1561] 刊刻本），卷 49，頁 41b-42a，總頁 1299。

外，有關徵稅和徵取勞役的問題，也是朱鑒規章中顯而易見的重點。書面規章愈多，衙門的工作就愈依賴識字之人。朱鑒發現："各衙門吏典，或由農民、或由生員參充"。[4] 在朱鑒和丁積時代，縣衙門的行政人員，都是由里甲戶應役輪充的，很快，縣衙門就走到一個需要專業人員來運作的地步。

　　但是，明朝官員都知道得很清楚，里甲勞役最可怕之處，是官吏的誅求無厭。朱鑒指出：

> 賦役務在均平。且如排驛傳，照糧多寡，從公編排，點長 [111]
> 解，驗丁多少，挨次定差。如此，則事平公當，民心斯服。今所
> 屬，糧多者少排，糧少者多排；丁多者近差，丁少者遠差。是以
> 彼此不均，致相爭訟。仰所在有司，今後照依冊籍，驗其丁糧，
> 從公定差，務要均平，毋致賣富差貧，那移作弊，究問不恕。[5]

　　朱鑒寫這一段時，正如許多其他官員一樣，被這麼一個想法吸引住：公平分配勞役、即所謂"均平"，便可挽救里甲制度。在明朝賦稅歷史上，"均平"成了專有名詞。為了達到"均平"，就必須約束縣衙門的各個科房。首先，不僅需要減少勞役，還需要把勞役項目化。其次，部分勞役項目，就可用納銀代替了。後世歷史學家，面對極端複雜的明朝賦稅制度，往往認為"均平"不過是創造新的稅種。其實，"均平"是邁向日後所謂一條鞭法的一步，即把勞役貨幣化、常規化。明末清初（十七世紀），一條鞭法的內容，就被編成《賦役全書》。

　　朱鑒的規章，顯示廣東省政府在賦役改革的原則問題上仍然把持不定。但是，到了戴璟擔任新會縣令時，均平已經成為一套規章制度。戴璟在《廣東通志初稿》的序言清楚指出，編纂該地方志的目的之一，

4　朱鑒，《朱簡齋公奏議》（康熙五十二年 [1713] 刊，藏劍橋大學圖書館，編號 FB353.137），
　　卷下，頁 58a-75a，這裏的引文載頁 66b。

5　朱鑒，《朱簡齋公奏議》，卷下，頁 65b。

就是鑒於"賦役不均",因而決定"更定賦役文冊"。丁積有關均平賦役的規章,連篇累牘。但是,戴璟均平規章的主要內容,已經不是分配勞役,而是縣政府徵收均平銀(白銀或銅錢)的各種工作名義,或曰稅項:例如卷26〈均平〉所開列的"進賀表箋"、"各學歲貢生員盤纏"、"三年一次科舉起送各學生員盤纏"、"迎接舉人"、"三年一次朝覲酒禮"、"祭丁"即孔子生辰、"每年春秋祭山川及社稷"、"每年祭無祀鬼神"、"每年造冊紙札筆墨並書手工食等項"等等祝賀科舉功名、縣官入京上計、祭祀孔子、祭祀鬼神、分發年曆、衙門文具等等。部分均平銀的稅項,顯示某些勞役已經改折成貨幣,例如僱用衙役、租船、為"招降夷人及賞報功人役搭廠"等等。番禺、南海二縣均平銀的稅項,相當清楚地體現着"均平"的精神:這些均平銀的稅項收入,等同於縣衙門的開支,而均平銀是平均地攤到所有里甲戶成年男丁頭上的。均平銀改革的真正結果,未必是政府向里甲攤派勞役時比較公平,而是政府不再着重向里甲攤派勞役,而着重從里甲徵收貨幣稅,因此也就不再計較戶籍身份,而戶籍身份,原本是政府向里甲攤派勞役時的重要基礎。

因此之故,我們必須從衙門職能擴張這個脈絡,來理解明朝官員推行正統禮儀的運動。官方認可的禮儀,創造了一套共同語言,這套共同語言合理化了衙門職能的擴張。所以,廣東巡按御史戴璟也為了"正風俗"而擬定了一系列規章。可是,戴璟的"正風俗"規章,與珠江三角洲文人以鄉村和家族禮儀形式提倡的那一套,相差甚大,也使戴璟編纂《廣東通志初稿》的心血泡湯。最能體現這個差別的,就是戴璟《廣東通志初稿》卷18內的"正風俗條約"十三條。這些規章不僅處理冠、婚、喪、祭等禮儀,而且還呼籲守法、禁賭、禁止爭奪遺產、禁止因爭奪風水地而械鬥、禁止霸佔墟市、禁止在鄉飲酒禮中弄虛作假、禁止租佃糾紛等等。戴璟對於這些實際問題的規章,都是從他親自審訊的訴訟中總結出來的。但是,戴璟把這些規章推廣,作為對於廣東地方風俗的糾正,顯示出戴璟與當時珠江三角洲的文人同牀異夢。當時珠江三角洲的文人,在撰文立說,鼓吹正統禮儀時,目的是為了縮小廣東地方風俗與風行全國的理學教條的差距。即以戴璟"正風俗條約"第二條"正婚姻"為例，他力圖遏制窮家貪圖富家資財而將女兒改嫁富家、或富家奪娶窮家女子之風，又反對用檳榔作為嫁妝，謂："檳榔乃夷人取新郎之義，以資歡笑者也，又何意義而相沿弗改哉！"這些規章，看來是完全不切實際的。珠江三角洲文人操刀的婚禮規章，是把儒家經典中的婚禮整套照搬，儘管也對於使用檳榔有所暗示，但任何提及檳榔的規條都被搬到角落去。

113

　　嘉靖四十年（1561 年），黃佐刊行《廣東通志》，取代了廣東巡按御史戴璟的《廣東通志初稿》，一代人的功夫，就把省級地方志全面修正，應該說是異常的，原因也許可以從兩本地方志的主要差別中看出來。出身廣州名門的廣東本地人黃佐，在其《廣東通志》中，基本上把戴璟所有"正風俗條約"都鏟除了，而完全集中於廣東本省的歷史與文化。黃佐也許承認廣東本地風俗鄙陋，但他大力擴充了人物傳記部分，藉此顯示：自南宋以來的優雅傳統，經由陳白沙及其門人繼承，並由做了官的本地人，或者他們的祖先體現出來。黃佐編纂的《廣東通志》，和他在此之前編纂的《廣州人物志》，是廣東人寫廣東歷史的創舉，此舉顯示出：廣東已經不再光怪陸離了，廣東已經真正成為普天之下的王土一隅。黃佐的《廣東通志》，成為後來廣東省地方志的模範。

宗族規章：遵守禮儀，登記賬目

　　衙門在編寫書面規條，鄉村也在編寫規章。後來，大量的宗族規條被加進族譜裏，我們千萬不要用這些宗族規條來推想十六世紀的宗族行為。但是，目前還有三本十六世紀有關宗族規條的史料，顯示出宗族管理的變化。第一本是黃佐於嘉靖二十八年（1549 年）刊行的《泰泉鄉禮》，它基本上屬十五世紀的鄉村禮儀手冊，而不太像十六世紀的宗族規條。另外兩本是霍韜刊行於嘉靖三年（1524 年）的《霍渭厓家訓》，與龐尚鵬刊行於隆慶五年（1571 年）的《龐氏家訓》。[6]

6　龐尚鵬，《龐氏家訓》，載《叢書集成初編》（長沙：商務印書館，1939 年據道光二十八年 [1848] 本排印），第 974-977 號；霍韜，《霍渭厓家訓》，嘉靖八年 [1529] 刊，載《涵芬樓秘笈》第二集（上海：商務印書館，1916 年據汲古閣精鈔本影印）。

有關理學禮儀的擴散的研究，都很注意到《泰泉鄉禮》，本書只
須指出其重點就足夠了。黃佐於嘉靖七年至九年（1528—1530 年）間
擔任廣西按察司僉事提督學校期間，草擬和刊行了一批規條，書名曰
《泰泉鄉禮》。黃佐在這書中說得很清楚，他的目標讀者羣，也包括尚
114　未編入里甲的"俚峒蠻民"。[7] 嘉靖二十八年（1549 年），該書在黃佐家
鄉新會縣再度刊行，毫無疑問，一個原因，是黃佐作為學者和官員的
聲譽，另一個原因，是該書的思想在當時仍然是時髦。但是，《泰泉
鄉禮》的重點，是鄉村禮儀，不是家庭禮儀。因此，《泰泉鄉禮》也提
倡遵行冠、婚、喪、祭四禮，但比起前期同類著作，該書更加着重有
關鄉村的規章，該書詳細解釋如何維持鄉村社壇、社學、社倉，及其
相關禮儀，尤其是鄉約。《泰泉鄉禮》在這些禮儀方面的微言大義，對
珠江三角洲文人而言，可謂"於我心有戚戚焉"。黃佐的祭祖禮儀緊跟
十六世紀二十年代的法律改變：家家設家廟，家廟置祖先神主牌位，
各代祖先，各有祭祀時節，但黃佐主張在冬至祭祀始祖，直至十六世
紀二十年代有關法律改變之前，在冬至祭祀始祖可是貴族的特權。[8] 像
每個優秀的理學家一樣，黃佐認為，家禮最重嫡長，"凡祭，主於宗
子，其餘庶子，雖貴其富，皆不敢祭。"[9] 在同一段中，黃佐也主張，

7　黃佐，《泰泉鄉禮》（嘉靖二十八年 [1549] 刊），卷 3，頁 27a、27b、30a，載文淵閣
　　本《四庫全書》（上海：上海古籍出版社，1987 縮印），第 142 冊，總頁 628、629。有
　　關《泰泉鄉禮》的研究，參見井上徹，〈黃佐"泰泉鄉禮"の世界—鄉約保甲制に関連し
　　て〉，《東洋學報》，第 67 卷，第 3-4 期（1986），頁 81-111；Chu Hung-lam, "The ideal
　　and application of community rites as an administrative aid to social regulation in mid-
　　Ming China," paper for the Conference "Learning the Rule: Schooling, Law and the
　　Reproduction of Social Order in Early Modern Eurasia, 1350-1750," at the University of
　　Minnesota, Minneapolis, May 10-11, 1991；葉漢明，〈明代中後期嶺南的地方社會與家族
　　文化〉，《歷史研究》2000 年第 3 期，頁 15-30。

8　黃佐，《泰泉鄉禮》，卷 1，頁 3b-4a，載文淵閣本《四庫全書》，第 142 冊，總頁 595-
　　6。儘管有這項規定，但黃佐又主張，把家庭分為三等，田產一千畝以上者為上戶，田產
　　五百至九百畝者為中戶，田產一百至四百畝者為下戶，只有上戶有權設立祠堂，中戶、
　　下戶則只能在"正寢"即主睡房安置祖先神主牌位，參見卷 1，頁 7b-8a、14b-15a，總
　　頁 595-6、601。

9　黃佐，《泰泉鄉禮》，卷 1，頁 4b-5a，載文淵閣本《四庫全書》，第 142 冊，總頁 596。

家廟只應安置祖先神主牌位，禁止"奉祀外神、隱藏邪術"。[10] 自然，黃佐也強調孝道，他主張，子孫須在日常生活中體現孝道：早上向父母作揖；吃飯時請父母上坐，兒子及媳婦在飯桌旁"看照"；出入家門必先向父母作揖；父母逝世後亦需以同樣方式向父母的"陰靈神座"表達孝思。這些理學主張的邏輯結果，就是要求整個家庭服從家長，即父親。[11]

家訓類著作和鄉禮類著作在至少一個重要方面上有所不同。鄉禮類著作把管理鄉村事務的技巧一道一道記錄下來，而家訓類著作則把管理宗族的技巧一道一道記錄下來。正如《泰泉鄉禮》一樣，各種家訓意在改良倫理，但這理想基本上是做不到的。但是，家訓既然為宗族管理提供了實用指引，也就認可家庭擴張是鄉村世界之理所當然，而家庭擴張基本上是通過所謂開枝散葉進行的。

例如，《霍渭厓家訓》中，按照"義門"鄭氏的家規，繪畫了聚族而居的霍氏鄉村地圖。鄭氏自宋代以來，就以得到皇帝敕賜"義門"之號而著稱。這圖把祠堂置於正中，祠堂由三排房屋拱衛，用餐何處，女眷安置何處，廚房設置何處，都有明確指示。[12] 更有甚者，《霍渭厓家訓》還為宗族管理提供實用指引，凡田地，倉儲，耕種，賦稅，紡織，酒醋，聚餐，冠、婚、禮、祭四禮，家居擺設，年青人在宗族的舉止等等，都有所觸及。《霍渭厓家訓》還提供了祭祖時的誦詞，制定了宗族教育的規章，霍氏宗族的私塾，設於祠堂，霍氏宗族的書院，前身是佛寺。《霍渭厓家訓》彌足珍貴，因為該書證明了近代所見的宗族管理模式，的確是從明代傳下來的。但該書的文字卻反映出，在現實中，像《霍渭厓家訓》設想的這種規模的聚族而居現象，是不可能普遍的。

115

10　黃佐，《泰泉鄉禮》，卷 3，頁 18a，載文淵閣本《四庫全書》，第 142 冊，總頁 623。

11　黃佐，《泰泉鄉禮》，卷 3，頁 26b-29b，載文淵閣本《四庫全書》，第 142 冊，總頁 627-9。

12　關於"義門"模式，參見 John W. Dardess, "The Cheng communal family: social organization and neo-Confucianism in Yuan and early Ming China," *Harvard Journal of Asiatic Studies*, Vol. 34（1974), pp. 7-52; 井上徹，〈元末明初における宗族形成の風潮〉，《文經論叢》，第 27 卷第 3 期（1992），頁 273-321。

《霍渭厓家訓》的文字,假設宗族成員並非同居共爨,而是自立門戶,自行煮食。由於宗族各家已經是分離的個體,因此要有共同的基礎來維持宗族,宗族田產的集體管理、宗族紀律的執行,都需要有所指示。宗族成員,二十五歲授田,五十歲還田。期間,成員須把一定數量的收成儲存為種籽;成員也獲分配一定數量的肥料、或等價的銅錢;成員還獲分配一定數量的糧食,作為支付僱工的薪酬。這些田產也可出佃收租,佃農交來的糧租,儲存於倉庫,以便宗族向官府繳納糧稅;另外兩成糧租會被扣起,以備荒年;其餘則出售。宗族之內,派發糧食,人人有份,但每位家長的份額更多,為的是支付一名奴僕的薪酬。為宗族辦事的成員,也獲分配更多的糧食以便支付奴僕的薪酬:代表宗族管理田產的成員,獲分配兩名奴僕,其一負責秤掣糧食,其一負責分發肥料和種籽;管理倉庫的宗族成員,手下也有一名會計、一名跑腿。[13]

"禮"是宗族規章的重點。反正,到了十六世紀初,冠、婚、喪、祭四禮在一般禮儀中的重要性,已被視為理所當然。因此,即使在涉及"禮"的事務上,這些宗族規章也就把重點轉到實際操作的層面來。例如,《霍渭厓家訓》對於服飾有嚴格的規定:四十歲以下者,不得穿着紗、絲;祠堂宴會,擁有品官身份者、或五十歲以上者,才可吃肉 —— 違例吃肉者,一經發現,會被公開聲討,以曝其過。[14] 宗族規章把婦女另行處置。她們獲准參加祠堂宴會,但須坐在專門的坐位,不得男女雜坐。凡是能夠造成內外之別的場合,宗族規章都把婦女局限於"內"。這種內外之別,不僅反映在上文指出的生活空間的間隔上,也反映在祭禮上:當宗族成員向祖宗稟報功過時,男性成員

116

13　霍韜,《霍渭厓家訓》,卷 1,頁 10b。石灣霍氏的《太原霍氏族譜》(無刊行年份,無出版地點,藏佛山市博物館)也收錄了《霍渭厓家訓》的其中一個版本,此外,還收錄了霍氏其他成員的家訓,這些家訓分別刊佈於成化十七年(1481)、嘉靖十三年(1534)、康熙五十九年(1720),這些家訓對於田產、收租、商業等方面都有相當詳細的指示,而且提及當地當時的事件,可信程度甚高。

14　霍韜,《霍渭厓家訓》,卷 1,頁 9a-9b、12b。

的功過是當着全體成員面前稟報的，但女性成員的功過，則在內堂向祖宗稟報，"內堂"云云，可能意味着只有女性成員在場。婦女的地位，取決於丈夫的地位：庶民女兒嫁給品官，則可穿戴命婦服飾；但品官女兒嫁給庶民，則只能穿戴民女服飾。而且，婦女的財產權也獲得尊重，意思是：如果婦女的財產只有動產，例如紡織品，則可由女兒繼承；但如果婦女的財產包括土地，則該名婦女可以選擇將之捐給蒸嘗，如果她真的這麼做，則她過世後，神主牌位會被安置於祠堂偏殿，得到後世的祭祀。[15]《龐氏家訓》在婦女角色方面，着墨不多，但有一首押韻的〈女訓〉，說明婦女在相夫教子方面的責任，基本上把婦女的社會角色局限在家庭之內。[16]

　　宗族規章有關宗族管理的部分，首重族產之管理。《霍渭厓家訓》要求宗族每年制定收支報告，正如要求宗族記錄成員的功德與過錯一般。[17] 我們必須明白：計算功德，是在祠堂祭祖的儀式裏進行的。在這個儀式中，宗族的男性成員，誠邀祖先的靈魂到場，向祖先匯報個人經營族產的盈虧，這些族產，是祖先交託給他們個人的。人們不僅相信祖先會到場聽取匯報，而且還相信祖先會按照規矩，視宗族成員經營族產之盈虧，予以獎懲。這個被稱為"報功最"的儀式，也見於十六世紀安徽省的徽州地區。但僅就珠江三角洲而言，"報功最"的儀式似乎很快就消失了，至少不見於《龐氏家訓》。[18]《龐氏家訓》更加着重的，

117

15　霍韜，《霍渭厓家訓》，卷 1，頁 11b-12a、14b-15a。

16　龐尚鵬，《龐氏家訓》，載《叢書集成初編》第 974-977 號。

17　黃佐也呼籲家庭要"置簿"即設立收支記錄，但在他眼中，這些記錄的主要用途是計算祭祀費用。見《泰泉鄉禮》，卷 1，頁 6a-7a，載文淵閣本《四庫全書》，第 142 冊，總頁 597。

18　我在另一篇文章中對於"報功最"的禮儀有更詳細的描述，見 David Faure, "Recreating the indigenous identity in Taiwan: cultural aspirations in their social and economic environment," in David Blundell, ed. *Austronesian Taiwan, Linguistics, History, Ethnology, Prehistory* (Berkeley and Taipei: Phoebe A. Hearst Museum of Anthropology, University of California, and Shung Ye Museum of Formosan Aborigines, 2001), pp. 97-130. 關於徽州方面的類似禮儀，參見周紹泉、趙亞光，《竇山公家議校註》（合肥：黃山書社，1993），頁 15-16。

是運用書面記錄。該書列出條款，強調必須確保宗族成員的溫飽，必須納糧當差，必須儲存糧食以備荒年，但還有以下的教訓：

一、田地土名坵段，俱要親身踏勘耕管。歲收稻穀及稅糧徭差，要悉心磨算。若畏勞厭事，倚他人為耳目，以致菽麥不辨，為人所愚，如此而不傾覆，吾不信也。

一、置田租簿，先期開寫某佃人承耕某土名田若干、該早晚租穀若干，如已納完，或拖欠若干，各明書項下。如遇荒歉，慎勿刻意取盈。

一、置歲入簿一扇，凡歲中收受錢穀，挨順月日，逐項明開，每兩月結一總數，終年經費，量入為出，務存盈餘，不許妄用。

一、置歲出簿二扇，一扇為公費簿，凡百費皆書；一扇為禮儀簿，書往來慶弔祭祀賓客之費。每月結一總數於左方，不許塗改及竄落。[19]

顯然，這些條款反映出，宗族管理的知識正在進步，並與提倡節儉樸素以鞏固宗族財富的主張結合在一起。在這方面，這些宗族規條不過反映出，在宗族外部、在更廣闊的社會背景下，土地管理的大趨勢而已。在田產管理上，書面記錄的使用愈來愈普遍。地方政府也愈來愈依靠書面記錄。因此，擁有以文字書寫的地契、擁有里甲登記的文件，就能夠掌握土地，這種趨勢愈來愈普遍。可以想像，這種趨勢進一步促進了田產管理的專業化，因此《霍渭厓家訓》提及僱用會計。管理範圍擴大，使管理制度得以發展，而宗族就是這發展的結果之一。

19　龐尚鵬，《龐氏家訓》，頁 2、4，載《叢書集成初編》第 974-977 號。

以後，這類家訓成為常見於家譜的文類。許多把自己組織成宗族模樣的家庭，很有可能是接觸過這類家訓的。[20] 由此，我們可以說，一種新的、遵奉理學思想為教條的生活方式，被推廣開來了。但是，這種看法大大簡化了極為複雜的現實。隨着理學運動而獲推廣的各種行為，本身就反映出，通過科舉制度而做官的人，愈來愈多；也反映出，珠江三角洲由於經濟發展而愈來愈富庶，而這經濟發展，是與沙田開發密切相關的。士紳階層的成員，的確有意識地嘗試推廣一套新的標準，他們自己也知道，這套標準不符合本地傳統。由於富裕之家也正好是躋身官場、控制宗族的家庭，宗族這個制度在發展，伴隨着宗族而出現的禮儀行為也日益普及，這就意味着，集體禮儀能夠被相對迅速地改變。但是，即使宗族行為士紳化了，原本的生活態度和方式，卻仍然保留在家庭裏面。地方志充滿了舊風俗延綿不斷的記載，這些舊風俗見於婚禮，見於一年到頭的各種節誕，尤其見於治病。[21] 隨着少數富貴之家開始追求士紳的生活方式，很多婦女的社會角色可能因此改變，但我們知道，儘管族規家訓普及，但並沒有完全杜絕婦女積極參與訴訟的風尚，這是事實。[22] 反正，有足夠經濟能力把女眷局限於家裏的家庭，數目很少。我們在族譜中能夠找出的少數記載顯示，當一個家庭（而非一個宗族）獲得士紳地位後，經過兩三代的功夫，這個家庭的女眷，一般就可以不再從事粗重的體力勞動，而專職於家庭裏的活動，例如紡織、甚至讀書。[23] 在理學正統的背後，應該有大量的

20　多賀秋五郎提供了更多類似的例子，多數來自長江下游，參見氏著，《中國宗譜の研究》（東京：日本學術振興會，1981-1982）。

21　黃佐纂修，《廣東通志》，卷 20，頁 8b-22b，總頁 529-35。

22　陳昌齊等纂、阮元等修，《廣東通志》，總頁 3383-4。

23　David Faure, "Images of mother, the place of women in south China," 該文將收錄於蕭鳳霞主編之論文集內。張萱有一則寫於嘉靖三十八年（1559）的筆記，顯示在他博羅縣家鄉中，婦女仍然是各種節誕的主持人。張萱特別指出，即使仕宦之家也如此。參見氏著，《西園存稿》，卷 2，頁 22b-23a："博羅之俗，女人為政，歲時伏臘，宴享饋遺，皆行於女人而廢於男子，雖薦紳家亦然"，藏國家圖書館善本部。但是，部分習俗如火葬等，就已經消失了。關於遲至明代仍有人勸諭本地百姓放棄火葬習俗一事，參見朱鴻林，〈明代嘉靖年間的增城沙堤鄉約〉，《燕京學報》，新第 8 期（2000），頁 107-59。

異端。經歷理學的所謂清洗之後，許多地方風俗又悄悄地重返理學防線背後。[24]

丈量土地：編寫土地記錄

標誌着十六世紀明王朝的新管治風格的，是縣級衙門利用書面規章來擴大職能，是宗族利用書面記錄來管理族產。但是，在賦稅問題上，官府與握有土地的宗族，始終是對頭。在這衝突中，官府並沒有完全獲勝。但是，在十六世紀，官府執意控制之處，即使是沙田，記錄愈完善，意味着稅基愈穩固。

眾所周知，很多田地都未被納入稅網，尤其是新近開發的田地。意識到這個問題之後，萬曆九年（1581年），大學士張居正宣佈全國各縣重新丈量轄下的土地。[25] 南海縣所在的土地，是南宋末年以來通過築造堤圍所形成的沙田，萬曆清丈運動在南海縣的成績，第一，是縣衙門承認有大量耕地未被丈量升科，納入稅網；第二，是縣衙門開徵極不受歡迎的附加稅即"定弓"。[26] 同樣，在順德，萬曆清丈運動，變成了加稅而不清丈的藉口。順德縣用兩個方法來做到這一點。第一，順德縣也和南海縣一樣，對於已經丈量升科的沙田，開徵附加稅，順德縣的這個附加稅稅率為8%；第二，順德縣把本來登記在鄰縣香山縣衙

24　女子結婚之後繼續留在娘家的風俗，可謂一例，參見 Helen F. Siu, "Where were the Women? Rethinking Marriage Resistance and Regional Culture History," *Late Imperial China*, Vol. 11, No. 2（1990）, pp. 32-62.

25　希拉蕊・貝蒂(Hilary Beattie)關於安徽省丈量土地的研究，可資比較。她指出，擁有科舉功名者，其糧稅獲得減免，參見 Hilary Beattie, *Land and Lineage in China, A Study of T'ung-ch'eng County, Anhui, in the Ming and Ch'ing Dynasties*（Cambridge: Cambridge University Press, 1979）, p. 65. 但我在珠江三角洲找不到任何類似情形。

26　《（萬曆）南海縣志》指出，這個附加稅最初高達20%，後來降至16.4%，見劉廷元修、王學曾、龐尚鴻裁定，《（萬曆）南海縣志》，明萬曆己酉(1609)刊本，卷3，頁15b，載美國國會圖書館攝製北平圖書館善本書膠片第496卷。《（康熙）南海縣志》則提供了廣東地區萬曆清丈運動的最清晰的例子。據該志，萬曆四十五年(1617)，這個不受歡迎的附加稅終於被取消，而南海縣衙門因此損失的財政收入，則由鄰近幾個已把沙田丈量升科的縣撥款彌補，見郭爾阤、胡雲客纂修，《康熙南海縣志》，康熙三十年(1691)刻本，卷7，頁7b-12b，載《日本藏中國罕見地方志叢刊》（北京：書目文獻出版社，1992），總頁129-31。

門名下的沙田奪了回來,登記在本縣衙門名下。順德縣地方志關於萬曆九年至十五年(1581—1587 年)間擔任順德縣令的葉初春的傳記指出,廣東巡按御史戴璟也曾打算向順德縣新近形成的沙田徵稅,但順德縣百姓予以抵抗,宣稱這些沙田是登記在香山縣的。順德縣地方志關於葉初春之前的順德縣令的傳記也指出,不少官員都試圖解決這個"順田香稅"問題,希望把這部分登記在香山縣的土地轉移回順德縣,但他們都失敗了,而葉初春卻成功了。[27]

在珠江三角洲其他地區,萬曆清丈運動是得到認真貫徹的。東莞縣令為自己推行清丈土地的過程留下了一份記錄。萬曆九年冬,他召集了 255 人,首先進行清丈土地的技術訓練,然後,當東莞縣百姓把原先的土地登記文件拿到縣衙門時,清丈人員就立即丈量有關土地,並且立即記錄匯報,是之謂"且丈且報",而東莞縣令本人還親自策騎,東西巡視,監督清丈。東莞縣清丈土地運動,歷時五個月才告完成。[28] 在番禺縣,一篇寫於萬曆十年(1582 年)的文章指出,番禺縣令親自探訪全縣各地,造冊繪圖,記錄下每一塊田的科則與邊界。番禺縣清丈土地運動,從萬曆九年冬開始,於萬曆十年二月完成。[29] 在新會縣,於萬曆九年至十五年(1580—1587 年)擔任新會縣令的袁奎,親自丈量土地,召集里甲戶,核對土地記錄,"躧畝操丈,攢戶稽籍",結果,魚鱗冊才名副其實,一萬多畝的土地稅證實為虛稅而告取消,"魚鱗歸號,班班可稽,無田之稅,空懸百十頃,如鐘之戶者,喘息始蘇"。但是,隱瞞土地的問題,絲毫沒有改善。十多年後,於萬曆

27 胡定纂,陳志儀修,《(乾隆)順德縣志》,乾隆十五年(1750)刻本,卷 4,頁 2a,卷 11,頁 9a-10b,載中國科學院圖書館選編,《稀見中國地方志匯刊》(北京:中國書店,1992),第 45 冊,總頁 854、971-2;郭汝誠修、馮奉初等纂,《(咸豐)順德縣志》,咸豐三年(1853)刊,載《中國方志叢書・華南地方》第 187 號(台北:成文出版社,1974 影印),卷 21,頁 12a-12b,總頁 1943-4。

28 張二果、曾起莘著,楊寶霖點校,《崇禎東莞縣志》(東莞:東莞市人民政府,1995 年據崇禎 10 年 [1639] 刊刻本排印),頁 708-11。

29 何若瑤、史澄纂,李福泰修,《(同治)番禺縣志》,同治十年(1871)刊,卷 31,頁 41a-42b,載《中國地方志集成・廣東府縣志輯》(上海:上海書店出版社;成都:巴蜀書社;南京:江蘇古籍出版社,2003),第 6 冊,總頁 414-5。

三十三年至三十八年（1605—1610 年）擔任新會縣令的王命璿，再次
調查，發現有為數 2,400 畝的升科田地，被衙門胥吏搞沒了。[30]

120　　　無論官府如何頻密清丈土地，總是無法將珠江三角洲的開發土地完
全清丈升科，納入稅網。原因何在？《(嘉靖) 香山縣志》提供了答案。
其實，早在嘉靖十四年（1535 年），廣東巡按御史戴璟就已經嘗試過，戴
璟已經發現，香山縣周邊的沙田，是被登記在鄰縣名下的，因此香山縣
衙門就無法向這些沙田徵稅。戴璟於是命令：這些沙田的佃戶必須向衙
門登記，以後不得再自行築堤造田。[31] 但是，在香山縣，人人都知道這
些措施是行不通的。《(嘉靖) 香山縣志》的編纂者有以下的評論：

> 但謂自後各縣人民不許置買香山田土，恐勢不可禁止。又云
> 要報佃戶姓名於該縣附記，則似無所於用。夫沙田在大海中，彼
> 春則航海來耕，既種而歸；秋穫亦如之。佃戶既無住址，亦無姓
> 名，安以報記為哉！[32]

　　　戴璟在十六世紀三十年代為香山縣這個問題制定的特別政策，並
不是要求丈量土地，而是依照十六世紀明王朝縣級行政的典型方式，
把里甲制度強加於香山縣本地的權力結構中。早於嘉靖元年（1522
年），香山縣令就已經為居住本縣但卻宣稱屬順德、新會、番禺縣的百
姓另行編戶，以便讓他們組成一個 "里"，應付有關賦稅。戴璟在嘉靖
十四年推出的政策，如出一轍，而霍韜是有份出主意的。霍韜對於在
沙田上佔地稱雄的大宗族很看不慣，在霍韜安排下，嘉靖十四年，一
位名叫黃正色的人擔任了香山縣令，霍韜明知黃正色很快就會調任南

30　王命璿修，黃淳纂，《(萬曆) 新會縣志》（萬曆三十七年 [1609] 刊，香港大學圖書館據日
　　本上野圖書館藏本縮影膠捲編號 CMF1324），卷 2，頁 1b-3b，卷 4，頁 27b-28b。

31　戴璟、張岳等纂修，《廣東通志初稿》，嘉靖十四年(1535)刊，卷 23，頁 19b-20a，載
　　《北京圖書館古籍珍本叢刊》（北京：書目文獻出版社，1988），第 38 冊，總頁 416；申
　　良韓纂修，《(康熙) 香山縣志》，康熙十二年(1673)刊，卷 3，頁 11b。

32　鄧遷修，黃佐主纂，楊維震撰，《嘉靖香山縣志》，嘉靖十七年(1548)刊，卷 2，頁 7a-
　　7b，載《日本藏中國罕見地方志叢刊》（北京：書目文獻，1991），總頁 312。

海縣令。黃正色請求省政府批准百姓在就近糧倉繳納糧税，大概意味着，只要百姓在香山縣編戶，就必須向香山縣衙門交税。因應黃正色的請求，廣東巡按御史戴璟就宣佈要求香山縣的佃農必須登記。[33]

之後的十年，香山縣的地主與衙門勉強僵持。據《(嘉靖) 香山縣志》，嘉靖十五年至十九年（1536—1540 年）間擔任香山縣令的鄒驗，受到衙門胥吏的陷害而被革職；他的繼任者羅岐，只在嘉靖二十一至二十二年（1542—1543 年）年間當了兩年香山縣令，就因貪污而革職。[34] 之後的繼任者為鄧遷，他任職香山縣令的時間是嘉靖二十五至三十年（1546—1551 年），鄧遷編纂了《(嘉靖) 香山縣志》，對於戴璟的決定，有所評論。鄧遷發現，在香山縣擁有土地但編戶於香山縣以外的家庭，並沒有交税，而黃冊上的註冊戶名根本是子虛烏有，是之謂"寄莊"。"寄莊之為吾民害也大矣！其立戶姓名皆詭捏者，初無是人也。每造黃冊，則又一戶瓜分為五六戶，或易軍為民者有之。其蹤跡幽秘如鬼蜮之不可測，且挾權勢以自豪，又孰得而究諸！"[35] 這是明王朝最後一次在香山縣試圖通過黃冊向沙田徵税。

但香山縣令是懂得土地清丈的。香山縣下一本地方志有如下記載：

> 萬曆九年（1581 年）清丈，知縣馮生虞（1581-1584 年任職）親履田畝，視土肥瘠，審地險易，定為上、中、下三則，而農桑、夏税、斥鹵，各為區別，井井不紊。田與順德接壤，實逼處

33　參見鄧遷修，黃佐主纂，楊維震撰，《嘉靖香山縣志》，卷 3，頁 15b-19a，載《日本藏中國罕見地方志叢刊》，總頁 330-2；也見霍韜對於黃正色的稱讚，參見申良韓纂修，《(康熙) 香山縣志》，康熙十二年(1673)刊，卷 8，頁 12a-b，藏香港中文大學圖書館，編號 DS793.K71 C5845 v.1-4。這個所謂"香田順税"的問題，之後二百年也仍解決不了。參見羅天尺，《五山志林》（乾隆二十六年 [1761] 刊，大良：順德縣志辦公室，1986），頁 147-8。

34　申良韓纂修，《(康熙) 香山縣志》，康熙十二年(1673)刊，卷 4，頁 4a。

35　鄧遷修，黃佐主纂，楊維震撰，《嘉靖香山縣志》，卷 3，頁 15b-19a，總頁 330-2，引文見頁 18b，總頁 332。按：《光緒香山縣志》考證鄧遷就任香山縣令的年份，認為是嘉靖二十五年而非二十三年，又該志有關鄧遷的傳記，説他升遷為嘉興府通判，查《康熙嘉興府志》卷 14，鄧遷任通判之年份為"壬子"即嘉靖三十一年，可見鄧遷擔任香山縣令的時段當為嘉靖二十五至三十年(1546-1551)

此。虞善為區畫，務令稅準其畝，毋匿毋溢，載在魚鱗冊，香民萬世之利也。冊向貯縣堂櫃內，順治壬辰（1652年），逆賊破城，焚毀殆盡。[36]

因此，從十六世紀末開始，直至十七世紀中，縣衙門徵稅的基礎，是土地登記，而非戶口登記。在所謂一條鞭的賦稅改革中，除了將賦役折銀之外，另一重要元素，是把稅基從戶口轉移到土地。

自崇禎元年（1628年）開始擔任廣州府通判的顏俊彥，其判詞很清楚地顯示書面記錄如何確立土地權。顏俊彥判處的案件中，很少涉及土地。但是，即使在這少數涉及土地的案件中，里甲登記文件和土地契約都派上用場。研究清朝法律史的學者，對於這個現象是熟悉的，但在明朝則不太常見。與土地登記同時出現的，是所謂"虛糧"問題，即土地已經賣出，但稅額仍然保留於賣主名下。這也是顏俊彥須要處理的問題。[37] 顏俊彥審訊案件時所依據的書面記錄，大多數都是十六世紀的產物，因此，利用書面記錄來打官司，一定不會是早期訴訟行為的特色。[38] 我們雖然不能認為這就是利用書面記錄確立土地權的充分證據，但顏俊彥的判詞值得注意的是，訴訟雙方均宣稱自己與高官有關係，而不管真假，地方官都會予以相當程度的重視。在一宗案件裏，有陳台者，購買了500畝河灘地，這片河灘地又漲生出800畝沙田。這片沙田與梁氏、鍾氏這兩個官宦之家接鄰。當陳台把這片沙田登記升科時，梁氏、鍾氏的僕人都在這片沙田築堤，以堤為田界。當陳台嘗試在堤外造田時，梁氏、鍾氏的僕人就控告陳台越界造田。

36　申良韓纂修，《(康熙)香山縣志》，卷3，頁11b。

37　顏俊彥，《盟水齋存牘》（崇禎五年 [1632] 刊，北京：中國政法大學出版社，2002），頁 491、553、585-86。

38　在書面契約尚未普及之前，宗族的傳說對於財產權的建立應該是很重要的。關於這個看法，參見 David Faure, "State and rituals in modern China: comments on the 'civil society' debate," in Ch'iu-kuei Wang, Ying-chang Chuang and Chung-min Chen, eds. *Proceedings of the International Conference on Society, Ethnicity and Cultural Performance* (Taipei: Centre for Chinese Studies, 2001), pp. 509-536.

這宗官司的告狀方式是明朝及後來清朝地方官常常碰到的典型方式：收割莊稼期間，發生械鬥，陳台被控殺人。顏俊彥認為證據矛盾，要求知縣作更詳盡的匯報。[39]

　　不妨提醒讀者：在十七世紀中葉，屈大均提及沙田出現重複轉佃現象。顏俊彥的判詞顯示沙田的爭奪，非常激烈，官宦之家往往利用權勢參與爭奪，因此可謂與屈大均互相發明。在另一宗案件裏，有二人僱用五名打手，"冒宦駕船，逐佃卷租"，他們供認，是受到"秀才王懋式"及"梁宦"的主使。結果，顏俊彥完全沒有調查梁姓官員，而對於王姓秀才也從輕發落。[40] 還有一案，使顏俊彥本人都感到滑稽可笑，因為犯人竟宣稱受到大學士嚴嵩的兒子煽動犯案。[41] 承包沙田繳納糧稅的珠江三角洲百姓不僅勢力強大，他們還懂得利用官府的名義來施展權力。政治庇護，無論真假，未必有助於擴展王朝國家的權威，但肯定有助於擴展王朝國家的理念。

39　顏俊彥，《盟水齋存牘》，頁 689-90。

40　顏俊彥，《盟水齋存牘》，頁 107。

41　顏俊彥，《盟水齋存牘》，頁 108。

宗族士紳化

第十章
建設宗族：佛山霍氏

到了十六世紀，凡有宗族成員考取科舉功名，宗族建設活動就會蓬勃展開，這類例子多的是。[1] 簡單來說，宗族會通過編纂家譜、建造祠堂，把其成員所獲得的功名，轉化為宗族整體的光彩。宗族會提供教育機會，也許還培植私人關係，以及敦進學習風氣，為的是盡可能讓子孫獲取功名。宗族內部各房各家，窮達各異，差距也就愈來愈大。任何宗族，要想連續幾代都能產生出功名顯赫的子孫，是絕不容易的。但是，只要宗族按照官方形制建起祠堂，鼓吹為其成員的文人地位，這文人的地位，就一直保留在宗族之內。

功名顯赫：石頭霍氏

宗族幾乎一夜之間飛黃騰達，之後，終整個明代，都繼續保持顯赫地位，霍韜的宗族，就是這樣的例子。位於佛山邊界的石頭村霍氏，算得上是十六世紀早期冒升出來的最受矚目的宗族之一，這都是拜霍韜官位崇高、想法激進所賜。霍韜的宗族，最初是個比較小的

1　參 見 David Faure, "The written and the unwritten: the political agenda of the written genealogy," Institute of Modern History, Academia Sinica, *Family Process and Political Process in Modern Chinese History*（Taipei: Institute of Modern History, Academia Sinica, 1992）, pp. 261-298. 該文探討了《逢簡南鄉劉追遠堂族譜》（手稿本，無出版年，由科大衛收藏），要探討以這種方式發展出來的宗族，劉追遠堂是最佳例子。

家族，由於該宗族的族譜把成員的生卒年都記錄了下來，我們可以看出：在霍韜有生之年，他眼中的族人，可能只有幾家，包括年齡在二十歲以上的男子，他們的母親、妻子、兒女等在內，大概不超過四十人。霍韜屬第六世。[2] 由於霍韜祖先的傳記，沒有任何里甲編戶的記錄，我們可以推斷，霍韜家族並沒有甚麼來頭，即使如此，霍韜為了參加科舉考試，在正德八年（1513 年）取得首個科舉功名之前，必定已經編入里甲。霍韜在族譜序言中傲然表示，其他人宣稱他們的祖先來自珠璣巷，但他們霍氏則不然；霍韜還說，自己的祖父一輩，是在市場賣鴨蛋的，而自己的曾祖父輩，則酗酒而死。怎麼看，霍韜的家族都不像是富貴之家，這個家族大概是明初以來在佛山墟市裏謀生的眾多家族之一。而霍韜之所以坦然承認這一切，是因為當他為族譜寫序時，他本人正是朝廷裏的新星。[3]

霍韜的四世祖在生期間，該家族不得不逃避黃蕭養造成的破壞。當霍氏在佛山附近的石頭重新站穩腳跟時，這個未來的霍氏宗族，當時最多只有四家人，而且都是白丁，毫無功名。也沒有任何證據顯示他們共同到任何祖墳祭祖，他們當然也沒有祠堂，儘管他們也許像其他家庭一樣，在家裏的祭壇祭祖。霍氏祠堂之所以建立於嘉靖四年（1525 年），並成為霍氏各家的凝聚點，霍韜居功至偉。在禮儀問題上，霍韜是個徹底的教條主義者，他心目中的宗族建設榜樣，是南海九江附近的陳氏宗族，陳氏宗族八兄弟，共同生活達三世之久。霍韜自己的宗族建設措施包括：設計一個讓宗族各家同居合爨的居住方案，由長房子孫管理宗族財產及其他宗族事務，但容許同祖兄弟之間共享財產。注意，霍韜宗族設計的重要元素，就是合爨共產。詳見圖

2　參見《石頭霍氏族譜》，光緒二十八年(1902)刊，藏廣東省圖書館，編號 K0.189/470。石頭霍氏從開基祖到霍韜孫子這一代為止的 297 人中，223 人的生卒年份，都記錄於該族譜中。以上數字，是把霍韜這一代即從成化二十三年到嘉靖十六年(1487-1537)期間的同代人，以每十年為一間隔，計算出來的。

3　霍韜的序言，沒有年份，但霍氏祠堂落成、霍韜建立宗族會餐的習慣，時間都在嘉靖四年(1525)，該族譜的序言大概也應寫於此時。

二。霍韜建議，要把宗族各派祖先的神主牌位都放到祠堂裏，這建議
受到反對，而霍韜的理由正好是：祠堂就應該是個不分家的大家庭。
霍韜的這種看法，與當時理學家流行的看法相矛盾，當時理學家流行
的看法是：應該奉行嫡長子繼承制，把祭祖的責任交託給長房子孫。[4]
但是，霍韜花了很大力氣，要把宗族的管理與禮儀的尊卑分割開來。
宗族的管理工作由 "家長" 負責，而禮儀方面則仍以 "宗子" 為尊。嘉
靖十四年（1535 年），當霍韜要推薦一位子弟進國子監時，霍韜考慮的
條件，不是輩份的尊卑，而是能力的優劣。結果，他在祖先神主牌位
前，從所有姪兒與疏堂姪兒的名字中抽籤決定人選。[5] 霍韜七個活下來
的兒子，都擁有科舉功名，二子霍與瑕最為出眾，因為他是進士。至
於霍韜的 23 個姪兒中，11 人也擁有科舉功名。

127

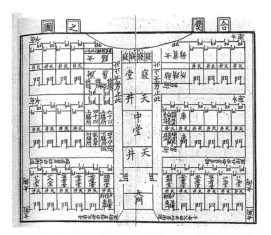

圖二　　霍韜的宗族理想模式：《霍渭厓家訓》內的〈合
爨男女異路圖説〉。

4　霍與瑕，《石頭錄》，卷 2，頁 14a-15b，載霍韜，《霍渭厓家訓》，嘉靖八年 [1529] 刊，
　　載《涵芬樓秘笈》第二集（上海：商務印書館，1916 年據汲古閣精鈔本影印）；David
　　Faure, "Between house and home, the family in south China," in Ronald G. Knapp and
　　Kai-yin Lo, *House Home and Family: Living and Being Chinese*（Honolulu: University
　　of Hawaii Press, 2005）.

5　霍韜，《霍渭厓家訓》，載《涵芬樓秘笈》第二集，卷 7 下，頁 23a-b；霍與瑕，《石頭
　　錄》，卷 6，頁 4a，載霍韜，《霍渭厓家訓》，載《涵芬樓秘笈》第二集。霍韜抽籤時，把
　　自己兒子們排除在外。在此事上，霍韜對於所謂嫡長的看法是很令人矚目的。原來，霍
　　韜眼中的嫡長，不是石頭霍氏內部的嫡長一派，而是從他祖父一代排下來的嫡長一派。
　　換言之，霍韜是根據儒家 "五服" 秩序來衡量五代子孫的輩分。

霍韜的傳記裏，收錄了一則評論，謂霍韜的子姪考科舉時，有人擔心霍韜在朝中的政敵會讓他們落第。[6] 但是，霍韜的子姪全都在科舉考試中合格，只有一個南海籍的考生，因被誤會為霍韜親屬而落第。這則評論顯示出官僚庇護網的複雜一面。我們仔細研究族譜，就會發現，官僚庇護網以及由此產生的官場人脈，是能夠長期服務宗族的。霍韜本人就很有意識地在村中維持高官的模樣，他一封寫給兒子的信，警告兒子們在衣冠飲食方面都要合乎禮度。所謂合乎禮度，意思是不得在三十歲之前喝酒；不得吃精米；不得穿華麗服裝；倘獲惠贈飲食，應與同族之人共享。[7] 霍韜在另一封寫給兒子們的信中，警告兒子們不要參與沙田開發，霍韜甚至告訴他們說，不想要他們繼續為宗族增添財產。霍韜留意到他的同代人冼桂奇曾經上奏，控訴廣東地方豪強造成的禍害。霍韜要求把冼桂奇的奏摺抄錄多份，張貼於家塾和祠堂的牆上。[8] 對於鄰居，尤其是那些與族人同處一里甲的鄰居，霍韜很希望族人與他們和睦相處。霍韜要求兒子們與族中其他家長和衷共濟，不得恃着霍韜的聲譽為非作歹；不得欠稅；不得敲榨里甲內其他家庭。[9]

高官的家人，當然有約束的必要。不過在霍韜的前一代，正統八年（1443 年），梁儲的第二子為爭奪田產，殺了三百人，因而被拘捕。梁儲是大學士，是明代廣東人之中最早晉身高官者，因此之故，結果，負責審判該案的地方官，把梁儲兒子從輕發落，只判他流放五年。沈德符萬曆四十七年（1619 年）出版《萬曆野獲編》這本明代傳聞

6 　霍與瑕，《石頭錄》，卷 8，頁 11a，載霍韜，《霍渭厓家訓》，載《涵芬樓秘笈》第二集。

7 　霍韜，《渭厓文集》，北京大學圖書館藏明萬曆四年(1576)霍與瑕刻本，卷 7，頁 32b，載《四庫全書存目叢書》(台南縣柳營鄉：莊嚴文化事業有限公司，1997)，集部第 69 冊，總頁 169。

8 　霍韜，《渭厓文集》，卷 7，頁 40a-b，載《四庫全書存目叢書》集部第 69 冊，總頁 173。霍韜又以豪強之家橫行霸道而招致悔尤的例子來警誡子弟，見同書卷 7，頁 35b-37a，總頁 171-2；卷 7，頁 43a-b，總頁 175。

9 　另外，霍韜為石頭霍氏開基祖的兩支長房子孫編立戶口。這很可能表示，霍韜通過這一番重組，把自己祖父傳下來的一派子孫，與村中其他霍氏支派劃清界限。見《渭厓文集》，卷 7，頁 44a-b，載《四庫全書存目叢書》集部第 69 冊，總頁 175。

大全時，把這則記載也收錄進去，並注意到這則記載是口耳相傳留下來的。[10] 無論這類口耳相傳的情況在北京或廣東是否普遍，霍韜肯定是知道的。有否官方的庇護，對於地方各種勢力的擴張是極為關鍵的，石頭霍氏結果在佛山擁有相當多的物業，顯然，很少宗族能夠望其項背。

櫥窗效應：上園霍氏

上園村也在佛山邊緣，距離石頭村也不過 45 公里。當霍韜的曾祖父還在市場賣鴨蛋時，上園霍氏已是個基礎雄厚的宗族了。上園霍氏宣稱，自宋代已經定居於上園，元末，上園霍氏在佛山地區已經薄有名氣。上園霍氏九世祖霍東浦（1321—1378 年）的墓志銘，寫於宣德元年（1426 年），文字極為生動，謂霍東浦捕賊有功，得到元朝的嘉獎。之後，霍東浦回鄉隱居，但出錢組建並且訓練了一支本地武裝力量，用來與奇石附近的梁氏宗族械鬥。霍東浦的墓志銘還提及他的財力："更築墟岸五千餘丈，且耕且守，食足財豐。鄉邑百里，居民數萬，咸安如堵"。洪武元年（1368 年），明朝立國，霍東浦被召到南京，授予官職。洪武七年（1373 年），他丁父憂，回鄉守喪，直至這時才結了婚。[11]

《上園霍氏族譜》記載，霍東浦是上園霍氏長房的八代單傳的子孫。霍東浦的祖父（1244—1306 年）是從其他房過繼過來的。霍東浦祖父延祐七年（1320 年）的墓志銘提及，他劃撥出部分田產，作為祭祖之用。這份墓志銘，據稱是李昴英的手筆，因此攀上理學傳統。當然，李昴英是不可能為霍東浦祖父撰寫墓志銘的，因為李昴英早於 1257 年就已逝世。[12]

10　沈德符，《萬曆野獲編》（北京：中華書局，1959），頁 461-62。

11　《上園霍氏族譜》，同治七年(1868)刊，卷 1，頁 12a，藏廣東省圖書館，編號 K0.189/471。

12　《上園霍氏族譜》，卷 1，頁 10a-11a。

霍東浦有三個兒子，《上園霍氏族譜》記載了頭兩個兒子的名字，但沒有記載他們的子嗣，這顯然表示他們已經脫離了霍氏宗族。如果我們對於這個推測還有所懷疑，則霍東浦的墓志銘就讓我們無所置疑：為霍東浦修墓的，是他第三子霍以禮（號東谷，1360—1425 年）的四名兒子。霍以禮娶了以開發沙田而著稱的沙灣何氏的一名女子，得到了二百畝地的嫁妝。《上園霍氏族譜》收錄了一篇寫於洪武十九年（1386 年）的文章〈東谷賦〉，讚揚霍以禮隱居田園，愛好山水之恬靜而厭棄名利；緊接着這篇文章的，是上園霍氏十三世祖霍贄（號閑軒，1449—1529）的墓志銘，該墓志銘寫於嘉靖二十一年（1542 年），是第一份記載了該宗族五代譜系的文獻，因此的確非常重要。

撰寫霍閑軒墓志銘的，是他兒子霍溶川（1478—1551 年）。霍溶川於弘治十七年（1504 年）取得科舉功名，也是上園霍氏第一個擁有科舉功名的成員。霍溶川的傳記稱，霍溶川被問及為何參加科舉考試時，回答說：原因是當時即將輪到他家服役。[13] 這段文字的意思，當時人都明白：擁有科舉功名，就能夠免除徭役，因此，霍溶川考科舉的目的，是保護自己家庭，而非熱衷名利。確實，霍溶川被授予江西某縣知縣之職後，做不滿兩年"棄官歸來"，回到家鄉。但是，這段文字也意味着：當時上園霍氏必然已被編進里甲。另外，上園離佛山如此之近，但上園霍氏直至霍溶川這一代的家族歷史，卻完全沒有提及黃蕭養之亂，這也是很值得注意的。無論如何，霍溶川對自己父親霍閑軒的描述，有助於讓我們了解霍閑軒在佛山社會結構中的地位。霍閑軒生於正統十四年（1449 年）即黃蕭養之亂爆發的一年，是唐璧的學生，而唐璧的父親唐豫，編纂了佛山地區第一部獲得執行的鄉約。霍閑軒以諳熟儒家經典、尤其是《禮記》而著稱；鄉人有紛爭，往往請他仲裁；縣令也予以嘉獎；他利用日常生活例子來教育下一代；他對於長者的尊敬，發自內心。霍閑軒則不太算得上是個文人，他相當富有，在里甲中頗有地位，但住在佛山以外，不被視為佛山鎮社區的一

---

13   《上園霍氏族譜》，卷 1，頁 19a。

分子。[14]

　　霍溶川編纂了《上園霍氏族譜》，並留下了一篇寫於嘉靖十三年（1534 年）的序言。這時，上園霍氏的鄰居霍韜，已經在朝廷做到尚書，並且在石頭村建起了祠堂。霍溶川的序言有以下一段，道出當時的社會情況：

> 　　族之有譜，所以紀世系、別異同而傳久遠也。……然亦有……妄自攀援顯貴以相矜誇而駭庸俗者。……余太原霍氏之譜，傳自先世，蓋由始祖子中公自宋熙寧間來於南雄珠璣里，傳於侗之輩，已十有四世矣。雖無盛名偉績，然衣冠相傳，恆產相守，今昔不替，夫豈無所自哉！[15]

　　換言之，上園霍氏也許沒有石頭霍氏那麼風光，但上園霍氏當然有其延綿悠久的世澤，而石頭霍氏卻沒有。石頭霍氏是新貴，上園霍氏是世家。

　　無論如何，上園霍氏也在萬曆十六年（1588 年）建起祠堂，並於同年重修族譜。建祠修譜的，是上園霍氏第十七世子孫。霍東浦的神主牌位居中，上園霍氏從定居佛山的始祖、到九世祖即霍東浦的父親的神主牌位，均作為霍東浦的先祖而排列；從十一世、十二世及以下的霍氏成員神主牌位，也作為“陪祭”而排列。《禮記》關於小宗祭祖五世而遷原則，顯然得到實踐，因為當祠堂建成之時，對於上園霍氏在生之人而言，第十一世、十二世正好就是應該被遷的五世。[16] 上園霍氏此後並沒有飛黃騰達，儘管霍化鵬（1570—約 1635 年）在萬曆三十一年（1603 年）中了進士並做了高官。

131

14　《上園霍氏族譜》，卷 1，頁 16a-b。

15　《上園霍氏族譜》，卷 1，頁 1b-3a，霍子侗，〈上園霍氏族譜序〉。

16　《上園霍氏族譜》，卷 1，頁 32a。

櫥窗效應：佛山墟市裏的霍氏

石頭霍氏和上園霍氏以外的老百姓，包括住在佛山鎮內、數目多、勢力小的霍氏，則另闢蹊徑，建立宗族。[17] 這些霍氏沒有與上園霍氏攀關係，但卻與上園霍氏一樣，宣稱至遲在十四世紀從珠璣巷移居到佛山。《南海佛山霍氏族譜》收錄了一篇紀念開基祖"正一郎"的文章，這篇文章的寫作時間，最遲大概在十五世紀初。這篇文章為珠璣巷移民傳說提供了有趣的發展："正一郎"與他的四個兒子定居佛山的時間，比起珠璣巷移民傳說一般都會提及的宋朝皇妃私奔而觸發移民潮的時間，早了一百年有多。似乎《南海佛山霍氏族譜》的編纂者既想保留珠璣巷移民傳說，又想與大部分宣稱移居自珠璣巷的宗族劃清界限。"正一郎"的四個兒子分別是："亞一郎"、"亞五郎"、"亞六郎"、"亞十郎"。這四個兒子總共生了 11 名兒子，其中一名是"二十四郎"，"二十四郎"的兒子是"念七郎"，《南海佛山霍氏族譜》收錄了一篇寫於十五世紀的"念七郎"傳記。"正一郎"、"亞十郎"、"二十四郎"、"念七郎"，這種早期譜系所採用的命名方式是很獨特的。之後，《南海佛山霍氏族譜》收錄了七世祖霍以道的傳記，是霍以道孫子霍用寬寫的。這時，譜系內的命名方式開始轉為使用字號。霍用寬是霍宗禮的父親，而霍宗禮就是正統十四年（1449 年）捍衛佛山的父老之一。從此之後，這個宗族全面使用字號來命名子孫，不僅霍宗禮一支如此，其他支派也如此。[18] 使用數目字來命名祖先，在珠江三角洲早期族譜是常見的現象。名字由數目字轉為字號，大概反映出宗族禮儀的重要改變。在這個個案裏，我們是可以把這個重要改變概括出來的。

132

《南海佛山霍氏族譜》對於早期祖先，沒有多少傳記，因此，我們必須假設：族譜的編纂者是依靠其他資訊的，例如神主牌位上的、墓碑上的、或口頭傳說裏的名字。凡以數目字命名的祖先，幾乎全部

---

17 《南海佛山霍氏族譜》，約康熙四十二年(1703)刊，藏廣東省圖書館，編號 K0.189/470.2。

18 《南海佛山霍氏族譜》，卷 9，頁 7a-10a。

都沒有墓穴的記載，而且多數是葬於同一處的。以字號命名的祖先，則有墓穴的記載。這些以數目字命名的祖先，多數都居住在一起，例如，"正一郎"長子為"亞一郎"，"亞一郎"長子為"小八郎"。"小八郎"長子"二十郎"、"二十郎"兒子"三十郎"的子孫，都居住在佛山鎮"鶴園大路頭"；"小八郎"次子"念一郎"、"念一郎"長子"三十郎"的子孫，都居住在佛山鎮"霍畔坊"。如是類推。當這些佛山霍氏要編纂家譜時，編纂者就是通過這些住宅區而找到早期祖先的名字的。當時，只有二人在該宗族的墓園中也留下資料。之後，字號開始取代數目字，墳墓地點也不再集中，開始分散各處了。[19]

刊行於民國十五年（1926 年）的《佛山忠義鄉志》，從其地圖上有所標示的佛山霍氏各個祠堂的位置來看，可以印證佛山霍氏散處鎮內各坊這個現象。民國《佛山忠義鄉志》地圖上的部分地點，與《南海佛山霍氏族譜》的地名，還能對得上號。總之，根據《南海佛山霍氏族譜》，到了第五代，佛山霍氏分散於佛山鎮內十幾處地方。

《南海佛山霍氏族譜》的編纂者，為把散處佛山鎮各地的霍氏整合到族譜裏，作過多番努力，這些努力，都記錄於崇禎十四年（1641年）、康熙二十五年（1686 年）、康熙三十七年（1698 年）、康熙四十二至四十四年（1703—1705 年）的序言中。到了康熙二十五年，佛山霍氏宗族祠堂已經建成，因此，我們相信，當時佛山鎮內各支霍氏已建立起宗族的聯繫。[20] 因此，該族譜崇禎十四年的序言，對於我們了解佛山霍氏明朝期間的宗族建設歷史，特別重要。當時，致力於整合宗族的，是佛山霍氏的第六派，這支霍氏之所以自稱第六派，是因為他們自稱是開基祖"正一郎"的第六個孫子的後人。這第六個孫子，是居住在佛山的。黃蕭養之亂平定後，一直到清朝初年，佛山霍氏第六派都保持着文人的影響。例如，第十三世孫霍文霑，雖然不是著名學者龐嵩的學生，卻得到過龐嵩的讚揚。霍文霑的兒子霍維誠（1543—

19　《南海佛山霍氏族譜》，卷 2，頁 2b-3a。

20　《南海佛山霍氏族譜》，卷 9，頁 72b-74a。

1605 年），於萬曆四年（1576 年）成了舉人，分發廣西，授職知縣。霍
維誠的五個兒子都擁有初級的科舉學位，他的部分孫子亦然。霍維誠
應該是擁有一定財產的，但其家庭並不富裕。霍維誠長子霍廷棟，服
133 膺王陽明之教，且認為自己的宦途被霍韜及霍韜政敵桂萼所阻礙。霍
廷棟的弟弟霍得之（1592-1670 年），於天啟四年（1624 年）中舉人，
也是《南海佛山霍氏族譜》崇禎十四年（1641 年）序言的作者，根據這
篇序言，父親霍維誠逝世後，霍得之兩位兄長出售田地房產，甚至
連宗族產業都賣掉。這支霍氏下一位取得科舉功名的成員就是霍儁韓
（1628-1703 年），可是，明朝的覆亡，使他的仕宦生涯提早結束。[21]

佛山霍氏的第四派，早期也出了些文人：霍覺山、霍晴汾、霍
暘，這三人都攀上了霍韜的小圈子。霍覺山於正德二年（1507 年）中舉
人，授職知縣。他的姪兒兼學生霍晴汾師事湛若水，與冼桂奇交上了
朋友。冼桂奇是佛山的地方領袖之一，與霍韜差不多是同代人，加入
了由霍韜與湛若水創辦的宣揚理學的書院。霍暘則宣稱是在廣東大毀
淫祠、大興學校的廣東按察使副使魏校的學生，他通過魏校的關係，
使自己妻子宗族內的一名女性獲頒貞節牌坊。他還得到霍韜推薦，因
此得到比生員更高的學位，最終授職知縣。為佛山霍氏編纂族譜的第
六派子孫霍得之，與第四派這幾位文人極可能是結為一黨的，因為幫
霍覺山、霍暘父子寫傳記的，正是霍得之。[22]

但是，佛山霍氏的第一派，才是人丁最多的一派，黃蕭養之亂平
定後，這一派也應該馬上成為佛山霍氏中最顯赫的一派。佛山的流芳
祠，供奉着 22 名抵抗黃蕭養的佛山領袖的神主牌位，其中二人，就來
自佛山霍氏第一派。此二人中，其一為霍佛兒，他大概是個鐵匠，在
宣德四年（1429 年），承擔起捐給北帝廟的土地的糧稅。《南海佛山霍氏
族譜》編纂者霍得之還為第一派的霍從賢及其家人立傳。霍從賢這一

21 《南海佛山霍氏族譜》，〈太僕卿曼倩公序〉，頁 1a-10a；卷 9，頁 25a-26b，35a-37a，
40a-43b，47a-49a，62a-68b。

22 《南海佛山霍氏族譜》，卷 9，頁 17a-18b，26b-28a，30b-31b。

家，既有人經營冶鐵作坊，又有人擔任官府的閒職，也有人獲得科舉的初級學位。霍從賢的祖父霍疇，經營冶鐵作坊；霍從賢的父親霍權藝（1560—1635年）繼承父業；霍從賢有五個兒子，部分與李待問的親戚結婚，李待問是進士，在十七世紀擔任高官，還為霍權藝撰寫悼詞。霍權藝這五個兒子中，一個是生員；一個繼承祖傳的冶鐵作坊；另外兩個兒子中，霍權藝就是排行較大的一個，此二人可能想到廣東省衙門擔任官員的幕僚。但是，明末的動亂，使霍權藝絕意宦途，致力經商。霍權藝經商應該是極為成功的，因為他後來捐錢修建宗族祠堂和宗族學校。霍權藝的兒子霍郭若（1622—1657年）對於政治產生興趣，竟然在崇禎末年跑到北京朝廷去碰運氣。當他發現情況不妙，便回鄉隱居，過着不問世事的學者生涯，明亡之後，偶爾也招待南下廣東的官員。他短暫的一生，活動頻繁，參與地方事務，曾經在順治五年（1648年）和九年（1652年）賑濟饑荒。[23]

佛山霍氏的第五派，地位與第一派應該是相若的。第五派的霍友諒，由第六派霍文需立傳，霍友諒似乎沒有甚麼顯赫身份，終身擔任胥吏。但霍友諒是霍宗禮的曾孫，霍宗禮就是黃蕭養之亂期間捍衛佛山的 22 名地方領袖之一。霍友諒也是霍以道的直系後人，霍以道和江西方面有生意來往，因而致富。[24]

直至明初以前，以上佛山霍氏各派，似乎都沒有祠堂。當時，佛山霍氏各派的公共活動，就以各自的街坊為中心，例如打理土地神壇、廟宇、公墓、及偶然纂修族譜。這些活動結合起來，有助於鞏固霍氏成員之間的關係，而族譜內表達譜系的形式，也反映出佛山霍氏各派的地域脈絡。《南海佛山霍氏族譜》，以每五代為一單位，製作譜系圖，各成員的親屬關係、住所、妻子的姓氏、墳墓的位置等，都清楚列明。其中一人的記錄尤其值得注意，他沒有子嗣，支派消亡，族譜在他名字下附一段文字，謂族人將屬他這一支的房產變賣，所得的

---

23 《南海佛山霍氏族譜》，卷 9，頁 44a-46a，49b-51b；卷 11，頁 70a-71b，72a-73b。

24 《南海佛山霍氏族譜》，卷 9，頁 15a-18b，28a-31b。

資金，足以讓他的神主牌位安放於他長兄的祠堂內，與埋葬在當地的三代成員一同享受祭祀。由於族譜只記錄了其中兩代的墳墓地點，這段文字似乎意味着，當時霍氏並沒有祠堂，而這位過身之後沒有子嗣提供祭祀的成員，是被安葬於祖墳，並因此接受祭祀。這個推測應該是可靠的，因為族譜在另一處提及：這位成員的兄長的祠堂，是到了萬曆三十一年（1603 年）才建立起來的。[25] 在佛山霍氏早期成員中，只有五個人不是安葬於霍氏成員的公墓的，這五個人都以字號命名。值得注意的是，其中二人因為服兵役的緣故，死於他鄉；其一不是別人，正是霍佛兒，他是在黃蕭養之亂期間捍衛佛山的著名地方領袖之一，也是代北帝廟向官府繳納部分獲捐贈土地的稅糧的人。

　　直至十七世紀清朝初年，把佛山霍氏全族六派都包括在內的宗族祠堂才終於建立起來。《南海佛山霍氏族譜》裏，沒有一點關於這個祠堂修建的背景資料。僅有的一篇介紹該祠堂的文章，也空有倫理辭彙，至於誰參與修建、何時修建等，則竟付諸闕如。但是，到了這個時候，統合佛山鎮內各派霍氏的宏觀宗族結構已經完成。這個結構，是在各派霍氏的合作下，由文人建構出來的。而各派霍氏，長期以來各自祭祀自己的祖先。[26]

　　《南海佛山霍氏族譜》以數目字命名六個支派的做法，使我們發生疑問：佛山霍氏何時才在宗族意識形態上接受嫡長制？在佛山霍氏的早期歷史裏，各派霍氏既不共同祭祀，又沒有共同的祠堂，也沒有共同的族譜，則嫡長與否，對於各派的宗族地位並無作用。另一方面，上園霍氏自南宋末年已經開始共同祭祀，長房子嗣，或過繼、或生育，延綿不絕，這跡象很可能就是嫡長制運作的結果。但在佛山霍氏，嫡長制是到了十七世紀編纂族譜時，才被抬出來，成為公認的宗族法則，而族譜編纂者本人還要援引理學教條以增強自己的說服力。[27]

25　《南海佛山霍氏族譜》，卷 2，頁 14b；卷 3，頁 25a。

26　《南海佛山霍氏族譜》，卷 1；〈司訓右明序〉，頁 1a-5b；卷 10，頁 42b-55b。

27　《南海佛山霍氏族譜》，〈凡例〉，頁 1a-b。

也許，在佛山霍氏整體接受嫡長制之前，個別支派已經奉行嫡長制。但是，在一個習慣於分家析產的社會裏，嫡長制的推廣，更可能是理學教條普及的結果。

　　整體而言，我們感到，佛山霍氏並非一個組織嚴密的集體。佛山霍氏假如有甚麼組織的話，是支派間私下達成的。《南海佛山霍氏族譜》竟然沒有經營族產、分配祭肉的記錄，這是很令人驚訝的。這一小羣商戶、胥吏、教育程度參差的、社會地位不同的集體，為何會想變成統一的宗族？答案只能流於猜測。但是，在這個整合過程中，擁有共同祖先、擁有士紳傳統，就成為佛山霍氏宗族的相對明顯的特徵；佛山霍氏的一些人，顯然相信，具備這些特徵是很重要的。

明清時期的珠江三角洲，在沙田上登記土地，認納稅糧者，一般被稱為"大姓"。[1] 這個辭彙的意思，是相當清楚的。用莫里斯・費里德曼（Maurice Freedman）的話來説，大姓就是立足一地的宗族，但是，大姓體現其社會地位的方式，是模仿官員家廟的形制，建立祠堂，表示自己是士紳。大姓，顧名思義就是龐大的宗族，是通過建築來表現自己的，因此之故，外人對於大姓的第一印象，是從視覺上產生的。這一點，我們看許多族譜裏對於其村落的描述，就會明白：大姓的村落，往往由一堆或幾堆房子組成，在前排房子的中央，就是中央祠堂，祠堂裏供奉着祖先神主牌位，他們就是村中所有同姓之人的祖先。祠堂前的一片空地，在收割時可用來攤曬稻穀。這個祠堂，往往只是村中眾多祠堂之一，因為族中各個支派，也會為自己支派的祖先建立祠堂。在村落中心之外，散處村落各處，但基本上圍繞着村落中心的，是各個土地神壇及祭祀各種神靈的廟宇。由於珠江三角洲水道

---

1   相關研究，參見：葉顯恩、譚棣華，〈論珠江三角洲的族田〉，廣東歷史學會編，《明清廣東社會經濟形態研究》（廣州：廣東人民出版社，1985），頁 22-64；譚棣華，《清代珠江三角洲的沙田》（廣州：廣東人民出版社，1993）；Robert Y. Eng, "Institutional and secondary landlordism in the Pearl River delta, 1600-1949," *Modern China*, Vol. 12, No. 1（1986a）, pp. 3-37；西川喜久子，〈清代珠江下流域の沙田について〉，《東洋學報》，第 63 卷，第 1-2 期，頁 93-135；松田吉郎，〈明末清初広東珠江デルタの沙田開發と鄉紳支配の形成過程〉，《社會經濟史學》，第 46 卷第 6 期（1981），頁 55-81。

縱橫，村落也往往被水道分成幾塊，在各個渡頭水口，總會很顯眼地屹立着各自的廟宇。[2]

大姓士紳化

大姓之間，財富與權勢各不相同，但無論強弱，都成為現存史料的焦點。所有現存的珠江三角洲族譜，幾乎都由大姓包辦。這些大姓的族譜中，許多都有修建祠堂、劃撥祖嘗的記載。但是，由於這些記載大多數都沒有日期，因此基本上無法知道這些大姓在甚麼時候、在甚麼背景下擴張其宗族田產。無論如何，研究者一般都同意，大姓主要在珠江三角洲所謂沙田的地區，擁有大片土地；以堤圍為中心的各種水利項目，是全村乃至各個村落聯合起來的集體活動，而非商業活動。當然，這並不表示堤圍附近的土地權就不重要。我們從明末、萬曆四十六年（1618 年）的一本族譜中，找到唯一的關於修築堤圍的書面合同，它顯示，修築堤圍工程是由里甲的領袖，率領各個姓氏，聯合進行的。[3] 珠江三角洲的大姓，是通過控制市場、投資沙田而積累財富、擴張勢力的。

對於扎根沙田、發家致富的著名大姓，劉志偉曾相當細緻地研究過其中一個，這就是番禺縣沙灣何氏。沙灣鎮的何留耕堂，至少在十九、二十世紀期間，是以擁有巨大面積的沙田而著稱的。沙灣何氏宣稱自南宋就已經開始擁有沙田，證據是南宋末年廣州文人李昂英寫的一篇文章。劉志偉根據清朝康熙年間（1661—1722 年）的史料，認為留耕堂名義下的何氏族產，要到十六世紀才顯著增長。到了清初，何氏的族產管理制度，無疑已經建立。但是，沙灣何氏在明朝開國之

2　類似的例子，參見：《鰲台王氏族譜》（民國四年（1915）刊，藏廣東省圖書館，編號 K0.189/936），卷 1，頁 5b-10b，16a-b，卷 3，頁 46a-47a，卷 5，頁 1b-7a，26a-27a；《翁氏族譜》（無刊行年份，殘缺，藏廣東省圖書館，編號 K0.189/868.2），卷 7，頁 16b-18a，卷 9，頁 1a-8a，卷 13，頁 3a-4a；《平岡宋氏緣俊祖房家譜》（民國三十二年 [1943] 刊，油印本，藏廣東省圖書館，編號 K0.189/414.3；《順德縣古粉村朱族地方志》（無刊行年份，無刊行地點，藏廣東省圖書館）。

3　〈黃公堤碑〉，載《黃氏全譜》（嘉慶二十五年 [1820] 刊），頁 18a-b。

初就已經脫穎而出，因為其中一個成員竟然中了進士。更有甚者，沙灣也是李昴英宗族的家鄉，在明清時期，沙灣李氏得到何氏的保護。何留耕堂佔據沙灣，開發沙田，在財富和聲望上都明顯地凌駕他族。沙灣的歷史，因此要從南宋末年說起。[4]

另一個沙田大姓的例子，是新會縣三江鎮的趙氏。其族譜有一張也許不早於民國元年（1912 年）的地圖，該地圖顯示出趙氏從自己村落開始向外開發的田地。趙氏十八世孫趙汝英的傳記稱：

138

> 汝英，……生於弘治五年壬子（1492 年），幼年喪父，隨母育於繼父之家，長成歸宗，散蕩財產，因雲厓祖戶有虛稅，告退不得，官准尋荒抵補。公知三江前海濱可堪淤積高成之業，乃報承魚游鶴立之稅。後與人爭訟，致押斃命。迄今坦土高成，嘗業有賴，皆公之力也，後世當念公之苦，應以義報之，故立公之神主於雲厓祖祠堂，萬代配享，永垂不朽。終於嘉靖三十年辛亥（1551 年），享壽六十，藏於三江坑土名馬鑼墳下嶼山仔。[5]

在十五、十六世紀，三江趙氏被牽涉到不少土地糾紛中，有時是打官司，有時還鬧出人命。趙汝英所屬的支派，因為"虛稅"即沙田尚未成形但已經須要繳稅的問題，與其他支派發生訴訟。從上述記載看來，趙汝英之死，就是拜這場訴訟所賜。而且，我們從上述記載的字裏行間，是能夠發現這些訴訟背後的陰險計謀的。因為，趙氏明知開發沙田很可能引來訴訟，所以把這片土地登記在一個過繼而來的子姪趙汝英名下，假如訴訟不利，則趙汝英就替整個宗族坐牢。結果，據族譜記載，趙汝英的妻子"別醮"即改嫁，趙汝英的兒子也搬走，這就有力地印證了我們對於趙汝英的厄運的推測。

4　Liu Zhiwei, "Lineage on the sands: the case of Shawan," in David Faure and Helen F. Siu, eds, *Down To Earth, the Territorial Bond in South China*（Stanford: Stanford University Press, 1995), pp. 21-43.

5　《趙氏族譜》（香港：趙揚名閣石印局，1947），卷 2，頁 100b。

　　順德羅氏，也同樣是個大姓。羅氏宗族族譜關於族產的記錄顯示，該宗族有相當多的田產，登記於萬曆（1573—1619 年）和天啟（1621—1627 年）年間的魚鱗圖冊；該族譜也記錄了萬曆四十一年（1613 年）牽涉羅氏族產的一宗官司。為了了解大姓如何開發沙田，花些篇幅研究這些史料是值得的。[6]

　　正如我們在第七章指出，正統十四年（1449 年），黃蕭養之亂爆發，叛亂平定之後，大良鎮的羅氏族人集體向官府呈遞狀子，要求設縣，結果順德縣設立，大良鎮也就成為順德縣治之所在。在黃蕭養之亂平定後，羅氏無論如何都應該是編入里甲的，這就是為何羅氏在大良九個圖之中佔據顯著地位。萬曆二十年（1593 年），羅氏依照家廟形制，建起祠堂，紀念他們那位在宋朝移居珠江三角洲的開基祖。[7] 萬曆四十一年，羅氏以祖先羅輝的名義，向廣東布政使司衙門登記開發沙田，訴訟亦因此而起。官府派遣一位順德縣衙門官員丈量羅氏登記的沙田，他回報說：這些沙田包括長了草的河灘即所謂"草坦"、尚未被開墾的河灘即所謂"白坦"、和浸在水中的河灘即所謂"水坦"，這份報告明確顯示未開發前的河灘的情況。但是，也可能就是這份報告，使順德縣令發現，羅氏登記的部分沙田，與"區吳進"登記的沙田重疊。"區吳進"顯然是個假名，"區吳進"登記的沙田，已獲官府批准開發，但"區吳進"尚未應官府要求，繳納餉銀。"區吳進"打算妥協，願意與羅氏共同繳納餉銀，官府也接受這個安排。萬曆四十一年，雙方聯合向順德縣衙門繳納 21 兩銀，翌年，廣東布政使為這批沙田發出五張執照。天啟二年（1622 年），雙方再度向順德縣衙門繳納餉銀，順德縣衙門也發出收據。最後，在崇禎五年（1632 年），這批沙田被登記

139

6　西川喜久子，〈順 北門羅氏族譜考〉，《北陸史學》，第 32 期（1983），頁 1-22；第 33 期（1984），頁 21-38。

7　參見以下三篇文章：不著撰人，〈闔族營建本原堂議〉；羅孫耀，〈重修本原祠記〉；錢溥，〈羅氏衸光堂記〉；黃炳儒，〈小江羅公生祠記〉，分別載於《順德北門羅氏族譜》（光緒九年 [1883] 刊，藏東京大學東洋文化研究所），卷 19，頁 7a-b；卷 21，頁 6a-7a；卷 21，頁 7a-9b。

到順德縣大良三十六圖十甲羅璋的戶口之下。[8]

　　以上訴訟的細節很有用，它們不僅展示出十七世紀開始成形的沙田登記制度，也反映出官府向沙田徵稅時如何拖泥帶水、效率低下。當然，百姓是要向官府登記其沙田的，也是要向縣衙門繳稅的。但是，只要沙田尚未被登記到稅戶名下，則有關的地稅也不是定期繳納的。另外，我們還要解釋一個潛藏的玄機。羅氏以順德縣大良三十六圖十甲羅璋的戶名，登記其沙田。據《順德北門羅氏族譜》，大良三十六圖十甲羅璋這個戶名，代表羅惠宇（1562—1601 年）的子孫。羅惠宇的神主牌位，被供奉於黃蕭養之亂平定後呼籲官府開設順德縣有功的羅氏列祖祠堂之中。羅惠宇的子孫，與最初登記土地的那位羅輝，並沒有關係。所以，實際上，雖然宗族的祠堂為宗族各派子孫創造了一個中心點，但沙田的開發並非全族的集體事業，而是宗族內一股股子孫因個別祖先之名進行的活動。《順德北門羅氏族譜》印證了我們的看法。天啟七年（1627 年），羅氏又同樣以那位羅輝的名義，登記一片沙田，官府照樣丈量沙田，繪製地圖，審查羅氏的呈請，最後發出執照予羅輝。但是，這一回，這片沙田的稅，卻是寄在順德縣大良四圖二甲羅嗣昌的戶名之下。羅嗣昌戶，也是黃蕭養之亂平定後呼籲官府開設順德縣有功的羅氏列祖之一的子孫。[9]儘管這些沙田實際上由並非羅氏宗族集體所有，而是個別支派所有，但是，當羅氏宗族個別支派向官府登記沙田之際，羅氏宗族這個集體形象，應該是有些好處的。

　　我們也應該提一提何熊祥（1567—1642 年）的田產。何熊祥是新會縣人，萬曆二十年（1592 年）進士，天啟元年（1621 年），官至工部尚書。在二十世紀五十年代早期，何氏以何熊祥名義即"何文懿堂"（何熊祥謚文懿）擁有的族產，佔據了名叫"九子沙"的沙田的顯著一部分，當時正值土改運動，這批族產，就成為鬥地主、分田地的試點。

140

8　《順德北門羅氏族譜》，卷 20，頁 1b-2a。更準確地說，知縣指出，羅氏登記的"水坦"，
　　與"區吳進"登記的土地重疊。

9　《順德北門羅氏族譜》，卷 19，頁 18a；卷 20，頁 6a-7a。

據稱，在中華人民共和國建立之前，何文懿堂在九子沙控有 6,000 畝沙田，一張繪測於同治五年（1866 年）的田產圖，以及何氏族譜裏白紙黑字寫着的田產單，都是證據。1951 年，土改人員稱，何文懿堂每年從九子沙收取的租穀，達 30 萬斤。清初的一篇文章指出，隆慶三年（1569 年），新會縣一部分地區先被海盜劫掠，再被追剿海盜的官兵蹂躪，何氏也遭了殃。據何熊祥本人於萬曆二十七年（1609 年）為其《盧江郡何氏家譜》寫的序言，何氏撥出 100 畝田，以祭祀擁有功名的成員和死義的成員；何熊祥本人也捐出田產，作為災荒時期賑濟族人的義田。何熊祥還寫了一篇文章，讚揚隆慶三年（1569 年）設法恢復新會縣秩序的知縣。這篇文章顯示，何氏家族即使在隆慶三年的劫難中受到打擊，也正在恢復元氣。[10]

　　東莞張氏，是十九、二十世紀以開發沙田著稱的另一個宗族。與新會何文懿堂一樣，東莞張氏也留下一份語焉不詳的明代田產記錄。《張如見堂族譜》清楚顯示，張氏不僅於宋代已經定居東莞，而且從南宋末年到元朝，張氏成為雄霸一方的集體，張氏的一位領袖，接受了官府授予的官職，但也自行組建嚴密的地方武裝力量。大約在元皇慶元年（1312 年），張氏已經刊行了族譜；明永樂二年（1404 年），張氏撥出部分田產，以其租穀收入，為張氏全族的開基祖建造祠堂，永樂十四年（1416 年），祠堂落成，並於宣德五年（1430 年）、正德六年（1511 年）、嘉靖二年（1523 年）三度重修。《張如見堂族譜》收錄一篇寫於正統十一年（1446 年）、有關族產管理的文章，該文顯示，當時張氏族產日益增長。這同一篇文章也反映出，張氏各房輪流管理族產，這種族產管理制度在珠江三角洲推行的最早證據，也許就是這篇文章。張氏宗族把其族產記錄，做成一式兩本，由宗族成員定居的兩條主要村

141

10　《盧江郡何氏家譜》（同治九年 [1870] 刊，藏新會縣景堂圖書館），卷 1，頁 6a-7a、8a；王命璿修、黃淳纂，《新會縣志》（香港大學圖書館縮影膠捲編號 CMF1324，據日本上野圖書館藏萬曆三十七年 [1609] 刊本攝製），頁 26a-27a；中共新會縣委宣傳部，《新會縣土改運動資料匯編》（新會會城，中共新會縣委宣傳部，約 1960），下卷，頁 232-34；Helen F. Siu, *Agents and Victims in South China: Accomplices in Rural Revolution*（New Haven: Yale University Press, 1989）, p. 59.

莊，各執一本。這清楚顯示出，張氏族產已經相當龐大，不是一個小地區集體可以應付的了。[11]

沙田上的大姓，也見諸小欖這類位於沙田與堤圍交界的市鎮。由於沙田上的居民被禁止建造房屋，因此，在這一帶擁有房屋，本身就是社會地位的突出表現。蕭鳳霞研究小欖地區的菊花會時，發現小欖有一種共同體的特色，但這種特色，只是到了十七世紀才開始形成的，而小欖菊花會，也是在十八世紀才開始舉辦的。刊行於嘉靖十七年（1548年）的《嘉靖香山縣志》，把小欖和緊靠着它的大欖，形容為海邊的兩條村落。大欖就是從前的香山衛所在，後設巡檢司，官府撥出田地，維持通往香山縣治所在的石岐的渡船服務。[12] 連接大欖與小欖之間的橋，是在明初洪武年間建造的。當時小欖能拿出的、最體面的東西，就是正統八年（1443年）何圖源因捐出一千石糧食而獲得朝廷賞賜的牌坊，何圖原還因此獲得三年免除勞役的獎勵。黃蕭養之亂期間，小欖有部分百姓被牽涉其中，小欖鎮也因叛軍與效忠朝廷的軍隊作戰而遭到破壞。何圖源捐糧而獲贈牌坊、免除勞役的經驗，似乎與這一帶宗族的經驗類似：由於他們在黃蕭養之亂期間效忠朝廷，因此被朝廷編進里甲，成為民戶。何圖源牌坊所在的河岸，成為小欖鎮發展的空間，與大欖分庭抗禮。[13]

---

11 《張如見堂族譜》（民國十一年 [1922] 刊，藏廣東省圖書館，編號 K0.189/230.2），卷 1，頁 1a-2a；卷 13，頁 3a；卷 25，頁 1b-3a；卷 29，頁 77b-78b；卷 31，頁 1a-4b、67a-b、70a-73a。

12 鄧遷修，黃佐主纂，楊維震撰，《嘉靖香山縣志》，嘉靖十七年(1548)刊，卷 1，頁 7a、25b；卷 3，頁 3a，載《日本藏中國罕見地方志叢刊》（北京：書目文獻，1991），總頁 297、306、324。

13 《嘉靖香山縣志》，卷 1，頁 23a，載《日本藏中國罕見地方志叢刊》，總頁 305；何仰鎬，《欖溪雜輯》（無刊行年份，抄本，承蒙蕭鳳霞借閱），〈紀事〉；何仰鎬，《據我所知中山小欖鎮何族歷代的發家史及其他有關資料》（1965，抄本，由蕭鳳霞借閱），頁 36-39；何大佐，《欖屑》（無刊行年份，抄本，無頁碼，由蕭鳳霞借閱），〈東海老人〉條、〈旄義祖事〉條。何圖源，顧名思義，是 "圖" 甲之 "源"，他充分體現了一個宗族開基祖的所有特徵，他父親何月溪擁有二萬畝耕地，他母親容許他過繼給一位蜑民婦女，而這位蜑民婦女意外地教會他用空瓮進行運輸生意，還賺了錢。何圖源的妻子是新會人，也與蜑民友善，因此，黃蕭養叛軍來臨之前，就得到蜑民 "東海老人" 通風報信。為紀念這位 "東海老人"，何氏把 "東海老人" 的神主牌位安置於祠堂大殿前的過道旁，這個位置，一般來說是安置土地神的。

明初，由於小欖與大欖均有衛所，附近的沙田，也有很大一塊被劃為屯田。衛所由外地埭集的軍戶組成，不足之數，則由本地百姓充任。因此，民戶軍戶之別，在小欖歷史上有重大意義。戴璟於嘉靖十四年（1535 年）刊行的《廣東通志初稿》，收錄了嘉靖八年（1529 年）一位屯田僉事的長篇告示，該告示痛陳屯田被民戶侵佔之弊，向所有人等、尤其是向衛所軍官以及里甲長宣佈，必須嚴格遵守屯田稅糧的繳納規定。戴璟本人，秉承其一貫的撰寫規條的愛好，開列所有軍事稅項，並且認為，由 "打手" 代替兵役，並非好事。這個現象，研究者一般認為，是在十七世紀出現於沙田的。[14] 像小欖這樣的地方，有沿岸的蜑民、有外來的軍戶、有服兵役的本地百姓、有民戶、還有很多並未編戶的百姓，其社會結構，必然是複雜的。小欖三大巨姓何、李、麥的祖先，似乎都不是外來的軍戶，但其中兩姓是有軍戶背景的。這三姓之中，最富有的無疑就是何氏，何氏主要分為九郎、十郎兩派子孫，何九郎服過兵役，但並非外來的軍戶；何十郎則似乎完全沒有服過兵役，何十郎支派的祖先之一，就是七世祖何圖源。正如上文所指出，何圖源於正統八年（1443 年）踴躍捐輸，實際上為他的子孫爭取到了民戶的身份。小欖另外兩巨姓中，李氏祖先頂替軍役，其族譜記載，其祖先因此獲得一些屯田。至於麥氏，其早期歷史，我們知道得很少，儘管小欖麥氏宣稱其祖先是在南雄被立廟祭祀的麥鐵杖，但明代許多麥氏宗族也都慣於尊奉麥鐵杖為其祖先。[15] 以上四個宗族都宣稱它們從宋朝開始定居於小欖，但是，我們能夠找到的最早的族產記錄，不過是嘉靖時期的記錄，也就是說，從十六世紀上半葉開始的記錄。

142

14　戴璟、張岳等纂修，《廣東通志初稿》，嘉靖十四年（1535）刊，卷 25，頁 25b-28b；卷 29，頁 25b-29a；卷 32，頁 5a-24b；卷 33，頁 20a-21a，載《北京圖書館古籍珍本叢刊》（北京：書目文獻出版社，1988 影印），第 38 冊，總頁 442-3、506-8、536-45、556-7。

15　小欖地區各個宗族的族譜有：《何烏環堂重修族譜》（光緒三十三年 [1907] 刊，蕭鳳霞贈送，科大衛收藏）；《何氏九郎譜》（民國十四年 [1925] 刊，蕭鳳霞贈送，科大衛收藏）；李喜發等增輯，《泰寧李氏族譜》，（民國三年 [1914] 刊，載《北京圖書館藏家譜叢刊‧閩粵（僑鄉）卷》（北京：北京圖書館出版社，2000），第 19-20 冊；《欖溪麥氏族譜》（光緒十九年 [1893] 刊，藏香港大學圖書館微卷部，編號 CMF 26013）。

　　根據《何烏環堂重修族譜》，小欖何氏何十郎的子孫，於嘉靖元年（1522 年）始建大宗祠。從族譜記載的情況看來，在此之前，於何圖源牌坊之所在，已經有一座祭祀祖先的祠堂了。就在這裏，何圖源父親何顯民（號月溪）之下四派子孫，某次祭祀何月溪時，決定一同建立大宗祠。正好，八世祖何晴州無嗣，死後留下一所房子，何晴州遺孀鍾氏搬回娘家，這所房子被何晴州的一名姪兒何策賣予外人。何晴州遺孀鍾氏就向當時聚集一起、集體祭祀何月溪的族人投訴，身為族長的九世祖何龜（號定莊）決定到縣衙門告狀，收回這所房子。但是，何氏族人還要求何晴州遺孀鍾氏捐出土地，而大宗祠就是建立在這塊土地上。何晴州遺孀鍾氏另外再捐出土地，以便讓其亡夫何晴州可以在大宗祠內享受祭祀。萬曆四十五年（1617 年），大宗祠重修，一名當了大官的族人何吾騶，也參與了重修。有關重修大宗祠的記載顯示，

143

小欖何氏何十郎的子孫，輪流管理族產，在祠堂牆上張貼收支賬目，這些做法日後都成為普遍的做法；至於祭祀祖先的禮制，也遵守明初的規定。《何烏環堂重修族譜》還記載，在 1522 年興建大宗祠與 1617 年重修大宗祠之間，萬曆十年（1582 年），全國進行意義重大的土地清丈，何氏利用這個機會，收回了被佃戶隱瞞的田地。何氏族人公推第十世何誕，參與土地清丈，何誕"遂操小艇，不避風濤，沿丘履畝，各就其處，候官按臨而清丈焉。丈後，越載，本縣魚鱗歸號冊成，即抄白本祠田地，編為一冊，付長子日庚，偏送通族一覽"。萬曆四十六年（1618 年）刊行的族譜，也就記錄了這些田產。[16]

　　萬曆十年開始的、為整頓里甲登記而進行的土地清丈（詳見第九章），對於宗族財產的建立，是重要的一步。在此之前，土地是登記在里甲戶口之下的，但縣衙門並沒有確切的丈量和記錄。小欖何氏何九郎這一派的歷史顯示，雖然土地是登記在里甲之內，但是，在縣衙門記錄內的戶頭，對於控制宗族財產，才是至關重要的。小欖何氏何九

16　《何烏環堂重修族譜》，卷 1，頁 15a-16a、19a；有關何吾騶作為珠江三角洲聲望最隆的地方領袖的事跡，參見卷 12。

郎這一派的五世祖何時彥（死於洪武六年 [1373 年]），據説是在洪武四年（1371 年）第一個登記戶口的族人。何時彥登記為民戶，但他的兒子何漢溟（1358—1412 年）於洪武十四年（1381 年）登記時，卻被編入軍戶。[17] 該支派第七世的一名成員，還參加了鄭和下西洋的壯舉。根據《何氏九郎譜》，每十年大造黃冊時，就有宗族的一名成員"承戶"，換言之，該成員就成了里甲當年應役的里長或者甲首。由於該成員所"承"的，是何漢溟的"戶"，所以，該成員既然要負責交稅應役，也就應該有權控制族產。值得注意的是，《何氏九郎譜》記載，在黃蕭養叛亂平定之後，控制族產的八世祖何洪演（1423—1509 年），先後於成化八年（1472 年）及成化十八年（1482 年）"承戶"，當時情況並不太妙，族人之間打起官司來，原因毫無疑問是土地糾紛。《何氏九郎譜》指出，何洪演把族產交還宗族，他的兒子何與津（1460—1518 年），"性暴戾，欺侮宗族，謀為不軌，死於獄中"。何洪演這一家衰敗之後，"承戶"的責任就轉移到何與珖，何與珖父親，在正統十四年（1449 年）黃蕭養叛亂期間與叛軍作戰而死。小欖何氏何九郎支派的祠堂，是由九世祖何與順（1468—1542 年）建立的，而何漢溟之下四派子孫也都有份參加，他們"修建祖廟寢室一座三間，儀門一座三間，東西兩廊"。就小欖何氏何九郎支派這個例子而言，從里甲戶過渡到宗族，是充滿着不幸的，但是，祠堂的建立，代表着宗族內部矛盾的結束、以及宗族內部至少一個支派的勝利。[18]

144

小欖李氏，又稱泰寧李氏，留下了一本族譜，清楚顯示該宗族在沙田擁有田產。一篇寫於嘉靖七年（1528 年）的傳記指出，六世祖李誠（1424—1513 年），是該宗族最早囤積族產的成員之一，他的佃戶抓到一個偷他莊稼的順德縣人，他卻禁止佃戶把這名小偷移交官府。

17　參見何漢溟及其子何澤遠在《何氏九郎譜》卷 1 頁 24a-b 的傳記。傳記稱，何漢溟是明初當地普通百姓，代表鄉人告官，打擊了一個恃強凌弱的當地惡霸。而何澤遠更參加了鄭和下西洋的壯舉。

18　《何氏九郎譜》，卷 1，頁 22b-29a，所建造的祠堂名曰流慶堂，其名下的田產，見卷 1，頁 13a。

把沙田登記在香山縣的地主，與把沙田登記在順德縣的地主之間，總是因為地權問題發生糾紛。在這個脈絡下解讀上述故事，我們就會明白，這個平淡的故事所反映的，絕不是一宗小型偷竊，而是一宗邊界糾紛。因此，李誠和這名"小偷"講道理，請他喝酒吃飯，還斥資協助這名"小偷"種田。[19] 李誠的曾孫、泰寧李氏第九世的李詒業（1512—1554 年）的墓志銘，寫於隆慶三年（1569 年），其中相當詳細地描述了李詒業開發沙田的經過："家有良田濱海，多浮生，則督墾工，築堰堤，種草葤，輒成沃壤。園林蔬竹，恆視溉植"。這段話似乎在形容一位田園居士的勞動，但整篇墓志銘的精髓，是要說明李詒業不問世事，默默耕耘，開發沙田。[20] 泰寧李氏開發沙田的另一例子，來自也是第九世的李詒性（1514—1601 年），他向自己支派的族人建議：從李氏擁有的一片土地的岸邊開始，築堤造田，創建四世祖李耕樂（1365—1425 年）名義下的族產。為實現這個方案，李詒性自己捐出八畝地，賠償受到影響的其他姓氏，終於成功完成了這項開發。[21]

　　泰寧李氏的不少地主，都起家於軍戶。第三世的一名祖先，於洪武七年（1394 年）被編為軍戶。[22]《泰寧李氏族譜》關於兩名死在黃蕭養之亂的成員的傳記，透露出該宗族在叛亂期間的曖昧處境：其中一篇傳記，謂有關成員投降叛軍；另一篇傳記，則謂有關成員死後，其遺孀向叛軍求饒。[23]《泰寧李氏族譜》關於十六世紀的記載，提及族人開始創建族產，但沒有提及興建祠堂。無論如何，李氏當時創建族

19　李喜發等增輯，《泰寧李氏族譜》，（民國三年 [1914] 刊，卷 3，頁 2a，載《北京圖書館藏家譜叢刊・閩粵(僑鄉)卷》（北京：北京圖書館出版社，2000），第 19 冊，總頁 479。

20　《泰寧李氏族譜》，卷 3，頁 6b-7a，載《北京圖書館藏家譜叢刊・閩粵(僑鄉)卷》第 19 冊，總頁 488-9，引文見總頁 489。

21　《泰寧李氏族譜》，卷 6，頁 3a，載《北京圖書館藏家譜叢刊・閩粵(僑鄉)卷》第 20 冊，總頁 1067。

22　《泰寧李氏族譜》，卷 2，頁 98a-b，載《北京圖書館藏家譜叢刊・閩粵(僑鄉)卷》第 19 冊，總頁 407-8。

23　《泰寧李氏族譜》，卷 2，頁 109a，卷 8，頁 91a，載《北京圖書館藏家譜叢刊・閩粵(僑鄉)卷》第 19 冊，總頁 429，第 20 冊，總頁 1597。

產，是得到官方支持的：李誠和他的一名弟弟獲邀參加鄉飲酒禮，並獲頒冠帶，他們的兒、孫、曾孫輩中，獲得這樣那樣頭銜者，不少於六人，其中二人是因為在嘉靖十四、十五年（1535—1536 年）捐糧賑災而獲得嘉獎的。[24] 直至十六世紀末為止，李氏成員並沒有多少科舉功名可言，只有李誠的一名姪兒李喬（1465—1536 年）成為生員。[25] 直到第十一世成員李孫宸（1576—1634 年）於萬曆四十一年（1613 年）中進士並迅速升為禮部尚書，情況才有所改變。[26]《泰寧李氏族譜》沒有興建祠堂的記載，但我們可以相當有把握地說，無論李氏出身如何，到了明末，李氏的部分支派，已經躋身小欖的上層社會；另外，雖然李氏族譜裏的田產記錄上溯至明初，但是，李氏至少從十六世紀開始，也開始積極開發沙田。

小欖麥氏的族譜，把自己的宗族建造歷史講得相當清楚。麥氏小欖開基祖的祠堂、以及三個支祠，大概是在萬曆年間、十六世紀八十年代至九十年代這十年間建造的。第八世成員麥文謂（1511—1584 年）的傳記，描述了麥氏宗族當時採納在祠堂祭祖的禮儀的情形：

> 先是，眾議創建祖祠，往往築室道旁，先生一言立決。先祖原未有祠，適始祖祠成，先生撫掌歎曰："《禮》有之：冬至祭始祖，立春祭先祖，秋祭禰，似禘似祫，誠不敢僭，水木之謂。何儼然木主將安置哉？" 乃構祖祠之左而主之。報本蓋若斯之亟也！[27]

24　《泰寧李氏族譜》，卷 3，頁 1b、5b-6a、6b；卷 6，頁 1a-b、2b-3a；卷 8，頁 1a、　　2a-b，載《北京圖書館藏家譜叢刊‧閩粵（僑鄉）卷》第 19 冊，總頁 478、486-7、488，　　第 20 冊，總頁 1063-4、1066-7、1417、1419-20。

25　《泰寧李氏族譜》，卷 8，頁 46a，載《北京圖書館藏家譜叢刊‧閩粵（僑鄉）卷》第 20 冊，　　總頁 1507。

26　《泰寧李氏族譜》，卷 5，頁 7b-21a，載《北京圖書館藏家譜叢刊‧閩粵（僑鄉）卷》第 20　　冊，總頁 838-65。

27　《欖溪麥氏族譜》，（光緒十九年 [1893] 刊，藏香港大學圖書館微卷部，編號 CMF 26013）　　卷 10，頁 3a。

麥文譽在小欖有些地位，但並沒有任何官職，他不過擁有冠帶、獲邀參加鄉飲酒禮、並獲縣學頒贈榮譽學位而已。他建立的祠堂，以他父親的名字命名，並安放他父親的神主牌位。當麥氏小欖開基祖的祠堂建成時，另一支派也剛剛開始興建其祠堂，連同麥文譽興建的祠堂在內，這三座祠堂因此基本上是在同一時間落成的。可見，不僅高官們競相建造祠堂，新興階層也競相建造祠堂。[28]

146

《欖溪麥氏族譜》沒有提及麥氏在明代擁有沙田，但麥氏顯然在清初擁有族產。族譜稱，麥氏一位元末明初的祖先，有五、六十名子孫，被綁架到沙田地區，因此之故，成了蜑民。[29] 這傳說與蕭鳳霞從新會縣天馬村陳氏宗族找到的傳說相似。陳氏族人稱，明初，他們的祖先曾因避禍而匿藏於蜑民之中，而新會縣天馬村與小欖一樣，也位於沙田的邊緣。蕭鳳霞也發現，這個傳說反映出，陳氏的鄰居們都普遍認為陳氏出身蜑民，這一點是很重要的。[30] 我們雖然無法找出這些傳說的確切時間，但這些傳說能夠告訴我們：開發沙田，提升了開發者的社會地位；同樣，採用宗族禮儀，也合法化了他們的社會地位。

結論：珠江三角洲社會的士紳化

到了十七世紀，宗族與宗族禮儀已經在珠江三角洲落地生根，這意味着，不僅政府深受文人影響，社會所有階層的儀容、風格，也都深受文人影響。《龍江鄉志》（即《龍江志略》）提及十七世紀的「冠裳

---

28 《欖溪麥氏族譜》，卷 10，頁 2b-3b；又，據該譜卷 3 頁 4b-5a，麥氏小欖開基祖祠堂的建造者，是一位早期的成員麥樂隱(1362-95)。因此，十六世紀建造祠堂、祭祀先祖的行動，意味着祠堂形制的改變。科大衛提供了另一例子，見 David Faure, "The written and the unwritten: the political agenda of the written genealogy," Institute of Modern History, Academia Sinica, *Family Process and Political Process in Modern Chinese History* (Taipei: Institute of Modern History, Academia Sinica, 1992), pp. 261-298.

29 《欖溪麥氏族譜》，卷 1，頁 5b；卷 3，頁 3a-5a；卷 5，頁 1a-3b。

30 這個傳說，見〈天馬開基事略〉，載《陳氏族譜》（民國十二年 [1923] 刊），承蒙蕭鳳霞借閱。另外，也參見 Helen F. Siu, "Subverting lineage power: local bosses and territorial control in the 1940s," in Faure and Siu eds., *Down to Earth, the Territorial Bond in South China*, pp. 209-22.

會"，反映出文人對於傳統的刻意追求。《龍江志略》收錄的文章稱，"冠裳會"自萬曆四十一年（1613 年）開始舉辦，"凡在冠裳之列、與諸君之捐金而將事者，其名皆題於簿籍矣"，文章作者指出，他從老人家那裏了解到的情況可不一樣，在老人家的記憶裏，從前"冠裳會"就像詩人的聚會，"不問職之崇卑，但以年齒為序"。"冠裳會"應該舉辦得頗為頻密，但因為明末的動亂而擱置了。清初，詩人鄺露指出，"永曆二年閏三月十五日，東粵始復冠裳"，永曆是南明流亡政權桂王的年號，桂王為逃避滿清的進攻，把首都設於廣西桂林。因此，"冠裳會"是廣為人知的，而且成為效忠明朝的符號。[31]

　　"冠裳會"是在文昌廟舉行的，在龍江鄉，文昌廟凡有三座。《龍江志略》收錄的"冠裳會"邀請信顯示，這個儀式可以在三座廟的任何一座舉行，祭祀之日，全鄉的士紳，無論是先居本鄉抑住在外地，都要在破曉時分來到廟前，他們的姓名及捐輸項目將被開列於榜上，張貼於廟前。"冠裳會"的儀注顯示，祭祀品包括豬、羊、果、酒，受到祭祀的，不止是文昌，還有關帝，而且還有文昌及關帝的隨從，例如，文昌身邊掌管財富與祿位的神靈。因此，雖然"冠裳之會"文章謂這個會起源於早期的詩人雅集，但"冠裳會"的宗教色彩，顯示出這個會更可能起源於明朝祀典規定的神靈祭祀。"冠裳會"沒有當地官員出席，在這一點上可以說背離了明朝的管治風格，但是，出席者既然是擁有科舉功名的人，其中有些更是朝廷高官，則足以彌補當地官員的缺席有餘了。

　　在明朝的珠江三角洲，各個社會制度被逐漸士紳化，祭祀文昌就是其中之一。[32] 在南海縣，在十七世紀，祭祀文昌的儀式，從分配酢肉

31　佚名纂，《順德龍江鄉志》（又名《龍江志略》），民國十五年 [1926] 龍江雙井街明新印務局鉛印本，卷 1，頁 16b-21b，卷 4，頁 6b；引文見卷 1，頁 17a，載《中國地方志集成・鄉鎮志專輯》（南京：江蘇古籍出版社，1992），第 30 冊，總頁 772-3。也參見鄺露著，梁鑒江選註，《鄺露詩選》（廣州：廣東人民出版社，1987），頁 78。

32　Terry Kleeman, *A God's Own Tale: The Book of Transformations of Wenchang, the Divine Lord of Zitong*（Albany: State University of New York Press, 1994）.

演變為在文昌廟內設宴聚餐，這個演變過程是有文獻可稽的。據說，從明初開始，每逢鄉、會試年份，廣東省級衙門會撥款舉辦儀式，祭祀孔子，並由廣東巡撫和布政使親自接待考試成功的士子，然後舉行宴會。前此，在南海縣，凡考得五種學位的士子，會聚集於縣內的文昌廟，祭祀孔子與文昌，並獲得一份酢肉。但是，過百名士子爭奪酢肉的場面，實在太有辱斯文，當時目睹這一幕的一個南海人龐儒，向文昌許願，說假如他兒子龐景忠考得功名，他將捐出土地，讓祭祀文昌的儀式，變為體面的宴會聚餐。龐景忠果然考得功名，龐儒也就在萬曆二十四年（1606 年）捐地予文昌廟。龐景忠寫過很多篇值得注意的文章。崇禎九年（1636 年），有關捐款用罄之際，新的捐款又來了。[33]

南宋淳祐四年（1244 年），廣州的文人首次在廣州舉行正式的鄉飲酒禮。當時的儀式，以祭祀孔子為主，而朱熹的著作，也首次開始流傳於珠江三角洲。四百多年之後，鄉飲酒禮被再造與改變得面目全非，成了在土地神龕前舉行的、被認為土不堪言的活動。文人開始在文昌廟內進行他們自己的祭祀。現在，模仿品官家廟形制而建造的祖先祠堂，成了祭祀儀式的核心。佛教寺院寺產田連阡陌的日子一去不復返，城市的核心地區內，也基本上找不到舉行所謂非禮活動的廟宇。從十六世紀開始被催生出來的新社會，開始像是個由士紳主導的社會。就是這樣一個社會，被研究十九世紀中國的歷史學家視為無庸置疑的"傳統中國社會"。

148

33　關於廣東巡撫舉行的儀式，見黃佐纂修，《廣東通志》（嘉靖四十年 [1561] 刊，香港：大東圖書公司影印），卷 39，頁 28a-30b，總頁 998-9。有關南海縣的儀式，見朱欽相，〈義創學田記〉，龐景忠，〈續助賓興記〉，載郭爾阽、胡雲客纂修，《康熙南海縣志》，康熙三十年（1691）刻本，卷 15，頁 40a-41b、41b-43a，總頁 310-2；關於龐景忠及其父親龐儒的傳記，分別見卷 12，頁 51b-53a，總頁 224-5，卷 13，卷 20a-b，總頁 248。

從明到清

　　　　明朝的覆滅，粉碎了士紳的權威。但是，《順德龍江鄉志》指出，當明莊烈帝在崇禎十七年（1644 年）陰曆三月在北京皇宮外的煤山上吊時，順德龍江鄉的人們正在看大戲，大戲一般是在節慶期間才做的。[1] 珠江三角洲距離北京約 2,400 公里，崇禎皇帝自盡的消息如何傳到當地？對當地社會產生甚麼影響？歷史學家知道得很少。但是，順德縣令周齊曾的傳記，能夠讓我們大概了解當地人是如何面對這消息的。順德縣沙田的地主，與香山縣的豪族長期打官司，爭奪沙田的擁有權和收租權。當時，周齊曾新授順德縣令，他在前往順德縣上任途中，聽到崇禎皇帝自盡的消息，強忍悲痛，上任之後，站在順德縣沙田地主一邊，派遣衙差，捉拿順德縣沙田地主指稱的惡霸，把他們扔到海中，讓他們溺斃。香山縣地主一方，向上級衙門投訴周齊曾這種非常的司法手段，結果，周齊曾被免官。順德縣百姓為表達抗議，連續幾天關閉城門和罷市。但是，周齊曾還是服從了免官的命令，剃頭出家，入山做和尚去了，此後，再沒有人知道他的行蹤。[2]

1　佚名篹，《順德龍江鄉志》（又名《龍江志略》），民國十五年 [1926] 龍江雙井街明新印務局鉛印本，卷 1，頁 25b，載《中國地方志集成・鄉鎮志專輯》（南京：江蘇古籍出版社，1992 影印），第 30 冊，總頁 777。

2　薛起蛟，〈剛介周令尹傳〉，載《順德龍江鄉志》（又名《龍江志略》），卷 5，頁 27a-b，載《中國地方志集成・鄉鎮志專輯》第 30 冊，總頁 859。

對於周齊曾這段非比尋常的經歷，我們沒有甚麼異議可言。但是，周齊曾到順德縣上任時，明知崇禎皇帝已經自盡，朝廷已經垮掉，卻仍然捲入當地的官司，這很能夠顯示，即使在明王朝的末日，縣官的權威仍然屹立不倒。北京雖然淪陷，但明朝並沒有隨之崩潰。在幾天之內，南京的明朝高官們就宣佈繼續效忠明朝，到了陰曆五月，他們已經擁立出崇禎皇帝的堂兄弟福王。不到一年，南京也落入滿清手中，殘餘的明朝官員就撤退到福建去，團結在唐王身邊，將之擁立為隆武帝。被歷史學家成為南明的明朝殘餘政權，為了提高聲望，向地方精英派發各種功名。也因此之故，在順治二年（1645 年）才 16 歲、正在讀書準備考科舉的屈大均，就成了縣學的生員。順治十四年（1657 年）刊行的《南海九江鄉志》，對於明末清初南海縣的情形，記錄得相當坦率，根據其記載，南海縣在順治二年、三年（1646 年）、五年（1648 年）都頒發科舉功名。[3]

明末清初珠江三角洲動亂之慘烈，是元末以來所未有的。但是，在整個明末清初期間，珠江三角洲的士紳，正如全國許多地區的士紳一樣，一直效忠明朝。士紳對於朝廷忠誠不二，因為士紳對於朝廷的效忠，與士紳對於地方社會的領導的性質本身是結合在一起的。到了清朝，士紳對於地方社會的領導，已經成為王朝意識形態的重要元素，以至於變成了歷史學家對於“傳統中國”的概括的根據。但是，士紳作為一個階層要站得住腳，則社會本身必須被士紳化。從鄉村到宗族的演變，必須被普通的鄉民內在化，這樣，鄉民才能夠成為一個大社會的成員。這樣一個由士紳領導的社會，是先創造於意識形態之中，而後變成現實的。在珠江三角洲，這個過程開始於十六世紀，但是，即使在那裏，也是到了明朝的最後幾十年間，士紳才開始自視為地方社會的領導階層。

152

3　汪宗衍，《屈翁山先生年譜》（澳門：於今書屋，1970），頁 10；黎春曦纂，《南海九江鄉志》，順治十四年（1657）刊，卷 3，頁 17a-18a，載《中國地方志集成・鄉鎮志專輯》（南京：江蘇古籍出版社，1992 影印），第 31 冊，總頁 258-9。

鄉居顯宦

在珠江三角洲，高級官員住在家鄉、利用自己的關係和特權來維護本地社區，這個現象，不早於十六世紀而出現。直至村莊向官府效忠之前，則面對武裝劫掠時、央求官府保護是沒多大用處的；直至力役折銀之前，以歉收為由、央求官府減稅也是沒多大用處的。[4] 在佛山，鄉居高官為當地事務出力的首個例子，出現於嘉靖二十二年（1553年），這年正值饑荒，出身於佛山地區歷史最悠久的家族之一的、擁有高等科舉功名的冼桂奇，捐出糧食，煮粥賑濟災民。看到冼桂奇的做法之後，"二十四舖之有恆產者，亦各煮粥以周其鄰近"。[5] 也是在佛山，在萬曆四十二年（1614年），出現了另一次建立某種防衛聯盟的嘗試，帶頭的是擁有高等科舉功名的李待問，李氏也是自明初以來就定居佛山的家族。李待問組建了佛山忠義營，這個捍衛佛山全鎮的本地防衛組織，斷斷續續運作至十九世紀中葉。此外，地方志還稱讚李待問為佛山立的功勞，包括採取行動，豁除了極不受佛山人歡迎的 "定弓" 稅；為佛山編制賦稅記錄；以及多年來為佛山的公益事務出力，例如在天啟三年（1623年）重修廣福橋、在崇禎七年（1634年）修整佛山通往廣州的主要道路、在崇禎十四年（1641年）修葺北帝廟的風水牆、翌年（1642年）修治文昌書院，等等。李待問死後不久，順治二年（1645年），他的畫像就被安放於文昌書院內。[6]

當然，在饑荒時期捐糧賑災，並不是十六世紀才出現的新穎現象。新穎之處在於，在糧食危機期間，參與管治、並且直接處理危機根源的，是一名退休鄉居的高官。嘉靖三十三年（1554年），連續幾年

153

---

4   參見田雙南，《按粵疏草》（無刊行年份），頁 156a-164b，220a-248b。田雙南於萬曆四十年至四十五年(1612-1617)擔任廣東巡按御史。

5   盧夢陽，〈世濟忠義記〉，載陳炎宗總輯，《佛山忠義鄉志》（乾隆十七年 [1752] 刊），卷 10，頁 19a-23a，引文見頁 21b，藏香港浸會大學圖書館特藏部，編號 T 673.35/105 2525.1 1752 v.1-4，以下簡稱《乾隆佛山忠義鄉志》。

6   李待問於萬曆三十二年(1604)中進士，官至戶部侍郎、漕運總督，見《乾隆佛山忠義鄉志》，卷 3，頁 3b-6a，卷 8，頁 6a-7b。

旱災造成了搶糧暴動，所以才有冼桂奇捐糧之舉。[7] 一篇描述新會縣當年暴動的生動的文章，謂新會縣令張貼示諭，大書"餓死事小，梟首事大"，據說這示諭使部分暴動者安靜下來。但是，水上居民繼續暴動，他們也許是蜑民，新會縣令須提供食物和金錢來賑災，並動員鄉村父老向村民痛陳造反的嚴重性，還集結起一支為數 1,600 人的武裝，才終於平定亂事。[8] 當冼桂奇嘉靖三十二年（1553 年）捐糧賑災時，他也面對着類似的社會動亂。根據描述當時的一篇文章，在此之前，官府調來一小批糧食，打算用作賑災，但卻被幾百人包圍搶劫。因此，冼桂奇組織賑濟時，"遣人分護穀船、米市，以通交易"。[9] 早於農民感受到糧價上漲的影響之前，糧食危機已經嚴重打擊了佛山這類貿易市鎮。

　　在十六世紀，糧食危機不僅僅是氣候所造成的，也是日益劇烈的市場波動所造成的，而市場波動又與沿海貿易聯繫在一起。[10] 我們必須明白，沿海貿易與東南亞的海洋貿易關係密切。貿易既然依賴季候風，則海船僅僅來回於廣州與廈門之間，是不划算的；廈門是十六世紀冒升出來的福建海港。沿海貿易如果要划算，則需要有大的帆船做貨運貿易，這些帆船視乎運載貨物的需要，縱橫於中國東海與南海的港口。因此，假如一艘帆船從東南亞出發，最後目的地也許是廣州或廈門；假如一艘帆船從浙江南下，也許一直駛到海南島。當葡萄牙人於正德十二年（1517 年）登場時，他們正好鑽進這個貨運貿易之中。葡萄牙人的貿易，馬上對中國沿岸產生影響。到了嘉靖八年（1529 年），兩廣總兵林富疏請規管葡萄牙人的貿易活動。大約到了嘉靖二十九年

154

7　廣州市地方志編纂委員會與湖北省氣候應用研究所編，《廣州地區舊志氣候史料匯編與研究》（廣州：廣東人民出版社，1993），頁 38。

8　王命璿修，黃淳纂，《新會縣志》（萬曆三十七年（1609）刊，香港大學圖書館縮影膠捲編號 CMF1324，據日本上野圖書館藏本攝製），卷 1，頁 30b-32b。以下簡稱《萬曆新會縣志》。

9　《乾隆佛山忠義鄉志》，卷 10，頁 19a-23a，引文見頁 21b。

10　研究過廣東氣象數據的中國氣象學家認為，1550 年以前的氣象資料太零散，無從推測當時的氣象情況。對於 1550 年以後的氣象情況，他們認為，與 1770-1899 年間比較，1660-1769 年間的泛濫記錄較少；而旱災記錄，主要集中在 1620-99 年、1770-1859 年這兩段時期。見《廣州地區舊志氣候史料匯編與研究》。

（1550 年），澳門成了葡萄牙人的正式貿易港口，當時，葡萄牙人的貨運貿易，遠及日本，由於明朝中斷了與日本的直接貿易，葡萄牙人成了中日貿易的實質中介。我們現在已經很清楚：葡萄牙人開始進入東亞時，正好碰上日本銀礦的發現，結果，日本白銀大量輸入中國，為十六世紀下半葉中國市場的貨幣化鋪好了道路。[11]

最初反對與葡萄牙人貿易的意見消失後，時人筆記對於葡萄牙人貿易所帶來的利潤，是不吝筆墨的，嘉靖四十四年（1565 年）訪問廣州的葉權寫道：

> 廣城人家大小俱有生意，人柔和，物價平，不但土產如銅錫俱去自外江，製為器，若吳中非倍利不鬻者，廣城人得一二分息成市矣。以故商賈驟集，兼有夷市，貨物堆積，行人肩相擊，雖小巷亦喧填，固不減吳閶門、杭清河坊一帶也。[12]

兩廣總兵林富嘉靖八年（1529 年）疏請朝廷允許葡萄牙人在廣州貿易時，當然很明白外貿會創造財富，他說：

> 貿易舊例，有司擇其良者，如價給之，其次資民買賣。故小民持一錢之貨，即得握椒，展轉交易，可以自肥。廣東舊稱富庶，良以此耳。[13]

---

11 陳柏堅、黃啟臣，《廣州外貿史》（廣州：廣州出版社，1995）；C.R. Boxer, *Fidalgos in the Far East 1550-1770* (Hong Kong: Oxford University Press, 1968)；李龍潛，〈明代廣東對外貿易及其對社會經濟的影響〉，載廣東歷史學會編，《明清廣東社會經濟形態研究》（廣州：廣東人民出版社，1985），頁 279-312；葉顯恩編，《廣東航運史（古代部分）》（北京：人民交通出版社，1995）。

12 葉權，《賢博編》（元明史料筆記叢刊，北京：中華書局，1987），頁 43-44。

13 戴璟、張岳等纂修，《廣東通志初稿》，嘉靖十四年(1535)刊，卷 30，頁 18a，載《北京圖書館古籍珍本叢刊》（北京：書目文獻出版社，1988 影印），第 38 冊，總頁 518。

　　霍韜的兒子霍與瑕，大概在十六世紀六十、七十年代時指出，葡 　*155*
萄牙人之所以把貿易基地搬到廣州，是因為受到倭寇在浙江、福建沿
岸的侵擾：

> 廣東隔海不五里，而近鄉名游魚洲，其民專駕多櫓船隻，接
> 濟番貨。每番船一到，則通同濠畔街外富商，搬磁器、絲綿、私
> 錢、火藥、違禁等物，滿載而還，追星趁月，習以為常。[14]

　　霍與瑕是不贊成葡萄牙人貿易的，他父親也站在要求驅趕葡萄牙
人出廣州城的一方。但是，毫無疑問，珠江三角洲的世家們，多少沾
到一點沿海貿易帶來的新財富。

　　任何關於十六世紀珠江三角洲的描述，都要明白海外貿易為該
地區帶來財富這一背景，但是，複雜的問題也接踵而至。市面日趨繁
榮，不僅意味着城鎮規模擴大，也意味着人們有更多的錢來買他們想
吃的食物：米。王士性這位旅行家，在萬曆二十五年（1597年）刊行
其《廣志繹》，他注意到廣東當時已經從廣西進口稻米，天啟四年（1624
年），發生饑荒，廣東布政使汪起鳳下令向廣西米商頒發路引，好讓他
們運米到廣東時，毋須交過路費。此舉立即把米價降了下來。[15]佛山發
展成為稻米貿易中心，部分原因，是拜廣西稻米增加進口廣東所賜，
而米價上漲，也促進了十六世紀珠江三角洲的沙田開發。沿海貿易導
致米價上漲的首宗記載，見於龍山鄉於萬曆十九年（1591年）建立社

14　霍與瑕，《霍勉齋集》（出版地不詳，道光三年 [1823] 刊，藏香港中文大學圖書館崇基書
　　院圖書館特藏部），卷 12，頁 29b-30a。

15　王士性，《廣志繹》，萬曆二十五年（1597）刊，載《王士性地理書三種》（上海：上海古籍
　　出版社，1993），頁 378；郝玉麟等監修，魯曾煜等編纂，《廣東通志》，雍正九年（1731）
　　刊，卷 40，頁 32a-b，載文淵閣本《四庫全書》（上海：上海古籍出版社，1987 縮印），
　　第 563 冊，總頁 736，以下簡稱《雍正廣東通志》。汪起鳳受到小欖李孫宸的保護，李孫
　　宸當時位居高官，見李喜發等增輯，《泰寧李氏族譜》，（民國三年 [1914] 刊，卷 5，頁
　　8a，載《北京圖書館藏家譜叢刊 · 閩粵（僑鄉）卷》（北京：北京圖書館出版社，2000），
　　第 20 冊，總頁 839。

倉的行動，有關文章稱："年來，閩商湧價，米粒如珠"。[16] 兩年後，
萬曆二十一年（1593 年），廣州西關的米市發生暴動，以禁止稻米出境
為名義的暴動四處蔓延，廣東巡按御史巡撫王有功於是下令禁止福建
運米船停靠廣州。[17] 天啟四年（1624 年），由於謠傳廣東巡按御史陳寶
泰以本身是福建人之故，默許福建商船從廣州買米，廣州百姓再度示
威，他們佔據陳寶泰的衙門，從早到晚，直至番禺縣令出手干預，始
行散去。[18] 不過兩年之後，天啟六年（1626 年），"遠商"到東莞縣買
米，居然被"民擁眾焚其舟"，這年也是荒年，東莞縣縣城內的富家都
報稱他們囤積的米糧被搶劫。[19] 這些糧食暴動不僅反映出糧食短缺，也
反映出：隨着貿易增長，城鎮人口愈來愈敢於採取政治行動來維護其
利益。

　　簡而言之，周期性的糧食危機，是氣候的結果，也同樣是商業化
及市場的貨幣化的結果，也是縣級政府行政制度演變過程中要面對的
問題之一。但是，糧食危機的影響並非就此而止，糧食危機還影響到
廣東全省的軍餉問題。而一旦説到廣東省的軍餉問題，則廣東省以外
的勢力也被牽引進來了，因為北方邊防軍鎮的糧餉事務，一向是皇帝
的私人官僚集團 —— 宦官 —— 的職務之一。住在珠江三角洲家鄉的明
朝高官，很少能夠真正專注於地方事務，要處理像給養軍隊這樣複雜

16　盧兆龍，〈儒林鄉義倉錄小序〉，載溫汝能纂，《龍山鄉志》，清嘉慶十年(1805)金紫閣刻
　　本，卷 10，頁 38b-39b，引文見頁 39a，載《中國地方志集成・鄉鎮志專輯》(南京：江
　　蘇古籍出版社，1992)，第 31 冊，總頁 149。

17　劉廷元修，王學曾、龐尚鴻裁定，《南海縣志》，明萬曆己酉(1609)刊本，卷 3，頁 16a-
　　b，載美國國會圖書館攝製北平圖書館善本書膠片第 496 卷，以下簡稱《萬曆南海縣志》；
　　郝玉麟等監修，魯曾煜等編纂，《廣東通志》，《雍正廣東通志》，卷 6，頁 82b，載文淵
　　閣本《四庫全書》第 562 冊，總頁 274。

18　《雍正廣東通志》，卷 40，頁 90a-b，文淵閣本《四庫全書》，第 563 冊，總頁 765。

19　郭文炳編纂，《康熙東莞縣志》，康熙十八年(1689)刊(東莞：東莞市人民政府，1994
　　據日本內閣文庫藏本影印)，頁 157b-158a。崇禎年間的東莞縣志對此有不同的描述：
　　"旱，歲大饑，教場火，饑民誤疑兵船糴穀，擁眾焚之，知縣李楔撫定"，載張二果、曾
　　起莘著，楊寶霖點校，《東莞縣志》(崇禎十年 [1639] 刊，東莞：東莞市人民政府，1995
　　年排印)，頁 140，以下簡稱《崇禎東莞縣志》。

的問題，他們就必須選擇：或維護地方利益，或奉行朝廷堂而皇之設
定的路線。

里甲與民壯以外的軍事問題

要明白十六世紀明朝行政的困局，我們就得返回受到霍韜與黃佐
稱讚的、陶魯打猺人的時代。在這一時代，當廣東巡按御史戴璟為廣
東省行政設立貨幣化的財政預算的同時，類似的行政革命也發生在廣
東省的軍事管理上。同樣，要了解這個變化，重要一步，就是要掌握
當時的宏觀背景。問題的癥結是：到了十五世紀中葉，以里甲為基礎
的衛所制已被證明不濟事了。但是，明王朝沒有廢除里甲制，而是把
更多的百姓編進戶籍，但這些新編戶的百姓卻不用服兵役。但是，在
珠江三角洲，也就是這些與叛軍戰鬥、捍衛朝廷的新編戶百姓，演變
為宗族。因此，到了要對付猺人的時候，朝廷就設立了總督兩廣軍務
都御史這一職位，這個職位最初只是一個因偶然發生的政治問題而設
立的臨時職位，但是，第三任總督兩廣軍務都御史韓雍，把這個職位
常規化了。韓雍向陶魯這類地方精英尋求支持，讓陶魯做了大官，作
為回報，陶魯為韓雍招募兵員，並出謀劃策，維持韓雍的軍力。到了
十七世紀，總督兩廣軍務都御史演變為兩廣總督。在韓雍的時代，總
督兩廣軍務都御史專注於廣西，但是，為了給養手下的部隊，他必須
依賴廣東的餉源。到了十六世紀，情形依舊如此，而且總督兩廣軍務
都御史還得兼顧廣東的海防。

　　157

初刻於嘉靖三十二年（1553 年）、重修於萬曆九年（1581 年）的《蒼
梧總督軍門志》，詳細記載了總督兩廣軍務都御史轄下部隊的組織、
征討、與軍餉。從兩廣軍門這個司令部成立的第一天開始，總督兩廣
軍務都御史就得自己花錢養一支僱傭兵，直至十六世紀八十年代之
前，這些僱傭兵主要來自廣西深山老林中的各個土司。但是，從十六
世紀六十年代開始，由於倭寇問題愈來愈受到關注，兩廣軍門也從浙
江沿海久經戰陣的部隊中招募兵員。正因為兩廣軍門必須自籌經費，
所以，總督兩廣軍務都御史林富，才會在嘉靖八年（1529 年）上疏，

請求朝廷批准葡萄牙人的貿易活動。但是，葡萄牙人獲准在澳門經商不久，向他們徵收港口稅的、並且也許就截留了這筆財政收入的，是香山縣和廣州府衙門，而不是兩廣軍門。兩廣軍門的主要餉源，是鹽稅。[20] 這鹽稅又可分為三項：運鹽出鹽場時徵稅，向鹽商徵稅，向鹽船徵稅。自然，官方雜稅一多，官方壟斷下的食鹽價格就漲，私鹽生意就更加滔滔不絕，明朝舉國皆然，不獨兩廣如此。在中國一些地區，當地政府的主要財政收入，來自銷售食鹽。而兩廣軍門的做法卻不同，兩廣軍門不問官鹽私鹽，總之運送食鹽，就得向兩廣軍門交稅。正德十五年（1520 年），總督兩廣軍務都御史陳金解釋這個政策：

> 兩廣用兵，全資鹽利。而鹽利之徵，則出之於商而不取之於灶，蓋灶丁所辦之鹽，則專備客商支給，並無額外徵備軍門支用之數。商人支領官鹽有限，收買私鹽數多，私鹽之利，遠過官鹽數倍。自天順、成化、弘治（即 1457—1505 年）至今，……因地方連年用兵，錢糧無從出辦，知商販私鹽數多，勢難盡革，法難盡行，所以奏請施行，或便宜處置，因有此鹽利之徵也。法之立於行鹽地方，各立鹽廠。廣西則立於梧州，廣東則立於潮州、南雄、肇慶、清遠。商人到彼投稅者，正鹽一引，許帶餘鹽六引。正鹽每引收銀五分，餘鹽，每引收銀一錢。餘鹽之外，更有多餘鹽引，許令自首，免其沒官，每引令其納銀二錢。此盤鹽之法大概也。[21]

鹽利成了兩廣軍門的即得利益，兩廣軍門也就務求擴張粵鹽的行

158

20　李龍潛，〈明代廣州三十六行考釋 ── 兼論明代廣州、澳門的對外貿易和牙行制度〉，《中國史研究》1982 年第 3 期，頁 33-46，頁 3；〈明代廣東對外貿易及其對社會經濟的影響〉，載《明清廣東社會經濟形態研究》，頁 279-312；余思偉，〈論澳門國際貿易港的興起、早期發展及明至清的管轄〉，載《明清廣東社會經濟形態研究》，頁 259-279。

21　應檟，《蒼梧總督軍門志》，萬曆七年(1579)刊，卷 23，頁 14b-21a，引文見頁 15a-b，載中國社會科學院中國邊疆史地研究中心編，《中國邊疆史地資料叢刊‧滇桂卷》(北京：全國圖書館文獻縮微複製中心，1991 影印)，總頁 248。

銷區域。於嘉靖四十二年至四十五年（1563—1566 年）間任職總督兩廣軍務都御史、於嘉靖四十三年（1564 年）在潮州抵擋"倭寇"進犯的吳桂芳，取得朝廷批准，把湖南省的衡州府、永州府也納入粵鹽的行銷區域。隆慶四年（1570 年），巡撫廣西都御史殷正茂制定了新政策，由兩廣軍門的部隊從廣東運鹽到廣西發賣，原來由商人從廣東運到廣西的食鹽數量，因此大為減少。[22] 兩廣軍門在十六世紀做到財政上自給自足，是珠江三角洲得以維持穩定的重要原因之一，貿易因而增長，經濟繼續繁榮。

　　十六世紀六十年代到八十年代關於粵鹽政策的官員奏摺，對於珠江三角洲社會特殊一面，留下了一些非常簡明扼要的描述，對於這特殊一面，歷史學家專注於住在陸地的社羣如何採用禮儀時，往往會有所忽略。萬曆九年（1581 年）擔任東莞縣令而負責丈量土地、不十年而升至廣西布政司副使的楊寅秋，在廣西任內上奏，謂雖然巡撫廣西都御史殷正茂強調由兩廣軍門的部隊來運鹽，其實卻把這個運輸任務外判予珠江三角洲的"濱海居民"，這些船戶既為兩廣軍門提供船隻運鹽，也提供船隻巡邏海岸。殷正茂提供六百兩給他們作為營運成本，約定以運鹽所得之利潤扣還。這清楚顯示，經濟的貨幣化，使力役為承包制所取代，而在殷正茂這個事例中，所要求的資本規模是相當可觀的，因為兩廣軍門必須隨時組織海岸防衛。據楊寅秋指出，"濱海居民"們最初對於殷正茂的方案半信半疑，但是，由於殷正茂在多處地方"鑄立鐵榜"，宣揚其方案，"商民"們終於被打動了。但是，那些參加殷正茂承包方案的"商民"們很快就債台高築，因為十六世紀六十及七十年代倭寇對於廣東的侵擾浪潮，意味着巡邏海岸的成本飛漲，而且"商民"們損失了巡邏海岸的船隻，也就等於損失了運輸食鹽的船隻。據楊寅秋的描述，當兩廣軍門要求"商民"們歸還營運成本時，"商民"們暴動，後來兵部批准"商民"們以繳納鹽稅方式來還債，暴

22　有關粵鹽政策的改變，見吳桂芳，〈議復衡永行鹽地方疏〉，殷正茂，〈運鹽前議疏〉，載應檟，《蒼梧總督軍門志》，卷 25，頁 1a-2b，總頁 282；卷 26，頁 1a-20a，總頁 297-307。

動才告平息。[23]

　　有陳一教者，東莞鹽商，他在萬曆十四年（1586 年）的向官府遞了個狀子，也印證了"商民"們廣泛破產這一點。陳一教採取異乎尋常的行動，越過其他衙門，直接向殷正茂遞狀哭訴，謂鹽商販賣的食鹽，受到兩廣軍門部隊運輸的食鹽的競爭。陳一教估計，數以千計的船隻、數以萬計的水手，參與粵鹽的販運，他們"破產造船，揭債作本，出死冒險以圖微利"。楊寅秋的奏摺，顯示"各船水手"們其實也參與兩廣軍門的食鹽運輸，這就表示，造成這種慘況的原因，也許不是官鹽的競爭。真正的原因，正如陳一教的狀子所顯示，是淮南鹽從長江下游逆流而上，與粵鹽分別在湖南、江西二省的邊界競爭。儘管楊、陳二人對於兩廣軍門部隊運鹽一事抱有不同看法，但整體而言，二人都同樣指出，以運鹽為生的這輩人，在十六世紀八十年代陷入經濟困境。陳一教指出，空置的船隻、閒散的船夫，很容易成為社會動亂的根源。[24]

　　像兩廣軍門那樣，圈佔餉源，以此為餌，外判防衛工作，這是明朝軍事管理的典型做法，至少華南如此。這種做法，與廣東巡按御史戴璟在十六世紀三十年代展開的行政改革，是完全合拍的。不過就在戴璟來廣東做官前幾十年，廣東爆發猺人戰爭，從那時開始，各個文職衙門，只要得到兩廣軍門的同意，就組織地方武裝以承擔起部分防衛責任，並且為給養這些地方武裝而徵稅。這些地方武裝的成員，或稱"打手"，或稱"民壯"，大名鼎鼎的文人黃佐，對於他們是充滿猜

23　楊寅秋，《臨皋文集》，卷 1，頁 10b-14a，〈勘豁嶺海商船連餉疏〉，載文淵閣本《四庫全書》（上海：上海古籍出版社，1987 縮印），第 1291 冊，總頁 603-5。

24　陳一教，〈復通鹽路疏〉，載吳道鎔輯，《廣東文徵》（香港：香港中文大學，1973），第 3 冊，頁 407-8。也參見《崇禎東莞縣志》，頁 691-4；郭棐纂修，《萬曆廣東通志》，萬曆三十年(1602)刻，卷 7，頁 72a-77a，載《四庫全書存目叢書》（台南縣柳營鄉：莊嚴文化事業有限公司，1996），史部第 197 冊，總頁 187-90。當時，廣東按察司僉事陳性學建議，應該根據市場實際情況制定鹽價，並且應該減輕對於鹽商的收費。陳一教的傳記，見《廣東文徵》，第 3 冊，頁 407；至於鹽商對於陳性學的歌頌文章〈鹽政遺思碑〉，見《萬曆廣東通志》，卷 7，頁 74b-75b，載《四庫全書存目叢書》史部第 197 冊，總頁 188-9。

忌的。黃佐認為，一旦縣級衙門花錢招募這些僱傭兵，兩廣軍門就不斷剋扣地方防衛資源，而這些僱傭兵往往前身就是盜賊，相當桀驁不馴。[25] 萬曆二十七年（1599 年）之後，黃佐這一派意見產生了力量，當時，朝廷以東北軍需孔亟，派遣太監到廣東籌餉，連兩廣軍門的財政禁臠也被染指。當然，朝廷派遣太監到地方徵取財稅，並不止於廣東，在十六世紀九十年代末，太監們被派遣到所有經濟發達的省份，他們與各地的文官衙門和官兵部隊爭奪財稅。他們徵收財稅的名目，叫做"礦稅"，雖然，至少就廣東而言，以"礦稅"名義徵取的財稅，其實與開礦一點關係都沒有。據廣東省官員稱，太監們要求恢復久已停止的採珠業；吞沒了葡萄牙人因租借澳門而繳納的租稅至少二萬兩；在萬曆二十七至二十九年間（1599—1601 年）搜刮了二十萬兩，其中大部分是廣東省的例常田稅與商稅。廣東省官員稱，為彌補財政損失，他們只好在廣東加稅，但即使如此，仍然無法應付省內的軍事開支。[26]

　　刊行於明末的廣東地方志，認為僱傭兵比起他們要剿滅的盜賊，好不到哪裏去。刊行於萬曆三十七年（1609 年）的《萬曆新會縣志》記載，縣衙門花錢請了僱傭兵即民壯之後，官兵"日驕養，不復任征戰"，勾結盜賊。官兵的拿手好戲，就是敲詐勒索沿岸居民、尤其是富裕的蜑民，"捉海上生理民及蛋民頗贏裕者，繫舟中，誣索之，得即放，不得即乘別盜事參解之"。[27] 刊行於崇禎十二年（1639 年）的《崇禎東莞縣志》指出，僱傭兵有兩類，一類防守城市，一類防守鄉村。防守鄉村的民壯，是從"大姓"的佃農裏招募的，而城鎮卻沒有服兵役的傳統。所以，很自然，"惟城市玩愒之藪，多遊手好閒，雖日訓月

25　黃佐纂修，《廣東通志》，嘉靖四十年(1561)刊(香港：大東圖書公司，1977 影印)，卷 32，頁 40a-41b，總頁 832-3。

26　《萬曆廣東通志》，卷 7，頁 83b-94a，載《四庫全書存目叢書》，史部第 197 冊，總頁 192-8；田雙南，《按粵疏草》，卷 2，頁 138a-147a；王川，〈市舶太監李鳳事跡考述〉，載蔡鴻生編著，《廣州與海洋文明》(廣州：廣州中山大學，1997)，頁 127-182。

27　王命璿、黃淳、李以龍纂修，《萬曆新會縣志》，萬曆三十七年(1609)刊，卷 1，頁 75b-78a，藏香港大學圖書館微卷部，編號 CMF1324。

練，終不及鄉堡"。[28]

　　在地方防衛格局的這種變化之中，市鎮的軍事防衛角色增加了，因為市鎮有足夠的財力養起一支過硬的民兵，並且通過鄉誼和宗族紐帶，維持民兵對於社區的忠誠。刊行於乾隆十七年（1752 年）的《佛山忠義鄉志》，是根據現在已經佚失的明代稿本而編纂的，該志指出，萬曆四十二年（1614 年），致仕閒居佛山的高官李待問組建一支民兵，並且要求佛山的冶鐵作坊每年合共支付 170 兩以給養這支民兵。此舉導致佛山的冶鐵作坊於天啟元年（1621 年）暴動抗議，但暴動被迅速平定。佛山的文人們，繼續建造橋樑、修葺社學，並且於崇禎元年（1628年）在佛山各舖的基礎上，組建一支叫做"鄉夫"的民兵，而這支民兵的整體指揮權，則交給李待問的堂兄弟。[29]

　　順德縣龍山鄉，是地方社會通過市場供養民兵的另一例子。萬曆二十九年（1591 年），在擁有科舉功名的本地人柯少茂領導下，里甲的父老們在大岡墟建造了一個糧倉。從圍繞此事的各種情況看來，當地各股勢力都在爭奪大岡墟的收租權。依照慣例，糧倉的建造者柯少茂，被縣令賞賜冠帶，柯少茂的神主牌位，也被安放在大岡墟的廟內，以便春秋饗祭。因此，實際上，建造糧倉，只是里甲居民控制大岡墟的手段而已。管理糧倉的規條，因此也就是管理大岡墟的規條。這套規條並不主張花錢請僱傭兵，相反，這套規條制定了輪班制度，每家居民都要輪流站崗，儘管武器與鑼的費用出自公家。[30] 但是，大岡墟在明末設立的、或在明末清初動亂時期設立的規條，終於決定組建民兵，費用來自大岡墟的稅收，以及向龍山鄉範圍內田地開徵的特別稅。這一小股民兵，就駐紮於大岡墟內。順治六年（1649 年），當地社

28　《崇禎東莞縣志》，頁 354。

29　《乾隆佛山忠義鄉志》，卷 3，頁 4b-5a，卷 8，頁 74a-b，《李氏族譜》（崇禎十五年[1642] 刊，抄本，藏佛山市博物館），卷 5，頁 10b-11b，16a-17b。

30　《龍山鄉志》，卷 2，頁 23a，卷 8，頁 9b-10b，卷 10，頁 38b-41a，卷 11，頁 16a-17b、39a-50a，載《中國地方志集成・鄉鎮志專輯》第 31 冊，總頁 56、93、149-50、161、172-8。

區領袖凡 116 人，聚集於大岡墟的廟宇之內，以這股民兵的名義，祭祀神明。[31]

九江可能也設立了一支地方武裝，因為順治十四年（1657 年）刊行的《南海九江鄉志》收錄了一套更夫巡夜的規條，這套規條重申了訓練及裝備的重要性，但沒有提及文人的領導，而是說："各方會推英雄為統率，歲上元間，有家者釀金、具酒席花紅儀，致敬誓，戒社中子弟，咸聽統率"。[32]儘管佛山、龍山兩地直至十七世紀四十年代為止都很相似，但以上應該是撰寫於十七世紀五十年代的規條的這一款，簡明扼要地顯示出文人的干預，如何改變地方武裝的性質。有了文人領導，地方武裝才能夠與王朝國家聯繫起來，而在珠江三角洲，隨着明朝覆滅，地方與王朝國家的聯繫，已經被各種動亂所打破。沒有文人領導，市鎮的武裝力量就只效忠於自己，也就是說，效忠於被大家推舉為領袖的"英雄"。

首先是保衛地方的需要；其次是人們普遍認為，保衛地方，是太監們在廣東的強橫行動所逼出來的；另外，由社會地位日益提高的鄉居顯宦所組成的地方領導階層，也逐漸成形。這三個現象，在十七世紀初期交織在一起。在許多被"記錄"的事件中，這三個現象交織一起的情況都很明顯。我們不但要注意事件，也同樣要注意事件的記錄，因為文人正是通過書面的、刊行流通的記錄，來表達自己的理念，讓自己有別於普通百姓。萬曆二十八年（1600 年），太監們在新會縣抓了幾十個富人，把他們倒吊在城門上，這場面應該讓當地居民看得膽戰心驚。他們向縣官請願，希望釋放這些富人。但是，當時的新會縣令不僅不同情當地居民的苦難，而且還下令以極為兇暴的手段把請願者

162

31　《龍山鄉志》，卷 11，頁 47b-50a、50a-52a，卷 13，頁 5a-b，載《中國地方志集成・鄉鎮志專輯》第 31 冊，總頁 176-8、178-9、206。撰寫這些規條的，是效忠明朝而犧牲於順治四年(1647)的陳邦彥。

32　黎春曦纂，《南海九江鄉志》，順治十四年(1657)刊，卷 5，頁 31b-32b，引文見頁 32a，載《中國地方志集成・鄉鎮志專輯》（南京：江蘇古籍出版社，1992 據抄本影印），第 31 冊，總頁 305-6。

逐出衙門，結果，人羣互相踐踏，死傷者達五十。太監們還出聖旨，逮捕請願行動的發起人，其中五人是舉人。新會縣的文人於是向北京朝廷求情，終於得到萬曆三十二年（1604 年）的一道聖旨，把這些人釋放。值得注意的是，發起這些請願與遊說行動的，雖然都是新會縣的文人，但何熊祥（見第十一章）這類在新會縣擁有最高功名的人，卻沒有參與。新會縣以各種方式慶祝這些人的獲釋。萬曆三十八年（1610年），新會縣文人建立了三賢祠，紀念十六世紀八十年代清丈土地的知縣袁奎，在釋放被太監逮捕的請願人士一事上居功至偉的署理知縣陳基虞，以及萬曆三十八年當年的縣令王命璿。建立三賢祠的新會文人也在前一年編纂《萬曆新會縣志》，詳細記錄了事件的每一細節。[33]

　　就是在這動盪不安的時代，文人作為一股集團的影響力，遠遠超出他們自己的縣份，這時候的文人集團，與像霍韜那樣的巨頭所編織的關係網是大不相同的。袁奎在新會縣進行土地清丈的時候，正值朝廷下旨，宣佈陳白沙與王陽明得從祀於天下儒學的孔廟。新會縣文人對此消息極感興奮，但陳、王從祀孔廟，並非新會縣文人遊說的結果。但是，在萬曆三十二年遊說朝廷釋放被捕人士的新會縣文人，有着一股鮮明的文人道統意識，連王朝國家也承認這個道統。[34] 崇禎七年（1634 年）南海縣的修路工程，也是文人力量上升的另一事例。這條連接佛山與廣州城的路，由 16 座橋樑、8 處渡口連接而成，建造的理由，*163* 是要為南海與廣州之間提供一條陸路貨運路線，庶幾貨物不至於被水路上為數眾多的海盜所搶劫。這個工程，由李待問負責，支持他的，有致仕鄉居的龐景忠，和九江的朱伯蓮，朱似乎是個有錢人。[35] 龐景

33　《萬曆新會縣志》，卷 1，頁 69b-80a；卷 3，頁 43a-46a；卷 4，頁 30a-b，88b-90b；卷 12，頁 47b-49b。

34　早於正德七年(1512)，新會縣就已經專門祭祀陳白沙的廟宇了，見《萬曆新會縣志》，卷 1，頁 37b-51a；卷 3，頁 30a。

35　郭爾阤、胡雲客纂修，《康熙南海縣志》，康熙三十年(1691)刊，載《日本藏中國罕見地方志叢刊》（北京：書目文獻出版社，1992），卷 2，頁 26b-27a，總頁 58-9；卷 3，頁 8a，總頁 70；卷 15，頁 45a-47b，總頁 313-4。以下簡稱《康熙南海縣志》。《南海九江鄉志》，卷 2，頁 14a-15a，載《中國地方志集成‧鄉鎮志專輯》第 31 冊，總頁 240。

忠曾經寫文章歌頌冼桂奇在佛山的賑災活動，又參與編纂《萬曆南海縣志》，也是出錢出力讓南海縣文人得以在文昌廟舉行拜祭儀式的關鍵人物。[36] 龐景忠珠江三角洲新興文人的典型，他的官位相當小，但積極參與南海縣的事務。即使如此，本地文人始終無法把明朝的軍事這一頁抹去。無論兩廣軍門多麼不濟，自十六世紀六十年代開始，兩廣軍門開始負責防衛廣東沿海。但是，由於其軍餉有限，不足以應付開支，於是兩廣軍門愈來愈依靠"招撫"來應付沿岸海盜。換言之，兩廣軍門不是打算消滅海盜，而是嘗試把海盜收為己用。崇禎七年，海盜劉香率領其艦隊，直搗廣州，沿途焚劫，新會縣有謠言，謂劉香被勸誘"受撫"，為朝廷效力。而總督兩廣軍門都御史熊文燦則把另一股"受撫"的海盜鄭芝龍調來，對付劉香，終於在翌年（1635 年）把劉香打敗。[37] 鄭芝龍的兒子鄭成功，就是未來效忠明朝據守台灣的"國姓爺"。即使遲至崇禎十五年（1642 年），當香山縣小欖以外的沙田地區爆發械鬥時，香山縣的何吾騶仍然尋求官兵協助。[38] 事後看來，歷史學家看到似乎日益嚴重的暴力浪潮，從而預測明朝的覆滅。但事實上，士紳階層正在學習運用暴力，也因此之故，即使當明朝覆滅、一個時代閉幕之際，士紳作為一個階層，仍然熬過來了。

36　《康熙南海縣志》，卷 12，頁 51b-53a，總頁 224-5；有關龐景忠父親龐如捐地予南海縣學一事，見卷 8，頁 4a，總頁 153。

37　《萬曆新會縣志》，卷 3，頁 37a-39b；《康熙東莞縣志》，卷 684b-686b；《康熙南海縣志》，卷 3，頁 8a，總頁 70。有關崇禎八年(1635)的這次戰役，當時有碑記載此事，載何若瑤、史澄纂，李福泰修，《番禺縣志》，同治十年(1871)刊，卷 31，頁 71a-73b，載《中國地方志集成・廣東府縣志輯》(上海：上海書店出版社；成都：巴蜀書社；南京：江蘇古籍出版社，2003)，第 6 冊，總頁 429-30。

38　何吾騶，〈顧侯公綸靖欖溪序〉，載申良韓纂修，《香山縣志》(康熙十二年 [1673] 序刊，抄本，藏香港中文大學圖書館，編號 DS793.K71 C5845 v1-4)，卷 8，頁 13a-14b。

第十三章
明朝的覆滅

164　　　　順治三年（1646 年）的最後幾個月間，廣東竟然出現兩個南明小朝廷，真是夠複雜的。其一是以萬曆皇帝的孫子、桂王為首的朝廷，得到總督兩廣軍門都御史、廣東巡撫、廣西巡撫的支持，桂王於順治三年陰曆十月即位於肇慶，改元永曆，而肇慶也就是兩廣軍門這個司令部之所在。桂王藩封本來就在廣西，自崇禎十七年（1644 年）北京淪陷之後，桂王就一直受到兩廣軍門保護。另一個小朝廷，則是已經亡故的唐王隆武帝的弟弟（也叫唐王）的朝廷，他在順治三年底從海路來到廣州，得到從江西南下的明朝殘餘勢力的支持，唐王在順治三年十一月即位，改元紹武。但是，紹武朝廷曇花一現，同年十二月底，出身明朝但投降清朝的將軍李成棟，出其不意地攻佔了廣州，紹武帝和幾個明朝的王子在廣州城內被砍了頭，也並沒有引起甚麼騷亂。計六奇的《明季南略》稱：“百姓俱剃髮歸順，市不易肆，人不知兵，但傳檄各郡縣耳”，這很可能是引述當時的某些記載。[1] 李成棟攻佔廣州之後，於順治四年（1647 年）開始對付永曆朝廷，他幾乎所向披靡，兩廣軍門被立即擊潰，總督兩廣軍門都御史也被處決。但是，珠江三

165　角洲的抗清運動開始了。率領當地人抵抗清朝，並因此犧牲的陳子

1　計六奇，《明季南略》（康熙九年 [1670] 刊，北京：中華書局，1984），頁 338。

壯、張家玉、陳邦彥，被視為烈士，稱"廣東三忠"。[2]

在廣東的書面歷史上，順治四年珠江三角洲的抗清運動，成為勇氣與忠誠的象徵。有關"廣東三忠"事跡的文字，儘管在清朝大部分時期都被封殺，還是流傳了下來。而且，參考族譜，可以知道，死難者的宗族以口頭傳說的形式，把有關事跡保存在宗族內部。可是，把"廣東三忠"捧為烈士，掩蓋了大部分人輕易投降的事實，也讓我們看不到當時人在如何險惡的環境下作出艱難的決定。例如，何吾騶的角色，就備受爭議。自從李待問死於崇禎十六年（1643 年）之後，何吾騶儼然成為珠江三角洲文人的大老。順治三年，他跑到福州，加入隆武帝的朝廷。但是，隆武帝潰敗，遁逃江西，並被清兵截殺，何吾騶也就返回香山縣家鄉。作為廣州文人的領袖，何吾騶又被扯進曇花一現的紹武帝朝廷裏。關於何吾騶的用舍行藏，有不同的說法，其中一個版本引述當時廣州譏刺何吾騶變節的打油詩，指廣州城被李成棟攻佔之日，何吾騶率領士紳，向李成棟投降。而最近的研究，引述何吾騶的墓誌銘、族譜等資料，則指何吾騶絕對不是投降清朝，而是積極地與陳子壯密謀，打算在李成棟背後起事。[3]

順治三年，廣州被李成棟攻佔之後的平靜是騙人的。屈大均回憶說，那年他 17 歲，在廣州城中跟隨明朝的擁護者、未來的"廣東三忠"之一陳邦彥讀書。屈大均父親把屈大均帶出廣州城，回到家鄉沙亭，即今廣州城郊黃埔附近，並告誡屈大均："自今以後，汝其以田為書，日事耦耕"。另一個名叫方顓愷的人，即成鷲法師，父親於順治二年（1645 年）獲得功名，方顓愷在其自傳中說，順治三年，當紹武帝死於廣州城之後，他們全家連續躲了三天，期間沒有糧食。翌年

2　關於南明小朝廷在廣東的背景，參見 Lynn Struve, *The Southern Ming, 1644-1662* (New Haven: Yale University Press, 1984), pp. 95-138; Frederic Wakeman, Jr., *The Great Enterprise, The Manchu Reconstruction of Imperial Order in Seventeenth-century China* (Berkeley: University of California Press, 1985), pp. 758-83.

3　李履庵，〈關於何吾騶伍瑞隆史跡之研究〉，載廣東文物展覽會編，《廣東文物》（香港：中國文化協進會，1941），頁 612-644；馬楚堅，〈明末何吾騶相國之生平與志節〉，《明史研究專刊》，第 4 卷(1981)，頁 1-57。

(1647 年)，他自己 11 歲，全家仍住在廣州。他記得，當年陰曆四月，有很多人被殺。原來李成棟收到情報，謂廣州城內已經潛伏反叛力量，"各剪其衣內衿令短為號"。李成棟於是派兵當街搜查行人，凡是內衣短小者，立予處決。有一次，他父親因穿着短內衣之故，須爬牆逃匿。搜查行人內衣的謠言，與廣州城外明朝支持者的起義相配合，李成棟如此狐疑，可見謠言很可能是真的。[4]

年輕的屈大均和他兩個弟弟參加了抗清運動。到了順治四年七月，陳子壯已經包圍了廣州，屈大均和其他人都記得，清朝的兩廣總督佟養甲堅守廣州，逮捕和處決了城內幾百名涉嫌支持陳子壯的人，佟養甲還親手處決陳子壯的舅子以立聲威。到了是年九月，抗清力量已經潰敗，張家玉在戰鬥中受傷，傷重不治；陳邦彥在清遠縣城被逮捕，可能是被就地處決，或者被押送到廣州城後被處決；陳子壯則在十月被捕，與 11 名追隨者在廣州城外被處決，這些追隨者多半都擁有低級科舉功名。處決的慘烈過程，被流傳了下來，陳子壯首先目睹其追隨者被一一處決，然後才被處決。傳說他被處以"鋸刑"，可能意味着他並不是被一刀了結。[5]

方顓愷則記得，順治五年（1648 年）是糧價高漲的一年，珠江三角洲所有地方志都可印證。[6] 但是，政局發生了奇異的變化，李成棟與兩廣總督佟養甲不和，於四月"反正"，投降南明永曆朝廷。對於廣州

4　屈大均，《翁山文外》，載屈大均著，歐初、王貴忱編，《屈大均全集》（北京：人民文學，1996），第 3 冊，頁 137；成鷲，《紀夢編年》，康熙五十五年(1716)刊，載蔡鴻生，《清初嶺南佛門事略》（廣州：廣東高等教育出版社，1997），頁 108-9。

5　陳邦彥被處決的情形，記錄於其兒子陳恭尹向南明朝廷上的奏摺中，可知陳邦彥不僅被斬首，還被剖腹刳腸。陳恭尹於順治四年(1647)匿藏於增城縣，由其親家保護，其親家是湛若水的子孫。見陳恭尹著，郭培忠校點，《獨漉堂集》（康熙十三年 [1674] 刊，廣州：中山大學出版社，1988），頁 774-7、882-91。至於十八世紀有關陳邦彥被處決的口頭傳說，見黃佛頤(1885-1946)著，鍾文校點，《廣州城坊志》（無刊行年份，嶺南叢書，廣州：暨南大學出版社，1994），頁 153。有關廣東三忠的事跡，參見李履庵，〈關於何吾騶伍瑞隆史跡之研究〉，載《廣東文物》，頁 612-644；顏虛心，〈明史陳邦彥傳旁證〉，載《廣東文物》，頁 551-587；麥少麟，〈民族英雄張家玉〉，載《廣東文物》，頁 588-611。

6　成鷲，《紀夢編年》，載蔡鴻生，《清初嶺南佛門事略》，頁 109；喬盛西、唐文雅編，《廣州地區舊志氣候史料匯編與研究》（廣州：廣東人民出版社，1993），頁 524-7。

又重新恢復明朝的統治，文人們以恢復士紳禮儀及士紳衣冠來慶祝，鄺露注意到，就是在這個時候，冠裳禮恢復了。[7] 方顓愷回憶，他父親獲南明朝廷授予翰林院的官職，他擔心父親的安全，勸父親留在家中。計六奇的《明季南略》，引述一本似乎是當時廣東的史料，謂永曆朝廷得知李成棟“反正”的消息時，一片歡騰，當初逃匿的官員，現在都前來效力，而逃跑到南寧的永曆朝廷，甚至考慮移蹕廣州，但最後駐蹕肇慶。同年，永曆朝廷下旨開科考試，方顓愷通過了縣試。《明季南略》引述當時廣東的史料，也許更加傳神地把握了開課考試的後果：

> 《粵事記》云：四月二十日，又下考貢之旨。村師巫童以及緇衣黃冠，凡能握管書字者悉投以呈，曰“山東、山西某府縣生員”，必取極遠以為無證。拽裾就道，彌漫如蟻。曾經出仕，僉曰“迎鑾”；游手白丁，詭稱“原任”。[8]

167

屈大均也是當時赴肇慶朝廷效力的人之一。他上書陳述自己的復國大計，但毫無疑問，他未能引起朝廷的絲毫興趣。這年尚未結束，屈大均就已經返回廣州，照顧垂危的父親。但珠江三角洲的一些名望例如何吾騶等，卻被南明朝廷起用。

不過，南明朝廷高興不了多久，李成棟“反正”之後，赴江西指揮作戰，順治六年（1649 年）三月，兵敗身死，廣州在這年之內仍屬南明。何吾騶在南明朝廷的內鬥中被踢了出來，可是，隨着清兵從江西發起的攻勢加強，何吾騶又再次被南明起用。清朝當時組織了一支相當龐大的部隊，由平南王尚可喜、靖南王耿仲明指揮，平定南方。順治七年（1650 年）一月，永曆朝廷再一次逃離肇慶，這回跑到廣西的桂林去了。珠江三角洲的文人們，也就再次告別廟堂政治。二月，清

7　參見本書第十一章，也參見鄺露著，梁鑒江選註，《鄺露詩選》（廣州：廣東人民出版社，1987），頁 78。

8　計六奇，《明季南略》，頁 367。

兵已經兵臨廣州城下。廣州守了十個月，終於在順治七年（1650年）
十一月第二次落入清朝手中，接着的大屠殺，延續了五天。就是從這
個時候開始，全廣東的男子被勒令剃髮留辮。八十二歲的明朝擁護者
黃士俊，投降清朝，依令剃髮之後，成了廣東打油詩譏刺的對象。[9] 同
年，屈大均落髮為僧，可是，他繼續維持明朝學者的裝束，戴起黑頭
巾，似乎不習慣以僧帽示人。[10] 方顥愷的父親，於廣州城破前夕隻身逃
出城。廣州大屠殺之後，他返回廣州，探望家人。他發現清朝政府貼
出文榜，自己竟然榜上有名，被勒令捐出二千兩報效軍需。他於是鬻
田典衣，湊足二千兩，交給清朝。[11] 在九江鄉，據方志記載，"里排如
各處，豬酒投誠"。[12] 何吾騶則返回家鄉香山縣，翌年(1651年) 逝世。

　　方顥愷回憶，順治八年（1651年），清朝下令，擁有科舉功名的
人，必須向政府登記，有幾百人沒有登記，結果被一紙告示革除其功
名。[13] 順治十一年（1654年），李率泰任兩廣總督，順治十四年（1657
年）調任，黃士俊因此撰文歌頌李率泰的德政。黃士俊稱，李率泰上
任之前，"胥吏功曹，嗜民如臘肉，甲士負功驕蹇，侵侮小民，剝口
鞭棰，比於俘擄"，李率泰下令制止了這些欺侮行為。[14] 清朝的廣州八
旗駐防部隊，駐紮於廣州城的西面，廣州城城牆以內面積的三分之一
都成了八旗駐防部隊地區。清朝勝利的標誌是相當明顯的。順治九年
（1652年），平南王尚可喜在廣州北城牆外建得勝廟，靖南王耿仲明則

9　計六奇，《明季南略》，頁 437-8。

10　屈大均，《翁山文外》，載《屈大均全集》，第 3 冊，頁 471-2。

11　成鷲，《紀夢編年》，載蔡鴻生，《清初嶺南佛門事略》，頁 111。

12　黎春曦纂，《南海九江鄉志》，卷 2，頁 32a，載《中國地方志集成・鄉鎮志專輯》第 31
　　冊，總頁 249。

13　成鷲，《紀夢編年》，載蔡鴻生，《清初嶺南佛門事略》，頁 111-2。

14　黃士俊，〈總督李率泰去思碑記〉，載郭爾阤、胡雲客纂修，《康熙南海縣志》，康熙三十
　　年(1691)刊，載《日本藏中國罕見地方志叢刊》(北京：書目文獻出版社，1992)，卷
　　17，頁 5a-7b，總頁 344-5，引文見頁 5b-6a，總頁 344。以下簡稱《康熙南海縣志》。

在該廟西面再建一廟，也叫得勝廟。[15] 嘉靖年間南海縣著名文人方獻夫的祠堂，被清兵徵用，改為佛寺。[16] 而順治八年清朝在廣州開科考試的地點，正是廣州的主要佛寺——光孝寺。寺內的考棚，已經毀了。即使對於光孝寺來說，順治八年可能也不是好過的一年。光孝寺住持天然和尚，在明朝覆亡前夕，與廣州的上層士紳頗有交情。崇禎十七年（1644 年），天然離開廣州，搬到番禺的海雲寺。但是，順治七年，在南明永曆朝廷的延請下，天然又回到光孝寺，繼續擔任住持。[17]《光孝寺志》稱，清兵入城之際，天然離開光孝寺，雖然平南王尚可喜延請他繼續住持光孝寺，但他拒絕接受。在那關鍵的幾年內，光孝寺究竟由誰看管？我們不知道。光孝寺所在地，現在成了八旗駐防部隊的駐地，駐防部隊士兵佔用了光孝寺北面的玄武殿（又稱敕經閣），"將此殿截為一街，現居旗舍"。[18] 不過，平南王、靖南王及其家屬保護了光孝寺，順治十一年，二王及其他人捐資，贖回光孝寺的寺產，又重修大雄寶殿及髮塔。[19] 光孝寺應該也祭祀大屠殺的眾多死難者，我們知道有一處公墓，稱為"共塚"，當時廣州應該還有更多這樣的祭祀場所。[20]

李成棟被殲滅之後，南明已經再沒有力量威脅廣東了。南明在廣東的最後一道餘輝，是李定國於順治十四年帶來的。李定國是流寇張獻忠的義子，本來盤踞四川，後來投降南明。李定國的部隊從廣西攻入廣東，圍困新會縣城達八個月之久，縣城之內人相食度日。但是，

15　仇池石（巨川）輯，《羊城古鈔》（嘉慶十一年 [1806] 刊，順德潘小盤縮印，1981），卷 3，頁 6a-b；蔡鴻生，《清初嶺南佛門事略》（廣州：廣東高等教育出版社，1997），頁 33-34。

16　《康熙南海縣志》，卷 2，頁 35b，總頁 63。

17　同年，尚可喜向天然和尚在番禺的雷鋒海雲寺捐贈了一座鎏金釋迦如來銅佛，見蔡鴻生，《清初嶺南佛門事略》，頁 34。

18　《光孝寺志》（上海：中華書局，1935 年據 1769 年刊本影印），卷 2，頁 10b、14b。

19　《光孝寺志》，卷 2，頁 6b，卷 8，頁 5a，卷 10，頁 16a-17b、23b-24a。

20　鈕琇著，南炳文、傅貴久點校，《觚剩》（康熙三十九年 [1700] 刊，明清筆記叢書，上海：上海古籍出版社，1986 排印），頁 148-9。鈕琇認為，祭祀的對象，是清兵破廣州城之日，從東城門逃散而遇溺於護城河的人，但是，當時王鳴雷撰寫的祭文〈祭共塚文〉顯示，祭祀對象的範圍多得多，見吳道鎔輯，《廣東文徵》（香港：香港中文大學，1973），第 4 冊，頁 438。鈕琇指出，該祭文當日流傳甚廣。

新會縣居然沒有陷落,而李定國也就撤退了。平南王、靖南王統治廣州的二十年,是段艱苦的歲月,但清朝新政府還是站得住。[21]

　　平南王、靖南王在廣州的殘暴統治,產生了許多流傳甚廣的故事,其中部分故事,為康熙三十九年 (1700 年) 在廣東任職縣令的鈕琇所搜集。據鈕琇的記載,二王為營建自己的王宮,苛索官員及當地百姓。鈕琇還記載了尚可喜長子尚之信的暴行,包括鞭打女僕、把宦官的肉切下餵狗等。[22] 究竟這些故事產生於清朝平定廣東之初,還是產生於康熙十五年 (1676 年) 尚可喜病死之前,我們很難判斷。由於靖南王耿精忠於順治十七年 (1660 年) 就被調離廣東,因此支配廣東近二十年的,是尚可喜。尚可喜控制廣州的商貿,私自榨取巨額利潤,這是人所共知的。而尚可喜兒子尚之信的暴行之所以廣為流傳,可能源於康熙十三年 (1674 年) 尚可喜本人反對由尚之信襲封王位的奏疏。康熙十五年,尚之信與雲南的平西王吳三桂孤注一擲,在南中國發動叛亂,是為 "三藩之亂";同年,尚可喜病死。雖然尚之信翌年 (1677 年) 就投降清朝並實際上襲封了平南王的王位,但到了康熙十九年 (1680 年),清朝賜令尚之信自盡,由王朝官僚以外的勢力統治廣東的時代,也告結束。[23]

　　順治三年 (1646 年) 廣州城第一次被清兵攻佔時,珠江三角洲各縣大為震恐。大量記載顯示,許多出身名門巨姓者,因為之前公開參加抗清活動,都四散逃匿;又由於明末官兵力量萎縮,搶劫活動早於廣州城陷落之前就已經開始,並且之後也不減其猖狂;另外,"奴僕" 也四處反叛 "主人",所謂 "奴僕",泛指社會地位卑賤的人,但 "奴

21　《新會縣鄉土志》(光緒三十四年 [1908] 刊,香港:出版機構不詳,1970 年重印),頁41-2;《雲步李氏族譜》(1928 年刊),〈雜錄譜〉,頁 48a-b。

22　鈕琇著,《觚賸》,頁 152-3。

23　姜伯勤,《石濂大汕與澳門禪史 —— 清初嶺南禪學史初稿》(上海:學林出版社,1999);羅一星,〈清初兩藩據粵的橫徵暴斂及對社會經濟的影響〉,《嶺南學報》,1985 年第 1 期,頁 75-81;郝玉麟等監修,魯曾煜等編纂,《廣東通志》,雍正九年 (1731) 刊,卷 62,頁 1a-5b,載文淵閣本《四庫全書》(上海:上海古籍出版社,1987 縮印),第564 冊,總頁 865-7,以下簡稱《雍正廣東通志》。

僕"、"主人"之類的字眼，絕非客觀的描述。何大佐對於當時的"奴變"，有所描述，還記載了順治八年（1651 年）一個蜑民海盜家庭的個案。這個家庭的父親有一條漁船，並駕駛這條船來搶劫其他漁船。為了生存，他加入一個黑幫集團，他的妻妾住在小欖的墟市裏，藏匿他搶劫所得的贓物。可是，他終於掉進法網，他被逮捕了，小欖的暴民們還發現了他的藏寶窟。何大佐的描述，顯示了黑幫頭目與當地巡檢的角力。小欖的侯王廟，每年都要到各村遊神，各村百姓都要孝敬金錢香燭以表虔敬。可是，順治八年，沿海騷亂，抬神遊行的人沒有護衛，不敢把侯王神像從村落抬回小欖鎮，於是向當地巡檢司尋求協助。巡檢帶兵護送一行人坐船把神像抬回小欖，可是，當這一行人把神像抬上岸後，巡檢竟然把船駛走，於是各村百姓孝敬侯王的禮金祭品、甚至抬神遊行的人的衣服，就這樣被巡檢拿走了。抬神遊行的人向黑幫頭目告狀，黑幫頭目率領其艦隊，追截巡檢，把他綁起來，拋下海。可是，就在這年稍後，這名黑幫頭目被他的另一些仇家所殺。[24]

　　新會縣外海鄉的方志，為當地在十七世紀四十年代的動亂留下了互相矛盾的記載。一說外海鄉被認為是盜賊淵藪，幸虧當地一位士紳說服廣東省布政使，才使外海鄉免遭官兵屠戮。一說官府是應當地一位居民的呈請，才出兵剿匪的。順治三年，"白旗賊"蹂躪新會縣及江門等市鎮。翌年（1647 年），外海鄉的奴僕，連同當地其他人一同造反，創立了"社"。到了順治七年（1650 年），部分造反的人還設立了民兵，向當地人徵稅：每畝地 0.8 兩、每口魚塘 0.2 兩。方志稱，這類"奴變"，始於順德縣，並擴散到新會縣來。[25]

　　新會縣三江鄉趙氏的族譜，對於上述的部分事件，提供了詳細的記載。順治三年"奴變"以前，就已經有很多盜賊或海盜，他們趁着

24　何大佐，《欖屑》（無刊行年份，稿本，蕭鳳霞收藏），〈騙神被溺〉、〈殺人奇報〉、〈制台臨鄉〉、〈牛地劚藏事〉各條。何大佐為乾隆六年（1741）舉人，是何吾騶的玄孫，參見〈鄉人利酉科〉條。

25　《外海龍溪志略》（咸豐八年 [1858] 刊，香港：旅港新會外海同鄉會有限公司，1971 重印），頁 23-24。

漲潮，從海岸附近的離島上岸搶劫，奴僕加入盜賊的行列，於是縣城裏滿是盜賊了。他們向富裕人家勒索錢糧，又勒令鄉民在自己屋子上樹立旗幟，讓外人以為他們聲勢浩大。當清兵攻佔廣州城時，新會縣的叛亂者正在圍攻縣城，搶劫城郊。可是，即使在這個階段，新會縣縣城內的市民，仍然守得住，還懲處了部分叛亂者。順治三年（1646年）末，新會縣的奴僕再次造反，據三江趙氏族譜的一篇文章稱，三江鄉是叛亂者攻擊的目標之一，因為三江鄉的奴僕們，一個都沒有參加叛亂集團。叛亂者指名要首先搶劫文章作者的家，叛亂者一上岸，就殺了作者的幾個親戚，把他們的首級插在長矛上，樹立於墟市。這種暴行讓趙氏宗族成員大為震恐，有些人準備戰鬥，有些人則跑到親戚處躲藏起來。此後不久，三江鄉就遭到叛亂者攻擊，趙氏宗族動用火炮，把叛亂者擊退。但是，接着發生的事情，卻相當奇怪：新會縣令逮捕了趙氏宗族的一些成員，雖然趙氏宗族遞狀求情，縣令仍不放人。後來，趙氏宗族捕獲了多名叛亂者頭目（沒有一個是姓趙的），交給縣令，縣令才把之前逮捕的趙氏宗族成員釋放。這篇文章的作者於是帶領武裝，進剿叛亂的奴僕，殺了他們的頭目，燒了他們的村莊，並流放了部分奴僕。之後，三江鄉恢復和平，直至順治十一年（1654年）南明軍隊攻擊新會縣為止。[26]

位處珠江三角洲西南的新寧縣朗美堡陳氏的族譜中，留下了一篇不著撰人的長文〈紀變錄〉，作者稱，當清朝李成棟部隊在他村莊附近擊潰南明軍隊時，他代表陳氏與李成棟議和。順治三年李成棟攻佔廣州之前，新寧縣城被"巨寇"王興的武裝力量圍攻，王興綽號"繡花針"。文章作者與李成棟議和之後，在族中父老的支持下，決定按佃戶繳納的租穀向佃戶抽稅，以便為村莊建造圍牆、並賑濟村內的窮人。陳氏向部分叛亂者開刀，在陳氏祠堂把幾個叛亂者砍了頭。此舉招致陳氏宗族的"叛徒"與奴僕的報復，其中有游佩龍等，"率六鄉賊僕四百餘眾，立社於後山油麻嶺，歃血為誓，由是毆主抄家，拆秤鋸

---

26 《趙氏族譜》（香港：趙揚名閣石印局，1937），卷 2，頁 3b-4b。

門"。翌年（1648年），糧價飆升到饑荒時期的水平，游佩龍及其隨從把糧價上限定為每石130文，並搶劫那些企圖以更高價格出售糧食的人家。文章作者指出，游佩龍以這個措施為名，把原本屬陳氏的幾萬石糧食搬走了。

文章作者把叛亂者標籤為奴僕，以彰顯自己與叛亂者的社會地位差異，而叛亂者限制糧價、破壞糧鬥，也印證了文章作者的標籤。文章作者稱，這些叛亂者，正是順治五年（1648年）年末李成棟"反正"時向南明朝廷購買官職的人。在這幾個月間，文章作者本人為安全起見，也和部分親戚離開自己村莊。但是，他們對於南下平亂的清兵產生好感，於是向由清朝廣州將軍委任的縣令遞狀，請求清朝對付游佩龍。陳氏向清朝縣令遞狀之舉，顯然是要確保自己的行動合法，因為縣令派出來的差役，不過十幾個人，而陳氏自己招募的武裝力量，就超過三百人。陳氏這支武裝衝進游佩龍所在的村莊時，游佩龍已經逃跑，陳氏宣佈赦免游佩龍隨從。

游佩龍並沒有就此罷休。相反，他和同伴向駐紮於新會附近的廣海衛總兵告狀，指文章作者窩藏盜賊。陳氏與他達成和議，他同意讓出自己在該地區所擁有的土地，返回家鄉。文章作者稱，游佩龍回到家鄉之後，試圖再次聚眾作亂，但不成功，於是回到廣海，坐了牢，並於順治十年（1653年）死於獄中。

故事還沒結束。順治八年（1651年），陳氏的村莊再次被盜賊攻擊，陳氏雖然擊退了進犯的盜賊，但連年戰亂，使陳氏人口蒙受相當大的損失。文章作者於是招募廣海衛的士兵，為他們提供田地與住房，以便他們防衛村莊。文章對於此事的記載，完全沒有提及村民與受僱士兵之間的社會等級差別，但陳氏向受僱士兵提供住房，也許暗示村民高受僱士兵一等。糧食價格繼續引發衝突。順治十年，"族孼又聚眾百餘"於祠堂，威脅打算搶劫。有見及此，陳氏動員了十多名"約長"、六十名"義勇"。平時，這些"約長"在每月的某一天到祠堂開會，懲處各類犯事者。這一次，由於糧食價格飛漲至饑荒時期的水平，大家都要求壓抑糧價。幾經辛苦，陳氏宗族終於達成協議，同意管制糧價。各村莊在這個時期的動亂，由此可見一斑。[27]

順治十八年（1661 年），為了封鎖鄭成功的台灣勢力，清朝政府把浙江至廣東沿海地帶的所有居民內遷，是為"遷界"。廣東在康熙八年（1669 年）就取消了遷界，但在其他大部分地區，遷界政策一直執行至康熙二十三年（1684 年）。就珠江三角洲而言，受到遷海政策影響的是東莞、新安、順德、新會、香山、新寧等縣，也就是說，是沙田開發急速的縣。位於沙田邊緣的小欖鎮，被劃入遷界範圍；三江鄉亦即新會縣趙氏的家鄉，和小欖以南所有的沙田地區，都在遷界範圍之內。無法估計究竟有多少人受到影響，但數目肯定以百萬計。[28]

上文引述的新寧縣朗美堡陳氏族譜內的〈紀變錄〉，也為遷界所造成的影響留下寶貴記錄。這篇不著撰人的〈紀變錄〉應該是寫於遷界初期的，因為文章提及百姓內遷，而沒有提及百姓返回家園的情況。作者說，遷界分兩階段進行，康熙元年（1662 年），離海 10 里之內的百姓都必須內遷；康熙二年（1663 年），連離海 30 里之內的百姓也都必須內遷。兩廣總督與提督親自到沿海村莊勘定界線，他們的隨從，因此經過了這位佚名人士的村莊。[29] 三天之後，作者帶着家人到達縣城，把沿途所見寫了下來，其情形宛如一場浩劫："牽牛擔種，負老攜幼，哭聲載路，慘不可聞"，山賊出沒，陸路難行，於是他帶着家人乘船到縣城。兩個月之後，廣海衛的軍隊開進整個遷界區，搗毀所有房屋。在這動盪不安的時期，他和家人一直住在縣城內，還經歷了康熙四年

27　陳紹臣編，《陳氏族譜（觀佐房譜）》（宣統三年 [1911] 刊），頁 16b-20a〈紀變錄〉。有關"繡花針"的精彩描述，亦參見《汶村陳氏愷翁十世孫復新祖房之家譜》，1927 年刊，藏廣東省圖書館，編號 K0.189/273.2。

28　有關清初遷海的背景，參見謝國楨，《明清之際黨社運動考》（原刊 1934 年，北京：中華書局，1982），頁 290-328；羅香林，《一八四二年以前之香港及其對外交通》（香港：中國學社，1959），頁 141-50。

29　《清實錄·聖祖實錄》（北京：中華書局，1985-87 影印），卷 4，頁 10b，卷 9，頁 20b，卷 10，頁 2a-b，卷 33，頁 5b-6a。清朝於順治十八年(1661)及康熙元年(1662)兩度實行遷海政策，廣東沿海地區的地方志可堪印證，例子之一，見：舒懋官修，王崇熙纂，《嘉慶新安縣志》，嘉慶二十四年(1819)刊，卷 13，頁 11b-13a，載《中國地方志集成·廣州府縣志輯》（上海：上海書店，2003 影印），第 18 冊，總頁 864-5。

（1665 年）的饑荒。[30] 在也同樣被勒令內遷的小欖，麥氏宗族的族譜也保留了類似的目擊見證：

> 康熙三年（1664 年）五月十三日，督院盧崇進會各鎮由海洲入新會勘界，二十四日，出示移徙各村。廿五日，余由廣州回，翌日，攜眷過橫江。時村民走亂，村盜賊截奪，來往甚難。及至橫江村，寄寓吳家，女子夜在地臥，男在街宿，不能久居。六月十五日，挈眷出省，至西門外長橋居住。十月日廿三日，知縣、城守親到徙村。是時知縣姚，帶鄉民至邑城安插，並招各處土匪，以靖地方。康熙四年，……三月至五月，大疫，遷徙之人，在邑城省城寄居，感疫而死者甚眾。[31]

新會縣沙富村張氏的族譜指出，康熙元年五月標示新界線的旗幟掛起之後，新會縣靠近三江鄉一帶與廣州的海路交通全部停頓，"重物亦須擔負，一時被徙之民，充切城郭，鳩形鵠面，苦不堪言"。十月，官兵抵達，監督遷界。凡是仍然留在河流地區的，都被抓走，張氏宗族就這樣損失了一百多人。康熙四年，該宗族又有幾十人死於瘟疫。還活着的人，為了裹腹，只好為"投兵充役，賣妻鬻子"。這篇文章稱，所有宗族都遭受同樣的厄運。[32]

至於官兵的橫暴，《康熙東莞縣志》有如下記載："三年春三月，遷民，有觀望未即入界者，副將曹志盡執而戮之"。[33] 鈕琇也將道聽途說所得記錄下來：康熙四年春，當遷界令下達到番禺、順德、新會、

174

30　陳紹臣編，《陳氏族譜（觀佐房譜）》（宣統三年 [1911] 刊），頁 16b-20a〈紀變錄〉。

31　麥應榮，〈廣州五縣遷海事略〉，載廣東文物展覽會編，《廣東文物》，頁 408-417。引文來自麥應榮祖先所寫、麥應榮家族所藏的文獻《遙識篇》，載廣東文物》，頁 412。

32　《清河族譜》（光緒六年 [1880] 刊，藏廣東省圖書館，編號 K0.189/227.4），卷 1，頁 37a-b〈移界復界序〉。

33　郭文炳編纂，《康熙東莞縣志》（康熙十八年 [1689] 刊，東莞：東莞市人民政府，1994 據日本內閣文庫藏本影印），頁 686a。

東莞及香山等縣時，"先畫一界，而以繩直之，多有一宅而半棄者，有一室而中斷者"。[34]

　　對於沿岸許多社區的居民而言，遷界政策毫無疑問造成了最嚴重的人禍。但是，有關遷界的史料卻顯示，遷界政策並不導致沿岸地帶完全變成無人地帶，而是使清朝在沿岸許多戰略地點加強了兵力。其中一個戰略地點就是新安縣的大鵬灣。此地在明朝以來就是個海軍基地，明末清初，為海盜李萬榮所盤踞，直至順治十八年（1661年），李萬榮才被清兵消滅。李萬榮是南明"廣東三忠"之一張家玉的下屬；也是南明永曆朝廷的支持者；也是山賊兼海盜，在相當於今天香港新界的地區劫掠鄉村；並且在當地一條主要的交通路線上勒索保護費。[35] 清兵在遷界政策下加強兵力的另一戰略地點是順德縣。康熙二年（1663年），"海盜"周玉、李榮佔據了順德縣縣城。據鈕琇記載，此二人都是蜑民，手下有幾百條漁船組成的艦隊，部分漁船還配備了瞭望塔和火炮。平南王尚可喜招降了他們，成為他的沿岸兵力的一部。遷界令下達時，尚可喜命令他們把艦隊開進內河，他們反叛，但被尚可喜撲滅，尚可喜因此擴充了為數五千人的一支駐軍。[36] 這些部隊顯然需要補給，因此，兩廣總督於康熙三年（1664年）上奏，請求開放部分沿海路線，以便運送軍糧。在珠江三角洲，這些路線包括位於順德、新會、新安縣的三條路線，朝廷准奏。[37] 值得注意的是，當尚可喜病死、三藩之亂平定、廣東省級衙門的統治恢復之後，官員們卻指責尚可喜，說他縱容僕從及部隊，在所有主要港口、鹽場、漁船停靠的碼頭

175

34　鈕琇著，《觚賸》，頁141。

35　羅香林，《一八四二年以前之香港及其對外交通》，頁146。

36　鈕琇著，《觚賸》，頁140-1；《雍正廣東通志》，卷7，頁11a-b、13a，載文淵閣本《四庫全書》，第562冊，總頁282、283；胡定纂、陳志儀修，《順德縣志》，清乾隆十五年（1750）刊，卷9，頁1a-b，載《稀見中國地方志匯刊》（北京：中國書店，1992影印），第45冊，總頁925。

37　《清實錄・聖祖實錄》（北京：中華書局，1985-87影印），卷15，頁7b-8a，總頁226。

以及海外貿易地點即澳門，壟斷貿易。[38] 而沙田的耕作，即使在遷界期間也沒有停止。小欖的里甲首領於康熙三年向兩廣總督遞狀，請求放棄沙田的地權，讓給他們的佃戶。原來，自發佈遷界令後，蜑賊及海盜就經常來劫掠小欖的里甲首領，官兵來到，這些盜賊就逃跑，官兵則指小欖的里甲首領勾結盜賊。後來，官兵撤退後，蜑賊與海盜的劫掠更加猖獗。結果，導致小欖里甲首領的耕牛、糧食、農具一一失去的，不是遷界令，而是這種猖獗的劫掠。[39] 正如廣東巡撫王來任在康熙八年（1669 年）請求復界的著名奏疏指出：“臣撫粵二年有餘，亦未聞海寇大逆侵掠之事，所有者，仍是內地被遷逃海之民相聚為盜”。[40] 遷界令造成了一種封鎖狀態，沙田地區因此人口銳減，而鄰近沙田的許多村莊也被迫遷移。

康熙八年，兩廣總督與廣東巡撫因辦事不力而被解職。廣東有傳說，稱廣東巡撫王來任自殺。但是，繼任的兩廣總督周有德卻也贊同王來任的意見，請求復界，於是，就在同一年，廣東復界了。[41]

康熙二十二年（1683 年），台灣鄭氏集團投降，翌年，所有南方沿海省份都復界了。就在這同一年，康熙皇帝派遣著名詩人與高官王士禎到廣東，赴廣州黃埔的南海神廟祭祀南海神。這表面上無關痛癢的訪問，其實是充滿政治意味的，它意味着清朝不再與廣東的明遺民為

38　《雍正廣東通志》，卷 62，頁 1a-5a，載文淵閣本《四庫全書》，第 564 冊，總頁 865-7；
　　李士楨，《撫粵政略》，無刊行年份，卷 1，頁 12a-22b。

39　何大佐，《欖屑》（無刊行年份，稿本，蕭鳳霞收藏），〈送田還官並乞弭亂呈〉。

40　舒懋官修，王崇熙纂，《嘉慶新安縣志》，嘉慶二十四年（1819）刊，卷 22，頁 13b，
　　載《中國地方志集成・廣州府縣志輯》（上海：上海書店，2003 影印），第 18 冊，總頁
　　945。康熙元年（1662），順德縣有些百姓，為保全其鄉鎮免遭尚可喜部隊的洗劫，主動
　　“承認”自己是海盜，見鮑煒，〈清初廣東遷界前後的盜賊問題——以桂洲事件為例〉，
　　《歷史人類學學刊》，第 1 卷第 2 期（2003），頁 85-97。

41　《清實錄・聖祖實錄》（北京：中華書局，1985-87 影印），卷 24，頁 338-9，卷 27，頁
　　378；關於王來任在廣東染病而死一事，見鈕琇著，《觚剩》，頁 141；

敵了。[42]

　　龍江鄉的薛起蛟,於 1648 年成為永曆朝廷的貢生,並記錄了當年的"冠裳禮",他在《龍江鄉志》留下了一篇文章,敍述了明朝滅亡至遷界令結束後不久的這段時期的衣飾變化。他説,即使致仕居鄉的高官,也曾經衣着樸素。有人的兒子升了官,直至縣官邀請他們到縣衙門、通知他們兒子升官的消息之前,他們仍然不敢站着與縣官説話。他説,這就是他在明末親眼看到的情形。五十年後,情形卻大不一樣了。人們只要曾經有一官半職,無論是否因犯罪或貪污而被削職,節誕時都穿戴官帽與錦袍。[43] 薛起蛟很看不慣這種對於財富與地位肆無忌憚的炫耀。但是,正如中國其他地區一樣,在珠江三角洲,改朝換代,也就改變了社會。

176

42　關於王士禎訪問廣東以及他與明遺民的交往,見氏著,《廣州遊覽小志》,康熙年間
　　(1662-1720)刊,載四庫全書存目叢書編纂委員會編,《四庫全書存目叢書》(台南縣柳
　　營鄉:莊嚴文化事業有限公司,1996),史部,第 254 冊,總頁 468-71。

43　佚名纂,《順德龍江鄉志》(又名《龍江志略》),民國十五年 [1926] 龍江雙井街明新印務
　　局鉛印本,卷 4,頁 32b,載《中國地方志集成・鄉鎮志專輯》(南京:江蘇古籍出版社,
　　1992),第 30 冊,總頁 842。

第十四章
宗族制度的擴散

到了十七世紀八十年代，天下終於太平了。士紳們的後代，繼續
考科舉；沙田的開發，繼續高速進行。無論是考科舉成名的人，還是
開發沙田致富的人，都會編纂族譜，建造祠堂。可是，與明末比較，
有一顯著的分別：在明朝各個時期，出身珠江三角洲的高級官員，對
於省城廣州的公共事務；在清朝，這類鄉居顯宦都不見了。這時，像
霍韜、方獻夫、李待問、何熊祥等人的宗族，對於省城的政務，再也
沒有明朝那種影響力了。另一方面，由於明朝以來科舉成績的累積，
再加上南明永曆朝廷鬻官賣爵，結果祠堂的數目大增，擁有一官半職
的家庭的數目也大增。十六世紀由鄉居顯宦建立起來的階級鴻溝，被
十七世紀明末的動亂打破了。到了清初即十七世紀中葉，各地社羣，
都變得像本地宗族，在祠堂內祭祖，這種現象，已經司空見慣了。

明清時期的宗族建設

宗族的建設，不必等到十七世紀八十年代才重新開始。事實上，
宗族的建設從來就沒有停止過。南海縣佛山附近的深村蔡氏，於天啟
六年（1626年）建造了統宗祠，並分別於崇禎七年（1633年）、順治
十六年（1659年）、康熙十四年（1675年）、康熙二十年（1681年）、康
熙四十一年（1702年）建造支祠。蔡氏族譜收錄了一篇晚出的文章，

178　警告説，許多神主牌位上的官職都是假的。[1] 在廣州城附近的畔溪梁氏，其族譜也收錄了一篇順治十四年（1657 年）的文章，記載該宗族如何經歷了十年動亂之後，重新掌握族產。[2] 順德縣沙窖陳氏，於嘉靖十年（1531 年）建立祠堂後，並於順治九年（1652 年）、順治十八年（1661 年）兩度重修。[3] 陳氏的家族文獻顯示，該祠堂曾被搗毀、族產的契據被弄不見，而祖嘗還被宗族的成員包括奴僕侵佔。[4]

就東莞縣南社村謝氏而言，宗族建設是與清初時期的自衛工作一同出現的。謝氏所在的村莊，原本是個多姓村。嘉靖三十四年（1555 年），謝氏就已經為自己建立了大宗祠，可見這時的謝氏應該已經相當富裕。萬曆四十二年（1613 年），謝氏成員捐出近 350 兩白銀，重修大宗祠。謝氏的大宗裏，擁有科舉功名的成員並不多，但大宗裏的一個支派，在十六世紀下半葉出了幾個生員，他們編纂了《南社謝氏族譜》，並建造了自己的支祠。為此舉撰文作記的，竟然是個大人物 —— 南明廣東三忠之一的陳子壯。陳子壯的文章指出，謝氏這個支派沒有把自己的族產分掉，而是由支派的父兄集體管理族產。這個支派還建造了兩間祠堂，各祭祀最近五代祖先，而近年來，該支派的管理更形完備云。

崇禎十六年（1643 年），盜賊前來劫掠，謝氏猝不及防。族譜裏留下了一篇當時人寫的文章，對事件記錄甚詳。當盜賊進犯之初，謝氏聘請了為數 20 人的一小隊僱傭兵來防守，村中的男子或躲到山裏去，或把家人搬出村外，逃到廣州城裏。盜賊攻破了村莊，抓住村中男

1　《南海深村蔡氏族譜》（光緒元年 [1875] 刊，藏廣東省圖書館，編號 K0.189/619），卷 18，有關神主牌位上的官職是偽造的這種看法，見卷 18，頁 2b。

2　《梁肇基公族譜》（刊行年份不詳，藏廣東省圖書館，編號 K0.189/403.2），頁 8a-9b。

3　《順德沙窖陳氏族譜》（道光二十八年 [1848] 刊，手稿，不分卷，無頁碼，藏廣東省圖書館，編號 K0.189/278），〈陳氏先祠基始〉。

4　參見《譚氏族譜》（康熙三十一年 [1692] 刊，藏新會縣景堂圖書館，編號 D/D923-7），無頁碼，其〈重修家譜序〉提及該宗族一間祠堂毀於清初的動亂，並為之悲歎不已。《番禺五鳳鄉張氏宗譜》（光緒二十三年 [1897] 刊，藏中山大學圖書館，編號「史 [2]507」），也記載了康熙九年（1670）的一宗訴訟，見卷 1，頁 16a-17a。張氏控告一名奴僕，指他侵吞張氏財產，他顯然很富有，並且參與省級衙門的財政事務。

女，勒索贖金。謝氏向鄰近村莊求助，希望拯救族人，但徒勞無功。
盜賊撤退後，謝氏開始佈置村莊的防衛措施。他們建起一道圍牆，把
村莊圍起來，還建起瞭望塔，準備了武器，放哨巡邏。這個防衛工程
總費用約七百兩，由族中一名成員捐出。圍牆動工於順治元年（1644
年），竣工於順治七年（1650 年），可真是建得一點都不嫌早，因為，
順治五年（1648 年），盜賊又來劫掠。這一次，謝氏自衛成功了。族譜
還收錄了康熙十五年（1676 年）有關防衛事務的一張告示，呼籲村中
的僱傭兵守法，並謂即使村莊關閉大門，亦保證向他們發放口糧；而
提供口糧的，應該就是村中的大姓謝氏了。可見，在這非常時期，像
謝氏這樣的大姓，面臨着嚴峻的考驗。《南社謝氏族譜》的編纂凡例
中，有些特別條款，也許就是這背景下的產物。該族譜幾篇序言，最
晚者成於康熙十年（1671 年），可見該族譜也許刊行於這一年。該族譜
《族譜凡例》重申，赴祠堂祭祖，須堅守勿替；對於有困難的族人，須
提供救濟；《族譜凡例》還呼籲離散的族人重返村莊，並且指出，自從
村莊建立圍牆之後，外人亦進村尋求保護。人們當時要提防的，不僅
是盜賊。《南社謝氏族譜》收錄了謝瑣齡的〈上平南王啟〉，這呈遞給平
南王尚可喜的狀子，詳細記載了謝氏一名成員企圖訛詐勒索的過程。
這名成員宣稱要支付廣州城清兵鑄造火炮的費用，向族人收費。這份
狀子顯示，在這動盪不安的時期，要保全自己，不僅要有能力打退真
正的盜賊，也要避免被官府視為盜賊。族譜還有一份寫於 1650 年的序
言，用的卻是南明永曆朝廷的年號。可見，直至廣州城被清兵攻佔之
前，謝氏仍然效忠南明；而族譜裏部分成員的傳記，也說他們接受了
南明永曆朝廷的官職，這也是謝氏效忠南明的證據。[5]

　　有人可能以為，如果宗族裏有人效忠明朝，因而被清朝當成叛
逆分子來追捕，這些宗族也許會儘量淡化自己與他們的關係，以免受

5　參見《南社謝氏族譜》（1942 年抄本，感謝東莞縣楊寶霖先生提供）以下的文章：謝氏一
　　間落成於萬曆四十一年(1613)但沒有名號的祠堂的重修碑記；陳子壯，〈澄源謝公墓志
　　銘〉；〈甲午年本鄉寇變〉；〈本圍譙樓志〉，其中包括丙辰年即康熙十五年(1676)的〈守
　　圍規條〉及〈諭帖〉；〈族譜凡例〉；〈重修族譜序〉；〈南社族譜序〉；謝瑣齡，〈上平南王啟〉。

到牽連。但事實似乎並非如此。十七世紀八十年代，清朝放鬆了其政
治管治，並且產生了真實的效果。屈大均加入南明朝廷，參與抗清運
動，後來削髮為僧，順治十四年（1657 年），他乾脆離開了廣東，直到
康熙八年（1669 年）才回到廣州。康熙十三年（1674 年），屈大均一度
為吳三桂效力，但很快就辭了官，再度返回廣州。屈大均於流放山西
期間娶妻結婚，妻子死後不久又再娶。直至康熙皇帝的特使王士禎於
康熙二十三年（1684 年）訪問廣東之前，屈大均都沒有返回自己沙亭
的老家。王士禎訪問廣東之後，屈大均的生涯終於出現了重大變化。
這時，屈大均已經 56 歲，以詩文及學問著稱，他雖然滿腹牢騷，但大
概是相當富裕的。康熙二十五年（1686 年），他的一名妻妾過世，他
心愛的十幾歲的女兒也過世，他於是返回沙亭定居，在沙田地區購置
了 37 畝地。屈大均說他自己躬耕隴畝，實際上這意味着他聘請了僱
工來進行耕種。屈大均就康熙二十六年（1687 年）收割稻米的情況，
留下了一篇簡明扼要的記載。他調集了三艘"泥船"，每艘船乘坐十名
僱工，前往自己的稻田，途中經過了七片正在築堤造田的地段。他們
把稻穀連莖帶穗割下，運到離自己村莊二里地的曬穀場攤曬。一名男
子，勞動一整天，才能夠收割半畝稻田。對於畝產三石，屈大均甚為
高興。禾稈可當作燃料，而禾稈燒成灰後，又可當作肥料。屈大均"家
貧"，沒有僱請僕人。他說，假如能有兩名僕人曬鹽，兩名僕人養鴨，
兩名僕人採集河邊的貝殼、蝦、蟹之類，"則歲無不足於海鮮矣"。要
把收割了的稻穀脫殼，得靠一座由三頭牛拉動的石磨。稻穀脫殼成為
稻米之後，就被一擔擔挑回家去。之後，數以百計的蜑民婦女，前來
撿拾剩餘的稻穗。這個收割工序為期 14 天，也是種植稻米過程中最忙
碌的工序。[6]

　　屈大均定居沙亭，也因此促進了沙亭屈氏的宗族建設。當時，沙
亭屈氏似乎還沒有祠堂，沙亭幾批屈氏家庭定期祭祀的，不是祖先，

6　屈大均，《翁山文外》，載屈大均著，歐初、王貴忱編，《屈大均全集》（北京：人民文學，
　　1996），第 3 冊，頁 116-19、187-88、428-30；汪宗衍，《屈翁山先生年譜》（澳門：於
　　今書屋，1970）。

而是侯王。據稱，是屈氏開基祖在宋朝把侯王的神像帶來沙亭的。侯
王廟的具體位置，與屈氏定居沙亭，關係密切。據說，當屈氏開基祖
以官員身份來到沙亭時，他的船上就載着侯王的神像。這條船停泊之
處，就是後來侯王廟建造之處。沙亭村屈氏相信，多得侯王保佑，闔
村方得安泰，而"吾宗有大事，必往祈玟籤，其應如響，婦人孺子，皆
奔走將事恐後，曰吾祖廟也"。康熙二十三年王士禛祭祀南海神之後，
沙亭屈氏也開始到附近的南海神廟獻祭。幾百年來，南海神廟都是南
海神的主要廟宇。屈氏在南海神廟內建了一座偏殿，供奉幾名十五世
紀的祖先。為此，屈氏向南海神廟捐贈了約 668 畝土地。屈大均的兄
長，比屈大均本人更積極參與南明的抗清運動，寫了篇文章記載此
事。屈氏的捐贈，為南海神廟帶來地租收入，解其向官府交稅的燃眉
之急。但屈氏絕非唯一捐田予南海神廟的大姓。附近有岑氏，也宣稱
與南海神廟關係密切。因為南海神夫人就是姓岑的。另也有一陳氏，
也像屈氏一樣，捐田予南海神廟，以便在廟內另闢偏殿，供奉陳氏的
一名祖先。無論如何，屈大均指出，由於屈氏向南海神廟捐贈祭田，
再加上沙亭靠近南海神廟，所以屈氏都視南海神廟為自己的"家廟"。
自明初以來，沙亭也有一小型的南海神廟，作為迎接南海神駕臨的行
宮，以便沙亭村民一年到頭都可向其獻祭。[7]

　　屈大均很明白自己的宗族與附近的侯王廟、南海神廟關係密切，
他自己也積極促進屈氏宗族的建設。他堅信沙亭屈氏是戰國時代楚國
官員屈原的後人，屈原忠君愛國，由於意見不被楚懷王接納，據稱投
河而死。這個傳說也許特別引起屈大均的政治共鳴。無論如何，屈大
均把自己坐落山上、面對沙亭的家，改建為三閭大夫祠，又於三閭大
夫祠後建"嬋媛堂"，祭祀屈原的姐姐女嬃，根據古代文獻，屈原絕望
之際，女嬃安慰屈原。屈大均還在河邊建造小亭，紀念屈原之投河。

　　屈大均另外買了一塊地，建造祠堂，祭祀自己這一支派的四名早

181

7　屈大均，《翁山文外》，載《屈大均全集》，第 3 冊，頁 335-7、339-40；屈大均，《廣東新
　語》（約康熙三十九年 [1700] 刊，香港：中華書局，1974 排印），頁 205-7；崔弼，《波
　羅外紀》（光緒八年 [1882] 據嘉慶二年 [1797] 重刊本），頁 3b-4a。

期祖先。他又把自己父親的房子改建為"祔食祠",以祀舉族之殤與無後者,且要求自己與自己的子孫每年祭祀他們,屈大均還把這要求白紙黑字寫下來,張貼於該祠堂內。[8] 對於廣州地區祠堂數目眾多,屈大均有一段著名的描述:

> 其土沃而人繁,或一鄉一姓,或一鄉二三姓,自唐宋以來,
> 蟬連而居,安其土,樂其謠俗,鮮有遷徙他邦者。其大小宗祖禰
> 皆有祠,代為堂構,以壯麗相高。每千人之族,祠數十所;小
> 姓單家,族人不滿百者,亦有祠數所。其曰大宗祠者,始祖之廟
> 也。庶人而有始祖之廟,追遠也,收族也。追遠,孝也;收族,
> 仁也。匪諂也,匪諂也。[9]

以上引文,來自屈大均的《廣東新語》,該書完成於康熙十七年(1678年)。[10] 這時,祠堂遍地開花,已經是人所共見的現象。但祠堂並不是從來都普遍存在的。不過一個世紀前,平民百姓而建造祠堂,就曾經是新奇的事情。

到了清初,要鞏固宗族的理念,再好不過的手段,就是建造一座祖先祠堂。因此,族譜裏滿是建造祠堂的記錄。有本事的宗族,不僅為全族的嫡長祖先建立所謂"大宗祠",還為個別支派的祖先建立所謂"小宗祠"。這些辭彙可能令人混淆,因為,既然一般人都相信祖先子孫代代相傳,則某姓氏在一村內的長房即"大宗",在更大的地理範圍之內,可能就是長房之外的支派即"小宗"。但是,明朝的龐嵩,就已

8　屈大均,《翁山文外》,載《屈大均全集》,第 3 冊,頁 216-7、319、329-33;屈大均對於女性的文化修養也很留意,參見該書頁 82-84 有關"西屈族姑韓安人"這位屈氏宗族內的女詩人的文章。

9　屈大均,《廣東新語》,頁 464。

10　汪宗衍,《屈翁山先生年譜》,頁 118。麥哲維(Steven Bradley Miles)曾經私下與我討論,指以上引文描述的是康熙十七年(1678)之後的事情。但我認為汪宗衍的看法仍然是站得住的,但由於目前的《廣東新語》排印本是根據康熙三十九年(1700)前後刊行的版本而排印的,也許之後的修訂未被目前的《廣東新語》排印本所收納。

經從禮儀的角度，把大宗祠、小宗祠如何共存的問題解決了。祠堂的主殿，安放"始祖"的神主牌位，是為"不遷祖"，由每一代的長房嫡子即"宗子"祭祀；始祖之外的各房祖先，則以每一代算起的最近四代為限。在"不遷祖"和各房最近四代的神主牌位兩側，則安放宗族裏有功名及德行的成員的牌位，以及捐資興建或重修祠堂的成員的神主牌位，這兩側的神主牌位，以及祠堂正中的"不遷祖"牌位，都是永久饗祭的。[11] 屈大均不僅記下龐嵩（振卿先生）的規條，也記錄了龐嵩的知識背景。龐嵩是廣州天關書院的名師，該書院是湛若水創立的，龐嵩祭祀湛若水，就像湛若水祭祀陳白沙一樣。屈大均還記載了自己會晤龐嵩曾孫龐祖如的情形，龐祖如模仿天關書院的形制，在老家彌唐村建造了一間書院。屈大均悲哀地指出，明朝覆滅後，廣州的書院都毀了，取而代之的，是佛教寺院。屈大均推崇十六世紀龐嵩的祠堂設計，可能是屈大均堅持儒家立場對於佛教再度崛興的一種反應，雖然屈大均自己年輕時曾經剃度，但屈大均認同儒家的知識傳統，多於認同佛教。[12]

在實踐上，宗族內部的祠堂建造，意味着宗族各支派正式組織起來，成為有法人色彩的團體，香山鄭氏自元朝以來就已經富裕而強大，明初，香山鄭氏編纂了幾本族譜，宣稱與著名的浙江義門鄭氏有淵源。[13] 更有甚者，在十六世紀，香山鄭氏的部分支派，由於參與澳門的海外貿易而致富。[14] 康熙十年（1671 年），香山鄭氏編纂了族規，這套族規洋溢着明顯的管治味道。族規定明了族長、族正的權責，族長

11　屈大均，《廣東新語》，頁 464-65。露比・華生對於香港新界廈村鄧氏祠堂的描述，與《廣東新語》的描述非常接近。

12　屈大均，《翁山文外》，載《屈大均全集》，第 3 冊，頁 86-87。

13　《義門鄭氏家譜》（光緒十五年 [1889] 刊，藏廣東省圖書館，編號 K0.189/140），卷 1，鄭弘道（1410-64），〈初修家譜引〉，他是鄭氏第十一世孫。他指出，九世祖鄭宗得（1371-1431）在浙江做官時，建立起香山鄭氏與浙江義門鄭氏的聯繫。他還指出，也同樣是第九世的某位成員，送了一兩銀予浙江義門鄭氏的某位成員，"始知吾宗原歷出其派矣"，《義門鄭氏家譜》寫於乾隆十六年（1761）的〈再修家譜序〉，香山鄭氏第十八世的成員繼續努力從浙江義門鄭氏的歷史中找尋材料，補充自己的族譜。

14　《義門鄭氏家譜》，卷 27，頁 19a-b。

是根據年齡選出的，族正是根據辦事能力選出的。族規又禁止宗族成員打官司，特別以霍韜的家訓為根據，規定由族長、族正裁決宗族成員的內部矛盾。族長、族正得到宗族的支持，得以在祠堂內行刑，懲罰犯事者。族規又強調要劃分宗族及私人財產，這反映出，當時人們假設，族產是作為"老戶"而被登記於里甲的，宗族內的私人財產，則成為"爪戶"。[15]

183

香山鄭氏於康熙十年（1671 年）建造的祠堂，祭祀其八世祖鄭廷實。鄭廷實據說活躍於元末，住在龐頭村，有三個兒子，長子鄭宗榮搬到錢山村。鄭宗榮也有三個兒子，長子及二子搬到一條濠頭村，三子則留在錢山。該支派在十八世紀之前，建造了另外三間祠堂：天啟四年（1624 年），他們建了一間祠堂，祭祀鄭宗榮的長子及二子；康熙五年（1666 年）、康熙三十八年（1699 年），他們又建了兩間祠堂，分別祭祀鄭宗榮的一名曾孫。隨着這個支派的祠堂愈建愈多，連他們的親戚也開始受惠。康熙十一年（1672 年），他們另建一間祠堂，祭祀鄭氏在宋朝首先定居香山縣的祖先。此舉與之前一年族規之編纂相距如此之近，這就顯示，只有到了這個時候，這條村（或者附近村莊）的所有鄭氏，才被整合到單一宗族的框架內。到了光緒十五年（1889 年）《義門鄭氏家譜》刊行時，這個鄭氏宗族已經有 44 間祠堂，其中只有 5 間是在十八世紀以前興建的。[16] 這相當清楚地顯示，清朝的宗族追尋譜系現象，與明朝建造小宗祠的現象，沒有必然關係。小宗祠的普遍出現，是清朝獨特的現象。

我們可以想像，經過一段時間之後，一個大宗族如何在眾多祠堂中祭祀大宗與小宗的各個祖先。當這些祠堂各擁祖嘗以祭祀本支祖先及贍養本支子孫時，則表面上的同一個宗族，很可能就以各個祠堂的

---

15 《義門鄭氏家譜》，卷 1，〈榮陽鄭氏家規〉。

16 《義門鄭氏家譜》，卷 18，頁 4a-6b；另參見該譜內的傳記資料：卷 27，頁 1a-10a，22b-23a，39b-41b；卷 28，頁 4a-6b。Choi Chi-cheung, *Descent Group Unification and Segmentation in the Coastal Area of Southern China* (Ph.D. dissertation, Tokyo University, 1987), pp. 115-16.

堂號為名義，建立起以財產權和祭祀責任為基礎的多個關係網，從而建立宗族的內在組織。莫里斯・費里德曼（Maurice Freedman）把這個發生於宗族內部的現象稱為"枝節化"（segmentation）。露比・華生（Ruby Watson）也利用這個概念，研究香港新界廈村的宗族，指出"枝節化"導致宗族內部的貧富差距。[17] 其實，用祖先的名義把各家各戶組合起來，這個過程並不總是能夠在真正的家庭的脈絡下進行的。因此，可以說，要證明誰是誰的祖先、誰是誰的子孫，證據應該是薄弱的。於是，追尋祖先、把某房某派納入或逐出譜系時，總會重構宗族的歷史。所以，鄭振滿的看法更加正確，他指出，宗族的建設，各有不同策略。也就是說，既可以是不同家庭聯合組成宗族，也可以是同一宗族內部衍生出不同的支派。[18] 愈成功的宗族，其子孫繁衍愈夥，祖嘗愈富，房派分化愈頻繁，以大宗祠為中心的各房各派的數目也就愈多。當然，這都意味着，一個人隸屬於不止一個祠堂，是毫不稀奇的。至二十世紀初，僅小欖一鎮就有 393 間祠堂。[19]

　　十七世紀末，里甲制度在珠江三角洲一度復興，這對宗族建設也有促進作用。石灣及大岸霍氏有一篇相當複雜的文書，為里甲與宗族的關係提供了最詳細的說明。石灣是佛山外圍的一個小鎮，以生產陶瓷著稱。石灣霍氏族譜所收錄的文書顯示，宗族建設的主要目的，是為了累積祖嘗。

　　石灣霍氏的文書之中，有撰寫於順治十二年（1655 年）的〈開圖合同〉，內含多份契約和規則，內容都是關於霍氏大岸支派在里甲制度中的角色。問題的核心是交稅的安排。正如主要的契約所指出：

17　Maurice Freedman, *Lineage Organization in Southeastern China* (London: Athlone Press, 1958); Rubie S. Watson, *Inequality Among Brothers: Class and Kinship in South China* (Cambridge: Cambridge University Press, 1985).

18　鄭振滿，《明清福建家族組織與社會變遷》（長沙：湖南教育出版社，1992），頁 62-118。此書英譯本，見 Zheng Zhenman, trans. Michael Szonyi, *Practicing Kinship, Lineage and Descent in Late Imperial China* (Stanford: Stanford University Press, 2002).

19　何仰鎬，《欖溪雜輯》（刊行年份不詳，稿本，感謝蕭鳳霞教授提供）。

　　　　眾等居屬連里，戶籍寄付各圖，但原編里甲，因糧湊役，無
　　分彼此。垂歷年久，里自雄長，收納迴異於初。兼之近來兵興之
　　際，加派與公務浩繁，遵納罔敢有異。其中里長又有乘機多生
　　枝節，大不堪言。夫物窮則變生，事急則計易。當此煩難，正思
　　改弦。見得登雲、丹桂、簡村等堡洗以進等，納餉開圖，歷有成
　　例。會議循舉，同心合德，聯為一圖十甲，列為雲津二十貳圖。[20]

　　以上的安排，有一部分是我們非常熟悉的。在以上這個新安排之
前，霍氏大岸派被編到現年里甲之中（這裏的"圖"相當於"里"），這
就是說，大岸派代石灣霍氏交稅，以便獲得接納，成為霍氏宗族的成
員。但不太為人所知的是，在清初，這類依附於宗族的支派如果把自
己獨立出來，編成正戶，直接交稅，是更加划算的。作為這份契約的
補充文件的規條，也清楚顯示，簽約各方對於直接編戶的成本與好處
都很清楚。凡涉及官府的事務，他們將輪流處理，但他們的責任與付
出已經清楚列明了（例如，農曆新年的春宴，食物列明為十五斤豬肉與
一醰酒；招待人數每甲以四至五人為限）。至於好處，也是規則所寫明
的，就是他們因此能夠避免被所謂"豪橫"說成是"子戶"，從而被攤
派雜費。[21]

　　因此，對於珠江三角洲的許多地主而言，清朝里甲制度的建立，
可以說是明初經驗的重複，也就是說，編入里甲，向官府交稅，換取
官府對其社會地位的承認。但另一方面，清初的情況畢竟有所改變。
在清朝，"里"、"甲"這類字眼不再用來指涉身份，儘管在官府的記錄
中，這些字眼仍然作為行政組織而存在。正如〈開圖合同〉其中一款所
言：

20　《太原霍氏族譜》（刊行年份不詳，無頁碼，藏佛山博物館），卷 4，〈開圖合同〉。

21　參見《太原霍氏族譜》卷 4〈開圖合同〉所附載的規條。關於"子戶"的研究，參見片山
　　剛，〈清末広東省珠江デルタ圖甲表とそれおめぐる諸問題：稅糧、戶籍、同族〉，《史學
　　雜誌》第 91 卷第 4 期(1982)，頁 42-81；劉志偉，《在國家與社會之間 —— 明清廣東里
　　甲服役制度研究》（廣州：中山大學出版社，1997），頁 261-75。

一、敦義氣以重世好：我輩開圖共好，其中亦有二、三家而共一甲，雖首名為里排，餘為甲首，此不過照造黃冊之體式，然皆同心創始，隨糧輸納，隨糧充役，並無里甲之分。[22]

隨着十七世紀一條鞭法的推行，丁稅基本上與納稅者所擁有的土地掛鈎。這時的里甲，已經是負責交稅的單位，而非計算稅收的單位。不用說，登記到里甲中、負責交稅的家庭，應該是擁有相當勢力的。香山鄭氏這種以里甲為基礎的聯盟，似乎維持下去了。康熙三十六年（1697 年）、康熙五十一年（1712 年），由於官府收稅的手續改變，香山鄭氏也制定了新的規條。

高層級宗族

莫里斯・費里德曼強調，華南宗族是一種控制財產的制度，因此注意到本地宗族與高層級（high—order）宗族的分別。所謂本地宗族，是指村莊內的組織；所謂高層級宗族，是指村莊以外、宣稱來自同一祖先譜系的組織，高層級宗族往往是在縣城或省城設立宗族組織。費里德曼的這種區分是有用的，但必須指出，雖然本地宗族與高層級宗族賦予成員的權利各有不同，但這兩類宗族都有共同基礎，它們都相信自己來自同一祖先，而它們的管理方法，也是伴隨着十六世紀基層政府的行政改革而產生的。相信自己來自同一祖先、在宗族內制定管理條例，意味着宗族成為一個地方社會與王朝國家都接受的共同制度，而禮儀繼續成為這個制度的一部分。宗族要擁有財產，才能夠創造收入，維持定期祭祀，這個觀點是廣為人所知的。但是，這個觀點所沒有照顧到的，是宗族控制財產、維持祭祀的方法及其演變的過程，在這個過程中，宗族產生了新的、無法想像的特色。

把大家都源於同一祖先這個信仰，結合到宗族財產的管理中，對此，本書第十一章已經提及的小欖及附近地區的麥氏，提供了一個有

22　參見《太原霍氏族譜》卷 4〈開圖合同〉所附載的規條。

趣的個案。麥氏相信自己是隋朝（589—617 年）麥鐵杖的子孫，是廣
東的原住民。成化十四年（1478 年），廣東北部的南雄府城外，有一紀
念麥鐵杖的牌坊落成，紀念此事的文章〈敕修鐵杖樓記〉，成為明清時
期有關麥鐵杖的最早文獻。《隋書》也提及麥鐵杖，這篇文章運用《隋
書》的記載，形容麥鐵杖效忠隋朝，戰死於北方。由於麥鐵杖生於南
雄府始興縣，因此，為紀念麥鐵杖的忠義，就有足夠的理由在南雄為
麥鐵杖樹立牌坊。文章沒有說麥氏通過樹立牌坊而設立集體祭祀麥鐵
杖的制度，但是，小欖麥氏族譜稱，此舉使麥氏部分支派得以每年祭
祀麥鐵杖，這個看法，應該是可信的。無論如何，〈敕修鐵杖樓記〉指
出，為麥鐵杖樹立牌坊，是當地官員奉皇帝詔令而進行的，為麥鐵杖
提供祭田，也是出於官府的命令。愈到後來，麥鐵杖的故事就生出愈
新的情節，例如，麥鐵杖據說曾經效力於冼夫人，冼夫人是南北朝至
隋朝期間投降並效忠中原王朝的南方酋長。在十五世紀，當明朝首都
因北邊蒙古人的侵略而惶恐不安、而兩廣也開始出現"猺亂"時，面對
"夷狄"的侵略而大講忠義，等於是明朝當時的政治宣傳。[23]

　　康熙二十五年（1686 年），麥氏在廣州城的桂香街建了一間祭祀麥
鐵杖的祠堂。這祠堂與當時南雄府城外麥鐵杖牌坊的遺跡大不相同。
187 我們知道這個分別，原因是一年之前（1685 年），順德縣龍江鄉麥氏的
一位成員探訪了麥鐵杖的家鄉 —— 南雄府始興縣百順村，並寫了篇文
章，描述了當地興建於萬曆三十九年（1611 年）的麥鐵杖墳墓及祠堂。
小欖麥氏需要進行探訪，因為他們要知道麥鐵杖容貌的大概，以便塑
造一尊麥鐵杖的塑像，安放於廣州的麥鐵杖祠堂中。這篇文章稱，百
順村有一座祠堂，祠堂內的神案上，有兩座祖先塑像，一舊一新，還
有"龍牌"即皇帝敕賜的牌匾，上書"敕賜麥鐵杖公祠"幾個金漆字；
在神案兩側，各有一座軍吏塑像，一持麥鐵杖的鐵杖，一持麥鐵杖的
印璽。而定期祭祀麥鐵杖的，不是他的子孫，而是當地的巡檢及其他

23　盧祥，〈敕修鐵杖樓記〉，載《麥氏族譜及輿圖》（同治二年 [1863] 刊，藏廣東省圖書館，
　　編號 K0.189/521），卷 4。

異姓之人，這樣的格局，更像一間祭祀神靈的廟宇，而不像一間祭祀祖先的祠堂。

這位來自小欖麥氏的訪客，把他在百順村遇到的八位麥氏成員的名字寫了下來，他還知道當地只有十幾個麥氏後人。他又探訪了麥氏永安堂支派的村莊，這個支派遷離了百順村，他會晤了五人，記下了他們的名字。他們告訴這位訪客，在著名的珠璣巷沙水村也有麥氏的支派，珠璣巷就是傳說中宋朝南雄百姓逃往廣州附近的通道。這位訪客還了解到，沙水村曾經有一座祭祀麥鐵杖的祠堂，由於祠堂傾，所以麥鐵杖的塑像才被移到百順村，這就解釋了為何百順村有兩座麥鐵杖的塑像。這位訪客請求將其中一座麥鐵杖塑像搬到廣州，以便由廣州麥氏祭祀。但當地人不准。既然如此，這位訪客就僱請了當地一位畫家，把麥鐵杖的容貌畫下來。這位訪客又請求把百順村麥鐵杖祠堂中兩根鐵杖之一拿到廣州，當地人又不准。這位訪客於是要求擲杯以請示祖先，看祖先是否批准他的請求。擲杯的結果，顯示祖先批准他的請求，於是，這位訪客終於把一根鐵杖請回廣州。[24]

廣州麥氏的祠堂落成於康熙二十五年，這是當時流行的三間式祠堂，相當寬敞。但與其他家廟不同，麥氏祠堂的神壇中央，安放着麥鐵杖的塑像，塑像之前，則安放三排祖先神主牌位。康熙三十三年（1694 年）的一份記載顯示，神壇上共有 39 塊神主牌位，其中 36 塊屬明朝之前的祖先，三塊屬明朝的祖先。這 39 名祖先之中，最早的就是麥鐵杖；其餘則為珠江三角洲各地 33 個麥氏支派的始祖。康熙五十五年（1716 年），小欖麥氏的一名成員，向該祠堂捐了一塊地，以便他始祖的神主牌位得以安放於祠堂之中。不久之後，麥氏以該祠堂名義，宣佈籌集 1,520 兩的宗族基金，有份參與的麥氏支派，每三到四個支派

188

24　〈康熙二十四年丙寅歲二月龍江房孫吉蕃營建桂香祠眾議往迎始祖肅國公繪圖回省塑像抄回各款附記永傳〉，載《麥氏族譜》（民國二十七年 [1938] 刊，稿本，藏廣東省圖書館，編號 K0.189/516.2），按：康熙二十四年（1685）實為乙丑，而非丙寅。該文章也描述了南雄府城附近的麥鐵杖牌坊，謂牌坊的上層安放了一座被稱為"太子神"的神像。這描述與珠璣巷至今仍存的牌坊，完全吻合。

為一組，負責祭祀祖先，為期十年，十年之後，輪換另一組。有關記錄的首個年份是嘉慶五年（1796 年），可見，這 1,520 兩集資計劃的第一筆款項，就是在這一年繳納到祠堂的。因此，在康熙五十五年（1716年）捐地予麥氏祠堂的那位小欖麥氏成員，並不因為捐地就可以加入麥氏祠堂的管理圈。此人被排斥，反映出麥氏宗族的堅持：祠堂財產的管理權，只限於創建祠堂的支派。即使南雄麥氏支派，也未能加入廣州麥氏祠堂的管理圈內。但是，《欖溪麥氏族譜》記載，康熙二十九年（1690 年），南雄麥氏的一名成員，帶着一塊牌匾，探訪廣州的麥氏祠堂。這位訪客講述了萬曆三十七年（1609 年）族人塑造麥鐵杖塑像的有趣故事，還說，書寫皇帝聖旨的那面"龍牌"，與他帶來廣州的這塊牌匾，同出一木。至於他這塊牌匾是否就是那面"龍牌"，則不得而知。[25]

所謂"大家都源於同一祖宗"這種宗族傳說，人云亦云，說說就成。不過，是否真正屬某個祠堂，則涉及宗族財產的擁有權與管理權，而這些權責都是有嚴格規定的。類似廣州麥氏祠堂這樣的高層級宗族祠堂，代表的是散處珠江三角洲三十多處的麥氏支派，無論這樣的祠堂多麼富有，對於大部分住在各村莊的麥氏成員而言，都不可能在土地或金錢方面得到太多好處。但是，無論以人均計算，這類祠堂對於成員帶來的財利多麼微不足道，祠堂擁有財產，就能夠維持日常祭祀，並舉辦各種活動以彰顯宗族成員的身份。

高層級宗族的運作，至少意味着正規化。以小欖何氏為例，何氏兩個支派的祖先何九郎、何十郎的墳墓，都位於小欖鳳山，也都沒有向官府登記。康熙三十四年（1695 年），兩派子孫一同向官府登記了這兩座墓穴地及八畝下地（亦即山地）。這筆族產，當時是登記在何梴體戶名之下的。後來，在乾隆二十五年（1760 年），何梴體的兒子何亮，以財力不足為由，"當兩祖值事暨列位叔祖、叔父、兄弟、姪前"，把

25　《欖溪麥氏族譜》（光緒十九年 [1893] 刊，藏香港大學圖書館微卷部，編號 CMF 26013），卷 1，頁 49a-53a。

兩座墓穴呈獻給何九郎、何十郎，而何氏宗族則賞給何亮二十兩白銀，作為他代何九郎、何十郎交稅的補償。有關此事的合同〈鳳山稅帖〉保留了下來，其行文用語是極有意味的。它說，小欖何氏是"遵例"以登記族產。原來，僅八年之前，小欖一帶的土地，才被官府清丈過。因此，很有理由相信，簽署〈鳳山稅帖〉的小欖何氏，對此記憶猶新。更有甚者，大約在登記的同時，小欖何氏這兩派子孫也達成協議，要在兩座墳墓附近共建一間祠堂。何十郎支派比較富有，因此承擔建造費用的六成，其餘四成則由何九郎支派支付。兩派子孫還設立了一筆族產，其土地以兩派子孫稅戶名義登記。何氏還參照香山縣鄭氏的族規，編纂自己的族規，更將之呈遞予縣令，用官印鈐蓋。引進官府的權威，大概是因為族規規定，宗族成員出售土地時，假如沒有族人願意承買，則該成員必須將該片土地售予宗族，成為族產，"若他姓得之，或留稅貽累，或逼處四鄰，均非至計"。所謂對於四鄰造成麻煩，當然是句客套話，何氏真正想要避免的，是因土地未被官府登記、土地權缺乏法律基礎而可能引發的麻煩。何九郎、何十郎墳墓所在的鳳山，位於小欖鎮中央。自遷界令取消後，小欖鎮人口日增，經濟日趨繁榮，因而土地也日趨寶貴，再加上官府不久前才清丈土地，何氏如果不把如此重要的族產登記到官府去，會是相當危險的。[26]

有祠堂、有族產的高層級宗族，其成員身份必須建立在一種正式關係上。對此，假如我們還有甚麼疑慮的話，則以下這份文書應該讓我們疑慮全消。這份文書，是康熙五十八年（1719年）南海縣九江鄉關氏兩個支派共同草擬的：

> 立合同九江樓村關斐薦等、橫基房關秉忠等，切溯族本源係出赤崗祖，支派隨自遠、接月明公祖開創，而後各於遠近遷居就

26　〈鳳山稅帖〉，載《何烏環堂重修族譜》（光緒三十三年 [1907] 刊，感謝蕭鳳霞教授提供），卷 1，頁 18a-b；〈創建僕射祖祠原序〉，載《何氏九郎譜》（民國十四年 [1925] 刊，感謝蕭鳳霞教授提供），卷 1，頁 19a-b。這篇序，是小欖名人何吾驅的兒子所寫的。此處提及的鄭氏，也就是在光緒十五年（1889）刊行《義門鄭氏族譜》的香山鄭氏的一個支派。

業，光前啟後，繁衍彌昌。六世祖祖祐所創户籍關陞，係一甲三十四圖版額，代繼頗興。惟稽橫基房弟姪衍琦、秉忠等先祖所，緣地方殘亂，遠於橫基就業而居。原存糧户，先開關尚、關岳明（原文如此，與上文之"月明公祖"當屬同一人）二户口，現載稅米貳石餘。向雖遷居就寄，久欲按例歸宗。茲際康熙五十七年（1718），幸遇巡撫部院法（即廣東巡撫法海）蒞任，即開明例，令"糧户歸宗，附圖又甲，聽從民便"之語。當徑（經）橫基房弟姪秉忠等歷（瀝）情呈明南海縣丘太爺，准令撥歸原宗關陞户內辦納，以敦本原，給有永遠印照收執。但版籍一源，奉例歸宗，最是眾情愉樂。惟糧務事徑（經）久遠，誠慮代遠風移，人心不古，稽考無憑，故特聯舉合同。後代子孫，永志一脈敦源之誼，罔分先後短長。查關陞户內原有黃流、馬應元二户虛糧，除是關永譽另開一柱除帶外，實有虛糧以及年中使用，均屬按糧公派，並無前後苦樂多寡之別。各房子孫，幸冀早完公課，各輸各額，倘有觀望延遲，自甘拖累者，及其親者當之，不得註阻。如有背志，許任稟官拘究。公立合同二紙，各執一紙，永遠存憑。彌熾彌昌，户籍興隆，於奕冀矣！此實。

> 樓村房克培、斐薦等；樓基房衍琦、秉忠
> 康熙五十八年二月十三日（1719 年 4 月 2 日）立 [27]

在南海縣衙門的記錄裏，關陞這一戶隸屬儒林鄉第一甲第三十四圖，這一戶與第第八甲第三十五圖的關士興（音）戶，都是關氏赤崗祖的子孫。這個記錄，大概是十九世紀初的記錄。這兩戶總共擁有 3,380 名男子，總共繳稅 101.4 兩。南海關氏的宗族文書《關敦睦堂墓志》記錄了關陞所屬的"甲"的結構：關陞是"總户"，其下有 21 個"子户"，其中，關尚、關岳明、黃流、馮應元這四户，都是在康熙五十八年加入成為"子户"的，因此它們也就要分擔稅額。這份記載因此顯示，大

---

27 《關敦睦堂墓志》（光緒三十一年[1905]刊，稿本，藏廣東省圖書館，編號K0.189/860.2）。

概在康熙五十八年，廣東省衙門鼓勵關氏附近的小戶附寄到關氏宗族內，以便登記賦稅。結果，本來不是同住一處的人戶，也被登記到同一個納稅單位中。因此，高層級宗族是清初登記賦稅的產物。官府的政策，雖非高層級宗族盛行的唯一原因，但卻是重要的原因。[28]

隨着高層級宗族愈來愈時髦，一個顯著的現象出現了：它們的合族祠開始集中於廣州。這些合族祠本來是由某姓散處於珠江三角洲的各個支派建立是的，它們位於廣州城內，遠離這些支派所在的村鎮，成為族人在廣州的旅館，尤其為赴廣州應試的族中子弟提供住宿，也成為族人祭祀始祖的地點。最早興建這類祠堂的冼氏，他在天啟二年（1622 年），就在廣州城內興建了合族祠。但這僅屬曇花一現。合族祠在廣州蔚然成風，是清朝在廣東復界後不久才開始的。簡氏合族祠建於康熙二十二年（1683 年）；麥氏則於康熙二十五年（1686 年）建祠祭祀麥鐵杖；冼氏於康熙二十九年（1690 年）重修其廣州的合族祠；孔氏合族祠大概建於康熙三十三年（1694 年）；梁氏合族祠建於康熙三十八年（1699 年）；劉氏合族祠建於康熙四十四年（1705 年）；馮氏合族祠建於康熙五十八年（1719 年）；林氏合族祠建於雍正年間（1723 — 1735 年）；甘氏合族祠建於雍正十一年（1733 年）；盧氏合族祠建於乾隆四年（1739 年）；蔣氏合族祠建於乾隆二十一年（1756 年）。廣州這

28　《南海氏族》（刊行年份不詳，無頁碼），"九江堡" 條；《南海九江關氏族譜》（光緒二十三年 [1897] 刊，藏廣東省圖書館，編號 K0.189/860），卷 15，頁 54b-56b；鄭夢玉等主修，梁紹獻等總纂，《續修南海縣志》，廣州富文齋同治壬申 [1872] 刊，卷 6，頁 2a"九江堡" 條，載《中國方志叢書》第 50 號（台北：成文出版社，1967），總頁 133。登記賦稅、簽署合同、興建祠堂三結合的例子，還可參見：《廣東台山上川房甘氏族譜》（民國二十四年 [1935] 刊，藏廣東省圖書館，編號 K0.189/945），頁 14a-19b，這篇文章極為精彩，它描述一股被指為猺民的人，如何在明朝附寄於各個稅戶之下，並在清初獨立出來，成為單獨稅戶；另參見《番禺小龍房孔氏家譜》（光緒二十三年 [1897] 刊，藏中山大學圖書館），卷 10，頁 20a-21b，這是一份簽署於康熙二十年（1681）的合同，該合同把孔氏一個小家庭的稅負，轉移到宗族的一個支派中。

類高層級宗族祠堂的興建，至十九世紀仍然持續。[29]

　　簡氏族譜相當清楚地披露了在廣州興建合族祠的過程。廣東巡撫李士楨把廣州城某區劃為官地，以便興建衙門。因此，有相當多的土地與房屋要變價發賣。簡氏預計建造合族祠的成本為 208 兩，簡氏各支派，每支派認捐 30 兩，結果，最後籌集到的款項，距離目標還差 91 兩。孔氏宗族在廣州興建祠堂的記載，也印證了廣東巡撫徵地之說。但由於孔氏是孔子之後，孔氏廣州合族祠的興建，得到官方大力支持與表彰。[30] 梁氏的廣州合族祠，稱為千乘侯祠。建立該合族祠的梁氏各個支派，是在過去二百年間建立其聯繫的。東莞縣內的各支梁氏，於嘉靖三十八年（1559 年）及萬曆十九年（1601 年）建立聯繫；其後，萬曆二十九年（1611 年），東莞梁氏又與福建晉江的梁氏建立其聯繫，晉江是東莞梁氏始祖之所由；康熙三十四年（1695 年），東莞、順德兩縣的梁氏也建立聯繫。梁氏的廣州合族祠千乘侯祠，是在梁氏各派有科舉功名的成員號召興建的，動工於康熙三十八年（1699 年），落成於康熙四十年（1701 年）。開幕之日，出席祭祀始祖的梁氏宗族成員，有七千人之多，捐款者來自九個縣近百個梁氏支派。梁千乘侯祠附近的

192

29　族譜中有關在廣州興建合族祠的記載，參見：簡朝亮等纂修，《粵東簡氏大同譜》，民國 17 年(1928)刊，收入《北京圖書館藏家譜叢刊・閩粵僑鄉卷》（北京：北京圖書館出版社，2000），第 42-44 冊；《嶺南冼氏族譜》（宣統二年 [1910] 刊，藏廣東省圖書館，編號 K0.189/72）；《雙桂書院志略》（廣州：忠孝堂藏板，光緒癸未 [1883] 刊刻）；《番禺小龍房孔氏家譜》；《梁氏崇桂堂族譜》（嘉慶二十年 [1815] 刊，藏廣東省圖書館，編號 K0.189/406.2），卷 4，頁 7a；《武功書院族譜》（民國十八年 [1929] 刊，藏廣東省圖書館，編號 K0.189/635）；《陸氏世德記》（民國二十一年 [1932] 刊，藏中山大學圖書館）；《甘氏祠譜》（民國十三年 [1924]，藏廣東省圖書館，編號 K0.189/945.2）。除以上記載之外，這裏提及的興建合族祠的其他例子，參見黃海妍，《在城市與鄉村之間 —— 清代以來廣州合族祠研究》（北京：三聯書店，2007）。休・貝克(Huge Baker)描述了部分合族祠的情形，見 Hugh D.R. Baker, "Extended kinship in the traditional city," in G. William Skinner, ed., *The City in Late Imperial China* (Stanford: Stanford University Press, 1977), pp. 499-518.

30　康熙二十三年(1684)，番禺孔氏八個支派集資 180 兩，購買了一座已經廢棄了的省級衙門衙署，打算興建合族祠。但是，由於這座衙署一直有人佔用，工程遲至十年之後即康熙三十三年(1694)才得以展開。期間，番禺孔氏還得派人到山東曲阜孔府，以八支派每派捐資 102 兩的代價，使自己得以納入孔子的譜系內，證明自己是孔子後人，並因此獲官府豁免差役。參見《番禺小龍房孔氏家譜》，卷首，頁 58a-68b。

商舖，也屬該祠所有，該祠把這片商業用地分別租給一家雜貨店、一家茶館、一家飯館。[31]

　　興建這類廣州合族祠的捐款，來自遙遠的支派，而宗族的歷史愈長久，捐款的地域範圍就愈廣闊。盧氏乾隆四年（1739 年）在廣州建合族祠時，就動員了 27 個散佈於廣州、肇慶及其他地區的支派；蔣氏乾隆二十一年（1756 年）在廣州建合族祠時，更動員了 5 個府 123 個支派。[32] 這時，在廣州興建合族祠，已經是無庸置疑的光彩了。甘氏在廣州興建合族祠，其碑文云："夫粵東控五嶺，介三城，諸貴族咸建大宗祠。甘氏輿稱巨家，何獨無廟哉？"[33] 從清朝初年到十八世紀，合族祠起於平凡，而臻於極盛。在省城廣州擁有一座光彩奪目的合族祠，是一種廣為人所接受的身份象徵了。

31　《梁氏崇桂堂族譜》，卷 4，頁 7a，卷 16，頁 1a-13b，卷 18，頁 11b-13b、12b-15b（頁碼重複）；《千乘侯祠全書》（民國九年 [1920] 刊，藏廣東省圖書館，編號 K0.189/402）。

32　《陸氏世德記》，卷 6，頁 1a-b；《武功書院族譜》，卷 1，頁又 1a-12a。

33　梁連元，〈甘氏大宗碑記〉，乾隆十七年(1752)，載《甘氏祠譜》，轉引自參見黃海妍，《清代以來的廣州合族祠》（博士論文，廣州：中山大學歷史系，2002），頁 67-8。

第十五章
齊之以教：用時令節誕來管治社區

193　　十六世紀明朝地方政府的行政改革，必然把地方宗教打成愚昧，而把受儒家教育的士紳集團的影響，說成教化。地方社會與王朝國家打交道時這種面貌的改變，十六世紀以毀淫祠著稱的東莞縣令葉春及，寫了篇詳細的文章，提供了一個非常好的例子。據葉春及的文章，東莞縣章村墟所在的土地，購自某個姓馬的人。墟期是每月逢一、四、七日。每逢墟期，該墟就用石柱、木柱搭建 49 間商舖。商舖的租金是固定的，但對於沿街叫賣的小販，收費則不固定。葉春及說，趁墟的百姓，聚集一起，誦唸祝文。這大概是指鄉飲酒禮，因為鄉飲酒禮要求參與者大聲誦唸制定的祝文。而當百姓於春秋二季舉行廟會時，他們特別尊敬長者。墟主的所有收入，都來自墟市商舖的租金。當衙門差役來到墟市時，墟主僱用專人侍候他們，這樣，百姓就毋須直接與官府打交道。葉春及又說，在萬曆九年（1581 年）的土地清丈中，章村墟協助天子，教化百姓，立了功勞。葉春及隻字不提任何神龕或者廟宇。[1] 這沉默其實隱瞞了章村墟的真正運作。章村墟的管

1　葉春及，《石洞集》，卷 15，頁 19b-21b〈章村墟記〉，載文淵閣本《四庫全書》（上海：上海古籍出版社，1987），第 1286 冊，總頁 692-3；張二果、曾起莘著，楊寶霖點校，《東莞縣志》，崇禎十年（1639）刊（東莞：東莞市人民政府，1995 年排印），頁 194，以下簡稱《崇禎東莞縣志》。《崇禎東莞縣志》有許多線索，顯示有一盧氏擁有許多官府頭銜，我們可以推測，章村墟或由這盧氏一手控制，或由盧氏與其他大姓聯合控制。

理結構，其實蘊含着豐富的宗教儀式，沒有這套儀式，章村墟就無法運作。

龍山鎮的時令節誕

194

　　龍山鎮為墟市的禮儀活動提供了一個好例子。該鎮所在的土地，是宋朝一位婦女捐給廣州光孝寺的。[2] 宋朝之後，佛教已經不再能夠控制地方社會了，因此，龍山鎮每年的時令節誕，主要是在神龕、廟宇、祠堂進行的。新年期間，親友互訪；二月二日，要祭祀土地神；三月碰上清明節，掃墓祭祖；四月八日，要為佛寺的佛像沐浴；同月十七日為金花娘娘誕，婦女向祂獻祭求子；五月五日為端午節，有著名的龍舟賽；[3] 七月有祭祀孤魂野鬼的各種禮儀，包括盂蘭節；八月有中秋節，人們喝酒、吃月餅、芋頭、柚子，欣賞圓月；九月九日為重九，人們放風箏、掃墓祭祖；十一月有冬至，是祭祀祖先最重要的節日。龍山鎮方志《龍山鄉志》把這些時令節誕都記錄下來，並對於每個節誕的豐富多姿的禮儀活動，都有簡略的記載。

　　大部分時令節誕的活動，都是在家中進行的，參加這些活動的有女子也有男子。這些節誕活動必然有其公共展示的成分，也許因為參與這些活動的人，都完全明白，在同一天、在同一刻、在同一地，其他人及其他家也都進行同樣的活動。從大年初一到年初十，男男女女都到"鰲峰華光廟"參拜，他們往往從清晨跪拜至黃昏，因為據説華光預測禍福，極為靈驗，無疑，一年伊始，了解運程，是很合時的。年初四，自去年末休市的墟市開張了。在龍山鎮，正如在珠江三角洲其他地區一樣，凡過往一年添了丁的家庭，都要在一月十五日"設宴延客，謂之慶燈"。年青人舞獅慶賀，而婦女則把燈籠的裝飾物拿回家，祈求今年添丁。一月二十五日，龍山山頂的金紫閣開門，這一天，數

195

2　何淙纂輯，《光孝寺志》（原刊乾隆三十四年 [1769]，廣州：廣東省立編印局，1935 影印），卷 8，頁 3a。該女子即吳妙靜，是 "龍江吳道遺女也"。

3　屈大均對於龍舟競賽，有一段生動的描述，見氏著，《廣東新語》（約刊行於康熙三十九年 [1700]，香港：中華書局，1974），頁 487-89。

以千計的婦女到寺內參拜祈福。該寺供奉的是觀音，而偏殿則供奉金花娘娘，這兩位神靈都有保護家庭與兒童的法力。金紫閣的香客，也吸引了蔬菜小販，因為香客們都很喜歡把蔬菜買回家，討個吉利。正如在龍江一樣，龍山鎮的士紳也舉行冠裳禮，冠裳禮的日子是二月三日，亦即"祀土神"的翌日，士紳們到金紫閣進行祭祀，並在此停留一整天。[4]

上述對於陰曆正月部分節誕活動的簡略描述中，清楚顯示，祭祀地點對於時令節誕是很重要的。我們甚至可以說，在像龍山這樣一個村莊羣內，廟宇神龕數目眾多，為吸引香客，這些廟宇神龕競爭得相當劇烈。每年正月的頭十天內，華光廟上演神功戲，《嘉慶龍山鄉志》沒有解釋其原因，但人所共知，神功戲就是獻給神靈、報答神靈功德的戲劇，但也同樣為參拜者提供娛樂。[5]《嘉慶龍山鄉志》卷3又云，二月二日，人們"祀土神"。這時，參拜者要集體到露天的社稷壇前參拜，殺豬，喝酒，會餐，不過，並非所有龍山鎮的百姓都有份參加。有份參加的，是那些住在個別社稷神保護範圍之內的百姓，至於"不到飲者，持籌領胙歸以餉其老幼，曰'社肉'"。而在同一場合，人們在數以十尺長的布匹上畫龍，徹夜喧鬧玩樂。以上兩種祭祀活動反映出地域觀念的強烈差異。鰲山華光誕的香客來自整個龍山，但祭祀社稷則只限於該社稷壇所在的村莊的百姓。

一眼就能看出，這些儀式，與我們近年在香港新界看到的儀式，極為相近。據1930年刊行的《龍山鄉志》，龍山華光廟始建於景泰元年（1450年），即黃蕭養暴動平定之年。廣東按察使副使魏校曾想下令搗毀華光廟，當地父老陳情，說華光廟是古廟，因此挽救了華光廟。雍正元年（1723年），華光廟增建了兩座偏殿，一座供奉醫神華佗，另一座則供奉一位叫做"張仙"的神靈和"廬山道祖"。雍正十年（1732年），

4　溫汝能纂，《龍山鄉志》，清嘉慶十年（1805）金紫閣刻本，卷3，頁4a-6b，載《中國地方志集成・鄉鎮志專輯》（南京：江蘇古籍出版社，1992），第31冊，總頁59-60。以下簡稱《嘉慶龍山鄉志》。

5　田仲一成著，錢杭、任余白譯，《中國的宗族與戲劇》（上海：上海古籍出版社，1992）。

華光廟重建，並且開始擁有土地作為廟產。兩年後，雍正十二年（1734 *196*
年），華光廟重修。乾隆二十二年（1757 年），時值瘟疫，醫神華佗就
被請到張仙旁邊，而偏殿的門口也被加上"華佗古廟"四個字。華光廟
被重建、重修的長久歷史，顯示該廟以靈驗著稱，而就乾隆年間的重
修而言，大抵該廟特別以治病靈驗而著稱。此外，"廬山"大概是"閭
山"之誤，"廬山道祖"云云，顯示華光廟也許和發源於宋代福建的道
教閭山派有關。十七世紀中葉，屈大均記錄了東莞的閭山派儀式，而
直至二十世紀八十年代，香港新界仍然可以看到這些閭山派儀式。華
光廟偏殿祭祀閭山派的祖師，可見華光廟還招來了辟邪驅鬼的道士，
要驅逐那些造成疾病和其他災害的邪祟，是很需要這些道士的本領的。[6]

　　像鰲山華光廟這麼成功的廟宇，能夠吸引所有村莊的參拜者。但
是，社稷壇對於其參拜者的限制，就嚴格得多。村莊拜祭土地神，是
很長久的事了。明初編纂祀典，把祭祀社稷神列為重要內容，於是有
些土地神就變成了社稷神。據嘉慶十年（1805 年）刊行的《龍山鄉志》，
在該地區四個里甲單位即四個"圖"23 條村莊之內，共有 132 座社稷
壇。[7]另外，三月的北帝誕、五月十三日的關帝誕、十一月的醮會，都
有神功戲。醮會由道士主持的各種儀式組成，往往以一條村莊或幾條
村莊的名義，建立醮會，酬謝神恩。民國十九年（1930 年）刊行的《龍
山鄉志》，談及醮會時，謂不同廟宇的醮會，規模差異可以很大；一般
而言，不過就是僱用一隊樂隊，供奉幾盤鮮花而已。但是，如果神誕

6　《龍山鄉志》，民國十九年（1930）刊，卷 5〈廟宇〉，"華光古廟"條，以下簡稱《民國龍山
　　鄉志》。《民國龍山鄉志》卷 3〈風俗〉稱，華光廟是龍山鄉內最受擁戴的廟宇。《嘉慶龍
　　山鄉志》也稱，鰲山是龍山鄉的風水寶地，使龍山鄉子弟考取不少科舉功名，見卷 1，
　　頁 6a，載《中國地方志集成‧鄉鎮志專輯》（南京：江蘇古籍出版社，1992），第 31 冊，
　　總頁 36。至於閭山道士的活動，參見《民國龍山鄉志》卷 15〈雜錄〉的"羅二公"條、卷
　　5 的"大法先師廟"條。屈大均《廣東新語》也描述了東莞的閭山道士的活動，見頁 216-
　　17、302-3。在龍江鄉極為重要的另一廟宇金順侯廟，也有避過魏校搗毀的類似故事，見
　　《順德龍江鄉志》，卷 1，頁 10a，載《中國地方志集成‧鄉鎮志專輯》，第 30 冊，總頁
　　769。

7　《嘉慶龍山鄉志》，卷 1，頁 10b-14b，載《中國地方志集成‧鄉鎮志專輯》，第 31 冊，
　　總頁總頁 38-40。

正好在閏月之內，又或為慶祝新廟宇的落成，則舉行的醮會，就往往僱用戲班。據嘉慶十年（1805 年）刊行的《龍山鄉志》，從前曾經以全龍山鄉名義，舉行十年一度的醮會，舉辦者很有意識要辦得堂皇體面：

> 鄉之先，每於是月建通鄉醮，十年乃一舉行，務極華侈，互相誇尚。各坊皆以綢綾結成殿宇，中有大殿，旁殿綴以玻璃，襯以翡翠，朱欄在前，蕭座在後，瑰奇錯亂，龍鳳交飛，召釋道做法事，凡六七晝夜。鄉人拈香禮神，奔走無閒。壇外伶優畢集，管弦紛咽。四方士女，填街塞陌。所費以數萬計云。[8]

《龍山鄉志》又説，這樣的醮會，已經四十多年沒有舉行了。現在的醮會，是由各“埠”分別舉行的。

我們通過醮會裏的佛教、道教儀式，就能夠進入鄉村宗教工作者或稱“喃嘸先生”的世界裏。這些鄉村宗教工作者，很多都不屬甚麼寺院或者道觀，他們本身是村民，繼續生活在鄉村內，但也構成宗教秩序的一分子。民國十九年（1930 年）刊行的《龍山鄉志》解釋道：

> 鄉無巫，以火居道士充之。所有吉凶二事及祝星、解運、拜鬥，皆呼道士祈禳。道士所居，門首榜牆著其姓曰某道館，或托於神廟為廟祝。婦人有所愛子女，每祝於神子，謂之契男契女，並有賣與神為奴婢。及婚嫁有期，然後來廟贖身者。廟祝需索多金，不惜也。

這些鄉村宗教工作者會做很多種儀式。鄉人建造房屋，為求淨潔住宅地基，“必用男巫淨地，撒火粉，揚戈執盾以儺之”。陰曆十二月，他們會做所謂送火神的儀式，這時，“男巫仗劍持炬，率里中兒童數十人，沿門咒逐，麾劍運炬，旋以紙船斂各户雞毛、油、鹽、米、

8　《嘉慶龍山鄉志》，卷 3，頁 6a-b，載《中國地方志集成‧鄉鎮志專輯》，第 31 冊，總頁 60。

豆、香燭、楮帛一副，謂之下程，焚祝而棄其灰於河"。[9] 這和屈大均在十七世紀的記載基本相同，而香港新界在二十世紀八十年代也有同樣的活動。[10]

　　鰲山華光廟之外，龍山鎮的時令節誕中，就以大岡墟關帝廟及金紫閣寺廟羣這兩處最為重要了。大岡墟據說是早於洪武二十九年（1396年）就建立的，而大岡墟內的關帝廟就成為龍山鄉里甲組織的中心。由於里甲制是一個劃地為牢的制度，圍繞着里甲的宗教組織，也因此有其地域邊界。因此，我們可以從龍山鄉的地方志看出來，某些宗教儀式，例如醮會，是由各"坊"即各鄰里組織捐款興辦的。但是，另一些節誕、例如金花娘娘誕，並非圍繞着里甲而進行的，於是，舉辦這些節誕的，就是一些自發組成的組織，其成員聚集在神龕前進行祭祀。陰曆七月舉行的盂蘭節，如同醮會一樣，也是由各鄰里組織舉辦的。《嘉慶龍山鄉志》稱："每坊合錢，結水陸道場以超冥苦"，相反，在五月十三日關帝誕，"武帝廟皆演劇，鄉人結會祀神，大墟（即大岡墟）為最"。[11] 破地獄、救亡魂的儀式，是由鄉村宗教工作者舉行的，而組成羣體、祭祀神靈，則使村民有權管理鄉村的節誕活動。鄉村宗教工作者的各種特殊法力，與鄉村百姓的自發參與，就結合成為鄉村宗教。有關嘉慶年間大岡墟的示意圖，詳見圖三。

198

9　《民國龍山鄉志》，卷 3。

10　David Faure, *The Structure of Chinese Rural Society: Lineage and Village in the Eastern New Territories, Hong Kong* (Hong Kong: Oxford University Press, 1986), pp. 70-86, 145-46.

11　《嘉慶龍山鄉志》，卷 3，頁 5b，載《中國地方志集成・鄉鎮志專輯》，第 31 冊，總頁 59。

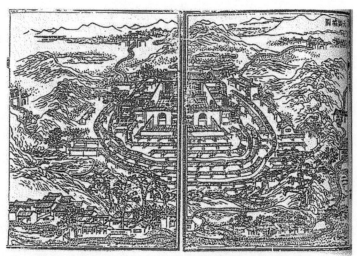

圖三　順德縣龍山鄉大岡墟。墟中央為關帝廟，周圍是商舖。
見《嘉慶龍山鄉志》，卷 1，頁 14b—15a。

199　　　明代以前，金紫閣已經位於水平線之上，而周邊地區仍浸在水中，附近的人們靠着山腳，住在船上。因此，金紫閣肯定早在明代之前就是一個宗教朝拜場所。到了地方志開始描述金紫閣的宗教祭祀活動時，我們發現，居於山頂正中的是觀音殿，兩旁分別是三元宮與天后宮。"三元"分指天、地、水，而天后崇拜普及於珠江三角洲，大概不早於明代。至於奉祀其他神靈的廟宇，應該是之後陸續加建的，包括醫靈、地藏王菩薩、文昌、北帝、關帝、金花夫人。嘉慶四年（1799年），這些廟宇得到大規模重建及重新安置。有關此事的碑文，刻於嘉慶四年不久之後，碑文稱，文昌廟及關帝廟始建於萬曆年間（1573—1619 年），這是有可能的，但並沒有任何萬曆年間的證據以資佐證。在龍山，人們就如何整頓這些廟宇，進行了很多討論。崇禎十三年（1640 年）、康熙二十二年（1683 年），這些廟宇得到一次重修。乾隆十年（1737 年），人們認為，文昌廟後有一亭子，奉祀菩薩，不太合適，於是把這亭子改為魁星閣，而魁星閣舊有位置，則由財神填補，可見當時魁星閣早已存在。另外，原本奉祀文昌的廟宇，如今則奉祀關帝，而關帝舊有位置，則由南海神填補。又由於禮拜財神的，主要是商人，因此，在乾隆五十九年（1794 年），財神就被搬到大岡墟去了。我們應該可以有把握地說，財神原本就在大岡墟，後來才被搬到金紫閣。人們之所以又把祂搬回大岡墟，也許是因為人們覺得祂搬走之後，大岡墟風水欠佳。總之，在這廟宇興建與重建過程中，原本以金紫閣為中心的地方宗教信仰，加入了文人與商人的利益。

　　不同人羣到金紫閣不同的神壇前獻祭，反映出社會生活的複雜。農曆新年，婦女到金紫閣參拜，士紳則祭祀文昌。農曆二月，平民百姓在社稷壇前會飲，翌日，士紳到金紫閣的文昌廟舉行冠裳禮。顯然，祭祀活動必須在金紫閣舉行，這是自古以來的習俗。但士紳、婦女、平民百姓對於祭祀活動的理解，卻不盡相同。緩慢而穩固地植根於本地習俗的文化，指導着人們對於祭祀活動的理解。地方宗教的本質，不外乎就是一連串的即興發揮，由此產生的習俗，與當地的各個地點、各種勢力，密切相關。而當人們撰寫地方志時，就將這些習俗包裝為“傳統”。毫無疑問，創造龍山這個社區的，是貿易及因貿易而引起的土地開發。而創造龍山本地文化的，是地方宗教的即興發揮。地方宗教的即興發揮，凝聚於歷史悠久的宗教場所，凝聚於廣為接受的儀式，這些儀式，是從幾百年間在中國許多地方演變出來的劇本中搬出來的。

佛山：北帝及其遊神活動

　　和龍山一樣，佛山社會的演變，也是圍繞着土地壇、廟宇、祠堂而發生的。也和龍山一樣，直至元代為止，佛寺佔據了佛山社會的中心，而到了明朝，佛寺就讓位給祭祀其他神靈的廟宇。景泰元年（1450年），黃蕭養之亂平定之後，佛山地區出現了里甲結構，到了十六世紀，這個里甲結構產生了佛山社會的新領導集團 —— 士紳。比起龍山來說，佛山吸引了更多的外來人口。比起龍山來說，佛山的宗教中心更清楚地集中在一個地點上：北帝廟。在這裏，士紳集團與里甲集團為爭奪佛山社會的領導權而產生激烈的衝突，這衝突在十七世紀全面顯現，而到了十八世紀才告解決。

　　士紳集團與里甲集團的衝突，即使在土地壇，也已經可以看出一些端倪。冼桂奇（1509—1554 年）是佛山社會士紳集團的領袖之一，冼桂奇居住之處，稱"古洛社"，他的〈大雅亭記〉，反映出這一帶士紳化的過程："古洛之西，故有社焉，里中縉紳父老，每四時伏臘事畢，則申社約，為詩會，遂於社前亭之，曰大雅亭"。[12] 不用說，締結社約當然是士紳化過程的一步。宣講鄉約是明朝律例的規定，黃佐的《泰泉鄉禮》中，對鄉約禮做了些修訂，而《泰泉鄉禮》正是出版並再版於冼桂奇在生之時的。明朝律例有關宣講鄉約的規定，強調百姓守望相助、知禮守法；而《泰泉鄉禮》則特重孝道及冠、婚、喪、祭四禮，這些都是十五世紀八十年代陳白沙和丁積禮儀改革的核心。[13] 古洛社的詩會未能延續，但古洛社仍在，且先後重修於雍正三年（1725 年）及乾隆二十九年（1764 年）。[14] 佛山霍氏宗族的一支，定居於佛山鎮的"祖廟舖"，其族譜《南海佛山霍氏族譜》收錄了一篇撰寫於十八世紀的文章〈重修忠義第一社記〉，謂佛山有九個古社，而以古洛社為首，"吾佛凡九社，一古洛"，還說："每歲靈應祠神巡遊各社，此伊始也。或曰：忠義在祠之左，古洛在祠之右，左鐘而右鼓，故一之也"。[15] 古洛社位於通往靈應祠的街道的路口，靈應祠就是佛山主要神靈北帝之所在，因此之故，古洛社就是佛山九社之首。

　　北帝遊神所引發的祭祀儀式的爭端，比祭祀土地壇所引發的爭端，更加激烈。據《（乾隆）佛山忠義鄉志》，北帝遊神，一年五度：農

12　《鶴園冼氏家譜》，宣統二年（1910）刊，無頁數，藏廣東省圖書館，編號 K0.189.3/72-2。該文亦載於冼寶幹修，《南海鶴園冼氏家譜》，宣統二年（1910）刊，卷 4 之 3〈宗廟譜・建築名蹟〉，頁 2b。

13　黃佐，《泰泉鄉禮》，嘉靖二十八年（1549）刊，卷 2，頁 17a-b，載文淵閣本《四庫全書》（上海：上海古籍出版社，1987），第 142 冊，總頁 612；David Faure, "The emperor in the village, representing the state in south China," in Joseph McDermott, ed., *State and Court Ritual in China* (Cambridge, U.K.; New York: Cambridge University Press, 1999), pp. 267-298.

14　《南海佛山霍氏族譜》，道光二十八年（1848）刊，卷 11，頁 32a-b〈重古洛社碑記〉，藏廣東省圖書館，編號 K0.189/470.2。

15　《南海佛山霍氏族譜》，卷 11，頁 34a。

曆正月六日、二月十五日、三月三日、七月八日、九月九日。其中，二月及七月的遊神，是聖旨規定的，換言之，皇帝為答謝北帝的輔助，以詔令形式要求地方官員每年在這兩個日子祭祀北帝，這時：

> 十五日，諭祭靈應祠北帝。先一日，紳耆列儀仗、飾彩童，迎神於金魚塘陳祠。二鼓，還靈應祠。至子刻，駐防郡貳候詣祠行禮，紳耆咸集。祭畢，神復出祠。[16]

　　清朝順治初年、十七世紀四十年代，在佛山鎮駐一巡檢；雍正九年（1733 年）之後，增設一同知。這兩次遊神活動，這兩名官員也許有一定程度的參與，因此為這兩次遊神活動塗上了一層官方色彩，與其他北帝遊神活動有所分別。

　　正月六日的北帝遊神、和三月三日北帝誕的遊神，則造成一些衝突，《（乾隆）佛山忠義鄉志》力圖與之劃清界限，但也清楚指出，士大夫的價值觀，與平民百姓的繁瑣儀式，是有矛盾的。例如，在正月六日的北帝遊神時：

> 初六日，靈應祠北帝神出祠巡遊，備儀仗、盛鼓吹、導乘輿以出。遊人簇觀。愚者謂以手引輿杆則獲吉利，競擠而前，至填塞不得行。此極可笑。[17]

202

　　至於三月三日北帝誕的遊神，《（乾隆）佛山忠義鄉志》則繼續指出：

16　陳炎宗總輯，《佛山忠義鄉志》，乾隆十七年(1752)刊，藏香港浸會大學圖書館特藏部，編號T 673.35/105 2525.1 1752 v.1-4，卷6，頁 3b-4a，以下簡稱《乾隆佛山忠義鄉志》。

17　《乾隆佛山忠義鄉志》，卷 6，頁 2b-3a。

三月三日，北帝神誕，鄉人士赴靈應祠肅拜。各坊結彩演劇，曰重三會，鼓吹數十部，喧騰十餘里。神晝夜遊歷，無晷刻寧，雖陋巷卑室，亦攀攣以入。識者謂其瀆實甚，殊失事神之道。乃沿習既久，神若安之而不以為罪，蓋神於天神為最尊，而在佛山，則不啻親也。鄉人目靈應祠為祖堂，是直以神為大父母也。夫人情於孫曾，見其跳躍媒嫚，不惟不怒，且喜動顏色，□憐其稚耳。神之視吾鄉人也將毋同。[18]

士紳們對於皇帝敕賜的北帝遊神，充滿敬畏，而對於平民百姓的"迷信"，《(乾隆) 佛山忠義鄉志》的字裏行間充滿了士紳的鄙薄。愚昧無知的百姓們在正月六日抬着北帝及諸神巡遊，以為只要摸摸這些神靈，就能改善命運。而在同一天，本地家庭 (即十五世紀里甲戶的後代) 的士紳，則在社學祭祀文昌；而出身移民家庭的士紳，則於正月十一日在另一所學校祭祀文昌。同樣，在九月九日北帝"升天"之際，士紳們也自行祭祀文昌。顯然，士紳們要維持讀書人所認可的正確禮儀，以勉強抵抗愚昧百姓所熱心擁抱的迷信習俗。[19]

然而，只談士紳與百姓在禮儀方面的矛盾，這看法太簡單了。羅一星對於佛山史料，有深刻的掌握，再結合口頭訪問，重構了農曆正月六日至三月末的祭祀活動程序。羅一星發現，編入里甲的家庭，它們的地域聯繫極為密切，超越了讀書人與愚氓之間的對立。[20] 在這 83 天裏，佛山八圖 80 戶的每一戶，都迎請北帝的神像到自己的祠堂內，供奉一夜。過程是這樣的：首先，是上文描述過的北帝遊神，這 80 戶里甲戶，每戶派出兩名長者參加遊神，當晚，北帝神像在八圖祖祠過夜，長者們也獲邀宴會。翌日，北帝神像又被送回靈應祠內，再由這

203

18　《乾隆佛山忠義鄉志》，卷 6，頁 4a-b。

19　翌日，佛山舉行風箏競賽，參見屈大均，《廣東新語》，頁 300。

20　羅一星，《明清佛山經濟發展與社會變遷》(廣州：廣東人民出版社，1994)，頁 428-69；劉志偉，〈神明的正統性與地方化 —— 關於珠江三角洲地區北帝崇拜的一個解釋〉，中山大學歷史系編，《中山大學史學集刊》(廣州：廣東人民出版社，1994)，頁 107-25。

80戶的其中一戶迎到自己的祠堂，供奉一夜；翌日，又由這80戶的另外一戶迎到自己的祠堂，供奉一夜，如是類推。這樣的迎神活動，將總共用去81天，而只有兩天有特別的活動：二月十五日，北帝神像被送回靈應祠內，由官員獻祭；三月三日，北帝神像又被送回靈應祠內，以便人們在靈應祠慶祝北帝誕。這80戶的其中一戶，就是佛山鶴園陳氏，其族譜記載了陳氏宗族迎接北帝神像的情形："正月十七日，恭迎帝尊到祠，闔族頒餅果，並父老新丁另備迓聖兩道，連日福敍"。二月十三日，北帝神像被迎到金魚塘陳氏祠堂，因此，《（乾隆）佛山忠義鄉志》記載，十四日，里甲戶的成員到金魚塘陳氏祠堂，把北帝神像送回靈應祠，以便官員於翌日祭祀北帝。十四日晚上，北帝神像在靈應祠內度過，十五日，接受官員獻祭之後，就被迎到佛山豬仔市的梁氏祠堂內，因為十六日輪到梁氏把北帝迎到自己的祠堂。有關這天的情況，《梁氏家譜》〈本祠例略〉稱：

> 二月十五日，各伯叔兄弟赴祠，肅整衣冠，頭鑼，赴祖廟，迎接北帝賀臨本祠建醮。十六日午刻，打點各盛會放炮，祠內送神起座。分餅事務。是晚督理各省會施放煙火花筒，彈壓打架，毋使生事。

以上祭祀北帝的活動，除了產生出集體的節日氣氛之外，也把哪些家庭是十五世紀里甲戶的後代、哪些不是，清楚區分開來。還有，遊神時須依照明確的路線，顯然，這些節誕活動強烈地體現了佛山人的成員身份。[21]

佛山的北帝巡遊，至少延續到清末民初，羅一星的描述，很大程度得自受訪者的記憶。但是，各宗族輪流迎請北帝到自己祠堂來供奉的某種安排，應早於十八世紀就已出現，證據是《（乾隆）佛山忠義鄉志》稱，二月十五日："諭祭靈應祠北帝。先一日，紳耆列儀仗、飾彩

204

21　以上兩段引文，轉引自羅一星，《明清佛山經濟發展與社會變遷》，頁443-4。

童，迎神於金魚塘陳祠。"祭祀完畢，"神復出祠"。[22] 迎請北帝回家的各個宗族裏，至少有一些宗族出了些著名學者和官員。明白這一點是很重要的。例如，出身金魚塘陳氏的陳炎宗，是《(乾隆) 佛山忠義鄉志》的編纂者，也是士紳價值觀的捍衛者。因此，各宗族輪流迎請北帝到自己祠堂來供奉的這種儀式，是為受教育階層所接受的。

　　早於《(乾隆) 佛山忠義鄉志》上述記載的，是屈大均《廣東新語》關於"佛山大爆"的記載，十七世紀中葉，清朝開國不久，佛山鎮人每逢三月，在真武廟前放爆竹以饗神。這個儀式，糅合了相當多的體育雜技及皮影戲的元素：人們用紙或椰子殼包裹火藥，製成分別稱為"紙爆"、"椰爆"的爆竹，將這些爆竹放在四至五尺寬、十尺高、用花及人物造型飾物裝飾的花車，花車由一百名八、九歲的小孩子拉動，爆竹則用長達三十尺引線燃放。爆竹燃放完畢，人羣爭相把爆竹碎屑拿回家，討個吉利。若撿拾得所謂"爆首"即爆竹頭者，則下一年須貢獻大型爆竹以答謝神恩，一個這樣的"大爆"，造價可能高達一百兩以上。這活動持續三、四天。屈大均作為學者及明遺民，對於剛剛亡國不久，就有如此"蠢蠢無知"的"小民"，"為淫蕩心志之娛"，感到非常不悅。[23]

　　目前，我們找不到有關北帝遊神活動的明朝記載。明朝佛山北帝遊神的活動，在舉辦原則上乃至運作規模上是否與十八世紀及其後的情況相似？我們不得而知。但毫無疑問，里甲是一定參與靈應祠管理工作的。而靈應祠的管理權，從十七世紀開始已經成為激烈爭奪的對象。靈應祠管理權的爭奪，是士紳與百姓之間的矛盾的另一面，也同樣與財產的控制有關。

　　我們應該記得，自正德八年 (1513 年) 以來，在靈應祠右，就已經建起一座忠義流芳祠，紀念黃蕭養之亂期間捍衛佛山的英雄。忠義流芳祠與佛山里甲組織關係密切，因為抗擊黃蕭養的，正好就是日後

205

22　《乾隆佛山忠義鄉志》，卷 6，頁 3b-4a。

23　屈大均，《廣東新語》，頁 444-45。

成為編入里甲的戶口。更有甚者，在十五世紀，當祖先祠堂尚未風行時，祭祀祖先的活動，應該就只能在各家各戶的神壇以及在忠義流芳祠內進行。十六世紀期間，士紳集團崛興，掌握了佛山的領導權。士紳集團的部分成員，例如霍韜的後人，並非佛山本地人。可見，當時的靈應祠應該至少服務兩羣人：一羣是抗擊黃蕭養、捍衛佛山的英雄的後人；一羣是新近移居佛山的人。後者儘管也可能定期到忠義流芳祠祭祀北帝，但卻無法像前者那樣，與捍衛佛山的英雄攀關係。

靈應祠的另一邊，還有一座觀音廟，至嘉靖元年（1522 年），才被廣東按察使副使魏校打成“淫祠”，因而被改成社學。天啟四年（1624年），有些人籌款重建社學；天啟七年（1627 年），他們又籌款，在社學興建名為“嘉會堂”的會館。嘉會堂與社學關係如此密切，反映出：熱衷科舉功名、因而重視教育的士紳集團，現在也開始染指社學的田產，這社學的田產，包括兩世紀前、附近冶鐵工場搬走後騰出的土地。可見，在明末清初，靈應祠的管理權，是由里甲與士紳這兩個集團所平分的。[24]

士紳集團對於該廟的修葺，愈來愈積極，崇禎十四年（1641 年）、康熙二十四年（1685 年）的兩次重修，是比較引人注目的。康熙五十九年（1720 年），士紳們入稟南海縣衙門，指管理廟產者侵吞部分廟產，請求將這些廟產歸還靈應祠名下，縣官判士紳勝訴。關於這場訴訟的真正意涵，我們要聯繫到雍正六年（1728 年）的另一場訴訟，才恍然大悟。雍正六年，有一個人請求把一間已經劃撥靈應祠名下的店舖交給自己，以便祭祀包括自己祖先在內的黃蕭養之亂期間捍衛佛山者。縣官與士紳開會之後，同意了此人的請求。乾隆三年（1738 年），有份管理靈應祠的里甲戶被控濫用廟款，大吃大喝。翌年（1739 年），甲戶集團搬出靈應祠的偏殿，在靈應祠對面，隔着馬路，建立八圖祖祠，又稱“贊翼堂”。對於里甲集團的最後一擊，來自乾隆二十二年（1757 年）五鬥口巡檢司的宣判。五鬥口巡檢司設於康熙三年（1664 年），管轄佛

206

---

24 《乾隆佛山忠義鄉志》，卷 10，頁 27b-28b、頁 28b-29b、41a-42b。

山。巡檢稱，里甲集團成員，不得分享靈應祠祭肉："如以福胙當頒，則凡闔鎮紳耆士庶遠商近賈，誰其不應？而乃獨爾里排受茲福胙。於以普神休則狹小北帝之聲靈，於以崇祀典則阻抑眾姓之昭格。"這判辭的意思是很明顯的：到了十八世紀，里甲集團對於靈應祠的管理，不再名正言順，不再理所當然，而士紳集團的參與，正在得到認可。[25]

大概從這個時候開始，士紳集團成員在靈應祠側聚會議事的廳堂，開始被稱為"大魁堂"，這名稱反映出士紳對於科舉功名的嚮往。[26]而在整個十八世紀，靈應祠內的士紳集團，代表佛山利益，與官府周旋，角色也愈來愈重要。[27]乾隆六十年（1795 年），靈應祠內的士紳集團建立並管理佛山義倉，正式確立了士紳集團對於佛山鎮的領導核心地位。[28]

正如瑪麗・蘭瑾（Mary Rankin）指出，義倉的成立，是官僚體制外的管理體制。換言之，是本地精英組織，在地方官員的配合、監督下，提供符合王朝政策的社會服務。但是，陳春聲指出，王朝的義倉政策，在廣東實行得很慢。儘管康熙皇帝屢次在康熙十八年（1679年）、康熙二十八年（1689 年）、康熙四十三年（1702 年）、康熙五十四年（1715 年）下旨，要求建立義倉，但直至雍正二年（1724 年），廣東

---

25 《乾隆佛山忠義鄉志》，卷 10，頁 45a-46b、頁 49b-51b、60a-62b；卷 11，頁 4a-6a、頁 8a-12a、頁 12a-13a。吳榮光纂，《佛山忠義鄉志》，道光十一年(1831)刊，卷 13，頁 16b-18a，載《中國地方志集成・鄉鎮志專輯》（南京：江蘇古籍出版社，1992），第 30 冊，總頁 272-3，引文載頁 272，以下簡稱《道光佛山忠義鄉志》。廣東省社會科學院歷史研究所中國古代史研究室、中山大學歷史系中國古代史教研室、廣東省佛山市博物館編，《明清佛山碑刻文獻經濟資料》（廣州：廣東人民出版社，1987），頁 33-36。

26 "大魁堂"這個名稱，見諸《道光佛山忠義鄉志》的地圖，載《中國地方志集成・鄉鎮志專輯》第 30 冊，總頁 7。並見諸十九世紀的官方文書。

27 參見 David Faure, "What made Foshan a town? The evolution of rural-urban identities in Ming-Qing China", *Late Imperial China*, 11:2（1990），pp. 1-31.

28 Mary Backus Rankin, "Managed by the people: officials, gentry, and the Foshan chairtable granary, 1795-1845," *Late Imperial China* 15:2 (1994,) pp. 1-52.

各地才真正建立義倉。[29] 在佛山，建立社倉的，不是別人，正是在審判
訴訟中維護士紳集團、打擊里甲集團的五門口巡檢司巡檢，而建立社
倉的年份，也就是乾隆二十二年（1757 年），即巡檢就訴訟作出審判之
年。可是，雖然社倉及其糧食的擁有權屬於當地衙門，但在十八世紀
下半葉，凡啟動社倉糧儲的賑濟工作，都是在士紳的管理下進行的。
士紳集團的領導人之一勞潼，為建立社倉撰文作記，描述了士紳的工
作，特別指出，官府只負責維持秩序，並不查看賬簿，也不予以核
算。在十八世紀這段比較早的時期，由於士紳管理的義倉本身甚少糧
儲，凡需要賑濟時，義倉向官府管理的社倉申請調撥糧食，是被認為
尋常的。可見，佛山義倉開始時操作順利，可能就是延續既有做法的
結果。

　　對於義倉來說，出售糧食、即使在饑荒時期提供賑濟，也是賺錢
的機會，明白這一點是很重要的。因此，在嘉慶十七年（1812 年），一
場涉及貪污的訴訟，導致官府制定新規則，剝奪了大魁堂委任義倉管
理人的權力，而由佛山各圖輪流充任。道光十年（1830 年），有人告
狀，說義倉管理人侵吞倉糧，而義倉管理人則反駁，說義倉糧食只用
於賑濟佛山鎮內有需要的人，告狀者意圖煽動外人，騙取賑濟。我們
必須明白，這場訴訟的背景，是佛山的糧食貿易在不斷增長，糧荒並
非壞天氣造成的，而是因為糧食需求周期性劇增，導致糧價飆升。而
每逢糧價飆升，官府就極力打擊投機，規定每名米商所收儲的米糧，
不得超過 200 石，這規定不過為衙門胥吏的敲詐勒索，大開綠燈。因
此，佛山義倉完全是服務於佛山鎮民的福祉，因為佛山鎮民中，很多
是工匠與搬運工人，他們的收入，並非直接來自務農。佛山義倉重新
樹立了士紳在危急時期的領導權，這一點與學校和孤兒院不同，但與
防衛事務相似（直至嘉慶五年 [1800 年] 以後，官府才允許佛山鎮參與
防衛事務）。我們可以把這個現象，視為非宗教的社區組織的發展，但

207

29　陳春聲，《市場機制與社會變遷：十八世紀廣東米價分析》（廣州：中山大學出版社，
　　1992），頁 308-32。

是，以為士紳能夠單憑其特權而管理佛山鎮的學校與義倉，是大錯特錯的。士紳首先必須參與鎮內的廟宇管理組織，因此參與管理鎮內的節誕活動，才能夠管理佛山鎮的學校與義倉。[30]

總之就是市鎮聯合體：九江的佛寺、廟宇、書院

根據九江鄉的方志，九江也和龍山與佛山一樣，最初是一座富裕的佛寺之所在，嘉靖元年（1522 年），廣東按察使副使魏校下令，拆毀該佛寺。九江鄉民不甘示弱，建立了另一佛寺，名為正覺寺，擁有 30 畝田產，由一名和尚管理。九江鄉的士紳似乎想表達他們的忠誠，另外捐資增購 10 畝地，捐給正覺寺。正覺寺的田產並不登記於正覺寺名下，而是登記於一個里甲戶的名下，而當地一個不知名的土豪，總想霸佔寺產。萬曆二十八年（1600 年），當地士紳向縣官進呈，請求批准由僧人圓教擔任正覺寺住持，該土豪興訟，打贏士紳，控制寺產，正覺寺只能靠布施度日。對於九江鄉各村而言，幸好，正覺寺住持的發憤自強，贏得各方善信的支持，善信們的布施，讓正覺寺得以大肆擴建三殿，分祀觀音、北帝、文昌。每年二月三日，全九江鄉的士紳聚集正覺寺，祭祀文昌，踏入十七世紀，九江鄉還真出了不少擁有高等科舉功名的讀書人。正覺寺規模日益宏大，至清初，又增建關帝殿。順治十四年（1657 年），當九江鄉方志刊行時，當地人還開始討論興建

208

30　關於巡檢參與建立社倉一事，見王棠，〈重修流芳祠記〉，載《道光佛山忠義鄉志》，卷 12，頁 10b-12a，載《中國地方志集成・鄉鎮志專輯》（南京：江蘇古籍出版社，1992），第 30 冊，總頁 245-6；勞潼的〈乾隆乙卯散賑碑記〉，記錄了十八世紀下半葉賑濟饑荒的組織活動，見汪宗准修，冼寶幹纂，《佛山忠義鄉志》，民國十五年（1926）刊，卷 7，頁 2a-b，載《中國地方志集成・鄉鎮志專輯》第 30 冊，總頁 395，以下簡稱《民國佛山忠義鄉志》。有關嘉慶十七年(1812)訴訟導致義倉控制權易手、義倉章程重訂一事，參見《佛鎮義倉總錄》，道光二十七年(1847)刊，卷 1，頁 37a-44a，轉引自羅一星，《明清佛山經濟發展與社會變遷》，頁 393-99。新頒佈的義倉章程，不僅開列了佛山 27 個舖的名字，而且還規定了每年用於祭祀各廟宇的款項總額。至於道光十年(1830)的暴動，參見 Rankin, "Managed by the people: officials, gentry, and the Foshan chairtable granary, 1795-1845," *Late Imperial China* 15:2（1994,），pp. 1-52. 有關該時期該地區的米糧貿易的研究，參見譚棣華，《清代珠江三角洲的沙田》（廣州：廣東人民出版社，1993）。

議事堂。[31] 議事堂雖未興建，但順治八年（1651 年）"通鄉士民"討論
疏浚附近河道的重要問題時，開會地點，就在正覺寺。[32]

　　以上有關九江鄉佛教寺院的簡短歷史，很能夠反映九江鄉當地社
會的微妙政治。九江鄉的方志，顯然是從編纂者的立場來寫的，而在
十七世紀，這些編纂者都被認為是九江鄉的士紳。對於上述訴訟中的
土豪，方志沒有提供任何線索，但是，方志收錄了一則故事，謂正覺
寺的一名和尚遊説"富民"關宗畏，説寺內地下藏有黃金，誘得這"富
民"捐資挖掘，正覺寺因此才有資金挖掘水井。[33] 無論阻止僧人圓教成
為正覺寺住持的是否這位關宗畏，但既然這個土豪能夠在訴訟中打贏
士紳，我們幾乎可以肯定，控制正覺寺的，不是九江鄉的士紳，而是
這個土豪。因此，直至萬曆二十八年之前，在九江鄉的任何集體祭祀
場所內，鄉內各村有何權利？對此，各村尚未達成共識。造成這個局
面的原因，可能是宗教整肅。在正覺寺以外，九江鄉有其他的廟宇，
它們所祭祀的神靈，據說在黃蕭養之亂期間保護過九江鄉，但這些神
靈被九江鄉志完全淡忘。據說，九江鄉民對抗黃蕭養叛軍之際，看見
山前出現五個戴着皇冠的神靈，這五位神靈用衣袖擋着叛軍射出的
箭，保護鄉民。九江鄉志稱，祭祀這些神靈的廟宇，叫做趙大王廟，
這名字恐怕不太確實。但九江鄉志補充説，這廟是為祭祀五名一同遇
溺喪生的商人而興建的。[34] 我們應該記得，弘治二年（1489 年），順
德縣令吳廷舉正在全縣取締祭祀"五山神"。以上傳說顯示，這廟祭祀
的，應該就是"五山神"，而不是比較善良的趙將軍。

31　黎春曦纂，《南海九江鄉志》，順治十四年(1657)刊，卷 2，頁 2a-3a，載《中國地方志集
　　成・鄉鎮志專輯》第 31 冊，總頁 234，以下簡稱《順治南海九江鄉志》。

32　《順治南海九江鄉志》，卷 1，頁 21b，載《中國地方志集成・鄉鎮志專輯》第 31 冊，總
　　頁 229。

33　《順治南海九江鄉志》，卷 5，頁 22a，載《中國地方志集成・鄉鎮志專輯》第 31 冊，總
　　頁 301。

34　《順治南海九江鄉志》，卷 5，頁 27b，載《中國地方志集成・鄉鎮志專輯》第 31 冊，總
　　頁 303。

　　九江鄉能夠產生出獨立的身份認同，大概是拜一個新行業及隨之而來的賦役制度改革所賜。這個新行業，就是塘魚養殖業。據順治十四年（1657 年）刊行的《九江鄉志》，九江鄉八成土地都拿來養魚，只兩成土地拿來種地，可見九江的塘魚養殖業一定在明朝已經發展起來了。《九江鄉志》稱，清明甫過，亦即春末，蜑民就在廣西西江各支流撈捕魚苗，帶到九江的魚塘，養殖一年。翌年春天，這些已經養大的魚就不僅會被賣到廣東許多地方去、包括遠至東江上游的龍川縣，還會被賣到湖北、江西、福建。九江出口塘魚，進口米糧。官府對於九江的塘魚貿易，抽稅頗重。清朝沿襲明朝的做法，命令九江魚販在出售塘魚的地點，與官方指定的當地牙行交易。在龍川，官府對於運載九江塘魚的船隻，按每船使用的船槳的數目，估算船隻的大小及載重，從而徵稅。九江鄉民認為龍川牙行苛索太甚，向廣東巡撫及廣東布政使告狀，並將禁止苛索的告示鐫刻於石碑上。[35]

　　九江鄉民出售塘魚時，須向官府繳納各種稅費，而購買魚苗時，也得向軍方繳納一筆餉銀。這筆餉銀，是明初向蜑民徵收、以給養肇慶兩廣軍門的，肇慶位於九江上游。可是，由於實際上徵收不到這筆餉銀，弘治元年（1488 年），肇慶府知府黃琥取消了這筆餉銀。弘治九年至十三年（1496—1500 年）擔任廣東巡按御史的鄧廷瓚，上奏朝廷，建議把九江劃為 "漁埠"，以便把這筆餉銀轉嫁到九江鄉民頭上，繼鄧廷瓚而於弘治十三年至十五年（1500—1502 年）間任職廣東巡按御史的劉大夏，也支持鄧的建議，該建議遂獲得朝廷批准。九江鄉的魚苗戶，每戶被攤徵 0.5 至 0.25 兩不等的餉銀，而肇慶府衙門則向他們發出執照。但是，一旦實施之後，執照費很快就遠超餉銀。到了萬

35　《順治南海九江鄉志》，卷 2，頁 17b-18b，載《中國地方志集成・鄉鎮志專輯》第 31 冊，總頁 241-2；屈大均，《廣東新語》，頁 556-58、566-67。

曆二十八年（1600 年）左右，執照費已經是原本餉銀的三倍。[36]

　　據《順治九江鄉志》，九江鄉的里甲組織，稱為里排，里排設立首個塘魚市場的時間，是弘治十五年（1502 年）。[37] 儘管順治九江鄉志沒有提及弘治年間官府把魚餉攤到九江一事，然而，官府一旦向九江鄉民徵稅，則劃定一個為官方承認的市場，以便承擔魚餉的稅戶停靠船隻，是很自然的安排。魚餉的轉嫁、魚市的建立，這兩件事時間如此接近，這顯示，無論如何，一個能夠號令九江鄉各村的領導架構，正在成形。同樣重要的是，獲縣令批准成立魚市的成員之一陳氏，在魚市建廟祭祀關帝，而九江鄉內不少顯赫的士紳，就是出身陳氏，可見陳氏、關帝廟、正覺寺的關係，必然是錯綜複雜的。至於霸佔正覺寺寺產的，是否就是陳氏，則迄無定論。[38]

　　我們也可以有把握地説，當官府發現能夠把魚餉從蜑民轉嫁到九江的塘魚養殖戶時，九江的塘魚養殖業已經建立起來了。但九江的經濟變遷並不止於此。順治九江鄉志也指出，棉紡業及養蠶業也是當地主要的農業活動，九江的棉紡業大概出現得早些，養蠶業則出現於十六世紀末或十七世紀初。在嘉靖時期即十六世紀中葉：

210

36　《順治南海九江鄉志》，卷 2，頁 20a-b，載《中國地方志集成・鄉鎮志專輯》第 31 冊，總頁 243；史樹駿修，區簡臣纂，《肇慶府志》，康熙十二年(1673)刊，卷 19，頁 14a-b，載中國科學院圖書館選編，《稀見中國地方志匯刊》(北京：中國書店，1992)，第 47 冊，總頁 728。馮栻宗纂，《九江儒林鄉志》，光緒九年(1883)刊，卷 5，頁 21a-27b，載《中國地方志集成・鄉鎮志專輯》，第 31 冊，總頁 449-52。

37　《順治南海九江鄉志》，卷 2，頁 29a，載《中國地方志集成・鄉鎮志專輯》第 31 冊，總頁 247。

38　《九江儒林鄉志》，卷 4，頁 19a-b，載《中國地方志集成・鄉鎮志專輯》，第 31 冊，總頁 407。

喬涌墟：嘉靖（1522-1566 年）之際，鄉中貧婦，競攜綿紗渡
海趁賣，遭風覆沒。刺史為文祭告海神，設紗墟於此，期三、六、
九日趁。雞鳴，紗婦咸集，每墟以數百計。趁數十年，今廢。[39]

大約就在《順治九江鄉志》編纂之際，桑樹種植迅速發展起來，取
代棉紡業。種桑與養蠶結合，帶來了農業革命：

蠶桑：近來牆下而外，幾無餘地，女紅本務，於斯為盛。圓
眼：往時遍野，亦生業之藉，經亂，剪伐塞路，及除老樹、付桑
麻，十去七八。……大抵九江利賴多藉魚苗，次蠶桑、次禾稻、
次圓眼、次芋，止矣。[40]

到了清代，桑樹種植與塘魚養殖結合，產生出所謂"桑堤魚塘"的
土地利用模式。根據這個模式，人們在魚塘的四周堤壩種植桑樹，用
蠶糞餵養塘魚，又用充滿魚糞的塘泥為桑樹施肥。大約與順治九江鄉
志刊行同時，屈大均也在其《廣東新語》為"桑堤魚塘"提供了以下的
概括：

211

池塘以養魚，堤以樹桑，男販魚花，婦女餵愛蠶，其地無
餘壤，人無敖民。[41]

十七世紀後期，桑樹種植與塘魚養殖相結合的生產模式，從九江擴
散到整個順德。而在十七世紀上半葉，九江正向這新的經濟模式過渡。

39　《順治南海九江鄉志》，卷 1，頁 29a-b，載《中國地方志集成 • 鄉鎮志專輯》，第 31 冊，
　　總頁 233。有關塘魚養殖業的創辦者曾儲的傳記，見卷 4，頁 3b-4a，總頁 261-2。至於
　　把棉紗賣過河的市場，名叫古樓，位於順德縣。

40　《順治南海九江鄉志》，卷 2，頁 18b，載《中國地方志集成 • 鄉鎮志專輯》，第 31 冊，總
　　頁 242。

41　屈大均，《廣東新語》，頁 558。

　　《順治九江鄉志》留意到，到了十七世紀，九江出了許多學者。離鄉外出、教書為生的九江人，就已超過一千，當然，還有相當一部分家庭出了高官。而在明初，九江的情況卻非常不一樣。如同珠江三角洲許多地方一樣，在九江，至十六世紀而成為九江鄉內顯赫宗族的，都是明初編入里甲的鄉民的後人。元代，九江鄉有一關姓之人，曾在當地擔任某個行政職務；明初，朱姓、岑姓之中，也出過替朝廷輸送稅糧的糧長。九江陳氏的勢力，應該超越九江鄉之外，於洪武十八年（1385 年）指揮興建桑園圍的，正是九江陳氏的始祖陳博文。十五世紀，九江鄉也緩慢地進行沙田開發與定居，但鄉民並沒有完全割斷與河流的聯繫，因此率先發展出塘魚養殖業。岑越銳的傳記很能夠明十五世紀九江的情況：永樂五年（1407 年），年僅十四歲的岑越銳就充當糧長，參與明朝討伐安南的戰役；正統五年（1440 年），岑越銳父親衣錦還鄉逝世 22 年，但岑越銳以父親名義捐出一千石糧食賑濟饑荒，朝廷因而“特賜敕諭，勞以羊酒，建坊旌義，免差役三年”；正統十四年（1449 年），岑越銳又捐出 1,100 石糧食，協助九江鄉抵抗黃蕭養叛軍，官府把岑越銳“請為鄉（原文如此）導，往番、東二縣海上搜剿”。[42]官府豁免岑越銳父親勞役三年，自然惠及岑家，可見岑越銳正一步步建立宗族，另外，岑越銳也顯然是沙田內河地區的領袖。

　　十七世紀九江的土地登記過程，也大致上與珠江三角洲其他地區相若。曾仕慎的傳記，明確地告訴我們，在這個時節，甚麼才叫做有本事：他“去虛稅浮糧，通書算律令”。[43]萬曆十年（1582 年），南海縣令親自蒞臨九江，清丈土地，但由於九江遍地魚塘，清丈不得要領，於是縣令向九江徵收所謂“定弓”的附加稅。九江當地因在一處河口興建水閘而引發鄉近村落之間的矛盾，縣令訪問九江期間，也協助調停

42　《順治南海九江鄉志》，卷 4，頁 52b-53a，載《中國地方志集成・鄉鎮志專輯》，第 31
　　冊，總頁 286。

43　《順治南海九江鄉志》，卷 4，頁 54a，載《中國地方志集成・鄉鎮志專輯》，第 31 冊，總
　　頁 287。

212　了該糾紛。[44] 全順德縣都反對開徵"定弓"，九江士紳也加入反對行列，萬曆四十五年（1617 年），"定弓"終告取消。[45] 大約同時，九江鄉編纂了鄉約，並於每年的節誕中宣講。[46] 另外，九江繼續開發沙田，萬曆三十九年（1611 年），九江鄉民籌款，把鄉內圍繞着一島的堤壩增高三尺（大約四英尺），因此新增土地 800 畝以上。崇禎十四年（1641 年），這堤壩有一處崩塌，九江的一名士紳與縣衙門協商出修復堤壩方案：按地徵銀，按戶出丁。翌年（1642 年），九江墟市內始建於正德元年（1506 年）的天后廟，獲得重修。該墟市已經被搬到另一處河口，大概因此之故，有需要興建一座新廟。[47] 兩年之內，明朝就要覆亡了，但當然，這即將到來的巨變，是沒有任何預兆的。

　　康熙二十八年（1689 年），九江的廟宇羣得到重建。當年，兩層高的文昌閣獲得重修，關應弼為重修撰文作記，謂"闔鄉紳士，每歲春，崇祀於此"。重建工程還包括在文昌閣一旁增建學校，在另一旁增建碑亭。康熙四十一年（1702 年），學校改為祭祀康熙二十八年（1689 年）任職兩廣總督的石琳、康熙三十七年（1698 年）任職廣東總兵的殷化行以及其他將領，以酬謝他們在康熙三十九年（1700 年）平定附近盜賊的功勞。據記載此事的文章，士紳參與了平定盜賊的戰役：官兵的將領們就何處能夠發現"盜賊"、被抓獲的該殺不該殺等問題，都諮詢過士紳。乾隆五十一年（1786 年），當這一批廟宇再度重修之際，九江士紳自豪地把碑亭更名為"大魁閣"，以彰顯自己的科舉考試成就。這

44　《順治南海九江鄉志》，卷 1，頁 27b，卷 2，頁 19a，載《中國地方志集成‧鄉鎮志專輯》，第 31 冊，總頁 233、242。陳萬言，〈南海周侯重建惠民竇記〉，載吳道融編，《廣東文徵》（香港：香港中文大學，1973），第 3 冊，頁 300。

45　《順治南海九江鄉志》，卷 2，頁 19a，載《中國地方志集成‧鄉鎮志專輯》，第 31 冊，總頁 242。當時的廣州府通判顏俊彥，留意南海縣"各鄉紳里排"反對徵收"定弓虛稅"，見氏著，中國政法大學法律古籍整理研究所整理標點《盟水齋存牘》（崇禎五年 [1632] 刊，北京：中國政法大學出版社，2002），頁 640-2。

46　〈朱刺史凌霄基志銘〉，載《九江儒林鄉志》，卷 7，頁 24a-27，載《中國地方志集成‧鄉鎮志專輯》，第 31 冊，總頁 490-2。

47　《順治南海九江鄉志》，卷 1，頁 25b-26a；卷 2，頁 1b-2a，載《中國地方志集成‧鄉鎮志專輯》，第 31 冊，總頁 231、233-4。

大魁閣就是清朝時期佛山士紳開會議事的著名場所。同年，順德縣衙門派駐了一名主簿到九江，該主簿就把祭祀石琳等將領的廟宇充當自己的衙署，並將之再度更名為學校。[48] 到了十八世紀，九江已經是個很富裕的市鎮了。自十六世紀設立的墟市，因為米糧及絲綢貿易而更加繁盛，正如九江鄉志稱，"大墟在本鄉四方接界處"，這"四方"的村莊羣中，不少本身在十七世紀就已經富起來。設立於嘉慶四年（1799 年）的絲綢市場，更為士紳提供了一筆收入，因為從嘉慶七年（1802 年）開始，順德縣令正式把該墟市的控制權，交給士紳控制的儒林文社。[49]

　　駐紮九江的主簿，與當地士紳的關係，並不融洽。但是，無論後來九江士紳向兩廣總督的申訴中說過這名主簿的甚麼壞話，任命主簿駐紮九江，仍然是有利於當地士紳的。這名主簿積極參與九江的建設，尤其是桑園圍的建設，桑園圍堤壩工程，雖耗時數十年，卻能夠保護九江農地，免受洪水的頻繁侵襲。九江的士紳，為保護當地利潤豐厚的魚苗貿易，也積極與廣東省衙門談判。我們早已指出，九江鄉民不僅經營塘魚養殖業，而且自十五世紀末已承包了官府就出售魚苗所徵收的餉銀，也就壟斷了魚苗的銷售。九江為維持壟斷，打擊黑市競爭，制止當地官兵勒索，必須得到省衙門的保護。光緒九年（1883 年）刊行的九江鄉志，記載了廣東省高官就維護九江魚苗貿易而發出的多份示諭，時間分別為乾隆三十八年（1773 年）、乾隆三十九年（1774 年）、乾隆四十四年（1779 年）、乾隆五十四年（1789 年）。但毫無疑問，駐紮九江的主簿與當地士紳的矛盾，於道光六年（1826 年）進一步惡化。這年，九江士紳打算建儒林鄉書院。為尋求官方的認可，他

48　《九江儒林鄉志》，卷 2，頁 34a-35a；卷 4，頁 6a-8a、27a-30b，載《中國地方志集成・鄉鎮志專輯》，第 31 冊，總頁 361、400-1、411-2。

49　《九江儒林鄉志》，卷 4，頁 15a-35a、76a-78a，載《中國地方志集成・鄉鎮志專輯》，第 31 冊，總頁 405-15、435-6，引文見卷 4，頁 76a，總頁 435。部分村莊的財力，反映於它們為重修廟宇所捐贈的款項。位於九江東面的天后宮，位於連接鎮中心的河口，始建於崇禎十五年（1642），捐款者可能是蜑民。這廟宇的歷史特別複雜。據說，該廟於順治七年（1650）擴建時，總共耗費了三百餘萬文銅錢。該廟宇的位置及其擴建，顯示九江鄉在清初相當繁盛，見卷 4，頁 15a，總頁 405。

們首先向儒雅博學的兩廣總督阮元遞呈，請求恢復宣講聖諭，他們甚至已經得到阮元為學校親筆題匾。可是，當學校工程進行之際，九江士紳向阮元的繼任者李鴻賓遞呈，駁斥駐紮九江的主簿的指控，否認自己霸佔民地、興建學校，也否認自己向塘魚養殖戶強行抽稅。士紳們解釋說，他們能夠出示學校所在土地的契約，證明土地得自公平買賣；至於向塘魚養殖戶攤征所得的款項，也是存在學校，充當學校經費，而非強行抽稅。九江士紳與駐紮當地的主簿之間，發生如此罕見的公開衝突，證明士紳在官府與當地商業之間扮演積極的中介角色，與十八世紀佛山士紳的行為，大體相同。九江士紳建立的這所學校，經費豐裕，總共籌得 13,000 兩，每年收租所得，也超過一千兩。在道光六年（1826 年），這可不是小數目呢！[50]

214　　以廟宇、學校為中心的士紳集團的出現，標誌着發源於十六世紀的宗族社會，又邁進了一步。到了十八世紀，在珠江三角洲，宗族已經遍地開花了。正因為宗族已經遍地開花，所以宗族也就不再是當地一小撮權貴憑藉自己與高官的關係而發明出來的新玩藝。在地方社會與官府之間，再沒有這些權貴充當中介，這中介角色，正為士紳集團所逐步掌握。然而，士紳對於地方社會的控制，還不是名正言順的控制，而是隱藏在各種控產組織背後的控制，這些控產組織，是通過宗教活動、契約、商業投資、民事管理而建立的。宗族，是以共同祖先為組織原則的社羣，而宗族聯盟，則把宗族結合到地方秩序中。這就是凝固於二十世紀香港新界的宗族社會，費里德曼就是從這裏認識華南的。但是，華南社會並非從來就是這個形態，而在珠江三角洲大部分地區，這個社會形態也並不能夠保持多久。

50　有關九江士紳們的申辯，參見《九江儒林鄉志》，卷 21，頁 20b-21a；有關儒林書院的建立，參見《九江儒林鄉志》，卷 4，頁 6a-8a；有關九江鄉承包魚苗貿易稅項的官方告示，參見《九江儒林鄉志》，卷 5，頁 20a-37b，分別載《中國地方志集成・鄉鎮志專輯》，第 31 冊，總頁 676、400-1、448-57。

喚起集體記憶：把社區整合到王朝國家內

王朝國家的管治範圍逐步擴大；科舉考試提供更多社會升遷的機會；王朝國家所認可的建築，使人們能夠以全新方式彰顯其社會地位。隨之而來的，是鄉村社會採用、並且內化了王朝國家的禮儀。鄉村社會經歷這些變遷，卻不代表鄉村社會要放棄自己獨特的身份認同。因此，廣東人常說：“一處鄉村一處例”。模仿王朝禮儀而又維持自己身份認同的極好例子，就是蕭鳳霞研究過的小欖菊花會。[51] 菊花會每六十年舉辦一次，小欖鎮的大家族，模仿王朝國家的科舉考試，進行菊花競賽，勝出的菊花，將獲頒發與科舉學位同名的獎項。菊花會的舉辦，再現了小欖的社區範圍、社會層級，對此，蕭鳳霞作出了精闢的描繪。菊花會期間，小欖鎮民競相以菊花裝飾祠堂，士紳寫詩以紀其盛況，至於菊花會期間的醮會及各類娛樂，則無論士紳及平民百姓都參加。菊花會當然只是個假冒的科舉考試，但小欖惟妙惟肖地用菊花競賽來模仿科舉考試，就把小欖鎮融合到王朝國家的文化中，而同時又保存了自己的獨特面貌。

但是，節誕廟會不必出類拔萃，也能體現一個社區的面貌。在所有廟會，社區的獨特面貌，建立在神靈及其供奉者的獨特關係之上。因此之故，各種傳說也就附會到各種儀式上，以便各個羣體與神靈之間建立獨特的關係。不獨王朝國家“以神道設教”，天下之人，不分貴賤，也都在唱同一齣戲。以均安鎮為例，該鎮又稱江美鄉，直至十九世紀，該鎮所在，被稱為沙田，均安鎮民也被視為蜑民，不得享有定居陸地的權利。關於均安鎮的廟會，只有一份近期的記載留下，根據這份記載，該廟會與其他廟會的儀式是一樣的。每年九月，鎮民抬着盛裝打扮的關帝與晏公，巡遊九天，傳說中，明太祖朱元璋打江山時，曾獲一船夫拯救，這船夫就是晏公。均安鎮的遊神儀式，模仿武將出巡，由一隊隨扈樂工，沿途擊鼓吹鎖那。與珠江三角洲所有地區

215

51　Helen F. Siu, "Recycling tradition: culture, history, and political economy in the chrysanthemum festival of south China," *Comparative Study of Society and History*, 32:4（1990），pp. 765-794.

一樣，神像被安置於轎子內，上以陽傘遮蓋，但在均安鎮，則提供轎子及陽傘，並且抬轎撐傘的，都是鎮內的富人。只有在廟內有份的鄉村，才有資格參與遊神，不過，到了遊神的最後一天，關帝及晏公回鑾返廟時，則全鎮所有人都可參與祭祀。雖然珠江三角洲最低層的鄉民也採納了王朝禮儀，但我們千萬不要以為，這樣就能夠體現社會平等精神。遊神的過程，包容了很多人，也排斥了很多人。等到像江美鄉這樣的蜑民村落，也能夠建立自己的廟宇，並在陸地上遊神時，大概就等於這些蜑民們自己向自己宣佈：自己已經脫離賤民行列。如果蜑民供奉的神靈是正統的，而附近鄉民也參與祭祀，則蜑民社會地位全面提升之日，應亦不遠矣。[52]

　　從更宏觀、長遠的角度來看，文書的使用、王朝管治範圍的擴大、利用儀式對於鄉村自主權的承認、科舉考試對於鄉村精英提供的社會升遷機會，這一切，都形成外部壓力，把地方社會整合到王朝國家內，而王朝禮儀進入鄉村，可以說是這個整合過程的最新一步。我們可以把這些社會變遷的源頭，追溯到十六世紀的禮儀革命。但我們也必須明白，即使這十六世紀的禮儀革命，也是中國悠久歷史上各個禮儀革命的最新革命而已。率先把文書、官府等等引進珠江三角洲的，大概是六世紀時期的佛教寺院。這些佛教寺院擁有寺田，但凡寺田所在，寺院就形同當地政府。可是，被佛教滲透的鄉村宗教，可能在十二、十三世紀接觸到道教閭山派的經文，又可能在十六、十七世

216

52　韓伯泉、陳三株，《廣東地方神祇》（香港：中華書局，1992），頁 91-111。

紀接觸到道教正一派的經文。[53] 而在明初，朝廷也開始命令珠江三角洲服從祀典的規定，"祀典"一詞，頻頻見於十六世紀，凡為"祀典"所容的地方神靈，就是受到朝廷認可、由朝廷官員祭祀的地方神靈。"祀典"成為十六世紀宗教整肅運動中打擊所謂"淫祠"的工具。在這個整肅運動中，祠堂祭祀祖先的儀式，被固定下來了。但是，這些禮儀革命運動，都未能徹底成功，都未能完全鏟除其革命對象。很多時候，本來屬所謂"淫祠"的土地（往往是佛寺的寺田），的確被充公了，"淫祠"也被搗毀了，但"淫祠"內的神靈，卻在另一地點或另一場景中重新冒出頭來。到了十六世紀，珠江三角洲的宗教已經成了個大雜燴，沒有哪一門派能夠獨攬大局，宗教成為各集團爭奪正統性的戰場，宗教禮儀也就隨之演變。

近年來，許多研究者都注意到，中國的鄉村宗教，模仿王朝制度。[54] 鄉民們侍奉神靈，就像侍奉皇帝與官員一樣；而鄉村教士則表現

53　有關道教閭山派、正一派在珠江三角洲傳播的問題，由於目前搜集到的相關文獻太少，證據非常稀薄。而從我在香港新界搜集文獻的經驗來看，即使搜集得到這類道教經文，也無法弄清楚其編纂刊行年份。因此之故，新寧、新會一帶各個陳氏宗族族譜內記載的始祖陳 Qiaozhen 的傳說，就特別有意義。根據這個傳說，陳氏某位祖先，鑑於家族成員收租時遇溺，就放棄了族產，而陳 Qiaozhen 輩份更在這位陳氏祖先之上。我認為，這些傳說流行，是因為大概從十五世紀開始，人們開始普遍使用土地契約，參見 David Faure, "Contractual arrangements and the emergence of a land market in the Pearl River delta, 1500 to 1800," 載陳秋坤、洪麗完編，《企業文書與社會生活（1600-1900）》（台北：中央研究院台灣史研究所籌備處，2001），頁 265-284。陳氏族譜稱，陳 Qiaozhen 是元朝人，降服並收編了一個在廣州地區以雷電散佈瘟疫的妖魔，陳 Qiaozhen 往往以騎馬姿態出現，帶領族人到一處地點，該地點也就成為他墳墓之所在。類似故事也出現於一個周氏宗族的族譜中。這個周氏宗族可能位於廣州，根據該傳說，周氏宗族東莞支派的五世祖，遇上張天師，因而仙遊，時為弘治十八年（1505），他仙遊之後，常常以披甲騎馬、神兵隨屬的形象出現。這類死而成仙、率領神兵、出現人間的故事，應該是很普遍的，這兩個故事由於被收錄到族譜之故，就流傳了下來。參見《新會陳氏族譜》，民國元年（1912）刊，頁 11a-12a，藏廣東省圖書館，編號 K 0.189/277；《墩頭陳氏族譜》，民國二十二年（1933）刊，頁 12a-17b，藏廣東省圖書館，編號 K.0.89/273；《周氏族譜》，無刊行年份，藏廣東省圖書館，編號 K 0.189/910.2。

54　James L. Watson, "Waking the dragon: visions of the Chinese imperial state in local myth," in Hugh D.R. Baker and Stephan Feuchtwang, eds., *An Old State in New Settings, Studies in the Social Anthropology of China in Memory of Maurice Freedman* (Oxford: JASO, 1991), pp. 162-177. Stephan Feuchtwang, *The Imperial Metaphor: Popular Religion in China* (London: Routledge, 1992).

得像衙門差役一樣。雖然我們有足夠的理由把祭祀神靈與祭祀祖先區分開來，但是，中國的廣義"宗教"，必須把祖先信仰與祖先祭祀包括在內。因此，在像珠江三角洲這樣的中國一處，鄉村在漫長歲月中整合到王朝國家去，靠的是一套內容豐富的劇本。累積出這套劇本的，是廟宇和神壇的興建，是地方勢力對於這些廟宇和神壇的控制，是對於神靈的定期祭祀及巡遊，是神靈顯靈的傳說，是風水，是道士、和尚、風水師、士大夫因朝廷或者神靈之名對於天道的權威解釋。費里得曼認為，鄉村的這些"小傳統"，與中國王朝的"大傳統"，分別不大。[55] 鄉村與城市都被同一套政治意識形態所滲透。鄉民們與朝廷官員用同一套儀式祭祀同一批神靈，只不過朝廷官員的祭祀更加講究、更加繁縟而已。一旦祠堂林立、文書普及，個人的身份就不再建立於職業或教派之上，而建立於宗族的成員制之上，這些宗族都擁有祠堂和族譜，並按照他們認為符合書上寫着的方式，祭祀祖先。當只有一套正統禮儀被捧出來時，"小傳統"自然沒有立足之處，有的只是"我們這裏"與"他們那裏"之別。任何稍有份量的人，自然都被納入大傳統中，如果他們沒有份量，又何必理會他們？

　　陳子升，是順治五年（1648 年）捍衛明朝、反抗清朝、壯烈犧牲的陳子壯的兄弟。陳子升留意到明末九江與佛山的分別：控制佛山的，是兩三個巨族，但佛山也有很多外來商人；九江則魚塘遍佈，很容易被橫行南海、新會一帶的盜賊攻破。陳子升認為，佛山可以自理，但九江應該有官員駐紮，"何也？佛山之民習於城邑，而九江自外於城邑；九江之人別為鄉落，而佛山不屑為鄉落也"。[56] 自然，珠江三角洲有鄉村、有市鎮、有城市，而各處居民很清楚其中的分別。但是，代表着珠江三角洲全體人民的同一套儀式，是如何塑造出來的

55　Maurice Freedman, "On the sociological study of Chinese religion," in Maurice Freedman, *The Study of Chinese Society, Essays by Maurice Freedman* (Stanford: Stanford University Press, 1979), pp. 351-369.

56　《九江儒林鄉志》，卷 2，頁 27b-28a，載《中國地方志集成・鄉鎮志專輯》，第 31 冊，總頁 357-8。

呢？是同一種書寫文化，是以王朝與衙門為主的同一個核心，也是由地方神靈及祖先所提供並被認可的獨立自主。

第十六章
控制財產的組織：一個意念的力量

　　十六世紀開始的禮儀改革，徹底改變了珠江三角洲社會，不僅因為新禮儀教育鄉民，不要只到祖先墳墓前祭祀祖先，而應該在祠堂裏祭祀祖先，更因為新禮儀引進了祠堂，使鄉民必須累積田產以長久祭祀祖先，因此，這套新禮儀也就使宗族組織成為控制財產的組織。在十六世紀，宗族作為控制財產的組織這個設計，是超越時代的。即使建造祠堂的活動增加，在十六世紀，大規模的建設項目，仍然是由一小撮與官府高層有關係的權貴家族所壟斷。明末清初的破壞，削弱了珠江三角洲的大姓，當清朝建立起其基層政府時，控制財產，就成為擁有廣闊基礎的宗族調動資源的手段。憑藉十八世紀經濟增長的動力，利用控制財產的手段，珠江三角洲的宗族，就這樣邁進到商業化的道路。[1]

1　葉顯恩、譚棣華，〈論珠江三角洲的族田〉，載廣東歷史學會編，《明清廣東社會經濟形態研究》(廣州：廣東人民出版社，1985)，頁 22-64；譚棣華，《清代珠江三角洲的沙田》(廣州：廣東人民出版社，1993)；Robert Y. Eng, "Institutional and secondary landlordism in the Pearl River delta, 1600-1949," *Modern China*, 12:1 (1986), pp. 3-37.

集體財產

集體控制財產，並非十八世紀的新現象。早於十四世紀，甚至在里甲制尚未進入珠江三角洲之前，有些家族就已經以佛教寺院的名義，集體控制財產。十六世紀禮儀改革的新穎之處，在於主張平民百姓也有權到祠堂祭祀祖先，而既然是平民百姓，他們也就能夠以祖先的名義，集體控制財產。這個安排，應該也配合官府賦役里甲登記的要求。隨着官府逐漸按百姓擁有的土地，向百姓徵收白銀，而不再向百姓徵取勞役，祖先的名義也意味着官府稅賦戶口，因此，以祖先控制財產，代代相傳，也就更加合法。

祖嘗應該永久保存這個看法，得到族譜與族規的鼓吹。增城縣沙貝鄉一位名叫湛上濟的人，在乾隆十七年（1752 年）寫了篇文章，描述旱災肆虐、糧食失收之際，自己與族人在祠堂開會，反對親戚出售族產的建議。該文章開列出族產收益的用途，管理族產的方式，並要求族人在祖先神主牌前宣誓，謂絕不放過出賣族產的不肖子孫。凡出賣族產之人，會受到同輩制裁、受到公開譴責、最後被擯出宗族之外。這篇文章被其他姓氏的宗族收錄到各自的族譜中，可見保護族產的集體情緒多麼高漲。[2]

各個族譜的人物傳記中，充滿了宗族成員把財產捐給宗族、或者協助維持族產的記載。明清的律例也規定，宗族成員若未得全體成員同意而出售族產，作盜竊論，這樣，也就為族產提供了一定程度的法律保護。這條律例的規定，導致明清田地買賣契約中出現這樣一項典型條款，即授予賣方的族人有優先交易的權利，取決於賣方所出售的

219

2　湛上濟，〈保烝說〉，載《梁氏崇桂堂族譜》，嘉慶十年(1815)刊，卷 14，頁 11a-13b，藏廣東省圖書館，編號 K0.189/406.2；又載於《張如見堂族譜》，民國十一年(1922)刊，卷 25，頁 26a-28a，藏廣東省圖書館，編號 K0.189/230.2。

田產,究竟他原本購買所得、還是繼承所得。[3] 我們要不厭其煩地重申:雖然費里德曼正確地指出華南宗族具有控產組織(corporate)的特色,但是,與費里德曼的描述相反,華南宗族控制財產的方法,並不僅僅是擁有可出售的財產。中國的財產繼承法則,是容許子孫擁有其"份"的,因此,一旦以祭祀祖先為宗族制度的核心,無論在墳墓前祭祀也好,在祠堂裏祭祀也好,只要祭祀延續不斷,這祭祀本身就創造出機會,讓祭祀者意識到自己是同一集體的成員。所以,子孫對於祖先歷史的"共識",從一開始就含有"合同"的元素。宗族社區的力量、宗族維持其標誌的能力,以及文字營造"世澤延綿"感的效果,三者加起來,使宗族不斷地建構與再建構,但同時又讓宗族成員堅信自己一舉一動都在恪守"傳統"。

因此,擁有土地,並不導致宗族出現。相反,隨着文字普及,隨着田地買賣契約的使用愈來愈普遍,隨着官府仲裁土地糾紛的形象深入人心,隨着賦役的登記與真人脫鈎而與戶口掛鈎,隨着族譜對於子孫的記載愈來愈詳細,以致宗族支派關係愈來愈像樣,宗族就能夠利用書面契約,把自己組織成為控制財產的祭祀團體,而其成員未必是同住一處的。

以下這份南海縣區氏宗族的合約,撰寫於乾隆二十八年(1763年),根據這份合約,四個宗族組織共同設立一處祖墳,也就這樣,這四個宗族組織就把自己變成同出一宗的四派子孫:

---

3   Edward Kroker, "The concept of property in Chinese customary law," *The Transactions of the Asiatic Society of Japan*, 3rd ser., vol. 7 (1959), pp. 123-146; H.F. Schurmann, "Traditional property concepts in China," *Far Eastern Quarterly* 15:4 (1956), pp. 507-516; Choi Chi-cheung(蔡志祥), "Family and land transfer practice in Guangdong" in *Proceedings of the 10th International Symposium on Asian Studies: July 25-28, 1988 vol.1 (China,* Hong Kong: Asian Research Service, 1989), pp. 489-497; 蔡志祥,〈從土地契約看十九世紀末二十世紀初的潮汕社會〉,載鄭良樹編,《潮州學國際研討會論文集》(廣州:暨南大學出版社,1994),頁 790-806;朱勇,《清代宗族法研究》(長沙:湖南教育出版社,1987)。有關宗族財產流失的例子,參見《南海黃氏族譜》(光緒二十五年 [1899] 刊)的一張合同,載卷 3,頁 27a-28b,根據該合同,宗族父老保證不再向宗族內的一名捐贈者要求更多的捐贈,但條件是該捐贈者必須補足目前的虧欠。

合約

　　立合同麟、鳳、龍、虎各房長奕好、天長、雅榮、揚星等，為議立附葬以蓄嘗業事。體得　崇真祖原葬於古博都、土名那程地面鰲魚擺尾形，坐艮向坤。緣山場廣闊，恐有恃強陰謀山前左右，欲創村莊，並涎冒塋，是以集祠酌議，就將祖山左右兩脅塋開吉地一十三穴，各房子孫年閬投附葬，以免後患。至其所得之銀貫，買田收租，待蓄積既厚，須創建　崇真祖祠，或在岡州，庶可上報先人之德，下盡來嗣之誠。四房一脈，愈久而靡懈矣。特立合同四本，各執一本存照。

　　這份合約，收錄於其中一個支派的族譜內。該族譜還記錄了十三處祖墳，說明哪些祖墳屬哪些支派，又記載了區氏宗族的起源及分成四個支派的歷史，制定了一套族規以促進支派之間的和睦。此外，該族譜還收錄了珠璣巷的傳說，這傳說是區氏宗族祖先傳說的重要背景。當然，該族譜也花了相當篇幅記錄本支派的歷史。該族譜有一附註，稱區氏宗族在明朝曾經建立祠堂祭祀始祖，但到了清朝，該祠堂已經完全毀壞。這說法的真假，以目前的史料來看，無從判斷。可是，當道光七年（1827年），當區氏建立祠堂時，共有 20 個股東捐資成立族產，每個股東認領 1 股到 0.2 股不等，每股相當於 50 兩銀。以這種方式籌得的族產，是用來投資在土地之上的。[4]

　　在祖先墳墓前祭祀祖先，這種做法，也許因族產消折而停止。但是，只要墳墓仍在，祭祀恢復，就能夠使宗族凝聚起來，或再度凝聚起來。龍山鄉鄧氏族譜內，有一份撰寫於同治二年（1863 年）的文章，該文章是一個支譜編纂者從總譜中找到的。這篇文章被收錄到一個支派的族譜內，不是因為這篇文章有何實質條款，而是因為這篇文章似乎對於鄧氏宗族的歷史特別重要，因此能夠從多層面予以解讀：

4　《南海區氏族譜》，稿本，刊行年份不詳，藏廣東省圖書館，編號 K0.189/8216，參見 David Faure, "The lineage as a cultural invention: the case of the Pearl River delta," *Modern China* vol. 15 no. 1 (1989), pp. 4-36.

我祖始南雄珠璣巷以來，事業譜載，開枝啟葉，子姓綿綿，□人豪傑，至三世分者，自各立戶，其盛依然。自四世□，俱合葬於金紫峰來龍，土名後園崗，坐亥向巳，兼丙壬三分之原，四石牛牯，即係四房八世之基也。

緣因天運遭變，奉上討松，不拘風水，前後盡皆刊發。又遭荒旱數次。本房之人雖有百餘，多係於藝營生，家業輕薄，積蓄者少，無可奈何，勢迫無措，不得以特將祖業盡變，圖救目前，□難久圖。嗟乎！人財漸而稀弱，即歷年數目文券等項，不知何手混失，致無典責。思斯難艱際，料理茫然。今略彙祭不倦，古之興發循環，始終有日。今正康熙甲子（1684 年），喜遇堪輿名師，指名四石牛牯不利各房子孫。眾議祈神迪吉，闔房欣然喜躍。卜乙丑年（1685 年）二月初六日□期，將四石牛牯遷移，建立大墳二個，正是祖域行熾之期、子孫興發之際。觀者以為家聲從此有振矣。[5]

萬曆三十年（1602 年），鄧氏宗族六派子孫中的三派，捐資成立一筆族產，萬曆四十三年（1615 年），鄧氏又編纂了族譜。鄧氏這三派子孫，或在當時，或在此之前，都已經登記在里甲內。明末清初，鄧氏族產出售，雖然祖先祭祀仍然維持，但宗族規模大為萎縮。有風水師指鄧氏祖墳位置不利，鄧氏宗族一致同意搬遷祖墳。可見，儘管鄧氏宗族喪失了族產，但仍然是作為一個集體而行事的。當第三支派編纂其支譜時，也就把這篇文章收錄進來。我們相信，正因為這派成員定期到祖墳祭祀祖先，因此才認為這篇文章重要。可見，儘管鄧氏族產被賣掉、祖墳被遷移，而新一筆族產的籌集、第三支派支譜的刊行，又是幾代人之後的事，但是，鄧氏宗族依然能夠維持其歷史延續性。宗族的歷史延續性之所以能夠維持，之所以對宗族成員重要，其中一

5　《順德龍山鄉鄧氏族譜》稿本，刊行年份不詳，藏廣東省圖書館，編號 K2.418.0/811/2。該段引文見頁 11b 至 12a 之間的兩頁。

個關鍵的因素，是因為宗族成員不僅認為子孫祭祀祖先乃是天經地義，而且相信祖墳的風水關乎全族的氣運。因此，劃定活人社區邊界的，固然有很多因素，而祖先的墳墓，無疑是重要因素之一。

因此，宗族之所以是控制財產的集團，不僅因為它擁有財產、分配花紅，也因為有許多形形色色的社會活動配合宗族對於財產的控制。天下既然會被神靈和祖宗隨意影響，則維持天下的平穩，就必須恪守禮儀，畢恭畢敬。因此，宗族的管理手段，也就要照顧每一天、每一季的生活節奏，以及宗族成員的生活週期。經歷了十六世紀整肅的禮儀，讓官府的法律及行政要求，與地方社會的利益結合起來。作為宗族祭祀的對象，神靈與祖先為宗族這個控制財產的集團提供了永恆的基礎。

湛上濟有關維持族產的文章指出，管理族產，有兩大原則可循：

> 烝有二名，曰"落輪"，曰"歸箱"。落輪者，輪房收管，周而復始，循環不已也。歸箱者，擇賢主計歲收租息，貯歸公箱而謹其度支也。[6]

這兩大原則在許多宗族文獻中都得到體現。各派輪流管理族產，各派都有權繼承族產，這兩條管理原則密不可分，並且是珠江三角洲的通例，明清時期的"分單"即宗族各派子孫分財產的文書，就是好例子。部分族規顯示，委任誰管理族產，可能反映出此人所屬的支派的勢力。南海廖維則堂的族規就是一個例子：

6　湛上濟，〈保烝說〉，載《梁氏崇桂堂族譜》，卷 14，頁 11a；《梁氏崇桂堂族譜》，嘉慶二十年 [1815] 刊，藏廣東省圖書館，編號 K0.189/406.2

　　　　嘗務，推總理一人收貯嘗箱，遞年舉督理四人，長、二房各
一人，三房二人，經理一年事務。下年正月初十，將周年出入清
數標貼，交盤，毋得遺漏。[7]

　　一般來説，宗族內各房各派人數多寡不一、對於族產的貢獻輕重
不同，因此，各房各派在族產管理方面的權力，亦大小有別。雖然廖
氏族譜稱，廖維則堂始建於乾隆年間，但根據廖氏族譜收錄的文章，
該祠堂實建於嘉慶十三年（1808 年），族規大概也是在這年才制定的。
為興建祠堂，廖氏全體男丁，人人都要出錢，而富裕的宗族成員，更
要額外捐資。捐款章程中有這樣一條：宗族成員要點算自己的資產總
值，按每 100 兩銀捐出 1 兩的比例，貢獻給祖嘗。宗族成員的資產，
"無論遠近生理及本縣別縣田業、舖店、典按等項，俱要一統計算"，
捐款章程的這一條雖然嚴厲，但無法貫徹，所以實際上是一種指引而
已。無論如何，祠堂一旦建成，以祠堂工程主要負責人為核心的管理
架構，應該就成立起來，並且運作下去。他們管理祖嘗的賬簿，應該
會在每年新年之後不久張貼在祠堂的牆壁上，一如上述章程所規定。
十六世紀霍韜的族規也好、龐尚鵬的族規也好，都沒有提及這種公開
賬簿的做法，但這種做法確實見諸許多記載，並且延續到今天，我們
今天到廣州郊區或香港新界，就能看到這種做法。[8]

　　南海縣一個黃氏宗族的族譜，保存了該宗族興建祠堂、成立族產
過程中的重要文獻。乾隆九年（1744 年），該宗族發出告示，號召族人
籌款興建支祠。該工程的撮要，記載了二十名捐款者的名字及其捐款

7　《廖維則堂家譜》，民國十九年(1930)刊，卷1，頁49a-b，藏廣東省圖書館，編號
　　k0.189/765。並非所有宗族都把族產的賬簿公開張貼。極為富裕的東莞如見堂張氏宗
　　族，於嘉慶五年(1804)訂立族規，其中一條特別規定：每逢冬至祭祖之日，要把族產賬
　　簿公開檢查，賬簿須包括過去一年來所有項目的核算，一式三份，分別由族長、宗子、
　　及賬房先生收執。見《張如見堂族譜》，卷25，頁14b。

8　廖衡平，〈廖氏大宗祠記〉，《廖維則堂家譜》，卷3，頁4a-5a；佚名，〈嘉慶十三年戊辰
　　大宗祠勸捐序〉，《廖維則堂家譜》，卷3，頁89a-90b。這篇佚名文章，是廖氏族人光緒
　　三年(1877)在祠堂內的一個箱子裏找到的。

數目，並開列出投資計劃：是次籌款，共籌得 350 兩銀，族人決定，在正式動工興建祠堂前，先將這筆款項放債取息，利息定為每年複利息 12%；另外，族人還出售了一間祖屋，獲得 349.7 兩。捐款最多者負責管理這筆族產，他得到三個人的協助，這三人是捐款第二、第三多者、以及"宗主"即宗族的領袖。

乾隆十四年（1749 年），黃氏宗族買了一塊地，作為祠堂的基地，這塊地還包括一處渡口，這是珠江三角洲許多村落的慣例。黃氏已經付了錢，賣方姓簡，與黃氏毫無親屬關係，但是，這姓簡的賣主卻被自己族人控告，指他非法出售簡氏族產。結果，乾隆十五、十六年（1750—1751 年）間，黃氏與簡氏在南海縣衙門連續打了四場官司，縣令每次都判黃氏勝訴。黃氏族譜收錄了簡氏的控詞以及有關此事始末的一篇文章。

乾隆二十四年（1759 年），黃氏支祠落成，裏面安放的，是捐款者最近五代的祖先的神位。黃氏有關祠堂落成的公告表示，該支祠是以八世祖的名義建立的，而十世祖至十五世祖的神牌，也獲供奉於偏殿。捐款者本身主要屬第十三、十四世。黃氏把支祠工程的餘款，購買了渡口四股中的一股，還收購了村內兩間店舖。這渡口四股中的一股，原來就是黃氏族產管理人所有，他在乾隆十四年買進這一股，十年後又賣給黃氏。這顯示，自乾隆五年（1744 年）起，管理黃氏族產的人，就一直維持其管理。為鳴謝族產管理人的努力，黃氏祭祀祖先時，會多送族產管理人一盤祭肉云。[9]

黃氏族譜記載宗族購買股份而完全不予任何解釋，這反映出，到了十八世紀中葉，股份制已經是尋常而家喻戶曉的做法了。這做法當然可能與商業合夥制度的流行有關，但同樣可能與銀會的普及有關。

9　《黃氏梅月房譜》，光緒五年（1879）刊，藏廣東省圖書館，編號 K0.189/501。

這類銀會，在族譜中往往被稱為"百子會"、"江南會"。[10] 十八世紀八十年代番禺縣一個潘氏宗族的銀會記錄，顯示這類銀會的籌款及管理方式，與上述南海縣黃氏籌款建立祠堂極為相似：潘氏銀會在乾隆四十一、四十二年（1786—1787 年）間，三度招股。乾隆四十一年（1786 年），潘氏銀會推出 62 股，每股 5 兩銀，而把該銀會文書收錄到自己族譜的潘氏支派，就認購了 36 股。翌年，潘氏銀會又推出 62 股，每股 10 兩銀，該支派認購了 40 股；同年，潘氏銀會再推出 30 股，每股 6 兩銀，該支派認購了 3 股。潘氏銀會把三度招股所籌得的資金，用於購買田產及一處渡口。有關銀會的成立、"首事"即錢會管理人的名字、每次招股所得的資金、錢會購置的物業的詳細位置及稅項事宜等等，都收錄於族譜內撰寫於乾隆五十五年（1790 年）的一篇文章。[11]

銀會這種中國鄉村中歷史悠久的借貸組織，也是上述這種供款會的另一種形式。銀會成員，定期見面，供款予銀會，而能夠提供最高供款折扣率的成員，即可獲取銀會這一期的供款額，是之謂"標會"；在此之前一直沒有"標會"的成員，就可享有以折扣率供款的優惠，而此前已經"標會"的成員，則不得享有供款折扣優惠，而需按全額供

225

10　南海縣大范鄉張氏的族譜，收錄一篇道光七年(1827)的文章，題為〈倡造江南會改名敦睦堂原序〉，內容有關張氏三個支派共同成立族產及建造祠堂，可見這類銀會多被稱為"江南會"，參見《南海大范張氏族譜》（民國十四年 [1925] 刊，藏香港大學圖書館，編號：山 789.2-11），頁 109b。而順德碧灣梁氏宗族的族譜，則於道光二十一年(1841)的一份文件中以"長塘會"形容這類銀會，見《梁氏族譜》，道光二十二年(1842)刊，頁 6a-7b，藏廣東省圖書館，編號 k0.189/402.2。順德縣大羅鄉黎氏族譜，記載光緒十七年(1891)重修祠堂時，則把這類銀會稱為"江南江西會"，見《順德大羅黎氏家譜》，宣統二年(1910)刊，〈雜記〉，頁 40a-b，藏廣東省圖書館，編號 K0.189/711。"百子會"這個名稱，出現於《黃氏梅月房譜》有關乾隆二十年(1755)重修南泉(音)祖祠的記載中。至於"千子會"這個名稱，則出現於東莞衛氏光緒三十四年(1908)籌款興建祠堂的章程中，見《衛氏倡議建祠備錄》，光緒三十四年(1908)刊，藏廣東省圖書館，編號 k0.189/377。

11　《滎陽潘氏家乘》，光緒八年(1882)刊，卷 7，頁 12a-13b，藏廣東省圖書館，編號 K0.189/55。

款。所以實際上，是銀會成員向銀會借債，而用未來的供款來還債。[12]
順德縣翁氏宗族的幾個支派，都曾舉辦銀會。根據族譜，為興建祠
堂，翁氏宗族辦過很多個銀會。乾隆四十二年（1777 年），翁氏宗族成
立了兩個銀會，但到了乾隆四十八年（1783 年）會期尚未屆滿時，"會
首"即銀會舉辦者就建議，凡"未使過會者，不取回會本"，即建議會
員不提款，而將之全數捐給宗族，作為興建祠堂的費用。[13]順德縣一個
何姓家庭的賬簿顯示，從嘉慶四年至十九年（1799—1814 年），該家庭
所屬的何氏宗族，利用族產，參加過八個類似的銀會。例如，嘉慶四
年（1799 年），何氏在"祝魁會"、"建舖會"各擁有 2 股，"建舖會"有
會員 10 名，每名會員供款 20 元。[14]

宗族做生意來了

　　無論是否與族產之經營有關，信貸工具都流行於清朝珠江三角洲
的鄉村。對於這個現象，我們必須弄清楚其歷史背景。或曰：這類商
業經營的技巧，早於宋代就已出現，因此，清朝珠江三角洲鄉村的這
個現象，毫無新意。這種理論，我們實在聽得太多了。用這種思路來
研究中國社會任何現象，則徒知尋找其制度根源，動稱"古已有之"，
而忽略了現象本身。在珠江三角洲早期文獻中，有關信貸工具的記
載，並不多見，到了十八世紀，有關信貸工具的記載才開始多起來，
可見，值得注意的，不是信貸工具"古已有之"，恰恰相反，值得注意
的，是信貸工具之流行，為"古之所無"。信貸工具流行，原因之一，
必然是商業日益蓬勃。但是，識字率提高、政府管治範圍擴大，也是
信貸工具流行的原因。固然，不識字的人，也能夠在契約上畫個記號

12　James Hayes, *The Hong Kong Region, 1850-1922* (Hamden, Conn.: Archon Books, 1977), pp. 125-27.

13　《翁氏族譜》，殘本，刊行年份不詳，卷 7，頁 11b-13b，藏廣東省圖書館，編號 K0.189/868.2

14　何自宏，《裕澤堂家事記》，影印光緒戊申年(1908)手抄本，無頁碼，"會記"部分，藏 香港大學圖書館，編號：中 789.3/21.5。

或按個手指模，但是，若不識字，恐怕就無法編寫賬簿並將之公開於村落之內。科舉功名的吸引、儀式及官府文書的使用、宗族學校的推廣，這些從十六到十八世紀延綿不斷的趨勢，都促進了識字率的提高，儘管受過教育的人仍屬少數。

226　　真正使到宗族制度對於經濟發揮作用的，不僅是契約的普及，而且也是股份制的普及。一旦能夠通過宗族招股集資，就像一旦能夠通過任何其他組織招股集資那樣，就能夠擴大投資、增加資本規模。毫無疑問，在明末，一小撮權貴，憑藉其政治關係及財富，就能壟斷市場。而在清朝，沒多少權勢與財富的投資者，也能夠籌集資金，進入市場，以下南海縣的這份契約，就是見證：

立合同人關繼山、隱齋、寶初、惟約、居敬、季林、卓瑞、伯謙、子美、仲存、起華、爾珍、偉卿、昌成等，俱族內叔兄弟姪，分居聯鑣、塘涌、鶴園各鄉，同在山南九圖二甲九甲關兆龍關日昌户。

本族始祖，自宋初卜居談雅，傳至四世祖，始居山南，生五子，分為五房，因住居各處，一切祭祀不能相聯。

今山等則皆第三房良佐公之孫也。我房第九世祖生四子，除一絕、一遷居四川外，一曰懷川、一曰濟川，子孫居於聯鑣，分為東西二房。濟川之子孫居於塘涌，向北鶴園，分為南北二房，故以東西南北四房為名。

因向未設立蒸嘗，止有五世祖墳地一段，土名魏公坑。先年賣得葬地數穴，所有銀兩，每歲收其利息，以為拜山之用。故冬至之際，尚屬缺典，若建立大宗祠之事，則未有所措也。崇禎壬申年（1632年），四房各感水木，興思集眾，議合論丁捐資，合作蒸嘗，將本圖利。以為東房僉得六十九名，北房僉得四十二名，共二百十二名，舉祭數年無異。於丁丑年（1637年）將各名下所捐之銀及遞年祭品支剩利銀共計得八十餘兩，買受陳堯勳、陳子益、陳石鄉、陳翔鄉、陳敦貞等三宅名下松岡墟舖店一所、併上下左右餘地樹林一應為業，稅九畝二分五厘。周圍界至，具載陳宅契約內，不復贅。其契，陳氏三宅各自分寫，俱係赴本縣領出印契紙填寫。

　　續又買街首關振照墟邊秧地一段，其價亦係此項嘗銀所置。自買之後，遞年批佃收租，供辦祭冬外，餘者積貯以備建立大宗祠堂，永遠為與祭嘗。

　　列者二百一十二名之業，原非論房出銀所買，不幹無名祭冬者之事，但以後有願照例出銀三錢八分者，俱許登名蒸嘗部內，得與其列。

　　陸續凡用此項嘗銀所置田地，皆納其稅，待造冊之年，另立兩戶，一寄在二甲、一寄在九甲，分載遞年將嘗銀供納糧差。其四房當日用過買塘貼墟銀兩，相逐一算明補還完足，以後無得生端。

　　為此寫立合同，一樣四本，四房執照。[之後為大量人名，從略]

　　時崇禎十三年（1640年）十一月冬日立合同東房二十世孫起凡的筆繕寫。[15]

　　捐款人數為 212，總共籌得之款項，大約 80 兩銀，這表示，大部分捐款者不過捐銀 0.38 兩。凡已捐款、名登冬至榜者，無疑還有他們的子孫在內，均能參與冬至祭祀，並有資格領取祭肉。至嘉慶五年（1800 年），松岡墟共有 23 間店舖，其中 12 間由關氏擁有，此外尚有一定期市集，吸引不少小販。關氏宗族派出一人，充當地保，代表關氏，管理松岡墟。到了這個時候，關氏宗族控制的松岡墟，已經是一筆規模龐大的生意了。

15　〈附錄冬嘗買墟墟墟買墟合同〉，載《南海山南聯鑣里關氏族譜》，光緒十五年(1889)刊，第 1 冊，頁 1-2(原書無頁碼)，藏中山大學圖書館，編號：史(2)050。也參見 David Faure, "The lineage as business company: patronage versus law in the development of Chinese business," in Yung-san Lee and Ts'ui-jung Liu, eds. *China's Market Economy in Transition* (Taipei: Academia Sinica, 1990), pp. 105-34.

　　這份契約訂立時間，確實早得引人注意。但是，關氏是在嘉慶五年（1800 年）打官司時才把這份契約作為證據而拿出來的，發生這場官司，原因是松岡墟的部分店主被指沒有向官府登記納稅，結果，關氏宗族贏了這場官司。因此，這份契約能夠證明的，也許是商業股份制盛行於十八世紀末、而非盛行於十八世紀末之前。到了十九世紀，出售金額甚低的股份，籌集資本，已是極為普遍的做法。道光二十三年（1843 年）成立於九江的米糧市場，就推出 233 股以供認購，集資至少 25,000 兩，這筆資本，被用來購買土地，建立米糧市場。[16]

　　另一例子，是乾隆元年（1736 年）東莞縣茶山鄉布匹市場"布墟"的股份制。當時，東莞縣手織麻布的交易，非常暢旺。"布墟"，"由鄉人結份設立，共二百份"，集資 300 兩，建立"舖亭"（大概是一座有蓋建築，以便布商們在內設立店舖），並要平整附近三塊土地，將之改建為露天市場。為布匹市場提供土地的地主，從店舖及小販所納的租金中收取四分一，並且對於那三塊平整為露天市場的土地的其中一塊，得以優先租用。但是，尚有不足的款項，則由布匹市場推出 150 股股份，每股 2 兩銀，向宗族及個人集資。布匹市場的地主，承包官府稅項，並負責每年維修市場的費用。這份合約，刻於石碑，立於市場。[17]

　　宗族當然投資於土地。至於有哪些土地值得投資，自然取決於當地情況。在石灣這個專門生產陶瓷品的市鎮，宗族投資於燒製陶瓷品的窰。[18] 石灣霍氏的族譜，極為詳盡地提供了宗族控制陶瓷窰的例子。

228

16　馮栻宗纂，《九江儒林鄉志》，光緒九年（1883）刊，卷 4，頁 79a-81a，載《中國地方志集成‧鄉鎮志專輯》（南京：江蘇古籍出版社，1992），第 31 冊，總頁 437-8。

17　袁應淦編‧劉文亮補編，《茶山鄉志》，民國二十四年（1935）鉛印本，卷 2，頁 16b-17a，載《中國地方志集成‧鄉鎮志專輯》（南京：江蘇古籍出版社，1992），第 32 冊，總頁 378-9。

18　除了陶瓷窰以外，宗族還擁有陶瓷窰附近的棚子，參見石灣劉氏的《劉氏家譜》，稿本，刊行年份不詳，藏廣東省圖書館，編號 k0.189/765.2。擁有河灘地，除了能夠開發沙田之外，還能夠建成渡口，或開發成蜑民船隻的停泊處，或在岸邊立網捕魚（stake net fishing）。關於這個問題，香港有很多資料，參見 James Hayes, "Hong Kong Island before 1841," *Journal of the Hong Kong Branch of the Royal Asiatic Society*, vol. 24 (1984), pp. 105-142.

與石灣大部分陶瓷窯一樣，霍氏這個陶瓷窯也是依山沿坡而建，深達
200 至 300 碼。該窯得自祖傳，由霍氏兩房集體擁有，但其中一房，在
明代已經搬出石灣。最早顯示該窯的集體所有制的書面證據，是康熙
五十九年（1720 年）的一份契約，但這份契約的主要內容是關於墳地的
分配。仔細考究，原來墳地的位置與該窯的控制大有關係。這些墳地
位於石灣鎮許多小山丘之一，石灣鎮的許多陶瓷窯也同樣位於這些小
山丘上。石灣霍氏的族譜，收錄了一份康熙六年（1666 年）投呈給職
級不詳的官府的狀子，該狀子要求官府禁止這座小山丘附近的一家人
建造陶瓷窯，因為這樣會破壞山丘上的霍氏祖墳云云。無論康熙六年
訴訟的真相如何，對於石灣霍氏這兩個已經不同住一處的支派來說，
該訴訟極為重要，因為這兩個支派借藉此建立其契約關係，並確立起
墳地的所有權，因此也就確立其陶瓷窯的所有權。狀子稱，該祖墳所
在之山丘，族人早於明代已向官府登記納稅，族人幾百年來也到祖墳
祭祀祖先。這是典型的訴訟策略。除了狀子如此措辭之外，石灣霍氏
族譜也記載，在康熙六年這同一年，石灣霍氏各支派按丁出銀，舉行
祭祀。而且，石灣霍氏族譜還收錄了這兩個支派訂立於崇禎十年（1637
年）的合同，顯示兩派共同擁有祖墳所在的土地：*"但無祖嘗，眾議*
每房出銀貳兩，共肆兩，生息。遞年拜掃，其銀俱係石灣房收貯，以
清明次日，子孫齊集拜掃納糧"。很清楚，款項是存在霍氏的石灣支派
的，稅項也登記在這一支派之下。而且，根據股份制的慣例，這份合
約，一式兩份，兩個支派各執一份。石灣霍氏族譜其餘的內容，清楚
顯示，這個陶瓷窯，絕非宗族集體擁有的唯一財產。石灣霍氏還另外
興建了幾座祠堂，至於山丘上的霍氏祖墳，其子孫原來也不止這訂立
合同的兩個支派。通過直接佔有也好，通過向官府登記也好，通過訂
立合同也好，各個團體，可以獨佔部分財產，也可以集體擁有部分財
產。這恐怕就是我們能夠得到的結論吧。因此，被我們稱為族譜的這

229

堆紙張，實質上就是其中一個團體的財產及賦稅資料庫。[19]

宗族對於其名下的產業如墟市及陶瓷窰，只在族譜內記錄這些產業所在的土地的地契，而沒有把這些產業的業務記錄下來。這是很值得注意的。研究中國歷史的學者，往往把投資土地及投資工商業對立起來，他們這種分析，只能暴露出他們對於晚清甚至民國時期中國商業情形的無知。由於地契是從賦稅登記演變出來的，地契就受到法律承認，因此，無論土地買賣是否在官府登記過，為土地所有權打官司，就成為可能。王朝政府的知縣，同時也是土地及百姓的登記官，因此，別的東西，知縣可以不懂，地契，則縣官一定懂。有關貿易及其他產業的合夥文書，都不如地契那麼重要，除非這些文書涉及朝廷賜予的商業經營權。而在清朝，誰擁有朝廷賜予的商業經營權，官府往往不在乎；官府更警惕的，是誰未經朝廷授權而做生意。因此，珠江三角洲的宗族，更加珍惜對於墟市的擁有權。無論鄉村墟市的位置是否取決於當地地理條件，宗族都競相設立墟市，宗族之間因墟市而產生的激烈矛盾，往往導致糾紛、訴訟、械鬥，墟市也因此歷經興衰。

在這爭奪資源的過程中，成功的宗族，必須能夠爭取大多數族人的忠誠，並通過少數成為文人或官員的族人，與官府攀上關係。東莞縣厚街鄉的王氏宗族，在十八世紀下半葉，積極修復村莊內的廟宇，並宣稱有“數百”名族人在鎮內一個墟市中做生意。乾隆四十四年（1789年），王氏想在原有墟期做生意，因此被墟主方氏控告。王氏族譜收錄了一篇有關此事的文章及縣官判詞的撮要。縣官的判決，是有利王氏的，因為判詞稱：買賣日期，聽從民便，顯然，縣官不願意干涉墟期的編排。[20] 嘉慶十一年（1816年），順德縣知縣就一宗墟市訴訟而作出審判，判詞被刻於碑上，並被轉錄於《順德龍山鄉志》內。該判詞實在太複雜，外人難以完全明白。簡單來說，第三十八圖買了一

19　《太原霍氏族譜》（刊行年份不詳，無頁碼，藏佛山博物館），引文見卷 4，〈大松岡山合同〉。

20　《鰲台王氏族譜》，民國四年（1915）刊，卷 2，頁 16a-b，藏廣東省圖書館，編號 k0.189/936

塊地，但不得在這塊土地上建立墟市，因此，第三十八圖獲准把這塊
土地退回給賣主，換取賣主在第四十排所擁有的一些土地，以便建立
墟市。基於一些不明不白的原因，這個方案，與第三十八圖購買的一
間店舖的地契有關，知縣命令第三十八圖把這地契交給第四十排，作
為擔保。知縣又命令：第三十八圖不必索取 300 兩銀工本費，大概第
三十八圖要求第四十排支付這筆工本費。相反，知縣命令第四十排向
第三十八圖支付 532 兩銀，這筆錢來自本來支付墟市警衛薪水的儲備。
知縣的判決，還指定了各種付費及賠償的數目。看來，知縣對於審判
這宗訴訟，是花了很大力氣的。把判詞刻於石碑，並把石碑立於當地
的主要廟宇，是典型的做法。[21] 佛山鎮陳氏宗族，擁有普君墟，道光
二十九年（1849 年），陳氏控告某個佃戶，指該佃戶私自將墟內的舖位
轉租予另一佃戶。[22] 引進知縣的權威來制止轉租行為，應該是很罕見
的。更常見的，是墟主在墟市內部署自己的執法隊伍。

　　除非人們在原則上對於會計制度達成共識，否則宗族無論如何
也不能夠成為合股制度的載體。這問題實在太複雜，無法在此深入探
討。但我們可以指出，宗族的會計原則，基本上採納中國商業交易常
用的四柱法。資產是被放在四柱之外的，人們有時候把各種資產開列
成一單，但更常見的做法是僅把資產所屬的地契保存起來。四柱會計
法的"四柱"，指"舊管"即舊有的財政結算、"新收"即收入、"開除"
即開支、"實在"即新的財政結算。四柱會計法所產生的，是每年的資
金流動賬，而非資產核算。[23] 濱下武志指出，四柱會計法強調的不是計
算業務的盈虧，而是維持生意夥伴的關係。他這個分析，比起大部分

21　《龍山鄉志》，民國十九年（1930）刊，卷 5，〈大岡墟〉條。

22　《金魚塘陳氏族譜》，光緒二十三年（1898）刊，卷 10 下，頁 11b-12b，藏廣東省圖書館，
　　編號 k0.189/272。乾隆時期編纂《佛山忠義鄉志》的陳炎宗，就來自這個陳氏宗族。

23　Robert Gardella, "Squaring accounts: commercial bookkeeping methods and
　　capitalist rationalism in late Qing and "Republican China," *Journal of Asian Studies*
　　51:2 (1992), pp. 317-339.

有關四柱會計法的分析，更能把握四柱會計法的精髓。[24] 宗族主要是控制財產的集團，而非從事貿易及生產的集團，宗族的資金，是根據預先規定好的項目而分配的，例如祭祀、福利等，而且宗族也不會公佈花紅多少，因此，族產的管理，是建立在族產永存這個假設上的。[25]

231 所以，把各項開支及結算填進適當的賬簿欄目內，固然是重要的會計原則，而把財產所有權正確劃分，也同樣是重要的會計原則。《龍山鄉志》稿本內的夾頁及眉批中，"箱" 這個字，正是劃分所有權的會計單位，這反映出，劃分財產所有權這個會計原則，是顯然得到承認的。[26] 上文引述的順德縣一個何姓家庭的賬簿，記錄該家庭在各個銀會的股份時，也記載所購置的產業、銀會的股份結構，以及里甲組織的繳納賦稅安排。[27] 可見，到了十八世紀，會計知識肯定是得到大力推廣的，因而，財產所有權的清晰觀念，也得到推廣。

乾隆十年（1745 年），龍山鄉金順侯廟外新建一墟市，《順德龍山鄉志》對此僅一筆帶過，不加任何解釋。原因應該是，招股集資這種做法，在十八世紀已經變得極為普通，人們不以為怪。《順德龍山鄉志》把這墟市的合同全文照錄，還附上一幅顯示店舖位置的草圖。合同全文如下：

24　參見濱下武志 1999 年 10 月 29 日在香港科技大學的演講。

25　有關宗族的管理及其隱含的意義，參見 Matsubara Kentaro（松原健太郎），*Law of the Ancestors: Property Holding Practices and Lineage Social Structures in Nineteenth Century South China* D. Phil. thesis (Oxford: Oxford University, 2004).

26　這是指民國《龍山鄉志》卷 5 的眉批及夾頁，其中一張夾頁，記錄了 "新箱" 的財產，"新箱" 成立於光緒六年（1880），取代成立於嘉慶十五年（1810）的 "舊箱"；同樣在卷 5，提及觀音廟之處，也有眉批，記錄了另一 "箱" 所擁有的大筆財產。

27　參見何自宏，《裕澤堂家事記》。珠江三角洲這類賬簿保存得很少，但香港及台灣的情況顯示，賬簿在鄉村是很普遍的。有關台灣的情況，參見 Myron L. Cohen, "Commodity creation in late imperial China, corporations, shares, and contracts in one rural community," in David Nugent, ed. *Locating Capitalism in Time and Space: Global Restructurings, Politics, and Identity* (Stanford: Stanford University Press, 2002), pp. 80-112.

乾隆十年，歲在乙丑，紳衿排戶集議捐銀買受金順侯廟前魚塘，開路甬道，眾心欣然。時樂從者五十五家，每家捐銀五十五兩，修築照牆、甬道、萬里橋及左右門樓，豎立忠義儒林鄉額，修輯馬頭，起造廟前左右舖舍三十八間，自此永沾侯之利澤於無涯矣。是役也，蕭占恆、康將萬、張與莘、黃桓思、陳清士、彭作長督理修建；而經營籌度，則蔡捷之、蕭淮五、彭與齊，歷四載而始竣。將舖舍四十八間，分十一股，編列"子、曰、學、而、時、習、之、不、亦、樂、乎"字號，每五家各得一股，任從各自批佃。

之後，就是這 11 股的細節，包括各股內的店舖數目、股東名字、以及稅戶即繳納賦稅的戶口。除一戶稅戶之外，其餘所有稅戶的名字，都出現於《順德龍山鄉志》的里甲名單中。而《順德龍山鄉志》里甲名單也顯示，就在以上這張立墟合同訂立的同一年，里甲名單內也增多了一甲：第二十五甲。可見，到了十八世紀，墟市之建立，是有一套周全的程序可依的，把股東、墟主、官府三方結合起來。[28]

既然宗族如此密切地參與商業活動，如果我們還要強行劃分宗族的"商業"與"士紳"（或稱"文人"）層面，則真成無稽之談了。明清社會的階級鴻溝，並不出現於士、農、工、商之間，所謂士、農、工、商，是王朝國家對於百姓的職業劃分，歷史學家也許受此誤導。明清社會的階級鴻溝，存在於各個地域組織之間，體現於定居權、宗族、地域聯繫、現有居民、外人等名目上。像佛山這樣的市鎮，太過龐大，絕非任何一個宗族所能夠完全控制，因此，管理佛山的，是各團體首領所締結的聯盟，這類統治聯盟，往往在某個主要廟宇內或慈善組織內締結的，例如北帝廟或者義倉。像佛山這樣的市鎮，它們的控制財產的組織工具，無異於鄉村及宗族內的控制財產的組織工具。

232

28　佚名纂，《順德龍江鄉志》（又名《龍江志略》），民國十五年 [1926] 龍江雙井街明新印務局鉛印本，卷 1，頁 2b-4a，載《中國地方志集成・鄉鎮志專輯》（南京：江蘇古籍出版社，1992），第 30 冊，總頁 765-6。

村民到土地神壇前祭祀這一活動，發展出輪流當值祭祀的做法，而這種鄉村社會的做法，又被王朝國家的賦役里甲制度輪流當差的安排吸收，成為法律規定。而宗族管理其族產的原則，是祖宗財產，子孫人人有份。於是，"管理輪流交替"、"財產人人有份" 這兩大原則結合起來，不僅應用於佛山義倉的管理上，也應用於許多商業及公共機構的管理上。因此，明清時期的財產權，就是這樣一種集體所有制。[29]

29　溫汝能纂，《龍山鄉志》，清嘉慶十年 (1805) 金紫閣刻本，卷 11，頁 53a-54a，〈倉田議〉，載《中國地方志集成・鄉鎮志專輯》，第 31 冊，總頁 179-80。

第十七章
盛世一記

到了十八世紀的最後幾十年，珠江三角洲一片繁榮。十八世紀
五十年代清朝政府頒佈的廣州獨口通商政策，幾乎保證珠江三角洲一
定繁榮起來。然而，珠江三角洲這段盛世的歷史，卻是不清不楚的。
十七世紀四十年代至七十年代的明清交替，對於珠江三角洲的經濟造
成怎樣的破壞？目前文獻，沒有多少材料能讓我們計算出個大概。我
們只能想當然地說，在順治十八年至康熙九年（1661－1670 年）遷界
政策的封鎖下，珠江三角洲的農業必定受到打擊、貿易必定萎縮。可
是，一旦社會秩序恢復，則九江的塘魚養殖，南海、順德廣大地區的
種桑養蠶，新會的葵扇生產，佛山的鐵鍋及陶瓷生產，經香山與澳門
的貿易，還有歷史悠久的沙田開發，又繼續下去，一如十六世紀的情
形。陳春聲發現，自遷界至十八世紀三十年代乾隆初年這超過半世紀
的時期內，廣東一度中斷了銀元的流通。但是，到了十八世紀五十年
代，銀元必定再度普及，因為佛山的地契提及"花錢色司馬"。[1] 十八世
紀八十年代，修建廟宇的籌款記錄，也提及銀元。自十八世紀某個時
期開始，廣州的奢侈品消費也大致恢復起來，福建商人（行商）冒起於

1　廣東省社會科學院歷史研究所中國古代史研究室、中山大學歷史系中國古代史教研室、
　　廣東省佛山市博物館編，《明清佛山碑刻文獻經濟資料》（廣州：廣東人民出版社，
　　1987），頁 490。

廣州，是有充份的史料作為印證的，而西方文獻更大肆渲染行商的奢華生活。廣州城內大街小巷的熱鬧情景，在十九世紀初的廣州外銷畫中，可見一斑，外銷畫相當於今天的明信片。

數字

要測算出個大概，需要數字，但要找到數字，可不容易。刊行於乾隆十七年（1752 年）的《佛山忠義鄉志》稱，佛山鎮人口達數十萬，作為證據，該志還說，每天，糧船從西江運來幾千石的糧食，供應佛山人口。[2] 十八世紀上半葉，清朝官方文獻也注意到糧食短缺的問題，後果之一，是清朝政府於十八世紀五十年代禁止米糧出口泰國。[3] 清朝政府於嘉慶二十五年（1820 年）在廣州府登記的人口，為 580 萬，廣州府大致相當於廣義的珠江三角洲。[4] 吉爾伯特・羅茲曼（Gilbert Rozman）估計，在廣東省，包括廣州城、其他府州縣城及大型市集鎮在內的城鎮人口，佔全省總人口的 7%。[5] 若單就珠江三角洲而言，廣州城及佛山鎮加起來的城鎮人口，應使珠江三角洲的城鎮人口比例更高。珠江三角洲日漸繁榮的另一見證，是肉類消費的增加。在十九世紀四十年代，廣州城每天屠宰的豬隻，達五千頭。[6] 天下和平、經濟繁榮、營養豐富，這都足以導致十八世紀人口增加。假如李中清（James Lee）的研究成立，則十八世紀對於疾病的防治，也是導致人口增加的

2　陳炎宗總輯，《佛山忠義鄉志》（乾隆十七年 [1752] 刊），卷 3，頁 28b，藏香港浸會大學圖書館特藏部，編號 T 673.35/105 2525.1 1752 v.1-4，以下簡稱《乾隆佛山忠義鄉志》

3　Sarasin Viraphol, *Tribute and Profit: Sino-Siamese Trade, 1652-1853* (Camb. Mass.: Council on East Asian Studies, Harvard University, 1977), pp. 98-107. 根據該書研究，廣東每年從泰國進口約 25,000 石米。這個數字，遠低於廣東從廣西進口的米糧的數字，參見譚棣華，《廣東歷史問題論文集》（台北：稻荷出版社，1993），頁 296-97。

4　梁方仲，《中國歷代戶口田地田賦統計》（上海：上海人民出版社，1980），頁 277。

5　Gilbert Rozman, *Urban Networks in Ch'ing China and Tokugawa Japan* (Princeton: Princeton University Press, 1973), pp. 239.

6　《廣東探報》，稿本，刊行年份不詳，但估計成於道光二十三年（1843）或二十四年（1844），藏大英圖書館，編號 OR 7404.40b。

原因之一，但珠江三角洲文獻中，沒有多少證據證明防治疾病的成績。[7]

十八世紀人口增長，而直至十八世紀八十年代，糧價也一直上漲。陳春聲認真地研究清代文獻，他發現，乾隆元年（1736年）米價平均每石 0.882 兩銀，至乾隆五十四年（1789年）上漲到 1.659 兩銀的高峰，至嘉慶五年（1800年）而回落到每石 1.376 兩銀。這個通貨膨脹的趨勢，也反映於絲綢價格上：康熙四十一年（1702年），絲價每擔 132 兩銀，至乾隆四十九年（1784年）而上漲到每擔 310 兩銀的高峰。[8]更有甚者，同一時期，銅錢相對於白銀的價值攀升，錢貴銀賤。隨着銅錢流通量增加，農民以銅錢折算的交易額，必定更高於以白銀折算的交易額。有關農產品的價格，目前並無直接的史料可稽。但是，緩慢而穩定的通貨膨脹，應該會使農民的收入增加。土地價格的增加，大概也反映出這個趨勢。

十八世紀沿海貿易的增長，也是珠江三角洲經濟繁榮的原因。順治十三年（1656年）清朝政府禁止海洋貿易，但海洋貿易其實並未完全停頓，而這禁令撤銷之後，海洋貿易量更是大增。荷蘭東印度公司的記錄顯示，從康熙五十五年至雍正八年（1716—1730年）間，從澳門抵達巴達維亞（今天印尼首都耶加達）的葡萄牙及中國的商船的航運量，從每年 600 噸上升至 2,100 噸，之後，始為福建廣東之間的航運量所超越。[9]據清朝粵海關的記錄，來自西方的船隻，在乾隆十五年（1749年）為 18 艘，至十八世紀末，則增加到平均每年接近 50 艘。[10]乾隆二十二年（1757年），清朝政府規定，廣州成為向西方商人開放的唯一貿易港口，但這規定並沒有立即導致廣州的外貿航運量增長，廣州的

235

7   James Z. Lee and Wang Feng, *One Quarter of Humanity : Malthusian Mythology and Chinese Realities, 1700-2000* (Camb., Mass.: Harvard University Press, 1999).

8   陳春聲，《市場機制與社會變遷：十八世紀廣東米價分析》（廣州：中山大學出版社，1992），頁 147、149。

9   George Bryan Souza, *The Survival of Empire, Portuguese Trade and Society in China and the South China Sea 1630-1754* (Cambridge: Cambridge University Press, 1986), p. 143.

10   梁廷楠，《粵海關志》，清道光(1821-1850)刻本，卷 24，頁 34a-38a，載《續修四庫全書》（上海：上海古籍出版社，1995），第 835 冊，總頁 147-9。

外貿航運量增長緩慢，直到十八世紀七十年代，才開始迅速攀升。這時期外貿航運量的攀升，實際上與中國茶葉出口的增長同步。茶葉出口增加的同時，英國商人輸入廣州的白銀也增加，直至十九世紀三十年代開始，白銀的輸入始為鴉片的輸入所取代。英國商人進口到廣州以及從廣州出口的商品的總值，在十八世紀六十年代初期，分別為平均每年 47 萬兩銀以及 98 萬兩銀，至十八世紀最後十年間，卻分別攀升至平均每年 537.3 萬兩銀及 572 萬兩銀。[11] 清朝粵海關從中抽取的財政收入，雍正十三年（1735 年）為 21.6 萬兩銀，到了嘉慶五年（1800 年），則躍升至接近一百萬兩銀。[12] 廣州雖然是西方船隻來華貿易的唯一港口，但是，由中國帆船進行的中國沿海貿易及中外貿易，也極有份量，對此我們也不應忽略。吳振強（Ng Chin—keong）引述福建地方志，指出廣州是福建商人的前哨之一，十八世紀三十年代，移居廣州的福建商人已經有一千多，而廣州不少行商的家族歷史顯示，許多行商源於福建。當然，十八世紀珠江三角洲貿易的圖景裏，也絕不能沒有澳門葡萄牙人的份，澳門當時人口約為 13,000，其中外國人佔 5,000。[13]

　　以上如此可觀的貿易數字，在廣州催生出極為富有的人，首先是行商，但也包括鹽商。康熙五十九年（1720 年），當 “公行” 這個外貿商人行會成立時，成員為 16 家包括閩、粵巨商在內的商行。行商多半依靠英國商人的貸款進行貿易，至乾隆四十四年（1779 年），英國方面指行商欠款總額達 380 萬兩。雖然欠債，但行商往往極為富有。以潘啟（1714—1788 年）為例，他是福建帆船商人，經營馬尼拉與廈

11　嚴中平等編，《中國近代經濟史統計資料選輯》（北京：科學出版社，1955），頁 3 引述 Earl H. Pritchard, *The Crucial Years of Early Anglo-Chinese Relations, 1750-1800* (Pullman, Wash.: s.n., 1936), pp. 391-96, 401, 402.

12　以上粵海關每年財政收入的數字，見陳柏堅、黃啟臣，《廣州外貿史》（廣州：廣州出版社，1995），第一卷，頁 250-55 轉引戴和，《清代前期（1685-1840）粵海關的用人與稅收研究》，碩士論文。

13　以上有關澳門的數字，見 C.R. Boxer, *Fidalgos in the Far East 1550-1770* (Hong Kong: Oxford University Press, 1968, 1st ed. 1948), p. 256; Ng Chin-keong, *Trade and Society, the Amoy Network on the China Coast 1683-1735* (Singapore: Singapore University Press, 1983), p. 96.

門之間的貿易，自乾隆十五年（1750 年）以來，歷任公行要職；至乾
隆五十一年（1786 年），英國東印度公司還欠了他 27 萬兩的債。伍秉
鑒（1769—1843 年）的父親，自十八世紀八十年代起成為行商，伍秉
鑒繼承父業，也繼承其父親 "浩官"（Howqua）的稱號，成為響噹噹的
人物。研究英國東印度公司的歷史學家摩斯（H.B. Morse）估計，道光
十四年（1834 年），伍秉鑒的資產達 2.6 千萬兩。[14] 當時居住廣州的歐
洲人，往往把行商的豪華花園，引為美談。十九世紀居住廣州的威廉・
亨特（William Hunter），第一次鴉片戰爭（1840—1842 年）後，探訪潘
氏（即潘啟的後人）花園，他留意到，"小湖鵝卵石鋪成的小徑，花崗
岩砌成的小橋，連接小湖流水，其中有鹿、孔雀、鶴，及羽毛亮麗的
鴛鴦"，此外還有各色花草樹木。[15]

236

清朝政府的統治

很多人說，清朝政府繼承了明朝政府的許多制度。這說法只說對
一半，因為清朝政府所繼承的，是明朝在十六世紀行政改革所形成的
新制度，而且，我們還必須補充：清朝政府在明朝這些新制度中，也
只繼承了其中的民事管理制度，而非軍事管理制度。清朝政府繼承明
朝的新制度，包括：土地稅折收白銀，縣衙門供養差役，士紳模仿官
員 "家廟" 形制興建祠堂、宣揚對祖宗之 "孝" 及對皇帝之 "忠" 的新
禮儀。但是，軍事方面，清朝政府卻擯棄了明朝衛所軍役制度，也擯
棄了明朝容許地方將領招募僱傭兵的做法，改為依靠人數少而戰鬥力
強的八旗駐防部隊。在廣東，清朝的這些新制度，意味着兩廣總督承
擔了更多民事職責，不再純粹是軍事指揮官，而是廣東、廣西兩省的

14　H.B. Morse, *The Chronicles of the East India Company Trading to China, 1635-1834*
　　(Oxford: The Clarendon Press, 1926-1929), vol. 4, p. 348; 梁嘉彬，《廣東十三行考》
　　（1937 年刊，廣州：廣東人民出版社，1999），頁 259-70、282-90；Weng Eang
　　Cheong, *The Hong Merchants of Canton, Chinese Merchants in Sino-Western Trade*
　　(Richmond, Surrey: Curzon, 1997), pp. 128-90.

15　William C. Hunter, *Bits of Old China* (London: Kegan Paul, Trench & Co, 1855), p. 79.

最高行政長官，兩省巡撫均受其節制。因此，總體而言，説清朝繼承了明朝的制度是不夠準確的，更準確的説法應該是：明清交替的動盪結束之後，十六世紀的行政改革，到了十八世紀而獲得進一步推展。

　　十六世紀行政改革中，最明顯得到清朝繼續推動的，就是賦役制度的改革。被稱為"一條鞭法"的賦役標準化改革，在十七世紀緩慢實施，終於產生出《賦役全書》，詳細開列每省各種等則的土地税。順治十四年（1657 年），清世祖下詔，命令各省根據萬曆（1573—1619 年）年間的數據，編纂賦役全書，珠江三角洲的縣志顯示，這詔令是得到貫徹執行的。[16] 編纂賦役全書，是明朝下半葉以來持續進行的"一條鞭法"財政改革的新一步。在明朝，"一條鞭法"已經把賦税折成白銀，而清朝政府則進一步深化改革，把各項勞役及税項全部攤入税地，按畝徵銀，梁方仲與劉志偉對此有清楚的解釋。[17] 官府仍然保存"里甲"的戶口登記，但這時的戶口，純粹是納税的戶口，並不代表着真正的家庭。[18] 清聖祖於康熙五十一年(1712 年) 下詔，宣佈"嗣後滋生戶口，勿庸更出丁錢"，這道著名的凍結人頭税的詔令，把丁銀攤入土地税，

237

16　陳昌齊等纂，阮元等修，《廣東通志》（上海：商務印書館，1934 影印道光二年(1822)刊本），頁 24。

17　關於清初賦役改革及財政管理制度如年度會計等的重要意義，參見劉志偉，〈略論清初税收管理中央集權體制的形成〉，載中山大學歷史系編，《中山大學史學集刊》第一卷（廣州：廣東人民出版社，頁 115-129）；袁良義，《清一條鞭法》（北京：北京大學出版社，1995），頁 113-33；唐文基《明代賦役制度史》（北京：中國社會科學出版社，1991），頁 184-99；關於明清賦役制度演變的背景，參見 Liang Fangzhong（梁方仲），trans. Wang Yu-ch'uan, *The Single-whip Method (I-t'iao-pien fa) of Taxation in China* (Camb. Mass.: Harvard University Press, 1956); 梁方仲，〈易知由單的研究〉，原刊於《嶺南學報》第 11 卷第 2 期(1951)，收入《梁方仲經濟史論文集》（北京：中華書局，1989），頁 368-484；黃仁宇(Ray Huang)認為，至明末，八成的糧税已經折銀，見 Ray Huang, *Taxation and Government Finance in Sixteenth-century Ming China* (Cambridge: Cambridge University Press, 1974), p. 175.

18　雍正三年(1725)，一位御史上奏，指廣東的土地登記中，仍然保留"老戶"的記錄。兩廣總督及廣東巡撫上奏回應，謂廣東各縣衙門土地登記的慣例，是保留税戶戶名而不理會該土地是否已經轉賣，換言之，"凡買此戶內田地，即在此戶內輸糧"。税戶戶名長期不變，原因很多，其一是百姓們相信，把許多家庭登記在同一税戶名下，能夠減輕勞役負擔，這些勞役現在雖已折銀，但能減少交白銀總是好事；其二是部分税戶名下的田產，成為了宗族控制的族產。參見中國第一歷史檔案館編，《雍正朝漢文朱批奏摺匯編》（南京：江蘇古籍，1989），第 4 冊，頁 742-3 雍正十三年(1735)四月七日條。

是之謂“攤丁入地”。但是，正如劉志偉指出，就廣東而言，這詔令並沒有產生甚麼立竿見影的效應，因為廣東一直在持續不斷地“攤丁入地”。

因此，清朝政府的一筆豐功偉績，就是編成《賦役全書》。《賦役全書》一舉解決了中央財政的難題，這個難題在明朝下半葉一直無法解決，也許還導致明朝覆滅。批評清朝政府的人很快指出，《賦役全書》的規定常被踐踏，省級及其下級衙門，仍可橫徵暴斂、仍可貪污成風。這批評無疑是正確的。但是，《賦役全書》最重要的作用，是在中央財政層面統一了賦役項目。自十四世紀明朝開國以來，中央政府首次擁有統一的財政收支記錄，清楚開列各省每年須上繳中央的財政收入，這些財政收入，主要是白銀，而非實物。《賦役全書》的缺點，不在於把全國各地的稅項劃一徵收，而在於留給縣級衙門的財政經費不足，以至於縣衙門不得不額外徵取各種收費，再次回復到十六世紀地方政府費稅名目繁多的情形。這個弊端，要到清聖祖的繼任者清世宗時期，才得到解決。清世宗以“養廉銀”名義，將各級衙門各種額外收費，轉化為合法財政收入，統歸省級衙門之下。於是，戶口登記與賦稅制度進一步分離，官府定期登記戶口，為的是通過鄰居集體責任制而維持治安，因此這時候的戶口登記組織不再是“里甲”，而是“保甲”及“互保”的“甲”。以上這些措施，強化了縣級衙門的統治能力，為清朝帶來一百年的太平盛世，儘管宗族勢力也日益強大。[19]

廣東布政使常賚，於雍正五年（1727 年）上了一道奏摺，這道奏摺罕見地坦率，謂根據《賦役全書》的規定，他就必須剔除以禮物為名義的每年價值三萬兩銀的收入，取而代之的，是從廣東各縣知縣上繳給布政司衙門合共 85 萬兩銀中，扣出 3%，由兩廣總督、廣東巡撫、及他廣東布政使本人均分，常賚因此分得 8,300 兩銀。另外，百姓承

238

19　Madeleine Zelin, *The Magistrate's Tael, Rationalizing Fiscal Reform in Eighteenth-century Ch'ing China* (Berkeley: University of California Press, 1984)；莊吉發，《清世宗與賦役制度的改革》（台北：台灣學生書局，1985）；陳支平，《清代賦役制度演變新探》（廈門：廈門大學出版社，1988）。

充衙門差役，須向官府繳納一筆費用，始能獲得相應的官府執照。這
筆執照費，也將由省級衙門收取，並同樣把其中一部分均分給上述三
名廣東要員，常賚因此分得 2,200 兩銀。兩筆相加，常賚共獲得養廉
銀 11,000 兩。[20] 根據順治十四年（1657 年）的《賦役全書》，布政使的
養廉銀為 2,177 兩，無疑，常賚現在所獲得的養廉銀比從前多得多。但
是，如果這新的養廉銀真取代了常賚原本以禮物為名義得到的每年價
值三萬兩銀的收入，則常賚的實際收入減少了三分之二。官員實質收
入因養廉銀而減少這一點，雍正七年（1729 年）繼常賚而任廣東布政
使的王士俊也予以印證。王士俊稱，自己任職廣東布政使之前，布政
司衙門向兩廣總督及廣東巡撫遞交的養廉銀名義上分別為 8,300 兩，實
際上只有 6,000 兩，差額均由前任布政使扣留。現在，儘管他每年得
到 9,000 兩養廉銀，高官們仍感入不敷支。他以自己為例，說：即使以
自己如此簡樸的生活，每年支付隨從薪水以及往返北京，已花去 7,200
兩，剩下的 1,800 兩，根本無法應付修葺廟宇、為海南島黎人提供衣
裝，以及築堤開路等等費用。幸好，他發現，在墟市稅這筆尚未定額
化的財政收入中，有 4,000 兩被劃撥為支付縣令養廉銀及建造戰船的費
用，其中尚有少數餘款，王士俊請求劃為己用。[21]

　　雍正的財政改革，似乎改善了部分省份的財政狀況。但是，以
上連續兩任廣東布政使的奏摺顯示，廣東似乎並不受惠。只要經濟增
長，總能找到新的財政收入。衙門的部分職責是可以外判出去的，包
稅者無疑可以撈一筆 "費"，而預算內的 "餘款"、亦即尚未定額化的
各類費稅，也總是有辦法找到的。雍正時期的財政改革，精簡賦稅制
度，繼承了康熙時期的措施，甚至能夠在一定程度上遏止了縣衙門亂
收費的情況，因此提升了清朝的政治合法性。但是，這些改革並沒有
239　從原則上否定包稅，即使為人稱道的養廉銀政策，也遠遠不足以劃分
官員的私財與公費。在這種情況下，衙門亂收費的情況，仍然是無處

20　中國第一歷史檔案館編，《雍正朝漢文朱批奏摺匯編》，第 9 冊，頁 5。

21　中國第一歷史檔案館編，《雍正朝漢文朱批奏摺匯編》，第 17 冊，頁 189-90。

不在的。雍正財政改革之後，還有老百姓經常抗議官府亂收費，就是證據。

　　清朝粵海關的管理，充分反映了中央與地方的矛盾。一方面，中央想得到財政收入，又真誠地想遵照規章、制止亂收費的情況；另一方面，地方官員也想從粵海關這個利藪中分一杯羹。而清世宗也完全明白，要把稅收定額劃一，必須制止官員的額外誅求，於是粵海關的問題就更加有趣。清世宗於雍正七年下旨，引述孟子曰："朕思孟子言治國之道，首稱取於民有制。所謂有制者，即一定額徵之數也，若課稅之屬，無顯然額徵之數，則官吏得以高下其手，而閭閻無所遵循"。[22]清世宗明白，這種情況會造成惡性循環，下屬貪婪不已，肆意誅求，而上司的榨取亦愈來愈多。

　　但是，十八世紀下半葉在廣州經商的外國人都知道，粵海關充斥着他們所謂的"貪污"，而戶部於清高宗登基之年（1736年）上的奏摺，也披露了粵海關這一問題。粵海關向外國商人收費的許多名目，都不是朝廷所規定的。這些法外的收費名目實在太多，以至於朝廷下令整頓粵海關，大幅削去各種"亂收費"：每年"掛號、船頭、開艙、放關、牌照、對單、小包等項歸公銀三萬餘兩；米、麥、豆、魚等項歸公銀三千餘兩；又繳送銀三、四萬兩不等；並洋船進出口規禮雜費銀一萬餘兩。每年約銀八、九萬兩，悉予減免"。這樣，每年總共扣省 8 萬至 9 萬兩，約佔雍正時期（1723—1735 年）粵海關年均收入的三成。乾隆初年的這次改革，與之前的改革一樣，並不能夠制止粵海關的法外誅求。[23]

22　梁廷楠，《粵海關志》，卷 1，頁 7b-8a，載《續修四庫全書》，第 834 冊，總頁 462-3，梁廷楠把清世宗這道聖旨恭錄於《粵海關志》卷一，大概是要表示自己也充分明白依法收費的重要性。

23　梁廷楠，《粵海關志》，卷 14，頁 5a-6a，載《續修四庫全書》，第 834 冊，總頁 699-700；H.B. Morse, *The Chronicles of the East India Company Trading to China, 1635-1834*, vol. 1, pp. 247-53.

　　由於"攤丁入地"的改革，在十八世紀，各級政府的法定稅收應
該是增加了。但是，既然形形色色的法外誅求禁而不止，說財政改革
能夠增加各級政府的財力，是沒有多少證據的。這幾波財政改革的真
正結果，是增加了高層衙門的權力：戶部對於各省財政事務的管轄權
240 增加；督撫衙門對於各府州縣衙門的管轄權也增加。在像十八世紀這
樣的經濟景氣時期，要百姓承受更多稅賦，是很容易的。可是，一
旦經濟不景，朝廷正氣凜然，高喊禁止亂收費，但其實又不能真正奏
效，就會產生危險的政治後果。在十八世紀的中國，白銀的流通顯著
增加，而經濟的增長與衰退，都與白銀的銅錢比價有關。中國出口強
勁，意味着白銀流入中國，白銀的銅錢比價因此下跌，而以白銀計算
的商品價格則提高，是之謂"銀賤"。可是，一旦中國進口增加，就意
味着白銀流出中國，白銀的銅錢比價因此上升，而以白銀計算的商品
價格則下降，是之謂"銀貴"。儘管中國大部分地區的日常生活交易
都以銅錢進行，但稅收現在是用白銀計算的，因此，白銀的銅錢比價
上升，就等於加稅。在中國其他地區、例如華中，白銀的銅錢比價上
升，導致十九世紀二十年代出現不少抗稅暴動，但在珠江三角洲的文
獻中，卻沒有類似的記載。由於廣州積極參與利潤豐厚的鴉片貿易，
出口停滯不前是否導致廣州陷入蕭條，迄無定論。而銀元大概也開始
在珠江三角洲流通，在相當程度上取代了銅錢，因此，"銀貴"對於珠
江三角洲所產生的影響，與對全國其他地區的影響，是不一樣的。[24]

學術與生活方式

　　十八世紀，珠江三角洲的生活方式有何變化？對此我們所知甚

24　有關"銀貴"即白銀升值對於當地的影響，數據主要來自江南地區。珠江三角洲在這方面
　　沒有多少史料可供研究，因此以上這個看法只能是一種假設。有關江南地區"銀貴"的情
　　形，參見 Wang Yeh-chien（王業鍵），"Secular trends of rice prices in the Yangzi delta,
　　1638-1935," in Thomas G. Rawski and Lillian M. Li, eds. *Chinese History in Economic
　　Perspective* (Berkeley: University of California Press, 1992), pp. 46-53; 有關全國的情
　　況，參見林滿紅，〈中國的白銀外流與世界金銀減產〉，載吳劍雄編，《中國海洋發展史論
　　文集》（台北：中央研究院中山人文社會科學研究所，1991），頁 1-44。

少，反而對十八世紀以前及以後的變化，我們所知更多。我們不得不通過出版業的歷史來探討十八世紀珠江三角洲的日常生活。十九世紀初，廣州出版業極為蓬勃，但現存的書目中，卻很少有十九世紀前由廣東書商刻印的著作。十八世紀，清高宗下令在全國各地搜查禁書，廣東的禁書名單，透露了廣東出版業的一些情況。乾隆三十九年（1774年），番禺、南海縣衙役，在書肆中搜出屈大均的詩集 23 本、《廣東新語》、《嶺南三家詩》各一本。屈大均的後人因此收到牽連。兩廣總督及廣東巡撫聯名上奏，謂："但合刻之詩，省城坊間既有刷賣，則紳士之家，保無買（原文如此，當為"難保無買"之誤）"。他們派遣一名差役到屈大均後人家中，用三兩銀買了屈大均文集三本。[25] 乾隆四十二年（1777 年），廣州的書肆因另一事件而再度受到官府調查。事緣詩評家沈德潛編纂了篇幅甚巨的《國朝詩別裁集》，進呈一本予清高宗。清高宗發現該書把明末清初的錢謙益的作品也收進詩集，認為錢謙益不忠不孝，下令禁毀此書。後來又發現，該書再版時所用的藏板，原來是在廣州製造的，廣東巡撫奉命調查。巡撫的差役報告，說他們盤查廣州城內以及"各處城鄉"的書肆，各書商都說他們沒聽說過《國朝詩別裁集》再版於廣東，書商們建議追查南京書商，南京書商到廣州來，居住於城內的金陵會館。於是差役們到金陵會館調查，南京書商表示，目前手頭上並沒有《國朝詩別裁集》，也同樣沒聽說過再版於廣東，不過，他們知道，乾隆二十五年（1760 年），有一位南京書商發現在廣東製板刻書，成本較低，因此就在廣州製造書板，運往南京。也許，奉聖旨銷毀的書板，有些就是在廣州製造的。[26] 這些記載顯示，在十八世紀的廣州，有讀者市場、有書板雕刻業、有不少書肆，但出版商並不多。到了十九世紀，出版商的數目才顯著增加，不僅廣州如

241

25　故宮博物院文獻館編，《清代文字獄》（原刊於 1931-1934 年，上海：上海書店，1986），頁 199-4，引文載頁 199。

26　故宮博物院文獻館編，《清代文字獄》，頁 704-5。

此，附近的佛山與東莞也如此。[27] 出版業的蓬勃，也許是伴隨着十八世紀下半葉經濟繁榮而出現的。

顧嗣協康熙四十九年（1710 年）刊行其有關新會的雜記《岡州遺稿》時，記錄了明朝立縣以來新會本地人的著作 120 種，大部分都收於族譜內，是蠅頭小楷的抄本，鼠嚙蠹蝕。[28] 出版業的蓬勃，強而有力地促進了廉價出版品在大眾市場的普及。這些出版品包括：宗教文書、歌詞、戲本。這些戲本在十九世紀與我們現在稱為“粵劇”的戲曲有密切的關係。這類粵語歌詞及戲本，把粵語口語結合到古典詩文中，到了十九世紀二十年代，在招子庸及其同道的努力下，終於開花結果，產生出自覺的粵語文學。[29] 但是，即使部分文學作品已經刊印傳世，但傳閱手稿及抄寫書稿的習慣卻與時俱進，並不落伍。大部分童蒙教材、科儀、宗教經文、歌詞、藥方及族譜都仍然是手稿，香港新界西貢海下村翁仕朝的藏書，就是證明。

242　　程美寶認為，十九世紀初，粵語文學的出現，再加上文人發起的文化運動，催生了廣東人的身份認同。[30] 從廣東本位理解廣東歷史這種知識脈絡，從黃佐的《廣州人物傳》，到廣東各種方志的編纂，到珠江三角洲文人詩文的編集，最後，把粵語口語轉化為文學體裁，一以貫之。從更宏觀的層面來看，她的論點也是成立的。從思想史的層面來看，從十五世紀陳白沙的思想成就算起，三百年間，珠江三角洲在全國文化舞台上，屢佔風騷。明朝後期，部分重大的政治改革，就是由

27　李緒柏，〈清代廣東的書坊及其刻書〉，載中山大學歷史系編，《中山大學史學集刊》第一卷（廣州：廣東人民出版社，1992），頁 130-44。

28　顧嗣協，《岡州遺稿》，康熙四十九年(1710)刊，〈序〉，頁 1a。

29　Liang Peichi(梁培熾), *A Study of Nanyin and Yueou* [南音與粵謳之研究](San Francisco: Asian American Studies, School of Ethnic Studies, San Francisco State University, 1988); 冼玉清，《冼玉清文集》（廣州：中山大學出版社，1995）。

30　Ching May-bo（程美寶）, *Guangdong Culture and Identity in the Late Qing and the Early Republic* D.Phil. thesis (Oxford: University of Oxford, 1996); 對於這個觀點的饒有興味的佐證，是十九世紀上半葉清朝要求廣東籍官員說官話但效果不彰，參見楊文信，〈試論雍正、乾隆年間廣東的“正音運動”及其影響〉，載單周堯編，《第一屆國際粵方言研討會論文集》（香港：現代教育研究出版社，1994），頁 118-36。

廣東文人推動的：龐尚鵬改革鹽法、推動一條鞭法；陳子壯把江南復
社的政治會社運動引入廣東。但是，廣東的文化活動，並不是由這些
官員或學者主導的，而是由詩人主導的，正如屈大均所言：

> 粵詩……至黃文裕（黃佐）而復興，……（歐）楨伯與梁蘭汀、
> 李青霞、黎瑤石皆泰泉門人。其詩正大典麗，澤於風雅，蓋得其
> 師所指授。[31]

以上這些人物，聲名遠播廣東以外，而在廣東本地，他們之所以
出名，是因為他們都是十六世紀著述豐富的文人黃佐的學生。黃佐的
作品，包括禮儀書《泰泉鄉禮》、地方志《廣東通志》，等等。長話短
說，黃佐對於佛教的態度，比同時代的魏校、霍韜來說，較為溫和，
從黃佐的詩會看來，似乎佛教有復興之勢。以上屈大均提及的五人，
日後被稱為"南園前五先生"，這十八世紀的發明，既是出版業的噱
頭，也是廣州文人努力建構文化傳統的結果。[32] 萬曆十六年（1588 年），
一小羣文人在廣州光孝寺建立"訶林淨社"，以寫詩唱酬為主要活動。
這時，光孝寺對於廣州城內的事務，又開始扮演重要角色，證據之
一，是萬曆四年（1576 年）光孝寺恭迎僧人達岸的金身，並舉行祈雨活
動。此後，著名佛教僧人憨山德清，推動了佛教的復興，而光孝寺也
成為文人活動的主要場所。在明朝的最後幾十年間，出席光孝寺文人
雅集的，不乏名儒高官，包括陳子壯、何吾騶等。廣州詩壇的名氣，
延續至清朝開國後的第一代文人，但屈大均及其他明遺民之後，廣州
詩壇也就凋零了。康熙二十三年（1684 年）王士禎在廣州召開的詩會，

243

31　屈大均，《廣東新語》（約康熙三十九年 [1700] 刊，香港：中華書局，1974 排印），頁
　　355-56。

32　有關他們的簡略傳記，見孫蕡等著，梁守中點校，《南園前五先生詩》；歐大任等著，鄭
　　力民點校，《南園後五先生詩》（廣州：中山大學出版社，1990）。

也就算是廣州詩人到十八世紀為止能爭取到的最後一份榮耀了。[33]

　　忽然，十八世紀三十年代，廣東的文化學術出現裂變，這是有很好的政治理由的。之後一代的廣東文人，均自視為廣東學政惠士奇（1721—1725 年在任）的門生，而非明遺民的門生。惠士奇後來被譽為常州學派樸學的中堅，常州學派在江南的確如日中天，但惠士奇的廣東門生，似乎沒有在樸學方面做出多少成績。無論如何，把惠士奇與廣東的樸學研究扯上關係，是顛倒先後的。惠士奇的兒子惠棟（1697—1758 年），在《易經》及《尚書》的研究方面，留下了一些最權威的著作，並把漢學奉為學術之圭臬。但這些都應該發生於惠士奇離開廣東之後，而非之前。惠士奇的廣東門生，雖然奉行漢學，卻也繼續擁抱漢學的敵人宋學，服膺宋儒朱熹的教導，認為禮儀是人類事務的核心。《南海縣志》有關曾釗的傳記指出，十八世紀下半葉廣東的學術，由馮成修、馮經、勞潼一脈相傳，三人都宣揚宋儒思想，例如朱熹的思想。《南海縣志》有關勞潼的傳記也予以印證。本書第十五章已經介紹過勞潼，他是佛山義倉的創辦人，是勞翀的後人。勞翀於康熙二十一年（1682 年）獲委任為縣學教諭，並刊行《聖諭廣訓》。勞潼的父親勞孝與，與羅天尺一樣，都是惠士奇的廣東門生。勞孝與、羅天尺二人，無疑都以學問著稱，雍正八年（1730 年），他們還是後生，就已經到北京參與官方地理全書《大清一統志》的編纂。自然，勞孝與在北京的這段經歷，讓勞潼得以結交名儒高官，日後，勞潼就能夠自稱師從許多著名學者，例如翁方剛、盧文弨。曾釗的傳記，提及廣東學風，謂直至翁方剛、惠士奇擔任廣東學政之前，廣東學者重四書而輕五經，但是，作為馮成修、馮經、勞潼老師的曾釗，與樸學沾不上邊。有關史料清清楚楚，不容含糊其辭，因為馮成修的年譜就是勞潼寫的，而馮成修的名氣，並不來自其著作，他唯一的論著與五經無關，而是對於四書之一《中庸》的箋註。馮成修有名，是因為他在十八

33　何淙纂輯，《光孝寺志》（原刊乾隆三十四年 [1769]，廣州：廣東省立編印局，1935 影印），卷 10，頁 20b-23a；江燦騰，《晚明佛教叢林改革與佛學諍辯之研究 —— 以憨山德清的改革生涯為中心》（台北：新文豐出版社，1990），頁 136-72。

世紀廣州最著名的書院越秀書院中任教。乾隆二十年（1755 年），馮成修獲委任為越秀書院山長，就制定書院規章，奉宋學為書院方針。[34]

因此，認為屈大均這一代之後，廣東學術衰落，這看法不對。比較恰當的看法應該是：樸學這個學術潮流，並沒有席捲廣東，在十九世紀初年尤其如此。誠然，書院很希望其學生能夠考取科舉功名，嘉慶二十五年（1820 年）羊城書院的創辦，也充分反映出，培養科舉尖子的書院是受到大眾青睞的。但是，不要以為，以書院為中心的學者，只是考試補習班的教員，只重視學術的工具價值而忽略其知識價值。事實上，廣州的書院教育，來自自覺的、歷時幾百年的、祖述宋學的學術傳統。在這個學術傳統下，個別的學者在醫學、數學這些專門領域中大展拳腳，勞孝與、何夢瑤就是例子。正如麥哲維（Steven Miles）極其生動細緻地指出，至十八世紀末，隨着廣州日益富庶，出版業非常蓬勃，藏書家的藏書也甚為不錯，可以説，當時廣州的文化圈甚為活躍。[35]

可是，在廣東以外，廣東學者則沒有多少名氣可言。在整個十八世紀，廣東並沒有產生出能夠與惠棟平起平坐的學者，更沒有產生像戴震那樣的知識巨人。正如班傑民‧艾爾曼（Benjiamin Elman）研究十八世紀中國學術史時指出，至十八世紀末，樸學已經迅速成為全國學術的主流，從事宋學的學者，無論多麼出色，都無法躋身全國學術的高位。[36] 道光四年（1824 年），本身也是樸學名儒的兩廣總督阮元，

34　鄭夢玉等主修，梁紹獻等總纂，《續修南海縣志》，廣州富文齋同治壬申 [1872] 刊，卷 18，頁 7b-9a，載《中國方志叢書》第 50 號（台北：成文出版社，1967），總頁 307-8，以下簡稱《同治續修南海縣志》；戴肇辰等修纂，《光緒廣州府志》，光緒五年（1879）刊，卷 128，頁 10a-11a，載《中國地方志集成‧廣州府縣志輯》（上海：上海書店，2003），第 3 冊，總頁 260；勞潼，《馮潛齋先生年譜》，宣統三年（1911）刊，載《北京圖書館藏珍本年譜叢刊》（北京：北京圖書館出版社，1999），第 97 冊。

35　Steven Bradley Miles, *Local Matters: Lineage, Scholarship and the Xuehaitang Academy in the Construction of Regional Identities in South China, 1810-1880* Ph.D. thesis (Washington: University of Washington, 2000), pp. 114-22.

36　Benjamin A. Elman, *From Philosophy to Philology, Intellectual and Social Aspects of Change in Late Imperial China* (Camb. Mass.: Council on East Asian Studies, Harvard University, 1984).

245　創辦學海堂書院，立意振興廣東學術，使之揚名天下，此舉等於為廣東本土學者開闢一條學術上的終南捷徑。結果，學海堂出現一種精神分裂的學術氛圍。在阮元督導下，學海堂推出《皇清經解》這部匯集儒家經學研究著作的學術巨著，但其中沒有哪本書是廣東人寫的。學海堂同人以《學海堂集》名義定期出版的著作或者獨立出版的著作，論名氣完全無法與《皇清經解》相比，但學海堂只不過是《皇清經解》的編輯、出版機構。這情況要到陳澧嶄露頭角之後，才有所改變。學海堂在出版《皇清經解》的同時，也積極推動自己的研究，其宗旨就是探賾索隱，發掘廣東本土歷史。學海堂在這方面的重要成就之一，就是譚瑩編纂的《嶺南遺書》，該書的編纂刊行，不僅得到他學海堂的朋友的幫助，也得到行商伍崇曜的資助。伍崇曜就是行商"浩官"伍秉鑒的兒子，伍崇曜是桑園圍工程的擔保人，並於鴉片戰爭期間與英軍談判（詳本書第 19 章）。學海堂同人的另一條研究路子，是從古代文獻中尋找廣東歷史的記錄。記載廣東史事的古書，就像中國大部分古書一樣，其片段散見於後出的文集、類書中，把這些片段一一搜集出來，排比校勘，恢復原書面貌，是謂之"輯佚"。梁廷楠就是用這種功夫，編纂成《南越五主傳》及《南漢書》，重建南越及南漢的歷史，這兩個朝代都以廣州為首都。梁廷楠也是《夷氛紀聞》的作者，該書將鴉片戰爭期間廣州被圍攻的情形，逐日記錄，是鴉片戰爭的第一手史料。麥哲維仔細研究了以上學海堂同人有關廣東歷史的著作，指出其中的"本土認同"（localist）傾向，並且指出，學海堂推動廣東歷史的研究，也成為廣東歷史研究的權威重鎮。在這個意義上，學海堂同人對於廣東文獻的輯佚、編纂，與黃佐在十六世紀《廣州人物傳》的編纂，可謂一脈相承。[37]

　　有趣的是，學海堂編纂各類廣東文獻時，完全沒有收錄屈大均的

37　Ching May-bo（程美寶）, *Guangdong Culture and Identity in the Late Qing and the Early Republic* D.Phil. thesis; Steven Bradley Miles, *Local Matters: Lineage, Scholarship and the Xuehaitang Academy in the Construction of Regional Identities in South China, 1810-1880* Ph.D. thesis.

任何著作（畢竟屈大均著作乃在清朝禁毀之列）。本書前面引述的曾釗傳記，對於廣東學風有簡短的描述，根據這描述，屈大均之被拒門外，是意料中事。廣東學術話語的主要路線，上溯陳白沙的十六世紀追隨者即發起禮儀革命運動的文人，而下接宋學；另一條路線，則是惠士奇開闢的漢學。阮元之所以把曾釗延請到學海堂，就是要想把曾釗作為廣東學者的模範，因為曾釗不僅是個藏書家、著述甚豐，而且能夠在樸學研究獨當一面。

林則徐於道光十九年（1839 年）以兩廣總督、欽差大臣身份來廣 *246* 州禁煙時，學海堂為林則徐出謀獻策，堅決擁護林則徐，這難道只是巧合嗎？也許學海堂精神分裂的兩邊腦袋終於結合到一起了：廣東學者對於本土獨特歷史的自豪，化為推動力，推動他們參與樸學，在全國學術界中一爭高下。在十九世紀三十年代，學海堂同人奔走呼號，要求禁止鴉片貿易。在鴉片戰爭期間，學海堂同人也協助保衛廣州。曾釗奉命重建部分炮台，但隨即被指侵吞公款。曾釗還寫文章維護兩廣總督祁墳、歌頌三元里民眾伏擊英軍之舉。可見，廣東學者不僅對於本土歷史充滿自信，也相信中國王朝優勝於西方侵略者。[38]

要想知道十八世紀廣東日常生活的大概，張渠刊行於乾隆三年（1738 年）的《粵東聞見錄》，相當有用。張渠於雍正十年至十三年（1732—1735 年）間在廣州擔任廣東按察使，他把自己的親身觀察所得，與屈大均《廣東新語》的片段結合起來，寫成《粵東聞見錄》。屈大均《廣東新語》，是後出的廣東筆記所必然參考抄錄的對象。張渠寫道，廣東大部分女子均不纏足，即使上流社會的女子，也是在十一、十二歲才開始纏足。男子穿鞋，但大部分女子都是赤足的。女子出嫁，嫁妝包括鞋子，但平時她們把鞋子藏在袖子裏，只有當她們到別

38　James M. Polachek, *The Inner Opium War* (Camb. Mass.: Council on East Asian Studies, Harvard University, 1992), p. 148；《同治續修南海縣志》，廣州富文齋同治壬申 [1872] 刊，卷 18，頁 7b-9a，載《中國方志叢書》第 50 號，總頁 307-8；曾釗，《面城樓集鈔》，光緒十二年 (1886) 學海堂叢書刻本，卷 4，頁 20b-30a，載《續修四庫全書》（上海：上海古籍出版社，1995），第 1521 冊，總頁 560-5。

人的家裏探訪時，才會穿鞋。即使在廣州城內，婢女也光着腳往返市
肆。廣州城內的房子一般都是泥造，"不用木柱"，泥磚建造的牆壁，
支撐屋頂的橫樑。外牆飾以壁畫，但一般只在靠近門楣之處才有壁
畫。窮人則以木框搭建竹棚，竹棚糊泥，遮蔽風雨，禽畜與人雜居，
"無異僮人之麻欄子"。像屈大均一樣，張渠也提及麻瘋病人，但張渠
對於麻瘋病人的描述與屈大均不同。張渠説，麻瘋病人行乞為生，在
喜慶節誕場合出現，不獲賓主打賞，不肯離去；又或者受僱到人家門
口收稅，不交稅就不離開。廣州官府建立了麻瘋院來收容他們，管理
麻瘋院的也是麻瘋病人。張渠也留意到宗族主導的鄉村及祠堂。大宗
族往往有數以十計的祠堂，小宗族也有幾所祠堂，每村都有土地神
壇，大宗族有自己的土地神壇。[39]

逯英是雍正九年至十三年（1731—1735 年）間的番禺知縣，他管
轄廣州城東半部、以及相當一部分沙田地區。他向上司報告說，雍正
九年（1731 年），廣州實行保甲，但效果不大，因為廣州城內逾半房屋
都已出租。逯知縣似乎甚為關心廣州下層社會的民眾。廣州城製造梳
子的工匠，組織行會，每月初二、十六兩天，由當值的行會師傅率領
工匠祭祀神靈，然後宴會，新入會的工匠，每人須繳納 0.6 兩銀以支付
祭祀及宴會的費用。逯英知道，這 0.6 兩，相當於一個工匠兩、三個月
的工資，因此下令，禁止行會的這種收費行為。廣州城附近的碼頭，
往往被黑幫以廟宇的名義把持，他們所操縱的渡船服務，每天很遲才
開始營業，也很早就結束，於是渡船乘客總是爆滿，逯英認為這種惡
劣的經營行為不可接受，正好有一艘乘客爆滿的渡船沉沒，兩名乘
客遇溺喪生，逯英就下令取締這個由黑幫操縱的渡船網絡。逯英也很
關注人口販賣問題。雍正七年（1729 年），當時的番禺知縣及南海知
縣（管轄廣州城西半部，與番禺知縣同屬附郭知縣）規定，人口販子須
調查被販賣的女子的家庭背景，出具保結，縣衙門才會在賣身契上蓋

39　張渠著，程明校點，《粵東聞見錄》（乾隆三年 [1738] 刊，廣州：廣東高等教育出版社，
　　1990），頁 49、52、58、64、69。

印。之所以有這個規定，是因為當時拐賣婦女的問題相當猖獗。雖然
這個規定並不能有效遏止拐賣婦女的問題，但逯英希望切實執行這個
規定。對於那些把持人口買賣的人，逯英特別警惕，這些人要麼是壟
斷蜑民水產銷售的批發商，要麼是包攬稅收的包稅商。另外，廣州當
時有 "闈姓" 這種賭博，以廣東鄉試中舉人姓氏為賭博的對象，對於組
織及推廣這種賭博的人，逯英也很看不過眼。以下是逯英審理過的部
分案子：一對父母，賣了自己的三歲小兒，卻要求在這小兒死後為他
贖身；父親嫁女兒，以為女兒將成為正室，發現受騙後告官，要求懲
罰；有兄弟二人，父親在為數 40 股的宗族族產中佔 1 股，父親死後，
母親再醮，這兩兄弟也就無法繼承其父親在族產的股份，這兩兄弟告
官，要求領回這股份；等等。十八世紀的廣州，是個複雜的社會，並
不是哪個大家族可以控制的，而知縣為廣州市政做了許多重要工作。
十八世紀的廣州，存在着一個中產階級，這些中產階級人士雖比不上
沙田的大姓，但不像佃僕或賤民那麼卑賤，也不像外人或窮人那麼受
排斥。[40]

　　廣州的中產階級，大概就是商人、擁有土地及河灘的地主、甚至
部分工匠、學者、與衙門有關的人即訟師，更多時候，他們往往一人
而身兼以上幾重身份。畫家黎簡（1747—1799 年）大概就是這號人。
黎簡出生於士紳家庭，他的祖父及曾祖父都有初級科舉功名，父親經
營糧食生意，把廣西糧食輸往廣州，因此黎簡似乎是在廣西長大的，
但也經常遊覽廣東。黎簡二十歲結婚，妻子與他同齡，他們生下兩
名女兒，妻子於乾隆四十九年（1784 年）過世。翌年，黎簡再娶一位
十八歲女子作繼室，後來與她生下一子，之前，黎簡的兄長把自己一
名兒子過繼給黎簡，所以黎簡共有兩名兒子。[41]

　　雖然黎家祖籍順德，而黎簡也於乾隆五十四年（1789 年）在順德

248

40　逯英，《誠求錄》，道光二十一年(1841)刊，卷 1，頁 19a-20b、22a-b、25a-b、
　　34a-35b、69a-b；卷 3，頁 1a-5a。

41　蘇文擢，《黎簡先生年譜》（香港：香港中文大學，1973）。

某村建了一座房子，但黎簡大半生到處遊走，很少在一處地方連續居留幾年。他可是個城市人。十八世紀六十年代末，他住在廣州，後來搬到廣西住了幾年，當時他的家人一直住在廣西，他父親在廣西一直住到乾隆四十五年（1780 年）。十八世紀七十年代中葉，黎簡又搬回廣州，直至乾隆四十九年（1784 年）妻子過世為止。黎簡於妻子過世後，寫了篇哀怨動人的悼文，搬到佛山，再娶，期間也偶然在鄉下小住。乾隆五十三年（1788 年），黎簡再次搬回廣州，住在雙門底這個廣州城的心臟地帶。乾隆五十四年（1789 年），黎簡獲得貢生的頭銜。乾隆五十五年（1790 年），他本來要到北京考會試，但因父親過世而取消行程。之後五年，是黎簡畫作的高峰期，他經常遊走於珠江三角洲，有時住在鄉下，有時住在廣州。黎簡中年以後的生活似乎相當寬裕，大概是因為賣畫所得不菲。黎簡顯然相當有名氣。乾隆四十五年，南京的文壇“才子”袁枚拜訪黎簡，黎簡居然拒絕見面。

但即使像黎簡這樣的中產階級，在十八世紀也偶然經歷艱苦歲月，即所謂“饑荒”。乾隆四十三年（1778 年）春，當時住在廣州城的黎簡，竟然要典衣買米，甚至一度搬到順德家鄉。黎簡對於這場饑荒寫了幾篇記敍生動的文章，根據其中一篇，搬到城郊，也克服不了饑荒。由於廣州城內提供糧食賑濟，廣州城內的糧食價格反而低於城外，儘管守衛廣州城的衙門差役如狼似虎，但飢民們仍然湧入廣州城。當黎簡住在廣州城時，他的家人應該是住在順德的，因為他提及收到妻子的來信，要他捎些米來。乾隆五十二年（1787 年），黎簡又遭遇佛山的饑荒，正因為這場饑荒，幾年之後，佛山就創辦了義倉。在這場饑荒時期，黎簡被迫典當他心愛的墨硯，易錢買米，至乾隆五十五年，才把墨硯贖回。黎簡在佛山饑荒當年作畫《勸農圖》，在題記中，他眼見由於乾旱，至農曆四月，農人仍無法耕田，感到非常焦慮：“為士雖無田但望雨更切也”。[42]

大約也在這個時期，黎簡提及“藥煙閣”。蘇文擢為黎簡編纂年譜

249

42　蘇文擢，《黎簡先生年譜》，頁 72。

時，滿懷愛心，對此作出了最為溫柔敦厚的詮釋。蘇文擢指出，如果
"藥煙閣"出現在黎簡之後的一代，則肯定意味着吸食鴉片。另一位廣
東學者張維屏也記載道，"二樵自言：吾非賣畫無以為生，非吸煙不能
提氣作畫"。這也是眾所周知的。蘇文擢認為，由於黎簡及其第一任妻
子連年生病，因此吸煙以治病。黎簡的第一任妻子過世之後，黎簡才
把閣子命名為"藥煙閣"以悼念亡妻。無論黎簡是否真的吸食鴉片，也
無論黎簡發明鴉片煙槍這種傳說是否屬實，吸食鴉片剛開始緩慢地傳
入廣州。到了十八世紀末，黎簡過世之後，吸食鴉片就泛濫成災了。[43]

　　十九世紀初年，一種消費的文化已經落地生根了。道光十年（1830）
刊行的佛山街道指引，薄薄一冊，僅 13 頁，卻為當時的繁華情景提供了
最生動的記錄。這現藏大英圖書館的小冊子，逐條街道介紹商店商品，
不僅是佛山經濟活動的記錄，也是消費主義興起的證據。

　　例如，該小冊子說，在"畸畛街"，有草藥行會，出售來自四川、
湖廣的草藥。"畸畛街"西為"長興街"，售賣各種紗布、燈、肥皂、
靴、杯，以及樂器如琵琶、笛子之類。"畸畛街"南為"棉紗街"，售
賣金線，人們用這些金線做成金葉形狀，壓在紙上，充當祭祀用的紙
錢，也售賣舊的士宦衣袍以及各類書籍。佛山的主要商業區還不是
"畸畛街"，而似乎是"榮祿里"，這條街道有三百多間商店，售賣來自
京師及各省的商品，這些商店包括珠寶店，來自江南的書賈，賣禦寒
帽子、皮草的商店，賣針線的商店，以及賣各種紙品，例如請帖的商
店。要買佛山著名的土特產品，就要到"黃傘大街"，這裏的商店售賣
線香、鐵器、通花帽絨。從"黃傘大街"可以轉到專門出售本地絲綢
的"高地"。在"富里社"及"早市"的"長生祿位會館"後面，有商店
售賣藥丸及胭脂。"長生祿位會館"無疑是讓人安放先人牌位的廟宇。
在升平街，有冶鐵工場，還有更多賣藥丸的商店。以上不過佛山的部
分零售店，批發商店則位碼頭即"汾水正埠"到靈應祠之間的一片地
帶：賣高價米的位於白米街，賣粗糧的位於桂縣街，賣葵扇的位於太

250

43　蘇文擢，《黎簡先生年譜》，頁 73-4。

平街，賣煙草的位於北街，賣墊子的位於老檳榔街，賣棉花的位於豆餅街，賣福建紙品的位於升平街，賣筷子、銅質水管、牛角製品、即洋刀的位於筷子直街。佛山還有一處叫做蜑家沙的地方，這個名字隱含着歧視意味，而一些被視為卑賤的行業也集中在此，例如棺材店、木材店及賣木磨的店。從分水碼頭向東德街道上，有天后廟，廟後有商店售賣各種神靈的木質雕像，這裏還有商店售賣雜糧及鑄鐵香爐。魚類市場及豬肉市場也位於此。另外，紅花會館也在這裏，紅花會館是整個珠江三角洲的戲班行會。大概因此之故，這裏也有商店售賣戲服。佛山還有很多會館：位於豆餅街的江西會館、位於升平街的福建紙行和楚南會館、位於先鋒廟的楚北會館、位於西邊頭的陝西會館、位於端肅門的浙江會館以及位於雀奇廟的鐵鍋行會館。[44]

　　以上只簡介了這本小冊子的一節，這一節從米舖講到棺材舖，而黎簡的父親躺進棺材之前，也是專門從廣西把米運進佛山的。這類小冊子的描述，很像那些以廣州街道日常生活為題材的外銷畫，這類外銷畫也就是遊客明信片的前身。珠江三角洲就這樣從十八世紀的盛世，進入十九世紀的戰亂。誠然，珠江三角洲在元末就經歷過戰亂，在明末也經歷過戰亂。可是，十九世紀的戰亂，論規模及形態，均與從前不一樣。本書接下來的幾章會顯示，正因為珠江三角洲已經存在着擁有財產的宗族，國家與地方社會之間的政治平衡也就發生了前所未有的變化。

44　《佛山街略》，道光十年（1830）刊，藏大英圖書館，編號 15069.e.8。

十九世紀的轉變

　　從地圖上看，九江、龍江、龍山同在一島。在珠江三角洲，有很多這樣由沉積物圍繞着山丘而形成的島嶼。自十四世紀以來，人們就在這島嶼沿岸建造堤圍，抵禦洪水。這類堤圍並非統一建造的，而是個別或幾條村落聯合建造一段一段堤圍，只保護自己的耕地。這島上最早的堤圍，據說就是洪武九年（1376 年）由陳博文建造的。自此以後，堤圍的建造與維修從來沒有停止過。不知從何時開始，圍繞着整個島嶼的一段一段堤圍，被統稱為"桑園圍"。由於珠江三角洲其他地區也在興建堤圍，西江水入海受阻，因此，每年初夏，西江發起大水來，桑園圍這種以泥土修建的堤圍，並不總能夠撐得住。據明朝文獻，西江水曾五度沖決桑園圍部分堤圍。清朝立國以來，類似的沖決情況也出現了七次：順治四年（1647 年）、康熙三十一年（1692 年）、康熙三十三年（1694 年）、乾隆八年（1743 年）、乾隆四十四年（1779年）、乾隆四十九年（1784 年）、乾隆五十九年（1794 年）。至十八世紀末，部分當地居民終於意識到，必須團結一致，抵禦洪水。宗族控產組織、小額籌款、會計、子孫人人有份的財產繼承等制度，再加上官府的默許，意味着到了十八世紀，公共工程的規模必然增強。這個過程，也就推動了宗族與政府的合作，南海縣的桑園圍，就是一個很好

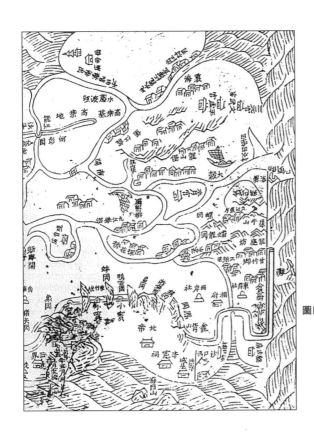

254

圖四　這是溫汝適《桑園圍歲修志》（同治九年 [1870] 刊）的地圖，顯示桑園圍的堤圍及受其保護的九江、龍山、龍江附近的村落。地圖的右邊為東南方。

的例子。[1] 有關同治年間桑園圍的示意圖，詳見圖四。

乾隆五十九年（1794 年）的洪水

255

　　乾隆五十九年，兩廣總督、廣東巡撫聯名上奏，匯報該年西江泛濫的情形。兩廣總督不久溯西江而上，閱兵廣西，在高要縣目睹了災情。高要縣不少土地被淹，許多房屋也倒塌了。但由於高要縣令及時發出洪水來襲的警告，無人傷亡，七成至八成的農作物也獲及時搶收。兩廣總督因此認為，高要縣百姓大概不會受饑荒之苦，且廣東氣

1　森田明，〈広東省南海県桑園囲の治水機構について —— 村落との関連お中心として〉，《東洋學報》，第 47 卷第 2 期（1964），頁 65-88；明之綱，《桑園圍總志》，同治九年（1870）廣州西湖街富文齋刻本，卷 1，頁 26a-30b，載《四庫未收書輯刊》（北京：北京出版社，2000），第 9 輯，第 6 冊，總頁 65-7。

候溫和，可以種雜糧（意即番薯）及蔬菜，再過一個月，洪水消退，還
有時間種一造晚稻。兩廣總督及廣東巡撫請求批准借一個月的糧食予
高要縣賑災，並將夏稅的徵收期延長至秋天。清仁宗准奏，後來，這
兩名官員又上奏，說災民已獲賑濟，清仁宗對此甚感寬慰。[2]

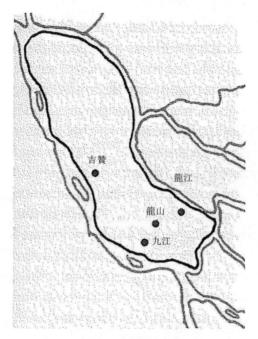

地圖三　桑園圍的堤圍

　　西江流到三水縣縣城附近，就與北江合流，每年夏天，這兩條
河流的水位都上漲，所以高要也就受災。九江所在的島嶼，由桑園圍
保護，卻正好位於三水之南。所以，正因為桑園圍及類似的堤壩的攔
阻，西江水就無法迅速流走，在上游泛濫成災。無論如何，由於兩廣
總督對於賑濟災民如此熱心，而清仁宗又如此支持賑災活動，遂使出
身龍山、在乾隆五十九年（1794 年）這同一年中進士、授職翰林院編

2　明之綱，《桑園圍總志》，卷 1，頁 5a-10a，載《四庫未收書輯刊》，第 9 輯，第 6 冊，總
　　頁 55-7。

256

修的溫汝適，建議維修桑園圍全段。據溫汝適説，兩廣總督支持他的
建議，但告訴溫汝適，對於這個維修工程，官府止於"董勸"即提供意
見，希望當地百姓達成共識，尤其是在如何籌錢方面要達成共識。[3]

溫汝適謁見兩廣總督後不久，乾隆五十九年九月，桑園圍各堡領
袖在廣州召開會議，雖然大部分人都贊成維修桑園圍，但大家都認為
應該全體社區代表都應該開會，正式達成協議。於是，溫汝適的兄弟
草擬了通知書，並親自到堤圍附近村莊召集開會。會議在李村舉行，
該村莊上個月才被洪水沖決堤圍。結果，只有半數村莊派代表出席會
議，溫汝適照樣介紹其建議，並安排在下個月再度開會。[4]

同時，南海縣各社區也在打自己的算盤。據南海縣鎮涌堡何元善
撰寫的〈修築全圍記〉，南海縣士紳從廣州回家，在麥村的文瀾書院開
會，決定除勸諭捐輸之外，更向縣內稅地，按畝攤徵一項附加稅。正
在這時，溫汝適趕到會場，大家很快決定，維修工程總費用以五萬兩
為限，南海縣各社區分擔其中七成，順德縣各社區則負責其餘三成。
縣令在李村設立衙署，以便確保李村被洪水沖決之處必定得到修補
的，就是南海縣知縣。海舟堡的李昌耀被任命為這個設立於李村的衙
署的負責人，而每村都要派遣三、四人到該衙署幫忙。[5] 但是，從這時
候開始，文獻對於各會議舉行時間的記載變得模糊了。我們只知道，
在十一月，勸諭捐輸的告示出場了，該告示以廣東布政使的名義發
出，廣東布政使還以其母親的名義捐款，從而正式發起籌款運動。我
們也知道，向稅地按畝攤徵附加稅，甚為順利，不過順德縣衙門不得

3　　溫汝適傳記，見郭汝誠修，馮奉初等纂，《順德縣志》，咸豐三年 [1853] 刊，載《中國
　　　方志叢書‧華南地方》第 187 號（台北：成文出版社，1974），卷 27，頁 1a-4b，總頁
　　　2541-7，以下簡稱《咸豐順德縣志》。

4　　溫汝適，〈記通修鼎安各堤始末〉，載明之綱，《桑園圍總志》，卷 1，頁 14a-18a，載《四
　　　庫未收書輯刊》，第 9 輯，第 6 冊，總頁 59-61。

5　　何元善，〈修築全圍記〉，載明之綱，《桑園圍總志》，卷 1，頁 22a-25b，載《四庫未收書
　　　輯刊》，第 9 輯，第 6 冊，總頁 63-5。李昌耀傳記，見鄭夢玉等主修，梁紹獻等總纂，
　　　《續修南海縣志》，廣州富文齋同治壬申 [1872] 刊，卷 19，頁 16a-17a，載《中國方志叢
　　　書》第 50 號（台北：成文出版社，1967），總頁 320-1。該傳記稱，李昌耀利用其水利
　　　工程學知識，提出以石板鋪砌河堤方案，居功至偉。

不向縣內有關社區略為施壓，乾隆六十年（1795 年）二月，順德縣知縣召集縣內三堡領袖到李村的衙署，得到他們保證繳納一萬五千兩。官府也發揮了明顯的監督角色。廣東布政使委任一名衙役，負責匯報工程進度。廣州府知府及知縣親自視察工程，南海縣知縣還把"家丁"安置於李村的衙署，而南海縣駐九江縣丞及江浦巡檢司巡檢，也"協同經理"。[6]

257 　　《桑園圍總志》收錄的〈公推經理〉、〈公議章程〉、〈基工章程〉等材料，是有關維修桑園圍工程組織及財政的明確規定。工程管理機構由來自九江各堡的 4 名"總理"、49 名"首事"組成（有一人身兼總理及首事），他們設立簿籍，登記所僱用的民工，將民工每二十人分為一隊，由一"攬頭"率領。擔保這些"攬頭"的，是他們所屬的各堡代表。民工們有日薪，工地上有草棚供他們住宿，但伙食自理，工具自備。每隊都有編號，每名民工也有號牌，以資識別。工程賬目每日更新，且完全公開，所有收支都有記錄。〈基工章程〉既然把價格與工資都開列出來，可知工程應該是有財政預算的。乾隆五十九年（1794 年）十月二十九日，工程正式展開。[7]

　　當然，工作日程也照顧到禮儀。十一月十日開始，一連五天打醮，醮會的最後一天行奠基禮，祭祀諸神，主持儀式的，是南海縣駐九江縣丞及江浦巡檢司巡檢。儀式的重要一環，是在工地安置四隻鐵牛，其中兩隻要沉到江中。明年某日，桑園圍百姓為感謝省級衙門的支持，從桑園圍堤壩拱衛的九江島的最高峰西樵山上，打了六埕泉水，連同六斗早稻，送給省級衙門官員。兩廣總督、廣東巡撫、廣東布政使同表欣慰，接受了一埕泉水、一升早稻，其餘歸還。[8] 乾隆六十年（1795 年）七月，桑園圍堤壩維修工程竣工。之前，九江百姓應該

6　《桑園圍總志》，卷 1，頁 11a-13b、19a-21b，載《四庫未收書輯刊》，第 9 輯，第 6 冊，總頁 58-9、62-3。

7　《桑園圍總志》，卷 1，頁 41a-48a，載《四庫未收書輯刊》，第 9 輯，第 6 冊，總頁 73-77。

8　《桑園圍總志》，卷 1，頁 45a、49a-51b，載《四庫未收書輯刊》，第 9 輯，第 6 冊，總頁 75、77-78。

已經商量好，要在李村建廟護堤，到了這時，河神廟也就建好了，百姓呈請廣東布政使光臨李村，參與河神廟安置龍神塑像的儀式。[9]

　　廣東布政使果然親自參加這個儀式。七月十四日，他從廣州的衙署出發，翌日，就在李村的河神廟上香。隨同者包括廣州府知府、佛山廳同知，及南海、順德、三水三縣知縣。這麼多官員參加這個儀式，場面一定很令人難忘，也顯示出九江本地領袖多麼有面子。廣東布政使親臨現場，還讓九江本地領袖有機會爭取更多資源。廣東布政使返回廣州之後，表示對於自己檢查過的桑園圍堤壩工程，大體滿意，但他認為有幾處堤壩應該壘石加固，他連這幾處堤壩的名字都一一清楚列出，他命令南海縣駐九江縣丞及江浦巡檢司巡檢另撥 9,600 兩，作為加固工程的開支，為籌集這筆資金，南海縣衙門除勸諭百姓捐輸之外，也額外按畝徵收兩成地稅。十一月，南海縣知縣親臨李村的桑園圍堤壩工程指揮部，為加固工程制定方案。龍山鄉提出反對，要求把攤到自己頭上的加固工程開支減半，理由是：一向以來，是各堡負責自己附近的堤段，而不負責遠離自己的堤段。從布政使衙門派駐李村的書吏，代表官府撰寫了一份報告，批准龍山鄉的申請，但反駁其理由。該報告指出，向來桑園圍堤壩工程的最大困難，就是各堡自行維修自己附近的堤段，從來沒有把桑園圍堤壩工程當作一個整體。從現在開始，再也不能採取這種零敲碎打的辦法。加固工程竣工於嘉慶二年（1797 年）二月，有一份負責工程的士紳呈交給布政使的報告為證。[10]

　　桑園圍堤壩工程的財政賬目可真詳細：工程總收入為 60,417 兩，其中地稅佔 54,492 兩，官員捐贈佔 774 兩，本地鹽商及當舖捐佔 4,690 兩，出售耕牛及其他貨物所得佔 459 兩；工程總開支為 60,414 兩，其中 53,505 兩用於工程，其餘 2,059 兩，則用於舉行河神廟龍神塑像安

9　《桑園圍總志》，卷 1，頁 51a-52a，載《四庫未收書輯刊》，第 9 輯，第 6 冊，總頁 79。

10　《桑園圍總志》，卷 1，頁 55a-56b、59a-60a，載《四庫未收書輯刊》，第 9 輯，第 6 冊，總頁 80-81、82-3。佛山於雍正十一年（1733）成為直隸廳，設同知，州同知官秩高於知縣。

置儀式（也就是請到廣東布政使親臨參加的那個儀式），及駐李村衙署
的官員及衙役的伙食和娛樂。另外，每堡捐贈多少、每堡代表支出多
少等，則另有詳細的清單。[11] 片山剛留意到，在這些賬目及清單中，各
堡代表被稱為"業戶經理首事"，這意味着管理工程的，絕大多數是擁
有土地的家庭，而不是佃農。片山剛的分析無疑是正確的。[12] 至於興建
河神廟的費用，則要另覓捐輸，但是，捐輸所得，不過 1,186.57 兩，
而總興建費用卻達 3,567.64 兩。據官府的報告，這二千多兩的赤字，
是靠加固工程的款項填補的。官府的報告還附有一圖，顯示河神廟內
有一偏殿，預備安放高官的神主牌位。廣東布政使下令，在新近築成
的沙田中，撥出 100 畝予河神廟，以便該廟得到每年 140 兩的收入，
259　祭祀神靈。同樣值得注意的是，從現在開始，管理桑園圍事務的機
構，開始自稱"桑園圍總局"。可見，通過維修工程，當地居民之間已
經形成了一個鬆散的鄰里聯盟。[13]

嘉慶二十二年（1817 年）的維修

　　嘉慶二十二年，位於桑園圍西面的海舟堡的三丫堤段，被洪水沖
決。一年之後，溫汝適就此事撰文作記，說這是二十年一遇的洪水，
洪水決堤前幾年，海舟堡百姓為了維修三丫堤段，將堤壩上的幾百株
樹砍下出售，以便籌錢維修堤壩。此舉削弱了三丫堤段的抗洪能力，
因此雖然三丫堤段得到維修，仍被洪水沖決。兩廣總督蔣攸銛命令海
舟堡百姓興建臨時堤壩，為迅速行事，蔣攸銛還撥出五千兩緊急貸款
給他們。洪水一退，堤壩工程就要動工，與乾隆五十九年（1794 年）

11　《桑園圍總志》，卷 2，頁 1a-5b、8a-28a，載《四庫未收書輯刊》，第 9 輯，第 6 冊，總
　　頁 83-85、87-97。

12　片山剛，〈珠江テルタ桑園圍の構造と治水組織 —— 清代乾隆年間～民国期〉，《東洋文
　　化研究所紀要》，第 121 期（1993），頁 137-209。

13　《桑園圍總志》，卷 2，頁 42a-57b，載《四庫未收書輯刊》，第 9 輯，第 6 冊，總頁 105-
　　12。

一樣，經費來自按畝加增地稅。[14]

　　但是，與乾隆五十九年不同，兩廣總督與士紳代表之間的談判，集中於堤壩的每年維修費用問題。繼蔣攸銛而任兩廣總督的阮元，於嘉慶二十二年十一月上奏，清楚解釋了每年維修費用的問題。正如阮元所説，是年五月，洪水決堤，桑園圍士紳呈請官府協助維修堤壩。這一點應該是很清楚的。阮元指出，官府既已貸款予桑園圍，支付是年維修堤壩的費用，應該繼續安排類似的貸款，支付日後每年維修的費用。具體安排如下：廣東省衙門將八萬兩貸予南海順德兩縣的當舖，月息一分（1%），則每年利息收入為 9,600 兩，其中 5,000 兩歸還廣東省衙門，4,600 兩用於維修堤壩。這樣，16 年內，廣東省衙門就能將這八萬兩貸款全數收回，之後，所有利息收入，都可用於維修堤壩。當然，這項安排對於廣東省財政來説，不會毫無影響。廣東省衙門把這筆公帑借給桑園圍士紳，並要等 16 年才只收回本金，這實際上就等於用這八萬兩的 16 年的利息收入來津貼桑園圍堤壩工程。[15]

　　儘管得到官府承諾每年提供津貼，桑園圍總局要應付嘉慶二十二年的堤壩維修費用，仍大感吃力。總局的賬目顯示，地稅的攤徵，為總局帶來 27,000 兩，總局將其中的 13,000 兩用於維修三丫堤段，並將其餘銀兩分給各堡，以便它們各自維修自己附近的堤段，此舉未必是對於地方權力的形式上的承認。知縣的一份報告顯示，有些堡在上繳資金時，動作的確較慢，但無論如何，一個月之內，八成的維修費用還是到位了。總局的士紳，充分意識到自己手握財權，首先測量整條堤壩，然後才撥款予各堡。總局特別為需要維修之堤段繪製地圖，事實上，總局報告獨特之處，就是大量使用地圖，並且對於地理有清晰的掌握。維修堤壩費用也似乎談不上被中飽私囊，人員薪酬、伙食、娛樂等費用累計達 2,500 兩、維修河神廟及祭祀神靈只耗費了二百兩

260

14　《桑園圍總志》，卷 3，頁 7a-10a、15a-18b，載《四庫未收書輯刊》，第 9 輯，第 6 冊，總頁 119-21、123-5。

15　《桑園圍總志》，卷 3，頁 28b-31a，載《四庫未收書輯刊》，第 9 輯，第 6 冊，總頁 130-1。

多。總體而言，嘉慶二十二、三年（1817—1818 年）間，總局財政收入為 24,650 兩，支出則為 24,683 兩。[16]

乾隆五十九年（1794 年）與嘉慶二十二年（1817 年）的兩次維修，都起源於洪水決堤，都得到兩廣總督親自過問，官府都注入大筆公帑以維修堤壩。於是，桑園圍總局這個士紳領導機構，就突然捲進官府的行政工作。危機過後，各堡又恢復了自掏腰包、自修附近堤壩的老習慣，總局則無所作為，只能定期在河神廟祭祀神靈，並管理屬河神廟的 100 畝地。從乾隆五十九年與嘉慶二十二年這二十年間，總局的成員基本不變，顯示這二十年間總局領導層基本穩定。隨着嘉慶二十二年兩廣總督下令大力津貼桑園圍的維修工程，之後幾年，總局的職權大增，很快就有證據顯示，桑園圍總局比乾隆五十九年時更加進取。

從桑園圍總局章程的變化，就明顯反映出總局的進取態度。總局於嘉慶二十二年訂立的章程，實際上是照抄乾隆五十九年的章程。[17] 嘉慶二十三年（1818 年），為了應付日後維修堤壩的工作，並處理兩廣總督的貸款，總局訂立了一套新章程。根據該章程，南海、順德兩縣當舖商人接受了廣東省衙門八萬兩的存款後，每年須在 9,600 兩的利息中，將五千兩交予廣東省衙門，其餘 4,600 兩，則由總局支取，總局須出示縣官的批示及蓋了官印的簿籍，以為憑證。各堡繼續負責自己附近的堤段，不過，一旦需要進行大規模維修，總局士紳，將與各堡的代表到有關堤段視察測量，制定工程方案及財政預算，然後將款項劃撥給各堡。桑園圍十四堡，推選四人成為總局經理。而在每年二月十日即河神誕前三天，各堡也將委派代表，到屬河神廟的土地收租。這些代表任期三年，期間得以領取薪金，總局的賬目，每年都會在河神廟公佈，並向知縣匯報。[18]

16　《桑園圍總志》，卷 3，頁 66a-70a，也參見卷 3 頁 50a-51a 之報告，該報告沒有年份，但估計寫於嘉慶二十二年（1817）十一月。見《四庫未收書輯刊》，第 9 輯，第 6 冊，總頁 149-51、141。

17　《桑園圍總志》，卷 3，頁 37a-44b，載《四庫未收書輯刊》，第 9 輯，第 6 冊，總頁 134-8。

18　《桑園圍總志》，卷 3，頁 62a-65a，載《四庫未收書輯刊》，第 9 輯，第 6 冊，總頁 147-8。

　　嘉慶二十三年一月二十五日，朝廷正式批准了阮元的貸款計劃，四月一日，這筆貸款就存進南海、順德兩縣的當舖，也大約同時，何毓齡被委任為桑園圍總局總理。去年，嘉慶二十二年，他就已經擔任此職，負責是年的堤壩維修工作。他以健康欠佳為由，不願再擔任總理，是年年底，知縣命令桑園圍士紳開會，在十天內解決委任總理一事。十二月二十五日，桑園圍士紳開會，終於説動何毓齡擔任總理、潘澄江擔任副總理。二十九日，何毓齡到廣州謁見知縣。翌年嘉慶二十三年一月五日，他重返桑園圍；一月九、十兩天，他探訪了沿堤所有村莊，決定哪些堤段需要由總局維修。之後，何毓齡應該是再赴廣州，到當舖領取官帑利息，並於一月二十四日重返桑園圍。一月二十九日，何毓齡又再度於河神廟設立總局辦公室，安排約見民工"攬頭"及石材供應商，為加固工程作準備。二月五日，整固工程從三丫堤段正式開始，這裏也就是乾隆五十九年決堤之處。二月十日，南海縣知縣親臨九江堡，接見駐九江縣丞、總局經理何毓齡、潘澄江及其他紳者，聽取了必須在是年內完成的維修任務。士紳們説，維修工程開始於三丫堤段，但該堤段以南的河叉堤段也亟待維修。他們指出，河叉堤段設計很糟糕，部分堤段暴露於激流的沖刷，而河叉堤段所在的水位太高，難以定期維修。他們建議，增建一條外堤，方法是購買四條舊船，裝滿石頭，沉入水底，成為外堤的基座。關於桑園圍堤壩維修的管理工作，有以上詳細的記錄，顯示桑園圍總局確實領導有方，非常專業，維修工程的預算、規劃、執行，都諮詢過省級及縣級衙門。[19]

262

　　當然，總局有省級衙門撐腰，是很重要的。工程的每一階段，都需要官府的支持。兩廣總督、廣東布政使對於工程的親切關懷，迫使南海縣知縣也提高警惕，認真監管工程的每一細節。嘉慶二十二年十二月，兩廣總督親自發出示諭，禁止在堤壩地段伐樹、營葬、挖

19　《桑園圍總志》，卷 4，頁 2a-3a、13a-14b、26a-29b、32a-35a，載《四庫未收書輯刊》，第 9 輯，第 6 冊，總頁 154、159、165-7、168-70。

塘。[20] 翌年，嘉慶二十三年（1818 年），工程展開，南海縣知縣也發出示諭，清楚區分桑園圍總局和各堡的權責，總局負責桑園圍堤壩，而各堡則負責其他較小的堤壩。該示諭還毫不含糊地，去年尚未把維修費用以地稅形式交足者，將被逮捕。這些人其實就是順德縣龍江、甘竹二堡百姓，南海縣令威脅說，他將派遣衙役到順德縣，尋求順德縣知縣的協助。[21] 結果，欠交的地稅很快就補足了。官府對於桑園圍工程的支持，並不限於桑園圍當地的協調。為加固堤壩，工程需要大量石材及木板，這些原料主要來自新安縣的九龍（即今香港九龍），新安縣衙門向來嚴格監管石材的採挖，因此，要為桑園圍工程供應石材，也就要得到新安縣衙門的批准。不過，一旦得到新安縣衙門的批准，桑園圍工程固然得到石材的供應，但也形成了石材的黑市，因為採石工頭很有動機因桑園圍工程之名採挖石材，然後私賣牟利。正如桑園圍總局總理何毓齡揭露：

> 各處石匠，現聞有開山之説，紛紛到局，願於一年之內，交銀七千兩，總局代為給價者；有願運石三千三百四十萬（斤），無庸給價者。[22]

在這種情況下，為了確保新安縣供應給桑園圍工程的石材不被挪移私賣，何毓齡要求參與桑園圍工程的採石工頭繳納一千兩保證金，並確保每月供應三百萬斤石材，否則吊銷採石牌照，沒收保證金。何毓齡還請求上級政府發出命令，要求新安縣石材運往桑園圍沿途所經的地方政府配合，制止軍人及衙役勒索滋擾。

最後，但也同樣重要的是，桑園圍總局在財政方面得到省衙門的

20　《桑園圍總志》，卷 3，頁 58a-58b，載《四庫未收書輯刊》，第 9 輯，第 6 冊，總頁 145。

21　《桑園圍總志》，卷 4，頁 9b-10a，載《四庫未收書輯刊》，第 9 輯，第 6 冊，總頁 157。

22　《桑園圍總志》，卷 4，頁 22a-25a，引文見頁 22b，載《四庫未收書輯刊》，第 9 輯，第 6 冊，總頁 163-5、163。

全力支持。根據兩廣總督阮元的方案，桑園圍總局的每年收入是官帑利息 4,600 兩，士紳們很快發現入不敷出，請求再開徵附加稅以增加收入，並說九江願意多交一千兩的地稅。[23] 不過，省衙門原來已經有更好的主意。嘉慶二十四年（1819 年）九月，省衙門通知桑園圍士紳，説盧文錦、伍元蘭、伍元芝等三名行商已答應捐助十萬兩了。[24]

這三名行商究竟如何被説動捐助如此巨額款項予桑園圍工程？我們只能猜測。道光元年（1821 年），阮元奏報工程竣工時，説盧文錦是新會人，伍元蘭、元芝堂兄弟則附籍南海，但並不住在桑園圍。[25] 盧文錦（即西方人所比較熟悉的 Mowqyua）如此賣力，原委大概可以推想得到。事緣嘉慶十九年（1814 年），盧文錦得到官府批准，將其父親盧觀恆的神主牌位安置於廣州城內的鄉賢祠。兩年後，嘉慶二十一年（1816 年），盧文錦吃了官司，兩廣總督蔣攸銛因應刑部的照會，認為把盧觀恆神主牌位安置於鄉賢祠一事，涉及瀆職及貪污，遂建議把當年有份批准此事的廣州府知府、廣東省布政使降級，又下令把盧觀恆神主牌位撤出鄉賢祠，把控告盧文錦的人及盧文錦本人各杖一百。這場官司對於盧文錦個人及其社會地位，都是慘痛的打擊，因此，也許盧文錦想通過捐助桑園圍工程，恢復聲望。

嘉慶二十一年的這場官司，是清朝官員捲入地方紛爭的奇特例子，也彰顯了總督在省內的顯赫地位。嘉慶十九年，盧文錦父親盧觀恆逝世兩年之後，新會縣超過一百名士紳署名遞呈，請求官府把盧觀恆的神主牌位安置於廣州城內的鄉賢祠。理由是盧觀恆生前熱心慈善公益。例如，盧觀恆從自己的族產中捐地興建義倉、在新會縣設立義學、刊行《易經》的註釋本及捐錢修築道路堤壩溝渠等。嘉慶二十年（1815 年），朝廷批准了士紳們的請求。於是，盧文錦就在鑼鼓鞭炮聲中，隆而重之地將盧觀恆的神主牌位送進鄉賢祠，且僱用戲班在

264

23　《桑園圍總志》，卷 4，頁 19a-19b，載《四庫未收書輯刊》，第 9 輯，第 6 冊，總頁 162。

24　《桑園圍總志》，卷 5，頁 14a-17b，載《四庫未收書輯刊》，第 9 輯，第 6 冊，總頁 159-61。

25　《桑園圍總志》，卷 5，頁 3a-5b，載《四庫未收書輯刊》，第 9 輯，第 6 冊，總頁 176-7。

鄉賢祠外演戲三天,在縣學懸掛祝賀標語,並在廣東學政衙署外大宴親朋,充分彰顯其財力。之後,番禺縣一位名叫劉華東的舉人,向兩廣總督蔣攸銛告狀,反對將盧觀恆神主牌位安置於鄉賢祠,他的理由有二:第一,盧觀恆"目不識丁",第二,盧觀恆二十年前被控爭奪家產、毆打長兄而罪名成立。劉華東告狀之後,還把這個狀子印刷刊行,因此,蔣攸銛也懲罰了劉華東及印刷刊行這個狀子的人。但是,這個狀子不僅有二百人簽署,還得到新會縣知縣的支持。蔣攸銛懷疑,一個目不識丁且有犯罪前科的人,死後竟能坐享祭祀於鄉賢祠,必定是行賄受賄所致,因此,蔣攸銛嚴辦該案。盧文錦否認自己行賄,且反控劉華東之前因向自己借錢不遂,懷恨在心,誣告自己。不過,他承認,當朝廷批准將盧觀恆神主牌位安置於鄉賢祠之後,他向署名遞呈的人士贈送布匹,以為答謝。蔣攸銛審訊了許多涉案人士,包括七十名署名遞呈人士。他發現,部分署名者並非本人署名,而是由他們的親友代署。結果,蔣攸銛並沒有發現確鑿的行賄受賄證據,但是,盧觀恆神主牌位安置鄉賢祠過程中的許多事情,包括在鄉賢祠前演戲及在廣東學政衙署外設宴等,當然使蔣攸銛很不高興。盧文錦因此受到懲處,但縣級的士紳社會,也被這場紛爭衝擊得支離破碎。[26]

與盧文錦一同捐助桑園圍工程的伍元蘭、元芝堂兄弟,是盧文錦的姻親,也分別是伍敦元(1769—1843 年)的兒子、姪兒。伍敦元及西方人口中的"浩官"(Howqua),是鴉片戰爭爆發前最富裕的行商。伍家不過是在乾隆五十八年(1793 年)才成為行商,而伍敦元是從他長兄那裏繼承家業的。到了嘉慶十八年(1813 年),伍敦元已經是公行兩名總商之一,另一名總商,就是盧文錦。伍敦元不僅以財富著稱,也以樂施好善著稱。有人估計,伍敦元從 1806 年開始,至 1843 年去世為止,總共捐出 160 萬兩贊助公益事業,而鴉片戰爭之後他為廣州所

265

---

26 朱雲木輯,《粵東成案初編》,道光十二年(1832)刊,卷 29,頁 56a-66b,藏香港大學縮影資料部,編號 CMPT 1108。

須支付的賠款墊出的一百萬兩，尚不計算在內。[27] 兩廣總督阮元授意，大概就足以讓伍氏堂兄弟捐助桑園圍工程了。但桑園圍百滘堡的潘進忠誠侍候伍家，大概也是伍氏堂兄弟捐助桑園圍工程的另一原因。潘進完全是士紳階層的好榜樣，他既不考取科舉功名，也不擔任官職，他是地方社會與權勢階層之間的能幹的中介，上至總督衙門，下至村莊的每一層級的施政，潘進都積極參與。道光六年（1826年）為伍敦元起草分家書，以便伍敦元一派掌管"怡和"這個響噹噹的商號的，正是潘進，可見潘進與伍家淵源之深厚。[28] 無論如何，在皇帝批准及兩廣總督阮元積極支持下，桑園圍士紳在堤壩上立碑、在河神廟外建亭，感謝這三位行商的慷慨熱心。阮元的另一分奏摺也提及，桑園圍附近土地用於種桑養蠶。鑒於行商的主要業務之一，就是出口絲綢，如果說行商保護桑園圍符合行商自己的既得利益，應該不是無稽之談。

　　得到三位行商的巨額捐助之後，桑園圍工程的規模也擴大了。桑園圍總局的經理這樣寫道："通圍各堡，聞有義助十萬金，各圖儘量培築本堡所管基分。甚有預圖冒銷肥己，浮開段落丈尺者，計非四、五十萬金不能如其所願"。[29] 總局規定：只會維修桑園圍的重要堤段，但這次的維修，是在以亂石疊成的堤壩基座上加蓋石板。總局士紳意識到，哪一處堤段需要維修，必然會引起紛爭，因此以各堡全體士紳名義，把準備維修的堤段開列出來，交給南海縣知縣，以便由南海縣知縣的名義，發出正式命令。[30]

　　維修工程對於石材的需求極大。工程總預算 75,000 兩，半數就

27　黃任恆編，《番禺河南小志》，民國三十四年（1945）傳抄稿本，卷8，頁23b-24a，載《中國地方志集成‧鄉鎮志專輯》（南京：江蘇古籍出版社，1992），第32冊，總頁716；梁嘉彬，《廣東十三行考》（原刊1937年，廣州：廣東人民出版社，1999），頁282-90；章文欽，〈從封建官商到買辦商人 —— 清代廣東行商伍怡和家族剖析〉，《近代史研究》，1984年第3期，頁167-97，第4期，頁231-53。

28　參見潘進，《思園祖遺稿》，頁77a-79b，《潘氏家訓》，頁3b-6a，俱收入《潘氏家乘》，光緒六年（1880）刊，藏中山大學圖書館。

29　《桑園圍總志》，卷5，頁30b，載《四庫未收書輯刊》，第9輯，第6冊，總頁190。

30　《桑園圍總志》，卷5，頁36a-54b，載《四庫未收書輯刊》，第9輯，第6冊，總頁193-202。

是用來採購石材的。石材需求驟然增加，但供應卻不容易跟得上。除了九龍之外，官府還批准在另外兩處採挖石材。工程九個月期間，官府組織了九百艘船，定期運送石材，並且與一名石材供應商簽約。工程展開不久，這名石材供應商就無法如約交貨，官府派遣一名水師軍官到九龍調查，桑園圍總局士紳要求，把涉嫌走私石材的工匠施以笞刑。這種嚴厲手段似乎奏效，石材供應穩定，桑園圍堤壩工程於道光元年（1821 年）竣工。三名行商捐助的十萬兩裏，還剩下 25,000 兩，三名行商慷慨地表示不必歸還。兩廣總督認為，反正這筆錢是由廣東省衙門保管、支付給桑園圍總局士紳的，因此，就規定把這 25,000 兩用於支付未來的堤壩維修費用。[31]

道光九年（1829 年）及十三年（1833 年）的維修

　　桑園圍堤壩管理工作，牽涉到省級衙門、總局、各堡三方面，定期來自外界的捐款，為這三角關係帶來微妙的變化。一個模式形成了：洪水泛濫決堤、各堡發現無法支付維修的費用、資金來自桑園圍以外的渠道、管理章程訂立、維修工程展開、包括財政收支清單在內的報告呈交官府。道光九年及十三年的維修顯示，官府正慢慢形成一套針對桑園圍堤壩管理工作的成規。

　　但是，我們須留意其中的微妙變化。乾隆五十九年（1794 年）及嘉慶二十二年（1817 年）的維修記錄，都正式刊印成書，道光十三年的維修記錄，亦刊印成書，唯獨是道光九年的維修記錄，並沒有刊印成專書，而是作為附錄附於道光十三年的維修記錄之後。相當奇怪，道光九年，伍敦元（浩官）的另一名兒子伍元薇向官府呈請，捐贈二萬兩，協助桑園圍堤壩的維修，同一年內，稍後，伍元薇又向官府呈

31　《桑園圍總志》，卷 5，頁 6a-8b、卷 6，頁 1a-19b，載《四庫未收書輯刊》，第 9 輯，第　　6 冊，總頁 178-9、204-13。

請，説想把捐款增加 9,500 兩。[32] 最後，伍元薇捐助的還不止這麼少。道光十年（1830 年），兩廣總督李鴻賓上奏，請求朝廷敕賜伍元薇功名以答謝他的捐助，李鴻賓説伍元薇總共捐助 33,000 兩。結果，朝廷賜了個舉人的功名給伍元薇。這時，捐納制度已經是朝廷成規。李鴻賓的奏摺，就引述嘉慶十八年（1813 年）直隸賑災及道光八年（1828 年）福建莆田縣木蘭陂水利工程的開捐，作為可以依從的先例。[33]

《桑園圍總志》有關道光十三年的維修記錄，在其章程序言中收錄了一篇很長的文章，是廣州府知府就乾隆八年（1743 年）維修而在乾隆十年（1745 年）所作的決定。這也是夠奇怪的。事緣乾隆五十九年，當桑園圍需要賑災時，人們就想起乾隆八年的泛濫來了。但是，直至道光十三年的維修之前，這篇極為有趣的長文，及其中引述的廣州府知府的決定，一直沒有被《桑園圍總志》裏前面的文章所引述，例如，乾隆五十九年的維修記錄，並沒有引述這篇長文；嘉慶二十二年（1817年）的維修記錄，也只提及之前因維修需要而借來的款項及加徵的地稅；直至道光十四年（1834 年）南海縣知縣與桑園圍總局士紳開會時，這篇長文才被拿出去，作為可以遵循之成例。為了行政的方便，對於之前的文獻，有所引述，有所隱瞞，有所增刪，這反映出桑園圍的士紳開始以法律角度把握問題，這些成例，當然也是集體記憶的材料，且一旦被記錄下來，就成為歷史。[34]

乾隆八年，三丫堤段的百姓，向官府遞呈，告借 1,140 兩以維修堤壩——三丫堤段也就是未來嘉慶二十二年決堤之處。兩年後，乾隆十年，廣州府知府對於各堡負責維修桑園圍堤壩的事宜，作出了決定，也就是説對於各堡如何歸還官帑的事宜，作出了決定，方法是加徵地

---

32 伍元薇是伍元芝的弟弟、伍秉鑒的兒子。伍元薇的另一名兄長伍元華，於道光六年（1826）繼承父業，道光十三年（1833），伍元華死，伍元薇就接管了伍家的行商業務。伍元薇增加捐款的請求，見明之綱，《桑園圍總志》，卷 8，頁 45b-49b，載《四庫未收書輯刊》，第 9 輯，第 6 冊，總頁 274-5。

33 《桑園圍總志》，卷 7，頁 2a-4a，載《四庫未收書輯刊》，第 9 輯，第 6 冊，總頁 227-8。

34 《桑園圍總志》，卷 9，頁 13a-29b，載《四庫未收書輯刊》，第 9 輯，第 6 冊，總頁 284-92。

稅。江浦巡檢司巡檢奉命會晤各堡長老及地主，傳達知府的決定。會後，他向上級奏報：自所謂宋徽宗四十一年以來（按：宋徽宗即位於建中靖國元年 [1101 年]，禪位於宣和七年 [1125 年]，沒有所謂四十一年可言，如果真要從宋徽宗即位開始數 41 年，則大概相當於南宋高宗紹興十二年 [1042 年]），有一位按察使規定，由於桑園圍任何一處決堤，都會波及其他堤段，因此決堤部分的維修工程，是鄰近各堡的責任，但是，吉贊則例外，不必承擔其他各堡的維修費用，原因是吉贊的堤段是從附近土地上圍過來的，一旦出現險情，附近居民有責任鳴鑼示警，通知各堡。會議還指出，地主能夠從魚塘及新近堆成的沙田收取租金，僅三丫堡所在的海舟堡，地主每年的租金收入就達三百兩。三丫的居民也不甘示弱，他們反駁說，魚塘都被蜑民佔去，因此並沒有為他們帶來租金，而且，新近堆成的沙田是全海舟堡所有，而非三丫堤段附近的十二家人所有的。其餘各堡又遞呈反控，謂新近堆成的沙田凡四百畝，此外，魚塘租金達三百兩，即使魚塘被蜑民佔去，但地主每年總收入仍高達五千兩。無論如何，巡檢指出，三丫堤段是以這十二戶的名義登記的。巡檢報告這最後一點，引起了廣州府知府的注意，他經過調查，證實三丫堤段果然是以這十二戶的名義登記，就命令這十二戶負責堤段之維修，因為各處堤段由登記稅戶負責維修，乃係各處通例云。[35]

以上這宗事件之所以被提起，是因為道光九年（1829 年），也發生了類似情況，是年，行商伍元薇捐助賑災款項，指定用於兩處，其一為仙萊基，仙萊基因此獲得 3,682 兩的借款，但仙萊基居民表示尚缺 762 兩，其他報告則謂尚缺五百兩。兩廣總督下令由桑園圍本地居民自行設法填補。後來儘管伍元薇再度慷慨解囊，使總捐款多於所需的維修費用，但兩廣總督毫不含糊地告誡桑園圍居民："吉水、仙萊兩基

---

35 《桑園圍總志》，卷 9，頁 1b-10b，載《四庫未收書輯刊》，第 9 輯，第 6 冊，總頁 278-82。按：宋徽宗在位僅 25 年，因此說宋徽宗第 41 年是錯誤的。

不數之項，不准向伍紳捐款領足，亦不准派之通圍"。[36] 潘進的文集，記敘了之後的發展。後來，仙萊基堤段再次決堤，由於附近居民要負責維修，他們一度準備逃亡。就在這時，伍元薇宣佈，將捐助維修費用。伍元薇對於仙萊基的關心，很有可能是潘進促成的。[37] 更有甚者，省衙門考慮到仙萊基居民窮困，從百滘堡及雲津堡派出可靠之人，負責維修。由於潘進就住在百滘，他很有可能因承擔這項工作而聲望大增。潘進很清楚地指出，獲得捐助的，是仙萊基，捐款的派發，也是由當地士紳操辦的，這似乎反映出，防止仙萊基超支，是個財政問題。但結果仙萊基真的超支，那又怎辦？在這種情況下，潘進購買了15 畝地，其中 12 畝，由百滘堡興賢文會以 490 兩，購買被堤段佔用的12 畝地。這片土地將被開發為魚塘，租予佃戶，種桑養魚，以便為文會帶來固定的租金收入，而仙萊基則繼續擁有堤段。[38] 以上這種安排，似乎讓參與的各方都獲利，但毫無疑問，全靠伍元薇的慷慨捐款，事情才能辦成。

道光十三年（1833 年）三月，三丫堤段再度決堤，負責該堤段的士紳從省衙門借到一萬兩，負責維修。工程總共耗資 4,884 兩，剩下5,116 兩，則歸還予省衙門。[39] 工程並不完善，是年稍後時間，洪水消退之後，省衙門下令全面維修桑園圍堤壩，並加徵地稅以應付工程開支。這樣，總共徵收了 13,600 兩，另外，省衙門又額外提供了貸款，前後總共為三丫堤段的士紳提供了 49,884 兩的貸款。為了表示省衙門救災的決心，兩廣總督獲朝廷批准，把歷年加徵地稅及捐款的盈餘，

269

36　《桑園圍總志》，卷 9，頁 16a-16b，載《四庫未收書輯刊》，第 9 輯，第 6 冊，總頁 285。

37　潘進的傳記顯示，伍元薇增加捐款一事，潘進居功至偉，見《同治續修南海縣志》，卷14，頁 27a。潘進寫給兒子的一封信，謂自己參與道光九年（1829）的工程，是因為伍元薇作為捐款者，也積極參與其中，見《潘氏家訓》，頁 29a-b。潘進也積極參與堤段的維修，先後從省衙門拿到 15,340 兩津貼，維修屬自己監管的幾段堤段。有關潘進收取的津貼，見《桑園圍總志》，卷 8，頁 49b-51a，載《四庫未收書輯刊》，第 9 輯，第 6 冊，總頁 276-7。

38　潘進，《思園祖遺稿》，載《潘氏家乘》頁 13a-15b；

39　《桑園圍總志》，卷 9，頁 27b-32a，載《四庫未收書輯刊》，第 9 輯，第 6 冊，總頁 291-3。

抵銷桑園圍的維修專款，於是，49,884 兩的貸款，就因此大幅度抵銷了 39,269 兩，桑園圍居民實際上只需從道光十四年（1834 年）開始，分五年把 10,615 兩貸款攤還省衙門，但地稅還得照常繳納。[40]

但是，桑園圍士紳反對，他們指出，這 10,615 兩之中，4,884 兩早已交給三丫堤段的士紳，則桑園圍士紳所需要歸還的這 10,615 兩之中，應該減去 4,884 兩，並要求加徵地稅以清還債款，而按照乾隆五十九年（1794 年）的慣例，這加徵的地稅，南海縣各堡應負責七成，順德縣各堡應負責三成。兩廣總督表示同意，向朝廷請示，但朝廷對於三丫堤段十二戶居民能否清還欠款表示懷疑。兩廣總督只回應說，無論他們有否能力清還，各處堤段由鄰近居民維修，是既成的慣例。但事情還沒完。三丫堤段士紳充分意識到兩廣總督被朝廷質疑這一點，道光十五年（1835 年），他們向廣東巡撫遞呈，表示面臨財政困難，因為自己登記在官府的 5,500 畝地之中，4,100 畝已被水淹，六成房屋倒塌，剩下的土地，也被用來挖土築堤。他們指出，各堡自行維修自己鄰近的堤段這種通例，只適用於小型堤段。假如維修費用超過一千兩，則桑園圍全體居民應該負擔加徵的地稅來應付成本。這時，廣東巡撫再也不耐煩了，下令桑園圍士紳就如何歸還官帑一事自行達成方案。桑園圍總局堅持自己立場，南海縣知縣匯報說，一切都按照既定成規行事。省衙門繼續要求三丫堤段的士紳歸還官帑，但這筆官帑始終沒有被歸還。道光十七年（1837 年），堤段再次決堤，需要集資維修。總局試圖逼三丫堡還債。結果，總局呈交給省衙門的報告顯示，三丫堡只歸還了少數官帑，大部分費用仍然由桑園圍居民分擔。[41]

道光九年（1829 年）與道光十三年（1833 年）的維修，與之前維修的最大不同，是官帑的歸還安排。在乾隆五十八年（1793 年）及嘉慶二十二年（1817 年）的維修中，總局經理及副經理負責與省衙門談判及派發款項，然後，在部分堡，這筆款項最後落到各堡士紳手中。

40　《桑園圍總志》，卷 8，頁 15b-16a，載《四庫未收書輯刊》，第 9 輯，第 6 冊，總頁 259-60。

41　《桑園圍總志》，卷 9，頁 32a-52a，載《四庫未收書輯刊》，第 9 輯，第 6 冊，總頁 293-303。

但在道光九年與道光十三年的維修中，官帑直接把款項撥給各堡，總局幾乎沒有任何角色可言。當然，桑園圍的集體領導仍然是存在的，因為這章程是大家草擬的。這個領導層比之前更加感受到省衙門的無遠弗屆的力量，因此他們不僅要確保出版維修報告，也很希望得到省衙門的支持。他們也確保《桑園圍總志》的書板保存於河神廟內，這河神廟如今已經易名為南海神廟了。[42] 不過，最能夠捕捉到氣氛轉變的，應該是潘進的一封私人書信，該信應該是寫給總局高層的，信中埋怨說，欠官府的債如同欠官府的稅，總局向桑園圍居民收錢還債，不過是按照省衙門的命令行事，但總局卻被大眾指為濫權。[43] 毫無疑問，外界的撥款，擴大了政府權力，也加強了士紳的權力。士紳如今成為了政府與鄉村的中介。[44]

水利工程及地方管理的規模

271

　　同樣，假如我們要弄明白地方管理的模式，就要弄明白這些數目字究竟意味着甚麼。從十八世紀九十年代到十九世紀三十年代，廣東省衙門為桑園圍提供的津貼是史無前例的：乾隆五十八年（1793年），從加徵地稅撥出六萬兩；嘉慶二十二年（1817年）從官帑撥出八萬兩、從加徵地稅撥出 25,000 兩，從捐款所得十萬兩；道光九年（1829年），

42　《桑園圍總志》，卷 9，頁 26a，載《四庫未收書輯刊》，第 9 輯，第 6 冊，總頁 290。

43　潘進，《思園祖遺稿》，載《潘氏家乘》，頁 69a-70b。

44　士紳與省衙門之間，似乎也存在歧見。即將成為南海大儒的朱次琦，於道光九年（1829）就水利問題草擬了長篇方案，建議擴大統籌範圍，其設想比道光十三年（1833）真正實行的計劃更為宏大。朱次琦指出，由於西江上游及新會、香山縣的入海口一帶，都建築堤壩，因此處於其中的桑園圍，就不斷受到泛濫。既然這年得到如此龐大的捐款，與其在這兩處小修小補，不如推行更全面的維修計劃。潘進也批評省衙門的政策。主要原因，是嘉慶二十二年（1817）之後，省衙門撤走了專門用來維修堤段的款項，至道光十三年（1833）泛濫之際，省衙門已經無法為堤段維修提供穩定的資金。潘進的傳記稱，潘進為此事與省衙門周旋，經他努力之下，省衙門的款項才撥了下來。潘進的私人文集中，有封寫給伍元薇兄弟的信，該信措辭哀苦，描述當年泛濫的情形，似乎有請求伍家協助賑災之意。潘進的另一封信，則表明自己以後不再參與維修工程。但無論如何，潘進仍然積極參與本村的賑災工作。參見《同治續修南海縣志》，卷 14，頁 23b-25a、25b-29a；潘進，《思園祖遺稿》，載《潘氏家乘》，頁 51a-b、71a-72b。

從捐款所得 33,000 兩；道光十三年（1833 年），通過官府貸款及津貼又撥出近五萬兩。以任何公共項目的開支而言，這數目都很龐大。可是，我們還必須把這些數目字放在當時的脈絡裏來考察。從廣東省衙門相當不完整的記錄看來，自乾隆三十四年（1769 年）起，省衙門陸續借出 23 萬兩予商人，每年取息 41,000 兩。道光五年（1825 年），省衙門又借出十萬兩財政盈餘予南海、番禺兩縣的當舖，每年取息一萬兩。道光十三年泛濫導致饑荒，糧價飛漲，省衙門勸諭捐輸，以便糴米救荒。結果，官員、士紳、行商、鹽商、茶商、當商、行會及廣州舖戶合共捐輸 37 萬兩，省衙門動用其中的 245,000 兩，向伍元薇購買 15 萬石糧食賑災。以上這些數字反映出，廣州富庶、廣東省衙門也財力雄厚，與明末差別甚巨。明代的廣東各級地方政府，捉襟見肘，想方設法抵抗中央加稅，也抵抗軍方的侵漁。十八世紀末、十九世紀初的廣州及其周邊地區，卻非常富庶，桑園圍堤壩的維修過程，可以說反映出廣州城內財富流向郊區的一個例子。[45]

　　當然，我們也必須明白，如此大筆的經費，雖然都分給村民，但村民原本掌握的資源就多寡不同。《桑園圍總志》大致顯示，頻繁決堤之處，多位於海舟堡，即桑園圍北部比較窮困的社區。而比較富庶的社區如九江、沙頭、龍江、龍山等，則都遠離河灘。因此，從富裕社區籌得之款項，或通過這些社區的有力人士的影響而籌得的私人及官方補助，並沒有增加政府的影響而削弱士紳在富庶社區的權力。相反，這些士紳甚至將其影響力擴大到自己村落以外，既服務地方，又效力省衙門。因此，桑園圍工程，促進了作為權力中介人的士紳的權力。儘管士紳作為權力中介人的活動範圍尚未被確定，但到了十九世紀中葉，他們的活動範圍肯定不限於自己的鄉村了。

272

45　英國政府公共檔案部檔案，FO 931/89，頁 130、134。

第十九章
從民壯到團練

潘進這個人，積極統籌桑園圍的維修工程，代行商伍敦元（浩官）撰寫遺囑，親自監督自己鄉村的水利工程，就消弭廣東盜賊問題向省衙門出謀劃策，他又拒絕接受官府賜贈給他的功名，因此不算是士紳的一員，但除以上種種事跡以外，潘進也悄悄參與沙田的開發。潘進私人文集裏的三封信，多少透露出沙田開發的機制：沙田尚未成形，就得首先向官府登記這片沙田所在的水面；然後種植蘆葦與水草；然後僱請佃戶；然後修築堤壩。而一旦修築堤壩，就要與鄰居展開相當複雜的談判。潘進這三封書信之一，建議把六百兩修築堤壩的經費分成四份，由自己與一位鄰居分擔。這封信應該是寫給一位投資者的，因為潘進向他保證，收到錢之後，會把有關賬目寄給他。像潘進這樣開發沙田的實業家、以及像潘進筆下"陳崑山"這類堤壩建築師，當時一定還有很多，廣東沙田面積也因此日益增加。陳昆山大概是指來自江蘇崑山的陳姓建築師，崑山的水利工程技術，要比廣東更加先進。沙田開發，是項必須親力親為的工作，需要關係、技術之外，更重要的，是需要協調。[1]

1　潘進，《潘氏家乘》，光緒六年（1880）刊，藏中山大學圖書館，頁 50a-b，60a-61a，62a-63b，64a-65a。

274

　　與潘進同時的龍廷槐（1748－1827 年），發跡於桑園圍以南的順德縣，他與潘進一樣有本事，但比潘進更有錢，且來自更古老的宗族，蓋龍氏亦為沙田巨姓之一。龍廷槐於乾隆五十二年（1787 年）中進士，之後在北京任職翰林院。龍大概沒有在北京停留多久，到了十八世紀九十年代，龍已經退隱於自己在順德縣大良的家鄉，熱心參與地方事務，包括沙田的治安問題。[2]

　　關於清初廣東沙田的開發，屈大均的文章是迄今唯一史料；無獨有偶，關於十九世紀初廣東沙田的開發，龍廷槐於嘉慶五年（1800 年）致廣東巡撫瑚圖理的書信，也是迄今唯一史料，僅此就值得我們高度重視。而且龍廷槐比屈大均做得更多，就推動省衙門關注沙田治安問題而言，龍發揮了關鍵作用。珠江三角洲沙田在十九世紀的大事是軍事化，而龍廷槐這封信就是見證。

　　嘉慶五年，廣東布政使建議，把新近開發的沙田分為上、中二等，以便抽稅。龍的書信反對這項建議。原來，當時開發沙田的過程，由開發者向官府登記未來沙田所在的水面而開始。他們都很清楚，自登記之日開始，三年後才升科交稅，稅額要比上、中等的土地低廉得多，原因是沙田開發風險高、投資大，而且沙田的成形，需時往往不止三年。沙田開發的過程如下：從目標所在的水面投下石塊，形成石質地基，然後要等幾年甚至幾十年，這片石基上的沉積層才能累積為泥灘，泥灘成形，才能先種蘆葦，後種水草。石基又稱底基，在其建造初期，需要經常加固，否則會被水流沖刷掉。泥灘地經幾年甚至幾十年種草之後，假如仍然停留於原位，才會開始種糧食，而這只是沙田開發的第一階段。

　　沙田一旦成形，訴訟往往隨之而來。龍廷槐說，訴訟來自三方面。第一，開發沙田者須向官府"報承"即登記其開發地段，但誰也無法控制最終開發出來的沙田究竟面積多少，而官府又不斷批准開發，

2　龍廷槐傳記，見郭汝誠修，馮奉初等纂，《順德縣志》，咸豐三年 [1853] 刊，載《中國方志叢書・華南地方》第 187 號（台北：成文出版社，1974），卷 26，頁 28b-30a，總頁 2527-9，以下簡稱《咸豐順德縣志》。

結果，晚近得到官府批准開發沙田者，就很容易指控較早前得到官府批准開發沙田者越界，企圖以此侵吞他們的沙田。這種訴訟手段稱為"新沙佔老沙"。第二，由於不同階段的沙田有不同用途，不法的沙田業戶，很有動機搶奪那些已經開發成功、種植糧食的沙田，而自己的沙田則繼續種草。這種訴訟手段稱為"移荒佔熟"。第三，訴訟往往因賦稅而起，即使堤壩被沖垮、沙田被沖走，沙田業戶仍然需要交稅。同樣，即使沙田業戶被鄰居侵吞土地，其原本的稅額並不會因此減輕。沙田買賣期間，這種"虛稅"（即就不存在的土地而開徵的稅）或推予買主一方，或保留於賣主一方，同一處沙田，哪一塊要承擔多少稅項，也就往往引發官司，而且官司可以一打再打。這種訴訟手段稱為"買虛影佔"。

　　所以，沙田絕對不太平，手段愈狠，回報愈高。沙田的業主，為防止霸道之人以擁有河道為名侵佔自己的沙田，會在沙田尚未成形時就已預先收購沙田周邊的河道，以方便開發工作。但是，龍廷槐筆下的"沙棍"，會僱用打手行兇，甚至刻意安排一名打手遇溺，以便指控對方殺人。安分守己的業戶，懼怕官司，所以絕對不敢向官府隱瞞自己沙田的真正面積，因為那些心狠手辣之人，一旦發現隱瞞的情況後，必定以此為藉口，大興訴訟。所以，龍廷槐認為，根本沒有必要由官府派人弓步丈量沙田，這樣做也不切實際，因為沙田面積太大，沙田產權結構也太複雜，而肩負起弓步丈量工作的衙役，也太難以監管，除非監管他們的官員自己也脫下官袍官靴，像佃戶一樣走進泥灘。龍廷槐舉了香山縣一宗沙田訴訟案為例，該案中，兩個業戶爭奪沙田，香山縣知縣判處：將沙田充公，以五畝作一小塊，分予窮人。但是，衙役勾結其中一方，召來一批窮人，認領這些沙田，隨即轉手賣予這個業戶。[3]

3　龍廷槐，《敬學軒文集》（道光十二年（1832）刊，藏香港大學圖書館特藏部，編號：杜823 683　v.1-4），卷 1，頁 1a-16b。

當然，這一切都不令人奇怪。自十六世紀以來，人人都知道沙田開發是風險甚高的事業，不僅因為築造堤壩費用昂貴，而且也因為訴訟與械鬥頻繁。但是，由於糧食價格日高，而沙田稅額較低，開發沙田，仍是有利可圖。明朝覆滅時，正是在沙田地區出現了嚴重的海盜及奴變問題。清初的遷海，也應該一度打擊了沙田的業戶。保存至今的史料顯示，部分沙田巨姓的確遷走了，可是蜑民並沒有離開，當康熙八年（1669）復界後，幾十年之內，沙田巨姓又重新站起來了。[4] 在整個十八世紀，沙田的開發與買賣從來沒有停止過。正如晚明一樣，沙田業戶僱用臨時工，從市集鎮坐船到沙田收割莊稼，還另外花錢僱用保鏢，沿途戒備護送。對於沙田及其農作物的爭奪如此嚴酷，沙田各社區必然總是武裝起來的。[5]

龍廷槐建議：在沙田設立保安力量，但並非由士紳控制，但像龍廷槐這樣的人能夠在一定程度上控制這保安力量。龍廷槐提出這項建議的時間不詳，大抵在十九世紀頭十年，這支保安力量負責的沙田地區，包括香山縣以東，順德、東莞以南。這片地區也是十八世紀業主競相登記、開發的沙田地區，日後被稱為"東海十六沙"。龍廷槐提出這項建議時，登記在官府裏的沙田面積已經達到十二萬畝。一向以來，這片沙田地區的保安力量，就是"沙夫"。"沙夫"按頃向沙田業戶徵收費用，這無疑源於明末清初各種黑幫強行徵收保護費的制度。

4　桂洲鄉的胡氏，就是重新崛起的沙田巨姓之一。十八世紀的順德歷史專家羅天尺注意到，自乾隆四十八年（1783）以來，胡氏有許多成員贏得了科舉功名，這些功名多半屬武科，見羅天尺，《五山志林》（乾隆二十六年 [1761] 刊，大良：順德縣志辦公室，1986），頁 129。廣東省人民政府民族事務委員會於 1953 年出版的《陽江沿海及中山港口沙田蛋民調查材料》（手稿本，藏廣東省圖書館），認為胡氏是蜑民，他們已經定居陸地、建立祠堂，並住在大村子裏，但仍被鄰居視為蜑民，見該書頁 8、14。

5　參見何大佐，《欖屑》（無刊行年份，稿本，承蒙蕭鳳霞借閱），〈鄉兵守土之始〉、〈陳聖廟〉；何仰鎬，《欖溪雜輯》（無刊行年份，稿本，承蒙蕭鳳霞借閱），寺廟志之"天后廟"條；中國第一歷史檔案館、中國社會科學院歷史研究所編，《清代地租剝削形態》（北京：中華書局，1982），頁 506-11；羅天尺，《五山志林》，頁 164-5；《大清歷朝實錄‧高宗實錄》（大滿洲帝國國務院 1937 年瀋陽原刊本，北京：中華書局，1985-7 年翻印），卷452，頁 15b-16a，卷 457，頁 12b-13a；《順德北門羅氏族譜》（光緒九年 [1883] 刊，藏東京大學東洋文化研究所），卷 19，〈嘗產〉，頁 1a-19b；譚棣華，《廣東歷史問題論文集》（台北：稻禾出版社，1993），頁 83-4。

因此之故，龍廷槐説，在康熙時期（大約在十八世紀），沙田的大業戶要向縣官申請有官印鈐蓋的“印牌”，才能夠招募“沙夫”。毫無疑問，這是遷界之後把非法勒索保護費制度合法化的標誌。香山縣每發出一張“印牌”，就徵收一份費用，這筆財政收入，用來購買進貢京師的煙草。後來，“印牌”制度演化為包稅制度。在東海十六沙，順德縣的容奇、桂洲士紳，向縣衙門承包其一筆稅，以換取因僱用沙夫之名而收費的權力。

這種以沙田的收入來維持地方保安力量的承包式管理制度，不僅流行於廣東，也流行於全中國。容奇、桂洲士紳首先繳納承包稅額的三分之一，然後計算總支出及有關的利息，均攤到每名業戶頭上。而業戶只要把攤到自己頭上的費用繳納，就有權維持治安。兩地的士紳再以總稅額的利息的名義，向縣衙門繳納一筆錢，作為申請沙夫印牌的費用，而沙夫則向業戶收費。我們要知道，在一年大部分時間裏，沙田的耕作者都不住在沙田，他們由沙夫護送，集體出發，二月中插秧，五月除草，七、八月收割早稻，九、十月收割晚稻。沙夫向耕作者每人平均徵收米若干，又向農地每畝徵收 10—12 斤農作物。當然，沙夫要求的，還不止這些。被風吹下水或自行落水的穀粒，也屬沙夫所有。沙夫也就以此為由，向養鴨戶徵收費用，否則不能把鴨子趕到收割後的農地上啄食餘粒。龍廷槐估計，業戶每畝向沙夫繳納 0.2 兩，而養鴨戶繳納的費用尚不計算在內。以每畝產量二石穀、每石穀 1.2 兩計算，業戶總收入的八分之一，就用來支付沙夫。

據龍廷槐指出，以上就是東海十六沙直至嘉慶八年（1803 年）的保安制度。是年，情況發生了變化，“數百”盜賊於秋收時節突然出現在沙田，敲詐耕作者，而沙夫們竟然袖手旁觀。士紳們向知縣遞呈，請求批准組織“公約”，僱用二百名警衛、購置船艇以便巡邏，費用以每畝加徵 0.1 兩的方式籌措，由沙夫籌集，轉解公約，公約也把申請印牌的工作接管過來，意味着從此由公約負責與縣官打交道，管理承包稅項事宜。從嘉慶十年（1805 年）開始，公約向縣衙門每年支付印牌申請費六千元、巡邏船艇費一千元及另一項雜費數百元。與嘉慶八年的情況一樣，除了士紳自行繳交的費用之外，其餘均由承包稅項的沙夫自行徵收。這番改革並不順利，原本承包稅項的士紳拒絕放棄特權，紛爭擾攘到省衙門。嘉慶十年，儘管省衙門已經批准由公約接管沙田的保安事務，但原本包稅人照樣繼續向縣衙門申請印牌，於是又引起官司。龍廷槐又指出，包稅人暗中貪污，互相爭奪收費權，又與沙夫勾結，結果，出現了競投包稅權的情形，例如，一名士紳有可能向官府支付一萬元以便控制公約，而沙夫則向士紳繳交一萬五千至一萬六千元以獲得巡邏權，差額則通過剝削沙田的業戶來填補。有時候，甚至出現沙夫與盜賊勾結的情形。龍廷槐指出，現在已經到了沙田業戶無法安居樂業的嚴重地步，請求知縣（也許是香山縣知縣）把順德、新會、番禺、南海、香山五縣的紳耆召集起來，重新確認兩年前官府賦予公約的地位。有否開會，不得而知，但海盜張保突然來襲，破壞了原有的權力均衡，事情發生劇變。[6]

海盜來襲、防務孔亟、規模升級

康熙三十九年（1700年），官兵在九江士紳協助下，剿滅了當地盜賊。自此以後，南海、番禺、順德、東莞、新會、香山的地方志，就很少提及盜賊或海盜問題。直至嘉慶十四年（1809年），張保才把海盜侵襲的恐懼傳到珠江三角洲的鄉村。乾隆四十五年（1780年），廣東巡撫李湖曾經以盜賊猖獗為由，下令實行保甲，但他指出的盜賊活動其實是很輕微的。[7]這時期珠江三角洲相對太平無事，如果非要找出甚麼原因不可的話，那就是地方經濟繁榮，因而培養出強大的地方保安力

6　龍廷槐，《敬學軒文集》，卷12，頁1a-7b。可與休‧貝克（Hugh D.R. Baker）的研究作比較，見 Hugh D.R. Baker, *Sheung Shui, A Chinese Lineage Village* (London: Frank Cass, 1968), PP. 78-83.

7　戴肇辰等修纂，《光緒廣州府志》，光緒五年（1879）刊，卷108，頁28b，卷128，頁17a-18a，載《中國地方志集成‧廣州府縣志輯》（上海：上海書店，2003），第2冊，總頁789，第3冊，總頁264；何若瑤‧史澄纂，李福泰修，《番禺縣志》，同治十年（1871）刊，卷45，頁1b，載《中國地方志集成‧廣東府縣志輯》（上海：上海書店出版社；成都：巴蜀書社；南京：江蘇古籍出版社，2003），第6冊，總頁548。

量。嘉慶十四年刊行的《龍山鄉志》，可以說是張保侵襲以前的地方保安制度的現場記錄。

據《龍山鄉志》，龍山的防禦建置包括：22座瞭望塔、24座更樓、更夫巡邏制度以及鄉約。有幾座瞭望塔附於民居，至今屹立不倒。這些瞭望塔比大部分屋子都要高一兩層，不僅有助於防禦，也起了一種震懾作用。更樓配備的火器如火槍、火炮等，都經縣衙門登記及發出執照。現存的瞭望塔有細小的窗戶，可見人們已經準備好以火器抵禦盜賊的攻擊。較早前，龍山鄉的墟市由40名警衛保護，這時已經剩下12人了，他們的薪酬，由墟租支付，指揮他們的，是四名隊長。更夫方面，每隊四至五人，由村民自己掏錢僱請。十八世紀上半葉，龍山鄉防禦事務大概廢弛了，直到乾隆三十九年（1774年），當龍山鄉鄉約成立之後，龍山鄉才提高了警衛的薪酬，以維持墟市的秩序。《龍山鄉志》謂鄉約是根據九江模式建立的，應該就是士紳組建、知縣批准之意。九江鄉約不過虛有其表，因為真正負責九江防衛事務的，是駐紮於九江鄉約裏的縣丞。但是，與九江不同，龍山並沒有官員駐紮，龍山鄉自己保護自己，總體而言，龍山的保安制度，未嘗不像龍廷槐筆下東海十六沙的保安制度，即一羣鄉村組建武裝力量，士紳則代表這股武裝力量與官府周旋。士紳可以說是這股武裝力量唯一的合法性來源，因此，在村民心目中，這股武裝力量不過起了點道德教化的作用而已。至於像賑災、防衛、教育及其他本地公益事業，則由個人、家庭、宗族提供。相比之下，嘉慶八年（1803年）東海十六沙防衛聯盟才顯得如此特別。像龍廷槐這樣的士紳，組建成220人之多的保安力量，目的當然不止於道德教化，他們所要組建的，根本就是團練。政治動盪，防務孔亟，珠江三角洲的鄉村，終於從十八世紀的酣睡中驚醒了。[8]

8　溫汝能纂，《龍山鄉志》，清嘉慶十年（1805）金紫閣刻本，卷6，頁1a-7b 載《中國地方志集成・鄉鎮志專輯》（南京：江蘇古籍出版社，1992），第31冊，總頁74-7；關於九江，參見本書第16章。

　　張保的海盜聯軍躍入眼簾，珠江三角洲的百姓和官府都被嚇得目瞪口呆。穆黛安（Dian Murray）細緻地研究了有關張保問題的所有書面史料，重構了張保海盜聯軍的興衰過程。她指出，十九世紀初華南海盜的源頭，是乾隆五十九年（1785 年）的安南內亂。安南的西山阮氏集團，與當時河內及順化的王朝爭雄，聘請華南海盜為僱傭兵，有一段時期，阮氏力量雄厚，得到清朝承認為安南的合法政權之一。但是，阮氏除了封贈軍職予華南海盜頭目之外，並不能在財政上或政治上完全約束他們，他們一面收阮氏的錢，為阮氏賣命，一面在華南海域劫掠商船及村民為生。這些海盜投靠阮氏，得到一港口作為基地，因而能夠往返游弋於海南島與安南之間的東京灣。阮氏為這些海盜提供一定的軍費；提供建造及維修船隻的工具，這些船隻都配備武器，包括火炮；此外，還為海盜的賊贓提供了銷售市場。華南海盜之間，也形成了一個保護網，已接受阮氏軍職的海盜，也向其麾下的海盜頒發官銜。但是，阮氏的好日子並不長久。嘉慶四年（1799 年），阮氏集團覆滅，華南海盜在北部灣（位於東京灣北部）的基地江平也被搗毀。翌年（1800 年），廣東省官員奏報，謂愈來愈多的海盜接受招安，須安置上岸。有人建議，把這些海盜安置於受官府管轄的沙田。這個建議，萬一真的執行起來，將令沙田巨姓們寢食難安。[9]

280

　　但是，在十九世紀初，海盜投降及接受安置，大概是例外，而不是常態。嘉慶十年（1805 年），西山阮氏海盜的殘部重新整編，它們各有以不同顏色為旗幟，分成紅旗、黑旗、白旗、綠旗、藍旗、黃旗六隻艦隊。每只艦隊由海盜口中的"老闆"、亦即官方文獻的所謂"盜首"指揮。紅旗頭目鄭一，以珠江三角洲海口為其地盤。嘉慶十年，他擁有二百艘船。穆黛安估計，這意味着鄭一手下有二萬至四萬名海盜。嘉慶十二年（1807 年），鄭一死亡，這時他艦隊已擁有六百艘船了。二百也好，六百也好，如果全體一同進攻，無論沿海社區或者衙門都

9　Dian H. Murray, *Pirates of the South China Coast, 1790-1810* (Stanford: Stanford University Press, 1987)；中國第一歷史檔案館，〈嘉慶十年廣東海上武裝公立約單〉，《歷史檔案》，第 36 期（1989），頁 19。

吃不消。但是，海盜劫掠的模式似乎是十艘至四十艘船為一股，分散
活動，而非全體一同出擊。這一小股一小股的海盜，在珠江三角洲海
口上下游走，綁架婦女，勒索贖金，劫掠由海南島及北部灣開往廣州
的鹽船，並對所有路過船隻勒索保護費，的確造成可怕的威脅。東海
十六沙防衛聯盟出現在嘉慶八年（1803年），對抗海盜大概是原因之
一。香山、順德沿海村莊於嘉慶九年（1804年）首次組建防禦聯盟，
也可能基於同樣理由。順德大良的陳寮采，據說招募了二百人，協助
官兵防禦該區。[10]

　　《順德縣志》記載得很清楚，嘉慶八年東海十六沙防禦聯盟出現，
與當時的緊張氣氛有關係。據該縣志，聯盟出現，功勞屬桂洲的胡鳴
鸞及其同志。胡鳴鸞於嘉慶六年（1801年）中進士。龍廷槐對於胡，
隻字不提，而且還在順德防衛聯盟組建期間批評其貪污腐敗，顯示
龍、胡二人關係不好，至少在推展防禦聯盟工作方面並不咬弦。隨後
幾年，海盜威脅日益猖獗，東海十六沙防禦聯盟益形重要。《順德縣
志》有關胡鳴鸞的傳記稱，嘉慶十四年（1809年），張保劫掠內河鄉
村，胡捐錢建築一座炮台，並從西方商人的船中買回一門火炮以協助
防守。鑒於海盜攻擊從北部灣沿岸航行、開往廣州的鹽船，胡鳴鸞建
議北上鹽船改走西江內河水道以避海盜。胡鳴鸞的另一項功勞，是建
議以堅壁清野政策對付海盜，他認為，海盜只有在沿岸居民協助下，
才會進犯內河地區。嘉慶十七年（1812年），張保投降之後，胡鳴鸞調
往他處擔任知縣，接替胡鳴鸞的，是來自容奇的關如均，容奇與桂洲
都是支持嘉慶八年防衛聯盟的村莊。關如均自鳴得意的事跡，是自己
在當地對抗海盜甚力，海盜恨之入骨，以至於自己赴廣州城時，須藏
在"箱子"裏，由人抬至碼頭，以免泄漏行蹤。來自陳村的吳璣，是胡
與關的另一名同志，他於乾隆四十八年（1783年）中舉。吳璣警告兩
廣百齡，說堅壁清野政策只會迫使張保攻擊香山及順德的鄉村。以上

10　《大清歷朝實錄‧仁宗實錄》，卷128，頁24b-26b，卷129，頁17b-18b；《咸豐順德縣
　　志》，卷27，頁17b-19a，總頁2574-7。

這幾個人，雖然不過是地方防衛聯盟的領袖，但卻被地方志描述為保衛家鄉的大英雄。[11]

十九世紀的防衛聯盟，符合兩廣總督的利益，因此之故，也就符合縣衙門的利益。十八、九世紀之交二十年間，朝廷要全力對付的，是川楚白蓮教叛亂，相比之下，廣東的海盜劫掠，簡直就像在敲邊鼓。儘管朝廷開始向兩廣總督及廣東巡撫施壓，要求他們解決日益嚴重的海盜問題，但同時朝廷又不斷把糧餉從廣東抽調內地，以便加強官兵力量，鎮壓白蓮教。嘉慶八年（1803 年），兩廣總督吉慶由於處理博羅縣會匪問題不善，被革職查辦，羞憤自殺。官位僅次於吉慶的那彥成，翌年被委任為欽差大臣，奉命剿滅海盜及會匪。那彥成把廣東水師重新裝備起來，但他更重要的一着，是下令廣東沿海村莊組織團練。他在嘉慶十年（1805 年）頒佈告示，説：

> 村莊中非一家一姓之人，則性情各異；無用賞用罰之柄，則號令不行，必須立定章程，堅明約束。其中讀書明理之紳衿、公正服眾之耆老，尤須開導愚民，使知本部堂晝夜焦勞，多方布置，皆只為爾閭閻。[12]

以上長篇告示中的這幾行，實際上就是要求地方組織防衛聯盟，官府尤其鼓勵宗族之間協調防衛，容許士紳、耆老等跨越宗族界限，組織防衛。東海十六沙防衛聯盟，正好符合那彥成的要求。那彥成意識到，大城鎮很有可能成為海盜劫掠的目標，在珠江三角洲地區，這些城鎮包括：佛山、江門、容奇、桂洲、陳村。那彥成提到這後三者，卻不提更加明顯的目標即龍江、龍山、九江、大良，正好反映出東海十六沙防衛聯盟力量雄厚。因此，那彥成獲任命為兩廣總督，催

282

11　《咸豐順德縣志》，卷 27，頁 16a-17b，總頁 2571-4。

12　那彥成，《那文毅公奏議》，道光十四年（1834）刊，卷 11，頁 40b，載《續修四庫全書》（上海：上海古籍出版社，1995），史部第 495 冊，總頁 364。

生了朝廷對於團練的全新政策，難怪大良龍廷槐形容之為政出多門。

其他類型的團練也在十九世紀初成形，原因明顯得很。那彥成命令：逮捕所有向海盜供應食物及火藥之人，而逮捕、懲處方式是隨意的，這意味着當地社區、尤其是那些已經武裝起來的社區，必須效忠朝廷，否則大難臨頭。張保於嘉慶十四年（1809 年）攻擊順德，也就把這一帶的防衛聯盟結構清楚顯示出來。是年，大良士紳籌款，在市鎮東面建起一座石砌炮台；而烏州、大州及對岸番禺縣的村莊（包括屈大均祖先祠堂所在的沙灣），也共同捐錢，在通往市鎮的河灘上建起一座炮台。[13] 縣志還提到有 15 處地點建起了小炮台，大部分不過是把火炮架設於村莊的瞭望塔而已。但是，縣志地圖上所顯示的龍山鄉炮台，規模大概比其他炮台都要大。《龍山鄉志》的作者梁壽昌，是順德縣黃連村人，他記載了地方力量增強的過程。黃連村的梁氏，與勒樓及龍山兩處結成聯盟，梁壽昌於嘉慶十三年（1808 年）中舉，"故與龍廷槐年舊交，素為長吏所信，予以竹板、木枷，使自治其鄉之宵小"。[14] 城市或大鎮組建的團練，一般比較強大。黃永豪研究東海十六沙時指出，沙田被市集鎮控制，不僅因為地主的祠堂都在沙田，而且因為沙田之所產，只能在沙田出售。控制沙田的市場，不僅保彰了團練的資源，也切斷了海盜的補給，這就是那彥成政策的精粹。[15]

就這樣，在嘉慶十一年至十六年間（1805—1810 年），順德團練匆匆組建起來。從地方志看來，像順德縣團練這樣大規模的團練，當時也並不多見。即使如此，朝廷對於團練的容忍也是短暫的。正如孔飛力（Phlip Kuhn）研究十九世紀團練時指出，朝廷在團練協助下撲滅白蓮教叛亂的經驗，使朝廷對於團練的長期後果疑慮重重。根據朝廷的政策，甚至根據清仁宗自己的聖旨，防衛事務是八旗駐防部隊

13　《咸豐順德縣志》，卷 4，頁 2b-3b，總頁 328-30。

14　《咸豐順德縣志》，卷 26，頁 7a-9a，引文見頁 9a，總頁 2487。

15　黃永豪，《土地開發與地方社會 —— 晚清珠江三角洲沙田研究》（香港：文化創造出版社，2005），頁 136-7。

的職責,而八旗駐防部隊的糧餉是早有章程制度的。但是,要組織團練,就得另開餉源,地方衙門究竟因此要承擔多少財政開支,誰也說不準。而且,平定亂事之後,解散團練,往往就會引發社會動亂。因此,以團練防衛地方,始終沒有成為政策。[16] 不過,張保投降之後,在嘉慶十五年(1810 年)架設於各鄉村的火炮,雖有部分交給省衙門,但是,已經組建成功、並且有固定餉源的團練,無論如何都不會就此消失。文獻上沒有團練的記載,只是反映出地方社會對於朝廷政策的虛與委蛇。二十年後,朝廷面對鴉片戰爭,又再需要團練,而團練早就準備好了。

當然,朝廷對於地方武裝感到憂慮,是有道理的。向朝廷捐款協助防衛的同一輩地方領袖,也會代表自己的社區要求減稅。在順德,減稅是以約束衙門差役的方式進行的。這些差役,按照十六世紀以來的老規矩,向久已定居順德的宗族徵收"里役陋規"。於是,大約就在順德團練組建時,羅禮琮、龍廷槐控告這些差役,並出示乾隆二十八年(1763 年)某任知縣禁止差役收費的石碑的拓片,以為證據,他們還打贏了官司。[17] 這只是牛刀小試,日後還有更多類似情形。

鴉片戰爭期間的團練

第一次鴉片戰爭期間,朝廷又開始動員團練。道光二十一年(1841 年)的三元里事件,使團練聲名大噪。當時,英軍在廣州城北登陸,連續兩天與村民交戰,一隊英軍攻佔了廣州城北一座能夠俯瞰全城的炮台。廣州早已領教了英國戰船火炮的威力,如今英軍又攻佔了廣州城北的炮台,隨時有可能轟炸全城,城內的官員及士紳大為震恐,願

284

16　孔飛力認為,Yan Ruyi 早就建議,在白蓮教戰事地區設立團練,可見那彥成的廣東團練政策,與全國政策的改變是有關係的,見 Philip A. Kuhn, *Rebellion and Its Enemies in Late Imperial China, Militarization and Social Structure, 1796-1864* (Camb. Mass.: Harvard University Press, 1970), pp. 45-50.

17　《咸豐順德縣志》,卷 5,頁 15b-16b,總頁 420-1;卷 26,頁 25a-26a、28b-30a,總頁 2519-21、2526-7。

意投降，答應賠款六百萬元，城牆上也已掛滿白旗。但是，這一小隊英軍孤守城北山腳，看起來相當脆弱。當他們攻擊村子裏一間房子時，鑼聲一起，村民蜂擁而起，包圍了他們。根據各種記載，村民數目達數千人。但村民既沒有攻打英軍的據點，也沒有對英軍造成甚麼殺傷；而這兩天正好大雨滂沱，英軍的火槍也無法運作，英軍一支巡邏隊被圍攻，而英軍佔據內河的部隊則設法營救他們。最後，三元里事件結束，不是因為誰輸誰贏，而是因為廣州城的贖金問題已經談妥，廣州府知府約束鄉民，讓英軍撤退。[18]

今天，三元里北部仍有一座廟，其中道光二年（1822 年）的石碑，顯示該廟早於乾隆四十九年（1784 年）就已經重修，道光二年再修一次。廟內另有咸豐十年（1860 年）的碑，顯示這年又重修了廟宇，該碑還顯示，在村子的南端，還有一座廟，今已不存。

廣州市文化局的陳玉環，研究了三元里廟宇的歷史，也研究了三元里的口頭傳說與遊神活動。她發現，三元里這兩座廟，都是北帝廟。每逢農曆正月，這兩座廟內各有不同的家族在做不同的儀式。南面的北帝廟，儀式開始於正月初九，是日，村民把北帝神像抬出，安置於村子西面的一座祠堂內。其後八天，神像每天都在村裏的一間祠堂內停留一天，附近村民也就前來朝拜。但是，在北面的北帝廟，村民則於正月十日或十一日才把北帝神像抬出，安放於李氏宗祠，為期七天，期間村民大宴親朋，到了正月十八日，節誕結束，村民把北面的北帝廟的北帝神像，抬到南面的北帝廟，然後與其他神像一同巡遊。正如所有鄉村遊神活動一樣，遊神的路線是清清楚楚的，也等於為村民劃出神明力量的疆界。石井是三元里事件之後成立社學之所在，但石井並不在遊神路線之內。遊神完畢，村民分成村中四坊，一同聚餐。

285

18　Frederic Wakeman, Jr., *Strangers at the Gate: Social Disorder in South China, 1839-1861* (Berkeley: University of California Press, 1966), pp. 11-21; James M. Polachek, *The Inner Opium War* (Camb. Mass.: Council on East Asian Studies, Harvard University, 1992), pp. 164-9.

陳玉環留意到，李氏是三元里力量最大的宗族，這是很重要的發現。即使到了二十世紀，儘管南面的北帝廟及其遊神活動更加顯赫，但北面的北帝廟仍被稱為"老廟"，而北面的北帝廟裏道光二年（1822年）的重修碑，卻隻字不提"老廟"，這也是很值得注意的。碑上的捐款者，包括南北二區的神明會，可見，即使在道光二年，南北兩廟的遊神制度已經存在。[19]

三元里這些宗教儀式反映，在道光二年，三元里基本上是多姓村莊，只有李氏比較顯赫，但即使李氏也還不夠資格動員附近村莊。三元里事件的起因，據說是英軍企圖強姦一名婦女，因此引發數千村民保衛家園。當時，並沒有甚麼士紳領導可言。當時有林福祥者，自己招募蜑民效力於廣州府衙門，宣稱自己攻打英軍所佔領的炮台之後，與當地鄉村聯盟達成協議，要他們準備好印有自己名號的旗幟，一旦有事，只需鳴鑼示警，他就會前來幫忙。[20] 這記載固然可能有自我吹噓的成分，但是，幾天之後，當英軍因大雨迷途，向北進發時，這一帶已經有幾間社學，可見當地應該有士紳領導。這些鄉村不斷有外人湧入，包括那些還暫時無法在廣州及其周邊地區安居的流民。梁廷楠的《夷氛聞記》，是有關三元里事件的另一當時人記載。他說，番禺、南海知縣奉廣東巡撫之命約束團練時，被士紳請吃閉門羹。這不是說士紳失去了對於事件的領導權，而只是說，知縣進村時，循例應有士紳迎接，但當番禺、南海知縣來到三元里時，卻一個士紳也找不到。[21]

要明白士紳的領導權究竟可能意味着甚麼，我們必須儘量理清事*286*　件。魏裴德（Frederic Wakeman）指出，團練的種類繁多，這大概是沒錯的：有個人或未來士紳招募的僱傭兵；也有士紳組建、與地方衙門

19　陳玉環，〈三元古廟與三元里的鄉村組織 —— 以〈重修三元古廟碑記〉為中心的考察〉，載廣州文物館編，《鎮海樓論稿 —— 廣州博物館成立七十周年紀念》（廣州：嶺南美術出版社，1999），頁 165-76.

20　林福祥，〈平海心籌〉，道光二十三年（1843），見廣東省文史研究館，《三元里人民抗英鬥爭史料》（北京：中華書局，1978），頁 26-7。

21　梁廷楠著，邵循正校註，《夷氛聞記》（大約於同治十三年 [1874] 刊行，北京：中華書局，1959 排印），頁 76。

協同作戰的團練，這些士紳往往與省衙門及其下各級衙門官員保持密切聯繫；還有魏斐德所謂"真正的團練"，即村民自己武裝起來保衛家鄉的團練。[22] 以為能夠把以上各種團練清楚劃分開來，是會犯大錯的。在三元里一呼百應的農村羣眾，不可能是鄉村的團練，而且從本地人反抗外國侵略者的表現、及從翌日出現的武器看來，並沒有明顯的士紳領導可言。在石井、佛嶺與英軍的散兵游勇作戰的人，背後有社學撐腰，因此這可算是士紳組建的團練。但至於這些團練是否真因為士紳動員而發動起來，則見仁見智。更令人啼笑皆非的是，儘管三元里事件後來逐漸成為中國人民英勇反抗外國侵略的標誌，但在當時，英軍撤退幾天之後，廣州府知府與番禺、南海知縣在大佛寺設宴犒勞團練領袖，高坐席上的，是石井、佛嶺的士紳，但他們並沒有在任何戰鬥中表現出甚麼英勇行為，只不過印了本小冊子吹噓自己功勞而已。[23]

在三元里事件中，石井、佛嶺的士紳並沒有領導團練，而且這些士紳的出現，也不足以解釋何以數千村民聚集起來對抗英軍。三元里事件把士紳的領導地位捧高了。英軍一撤退，廣州城內的廣東省衙門就利用三元里及廣州北部一帶的防衛聯盟來洗刷自己的奇恥大辱。[24] 我們必須把英軍登陸、廣州府官員在大佛寺"慶祝勝利"這兩件事，放到具體的歷史脈絡裏。英軍來到時，廣州城早就封閉了城門，兩廣總督與負責作戰的將領不和，是廣為人知的。一個因錯誤情報而攻擊英軍，重啟戰端；一個不願也無力再發動任何攻勢。官兵在戰事期間也跟別人一樣趁火打劫，搶掠十三行區，然後帶同贓物，一哄而散。至於剛從湖南調來保衛廣州城的官兵，也沒有與英軍對陣。當時還有傳說，謂他們在廣州城外被痲瘋病婦女感染，他們相信小孩子的肉可以治癒痲瘋病，於是抓小孩子來吃。同時，行商伍敦元被委派與英軍

287

22　Wakeman, *Strangers at the Gate: Social Disorder in South China, 1839-1861*, pp. 36-7.

23　當時廣州城內不少大字報及傳單都提及這次宴會，見廣東省文史研究館，《三元里人民抗英鬥爭史料》，頁 77、78-9、133-4。

24　Polachek, *The Inner Opium War*, pp. 169-75.

談判，答應交出六百萬元贖金。在廣州城北圍困過英軍的百姓事後宣
稱，本來差一點就可以全殲英軍，但被廣州府知府阻止。目前保留下
來的不少傳說，都指責官員無能。[25]

英軍撤退的條件，除割讓香港島予英國、恢復廣州貿易、賠款
六百萬元之外，還有要求官兵撤離廣州城這一款。塵埃甫定，廣東省
衙門就必須重新安排防衛事務。在這種情況下，省衙門一方面請求朝
廷撥出更多糧餉，一方面請求朝廷准許維持團練。兩廣總督特別上了
道奏摺，謂地方百姓請求由社學督辦團練。[26] 石井士紳領袖何玉成，
一向被視為三元圍的團練領袖，因此也就正式獲得委任官職。道光
二十二年(1842年) 全年內，石井村內的升平學社，就成了兩廣總督奏
摺裏經常引用的例子。[27] 另外，也有幾間社學成立了，包括附屬於升平
學社的東平學社。東平學社成員有不少客家人，他們可能是石匠，響
應號召而聚集於三元里。[28] 無論如何，朝廷把團練視為正規防衛力量以
外的點綴這舊政策，終於改變了。在第一次鴉片戰爭的頭兩年(1840—
1841年)，朝廷根本不知道英軍艦隊可能在哪裏發動攻擊，遂下令沿海
各省團練百姓以為防禦。至道光二十三年 (1843年)，朝廷就是否保留
團練展開辯論，愈來愈多廷臣認為團練有用，於是，宣宗應兩廣總督
的奏摺而下旨，謂"團練鄉兵，於粵省情形相宜"。不過，朝廷並不知
道廣東團練的底蘊，聖旨只提及升平學社及其附屬的東平學社。[29]

288

聖旨如此抬舉升平學社，並不奇怪，因為兩廣總督的奏摺，都
吹噓升平學社。但是，這道聖旨很大程度上誤解了珠江三角洲的地緣
政治。因三元里事件而聲名大噪的石井、佛嶺士紳，論聲望，其實遠

25　廣東省文史研究館，《三元里人民抗英鬥爭史料》，頁 49-64、71-5、83-5、125-35。

26　廣東省文史研究館，《三元里人民抗英鬥爭史料》，頁 254-5。

27　廣東省文史研究館，《三元里人民抗英鬥爭史料》，頁 204-6、256-8、266-7。

28　廣東省文史研究館，《三元里人民抗英鬥爭史料》，頁 278-80。行商潘仕成捐出一千洋圓
　　及一百支洋槍予東平學社。

29　《大清歷朝實錄‧宣宗實錄》，卷 392，頁 23a-b，21a-b；卷 394，頁 12b-13b；卷
　　395，頁 20b-21a。引文見總頁 1065。

不及在廣州城為省衙門出謀劃策的士紳，例如行商伍敦元或者黃培芳（1777—1859 年）這樣的人。黃培芳是黃佐的八世孫，嘉慶九年（1804年）年成進士，是著名學者，也是兩廣總督阮元及林則徐的顧問。比起那些協助林則徐充公西方商人鴉片的廣州士紳，石井墟的鄉村學者及退休學者是難望其項背的。值得注意的是，番禺縣志的傳記部分，並沒有何玉成的份，但黃培芳在香山縣志裏卻有傳，傳記稱，黃向兩廣總督祁墳進言，把 "土著民" 組建為七個地域聯盟——"社"，動員團練。"土著民" 云云，應該是與 "客民" 即客家人對立的，而客家人正是何玉成的支持者。[30]

　　餉源充裕、武備精良、而又被視為合法的地方保安力量，在廣州北郊的山區，是建立不起來的。只有沙田地區的富裕地主才有這個能耐。一向以來，任何能夠得到官方支持的地方力量，都通過開發沙田而獲得充裕的餉源。正因為如此，清宣宗批准組建團練的聖旨，也同時批准在虎門（西方文獻稱之為 Boca Tigris）炮台附近的珠江入海口處開發沙田，以應付招募人員、給養人員的開支。[31] 像石井、佛嶺士紳領袖這樣的人，根本無緣開發沙田，如何用開發沙田所得利潤來應付軍事開支？一般形式，是地方士紳答應向官府繳交一筆以軍事名義開徵的附加費。我們都知道，沙田之上，事事複雜，沙田業權的爭奪，無日無之，因為徵收附加費而產生的政治保護網，就再一次鎮住地方各種力量，產生一種平衡格局。

　　兩廣總督為給養虎門炮台而計劃開發的沙田地帶，登記於東莞縣衙門名下，面積達 13,765 畝。這大片沙田究竟位置何在，並不清楚。我們只知道，這片沙田的其中一部分，必定來自從俗稱 "萬頃沙" 的 67 萬畝沙田。《東莞縣志》把 "萬頃沙" 的開發時間，定為道光十八年（1838 年），但其實在此之前，"萬頃沙" 部分地帶的開發已經開始了。

289

30　田明曜修，陳灃纂，《重修香山縣志》（光緒五年 [1879] 刊，新修方志叢刊第 123 號，台北：台灣學生書局，1968），卷 15，頁 13b-14b；《大清歷朝實錄・宣宗實錄》，卷 384，頁 23a-b。

31　《大清歷朝實錄・宣宗實錄》，卷 394，頁 13b-14b。

一位來自"萬頃沙"附近的南沙的業戶，向衙門告狀，東莞縣士紳也向縣衙門遞狀，請求批准開發沙田。他們的方案很有趣：開發成功的沙田，將捐給縣學，但税務則登記在現有的東莞縣施姓業戶名下。道光十九年（1839年），東莞縣知縣在各方里老陪同下，丈量了有關土地，但番禺縣沙灣郭氏卻出來爭奪開發權。郭氏據説是蜑民。據南沙的居民反映，沙灣郭氏動員了三、四百人，而且武備精良。南沙開發者在東莞縣衙門支持下，於道光二十年（1840年）指控沙灣郭氏非法築田，雙方爆發衝突。南沙業戶稱，當他們與東莞士紳的成員前往沙田，以東莞明倫堂名義徵收費用時，遇到兩艘船的炮火攻擊，這兩艘船各有四、五十人，他們把三名東莞士紳綁走，押送到番禺縣衙門，指控他們"以匪艇焚寮搶劫擄捉工人"。東莞縣衙門為這三名士紳出頭，但他們承認自己的確燒了沙田上的草棚，經調查之後才發現，這片土地，是由順德一位開發商租予南海及香山百姓的。這官司打到省衙門，廣東按察使要求順德縣業戶出示文件，證明自己的沙田業權。但是，鴉片戰爭隨之爆發，必然擾亂了審訊程序。有關這宗訴訟的文獻，自此之後，下一筆資料，就是道光二十五年（1845年）的審訊結果：引起紛爭的沙田，東北角四萬頃分予東莞，但必須納餉，其餘則分給香山的佃戶。各方對此安排都感滿意，但別以為官府一紙判詞就能平息紛爭。原來，就在道光二十五年這同一年，省衙門也宣佈，虎門炮台的駐軍，須在沙灣一帶巡邏，而沙灣正是動員數百人挑戰東莞縣業戶的郭氏（據説是蜑民）的家鄉。可見，沙田業權的分配，要靠武裝力量支撐，這些武裝力量的給養，則由沙田所納的"餉"來維持。官府必須動用官兵，因為當地居民的武力，並不弱於官兵。[32]

290

廣東省衙門充分意識到，如果團練落入不法之徒手裏，後果可以多麼危險。道光二十三年（1843年），流寓廣東的浙江人錢江宣稱以廣州府學名義組建團練、抵抗英軍的事件，可以説是這種危險的最佳寫

32　陳伯陶等纂，《東莞縣志》，民國十六年（1927）刊，卷99〈沙田志〉，頁 1a-29a，載《中國地方志集成‧廣州府縣志輯》（上海：上海書店，2003），第 19 冊，總頁 949-63；黃永豪，《土地開發與地方社會 —— 晚清珠江三角洲沙田研究》，頁 67-78。

照。在事件中，廣東士紳堅決與錢江劃清界限，廣東省衙門也認定錢江假團練之名非法斂財，革除錢江監生的功名。錢江、廣東省衙門、廣東省士紳三方都承認，團練只能由士紳來組建，省衙門懲處錢江時，也重申這一點。錢江大概也無話可說，因為他的確在府學張貼榜文、宣告組建團練。總之，沒有士紳支持而組建團練的人，往往被視為機會主義者或假冒者。[33]

當然，開徵附加費以維持武裝力量，沙田上富裕的業戶一直都是這麼做的。事實上，鴉片戰爭期間保衛廣州城的熱潮，不僅使廣州城以北比較窮困的鄉村組成防衛聯盟，也使沙田的武裝巡邏制度合法化。道光二十三年《南京條約》簽訂後，英國全權公使試圖行使條約賦予的權利，進駐廣州城，全城轟動，也使廣州城繼續在整個十九世紀四十年代成為中英矛盾的焦點。道光二十七年（1847年），英使入城的爭議達到高潮，全廣州城都動員起來。廣州商人拒絕與英商貿易；廣州城百姓組織了巡邏制度，此舉本身並不稀奇，反正他們一定會這麼做。但稀奇之處，是他們在廣州城士紳的領導下，把參與巡邏的所有街坊組織及其負責人名字，全部記錄下來。[34] 這可能是廣州城居民有史以來首次用文字記錄其街道巡邏制度。對於這種制度的新穎之處，我們要小心處理。當然，巡邏制度並不新鮮，城、鎮、村都有類似的保安制度。但是，道光二十七年廣州城街道巡邏制度新鮮之處，是在一片政治激情中，通過士紳有名無實的領導，把街道巡邏組織歸附到王朝國家裏。本來，政治狂熱時期的集體動員，其興也易，其滅也速。但是，十九世紀五、六十年代的第二次鴉片戰爭，卻使廣州城百姓的政治動員，經久不息。

33　梁廷楠，《夷氛聞記》，頁 139-40；Wakeman, *Strangers at the Gate: Social Disorder in South China, 1839-1861*, pp. 68-70.

34　梁廷楠，《夷氛聞記》，頁 159-65。

第二十章
太平天國戰爭期間的地方力量

　　十九世紀五十年代珠江三角洲團練的規模，是明末以來僅見的。清朝十八世紀的國策，是儘量遏止地方軍事化。但是，十九世紀以來，朝廷早就違背了自己這項國策：十九世紀初華南海盜侵襲之際、十九世紀四十年代英軍攻打廣州之際、咸豐三年（1853 年）天地會叛亂之際，朝廷都下令各地組建團練，保衛地方，於是許多鄉村建立起防衛聯盟，組織團練。[1]一向以來，團練與盜賊，界線模糊，也正因此之故，搞團練的人都很明白，必須得到官府的支持，方法請擁有科舉功名的士紳組織所謂 "團練局"，領導團練。大家也都明白，團練一旦組建成功，就不再是守衛村莊的更夫，而是僱傭兵。論團練的來源，也許還有一點地域色彩，但這並不意味着團練的活動範圍必定局限於

1　有關天地會問題，參見 David Ownby, *Brotherhoods and Secret Societies in Early and Mid-Qing China: the Formation of a Tradition* (Stanford: Standford University Press, 1996); Dian H. Murray, in collaboration with Qin Baoqi, *The Origins of the Tiandihui: the Chinese Triads in Legend and History* (Stanford: Standford University Press, 1994); Barend J. Ter Haar, *Ritual and Mythology of the Chinese Triads: Creating an Identity*(Leiden: Brill, 1998); David Faure, "The Heaven and Earth Society in the nineteenth century: an interpretation," in Kwang-ching Liu and Richard Shek, eds. *Heterodoxy in Late Imperial China* (Honolulu: University of Hawaii Press, 2004), pp. 365-92. 翁同文（Weng Tongwen）最先指出，天地會的儀式，可以追溯到台灣的擬宗族組織，見翁同文，〈康熙初葉以萬為姓集團餘黨建立天地會〉, Institute of Humanities and Social Sciences, Nanyang University, Occasional papers series, no. 3 (1975).

家鄉附近。[2]

官兵把天地會趕出佛山之後，一度在廣東佔據先機。但是，太平軍在長江一帶節節勝利，廣東也就出現更多地方騷亂。咸豐七年（1857年）英法聯軍攻佔廣州城之後，局勢更加險惡。從咸豐七年至十一年（1857—1861年），廣州城被英法聯軍佔領，朝廷已無法在廣州城指揮官兵，就只能更加依賴高層士紳。既然朝廷如此依賴鄉村的忠誠，最終結果，是進一步推動了地方防衛聯盟及其背後的宗族力量。

毫無疑問，外國人對於能夠進入廣州城，是感到歡欣鼓舞的。一份中文史料顯示，英法聯軍攻佔廣州城後，儼然以新主人身份舉辦入城儀式。儀仗隊由一隊樂隊奏樂開路，夷帥乘轎在前，廣東巡撫柏貴隨後。到了巡撫衙門，夷帥先柏貴而進，然後走下台階歡迎柏貴，夷帥自居主席，邀請柏貴坐客席。當時，廣東巡撫柏貴是清朝在廣州官階最高的官員，因為兩廣總督葉名琛已被英法聯軍逮捕，囚禁於船上。[3]另一份史料顯示，英法聯軍從廣東省衙門庫房搶走了 227,000 兩，又在巡撫衙門大堂紮營，把巡撫安置於偏廳內。英法聯軍又禁止中國人使用"番鬼"字眼，因為他們知道這字眼帶有侮辱成分。更重要的是，英法聯軍解除了廣州城內團練的武裝。廣東巡撫及南海、番禺兩縣知縣得到英法聯軍的同意，留在廣州城，因此被迫接受英法聯軍的命令。英法聯軍入城不過幾天，巡撫就發出告示，鼓勵從前為外國人打工的中國人重返工作崗位。[4]

廣東巡撫柏貴，因病死於咸豐九年（1859 年 4 月）。他生前很明白，留在廣州城接受英國領事巴夏禮（Harry Parkes）的指揮，自己根本沒有甚麼權力可言。巴夏禮不理會柏貴的委婉規勸，逼柏貴發出告

2　關於第二次鴉片戰爭的背景，參見 J.Y. Wong, *Deadly Dreams, Opium and the Arrow War (1856-1860) in China* (Cambridge: Cambridge University Press, 1998). 有關團練的活動，參見《龍江鄉志》（民國十九年 [1930] 刊，稿本，藏廣東省圖書館），卷 2；《新會麥氏族譜》（無刊行年份，稿本，藏廣東省圖書館，編號 K0.189/521），〈記事紀略〉條。

3　七弦河上釣叟，〈英吉利入城始末〉，載中國史學會，《第二次鴉片戰爭》（上海：上海人民出版社，1978），第 1 冊，頁 218。

4　《第二次鴉片戰爭》，第 3 冊，頁 190-9。

示，命令廣州城外的團練停止抵抗，但團練拒絕服從這道命令。周旋
於柏貴與巴夏禮之間的，還有行商。行商與柏貴一樣，一方面被中國
人視為賣國賊，一方面要忍受巴夏禮的囂張氣焰。廣州士紳十八世紀
以來通過捐助水利工程、協助廣東防務等工作而建立起來的領導地
位，被這短短三年的事情完全摧毀了。英法聯軍既然佔領了廣州城，
權力的重心就自然轉移到鄉村，也就是說，轉移到由宗族主導的鄉村
防衛聯盟。

　　被軟禁在廣州城內的清朝官員，已經無法體現朝廷的權威。朝廷
轉而與領導團練的高層士紳打交道。廣州城陷落兩週之後，朝廷才收
到消息。幾天之內，朝廷就免了葉名琛兩廣總督之職（反正葉名琛這時
已經被英軍囚禁了），並委任柏貴權署兩廣總督之職。咸豐八年（1858
年）正月二日，亦即廣州城淪陷一個半月之後，朝廷下旨，在廣州城
郊組建團練。更重要的是，這道聖旨一式兩份，一份交予湖南巡撫，
以便秘密傳給廣州郊區的高層士紳，好讓他們動員團練，另一份則仍
舊傳予廣東巡撫。朝廷大概也已估計到柏貴會被迫發出取締團練的告
示，因此，聖旨毫不含糊地說，巡撫不得阻止團練履行其職責。這
樣，廣州郊區的團練就直接受命於朝廷，即使廣東巡撫也無法攔阻他
們。

　　湖南巡撫駱秉章，本身也是廣東人，他密切留意廣州的事態。
他咸豐八年二月的奏摺，清楚地描述了朝廷與高層士紳共享權力的格
局。他說，一直以來，居鄉士紳和官員都不可以干預地方衙門事務，
由於近年朝廷下了幾道聖旨，授權士紳組建團練，因此，局面已經有
所改變。但即使如此，團練的兵餉仍由總督及巡撫負責；團練的進退
也由總督及巡撫決定。如今，兩廣總督葉名琛已被敵人抓走，新總督
尚未到任，所以，組建團練的廣東士紳，就不受任何地方衙門的約束。[5]
駱秉章並沒有提出具體的建議，只說，在這種情況下，最重要的是要
用人得當。但是，朝廷一個月之後的反應，顯示出駱秉章的真正意

思。朝廷收到駱秉章二月的奏摺後，三月，就下了聖旨，允許廣東團
練使用自己的木質印章，並在新兩廣總督到任之前，可以通過湖南巡
撫上奏朝廷。四月，新總督在廣州城外的惠州設立衙署。雖然如此，
指揮團練的士紳，繼續通過湖南巡撫上奏朝廷。[6]

　　獲朝廷委任、指揮團練的士紳有三人：羅惇衍（約 1814—1874
年）、龍元禧（1810—1884 年）、蘇廷魁（1878 年逝世）。羅、龍均為
順德人，都來自順德縣治大良的望族。北門羅氏的祖先，據說於明朝
景泰三年（1452 年）向官府遞狀，請求開設順德縣，北門羅氏最顯赫
及人丁最興旺的支派，就尊這個請願行動的領袖為其支祖，但羅惇衍
並非來自這個支派，他屬北門羅氏一個比較弱小的支派，出身小康之
家而已。道光二十九年（1849 年），領導廣州團練，反對英使入城的，
是粵溪書院，而羅惇衍父親，就是粵溪書院山長。當時，羅惇衍在北
京擔任御史，咸豐三年（1853 年），南京被太平軍攻佔後，羅惇衍參與
北京的防務，在中央嶄露頭角。翌年（1854 年），由於父親逝世，他
返回廣東，直至同治元年（1862 年）為止。[7] 獲朝廷委任、組建團練
的三名士紳，以羅惇衍為首，原因不過是他官位夠高、宗族聲望也好
得讓人無可非議，但他個人在順德並沒有多少財富，也並沒有多少宗
族實力。談到珠江三角洲的人脈，則龍元禧才是個明顯的例子。龍元
禧父親是龍廷槐的弟弟，龍元禧指揮團練，意味着龍廷槐十九世紀頭
十年對於團練的領導權，由龍氏一脈相承。與羅惇衍一樣，龍元禧早
年的仕宦生涯中，也長期在北京朝廷任職。龍元禧於咸豐三年返回順
德，正好目睹了縣城被天地會攻破的一幕。咸豐五年（1855 年），官兵
克復縣城，龍元禧作為士紳領袖，協助朝廷恢復統治。但與羅惇衍不

294

6　《第二次鴉片戰爭》，第 3 冊，頁 239、390-1。

7　郭汝誠修、馮奉初等纂，《順德縣志》，咸豐三年 [1853] 刊，載《中國方志叢書・華南
　　地方》第 187 號（台北：成文出版社，1974），卷 26，頁 27a-b，總頁 2523-4，以下簡
　　稱《咸豐順德縣志》；周之貞等倡修，周朝槐等編纂，《順德縣續志》（出版者不詳，己巳
　　年 [1929] 刊），卷 17，頁 16b-23b；梁廷楠著，邵循正校註，《夷氛聞記》（大約於同治
　　十三年 [1874] 刊行，北京：中華書局，1959 排印），頁 159；西川喜久子，〈順德團練
　　總局の成立〉，《東洋文化研究所紀要》，卷 105（1988），頁 283-378。

一樣，龍元禧家境富裕，並積極參與龍氏宗族位於縣城內的支派的事
務。龍元禧父親龍廷梓（1786—1863 年），是著名的慈善家，領導當地
社會組織，非常能幹而積極。龍廷梓在世時，對於龍元禧建立自己的
事業，無疑幫了大忙。龍氏宗族協助龍元禧建功立業的明顯例子，就
是官兵克復順德縣城之際，龍氏向順德縣衙門捐獻十萬兩，而捐獻者
既非龍元禧亦非其父親龍廷梓，而是龍元禧的姪兒（龍元禧父親的兄弟
的孫子）。[8] 廣東團練三人領導小組的第三位蘇廷魁，據《高要縣志》
傳記稱，早年在北京朝廷擔任小官，因大膽直言、批評朝廷政策而被
革職。咸豐四年（1854 年），天地會在廣東作亂，有人建議聘用洋人鎮
壓叛亂，蘇廷魁因反對該建議而名噪一時。蘇廷魁對於團練，事無鉅
細，親力親為，但根據傳記，他在當地似乎與自己宗族沒有多少聯繫
可言。[9]

　　廣東團練的總部設於花縣，靠近三元里。羅、龍、蘇的三人領
導小組，更像個籌款機構，而不像個統一的軍事指揮機構。我們必須
重提咸豐五年（1855 年）初官兵克復順德縣城一事，以說明在當時的
動局之中恢復地方秩序的真正過程。順德縣城被天地會匪陳吉攻佔之
後，領導順德團練的龍元禧，在廣州大佛寺建立總部，大佛寺也就是
廣州官紳慶祝三元里事件"勝利"之處。大概在官兵克復順德縣城前一
個月，龍元禧獲兩廣總督、廣東巡撫正式委任，指揮順德團練。龍元
禧的順德團練局與省衙門的財政關係相當古怪：一萬兩以上的捐款，
全歸省衙門，捐款者得到嘉獎；一萬兩以下的捐款，一半歸省衙門，
捐款者照樣得到嘉獎，但餘額則歸順德團練局。就這樣，龍元禧竟然
為順德團練局籌集到 22 萬兩，這的確是個大數目。[10]

8　《民國順德縣志》，卷 18，頁 2a-3b，總頁；龍景愷等總纂，《廣東順德縣大良鄉龍氏族
　　譜》（民國十一年 [1922] 敦厚堂活字本），卷 13-15。

9　馬呈圖等纂修，《宣統高要縣志》，民國二十七年（1938）鉛印本，卷 18 下，頁 11a-b，
　　載《中國地方志集成・廣東府縣志輯》（上海：上海書店，2003），第 47 冊，總頁 274；
　　Frederic Wakeman, Jr., *Strangers at the Gate: Social Disorder in South China, 1839-
　　1861* (Berkeley: University of California Press, 1966), pp. 165-6.

10　龍葆誠，《鳳城識小錄》（順德：作者自行刊印，光緒三十一年 [1905]），卷上，頁 4a-5a。

在官兵克復順德期間，順德團練局的這筆巨額軍餉，無疑使龍元禧實力大增。官兵克復順德的具體背景是值得留意的：天地會匪陳吉，於咸豐五年二月三日撤離縣城，大概很接近龍元禧獲委任組建順德團練局的日期。而一個半月之後，三月十九日，官兵才開至縣城。官兵沿水路南下，消滅了抵抗他們的船民，但是，知縣與龍元禧一同，與官兵達成協議，由"善後局"（當時團練組織的名稱）向官兵繳納三千兩犒勞銀兩，官兵因此沒有入城。這天正式入城的，是順德縣署理知縣，他由善後局的部分士紳陪同，在團練的護衛下，正式入城，士紳在龍氏宗族其中一間祠堂設立行營，讓署理知縣暫時駐紮。三天後，二十二日，龍元禧從廣州來到順德縣城，正式在該祠堂設立順德團練總局，接管了順德團練，並設立大良公局。[11]

接着，被指與天地會匪勾結的村莊，就一片腥風血雨了。根據順德團練總局的記錄，在隨後的二、三年間，成千上萬的人被指為會匪而遭到拘捕。僅咸豐五年三月末至九月間，總局就抓了 25,491 人，其中 23,457 人被處決，1,230 人"病死"，被抓而能夠活下來的很少。[12] 總局的記錄稱：

> 爾時各賊匪震懾官威，先經膽落，一經擒拿，即斂手就縛。鄉間解犯到城，率用草繩束手，並未聞走脫一名，各皆視死如歸。可恨亦實可憫。[13]

296

這一幕顯然不是拼死抵抗，而是公報私仇。同樣，這次決定生死存亡的，不是朝廷律例，而是地方勢力的派系從屬關係。

團練力量增強之後，是可以武斷鄉曲、橫行無忌的，咸豐七年

11　《鳳城識小錄》卷上，頁 3b-4a。

12　廣東省文史研究館等編，《廣東紅兵起義史料》（廣州：廣東人民出版社，1992），頁 292-8。

13　《鳳城識小錄》，卷上，頁 5b-6a。

（1857 年）一張出售魚塘的契約，就反映出這種情況。根據該契約，該
魚塘並不位於順德縣，而位於鄰近的鶴山縣，一向由"逆匪黃永鳳"
的妻妾放租收息，升平局的義學士紳以"軍需"名義，要求黃永鳳捐
獻一百兩，由於黃永鳳已經逃匿，升平局就將這口魚塘變賣。[14] 團練
以逮捕匪徒、勸諭捐輸之名，行敲詐勒索之實，這張契約就是鮮明的
證據。兩廣總督的公牘中，有一散頁，稱廣州府衙門通過充公匪徒資
產而得到了十一萬兩，具體日期不詳，但就是在這段期間，其中大部
分來自南海縣。[15] 另外，官府也資助團練一筆經費。這段期間，市場
緊張，糧價騰貴，但順德縣知縣竟然把順德縣糧倉內剩餘的糧食，以
每百斤 0.85 兩的低於當時市場水平的價格，全數賣予團練局。團練局
既然能夠全權處置這批糧食，當可按照市場價格，賣糧圖利。這批糧
食大概為數七十萬斤，團練局把其中一部分用於咸豐七年的賑災行動
中。又根據記錄，同年，縣衙門從團練局賣糧所得的款項中，提取一
萬兩，建築炮台，而駐守炮台的，又是順德團練。[16] 這樣，順德團練總
局必然是一支餉源充裕的武裝力量，實際上，官府授權順德團練總局
統治順德縣，並自行抽稅。

當羅惇衍咸豐六年（1856 年）返回廣東之際，順德團練總局已經
非常穩固。由於羅惇衍是團練三人領導小組中官位最高的士紳，所以
團練的奏摺，都是以羅惇衍的名義遞進的。羅惇衍在廣東只停留至咸
豐十年（1860 年），這年，朝廷授他以戶部官職，他因此回北京去了。

咸豐七年，第二次鴉片戰爭爆發，進一步提高了順德團練總局
的戰略地位。要掌握這一點，我們必須明白廣東各股團練之間的微妙
矛盾。位於廣州的省衙門，自第一次鴉片戰爭以來就積極培植一批團
練，這批團練與立足沙田、餉源更充裕、力量更強大的團練之間，是

297

---

14 升平局出售黃永鳳魚塘契約，咸豐七年（1857）立，由許舒博士（James Hayes）購自
香港一舊書肆。

15 《廣東紅兵起義史料》，頁 260-1。

16 《鳳城識小錄》，卷上，頁 6b。

有矛盾的。即使到了英法聯軍攻破廣州城時，兩批團練，矛盾依舊。廣州城淪陷之際，省衙門並不向沙田團練求救，而是向石井的安良團練局及廣州城西郊的大瀝團練局求救，石井的安良團練局成立於道光二十一年（1841 年）的三元里事件期間，而大瀝團練局雖由廣州城西郊的村莊組成，卻不包括佛山。[17] 因此之故，英法聯軍佔領廣州初期，英國方面的記載，就把石井看成廣東團練核心之所在，又由於羅惇衍、龍元禧等人把他們的廣東團練局總部設於石井以北的花縣，更加強了英國人的這種看法。咸豐八年（1858 年 12 月），英軍為報復石井團練的威脅，派出一支別動隊，攻擊花縣，羅惇衍匆忙逃走。但是，英國人也很快意識到，其實咸豐八年全年之內，官府與團練的重要會議，都是在佛山舉行的。前一年，咸豐七年，士紳們就在佛山開會，從店舖及各種官府稅項中籌集十八萬兩，用以在順德縣以外地區組織團練，這些地區包括：三元里、石井及位於佛山附近的大瀝九十六村，這個防衛聯盟是佛山被天地會匪佔領時成立的；此外還包括東莞、香山、新安三縣。[18] 正是這些團練，於咸豐八年逼近廣州，才招致英軍的報復行動。英國除派兵突襲廣東團練在花縣的總部之外，也向清廷施壓，要求清廷約束團練。英軍的威脅，加上當時清廷與英法聯軍有可能在天津達成和約這個下台階，促使羅惇衍向朝廷上奏，建議解散廣東團練，改歸順德團練總局統領。但朝廷並沒有批准羅惇衍的建議，廣東團練局一直運作至咸豐十年《北京條約》簽署為止。廣東團練局存在的時期甚短，卻號稱為鎮壓廣西的太平軍及對抗廣州的英法聯軍籌集到 98 萬兩，其中 56 萬兩到位，並獲朝廷批准，有關賬目也於咸豐

17　參見東莞縣知縣華廷傑的日記《觸藩始末》，英法聯軍攻破廣州城時，華就在城內，載《第二次鴉片戰爭》，第 1 冊，頁 180。又參見曹湛英，〈太平天國時期的大瀝團練與大瀝打砂起源〉，《南海文史資料》，卷 1（1982），頁 25-36。曹湛英說，看到一份抄本史料，描述大瀝團練魚肉鄉民的暴行。他又提到"打砂"這種每年農曆新年期間舉行的儀式，謂這套儀式起源於團練抗擊天地會匪徒的戰鬥，這套儀式一直延續至 1949 年。

18　《第二次鴉片戰爭》，第 3 冊，頁 203-4；鄭榮等修，桂坫等纂，《南海縣志》，清宣統二年（1910）刊本，卷 14，頁 16a-17a，載《中國方志叢書・華南地方》第 181 號（台北：成文出版社，1974），總頁 1411-3，以下簡稱《宣統南海縣志》。

十年（1860 年）呈交廣東巡撫。清朝方面的記錄則顯示，剩下的四十萬兩中，真正到位的只有十萬兩，剩下的二十多萬兩，得由廣東巡撫徵收。[19]

298　　所以，廣東團練局其實是珠江三角洲各股團練的籌款機構，但順德團練卻被排除在外。一向以來，籌集資金總會引起糾紛。一個好例子，就是咸豐九年（1859 年）廣東團練局向南海、順德、香山、三水四縣的絲綢市場徵稅一事。有關方案是：組建"絲墟聯防局"，向四縣絲綢市場的經紀徵稅，購買十一艘武備精良的船隻，在連接各絲綢市場的水道巡邏。這個方案得到了朝廷的批准。咸豐九年，地方士紳開會，也決定從咸豐十年開始徵稅，但稅收的三成歸士紳所有。這個方案並不成功，廣東團練局自己的記錄也承認，士紳收取三成稅款後，往往中飽私囊，而且士紳還往往藉團練之名，敲詐絲綢市場經紀。[20] 更有甚者，我們要明白，絲綢市場其實都是當地宗族控制的，如果這些市場的主人即"墟主"不願意承擔這筆稅項，則這筆稅項就得由經紀承擔。就徵稅導致騷亂這件事而言，《南海縣志》有關南海縣丹桂堡康國器這位團練領袖的傳記，比廣東團練局的記錄，更加接近真相。傳記稱，咸豐八年（1858 年）宣佈徵稅之後，有人懷疑大部分團練局都隱瞞自己從市場得到的財政收入，廣東省團練局於是派人到地方團練局進行調查。其中一人，被派往康國器家鄉所在的絲綢市場，康國器以此人未獲上級授權行事為理由，把此人抓了起來。廣東省團練三人領導小組就向省衙門告狀，把康國器逮捕監禁，以示懲戒。三縣（應該就是南海、香山、三水）長老就向兩廣總督遞狀，請求釋放康國器。毫無疑問，省團練局向絲綢市場徵稅，被視為干預地方事務之舉。[21]

19　《鳳城識小錄》，卷下，頁 9a-b。《大清歷朝實錄·文宗實錄》（大滿洲帝國國務院 1937年瀋陽原刊本，北京：中華書局，1985-7 年翻印），卷 292，頁 274-5。

20　《鳳城識小錄》，卷下，頁 11a-12a。

21　潘尚楫等修，鄧士憲等纂，《南海縣志》（同治八年 [1869] 刊，藏香港中文大學崇基書院圖書館特藏部），卷 17，頁 10a-12a。

團練局及沙田開發

不久之後，向絲綢市場徵稅，就因"厘金"之名而合理化了。所謂"厘金"，一般是指向國內的貨物徵收過路費。早於咸豐六年（1856年），就有人建議抽取厘金，支援官兵，在長江下游與太平軍作戰。一旦朝廷批准抽取厘金，廣東就馬上實行起該政策來。[22] 正如所有抽稅政策一樣，厘金政策並沒有產生出權責分明的抽稅機構，而是逐漸把許多地方原有的抽稅行為合法化。太平天國叛亂平定若干年之後，我們才開始把不少這些原有的抽稅行為看清楚。厘金政策的立即效應，是重新定義何謂正規財稅收入，讓地方政府把承包稅項的權利重新分派。當然，這類改變總會引發統治階層內部的矛盾。咸豐八年第二次鴉片戰爭爆發於廣東境內之後，廣東巡撫及兩廣總督由於無法如額繳納厘金，也被朝廷懷疑他們貪污無能。而羅惇衍於咸豐十年被調回北京，任職戶部，使這位順德人面對廣東省衙門時，佔盡上風。從咸豐十年至同治元年（1860—1862年）期間，正因為羅惇衍彈劾廣東巡撫勞崇光（1859—1861年在職）處理稅務不當，勞崇光竟然被革職，還得接受新任巡撫的調查。[23]

團練是否合法，取決於縣衙門及省衙門是否承認該團練，以及領導該團練的士紳是否具備足夠的威望。[24] 從咸豐五年（1855年）官兵克復順德縣治大良，到同治元年（1862年）解散廣東團練總局，順德團練總局把自己的合法性提高至完全無可置疑的地步。領導該局的士紳之所以能夠做到這一點，是因為他們積極參加順德縣士紳每年祭祀四位明朝官員的活動。順德團練總局的士紳為青雲文社注入公款，打破

299

22　有關厘金制度的背景，參見 Susan Mann, *Local Merchants and the Chinese Bureaucracy, 1750-1950* (Stanford: Stanford University Press, 1987), pp. 94-120.

23　《大清歷朝實錄・穆宗實錄》，卷 22，頁 16a-43b；卷 49，頁 34b-36a、41a-42b。

24　但是，只要權力中心改變，團練也未嘗不會"順應"潮流，迅速而輕易地轉移其效忠對象。咸豐七年（1857），英國人發現，向英軍提供補給的中國買辦，竟然利用英軍的威脅，向沙田的業戶開徵農作物收割稅。英國人為之詫異不已。參見 Laurence Oliphant, *Narrative of the Earl of Elgin's Mission to China and Japan in the Years 1857, '58, '59* (Edinburgh and London: William Blackwood and Sons, 1865), pp. 92-6.

了龍氏、羅氏、李氏等四個宗族以族產形式控制青雲文社的格局，把青雲文社置於八名士紳的領導之下，這八名士紳，四名來自順德縣城之內，四名來自順德縣城之外。青雲文社為順德縣科舉考生及在北京做官的同鄉提供津貼，也花錢僱人駐守縣內其中四座炮台；順德縣於咸豐五年（1855年）建廟祭祀那些捍衛縣城而犧牲的人，青雲文社也承擔每年祭祀的費用。同治二年（1863年），順德團練總局舉辦全縣文會，這次文會的規模一定很大，穿越縣城的河流碧澗，其沿岸的祠堂被徵用為文會參與者的聚會場所，龍元禧所屬的龍氏宗族支派，應該也在其中。所有參與者都獲發兩塊月餅作為午餐。順德團練總局的記錄顯示，文會建立起的儀式性的權威背後，真正控制總局的，是縣城裏的一個派系，這個派系應該是以龍元禧為首的。龍元禧一派之所以能夠掌權，是因為他們在咸豐十年（1860年）創立大良公約，吞併了當時已經組建的防守縣城四門的團練。同治三年（1864年），龍元禧一派又命令：領導各股團練的士紳，須交出知縣頒發給他們組建團練所用的印章。順德團練總局並沒有接管縣內所有團練，在部分村莊，團練局繼續蓬勃發展，但是，順德團練總局把縣城內的士紳組織與團練緊密結合起來，又得到官方授權代表全縣團練，因此就成為珠江三角洲最大最強的團練組織了。[25]

300

　　青雲文社擁有的資產相當多。它成立之際，就得到縣衙門津貼六千兩，以及位於沙田的兩塊地。文社一份資產記錄顯示，從咸豐九年到同治九年（1859—1870年），在沙田地區以青雲文社名義登記的土地，增加了5,500畝，而根據沙田開發的性質，則實際耕地面積，必定遠高於這個數字。[26] 但是，這筆田產，與順德團練日後的主要資產即東海十六沙相比，仍屬小兒科。咸豐九年（1859年），青雲文社改組的同年，順德團練總局控制了東海十六沙公局，因此也就控制了東海十六

25　《鳳城識小錄》，卷上，頁 5b-6a、7a-b、10a-11a、13b-14b、17a-b、22b-23b；《咸豐順德縣志》，卷 5，頁 14a-b，總頁 417-8；《順德縣續志》，卷 2，頁 34a-38a，卷 3，頁 13a-b。

26　《鳳城識小錄》，卷上，頁 9a-b、11b-12b、13b-14a；《順德縣續志》，卷 2，頁 34a-36b。

沙。

　　東海十六沙公局的前身，是龍元禧伯父龍廷槐於嘉慶八年（1803年）即海盜張保作亂前夕成立的沙田防衛聯盟，稱為"容（奇）（丹）桂公約"。該公約擁有 18 艘船、208 名武裝人員，並向受其保護的土地徵稅以維持開支。但是，到了十九世紀五十年代，容桂公約的實力已經大不如前了，咸豐五年官兵克復順德縣城之際，容桂公約只剩下 9 艘船、108 名武裝人員。順德團練總局成立之後，逐漸得到公約同意，在公約管轄地區與公約武裝力量共同巡邏。咸豐八年（1858 年），羅惇衍、龍元禧、蘇廷魁這廣東團練三人領導小組，向廣東巡撫遞呈，請求把容桂公約歸併至廣東團練總局。所謂歸併，實際上意味着由廣東團練總局出錢收購容桂公約股東的股份，容桂公約管轄的沙田地區，也進一步擴大。此外，東海十六沙公局比容桂公約多走了一步，成為香山縣衙門與沙夫頭目之間的中介。東海十六沙的土地稅，是向香山縣衙門繳納的；而沙夫頭目則與公局協商，承包治安事務。從前，沙夫頭目自行與容桂公約談判，訂出自己須向公約繳納的包稅金額。如今，東海十六沙公局則與香山縣衙門達成協議，劃一包稅金額。沙夫頭目須負責向沙田地主徵收保護費，轉解公局。為此，沙夫頭目要向公局申請牌照，以示合法；而公局則為這些頭目提供小塊耕地，以維持其給養。同治元年（1862 年），廣東團練總局解散之後，其財產及權利也就移交東海十六沙公局。這樣，順德團練真正羽翼豐滿了：它通過青雲文社控制沙田的土地，它向繰絲工徵稅，它以團練名義組織武裝力量，並獲授權以之維持沙田地區的治安。[27] 控制這套組織，就能獲得大量收入。龍氏宗族、尤其是龍元禧所屬的支派，族產大增，正好反映出這一點，詳見龍元禧所屬支派的族譜。[28]

301

27　《鳳城識小錄》，卷上，頁 11a-b；卷下，頁 12a-16b。

28　黃永豪，《土地開發與地方社會——晚清珠江三角洲沙田研究》（香港：文化創造出版社，2005），頁 108-17。

其他縣也有類似順德縣團練崛興的情況，雖然很少團練能夠達到順德縣團練的規模，但東莞明倫堂庶幾近之。"明倫堂"是天下所有官立學校祭祀孔子的廟堂的名稱，因此最能代表士紳的組織及士紳的價值觀。管理東莞明倫堂的，實際上就是縣裏的最高層士紳。

通過東莞明倫堂而控制沙田，因而驟然崛興的幾個東莞宗族，最初都參與十九世紀四十年代的團練運動。第一次鴉片戰爭剛剛結束，官府就以給養虎門炮台名義，向東莞明倫堂提供一筆巨額補助，以便開發沙田。官府不僅授權東莞明倫堂開發俗稱"南沙"的沙田，還讓它染指南沙附近的"萬頃沙"。由於這些沙田與香山縣接鄰，東莞、香山兩縣的士紳，最初曾就開發沙田問題產生糾紛。道光二十五年（1845年），雙方妥協，糾紛告一段落。之後，東莞明倫堂就不斷購買沙田、並在縣衙門登記沙田，因而擴大其名下的沙田面積。東莞明倫堂開發沙田很成功，而東莞明倫堂士紳的手段也很厲害。領導明倫堂的不是個人，而是一羣士紳，他們都來自東莞縣內的望族。十九世紀五十年代期間，他們建立其相當穩固的社會網絡，也頗得官府支持。值得注意的是，就是這同一羣明倫堂士紳，證明自己頗有本事挑戰縣衙門。事緣咸豐元年（1851年），清文宗登基，開設恩科考試，士紳們指知縣處理賦稅事宜不當，號召全縣科舉考生罷考。兩廣總督下令：罷考運動的組織者何鯤、何仁山父子及張端三人，永遠不得考試。何鯤是東莞縣城內西北隅社學的創辦人。咸豐四年（1854年），來自石龍的匪徒何六攻破東莞縣城時，東莞團練在這社學內成立，而何仁山正是這支團練的首領。張端則因為得到遠房親戚張敬修的擔保，獲朝廷特赦，准其考試，他在同治元年（1862年）參加廣東鄉試，並且中舉。張端似乎沒有參與團練事務，但和張端來自同一條村、也同屬張如見堂宗族的張敬修，則因組建團練而名噪一時。十九世紀四十年代，張敬修在廣西擔任知縣，咸豐元年太平天國之亂起，張敬修從家鄉東莞組建一小隊團練，在廣西作戰。咸豐四年，張敬修已成為抗擊太平軍的著名英雄，兩廣總督葉名琛因而命他繼續留在西江地區作戰。直至咸豐六年（1856年），張敬修才敗於佛山匪徒李文茂手下。從此，張敬修返回東莞老家，並於咸豐十年（1850年）把寓所改建成著名的可園。廣州被英法聯軍攻破之際，兩廣總督黃宗漢命他協防東江地區。咸豐九年（1859年），黃宗漢被免職，他被委任為江西按察使，但他於同年稍後時間就致仕還鄉，同治三年（1864年）逝世。張端的傳記，載張如見堂族譜，稱張端因為張敬修的推薦，成為地方領袖，這就清楚反映出張氏宗族在十九世紀五十年代權力中心之所在。[29]

　　同治三年之際，東莞明倫堂實際上已成為東莞縣的團練組織。管轄東莞團練的機構，稱安良局，是由縣城裏的高層士紳組成的。當時的記錄，並沒有提及這個機構具備司法功能，但人們回憶說，這個機構就像個衙門，高層士紳的成員，輪流仲裁糾紛。[30] 明倫堂除了管理團練之外，也管理自己名下的沙田，這兩項工作是密切相關的。同樣，當時管理沙田的記錄，一份也沒保存下來，但後來的調查，才使明倫堂產業的多層次產權結構變成人所共知的事情：明倫堂把沙田租予佃戶耕種，但這些佃戶之中，許多是勢力相當雄厚的宗族，它們就把這些沙田轉租予其他佃戶。[31] 自二十世紀二十年代以來，不少社會學研究，都特別強調明倫堂發薪酬予管理堂務的士紳這個現象。但是，這個看法，並不能把握問題的實質。明倫堂的佃戶，是由明倫堂士紳親自擔保的，有了這種保護網，這些佃戶的家庭或宗族日後購置田產時，就更為有利。黃永豪研究了東莞張氏的族譜及十九世紀末的地契，他發現，管理明倫堂的士紳，同時也以股份制形式，參與大型的

303

29　參見葉覺邁修，陳伯陶等纂，《東莞縣志》，民國十六年（1927）刊，卷17，頁15b，卷72，頁5a-7a，載《中國地方志集成・廣州府縣志輯》（上海：上海書店，2003），第19冊，總頁146、710-1，以下簡稱《民國東莞縣志》；《張如見堂族譜》（民國十一年（1922）刊，藏廣東省圖書館，編號k0.189/230.2），卷26，頁71b-72b，卷28，頁31a-33b；黃永豪，《土地開發與地方社會──晚清珠江三角洲沙田研究》，頁41-52。

30　葉少華，〈我所知道的東莞明倫堂〉，《廣東文史資料》，第16期（1964），頁1-21。

31　Chen Han-seng, *Landlord and Peasant in China: a Study of the Agrarian Crisis in South China* (New York: International Publishers, 1936), pp. 47-50; 鄔慶時，〈廣東沙田之一面〉，《文史資料選輯》，第5卷（1962），頁72-89。

沙田開發項目。[32] 他們管理明倫堂，得到了明倫堂的威望，才有能力抵抗官府的干預。我們必須明白，明倫堂在東莞當地，既有財，又有勢。根據明倫堂光緒十四年（1888 年）的一份報告，明倫堂在沙田的總租金收入達四萬兩。我們並沒有十九世紀六十年代期間的相應數字以資比較，但估計當時明倫堂的租金收入也是極為豐厚的。[33]

　　除順德與東莞之外，珠江三角洲其他縣的士紳，都未能統一控制縣裏的團練。但比較小規模的、由士紳領導的防衛聯盟，倒是遍地開花的。在新會縣，咸豐四年（1854 年）縣城被匪徒圍攻時，曾經出現三個互不統屬的團練局，都是建立在當時已有的士紳組織之上的，它們是岡州局、東北局、西南局，都是由強大的鄉村聯盟組成，並且打出書院的名義。它們都為團練籌措兵餉，但由於內部矛盾，無法整合。對於這些積極參與團練局工作的人，西川喜久子理清了他們的宗族譜系，指出他們是開發沙田的既得利益者。[34] 這些鄉村聯盟之間，為爭奪稀缺資源，必然產生矛盾，東北局的記錄，就是證據。新會縣江門鎮，屬東北局管轄，多年以來，主持該鎮大局的，是管理六座廟宇的士紳。流經江門鎮、直通新會縣城的河道上，原本有火炮設防，咸豐四年，當縣衙門的差役打算拆除這些火炮時，就是這羣江門士紳起而反對。至於潮蓮、荷塘、外海三區，也多年來組建防衛聯盟，維護屬下沙田的治安。十九世紀六十年代早期，它們就誰有權派人巡邏沙田的問題，與東北局發生衝突。[35] 咸豐四年的動亂，嚴重削弱了許多市鎮的力量。小欖的團練，可以追溯到嘉慶十四年（1809 年）抗擊海盜

304

32　黃永豪，《土地開發與地方社會 —— 晚清珠江三角洲沙田研究》，頁 51-6；黃永豪，《許舒博士所輯廣東宗族契據匯錄》（東京：東洋文化研究所，1987），頁 170-86。

33　《民國東莞縣志》，卷 100，頁 7a，載《中國地方志集成·廣州府縣志輯》第 19 冊，總頁 967。

34　西川喜久子，〈珠江のデルタの地域社会 —— 新会県の ぼあい〉，《東洋文化研究所紀要》，卷 124(1994)，頁 189-290；卷 130(1996)，頁 1-72。

35　陳殿蘭，《岡城枕戈記》，咸豐五年(1855) 刊，卷上，頁 12b-17b，載《四庫未收書輯刊》（北京：北京出版社，2000），第 3 輯第 15 冊，總頁 237-9；聶爾康著，譚棣華輯錄，《岡州公牘》（香港：致用文化事業，1993 影印光緒己卯 [1879] 刊本），頁 67a-69a。

張保的時代，但是，匪徒於咸豐四年攻陷小欖鎮，打破了小欖的團練制度。史料暗示，由於匪徒佔據了小欖鎮，相當多的小欖居民也就"附逆"。當官兵克復小欖鎮後，這些人才由小欖士紳率領，在王巡撫廟宣誓效忠朝廷。[36] 官兵克復小欖鎮之舉，前後消耗了三十萬兩，此外，咸豐七年（1857 年），當廣東團練總局成立時，小欖鎮士紳無緣參加總局的管理，卻還得為總局貢獻一筆稅金。[37] 佛山不僅同樣被咸豐四年的動亂所蹂躪，而且連自行組建團練的能力都沒有。結果，由佛山資助、由地方官員領導的武裝力量，加上佛山附近的大瀝九十六村團練，才能夠於是年克復佛山。佛山克復之後，佛山才成立團練局，該局分為十六分局，以照應佛山十六區的格局。第二次鴉片戰爭期間，佛山團練被整合到廣東團練總局內，佛山也迅速在戰爭期間恢復繁榮，因為原本在廣州進行的貿易現在轉移到佛山來了。但是，佛山始終無法像順德或東莞那樣，隨心所欲地佔奪沙田。[38]

長遠的影響

　　清朝官員都很清楚，地方軍事化的代價，是朝廷無法如常徵收地稅。有關證據是混亂的。官府一方面努力恢復土地登記，但處處遭遇困難，儘管稅則廣為人知，但官府對於已登記的土地，並不是劃一徵稅，真正的地稅，往往更取決於登記土地的多少，以及衙門差役開徵

36　田明曜修、陳灃纂，《重修香山縣志》（光緒五年 [1879] 刊，新修方志叢刊第 123 號，台北：台灣學生書局，1968），卷 22，頁 59b，以下簡稱《光緒重修香山縣志》；厲式金修，汪文炳、張丕基纂，《民國香山縣志續編》，民國十二年（1923）刊，卷 11，頁 14b-15a，載《中國地方志集成・廣東府縣志輯》（上海：上海書店，2003），第 32 冊，總頁 595-6。

37　《光緒重修香山縣志》，卷 22，頁 66b。

38　汪宗准修、冼寶幹纂，《佛山忠義鄉志》，民國十五年（1926）刊，卷 3，頁 3b-5b；卷 5〈教育志二〉，頁 2a；卷 8〈祠祀一〉，頁 29a-30a；卷 14〈人物五〉，頁 8b-10a；卷 14〈人物六〉，頁 2b-3a，載《中國地方志集成・鄉鎮志專輯》（南京：江蘇古籍出版社，1992），第 30 冊，總頁 350-1、372、418、575-6、577-8，以下簡稱《民國佛山忠義鄉志》。鄭夢玉等主修，梁紹獻等總纂，《續修南海縣志》，廣州富文齋同治壬申 [1872] 刊，卷 5，頁 7b、頁 8a-9a；卷 17，頁 15a-16b；卷 26，頁 14a-b；載《中國方志叢書》第 50 號（台北：成文出版社，1967），總頁 122、123、301、438。《宣統南海縣志》，卷 18，頁 1b-3b，載《中國方志叢書》第 181 號，總頁 1626-30。

305　的各種雜費。因此，地方勢力一旦壯大，就和地方衙門討價還價，要求重訂各種雜費的標準，這是並不令人奇怪的。

地方社會抵制衙門差役 "亂收費" 的方式，是在賦稅記錄上大做文章。因此之故，南海、順德的地方志，都收錄了來自縣衙門的詳細的里甲登記資料。譚棣華研究了沙田地區的土地登記資料，他發現，同治五年（1866 年），官府嘗試登記新開發的沙田。但是，這些登記究竟有沒有用？答案還得從地方社會的反應中尋找。[39]《佛山忠義鄉志》，提供了地方社會在官府的賦稅記錄上大做文章以維護自己利益的例子。同治五年，南海縣衙門向佛山的里甲戶施壓，要求他們交稅。他們就在自己的祠堂贊翼堂開會，疏通南海縣衙門的差役，從而得到一份南海縣賦稅記錄的抄本。他們根據這份賦稅記錄，成立了交稅聯盟，每位成員都要交足自己頭上的稅額，不多也不少。他們要解決的問題，其實就是交稅的集體責任這個老問題。過去，"甲" 可以說是個輪流交稅的組織，一甲繳納的稅金有所虧欠，就要由甲首包底。即使在最理想的情況下，甲首的負擔也是很沉重的；而如果里甲戶們沒有衙門賦稅記錄以資抗辯的話，則任由衙門差役魚肉，破產賠累，苦不堪言。從前推行里甲制度的做法，也都是靠集體力量，懲罰違反規定者，而獎勵遵守規定者，但是，佛山里甲戶同治五年的這項安排，其新穎之處，是以掌握官府賦稅登記為前提。[40] 光緒四年（1878 年），順德縣龍山鄉的士紳、耆老，也向縣衙門提出類似建議，請求把縣衙門差役徵收的雜費限制於二十銀元之內。[41] 香山縣小欖鎮的軍戶，可以追溯到明朝的里甲登記，光緒八年（1882 年），他們也設立了一個組織，十八名原本負責為團練局收費的人，也就因利乘便成為這個組織的領袖。該組織由 310 戶組成，它們每年出錢祭祀文昌，這種安排，依稀有明代

39　《宣統南海縣志》，卷 7；《順德縣續志》，卷 5；譚棣華，《廣東歷史問題論文集》（台北：稻禾出版社，1993），頁 37-41。

40　《民國佛山忠義鄉志》，卷 4，頁 2b-5a；卷 14〈人物六〉，頁 32a-33b，載《中國地方志集成・鄉鎮志專輯》，第 30 冊，總頁 360-1、592-3。

41　民國《龍江鄉志》，卷 6。

軍戶的痕跡。[42] 以上這三個例子反映出，地方上歷史悠久的家庭，忽然重新關注起里甲來。在前兩個例子中，很明顯，地方社會對於里甲的關注，主要是為了制止衙門差役的"亂收費"行為。

不過，在賦稅問題上最鮮明的衝突，則見諸廣東巡撫郭嵩燾（同治二年至五年 [1863—1866 年] 在職）的日記，與郭嵩燾作對的，不是鄉村的交稅聯盟，而是郭嵩燾的同僚、順德團練總局的龍元禧。郭嵩燾受到朝廷的巨大壓力，要從廣東上繳軍費，支援朝廷在廣東以外地區的戰事。但是，龍元禧卻庇護順德的地方勢力，又支持陳村墟市減少厘金的訴求，郭嵩燾因此非常厭惡龍元禧。偏偏，郭嵩燾就是在這些問題上被彈劾。龍元禧在順德團練局的同志羅惇衍，如今任職御史，彈劾郭嵩燾用人不當，説他的下屬負責廣東稅收事務時貪污受賄。桑園圍工程的推動者潘進，其子潘斯濂如今也任職御史，潘斯濂也彈劾郭嵩燾，説本來屬維修桑園圍的官帑，幾年前被挪用，而郭嵩燾未能把這筆官帑收回。郭嵩燾必定極為鬱憤沮喪，上奏辭職，但朝廷優詔慰留。[43]

郭嵩燾當然是支持徵收厘金的，因為要應付朝廷的經費要求，捨此以外，別無他法。清朝政府財政收入的基礎，從土地稅轉移到厘金這樣的商業稅，對於晚清各方面制度的變化，有重大意義。蘇珊・曼（Susan Mann）研究清朝官方牙人制度時，就以新會縣葵扇行會為例，顯示商人組織有強大的獨立地位，能夠抵抗官府徵稅的要求。從咸豐九年（1859 年）開始，新會縣衙門奉命向商人徵收厘金，縣衙門讓葵扇行會承包這項厘金，也就是説，默許葵扇行會向商人徵收厘金，轉解縣衙門。[44] 葵扇行會最初拒絕，但最後同意。原來，官府的徵稅要

42　譚棣華、曹騰騑、冼劍民編，《廣東碑刻集》（廣州：廣東高等教育出版社，2001），頁 379-83。

43　郭嵩燾，《郭嵩燾日記》（長沙：湖南人民出版社，1981），第 2 冊，頁 139、180、276-7；《大清歷朝實錄・穆宗實錄》，卷 54，頁 26b-28a，總頁 13-4；卷 152，頁 2a-6a，總頁 546-9。

44　Susan Mann, *Local Merchants and theChinese Bureaucracy, 1750-1950*, pp. 128-32.

求，推動了納稅者的組織。事緣咸豐六年（1856年），官府要求葵扇行會繳納一千兩銀，葵扇行會238名成員，每人認捐四兩，隨着葵扇行會開始徵收厘金，這238名捐錢的成員也就成為法人 —— 久敬堂。久敬堂也就在咸豐十一年（1861年）加入成為葵扇行會法人成員，並利用徵收厘金所得，購買田產，以便每年慶祝關帝誕。這一切都寫在久敬堂章程裏。久敬堂有管理組織、會計制度，還為238名曾經在咸豐六年捐錢的成員每人印製一份章程。作為葵扇行會裏的法人組織，久敬堂的功能當然不止於每年一度慶祝關帝誕。葵扇行會代表着葵扇行業裏的不同利益，其管理層是每年選舉出來的。二十世紀五十年代土改運動的記錄顯示，葵扇行會之下，除了生產及銷售葵扇的三個組織之外，還有十一個供款組織。[45] 因此，國家機器改變徵稅制度、向商貿行會打主意的結果，不僅使商人與國家產生矛盾，也因為與國家打交道而強化了行會的內部組織。這也是可以預期的，因為明清兩朝政府，愈來愈無法依靠懲罰手段來統治天下，而要靠頒贈功名來統治天下。

307

45　《久敬堂會規》，同治二年（1863）刊，藏新會縣景堂圖書館，承蒙蕭鳳霞提示；何卓堅，〈新會葵業史略〉，《廣東文史資料》，第15期（1964），頁132-51；新會縣城鄉聯絡委員會聯絡處，《關於劉怡記案的初步資料》，1951年影印本，藏新會縣檔案館。

　　在廣州的歷史上,外國人是個不可忽視的因素,嘉靖三十二年
(1553 年) 葡萄牙人在澳門建立轉口貿易港之後,尤其如此。[1]中國
人馬上就認定葡萄牙人代表三種東西:光怪陸離、貿易、槍炮。之
後幾百年,貿易為珠江三角洲帶來繁榮,槍炮並沒有多少角色可言,
而外國人代表光怪陸離這種看法,使中西文化並沒有因為接觸而縮短
距離。兩次鴉片戰爭改變了中國人的看法:西方勝利,意味着西方優
越,西方如果不是全面比中國優越的話,至少在技術層面比中國優
越。而且,當廣州被西方火炮嚇得目瞪口呆之際,西方的科學技術繼
續突飛猛進:從蒸汽機到蒸汽輪船、鐵路、電報、更多而威力更可怕
的槍炮、衛生水平的提高、疾病知識的增長、工廠、銀行、金融服
務、郵政系統、內燃機以及苯胺染料。中國人接觸西方的後果之一,
就是十九世紀八十年代年輕一輩的中國人鼓吹改革,導致清政府自光
緒三十年 (1904 年) 起推行一系列法律、行政、憲政改革,並於宣統
三年 (1911 年) 因辛亥革命而滅亡。要從這段動盪時期的複雜結構中
找出線索,把宗族作為一個制度的歷史,與晚清的歷史聯繫起來,是
個極具挑戰性的任務。但是,我們是可以很容易找到一個出發點的:
中西接觸,對於宗族的管理,並沒有任何直接影響。雖然如此,作為

1　黃啟臣,《澳門歷史》(澳門:澳門歷史學會,1995),頁 39-58。

一個制度的宗族，也是要改變的。找出這改變的原因，也就證明本書
的基本看法。本書的基本看法是：作為一個制度的宗族，恰恰就是地
方社會整合到國家的結果。十六世紀的禮儀改革，是地方社會整合到
王朝國家的前提，而十九世紀末西方影響下，地方社會整合到國家的
方式，也就與十六世紀大不相同。

309 光怪陸離之外

澳門的葡萄牙人社區，一向是廣東人眼中的光怪陸離的西洋展覽
館。澳門的西洋人，被認為比廣州洋行區的洋人更不開化，中國人對
於澳門西洋人的描述，也就更天馬行空。[2] 大約刊行於乾隆十六年（1751
年）的《澳門記略》，流傳甚廣，提及澳門的教堂及其周年巡遊時說：
"北隅一廟，凡蕃人男女相悅，詣神盟誓畢，僧為卜吉完聚"。該書還
說，西洋人結婚不靠媒人，也沒有同姓親戚，他們的日曆，一年 365
天，分為十二個月。該書又提及西洋人的各種奇器：鐘、錶、槍炮，
尤其是能夠收藏在衣服裏的手槍，眼鏡、望遠鏡。[3] 該書顯然不覺得澳
門的西洋人有何值得學習之處。

比起澳門的西洋人，廣州洋行區的西洋人，更少出現於中國人的
筆端。歷史學家研究廣州洋行區的西洋人時，主要依靠西方材料和中
國官方文獻。南海縣方志儘管意識到外貿對於廣州的重要性，對西洋
人卻幾乎一字不提。廣州的洋行區基本上是個西洋人的禁閉區，西洋
人如果要享受一些社會生活的話，就得跑到澳門去。[4] 但是，一羣能操
"洋徑濱英語"的中國人，終於還是出現了。他們包括行商，也包括商

2　相反，乾隆時期的佛山地方志，對於佛山的天主教徒社區，只一句輕輕帶過，見陳炎宗
　　總輯，《佛山忠義鄉志》（乾隆十七年 [1752] 刊），卷 2，頁 5b，該志稱，官府將天主堂
　　搗毀，建立佛山千總署。

3　印光任，《澳門記略》，（乾隆十六年 [1751] 刊，廣州：廣東高等教育出版社，1988），頁 63。

4　H.B. Morse, *The International Relations of the Chinese Empire* (London: Longmans,
　　Green, 1910-18), pp. 63-117.

品畫畫匠，日後的外銷畫，就是這些畫匠的拿手好戲。[5] 其他中國人也許從威廉・韓特（William Hunter）所謂"鬼子話"的書中學習英語，這些書以中文字記錄英語辭彙的發音。[6] 冼玉清成功地發掘了鮑鵬這個十九世紀初能操英語的中國人的生平及時代背景。鮑鵬為廣州的英國商人做事，十九世紀三十年代，鮑鵬離開廣州，移居山東。道光二十年（1840 年），鮑鵬效力欽差大臣琦善，充當翻譯，在琦善保薦下，鮑鵬獲授八品銜。後來琦善奉命到廣東與英國談判投降條件時，鮑鵬也隨行。日後，愈來愈多的中國人因為通曉英語而建功立業，鮑鵬則比他們早了整整一代。[7]

中國人視西洋人為他者，最能體現這種看法的，是中國人用"番鬼"這個家喻戶曉的稱謂稱呼西洋人。"番鬼"當然是個侮辱的稱謂，但廣東人對於其他"外人"的稱謂，例如"蜑"，例如"外江佬"（泛指來自廣東以北之人），也同樣具有侮辱性。佛山的一些廟宇，把棟樑的承托部件，畫成英軍士兵形像，意思是要懲罰英國人，讓他們永服苦役，承托棟樑。這情形今天仍能看見。但另一方面，只要中國人看到西方新鮮事物確有功效，也能夠相當迅速地接受。廣州十九世紀最成功的技術傳播例子，應該就是西方預防天花的牛痘醫學知識的傳播。可以想像，把牛痘施諸人體，大概是要克服不少禁忌才能做到的，但是，廣州人一旦發現這種免疫方法有效，就通過廣東商人在外地的會

310

5　李鈞於道光八年（1828）從北京來廣州充任考官，一個晚上，廣州府知府在"鬼子樓"設席款待他，他看到長着大鼻子、對知府極有禮貌的外國人，也看到打橫寫的外國書，他還喝到"鬼子"的酒，説這種酒味甜色深，見氏著，《使粵日記》，道光十四年（1834）刊，卷下，頁 26b-27a，藏東洋文庫。

6　William C. Hunter, The 'Fan Kwae' at Canton Before Treaty Days, 1825-1844 (London, 1882, repr. Taipei: Chengwen, 1970), pp. 63-4.

7　冼玉清，〈招子庸研究〉，載氏著，《冼玉清文集》（廣州：中山大學出版社，1995），頁 138-43。

館而流傳到中國其他沿海城市。[8] 英語報紙 *The North China Herald*《北華捷報》1879 年的一篇報道，對廣州的繁榮有生動的描述如下：

> 外國的藝術與科學技術，正逐漸滲透廣州社會各階層。煤油燈、油燈、各種花巧的裝飾燈架、各款各式鏡子，均為全城居民所普遍使用。西洋銀元的流通，完全超越中國本土的銀兩。女子學校也出現了，這些學校的前身，是傳教士僱用西方或中國教師教授女子的學校。中國人自己建造的古怪的船艦，也裝置了大小不一、型號不同的蒸汽引擎，且這種趨勢愈來愈流行。各種小型蒸汽船，噴氣冒煙，一天到晚，川流不息，滿載還鄉的中國官員的帆船，及滿載西洋貨物或者某種戰備物資的帆船，都由這些小型蒸汽船拖動。[9]

其實，西方事務在廣州的傳播，仍然是要花時間的。洋元的確早在鴉片戰爭之前就已取代了中國的白銀，但女子學校即使到了十九世紀七十年代，仍然是少之又少的。同時，蒸汽引擎的使用，仍局限於廣州，主要局限於廣州的碼頭，但小型蒸汽船拖動木質帆船上下珠江，則已司空見慣。增長最快的進口貨物之一是火柴，它很快就取代火石這種傳統的生火工具。[10] 當然，我們也別忘記鴉片這種進口貨物。很快，吸食鴉片就成了男人的一種社會風尚。

清朝的海關報告，為珠江三角洲在太平天國叛亂平定之後的繁榮，留下最佳寫照。報告年復一年地指出，廣州的出口額不斷增長，增長主要來自絲綢出口。我們研究這些報告時，必須明白，自十九世

---

8 黃啟臣，〈人痘西傳與牛痘東漸 —— 絲綢之路的文化效應之一〉，《海交史研究》，第 35 卷（1999），頁 34-40；常之英修，劉祖幹纂，《民國濰縣志稿》，民國三十年（1941）刊，卷 29，頁 24a-b〈楊玉相〉條，載《中國地方志集成・山東府縣志輯》（南京：鳳凰出版社，2004），第 40 冊，總頁 625。

9 *North China Herald and Supreme Court and Consular Gazette* (March 14, 1879).

10 China Imperial Maritime Customs Service, *Decennial Report* 1882-91 (Shanghai, 1892), p. 550.

紀七十年代開始，由於交通設施及資金信貸制度的進步，全球的貿易
都迅猛增長。期間，一些先進技術也流傳到中國，這些先進技術雖然
很少滲透到農村，但是，南海、順德地區引進蒸汽繅絲技術，卻比長　*311*
江三角洲地區早得多。這種技術，把一個蒸汽鍋爐連接到人手搖動的
紡絲輪，利用蒸汽，解開蠶繭，把蠶繭的絲線搭上紡絲輪。習慣以傳
統人手繅絲的工人，曾經搗毀蒸汽繅絲機以示抗議，但是，蒸汽繅絲
機使繅絲產量大增，至光緒二十六年（1900 年），廣州絲線的出口額，
已經超越上海，而廣州出口的絲線中，三分之二都是蒸汽繅絲機繅出
來的。

　　絲固然是廣州最大宗出口商品，但並非唯一為珠江三角洲居民帶
來現金收入的農產品。東莞是食糖的主要出口基地，至十九世紀九十
年代之後才被印尼爪哇取代；新會則一直是全國唯一的葵扇生產基
地；稻米與其他農作物一樣，也是商品，而且整個珠江三角洲都有種
植。僅清政府批准從廣東出口北美的稻米，每年就多達五十萬石，不
用說，走私出口的稻米，數量只會更多。廣州則從印支半島進口大量
以碾米機脫殼的廉價食米，其中大部分進入廣東農村，而廣東農村所
種植的食米，則供應廣州和其他繁盛的出口基地。人們看見廣州進口
食米，就說廣東"糧食短缺"，真相正好相反，"糧食短缺"論者忘記了
很基本的一點：進口貨是要花錢買的。珠江三角洲以及廣東其他地區
的財力增長，人們才有能力多吃米，少吃番薯之類的雜糧，因此食米
消費量才提高。[11]

　　珠江三角洲另一大宗出口商品，就是勞動力。在珠江三角洲，外
出謀生是一種悠久的傳統。華人以賣身契約形式外出打工，儘管引起

11　David Faure, *The Rural Economy of Pre-Liberation China, Trade Increase and Peasant Livelihood in Jiangsu and Guangdong, 1870 to 1937* (Hong Kong: Oxford University Press, 1989), pp. 29-34, 52-7; Suchetar Mazumda, *Sugar and Society in China: Peasants, Technology, and the World Market* (Camb. Mass.: Harvard University Press, 1998), pp. 353-68; Robert Y. Eng, *Economic Imperialism in China: Silk Production and Exports, 1861-1932* (Berkeley: Institute of East Asian Studies, University of California, 1986), pp. 137-44.

廣泛爭議，但很早就被視為一種貿易。[12] 咸豐九年（1859 年），英國駐廣州領事收到廣州 32 家商貿會館的請願，要求制止澳門 "猪仔館" 綁架、誘拐華人充當苦力的活動，領事於是批准刊登廣告，招募勞工赴西印度羣島打工，他認為這樣做可以打擊 "賣猪仔" 活動。[13] 即使根據目前看到的不完整的數據，華工出口的數量也是驚人的：咸豐六年至十一年（1856—1861 年）這五年間，僅從澳門出口的華工就有四萬人，其中大部分（33,000）都去了夏灣拿。[14] 之後的史料顯示，古巴、秘魯的華工，與奴隸幾無分別，但並非所有海外華工的命運都如此悲慘。赴馬來半島的華工在錫礦工作，他們組織 "秘密會社" 來保護自己，這些 "秘密會社" 勢力龐大，以至於當地社會認為華工威脅社會秩序。赴北美的華工主要興建鐵路，自十九世紀七十年代開始受到美國國會的排斥華工法案所歧視，但許多華工仍能經營洗衣店、雜貨店這種小店而致富。不少從北美回國的華僑，就成為南海、順德蒸汽繅絲機廠的投資者，創辦中國第一間蒸汽繅絲機廠的陳啟沅，就是這些歸僑之一。陳於十九世紀五十年代在越南目睹了蒸汽的威力，同治十一年（1872 年）回鄉後，就在南海縣的家鄉建起名為繼昌隆的蒸汽繅絲機廠。[15]

香港這座西方城市，更靠近珠江三角洲，香港的人口統計報告，充分顯示香港吸納了大量珠江三角洲移民。1901 年的香港人口統計報告，顯示居住香港的華人達 23 萬，其中 17.9 萬人都報稱來自珠江三角

312

12　有關背景，參見 Victor Purcell, *The Chinese in Southeast Asia* (London: Oxford University Press, 1951); Adam McKeown, *Chinese Migrant Networks and Cultural Change: Peru, Chicago, Hawaii, 1900-1936* (Chicago: University of Chicago Press, 2001).

13　廣州 32 家商貿會館於咸豐九年（1859）致英國駐廣州領事的請願書，載 1859 年 12 月 2 日布魯斯（Bruce）致巴克斯（Parkes）的公函，藏英國外交部檔案 FO 228/268、FO 682/1992/15。

14　S. Wells Williams, *The Chinese Commercial Guide* (Hong Kong: A. Shortrede & Co, 1863), pp. 226-7, 236.

15　Robert Y. Eng, *Economic Imperialism in China: Silk Production and Exports, 1861-1932*, pp. 146-57;〈陳啟沅與南海紡織工業史〉專號，《南海文史資料》，第 10 期（1987），頁 3-75。

洲的各個縣；[16] 香港各種行會 / 會館的成員，也有類似情況，部分行會 / 會館還與廣州的會館有聯繫。[17] 最能反映出移民湧入香港這個現象的，也許是男女婚姻狀況的數字。在 1911 年，香港所有已婚華人之中，71% 為男性、29% 為女性，這意味着，已婚男性華人之中，有一半不是在香港結婚，而是在中國其他地方結婚、然後來香港的，他們把賺得的錢匯回家鄉，為家庭帶來固定的收入。[18] 1911 年之後，與妻子共同生活在香港的男性華人的比率，應該有所上升。《北華捷報》就說，由於香港吸引了大量移民，以至廣州不少房子都空空如也。[19]

在未來，紙幣在廣東的絲綢貿易裏扮演愈來愈重要的角色。但是，從十九世紀七十年代到清朝滅亡為止，一批批的絲線從珠江三角洲的鄉村運往廣州，一船船的白銀則運往鄉村。海盜、搶劫、綁架等犯罪活動相當猖獗，因此，鄉村更加需要武裝起來。[20]

槍械

中國所面對的最急劇、最災難性的變化，有部分就是拜槍炮的擴散所賜。這段歷史的基本輪廓並不複雜，但史學界的認識卻總不如人意，因為研究技術史的學者們，把注意力都集中在中國最早使用火炮的年代這類問題上，卻忽略了火炮流行之後的歷史。例如，我們對於

16　Hong Kong Government, "Report on the Census of the Colony for 1901," *Sessional Papers of the Legislative Council of Hong Kong* (Hong Kong: Hong Kong Government Printer, 1901), p. 16.

17　A.E. Wood, *Report on the Chinese Guilds of Hong Kong* (Hong Kong: Noronha & Co., 1912), 轉引自 David Faure, *A Documentary History of Hong Kong, vol. 2, Society* (Hong Kong: Hong Kong University Press, 1997), p. 79.

18　Hong Kong Government, "Report on the Census of the Colony for 1921," *Sessional Papers of the Legislative Council of Hong Kong* (1921), p. 163.

19　*North China Herald and Supreme Court and Consular Gazette* (September 2, 1911), p. 582, "Outport: Canton".

20　*North China Herald and Supreme Court and Consular Gazette*, July 19, 1881, p. 113; August 28, 1897, p. 356; China Imperial Maritime Customs Service, *Returns of Trade and Trade Reports* (Shanghai, 1898), p. 461.

明朝政府漫無系統地引進西洋火炮的過程，了解甚深。但是，清朝上半葉如何管制槍炮？對於這個問題，卻很少有人做過研究。清朝政府似乎嚴厲禁止民間鑄造火炮及擁有火炮。在珠江三角洲，第一次鴉片戰爭前夕，佛山鑄造的鐵炮質量很差，經常炸裂，似乎反映出佛山的冶鐵業已經喪失了鑄造火炮的技術。至於小型火槍，則雖有官府的禁令，而仍為民間所擁有。明末清初時期的屈大均，留意到廣東到處都有被稱為"鳥槍"的火槍，在廣東山區，小孩子自十歲起就學習使用鳥槍，而新會縣以製造鳥槍出名。[21] 乾隆四十三年（1786 年），廣東省衙門打算嚴格執行禁止藏有槍炮的禁令，充公了 11,251 支"鳥槍"、449門"炮管"。省衙門處理這批充公槍炮的手法，充分反映出廣東槍炮充斥的情況：鳥槍全部發還，短於一尺（1.3 英尺）的炮管 477 門也獲發還，理由是這些炮管主要用於宗教節誕場合。儘管這些數字有不合理之處，但鳥槍顯然是普遍存在的，而真正的火炮則少之又少。[22]

對於十八世紀廣東地區的槍炮運用，目前的研究太少，槍炮的運用何時在廣東產生突變？我們只能猜測。在珠江三角洲，張保海盜集團的侵襲，對於廣東的槍炮擴散，起了關鍵作用。張保的海盜集團，從安南得到火炮及火藥，官兵既然無法抵禦張保，官府就批准鄉民組織團練，鄉民意識到，要抵禦海盜，就必須在武備方面趕上海盜。架設在廣州城牆上的五百斤重火炮，是派不上用場的，因為城牆以外已遍佈民居。因此，必須在廣州城郊以外建造新炮台，以便在海盜抵達城郊之前就遏止其攻勢。根據龍廷槐的一篇文章，當時情勢危急，他手下把船上的及城牆上的火炮搬移到匆忙搭起來的炮台，但是，這些

313

21　屈大均，《廣東新語》（約刊行於康熙三十九年 [1700]，香港：中華書局，1974），頁441-2。

22　〈未經編號鳥槍限兩月內赴縣呈交〉，《廣東清代檔案錄》，無刊行年份，無頁碼，鈔本，藏英屬哥倫比亞大學圖書館普班特藏部（Puban Collection）第 694 號，編號 DS793.K7 K858 1800z。由此可見，到了乾隆四十七年（1782），廣東省衙門已要求登記所有鳥槍。至於宗教節慶場合的"花炮"，則廣為人知。所謂"花炮"，是以鐵管裝置火藥，放在地上，點燃火藥，把鐵管噴射上天，鐵管落地之際，則宗教節慶的參與者競相搶奪，搶到花炮者，就可把神像抬回家，供奉一年。

火炮口徑都太小，龍廷槐需要的，是明末清初期間埋在地下的五百斤以上的大型火炮。當時，順德縣的火藥庫，被海盜的炮火擊中爆炸，龍廷槐的手下已從地下掘出一門一千斤火炮，放在縣衙門內，但無論龍廷槐如何勸說，順德縣知縣就是不肯讓他們使用這門火炮。最後，龍廷槐自己說，他得到關帝託夢指示，在另一地點掘出一門鑄造於順治七年（1650 年）的五百斤火炮，這門 "神炮"，被安放於順德縣城之外、靠近龍廷槐自己村子的碧澗炮台。[23]

踏入十九世紀，槍炮擴散的趨勢加劇。嘉慶十年（1805 年），兩廣總督那彥成平定會匪叛亂時，發現宗族械鬥時也採用槍炮。原來，宗族利用族產收入，購買火槍，甚至購買火炮，進行械鬥。如果鬧出人命，宗族就出錢請人頂罪，此人被官府定罪處決之後，宗族會把此人的神主牌位供奉於祠堂，此人的家屬，也由宗族的族產供養。[24] 那彥成的繼任者、招降張保的百齡，於嘉慶十四年（1809 年）上奏，謂海盜需要火藥，正如需要糧食一般，糧食可以從尋常的沿海貿易得到，但火藥必定是從官府嚴格看管的火藥工場裏弄來的。[25] 但事實未必如此。最近出版的葡萄牙史料顯示，自十八世紀九十年代以來，日本及菲律賓的硝石與硫磺，就定期進口澳門。這些硝石與硫磺，部分由受清朝政府委託的商人購買，供應佛山的官府火藥工場；部分則通過黑市進入珠江三角洲。其中一份史料顯示，百齡擔任兩廣總督才幾個月，就已意識到澳門是個軍火來源地，事態嚴峻。他要求負責與葡澳當局交涉的廣州府同知（建成澳門同知）到澳門調查：澳門出售的火炮，產自何地？如果火炮是澳門鑄造的，所用的鐵砂來自何處？如果鐵砂不是在澳門本地採購的，則火炮是否從海外進口後再轉賣出去？百齡表

314

23　龍廷槐，《敬學軒文集》（道光十二年（1832）刊，藏香港大學圖書館特藏部，編號：杜823 683 v.1-4），卷 7，頁 5a-9b。

24　那彥成，《那文毅公奏議》，道光十四年（1834）刊，卷 10，頁 46a-50b，載《續修四庫全書》（上海：上海古籍出版社，1995），第 495 冊，總頁 329-31。

25　《大清歷朝實錄・仁宗實錄》（大滿洲帝國國務院 1937 年瀋陽原刊本，北京：中華書局，1985-7 翻印），卷 217，頁 17a-18b。

示，既往不咎，但警告葡澳當局，必須從此停止槍炮貿易。[26]

到了兩次鴉片戰爭期間，槍炮已經是中國戰場上的主要武器了。欽差大臣林則徐意識到，必須阻止英軍艦隊逼近廣州，但他的防衛工作一敗塗地，而且他完全低估了英軍火槍的威力。道光二十一年（1841年）末，清朝政府已經得到英軍火槍的樣本，但並不能掌握有關的技術。[27] 到了十九世紀五十年代太平天國叛亂期間，火槍及小口徑火炮成了戰場的主要武器。這時的澳門仍然是個軍火市場。咸豐四年（1854年），龍元禧就是在澳門策劃收復順德縣城的行動，當他克復順德縣城時，他的艦隊滿載火槍、火藥、糧食。[28] 記載新會縣抵禦會匪的當時史料《岡城枕戈記》，認為會匪從澳門、江門得到槍炮武器，因而更加兇猛。[29] 除了澳門以外，香港也很快成為軍火市場，它們使廣東境內的槍械威力大增，不僅質量優良，而且數量龐大。至十九世紀中，西方的小型槍械技術突飛猛進，而澳門與香港就成了西方槍械流入中國的方便之門。在華南，以進口"快槍"打的第一仗，大概就是珠江西岸新寧、新會縣土著與客民之間的械鬥。咸豐七年（1857年），有一香港人加入土著陣營，不但向土著供應槍支，更於咸豐九年（1859年）遊說英國海軍攻擊客民，這些客民之所在，也就是未來的赤溪縣。[30] 香港的報紙及廣東巡撫郭嵩燾的日記顯示，到了十九世紀八十年代，香港可以隨意販賣槍支，直至中法戰爭爆發，本地華人抗議，加深了港英當

315

26　劉芳，《葡萄牙東波塔檔案館藏清代澳門中文檔案彙編》（澳門：澳門基金會，1999），頁160-81，尤其參見頁178-9。

27　《大清歷朝實錄‧宣宗實錄》，卷360，頁18a-b。

28　龍葆誠，《鳳城識小錄》（順德：作者自行刊印，光緒三十一年 [1905]），卷上，頁4a-b。

29　陳殿蘭，《岡城枕戈記》，咸豐五年（1855）刊，卷1，頁31a，載《四庫未收書輯刊》（北京：北京出版社，2000），第3輯第15冊，總頁246。

30　麥彭年，〈客亂源流記〉，載《新會麥氏族譜》（無刊行年份，鈔本，藏廣東省圖書館，編號K0.189/521）；朗擎霄，〈清代粵東械鬥史實〉，《嶺南學報》，第4卷第2期（1935），頁132；有關客家人與本地人的械鬥及赤溪縣的建立，參見 Leong Sow-theng, *Migration and Ethnicity in Chinese History, Hakkas, Pengmin, and Their Neighbours* (Stanford: Stanford University Press, 1977), pp. 69-81.

局的恐懼，它害怕中國人掌握武器，對自己不利。[31] 後來擔任兩廣總督張之洞，光緒十一年（1885 年）提及廣東的械鬥問題時，哀歎：＂外洋利器，隨處可購，是以洋炮洋槍旗幟刀械，無一不有＂。[32] 這時候，槍械的使用，已是家常便飯。

　　一般情況下，由宗族刊行的文獻，是不會宣揚自己的武力的。因此，宗族文獻有關武力問題的零星記載，就彌足珍貴了。事實上，每逢槍炮擴散，只要宗族有足夠的財力，都會把握機會，擴充武力。新會縣潮連盧氏宗族的族譜，有一盧氏成員的傳記，裏面提到，大約在嘉慶十五年（1810 年），當地幾個大宗族聯合組建團練，由於兩廣總督百齡已批准百姓擁有火炮，這幾個大宗族就鑄造了若干門重炮、若干門小口徑火炮，沿着通往祠堂的河道，建立土質堡壘，配置這些火炮。[33] 東莞南社謝氏的族譜也記載，光緒二十七年（1901 年），附近一個多姓聯盟威脅謝氏對於墟市的控制，謝氏動用三百支＂快槍＂，與這個聯盟械鬥。謝氏為這場械鬥耗費了一萬兩以上，因此兩次強迫全族成員認捐，以應付開支。[34] 順德縣水藤鄉何氏的族譜也記載，大約在光緒三十四年（1908 年），何氏動用＂公款＂，從官府買來一挺機關槍，所謂＂公款＂，或指何氏開基祖名下的資金，或指何氏從自己控制的水藤鄉＂八區＂籌集所得的資金。這挺機關槍，收藏於＂地保＂家中。後來，不知誰向官府告狀，指何氏私藏軍械，民國四年（1915 年），當地駐軍開至何氏村莊，充公了這挺機關槍，但作為交換，卻送了四門小口徑火炮予何氏。經此事件之後，何氏在村莊建起炮樓，並頒佈章

31　郭嵩燾，《郭嵩燾日記》（長沙：湖南人民出版社，1981），第 4 冊，頁 170、332。當時香港的報紙，除登載廣告，拍賣槍械之外，也報道槍械泛濫的問題。據 China Mail 1884 年 10 月 15 日的報道，香港政府充公了＂各色火槍一萬支，刺刀及劍八千把，子彈三萬發＂。

32　張之洞著，王樹楠編，《張文襄公全集》（台北：文海出版社，1963），卷 14，頁 9a，總頁 319。

33　《新會潮連蘆鞭盧氏族譜》，宣統三年（1911）刊，藏廣東省圖書館，編號 KO.189/790。

34　《南社謝氏族譜》，民國三十一年（1942）刊，鈔本，〈記事·光緒二十七年〉條，承蒙東莞縣楊寶霖先生借閱。

程，謂槍械由當地團練控制。撰寫這樣的章程，顯然是要證明槍械由全村集體所有，而非私藏。[35]

　　槍炮提高了防衛成本。正正因此之故，沙田開發的利潤、順德和番禺團練巡邏隊的武力、控制這些武力的機構的財力，這三者的密切關係，就開始通過槍炮而顯露出來了。擁有槍炮的宗族，成了地方的超級力量，不僅鄰居震恐害怕，甚至地方政府也忌憚三分。槍炮也使戰鬥殺傷更加慘烈，踏入二十世紀頭十年，珠江三角洲不少地區，村落之間爆發大規模械鬥，也都是拜槍炮所賜。

並沒有發生制度變化

　　西力東漸，並沒有為珠江三角洲帶來任何制度方面的變化。蒸汽繅絲機廠可以是個例外，但蒸汽繅絲機廠的真正作用，也不過是為單身女子提供就業、而工作環境類似現代工廠而已；對於宗族的組織，蒸汽繅絲機廠則完全沒有任何直接影響可言。[36] 至十九世紀中葉為止，所有成功的中國商人所嚮往的，仍然是以祖先祠堂為中心的儒雅門第。我們遍查史料，所看到的，仍然不過是有錢人編纂族譜、制定族規、經營嘗產、建造祠堂。倡議在桑園圍組建團練的九江朱氏宗族，位於九江墟市的邊緣，該宗族於同治七年（1868 年）編纂了詳細的族譜，開列了自己所有祠堂。我們發現：從明嘉靖二十九年到清同治七年（1550—1868 年）間，朱氏宗族建造祠堂或首次重修祠堂凡 52 次，其中 36 次發生於乾隆十五年至道光二十九年（1750—1849 年）間、7 次發生於道光三十年至同治七年（1850—1868 年）間。[37] 順德北門羅氏也在十八世紀中葉至十九世紀中葉期間積極建造祠堂，這可以從該

35　《何氏族譜》，民國十二年（1923）刊，頁 31a，藏廣東省圖書館，編號 K0.189/349.1

36　有關繅絲機廠無法立足順德的情況，參見 *North China Herald and Supreme Court and Consular Gazette*, May 10, 1913, pp. 388-9.

37　參見《南海九江朱氏家譜》，同治八年（1869）刊，卷 7，頁 11a-30b，藏廣東省圖書館，編號 K0.189/977。這段材料記載了 52 座祠堂裏的 30 座，其中兩座的資料，是從地方志裏轉引的。

宗族各個祠堂裏供奉的祖先牌位的輩分中看出來。[38] 但是，有關這個時期珠江三角洲宗族情況的最詳細記錄，則來自以龍廷槐為核心的、積極開發沙田的順德龍氏宗族。

　　龍氏宗族內分兩派，都是在明朝以前就定居順德的，龍廷槐屬比較弱小的一派。龍氏於民國十一年（1922 年）編纂的篇幅浩大的族譜，雖然提及龍廷槐這一派建立祠堂，但除此之外，我們看不出龍氏宗族在明朝曾經建造祠堂或設立嘗產。顯然，這並不意味着龍氏族人沒有祠堂或嘗產，只不過意味着該族譜把龍廷槐這派的地位抬高，而隱沒了龍氏其他族人的宗族建設成果。[39] 不過，有一點也是清楚的：在龍廷槐父親龍應時（1716—1800 年）的年代之前，龍氏宗族並沒有可供兩派共同祭祀祖先的祠堂。兩派祭祖的既有方式，是到開基祖墳前拜祭，兩派逐年輪流管理。乾隆九年（1744 年），龍應時倡議成立兩個銀會，以便建立嘗產，建造祠堂。三十多年之後，祠堂終於建起來了，銀會的數目，也增加至八個。龍氏從嘗產中，撥出 15,000 兩，興建祠堂，購置田產，另外再花 10,300 兩，興建照壁，這是官方家廟形制規定的建築。[40] 龍廷槐這派一方面努力興建祠堂，供奉兩派共同始祖，另一方面也設立銀會，祭祀自己支派的支祖。一份乾隆七年（1742 年）的材料顯示，龍廷槐這一支派裏凡 139 人響應號召，捐款成立銀會，作為酬答，他們每逢冬至，可獲得較大塊祭肉。[41]

　　龍廷槐這一支派的支祖是龍蘭軒（1447—1527 年），他是兩派共同始祖的十二世孫，若由該支派遷移至現居地的祖先算起，則屬四世

317

38　參見《順德北門羅氏族譜》，光緒九年（1883）刊，卷 19，頁 13a-15b，藏東京大學東洋文化研究所。這段材料記載了 91 座祠堂，其中至少 20 座祠堂，供奉十七、八世紀時期的祖先，他們逝世之後，再要經兩、三代人的功夫，才有可能建起這些祠堂。

39　參見龍應澍、龍蘭軒、龍爵袞的傳記，分載龍景愷等總纂，《廣東順德縣大良鄉龍氏族譜》（民國十一年 [1922] 敦厚堂活字本），卷 2，頁 6a-7b；卷 7，頁 15b-18a；頁 80a-81a。亦參見胡定纂，陳志儀修，《順德縣志》，乾隆十五年（1750）刊，卷 6，頁 8a，載中國科學院圖書館選編，《稀見中國地方志匯刊》（北京：中國書店，1992 影印），第 45 冊，總頁 892。

40　《廣東順德縣大良鄉龍氏族譜》，卷 1，頁 19a-21a。

41　《廣東順德縣大良鄉龍氏族譜》，卷 7，頁 29a-31a。

祖。龍蘭軒的譜系世代如此排列，可見當時必然有同樣姓龍、但並非龍蘭軒子孫的人存在。因此，族譜裏有關尋找祖墳、建立掃墓制度的故事，對於這個支派包容哪些人、排斥哪些人，就大有關係。族譜稱，龍廷槐這一支派九世祖的墳墓，是在嘉慶年間（1796—1820 年）無意發現的，可見龍廷槐這一支派到了很晚近的時候，才開始進行這種宗族建設活動。族譜裏就九世祖墳墓的發現，有如下的評語：“墓門有四兄弟名立石，若夫庚瑜房螞蛉子孫以漢昌為祖，亦將漢明公山妄認，不亦謬乎！”[42]

　　龍廷槐的父親龍應時，是個進士，顯然也是龍氏宗族第一位進士；龍廷槐的祖父也曾擔任知縣，因此，龍廷槐祖、父兩代都有功名。儘管龍廷槐在生時建起了支祖祠堂，但這個支派以正統儒家的宗族模式裝備自己，步伐還是相對緩慢的，這些工作，大部分要在龍廷槐死後，由龍廷槐的弟弟、也是龍應時四名兒子的最小兒子龍廷芝（1786—1863 年）來完成。該支派的宗族建設起步雖晚，不過一旦起步，規模卻也龐大。道光十四年（1834 年），該支派建造了龍應時的五世祖的祠堂，不久，龍應時的祠堂也建成了，四年後，道光十八年（1838 年），龍應時父親的祠堂也建成了。[43] 從十九世紀三十年代到五十年代初，龍廷芝在整個龍氏宗族的影響力愈來愈大，而不限於其所屬的支派了。道光十六年（1836 年），龍氏有一房成員，已經擁有自己的祠堂，為是否出售嘗產而發生爭執。龍廷芝收購了這份嘗產，他說，此舉是為了公益。因為他於咸豐三年（1853 年）把這批一直由自己收藏的嘗產地契捐給文明堂，即供奉支祖龍蘭軒的祠堂。支派將龍廷芝此舉刻碑留念，指出龍廷芝編纂族譜時，已經開列出文明堂的嘗產。大約在十九世紀四十年代，龍廷芝捐銀 1,400 兩予龍氏另一支派，協助該支派成立自己的嘗產。咸豐元年（1851 年），該支派以嘗產值理人名義，撰寫了一份正式文件，正式將這筆錢全數歸還龍廷芝，該文

318

42　《廣東順德縣大良鄉龍氏族譜》，卷 7，頁 7a-b。

43　《廣東順德縣大良鄉龍氏族譜》，卷 11，頁 28a-b；卷 13，頁 70b-72a。

件也收錄於族譜中。道光二十九年（1849 年），當順德龍氏正興高采烈地祭祀開基祖時，鄰近高明縣有人前來，自稱也是龍氏子孫，要求分享祭肉，制止他們的，又是龍廷芝。咸豐三年，龍廷芝編纂族譜，把兩個支派都寫進族譜。[44]

龍氏宗族必須阻擋來自高明縣、自稱族人的人分享祭肉，這個例子很能夠說明大宗族的運作，也很能夠解釋為何宗族建設一旦展開，就必須行使權力。原來，道光四年至十三年間（1824—1833 年），糧食短缺，順德龍氏宗族兩支派聯合起來，動用全族嘗產，發糧賑災時，高明龍氏成員就前來，希望分得一份。順德龍氏宗族人丁比較興旺的一派，邀請高明龍氏成員過來，還招呼他們在自己家中過夜，以便翌日領取賑災糧食。後來，當順德龍氏祭祖時，高明龍氏成員也前來要求分享祭肉。可見乾隆九年（1744 年）龍應時倡議籌款建立宗族，的確是成功的，這同一個宗族，到了十九世紀六十年代，就積極參與賦役改革了。

十九世紀六十年代，順德龍氏的大人物，是龍廷芝兒子龍元禧。龍元禧與順德團練關係密切，但就龍氏宗族這個制度而言，龍元禧全無開創之功。因為早於道光十八年，龍元禧父親龍廷芝就說明，龍氏兩派的共同祠堂敦厚堂、龍廷芝這一支派的支祖祠堂文明堂，都有權仲裁族人間的糾紛。龍元禧的創舉，在於和地方政府達成協議，容許宗族收稅，換言之，容許宗族承包稅務。這項協議要能夠推行，不僅官府須提高其賦稅記錄的透明度、以制止衙役亂收費，宗族也要制訂自治章程，以確保能收到稅。龍元禧於同治八年（1869 年）為其支派制訂的章程稱，自道光十六年起，該支派就已僱用"股丁"即來自富戶的男丁來向支派成員收稅，以取代里甲制度下、甲首輪流充役的安排。章程指出，這些年來，許多里甲戶都脫離了里甲登記，只剩下龍氏、羅氏的里甲戶，他們被迫代這些逃走的里甲戶交稅。因此，要僱

319

44　《廣東順德縣大良鄉龍氏族譜》，卷 1，頁 19a-22a、101a-102b；卷 2，頁 12a-14a；卷 11，頁 23a-b。

用"殷丁"來向支派成員收稅，以確保龍氏宗族能夠滿足官府的賦稅要求。這些"殷丁"，必須由龍氏以外的人充任，凡拒不交稅的龍氏成員，不得享有祭肉，也不得領取嘗產的息金。為確保收到稅金，章程規定，龍氏宗族的納稅戶，每年冬至前十天，須向族中的士紳成員及受僱的"殷丁"出示其繳稅單，作為已經繳稅的憑據，宗族一旦證實納稅戶已經繳稅，就會向該戶發放祭肉。[45]

這類章程的缺點，是它們太簡單了，因為順德縣的土地產權結構太複雜了。龍氏宗族的個人成員也好，集體也好，都通過開發沙田而擁有大量土地，龍氏宗族的嘗產記錄把這一點表現得清楚不過。但龍氏有關維持沙田治安的材料也同樣清楚地顯示，沙田的土地控制權結構是多層次的：一戶在官府登記土地，成為這片土地的業戶，隨即將這片地租予佃戶，這佃戶又把這片地租予另一佃戶，如是類推。在這種複雜的局面下，究竟是甚麼人能有本事充當"殷丁"、以宗族名義收稅？有趣得很，龍氏人丁較興旺的支派，其收稅章程中，並不把負責收稅的人稱為"殷丁"，而稱為"甲長"，"甲長"正好就是傳統里甲制下的稱號，輪到哪一戶充役繳稅，這一戶就是甲長。[46] 龍元禧這個支派既然僱用"殷丁"收稅，意味着他們有錢，萬一收不到足夠的稅，則欠稅由他們墊付。但是，如果"殷丁"的任務真是監督龍氏成員交稅的話，龍氏宗族就得僱用大量"殷丁"來查核稅務記錄，這恐怕不太可能。更可能的情況是，這些外姓"殷丁"，被龍氏招募，專門負責代替龍氏交稅，換取龍氏的保護。因此，龍氏與地方政府達成的交稅協議，與其說是協助官府收稅的工具，不如說是協助龍氏逃稅的手段。

所以，直至清末，宗族仍然是老百姓處理稅務的非常重要的工具。之所以如此，不是因為老百姓犬儒地以宗族之名行逃稅之實，而是因為老百姓仍普遍相信、必須祭祀祖先、並必須為祭祀祖先而經營嘗產。龍氏族譜顯示，族人繼續建造祠堂，也有更多神主牌位被安放

---

45 《廣東順德縣大良鄉龍氏族譜》，卷 7，頁 44a-47a。

46 《廣東順德縣大良鄉龍氏族譜》，卷 2，頁 27a-29a。

於祠堂內。在龍廷槐這個支派裏，祭祀龍廷槐本人的祠堂，建成於光緒十一年（1885 年），該祠堂還供奉龍廷槐的許多兒子、孫子。曾於咸豐五年（1855 年）捐銀十萬兩以保衛順德的龍廷模（1767—1800 年），是龍廷槐的弟弟，民國四年（1915 年），族人也興建祠堂以祭祀之。咸豐五年，該支派修改族規，以便和參加叛亂的族人劃清界限。由於該支派嘗產非常雄厚，同治元年（1862 年），該支派建立了一座糧倉，族人稱之為"義倉"，並於光緒二十、二十一年（1894—1895 年）間把部分田產撥給義倉，以維持義倉的運作。此外，在嘉慶六年（1801 年）、光緒七年（1881 年）、光緒九年（1883 年）、光緒二十四年（1908 年），該支派都成立各種公益慈善項目，津貼老人、寡婦及讀書人。由於族規經常修改，新時代的來臨，也從最新的族規中反映出來。民國六年（1917 年）制訂的開基祖墓祭祀章程顯示，龍氏宗族要花錢租渡船運載成員、再花錢請三艘蒸汽船拖動渡船前往墓地。由於科舉考試已廢除於光緒三十一年（1905 年），因此祭祀期間，備受尊重的不僅包括擁有科舉功名的成員，也包括新式學堂的優秀學員。這完全不意味着人們對於宗族的信念有絲毫動搖，我們無論怎麼看，都覺得二十世紀初的龍氏宗族生氣勃勃，結構健全。[47]

　　佛山鶴園冼氏宗族，可以說是因為領導團練而重振聲威的另一宗族。冼氏宗族的冼鳳詔，咸豐四年（1854 年）率領官兵擊潰了佛山的會匪。冼氏的歷史相當悠久，在明正統十四年（1449 年）黃蕭養之亂爆發以前，就已存在。冼氏的祖先之一，就是在十六世紀中葉促進佛山社區建設的冼桂奇。冼桂奇建造了開基祖祠堂，又以父親的名義建造了大宗祠，之後，冼氏小宗也建造了一座祠堂。到了十八世紀，這幾座祠堂都已破敗不堪，族人已經打算將之變賣。冼鳳詔是冼氏從黃

47　有關龍氏宗族二十世紀掃墓祭祖儀式的變化，見《廣東順德縣大良鄉龍氏族譜》，卷 1，頁 56a-58a、59a-60a、67a-89a；有關義倉問題，見卷 1，頁 90a-91a；有關咸豐五年（1855）實行的規則，見卷 1，頁 99a-100b；有關龍氏的慈善財產，見卷 1，頁 107a-112a、113a-116b、117a-118a、119a-122a；有關龍廷槐的祠堂，見卷 13，頁 18a-19a；有關龍廷槐祠堂及龍應時祠堂裏供奉的神主牌位，見卷 14；有關龍廷模的祠堂，見卷 15，頁 28a-29a。

蕭養之亂算下來第十九世孫，他應該是出身於富裕之家的，他祖父是成功的布匹商人，他父親則於十九世紀早期充當佛山義倉的會計。光緒三十年（1904 年）、宣統二年（1910 年），冼鳳詔的兒子分別建造祠堂，祭祀冼鳳詔的曾祖父及祖父。冼鳳詔的幼子冼寶幹，任職知縣，既編纂了冼氏族譜，又編纂了《民國佛山忠義鄉志》，博學多才，冼寶幹寫了篇有趣的文章，為興建於宣統二年的祠堂的建築形制辯護。這座祠堂改建自一座房子，正廳與"寢室"之間並無間隔，所謂"寢室"，就是安放神主牌位之處。冼寶幹引述其兄長冼寶楨説，要維持祭祀祖先墳墓，就必須具備嘗產，而要維持嘗財產，就必須讓祖先神主牌位有個饗祭之處。自己的支派不是大宗，因此不能採取大宗祠形制設計祠堂。最要緊的是有孝心，祠堂的形制並不重要。[48]

財產、墳墓、祠堂的關係，是可以從財產繼承制度上反映出來的。宗族的財產繼承制度，要求宗族為享受祭祀的成員各留一份嘗產。廣東省圖書館藏有一本寫於光緒二十二年（1896 年）的一本小冊子，題為《家規要言》。作者出身貧窮，但在北美洲某處經營商店而致富。他離開村莊到廣州時，不名一文。他在廣州以養鴨孵蛋為生，之後到香港找工作。之後，他跟隨兄長到美國去，稍後，另一名兄弟也到美國與他們會合。當他們開始有錢時，就在沙田買地建房建店。他們的父母親分別於光緒七年（1881 年）、光緒十一年（1885 年）過世，之後，他們分家產，作者四兄弟，每人分得一萬兩，四兄弟共有六名兒子，每人五千兩；此外，他們還把房產分掉，但店舖生意則繼續以嘗產方式維持下去。這種安排應該至少延續至光緒二十二年，這時，作者的三名兄弟均已過世，作者自己也感到年事已高，因此覺得有必

---

48 《南海鶴園冼氏族譜》，宣統二年（1910）刊，卷 4 之 1，頁 4a-21b，藏廣東省圖書館，編號 K0.189/272.2。有關冼易的傳記，見鄭夢玉等主修，梁紹獻等總纂，《續修南海縣志》，廣州富文齋同治壬申 [1872] 刊，卷 14，頁 18a-19a，載《中國方志叢書》第 50 號（台北：成文出版社，1967），總頁 261-2；有關冼鳳詔的傳記，參見鄭榮等修，桂玷等纂，《南海縣志》，清宣統二年（1910）刊本，卷 18，頁 3b-4a，載《中國方志叢書‧華南地方》第 181 號（台北：成文出版社，1974），總頁 1630-2。

要把嘗產的歷史寫下來，留給子孫。[49]

　　廣東省圖書館藏有另一本嘗產記錄，題為《吳氏家譜》，撰寫於光緒二十五年（1899 年），該書並沒有譜系資料，僅簡略地敍述了家族的歷史及其財產分配情況。吳氏發家致富，在家鄉及廣州城內都有嘗產。作者的父親（1825—1898 年）十幾歲時，就帶着祖先留下的 250兩，離開家鄉，到廣州城，開設若干店舖，售賣木材和絲綢。同治八年（1869 年），作者的父親已經富裕到能夠捐錢買官的地步。光緒十三年（1887 年），他在家鄉建起祠堂。他死後留下的現金及資產，總值45,000 兩，他的遺囑規定，其中部分支付自己的遺孀及家族中個別成員，剩下的 39,000 兩，則由十二名孫子分掉，但長孫能夠獲得兩份，其餘人各一份。至於田產，主要是家鄉的房子和農地，則成為嘗產。這樣，有嘗產，有祠堂，一個宗族的結構就形成了。[50]

　　不僅富裕之家編纂族譜，尋常百姓家也是會編纂族譜的，但尋常百姓家的族譜多為篇幅短小之鈔本，且不必出自文人的優雅手筆。清遠縣一個麥氏宗族的族譜，有光緒二十七年（1901 年）序，謂作者的祖先們遇到一位來自香山縣小欖鎮的僱工，祖先們要求這位僱工出示其族譜。[51] 這裏尋常百姓家的族譜，可以是一冊冊線裝書，也可以是一張單張，甚至可以是香煙盒大小的掌上型族譜：長 10.5 厘米、寬 6 厘米的冊葉，以硬卡紙做封面、封底。[52]

　　不僅農村地區繼續修建祠堂，廣州城內也修建合族祠，修建合族祠的同姓之人，未必同住一處。這些合族祠究竟是為族人服務的俱樂部，還是供族人暫時安放祖先神主牌位之處？我們不大清楚。目前

322

49　《家規要言》，光緒二十二年（1896）刊，一如所料，這筆錢是以祠堂的名義控制的，該祠堂稱為何德勝堂。

50　《吳氏家譜》，光緒二十五年（1899）刊。

51　《麥氏族譜》，民國二十七年（1938），藏廣東省圖書館，編號 K0.189/516.2.

52　此書題為《郭振波記部》，民國十八年（1929）刊，是我從香港一舊書肆買到的。其中有一折頁，提及運送一具屍體回廣州安葬的事宜，以及死者的譜系資料。死者的家人在廣州"敬記爐廠"工作，此書還有以折頁記載的賬目。

已經成為廣州市政府重點文物的陳家祠，反映出這類合族祠往往面積
龐大，建築華麗，閃耀着文人品味，陳家祠當然也遵從家廟的官方形
制，並掛滿了彰顯族人科舉功名的榮匾。位於廣州城以北的清遠縣清
平鄉陳氏宗族，其族譜內有一筆材料，內含陳家祠光緒十七年（1891
年）開給該宗族的發票，原來這清平鄉陳氏宗族捐給陳家祠 20 兩銀，
以便把自己一名祖先及其兩名妻子的神主牌位安放於陳家祠。光緒
二十二年（1896 年），清平鄉陳氏宗族又捐給陳家祠 1.8 兩，以便加入
把自己加入陳氏譜系中，這應該就是所有捐銀的陳氏族人的記錄。[53]
合族祠一般都會為每個支派預留一間偏殿，這樣，一方面強化了個別
支派的自我認同，一方面也通過合族祠這種符號，把各個支派整合到
全省的共同體內。廣州的葉氏合族祠由一書院、一私塾組成，凡房間
四十間；而林氏合族祠的祖先神主牌位，則超過六百。[54] 光緒十六年
（1890 年），順德縣水藤鄉何氏宗族捐銀三百兩予廣州的何氏合族祠盧
江書院，以便在書院內建立偏殿，祭祀自己的祖先。[55] 如果以陳家祠的
神主牌位安放費用作參考，則合族祠以安置族人神主牌位為名，收取
費用，利潤相當可觀。遲至咸豐二年（1852 年），廣東省衙門基本上仍
是反對在廣州建立合族祠的，因為省衙門認為：合族祠的共同祖先多
有假冒成分；以安置族人神主牌位為名收取費用，也多有不公；而合
族祠把一羣人招集在類似客棧的地方，品流複雜。[56]

　　與合族祠相對應的，應該就是統宗譜，所謂統宗譜，是意圖把不
同地區的同姓宗族聯合起來的族譜。在這方面，最顯著的例子大概就

323

53　據廣東民間工藝館《陳氏書院》（北京：文物出版社，1993），該書院建成於光緒
　　二十年（1894），這個看法，與陳氏族譜記載互相發明，見《陳氏族譜》，光緒二十六年
　　（1900），鈔本，有關第二十七世子孫的記載，藏廣東省圖書館，編號 K0.189/276。

54　《南陽葉氏宗譜》，光緒二十一年（1895）刊於香港，藏香港大學圖書館，編號：中
　　789.3/45-42；《雙桂書院志略》，廣州忠孝堂光緒癸未（1883）刊，藏香港中文大學圖書
　　館善本部，編號 AS452.S48 S5 v.1-4；黃海妍，《清代以來的廣州合族祠》（博士論文，
　　廣州：中山大學歷史系，2002），第 3 章。

55　《何氏族譜》，頁 22b。

56　〈禁止省會省會私立宗祠及書院義學等項〉，咸豐二年（1852），載《廣東巡撫衙門文書》
　　（無刊行年份，鈔本，藏廣東省圖書館，編號 K3.0487/8281），〈戶役‧田宅‧山墳〉卷。

是曾氏宗族，因為曾氏得到曾國藩的推動。曾國藩發動其湖南同鄉子弟，組建團練，號稱"湘軍"，成為挽救清朝政府、平定太平天國叛亂的中興名臣之一，官至兩江總督。[57]

如果宗族改信基督教，理論上，其組織管理形態應該有所改變。以二十世紀初遷移至香港新界崇謙堂村的基督教家庭為例，他們家中都沒有祖先神主牌位。[58]此後，西方的影響也逐漸在族譜中反映出來，但這些影響仍屬個人經驗，而非制度變化。以新會縣一歐陽氏宗族為例，根據族譜，歐陽氏四兄弟大約從咸豐十年（1860 年）開始在香港謀生，首先來香港的應該是老大，經營香港與內地之間的糧食貿易，從他開始，其餘兄弟陸續來港工作；老二（1832—1908 年）販賣鴉片；老三開設錢幣找換小店，因此大概也做些匯款生意；老四是個機械技工，通曉英語。大約在十九世紀八十年代，老二為自己從事鴉片貿易而深感愧疚，於是開始擁抱當時的激進思想，他厭棄科舉的八股文，並接受晚清革命思潮的基本信念，把中國傳統思想與滿清對漢人的種族壓迫聯繫起來。當時流行的喪葬禮儀，是為死者披上清朝官服。而他在遺囑中特別規定，不准這樣做。他的一名姪兒也當了機械技工，他的兒子則畢業於美國哥倫比亞大學。[59]

位於廣州城心臟地帶高第街的許氏，也展現了同樣的變化。許氏大宅建於道光二十九年（1849 年），有房屋、花園不等，中心建築則為祠堂。許氏在廣州城的歷史不長，建造大宅是許祥光（1799—1854年），他父親來自潮州，家境貧窮，但業鹽致富，因此許祥光只算是在廣州定居的許氏的第二代。許祥光於道光二十二年（1842 年）中進士，開始其仕宦生涯，十九世紀四十年代廣州人反對英使入城的浪潮

---

57 《武城曾氏重修族譜》，光緒五年（1879），藏廣東省圖書館，編號 K0.189/466.2，該譜每頁都蓋上來自山東的印章。清朝政府承認該高層宗族的成員為曾子後裔，因此免除力役。

58 Nicole Constable, *Christian souls and Chinese Spirits: a Hakka Community in Hong Kong* (Berkeley: University of California Press, 1994).

59 《歐陽在必堂家譜》，民國八年（1919）刊，藏美國普林斯頓大學格斯特圖書館（Gest Library）。

中，許祥光也是積極的參與者。許氏宗族迅速壯大，許祥光這一輩凡
九兄弟，許祥光本人就有八個兒子、十五個姪兒，其中一人就是著名

324　的許應騤，官至閩浙總督。再過一代，許氏又捲進革命洪流。許崇智
（1886—1965 年）在福州起義，然後加入孫中山的革命陣營。許崇清
（1888—1969 年）留學日本，二十世紀三十至五十年代擔任廣州中山
大學校長。許廣平（1898—1968 年）則在廣州、澳門長大，在天津成
了學生運動領袖，並嫁給現代中國最著名的作家魯迅。[60]

　　可是，宗族意識形態，即將退出歷史舞台了。這一天到來，不是
因為宗族建設突然停頓，而是因為宗族所在的中國社會，正在改變。

60　廣州市越秀區地方志辦公室，《廣州高第街許氏家族》（廣州：廣東人民出版社，1992）。

第二十二章
民族國家的矛盾：宗族的落後性

團練林立、槍炮擴散，終於改變了王朝中央與地方社會的權力
平衡格局，使地方社會的力量壯大。人們以為，既然王朝中央對於地
方的控制被削弱，則宗族應該會把握這千載難逢的機會，壯大實力。
實則不然。十九世紀五、六十年代的團練，並非宗族，而是以宗族組
成的地域聯盟。其活動的主要場所，不是鄉村，而是城鎮。只要清朝
還能夠擺出個統治天下的樣子，則清朝向百姓頒贈功名，百姓也嫻熟
優雅地套用宗族的行當，於是，清朝的國家意識形態，就能夠繼續建
立在宗族意識形態之上。可是，二十世紀初，清朝的傳統國家意識形
態，開始被君主立憲思想取代，原因是清朝為求救亡，孤注一擲地推
行憲政改革，清朝此舉，不僅是要應付外國列強的軍事威脅，也是要
應付各地總督的牽制。新的君主立憲制度的基礎，不是宗族，而是由
宗族組成的聯盟。

　　中國傳統王朝意識形態過渡為君主立憲思想，究竟在多大程度上
拜報紙這種新制度之鼓吹所賜？而就廣東而言，在多大程度上拜港英
殖民地政府的櫥窗效應所賜？答案見仁見智。[1] 有一點倒是很清楚的：

1　Mary Backus Rankin, *Elite Activism And Political Transformation In China: Zhejiang Province, 1865-1911* (Stanford: Stanford University Press, 1986); Rudolf G. Wagner, "The role of the foreign community in the Chinese public sphere," *China Quarterly*, Vol. 142 (1995), pp. 423-43.

自十九世紀六十年代初太平天國叛亂平定、到光緒二十年（1894 年）中日甲午戰爭爆發，清王朝藉以表達自己的儀式，與演變自明朝的地方行政結構（即宗族及相關的賦役安排），仍然是緊密結合的。但是，從光緒三十年（1904 年）開始，雖然地方社會的各種儀式繼續維持其宗教活力，但王朝國家卻已演變出新的形態。一方面，宗族作為男性主導的團體，繼續做各類儀式，繼續控制田產，並且愈來愈多用槍炮來擴張勢力。另一方面，一種嶄新的政治意識形態出現了，它大聲疾呼，認為清朝的傳統制度，是清朝積弱的原因。因此，正當宗族實力如日中天，宗族對未來新中國的作用，卻開始受到質疑。提出這種質疑的是新一代知識分子，其中有自幼就閱讀報紙者，後來更有放洋留學者，以及接受新式學堂教育者。宗族這個制度，自十六世紀開始，曾經為國家的權力奠定堅固的社會基礎，到了二十世紀，卻成為恐龍，邁向滅亡。[2]

自從十八世紀初以來，宗族就蒙上惡名。清政府承認，天下太平，原因之一就是宗族在意識形態方面無比忠誠於朝廷。但清政府也知道，宗族銳意增加嘗產，往往導致宗族內部及宗族之間的衝突。乾隆十五年（1750 年），由於一些官司打到廣東省按察使的衙門，廣東巡撫發出告示，勸諭宗族設立族正以管理嘗產，族正由族中具備生員資格的成員擔任，宗族要把族正的名字申報給衙門，族正每年要把宗族的賬簿交給衙門審查，包括以宗族名義控制的田產收入多少，祭祀及其他活動的開支多少，等等。族正有權仲裁宗族內部糾紛，並有權連同其他宗族的族正仲裁宗族之間的糾紛。如果有人不服從、不尊重族正的裁決，族正得向縣衙門申訴。宗族一年之內不鬧事、不興訟，則族正獲官府發給獎金；但如果宗族的賬簿賬目不清之處，或者族人犯了重罪，則唯族正是問。巡撫的這份告示陳意甚高，但似乎並沒有獲

2　Chen Han-seng, *Landlord and Peasant in China: a Study of the Agrarian Crisis in South China* (New York: International Publishers, 1936), p. 31.

得認真執行。[3]

但清政府繼續認為宗族是地方械鬥的元兇，乾隆三十一年（1766年），清政府再度嘗試約束宗族。廣東巡撫也意識到乾隆十五年（1750年）的告示並不能制止械鬥風潮，於是上奏，建議宗族嘗產限制於一百畝以下，若超過一百畝，則由族正管理其中一部分，其餘則分給宗族成員。巡撫指出，擁有龐大嘗產的宗族能夠進行械鬥，因為械鬥中受傷的族人，宗族會提供醫藥費；戰死的族人，宗族會將其神主牌位供奉於祠堂，並照料其家屬的生活；如果宗族被衙門裁定鬥毆殺人罪名成立，宗族還能夠花錢請人頂罪。朝廷因應廣東巡撫的這道奏章，頒下聖旨，正視宗族買人頂罪、助長械鬥的問題。但是，聖旨認為，限制宗族嘗產的規模，並非可行之道，因為宗族的嘗產的確救濟了族內的貧弱成員；何況在全省範圍內調查宗族的嘗產，無非又讓衙門差役有一次侵漁竣削的機會。聖旨因此採取折衷方案：假如宗族參與械鬥，巡撫要仔細審理，看該宗族是否買人頂罪，如果證實宗族買人頂罪，巡撫有權把宗族的嘗產拆散，分予宗族成員。[4]

327

雖然有了這道聖旨，但迄今為止，我們找不到任何史料顯示有宗族因而被官府拆散其嘗產。這些告示、聖旨的唯一長久後果，除了使族譜裏偶然多了"族正"這個字眼之外，就是讓官府把廣東村落之間

3　〈設立族正副約束子弟總理堂租〉，乾隆十五年（1760），載《廣東巡撫衙門文書》（無刊行年份，鈔本，藏廣東省圖書館，編號 K3.0487/8281）〈戶役・田宅・山墳〉卷；參見 Hsiao Kung-chuan, *Rural China: Imperial Control in the Nineteenth Century* (Seattle: University of Washington Press, 1960), pp. 349-50, 672-3, nn125-7. 另外，陳宏謀在廣東巡撫任上推廣族正制度前，也曾在江西推廣族正制度，見 William T. Rowe, *Saving the World, Chen Hongmou and Elite Consciousness in Eighteenth-century China* (Stanford: Stanford University Press, 2001), pp. 393-404.

4　《大清歷朝實錄・高宗實錄》（大滿洲帝國國務院 1937 年瀋陽原刊本，北京：中華書局，1985-7 年翻印），卷 759，頁 9a-10b。這篇奏摺，由蕭公權翻譯成英語，見 Hsiao Kung-chuan, *Rural China: Imperial Control in the Nineteenth Century*(Seattle: University of Washington Press, 1960), pp. 362-3.

的械鬥與宗族的強盛畫上等號。[5] 這可以說是清朝制定法律的獨特過程的結果，而未必反映出廣東械鬥問題之嚴重。大清律例實質上是一套刑事法律，除了五刑二十等這樣的一般處罰原則之外，對於各地的罪行，也有特別的處罰規定。械鬥並不局限於珠江三角洲，但官府既然從珠江三角洲宗族勢力雄厚這個角度來理解械鬥並制定相關條例，因此，由於官府一再引用這些條例來判案，就使人們在心目中把械鬥視為宗族建設的派生事物。

稅照收，但官府的合法性改變了

　　一涉及賦稅問題，官府就認為宗族有逃稅嫌疑，這種猜忌態度，歷經十八、九世紀而不變。晚清的改革派大臣之一張之洞，光緒十年至十五年（1884—1889 年）擔任兩廣總督時，就為賦稅問題傷透腦筋。張之洞要應付的，是十萬火急的財政需求。除每年上繳稅銀予朝廷之外，兩廣地方不靖，迫使張之洞要花費更多公帑維持治安，爆發於光緒十年（1884 年）的中法戰爭，也使軍餉開支劇增。對於張之洞來說更為雪上加霜的是，光緒八、九、十一年（1882 年、1883 年、1885 年）這三年，朝廷首次要求各省上繳年度財政報告，因此任何虧欠，會被立即發現。張之洞估計，儘管釐金及各種商稅、房屋稅的財政收入達到 450 萬兩，兩廣衙門的財政赤字也仍然高達三百萬兩。張之洞需要廣開財源，其中一條財源，就是珠江三角洲的沙田。

　　光緒十二年（1886 年）朝廷頒下的聖旨，打亂了張之洞的理財大計。該聖旨命令張之洞停止向沙田業戶"勸諭捐輸"。所謂"勸諭捐輸"，只不過是官府額外徵收費用的美名而已。原來，解散於同治十一年（1872 年）的順德團練局，於光緒十年恢復設立，省衙門以此為名，於是年開徵費用。恢復設立順德團練局，是否就加劇了地方軍事化的

328

5　道光三年（1823），清廷發現，宗族械鬥，鬧出人命之後，往往花錢買人頂罪，這樣的案件有三十宗，刑部因此商討修訂，最終把有關械鬥殺人的律例修訂，以結合乾隆三十一年（1766）聖旨的精神。參見江進之，《說帖辨例新編》，道光十七年（1837）刊，卷 26，頁 60a-62a；《大清律例統纂集成》，道光十年（1830）刊，頁 64b-70a。

趨勢，是見仁見智的。因為順德團練局雖然解散，但東海十六沙公局照樣運作。中法戰爭的消息傳來，順德團練局恢復設立之後，就立即在沿河道設立了幾座新炮台。恢復設立順德團練局，更像是為了開拓餉源。被張之洞委任、領導順德團練局的，不是別人，正是龍元禧。幾個月之後，龍元禧就因病逝世。但根據張之洞的方案，開徵費用所得，將由省衙門、縣衙門、地方領袖三方平均瓜分：每畝地徵銀 0.2 兩，徵銀所得的 7%，歸官府所有，官府內部，則按照 2：5 的比例，由省衙門及縣衙門分享這部分財政；其餘 93% 內，70% 交給官府，30% 由地方領袖截留。全順德縣因此被分成十個團練區，這種安排，既方便收費，又能體現團練的武力。[6]

　　但是，如今朝廷既然禁止"勸諭捐輸"，則省衙門只能以稅項名義增加財政收入。由於沙田業戶登記在官府的土地面積，一向低於實際，這意味着官府必須丈量沙田的土地。光緒十二年的聖旨把這個意思表達得很清楚，並授權張之洞執行丈量任務。張之洞雄心萬丈，要求重新發出沙田的土地執照，以前的執照由縣衙門或省衙門頒發，但新執照將由戶部頒發。已經丈量過的土地，官府會把其面積照抄到新執照上，但是，沒有丈量過的土地，將會被丈量，並被視為新升科土地。張之洞這個充滿野心的計劃究竟有多少成效？我們不曉得。官府之前也曾經嘗試加強登記沙田土地，地方志裏甚至地契上都有相關記載。可是，張之洞光緒十二年的登記沙田地計劃，並沒有在官方文獻中留下任何痕跡。[7]

　　無論張之洞在加強沙田登記方面是否成功，但他畢竟發現了東莞明倫堂在南沙及萬頃沙的不尋常的土地控制情況。這可能是他光緒

6　周之貞等倡修，周朝槐等編纂，《順德縣續志》（出版者不詳，己巳年 [1929] 刊），卷 23，頁 15a-b；龍葆諴，《鳳城識小錄》（順德：作者自行刊印，光緒三十一年 [1905]），卷下，頁 16b-19a。該局於光緒十一年（1885）中被解散前，獲展期六個月，以便籌足該局答應捐贈的款項。該局的籌款目標為十三萬兩，其中有八萬兩轉解官府。

7　張之洞著，王樹楠編，《張文襄公全集》（台北：文海出版社，1963），卷 17，頁 26b-29a〈請頒沙田部照摺〉，總頁 380-2；卷 22，頁 27a-32a〈設局清查沙田酌擬章程摺〉，總頁 465-7；卷 26，頁 16a-18a〈沙田發給部照摺〉，總頁 523-4。

十二年（1886年）審理順德縣胡氏與東莞明倫堂成員之一何氏之間的土地官司時無意發現的。正如所有沙田的糾紛一樣，引起官司的事端背後，隱藏着雙方的敵意。這順德胡氏與其他人一起，開發大南沙的一片沙田，順德東海十六沙公局雖曾提出警告，但胡氏不予理會。作為東莞明倫堂一員的何氏，就自行執法，把胡氏已建好的堤壩全部拆毀。關於這場官司的其中一個版本，生動地反映出宗族的權威：某次，何氏有部分人因用鐵鉗採蠔而被東海十六沙公局的人逮捕，因為順德縣知縣已經明令不得用鐵鉗採蠔。他們被押送到公局的辦公室時，卻被東莞縣一批士紳營救了出來，其中一名年老的士紳還因此受傷。他向東莞明倫堂申訴，得到東莞縣八十名士紳聯名支持，並向順德縣知縣展示傷口。但是，東海十六沙公局也控告何氏，何氏就抬出擔任高官的族人以自保，方法是把自己呈給縣官的狀子，夾進自己一名族人晉升高官的通知裏。但兩廣總督張之洞對於何氏絕不手軟，命令順德縣知縣，懲處敲榨罪名成立的何氏族人。值得注意的是，兩廣總督也同時懲處東莞縣明倫堂士紳，指他們向順德胡氏等建造沙田堤壩的業戶徵收費用，是非法之舉，如此徵收得來的一萬三千兩銀，全部充公。顯然，張之洞絕不接受沙田"一田多主"的產權結構，他這個法理方面的立場，使他直接與東莞明倫堂發生衝突。[8]

　　我們還記得，清政府為加強虎門炮台的防禦，把一片沙田撥給東莞明倫堂，東莞明倫堂開發沙田的事業，即由此始。嚴格根據原本的撥地協議，這片沙田屬"屯田"，而非"民田"。"屯田"是"官田"的一種，稅額亦有別於"民田"。至於東莞明倫堂是否以"屯田"稅額繳稅，並不重要，對張之洞而言重要的是：如果地主想把"屯田"改為"民田"，須向官府繳納一筆更改費，而東莞明倫堂並沒有這樣做。因此，光緒十二年，張之洞以此為由，命令東莞明倫堂一次性補交十四萬兩。明倫堂嘗試與張之洞談判，但張之洞手段強硬。他首先嘗試找出明倫堂的佃戶，以便迫使他們交出有關地契。但是，佃戶全躲起來。張之洞於是又生一計，宣佈充公明倫堂一萬二千畝欠交更改費的土地，為彰顯這一命令的政治意味，張之洞還特意宣佈，既然朝廷已經批准自己翌年，即光緒十三年（1887 年）在廣州成立廣雅書院，則這批充公田產，亦將撥歸廣雅書院。東莞 138 名士紳聯名向張之洞求情，這表示東莞士紳仍未屈服。張之洞再也按捺不住，上奏朝廷，建議褫奪東莞"劣紳"的功名。他還說，雖然自己已經獲朝廷委任為湖廣總督，但不解決明倫堂土地問題，他絕不離開廣東一步。這時候，東莞士紳終於屈服了。但是，明倫堂也還不至於完全輸掉。明倫堂被張之洞指為欠交更改費的土地，的確撥歸廣雅書院，但明倫堂卻成了廣雅書院這批新田產的主要佃戶，向廣雅書院交租，而張之洞也離開廣東了。顯然，沒有人能夠從明倫堂名下的沙田徵收多少稅款，即使強而有力的總督大人也做不到。[9]

　　省衙門與士紳就土地問題交手，暴露弱點，其後果重大，遠不局限於賦稅事務的範圍。清政府既然無法提高其土地方面的賦稅，就開始打商人行會及城市慈善組織的主意。清政府賦稅政策的這種改變，也增強了這些城市組織的力量。在城市和在鄉村一樣，包稅制度總讓有勢者更有財。而且，清政府要在城市裏提高賦稅，就要推行一個合法化過程，這個過程有許多儀式方面的陷阱，往往讓國家自討苦吃。就珠江三角洲而言，政府的合法化過程很快就被大幅度的君主立憲改革所取代，之後，憲政改革又被革命所取代。

　　談到中國行會的歷史時，須作一點提醒。英語"guild"這個字眼，包含了很多形態不同的組織。同樣，在中國，"行會"的活動也很複雜多樣：從祭祀行業神並且會餐，到管制價格、設立行規、招收學徒、提供福利，以及處理商務、稅務事宜等等。[10] 中國的行會，歷史悠久，

9　黃永豪，《土地開發與地方社會——晚清珠江三角洲沙田研究》（香港：文化創造出版社，2005），頁 78-85。

10　汪士信，〈我國手工業行會的產生、性質及其作用〉，《中國社會科學院經濟研究所集刊》，1981 年第 2 期，頁 213-47；呂作燮，〈明清時期的會館並非工商業行會〉，《中國史研究》，1982 年第 2 期，頁 66-79。

最早的行會，似乎是由在外經商的商人所設立的，之後才出現由工匠組織的行會。蘇州的嶺南會館，應該是廣東人在外地設立的最古老會館之一，據說始建於萬曆時期（1573—1619 年），康熙五年（1666 年）重修；不久，大約在康熙二十九年（1690 年），湘潭也出現了嶺南會館。[11] 工匠組成的行會出現稍晚，但最遲在十八世紀，也應已存在。[12] "牙人"這種官方委派經紀的制度，在十八世紀衰落，原因可能與這類行會的出現有關。所謂"牙人"，是指官方為個別行業委派的市場經紀，他們擁有壟斷經營的特權。[13] 可以想像，隨着"牙人"的權威衰落，有一段時期，比較大型的市場，由半似黑幫、半似商販協會的自治組織所控制。這段時期很長，但我們認識甚少。因此，在佛山，最成功的鐵匠，不會是經紀，而會是根基雄厚的宗族的成員。太平天國叛亂之前，有關佛山行會的歷史，一片空白，但這可能正好反映現實：代表行會利益的，是士紳及其宗族；而行會的部分行為，例如收取保護費或者管制價格，可以說是干犯大清律例的，因此更需要士紳及其宗族的保護。

331

11　在湘潭，嶺南會館建於康熙二十九年（1690）；在鄰近的湖北漢口，嶺南會館也建成於康熙五十一年（1712）；在北京，廣州商人於康熙五十四年（1715）建成仙城會館。廣東省內，康熙四十五年（1706），順德商人在瓊州府陵水縣建立順德會館。有關以上城市的會館，參見顧祿，《桐橋倚棹錄》（上海：上海古籍出版社，1980），頁 88；陳恭尹著，郭培忠校點，《獨漉堂集》（康熙十三年 [1674] 刊，廣州：中山大學出版社，1988），頁 824-5；William T. Rowe, *Hankow: Commerce and Society in a Chinese city, 1796-1889* (Stanford,Calif. : Stanford University Press, 1984), p. 265; 全漢昇，《中國行會制度史》（台北：食貨，1978），頁 94-6，按：此書近年版本，見全漢昇，《中國行會制度史》（天津：百花文藝出版社，2007）；羅威廉及全漢昇二書均引述根岸佶，《中國のギルド》（原刊 1953 年，東京：大空社，1998）也參見譚棣華、曹騰騑、冼劍民，《廣東碑刻集》（廣州：廣東高等教育出版社，2001），頁 961-73。

12　我能找到的、有清晰的會館結構可言的史料，是乾隆二十七年、三十一年、四十五年、五十六年（1762、1766、1780、1791）廣東戲劇會館吉慶公所的碑銘，以及乾隆三十四年（1769）廣東錢莊會館忠信堂的碑銘。廣東錢莊會館忠信堂的碑銘稱，該堂始建於康熙十四年（1675），但我認為該堂最初是個廟，供奉的是錢莊商人的保護神。以上史料，參見冼玉清，《冼玉清文集》（廣州：中山大學出版社，1995），頁 270；區季鸞、黃蔭普，《廣州之銀業》（廣州：國立中山大學法學院經濟調查處，1932），頁 60-2。

13　Susan Mann, *Local Merchants and theChinese Bureaucracy, 1750-1950* (Stanford: Stanford University Press, 1987).

　　從十九世紀五十年代到九十年代，行會在廣州城和廣東主要市鎮如佛山的地位，漸漸得到清政府公開承認。這個變化，與清政府徵收厘金有密切關連。清政府最先向國內貿易的貨物徵收厘金。羅玉東研究清政府通過厘金制度所得到的財政收入，他發現，清政府在廣東徵收厘金，始於咸豐八年（1858 年）；至咸豐十一年（1861 年），清政府每年從廣東收到的厘金達 43.6 萬兩；之後十年，更大增至每年 100 萬兩；到了光緒二十一年（1895 年），再增至近 200 萬兩。就厘金制度覆蓋的地區而言，從咸豐十一年開始，清政府先後在廣州城、佛山、江門，及順德縣陳村設卡抽厘，隨着厘卡愈設愈多，官府不再直接徵收厘金，而是推行厘金承包制。[14]

　　厘金制度設立之日，厘金承包制也逐漸發展出來。當時，有人上奏，謂厘金之徵收，被一些有勢力的人所壟斷，這些人與兩廣總督有關係。朝廷對此事展開調查，兩廣總督因此被革職。[15] 此事之後，或由政府直接徵收厘金，或由各行各業的商人代為徵收。清朝拱北海關光緒八年至十七年（1882—1891 年）的十年報告，引述當時兩廣總督張之洞奏摺，謂負責代政府徵收厘金的，凡有 85 間公司。報告又提及，廣州的布匹行會向海關遞狀，請求獲得批准、代官府徵收厘金，狀子指出，茶葉及絲綢行會早已承包厘金了。[16]

　　行會公共職能的變化，始於光緒二十五年（1899 年），清政府由於在甲午戰爭戰敗，被迫賠款，入不敷支，於是派遣欽差大臣剛毅到廣州，與廣東協商上繳朝廷稅款事宜。[17] 剛毅從前也在廣東當過官，這次到廣州與兩廣衙門協商之前，剛在江蘇進行過類似的協商，他深

332

14　羅玉東，《中國厘金史》（原刊 1936 年，台北：學海出版社，1970），頁 110-1、340-58、578-9。

15　參見《大清歷朝實錄・穆宗實錄》，卷 13，頁 42a-43b；卷 22，頁 16a-20a；卷 30，頁 38a-39b；卷 39，頁 27b-28b；卷 49，頁 41a-42a。被牽涉在內的人，包括 Pan Sinan。

16　China Imperial Maritime Customs Service, *Decennial Report* 1882-91 (Shanghai, 1892), p. 581-6.

17　何漢威，〈從清末剛毅、鐵良南巡看中央和地方的財政關係〉，《中央研究院歷史語言研究所集刊》，第 68 本第 1 分（1997），頁 55-115。

知，要增加財政收入，不能寄望於土地稅，只能寄望於商業稅。他建議，把厘金提高一倍，並把厘金之徵收全部交予商人承包，這樣，他預計廣東每年可以上繳朝廷的厘金將達四百萬兩。剛毅的方案並沒有成功，但在談判期間，廣東省衙門作出了一項安排，把徵收厘金的任務，交由所謂"七十二行"的行會承包。究竟這些行會的數目是否真的正好七十二，恐怕沒有多少人說得清。幾年之後，當輿論開始倡議商會制度時，光緒二十九年（1903 年）的一份報紙報道，七十二行之中，超過三十位於廣州城內，二十位於佛山，其餘散佈廣州其他城鎮。編纂於宣統三年（1911 年）的《番禺縣志》，開列了所有七十二行的名稱，此外還開列了其他行會：洋煤行、報稅行、燕梳行（即保險行會）及金山莊行。金山指北美，金山行會肯定是在太平天國叛亂爆發之後才出現的。[18] 正如米高・金（Michael Tsin）指出，無論這些行會數目是否七十二，它們都是各自為政，沒有統一的管理，只不過"七十二行"這個辭彙深入人心而已。[19]

　　朝廷無法迫使廣東把上繳的厘金提高到朝廷所希望的水平。雖然如此，剛毅南巡的成績亦不可等閒視之。在廣東，許多商貿組織繳納的厘金可謂微不足道，光緒二十七年（1901 年），東莞石龍墟的油業行會每年只繳納 850 兩，鐵釘及進口鐵貨行會每年只繳納 650 兩，即使新會的葵扇行會每年也只繳納 1,900 兩。但是，部分行會繳納的厘金卻相當可觀：廣州的戲劇行會吉慶公所，因光緒二十八年（1902 年）成立小學堂而捐款一萬兩；另外，官府把南海、番禺兩縣即廣州城內七百間當舖銷售貨物的厘金徵收權，作價六萬元（4.3 萬兩），發予民間承包。[20] 可是，最為豐厚的厘金來源，是官府批准的賭博。在墟市，

18　《華字日報》，1903 年 10 月 19 日；梁鼎芬修，丁仁長、吳道鎔等纂，《宣統番禺縣續志》，宣統三年（1911）刊，卷 12，頁 32a-b，載《中國地方志集成・廣州府縣志輯》（上海：上海書店，2003），第 7 冊，總頁 179。

19　Michael Tsin, *Nation, Governance, and Modernity in China* (Stanford: Stanford University Press, 1999), pp. 28-9.

20　《華字日報》，1901 年 8 月 19 日號；10 月 22 日號；1902 年 7 月 18 日號；1903 年 4 月 8 日號。

長期存在各種賭博，官府長期禁止，但這些賭博也長期興旺。"闈姓"
這種賭博，賭的是廣東科舉考試（歲試、科試、鄉試）的合格考生的姓
氏，是從澳門策劃的。光緒二十六年（1900 年），廣東省衙門把各種賭
博合法化了，原因是獲准經營"番攤"這種賭博的惠泰公司，捐出二百
萬兩釐金、八十萬兩"禮物"予官府；而宏豐公司則獲准以每年上繳官
府 42.5 萬兩的條件，經營"闈姓"賭博。[21]

　　政府嘗試從商貿方面得到更多財政收入的同時，城鎮裏的慈善組
織在管理地方事務方面的角色也愈來愈吃重。從報紙有關廣州城本地
事務的持續不斷的報道看來，顯然，到了十九世紀九十年代末，除了
所謂七十二行之外，還有九個慈善機構代表廣州城居民與官府交涉，
這被稱為"九善堂"的九個慈善機構中，資格最老的愛育善堂，也晚至
同治十年（1871 年）才成立。有人會說，這些慈善機構及行會的出現，
代表着廣州城內"公民社會"的出現。這看法未嘗沒有道理，這些慈善
機構及行會的出現，的確意味着官府與百姓打交道的方式產生劇變。
但是，在這些慈善機構及行會出現之前，有團練及其士紳領袖，在團
練及其士紳領袖出現之前，有宗族聯盟以及宗族。這些宗族、宗族聯
盟、團練及其士紳領袖，作為"公民社會"的成員，並不比慈善機構及
行會遜色。因此，我們把清政府依賴城市裏的慈善機構這個現象，等
同於"公民社會"的出現，只會強化十九世紀下半葉清政府賦稅改革所
造成的獨尊城市的偏見。無論以甚麼尺度來衡量，慈善機構絕非十九
世紀末的新穎事物，但廣州城市慈善機構的新穎之處，在於經營這些
機構的商人及行會，得到官府的承認。而這些商人及行會，也能夠採
取新的模式，用新措施、新方式宣示對政府的忠誠。

　　這套新的模式，是從上海搬過來的。因創辦愛育善堂而名載南
海縣志的陳次壬，原來屢試不第，十九世紀六十年代，他在湖北省的
漢口經商，正值漢口開放為長江中游的對外通商口岸。十九世紀七十

333

21　何漢威，〈清末廣東的賭博與賭稅〉，《中央研究院歷史語言研究所集刊》第 66 期本 2 分
　　（1995），頁 489-555。

年代初，陳次壬回到廣州，與十一人聯手創辦愛育善堂，其中至少三人，背景和他一樣，都是商人。假如我們對於愛育善堂的商人背景還有甚麼懷疑的話，則兩廣總督張之洞於光緒十二年（1886 年）的觀察當可把我們的疑團一掃而空。是年，張之洞上奏朝廷，建議在廣州成立警察局，他嘗試拉攏愛育善堂支持其計劃，他說，愛育善堂是廣州城各行各業商人的聚集點。[22]

愛育善堂的活動，包括賑濟水災災民、為貧弱無力之人贈醫施棺、經營慈善學校。[23] 南海縣志有關陳次壬的傳記，描述了愛育善堂的活動，並說，愛育善堂的章程是模仿上海普育善堂的章程而制訂的。成立於光緒十六年（1890 年）的兩粵廣仁善堂、成立於光緒二十年（1894 年）的方便醫院，也都各有其章程。我們把以上這些慈善機構的章程綜合考察，就會發現它們的共同精神：分清董事與經理的權責；設立選舉機構以選舉董事；限定董事的任期；要求公開賬目；強調自己的慈善活動得到官方承認。以兩粵廣仁善堂為例，其章程規定，凡捐贈十元，即可成為會員；會員有權競選董事；董事任期一年，任滿可成為副董事，以襄助董事；籌集所得資金，全數用於善堂工作，不得貸予會員；董事沒有酬金，連伙食費都沒有；善堂聘請一名經理來管理善堂的日常工作，該經理每天記錄流水賬，計算收支，交予董事審核，並於每月第一天向會員公佈。兩粵廣仁善堂在饑荒時期提供糧食、賑濟災民，並有兩名種痘醫師提供種痘，預防天花。但除此之外，還聘請儒者穿起長衫，每天中午至下午四點之間，宣講聖諭十六條、解釋律例、講述故事以宣揚道德教化。[24] 方便醫院則是由貿易行會創立的，這一點與兩粵廣仁善堂不同。雖然方便醫院把這些行會稱

334

22　鄭榮等修，桂坫等纂，《南海縣志》，清宣統二年（1910）刊本，卷 20，頁 11a-14a，載《中國方志叢書・華南地方》第 181 號（台北：成文出版社，1974），總頁 1697-1703，以下簡稱《宣統南海縣志》；《張文襄公全集》，卷 17，頁 15a-17b〈籌捐巡緝經費摺〉，總頁 375-6。

23　《華字日報》，1895 年 5 月 27 日；6 月 14 日；1903 年 5 月 19 日。

24　鄧雨生，《全粵社會實錄初稿》（廣州：調查全粵社會處，1910），〈兩粵廣仁善堂〉，頁 2a-3b。

為"七十二行"，但從董事名單上看，只有 63 個行會。方便醫院章程規定：每年由兩個行會推舉董事、兩個行會推舉副董事，任期均為一年；每個行會推舉的董事或副董事，不得少於八人，也不得多於十二人；醫院及墳場由一名經理管理，經理向董事、副董事負責；醫院現款不得超過二百兩，超過部分，全數用於投資；創始董事、董事、副董事有權在任何時候審核賬目；每年輪換董事之前，經理必須做好賬簿，並由四名會計師審核賬目；然後把當年賬目及當年的捐款記錄刊印成冊，派發所有行會會員；又為了顯示政府的支持，方便醫院是由南海縣知縣宣佈成立的。[25]

這類善堂，財力應該是極為雄厚的。宣統二年（1910 年），兩粵廣仁善堂的董事、副董事之中，位於廣州的個人或機構為數 952；位於廣東其他城鎮的店舖有 66 家、善堂有 85 間；另外，有 99 名董事來自澳門、上海、東莞縣石龍鎮、肇慶、三水縣西南鎮，及以經商海外而著稱的台山人的家鄉開平縣；有 87 名董事來自廣西。方便醫院的董事為數大約 1,400，其中除很多是商舖之外，來自"安南大邑"的為數 32，安南即越南，可見方便醫院與海外華人也有聯繫。[26] 珠江三角洲其他縣城及市鎮的類似慈善機構，也很依重來自香港和廣州的同鄉的捐款。[27] 這類財力雄厚的慈善機構，如雨後春筍般湧現於十九世紀最後幾十年間，為中國社會組織帶來全新變化，我們要問：這一切是如何發生的？

這類新型慈善機構，規定董事的服務年限、得到官方的支持、並公開收支賬目，這顯然與傳統的慈善機構大不相同。有關晚清上海"公民社會"的研究，強調這些新型慈善機構的創辦人是"商人"，這觀點恐怕抓不住問題的核心。毫無疑問，正如瑪麗・巴庫斯・蘭瑾（Mary

---

25　《全粵社會實錄初稿》，〈方便醫院〉，頁 2b-4b。

26　《全粵社會實錄初稿》，〈兩粵廣仁善堂〉，頁 5a-10b，〈方便醫院〉，頁 8b-13b。

27　以順德大洲及烏洲的崇仁善堂為例，該善堂登報賣廣告，呼籲身處外地的同鄉捐款，見《華字日報》，1902 年 7 月 19 日。

Backus Rankin）指出，晚清中國社會組織的變化，與當時報紙的出現
是同步的，報紙成為公眾輿論的新載體，也因此擴大慈善家的活動範
圍，使他們不再僅僅局限於同鄉的小圈子裏。另外，正如本章指出，
自從太平天國叛亂之後、尤其自從 1895 年《馬關條約》簽定之後，清
朝政府已經把其財政收入的主要來源，從鄉村轉移到城市。[28] 但是，
只提及報紙的出現，只提及晚清政府財政制度的轉變，以之解釋中國
社會組織的變化，仍然是不完整的。晚清慈善機構把擁有權與管理權
分開，這是新穎的行政管理制度，有了這樣的制度，慈善機構才能大
幅擴張其財政規模。這如此重要的制度，是如何出現的？回答這一問
題，才能夠全面解釋中國社會組織的變化。這一問題的答案，並非來
自上海，而是來自香港。同治九年（1870 年），東華醫院，得香港政
府以法案形式批准成立。有趣得很，體現於未來兩粵廣仁善堂、方便
醫院章程裏的行政管理原則，原來包含於東華醫院法案之內。法案規
定，東華醫院的捐款者，是東華醫院這個"法人"的成員，並規定他
們在香港進行選舉，以一人一票、多數勝出方式選出董事。日後東華
醫院的資料顯示，董事候選人是由各成員行會提名、現任董事邀請下
產生的，但董事候選人仍須在正式選舉勝出，方能成為董事。冼玉儀
細緻地研究了東華醫院的檔案，認為東華醫院的董事，都經由選舉產
生。假如晚清廣州慈善機構的章程學的是東華醫院這一套，則晚清廣
州慈善機構的基礎，就不是傳統中國行會的制度，而是來自西方的制
度。[29]

　　冼玉儀把東華醫院形容為"西方形態、中國內容"的混合物，並
且指出，這並非孤立的事件而是海外華人社區普遍的現象：同治十年
（1871 年），鏡湖醫院成立於澳門；光緒十一年（1885 年），同濟醫院
成立於新加坡；光緒十四年（1888 年），東華醫院成立於三藩市；光緒

336

28　Mary Backus Rankin, *Elite Activism And Political Transformation In China: Zhejiang Province, 1865-1911* (Stanford: Stanford University Press, 1986).

29　Elizabeth Sinn, *Power and Charity, the Early History of the Tung Wah Hospital, Hong Kong* (Hong Kong: Oxford University Press, 1989), pp. 44-60, 267-71.

二十七年（1901年），福善醫院成立於越南西貢市堤岸區；光緒三十三
年（1907年），廣肇醫院成立於同區；同年，天華醫院成立於泰國曼
谷。對於以上年表，我們還可以補充一條：光緒十八年（1892年），
同善堂醫院成立於澳門。同善堂醫院特別值得一提，因為該醫院目前
仍在，並且保留了創始人的神主牌位。在晚清的慈善機構中，澳門同
善堂醫院算是較早成立的一間，它把捐款者的神主牌位供奉於醫院之
內，此舉可能是當時的風尚，也有勸誘鼓勵的功效，完全不令人驚
訝，此舉反映出，儘管澳門同善堂醫院在財政上、管理上已經引入新
式制度，但仍然保存着儀式性的、極為傳統的特色。[30]

宗族不變，國家已變

　　晚清，各級地方諮議局參與城市及市鎮的管治，這一政治改革的
基礎，由貿易行會及慈善機構奠定；而這一政治改革的步伐，亦因光
緒三十年至宣統三年間（1904—1911年）的一系列事件而加快。明初，
新王朝建立，也就為地方百姓確立了新身份，這身份擴展至其他人之
前，是被一小撮人壟斷的；晚清也一樣。但是，明初，王朝通過里甲
戶籍制度來整合社會，在此過程中，創造出宗族；晚清卻不一樣，清
朝末年的政治改革，意在爭取地方商貿領袖的支持，因此，吃香的身
份不再是士紳，而是商人。晚清的連串政治改革，啟動於清朝於光緒
三十、三十一年（1904—1905年）的幾項決策，包括廢除科舉制。取
而代之的，是清朝政府頒佈的《商法》，它承認商人的地位，允許商業
機構註冊，並且鼓勵甚至要求所有市鎮及城市成立商會。[31] 廣東商會，

30　《潘式典族譜》，民國十三年（1924）刊，卷6，頁64a-65b，66a-67a，106a-107b，
　　108a-112b，藏廣東省圖書館，編號K0.189/53；Elizabeth Sinn, *Power and Charity*, p.
　　80; 陳樹榮，《同善堂一百周年特刊》（澳門：同善堂值理會，1992），頁6、94-5。

31　有關背景，參見 Philip A. Kuhn, "Local self-government under the Republic, problems
　　of control, autonomy, and mobilization," in Frederic Wakeman and Carolyn Grant,
　　eds. *Conflict and Control in Late Imperial China* (Berkeley: University of California
　　Press, 1975), pp. 257-98; Roger Thompson, *China's Local Councils in the Age of
　　Constitutional Reform, 1898-1911* (Camb. Mass.: Council on East Asian Studies,
　　Harvard University, 1995).

337　　就成立於光緒三十一年（1905 年）。翌年，地方自治已經成為大勢所
趨，地方建立諮議局，選舉議員，最終成立全國議會。即使在最理想
的情況下，這個憲政改革，也會觸發統治危機，只有當新政治禮儀確
立，消化新政治制度帶來的破壞與衝擊時，統治危機才有望結束。可
是，二十世紀初發生的權力轉變，不僅為珠江三角洲帶來危機，而且
也為清朝中央政府的合法性敲起警鐘。憲政改革所引進的選舉制度，
以城鎮為主要選區，因而使政府更加依賴市區的支持。光緒三十一
年，廣州的地方領袖發動罷買美國貨行動，抗議美國國會把排斥華工
法案再度延長，這些地方領袖，已經無分士紳與商人了。翌年（1906
年），由於兩廣總督建議，開徵稅項以維持最近贖回的粵漢鐵路廣東段
的營運，廣東的地方領袖羣起抗議，這番抗議，可謂愛國主義與自身
利益相結合之舉，而這些地方領袖，也同樣無分士紳與商人。以上兩
次抗爭活動，都有幾千人出席大會，而大會就在慈善機構中舉行。部
分高層士紳，因為大聲疾呼、反對政府而被抓進監獄。32

　　光緒三十二年末、三十三年初（1906—1907 年），朝廷頒下聖旨，
推行地方自治，把地方民眾的政治參與，再次推向新的、無法逆轉的
階段。一小撮政治領袖，在大眾支持下，建立粵商自治會，正式確立
其政治地位。粵商自治會的領袖為陳惠普，關於他的激進政治活動，
已經有不少研究。我們對於他個人背景，所知似乎不多。粵商自治會
創立時的紀念文章稱，陳惠普出身錢莊職員。可是，據另一段材料，
廣州九大善堂之中，有兩間是由陳惠普贊助的，可見陳惠普本人應
該相當富裕。這兩段材料，甚為矛盾。陳惠普參與罷買美國貨行動，
並幾乎同時參與反鴉片運動。粵商自治會成立於光緒三十三年（1907
年），當時，英國政府宣佈，替清朝政府巡邏西江，這消息自然又招來

32　Edward J.M. Rhoads, *China's Republican Revolution, the Case of Kwangtung, 1895-1913* (Camb. Mass.: Harvard University Press, 1975); Michael Tsin, *Nation, Governance, and Modernity in China*; Stephanie Po-yin Chung, *Chinese Business Groups in Hong Kong and Political Change in South China, 1900-25* (Houndmills, Basingstoke: Macmillan, 1998), pp. 21-44.

廣州士紳及商人的抗議，但陳惠普迅速因應這些事件而成立粵商自治會，反映出他過人的政治才幹。隨後幾年，粵商自治會參與了其他抗議行動：日本貨船"二辰丸"因走私軍火，被清朝政府扣押，日本政府向中國政府交涉，粵商自治會認為日本政府的要求無理，發起罷買日貨運動；英國太古輪船公司集團（Butterfield & Swire）往來香港與廣州的客船"佛山號"上，有一中國乘客被票務員殺死，粵商自治會隨即發起杯葛太古輪船公司的行動；宣統元年（1909年），中葡就澳門邊界問題談判，粵商自治會發起抗議葡萄牙越界的行動，矛頭也指向廣東省政府。

338

在以上事件中，與粵商自治會立場一致，但行動相對溫和的組織，是廣東地方自治研究社。該社與粵商自治會幾乎同一時間成立。研究這兩個組織的歷史學家都指出，廣東地方自治研究社的領袖，多擁有科舉功名，且聲望更高；相對而言，正如愛德華・羅德斯（Edward J.M. Rhoads）所說，粵商自治會則比較"不受約束"。以上這些分析應該是正確的。雖然廣東地方自治研究社的部分成員因為鐵路風潮而與廣東省政府發生矛盾，但該社的領袖卻曾在清政府內擔任高官，因此之故，該社與朝廷，關係良好。該社161名早期會員中，進士14人、舉人49人、貢生27人、現任官員44人。其中，鄧華熙官至巡撫，而易學清任職戶部官員。[33] 但是，別以為做官的人會對商業投資沒有興趣。隨着廣東省政府推行政治改革、尋求財政收入，廣州出現了新的商機。投資於鐵路股票、港口、賭博、鹽業等，都能獲得可觀回報。歷史學家把二十世紀初廣州政治領袖分門別類時，應該意識到，這一時期廣州的商業融資活動，甚為隱密，目前研究對此亦所知甚少。粵漢鐵路的股本，是在廣州各個善堂籌集的，這反映出善堂信用超卓。而各個行會、善堂，以及粵商自治會和廣東地方自治研究社，也一直

33　賀躍夫，〈廣東士紳在清末憲政中的政治動向〉，《近代史研究》，1986年第4期，頁31-54。

參與關於鐵路風潮的羣眾集會。[34]

從光緒三十三年到宣統元年（1907 — 1909 年），廣州出現了各種政治平台。很明顯，廣東省政府喜歡與廣東地方自治研究社及其擁有科舉功名的領袖合作，省政府也喜歡與商會、善堂合作，因為大部分這類商會、善堂都是得到省政府批准的。省政府大概覺得粵商自治會太激進，因此之故，省政府宣統元年（1909 年）成立顧問機構準備地方選舉時，特意把粵商自治會的領袖排除在外。不過，財稅問題始終是官民主要矛盾之所在。沙田地主繼續抵抗官府一切加稅的嘗試，與廣州政壇關係密切的一些人，也幫助他們。宣統元年（1909 年 10 月），廣東省諮議局召開會議，議員動議取締賭博，可是，這時候，賭餉已經成為省政府一項主要財政收入。省政府本來也打算服從諮議局的決議，因為有一財團申請經營食鹽銷售，省政府因此獲得的財政收入，足夠彌補因取締賭博所造成的財政損失有餘。但是，由於此舉意味着食鹽零售價提高，諮議局議員又羣起反對。另外，又有人指控，説這承包食鹽銷售的財團，其實與經營賭博的集團有關。這就使省政府遭受道德譴責。經過一輪談判、會議之後，新上任的、也是清朝最後一任的兩廣總督張鳴岐終於向民意低頭，宣佈從 1911 年 3 月 30 日起正式取締賭博，廣州民眾組織巡遊以示慶祝。英語報紙《北華捷報》稱："街道滿是巡遊人士，長達數英里，人人興高采烈而正氣凜然。廣州從沒有出現過這種場面。" [35]

1911 年辛亥革命之後，人們總説，這場革命是為了推翻滿清暴政、建立議會民主的、經過長期策劃的革命。但是，民國元、二年（1912 — 1913 年）的國民議會，曇花一現，民眾對於政治選舉的支持，

34　《馬關條約》之後，投資氣候轉變，有錢人能夠在遠離家鄉之地投資。有關這種局面的複雜情況，參見何漢威，〈廣東進士賭商劉學詢（1855-1935）〉，《中央研究院歷史語言研究所集刊》，第 73 本第 2 分（2002），頁 303-54。江孔殷可以説是住在城裏，而與省衙門建立密切關係的富人的例子，江獻珠，《蘭齋舊事與南海十三郎》（香港：萬里書店，1998）。

35　轉引自 Edward J.M. Rhoads, *China's Republican Revolution, the Case of Kwangtung, 1895-1913*, p. 171.

也不過門面功夫。可見，有關辛亥革命的以上看法並不正確。就辛亥革命前幾年省諮議局的政治活動而言，更準確的説法，是政治關係網絡的重整：廢除科舉制、政府財政收入來源轉移至城市、新投資渠道出現，這些變化，都意味着地方社會原有的政治關係網絡要重新調整。既然地方組織、地方議會得到政府在法律方面的批准、政治方面的鼓勵，則新的政治聯盟，也就必須建立在地方組織、地方議會這種新的政治硬件上。但是，如果我們只強調這一點，就會忽略二十世紀初全中國經歷的另一項轉變：軍事化已經成為中國社會的元素之一。太平天國叛亂平定之後，鄉村的團練，因為有宗族、宗族聯盟、墟市聯盟這類組織的駕馭，因此不會威脅中央政權。但是，光緒二十六年（1900 年）"義和團叛亂"之後成為清朝主要國防力量的新軍，卻與團練不同。新軍是穩固地建立在城市裏的，並且是由中央及省政府供養的。從新式軍校訓練出來的士官，是一支全新的團隊，他們以身為軍人而自豪。革命黨的恐怖襲擊，也促進了軍人在政壇上的角色。1911年 4 月，革命黨人暗殺了八旗部隊的廣州駐防將軍；同月，革命黨試圖策反廣州的部分新軍，新軍奉命在廣州逐屋搜查，捕捉革命黨，革命黨發動另一次暗殺行動，試圖暗殺新軍司令李准，但僅令李准受傷，是為 "黃花崗起義"。廣州城因此陷入一片恐怖，至 8 月份為止的幾個月內，據説有四萬人逃到香港、一萬人逃到澳門，這些人或是富人、或是官員的家人。

　　1911 年 10 月，武漢爆發革命，這時的清朝廣東省政府，財政山窮水盡，士氣土崩瓦解。但直至十月末，廣東省政府仍站得住腳，兩廣總督在這方面靠的是擁有科舉功名的士紳。江孔殷這位名士，出身富貴門第，擁有科舉功名，八面玲瓏，既支持粵商自治會的激進主張，又協助埋葬 1911 年 4 月 "黃花崗起義" 的革命義士的骸骨，又主持廣東省諮議局，如今又代表兩廣總督向港英政府交涉，敦促香港報紙低調處理政治新聞。10 月 25 日，當廣州士紳在鄧華熙主持下開會商討時局之際，又傳來新近上任的滿洲駐防將軍鳳山被刺殺的消息。廣州更加震恐。鄧華熙主持的會議上，有人主張兩廣獨立，又有不知名的

340

激進人士在大街上巡遊，慶祝兩廣獨立，等於騎劫了會議。兩廣總督張鳴岐在廣州地方領袖的支持下，發表聲明，宣佈兩廣獨立，並解釋說，獨立遠遠沒有背叛朝廷那麼嚴重，實際上，他對於民國政府，不提供軍事援助，也不提供經濟援助。這種策略，更像是義和團之亂期間長江下游省份督撫的"東南互保"，而非革命報紙所吹噓的革命。11月，廣東各縣紛紛出現以"民軍"為名的革命武裝，港英政府宣佈，如果無政府狀態惡化，港英政府將自行清剿西江的"海盜"。消息傳來，廣州城居民紛紛外逃，而廣州的商會及行會則提出更激烈的主張。11

341

月 8 日，兩廣總督張鳴岐也許是出於妥協，同意讓革命黨人在廣州建立其革命政府，張本人擔任臨時都督，他的部將龍濟光擔任副都督。可是，當天晚上，張就逃離廣州，翌日，革命黨政府接管了廣州。就這樣，至少在廣東，朝廷沒有了，皇帝也沒有了。

　　我們必須強調，在二十世紀初這一連串驚天動地、讓人透不過氣來的事件中，作為一個制度的宗族，卻完全沒有衰敗的跡象。二十世紀初，頗有一些宗族擁抱自治運動，把自己變成"宗族自治團體"。[36]可是，就地方社會與朝廷中央的關係而言，宗族已經無關痛癢了。從十六到十八世紀，宋明理學的政治理論，以宗族的價值觀念為基礎，擴散至地方社會，創造出地方社會與王朝國家之間的紐帶。到了二十世紀，民族主義成為政治理論的主流，其重點在於建立一集權國家。因而，地方社會必須重新自我調整。但是，由於集權國家留於設計拙劣的試驗階段，始終未能真正出現，因此，地方社會自我調整時，並沒有怎樣驚動宗族。相反，宗族卻能掌握"立憲"、"共和"這類新辭彙，儘管以城市為中心的共和國政治理論，愈來愈質疑宗族活動對於

36　有部分宗族自治組織，是在省政府批准下成立的。有關例子，參見簡朝亮（1851-1933）編纂，《粵東簡氏大同譜》（上海：中華書局，1928），卷 6，頁 12a-b；《申報》1907 年 9 月 23 日號，轉引自廣東省檔案館申報廣東資料選輯編輯組編，《申報廣東資料選輯》（廣州：廣東省檔案館申報廣東資料選輯編輯組，1995），第 7 冊，頁 37-8。

新國家的效用。[37]

　　宗族自己的文獻，能讓我們對於二十世紀初宗族的活動作出最深入的分析。黃永豪研究了東莞縣張其淦的宗族文獻，包括地契、合同、書信、族譜、賬簿等，讓我們意識到，以為能夠清楚劃分"新"與"舊"，是大錯特錯的。張於光緒十八年（1892 年）成進士，光緒二十年（1894 年），分發山西擔任知縣。他是沙田的地主及開發商，是東莞明倫堂的理事之一。光緒三十年（1904 年），當兩廣總督張之洞勒令將明倫堂部分田產充公予廣雅書院時，張趁機買進明倫堂所拋出的田產，因而壯大了張氏宗族的嘗產。1911 年辛亥革命後，張其淦搬到上海，以遺老自居。但是，他並沒有放棄沙田開發的業務。民國三年（1914 年），某間公司向他的宗族推出一千股股票，他籌集一萬元認購；民國六年（1917 年），他與另一沙田開發商一起，注資二萬元，開發更多沙田。張與其他人合股創辦的愚淦公司，民國七、八年（1918—1919 年）間，每年收入達六萬多元，其中大部分來自地租。但是，張其淦早期的沙田開發業務，卻是以宗族嘗產名義進行的。例如，光緒二十一年（1895 年），張氏梯雲堂、鄧氏蔭蘭堂、何氏醉經堂、何氏德修堂三方以合股方式，共同開發沙田。張其淦的親戚張澍階，被指侵吞沙田，張澍階的一封書信，披露了開發沙田的複雜。省衙門要丈量這批沙田時，"沙棍"告狀，張氏邀請鄧氏與何氏出錢，向官府登記沙田，鄧氏與何氏不肯，張澍階就以張氏名義向官府登記這批沙田，並將之租予其他佃戶，也就因此得罪了鄧氏與何氏。[38]

　　要了解這段時期宗族如何變化，另一份絕佳史料，是番禺沙灣何氏的《辛亥壬子年經理鄉族文件草部》（以下簡稱《草部》）。沙灣何氏

342

37　亦請參見丘捷，〈廣東商人與辛亥革命〉，載丘捷編，《孫中山領導的革命運動與清末民初的廣東》（廣州：廣東人民出版社，1996），頁 245-82；陳玉環，〈論一九零五至一九零六年的粵路風潮〉，廣州市文化局、廣州市文博學會編，《羊城文物博物研究》（廣州：廣東人民出版社，1993），頁 165-83。

38　黃永豪，《土地開發與地方社會──晚清珠江三角洲沙田研究》（香港：文化創造出版社，2005），頁 78-85；《許舒博士所輯廣東宗族契據匯錄》（東京：東洋文化研究所，1987），頁 144-229，199-200。

開發的沙田，面積龐大。"辛亥壬子"即 1911 年及 1912 年。這本薄薄的一冊，收錄 51 份手抄文件，充分展示了當地一個宗族聯盟的目標及權力結構。自明代以來，沙灣鎮有五大姓：何、王、黎、李、趙。李氏為宋代李昂英的子孫，其祠堂稱李久遠堂，但勢力早已衰落。何氏卻是大地主，何氏的主要祠堂何留耕堂本身，就擁有六萬畝地。何氏的部分宗族組織顯然力量強大。其中一個組織，發出若干份文件，就如何管理一筆集體基金制訂詳細的章程，這筆集體基金是從族人借來的，總金額達三十萬兩。十九世紀中葉，該地區紛紛組織團練。沙灣的各大宗族也共同組建仁讓公局以管理地方事務。《草部》收錄了很多份以仁讓公局名義發出的公告，其中一些公告反映出廣東全省的新政策，例如譴責賭博的公告、要求鴉片煙館註冊的公告等。仁讓公局是擁有司法裁判權的，其中一份公告云，凡違禁開賭者，該局會把用來賭博的房子拆毀出售，所得金錢，獎賞該局警衛，並把違禁開賭者送官究辦。《草部》還收錄了仁讓公局寫給沙灣警察局的一些請願信。這些信都是仁讓公局裏的士紳寫的，而這些士紳則來自沙灣的主要宗族。其中一些信，涉及被警察局抓獲的強盜。另外一封信特別有趣：仁讓公局想僱用武裝警衛維持治安，希望得到警察局批准。具體方案是：仁讓公局與沙灣當地的團練組織即洛陽社學聯合僱用武裝警衛，這支武裝力量，陣容相當鼎盛：陸上巡邏者 130 人、水上巡邏者 70 人、另還有"義勇隊"108 人。這支武裝力量還配備 150 支現代步槍、大部分為毛瑟槍，另外還有 90 支火槍。劉志偉、陳春聲研究《草部》時指出，這支武裝力量之外，沙灣各大宗族還另有武裝力量，保護其沙田。清末民初，時局動盪，糧價攀升，於是仁讓公局也以一個善堂名義，派發救災糧食。仁讓公局也把握潮流，參與繅絲業，何氏建議，動用嘗產，建立一手工業作坊，這極有可能是一間蒸汽繅絲機廠，因為仁讓公局的公告稱之為"公司"，並說，將為此籌集股本。踏入民國元年（1912 年），《草部》的語言也與時俱進。仁讓公局寫了兩封祝賀信予"民軍"，另有一篇論"自治"的文章，強調在管理鄉村與宗族事務時，要放下"私利"，擁抱"公益"。一封寫於民國元年 1 月 30

日的信，謂擔心有人"假冒民軍"，進屋搶劫。另有一份公告，於民國元年 2 月 27 日召集義勇隊，宣佈清朝滅亡，慶祝"民主"建立。[39]

　　佛山市博物館保存了一本手抄書信集《鵝湖鄉事往還尺牘》，是關於民國三年（1914 年）執行縣政府規定、提名一人擔任族長的來往信件。此人長期熱心佛山鎮內的公共事務，通過自己行業的行會，設立善堂，並且被佛山大魁堂任命為佛山糧倉的值理。他已被自己所屬的選區即"舖"的士紳及耆老選為諮議局的佛山議員，並成為該舖委員會的主任。縣政府要求所有宗族族長及支派領袖遞交書面報告，解釋地方團練的組織事務，部分書信反映出，縣政府要求宗族交出有關人士的姓名。正如其他地方組織一樣，該宗族也打擊賭博、打擊吸食鴉片、並於民國三年遏止小型當舖的擴散。這類事務都是宗族成員開會協商的，而開會地點仍然是宗族祠堂。從前，這類會議很少人參加；但是，近來時局的變化，也許使族人開始關注地方事務，因此出席這類會議的人數大增。就在民國三年這一年，當地一段堤壩潰堤，宗族發動了二百人搶險維修。[40]

　　沙田開發商，如今可以從上海遙控沙田事務；沙田當地的團練局，如今除了繼續採用其舊有的管理模式外，也採用民國的新語言來推行管理工作；族長如今身兼諮議局議員，通過宗族組織打擊賭博、打擊吸食鴉片、維修堤壩。他們聯合創造出來的圖景，有古老的，也有現代的。面對這變化過程，一種看法可以是：宗族形式改變，實質未變，控制土地的宗族，依舊運作如常，依舊力量強大，但這些宗族開始說起另一套語言來了。這些說着新語言的宗族，在甚麼意義上是發源於十六世紀的宗族制度的延續？

344

39　參見《辛亥壬子年經理鄉族文件草部》，無刊行年份，鈔本，藏沙灣鎮政府辦公室，轉引
　　自劉志偉、陳春聲，〈清末民初廣東鄉村一瞥——《辛亥壬子年經理鄉族文件草部》介
　　紹〉，載柏樺編，《慶祝王鍾翰教授八十五暨韋慶遠教授七十華誕學術論文合集》（合肥：
　　黃山書社，1999），頁 433-8。

40　《鵝湖鄉事往還尺牘》，無刊行年份，鈔本，藏佛山市博物館。

宗族靠邊站、宗族重生

　　宗族語言的改變，不過反映中國政治意識形態的改變而已矣！新的政治意識形態，也改變了中國的國家體制。到了民國八年（1919 年）五月四日"五四運動"爆發之際，學生刊物充滿着批判中國傳統文化的文章。其實，這種批判的基調，在光緒二十六年（1900 年）就已經很明顯了。無政府主義者提倡社會革命、激進的刊物鼓吹家庭革命、提升女性地位、抗衡父權。崇拜祖先，被視為迷信。但是，即使沒有這些極端激進的理論，宗族社會已經遭受致命一擊，這致命一擊，來自"國民"這個概念及隨之而來的二十世紀民族主義。梁啟超這位立憲派，比大部分人更清楚宗族與現代國家的矛盾。他對於"國民"的描述，簡單明瞭，他幾乎模仿《禮記》的口氣説，中國人"耳目所接觸，腦筋所濡染，聖哲所訓示，祖宗所遺傳，皆使之有可以為一個人之資格，有可以為一家人之資格，有可以為一鄉一族人之資格，有可以為天下人之資格，而獨無可以為一國國民之資格"。梁啟超説，要創造國家、教育中國人成為國民，就必須讓中國人培養"公德"。[41] 梁啟超絕不含糊其辭，他於光緒三十年（1904 年）從美國回國，在遊記中提及"中國人的缺點"。而第一項缺點，就是"有族民資格而無市民資格"，梁啟超繼續説：

345

　　　　吾中國社會之組織，以家族為單位，不以個人為單位，所謂
　　　　家齊而後國治是也。周代宗法之制，在今日其形式雖廢，其精神
　　　　猶存也。竊嘗論之，西方阿利安人種之自治力，其發達固最早，
　　　　即吾中國人之地方自治，宜亦不弱於彼。顧彼何以能組成一國家
　　　　而我不能？則彼之所發達者，市制之自治；而我所發達者，族制
　　　　之自治也。試遊我國之鄉落，其自治規模，確有不可掩者。即如
　　　　吾鄉，不過區區二三千人耳，而其立法行政之機關，秩然不相

41　這是梁啟超在其著名的《新民説》裏的看法。約瑟夫 • 列文遜（Joseph R. Levenson）
　　對此有精彩的分析，見 Joseph R. Levenson, *Confucian China and Its Modern Fate, A Trilogy* (Berkeley: University of California Press, 1968), pp. 98-108.

混。他族亦稱是。若此者，宜其為建國之第一基礎也。乃一遊都會之地，則其狀態之凌亂，不可思議矣。凡此皆能為族民不能為市民之明證也，吾遊美洲而益信。彼既已脫離其鄉井，以個人之資格，來往於最自由之大市，顧其所賚來所建設者，仍捨家族制度外無他物，且其所以維持社會秩序之一部分者，僅賴此焉。[42]

　　就二十世紀初的政治氣候而言，梁啟超已經算是溫和派。他並沒有專門針對宗族的意思。但是，亨利・梅恩（Henry Maine）的社會進化理論，經由嚴復的翻譯，引進中國，而梁啟超把這套社會進化理論套在宗族頭上。根據這套理論，血緣組織是部落組織的前身，當然，血緣組織、部落組織都是社會進入工業化階段以前的組織。梁啟超對宗族的印象並不壞，日後，他還把自己新會縣家鄉的士紳領導視同自治。但這並不重要，重要的是在光緒三十年，梁啟超引述美國總統羅斯福的話，主張以國家的理念代替鄉村的理念。因而，邁向現代的中國，也就把鄉村拋棄在後。國家、進步、公益這類概念，結合起來，形成威力強大的主流政治觀念。宗族也許還能夠繼續存在，但已不再是國家的重要元素。

　　二十世紀頭十年潭岡村同鄉會的文獻顯示，廣州政壇的變化，固然體現於宗族的新語言中，而整個鄉村生活的描繪，也都由這套新語言來包辦。同樣位於新會縣的潭岡村，是個獨姓村，民國六年（1917年），一場械鬥，幾乎將該村夷為平地。民國八年，該村向居住於其他城市或者海外的族人募捐，重建宗族。位於香港的潭岡村同鄉會，在潭岡村委任一名經理，該經理定期向香港潭岡村同鄉會匯報，而香港潭岡村同鄉會也就通過這名經理監控宗族事務。

　　香港潭岡村同鄉會實行的最新穎措施，是集中管理所有土地。潭岡村族人雖然擁有這些土地，但租佃事務，全由經理負責。經理也仲

346

42　梁啟超，《新民叢報・中國人之缺點》，轉引自張楠、王忍之《辛亥革命前十年間時論選集》（北京：三聯書店，1979），第 1 冊下，頁 788。

裁糾紛、徵收費用、聘用警衛保護莊稼、與鄰村打官司以維護潭岡村田產。這些工作，一部分可以看得出是延續自十九世紀的。但是，除了財政、經濟管理工作之外，香港潭岡村同鄉會也希望引進新禮儀，以推行道德觀念為己任。該同鄉會不僅禁止賭博、禁止吸食鴉片，也禁止在村內建廟、建支祠。潭岡村的禮儀活動以宗族祠堂為中心，這宗族祠堂其實是一間祭祀孔夫子的廟，每年，族人慶祝潭岡村的重建，舉行集體宴會。宴會期間，何時舉杯祝酒，何時合唱〈熱愛吾村〉，何時燃放鞭炮，何時由鄉村的董事率領、尊卑有序地到祖先神主牌位前獻祭，都有規定。不過，有一道儀式卻沒有載入章程：慶祝潭岡村重建的當天早上，族人到祖先墳前祭祀，並分發祭肉。同樣，鄉村宗教也沒有因為禁止建廟而滅絕。潭岡村雖然自己不打醮，但每逢鄰近村落打醮，村民抬神像巡遊時，潭岡村村民以敦親睦鄰為由，也參與拜祭，並得到該同鄉會批准。圍繞着土地神壇而建立的地方組織，也受到該同鄉會的排斥。二十世紀三十年代，經理寫信予該同鄉會，商討如何取締這些組織。但毫無疑問，二十世紀二、三十年代，儘管有這類新措施，潭岡村仍然是充滿活力的。[43]

二十世紀三十年代以後，像潭岡這類宗族的村民，繼續相信祖宗的威力。但是，他們也逐漸接受了許多他們祖宗完全無法提供的事物：郵政局，電報，電話，鐵路，蒸汽船，公司，銀行，分成"富農、中農、貧農"的農民和無產階級，民國的總統，還有共產黨的總書記。這一切新事物，如果與傳統還能夠有甚麼聯繫的話，這聯繫就是祖宗。在十六世紀開始實行的禮儀方程式裏，祖宗是其中一半，皇帝是另一半，如今，皇帝已經沒有了。鄉村仍然可以有個宗族的樣子，但國家已經不由皇帝統治，宗族要整合到這樣的國家裏，就不容易了。

十六世紀的禮儀革命，為王朝國家提供了一套理論，使王朝國家與地方社會相結合。這套理論已經謝幕。新的理論教導我們：工人階

347

43　David Faure, "Lineage socialism and community control: Tangang xiang in the 1920s and 1930s," in David Faure and Helen F. Siu, eds. *Down to Earth, the Territorial Bond in South China* (Stanford: Stanford University Press, 1995), pp. 161-87.

級崛興於城市，而原本作為宗族及鄉村成員的人，現在成了"農民"，"農民"據説是封建社會的殘餘。主導中國新社會的制度，從沿海城市誕生；主宰中國的精英，從現代學校誕生。從此，鄉村社會就要靠邊站，即使天子腳下的北京城也不自安，因為據説，必須由上海的尺度來衡量中國，這樣才算現代云。

尾聲

第二十三章
珠江三角洲以外

"中國其他地方又如何？你能談一談嗎？"

這問題很可怕。歷史學家們窮盡中國某個區域的史料，在研討會上，面對一般觀眾，發表其研究心得之後，總會碰上這種問題。要簡單回答這種問題，答案當然就是："你想我怎麼談？"如果有人說，研究區域歷史，就會忽略全國。這種說法，完全貶低了區域歷史研究的目的。研究中國社會史的學者，不是要以個別區域的經驗來分析整個中國，而是要鼓勵更多的區域研究。當然，我們可以比較不同區域，指出其差別，並得出些宏觀分析，以便進行更多的比較研究。但是，歷史是會讓歷史學家始料不及、大吃一驚的，做歷史研究，對此要有心理準備。研究個別區域的歷史學家，都明白這一點。歷史學家如果要就人類過去的經驗作出結論，就意味着以歷史學家的單槍匹馬，研究數以百萬計的人的經驗；以個人的才智，應付數以百萬計的人的集體才智。有哪個神經正常的歷史學家敢說自己勝過這數以百萬計的人？

但是，"中國其他地方又如何？你能談一談嗎？"這個問題，也並非不合理的問題。區域歷史的研究，如果不能產生出宏觀分析，就會變成狹隘的地方掌故。事實上，也只有利用宏觀分析，才能明白區域的歷史，而要測試這些宏觀分析，就不能只局限於一個區域。對於一個區域的優秀研究，會迫使我們對中國其他區域提出新問題，如果考慮周全的話，甚至會迫使我們對中國以外的社會提出新問題。至少，我們研究過中國的一個區域之後，面對另一區域時，應該能夠説出這些區域之間的異同之處。

352　　流坑這個宗族村落，位處江西低窪地區的，看來與珠江三角洲相似。但是，千萬不要以流坑這一條村莊來概括整個江西。流坑村始建於北宋，自宋真宗大中祥符七年（1014 年）開始，流坑出了許多讀書人，有宋一代，這條村子出了 28 名進士，其中 24 名來自董氏，這就足以顯示流坑與朝廷關係特別密切。宋朝之後，流坑在科舉功名方面的成績大為衰退，整個元朝，只出了一名進士；整個明朝，只出了兩名進士；整個清朝，只出了一名進士。

　　雖然流坑在宋朝如此顯赫，奇怪的是，流坑卻沒有留下任何宋朝的歷史遺跡。梁洪生、邵鴻利用流坑的建築遺跡、口述歷史及族譜，對流坑做了詳盡研究。他們指出，直至明初，流坑人祭祀祖先，主要還是到祖墳祭祀的。據流坑董氏的文獻，十二世紀末，董氏是在一個名叫“老子宮”的地方祭祀祖先的。“老子”大概就是道教的老子，但似乎迄無定論。“老子宮”於元末被焚毀，明初重建時，被形容為有四根柱子的房屋。流坑董氏的大宗祠，形制依家廟；而嘉靖初年，希望得到官方地位的平民宗族，獲朝廷批准，建立家廟，祭祀祖先。從嘉靖時期往回看，顯然，流坑的祖先祭祀儀式，與珠江三角洲歷史比較悠久的地區的祖先祭祀儀式，二者的轉變過程，都極為類似。也就是説，直至祠堂流行之前，祭祀祖先以祖墳為中心；祠堂開始流行時，這些祠堂基本上以獨立的祖先神龕為主，祭祀也止於四代；到了十六世紀，採取“家廟”形制的祠堂才開始普及。董氏的文獻，提及十一世紀末祭祀祖先的“老子宮”，但這只是含糊的記憶，並非真有人看見過。這種記載方式，也和祭祖禮儀的變化互相發明。像“老子宮”這類祭祀祖先的場所，其正規程度是遠遠比不上“家廟”的。董氏早期祭祖儀式，以祖墳為中心，有口頭傳説可資驗證，但傳説也隨着時間的流逝而轉變。梁洪生就很有技巧地把村民心中的主要神靈與早期祖墳聯繫在一起。[1]

　　宗族制度出現在流坑時，流坑當時的宗教脈絡是怎樣的？對於這個問題，流坑文獻沒有資料可供回答。從一條村莊檢視地方歷史，有時候就要面對這種限制。幸好，鄭振滿、丁荷生（Kenneth Dean）關於福建省莆田縣的研究，非常有幫助，而不止於克服這種限制而已。在莆田，人們於宋朝期間到祖墳獻祭，直至祠堂流行為止。莆田石亭黃氏的文獻，對此有清楚的記錄。而當祠堂建起來時，位置是在祖墳附近，而不在村莊裏。有趣的是，出身該村的黃仲元，於南宋度宗咸淳七年（1271 年）成進士，是著名的理學家，他把這祖墳附近的祠堂稱為"家廟"，但緊接着又說，這"家廟"也可稱"影堂"。須知明代的"家廟"，是不得掛祖宗畫像的；而珠江三角洲順德縣逢簡劉氏宗族的文獻，也記載了祖宗畫像為木質祖宗神主牌位取代的過程。黃氏祠堂在這些方面與珠江三角洲祠堂是不同的。據鄭振滿研究，該祠堂供奉黃氏十三代祖先，直至明初，該祠堂仍然是宗族祭祀的中心。[2]

　　莆田擁有像石亭黃氏祠堂這類的祠堂，可見宗族在廳堂內而非在祖墳前祭祀祖先這種做法，在莆田出現較早，在珠江三角洲出現較晚。但是，只強調宋代莆田與明代珠江三角洲的共同之處，是會因小失大的。莆田石亭黃氏祠堂的位置不僅很靠近祖墳，而且也很靠近看守黃氏祖墳的佛寺，即使到了今天，該祠堂內，除了供奉祖先畫像、祖先神主牌位之外，也供奉一尊和尚的塑像，該和尚是黃氏宗族的成

353

1　邵鴻，〈五百年耕讀，五百年農商——流坑的歷史〉，載周鑾書編，《千古一村：流坑歷史文化的考察》（南昌：江西人民出版社，1997），頁 26-74；Shao Hong, "Associations in village society in Jiangxi in the Ming-Qing period, the case of Liukeng village, Le'an county," *Chinese Studies in History*, Vol. 35, No. 1 (2001), pp. 31-60；梁洪生，〈積厚遺遠，古韻猶存——流坑的風俗民情〉，載《千古一村》，頁 254-318；Liang Hongsheng 2001, "Motivations for and consequences of village and lineage (*xiangzu*) development by Jiangxi scholars of the Wang Yangming school, the case of Liukeng, *Chinese Studies in History*, Vol. 35, No. 1 (2001), pp. 61-95；劉丹，〈祠堂的發展和變遷——以江西流坑村為例〉，《清華社會學評論》，2002 年第 1 期，頁 127-61。

2　鄭振滿，《明清福建家族組織與社會變遷》（長沙：湖南教育出版社，1992），頁 158-9。

員，活躍於唐朝。研究宋史的學者，都知道佛寺與墳墓密切相關。在墳墓旁建立佛寺，稱"功德寺"，這是宋代流行的做法。毫無疑問，珠江三角洲也曾經遍佈這類佛寺。但是，珠江三角洲的佛教勢力在明代遭受打擊，許多寺產被宗族圈佔為嘗產。[3] 從珠江三角洲南海縣沙頭鄉的文獻，我們能夠找出這類佛寺的清晰完整的例子。但是，與莆田縣石亭村不一樣的是，南海縣沙頭鄉的佛寺已經消失，片瓦不存，而莆田石亭黃氏祠堂，卻把各種祭祖儀式層累疊加起來，屹立至今。可以斷定，在南宋，莆田遠比珠江三角洲富庶，因此其禮儀傳統一旦建立，雖時代轉變，仍能維持這禮儀傳統於不墮。而在十六世紀的珠江三角洲，當祠堂開始流行時，珠江三角洲可謂一片空白，沒有甚麼禮儀傳統可言。

在宋代莆田，正如在福建許多其他地區一樣，佛寺也好，祖先崇拜也好，都是鬼魂信仰這宏觀宗教脈絡下的產物。鬼魂信仰，無論在福建還是在珠江三角洲，都同樣流行，根據這套鬼魂信仰，必須把鬼魂安置在祭壇之上，才可讓鬼魂定期饗祭。但是，與珠江三角洲
354 不同，莆田及福建許多地區，對於廟宇裏的人格化的神靈，和被泛稱為"社公"、往往就是一塊石頭的神靈，並不嚴格區分。鄭振滿、丁荷生因此認為，社公與廟宇裏的神靈，往往被混為一談。也因此之故，鄭、丁二人筆下的莆田涵江沖積平原上的廟宇網絡，雖然和珠江三角洲許多地區相似，但卻比珠江三角洲產生更多帶有姓名、擁有具體勢力範圍的神靈。必須強調，對於信仰的傳播而言，命名這個機制是極為重要的。詹姆士・華生（James Watson）研究媽祖信仰的傳播時指出，人們最初只把地方原有神靈改名媽祖，之後，又用媽祖的傳說取代這些神靈的傳說。這樣，廟宇、祭壇依舊，但媽祖已經取代了原有神靈。宋怡明（Michael Szonyi）則指出，雖然地方神靈被改名媽祖，

3　竺沙雅章，〈宋代墳祠考〉，《東洋學號》，第 61 卷第 1-2 期（1979），頁 35-67；Robert P. Hymes, *Statesmen and Gentlemen: the Elite of Fu-Chou, Chiang-Hsi, in Northern and Southern Sung* (Cambridge: Cambridge University Press, 1986); 常建華，《明代宗族研究》（上海：上海人民出版社，2005），頁 97-101。

但不意味着地方信仰習俗會因而消失。他們二人的分析都指出，宗教禮儀的殖民過程，是通過神靈名字的改變而體現出來的。[4] 在莆田，神靈的名字還得到王朝國家的支撐。與明朝不同，南宋皇帝很喜歡敕封地方神靈，表示承認這些地方神靈的威力，莆田許多地方神靈，就獲得朝廷敕封。當然，只要人們相信某個神靈夠靈驗，就足以導致這個神靈信仰擴散，除媽祖信仰之外，其他神靈信仰也可作如是觀。但是，有了皇帝的敕封，卻可以讓這些神靈避過十六世紀儒家意識形態的鎮壓。[5] 所以，在珠江三角洲，魏校、霍韜的矛頭直指"淫祠"，所謂"淫祠"，就是未獲前代朝廷敕封，因而也就不載於明初祀典的寺廟。他們主張，即使平民百姓，也應模仿"家廟"形制，建立祠堂，祭祀祖先。但是，在莆田，由於許多地方神靈都經宋朝敕封，供奉這些神靈的廟宇也就不能被打成"淫祠"，在儒家意識形態鎮壓過程中，香火依舊。反而，如果要興建"家廟"，也就只能在佛寺的基礎上或在祖墳旁的祠堂上改建。

　　宋明理學家反對的，正是各種帶有姓名的地方神靈擴散這個現象，也正為了與之抗衡，理學家們才設計出一套祭祖禮儀，教導百姓在特別建造的廳堂內祭祀祖先。鄭振滿、丁荷生的研究，不僅與依佩霞（Patricia Ebrey）對宋代祭祀祖先禮儀演變的研究互相發明，而且也

4　James L. Watson, "Standardizing the gods: the promotion of Tien Hou (Empress of Heaven) along the South China coast, 960-1960," in David Johnson, Andrew J. Nathan, and Evelyn S. Rawski, eds., *Popular Culutre in Late Imperial China* (Berkeley: University of California Press, 1985), pp. 292-324; Michael Szonyi, "The illusion of standardizing the gods: the cult of the five emperors in late imperial China," *Journal of Asian Studies*, Vol. 56, No. 1 (2007), pp. 113-35.

5　Kenneth Dean, *Taoist Ritual and Popular Cults of Southeast China* (Princeton: Princeton University Press, 1993); *Lord of the Three in One: the Spread of a Cult in Southeast China* (Princeton: Princeton University Press, 1998); Valerie Hansen, *Changing Gods in Medieval China, 1127-1276* (Princeton: Princeton University Press, 1990).

理清了依佩霞描述的禮儀演變的歷史脈絡。[6] 依佩霞注意到宋朝理學
家與江西至福建這整片地區有密切聯繫，但是，她的思想史的寫作風
格，使她嘗試解釋禮儀轉變時，低估了區域差別對於這些轉變的作用。

　　從宋朝到元朝，大約直至十三世紀為止，理學家只在個別地區發
揮影響，包括福建、江西的部分地區，並從江西越過江西、廣東之間
的梅嶺而滲透到廣東的南雄。即使在這些"理學根據地"裏面，如果
以為理學思想擴散，就能動搖民間宗教科儀書賴以普及的強大基礎，
這就錯了。在毗鄰江西、廣東的福建山區，也就是日後被稱為客家的
人民的家鄉，由"道士"這類宗教禮儀師所寫的科儀書冊，應該比理
學家的著作，更早滲透民間。正如神靈姓名的傳播一樣，科儀書冊的
傳播，也有統一地方文化的作用。一方面，宗教禮儀師利用科儀書冊
來擴大其影響力；另一方面，宗教禮儀師把地方原有的宗教行為重新
演繹，將之收編到科儀書冊的體系內。道教閭山派體系裏、臨水夫人
陳靖姑的信仰，就是這個過程的產物。有關臨水夫人陳靖姑信仰的問
題，勞格文（John Lagerwey）、房學嘉已在閩西山區做過調查，提供了
生動描述。司馬虛（Michel Strickmann）研究道教正一派在廣西瑤人地
區及今天泰國地區的傳播，他發現的道教正一派傳播過程，與上述道
教閭山派的傳播過程，幾乎一模一樣。陳永海研究客家族譜裏的姓名
結構，非常令人信服地指出，客家族譜最初是"授道"記錄。理學家可
以通過書籍來追溯其正統源流，同樣，閭山派及正一派，也會舉行"授
道"儀式，即傳授科儀書冊，以便傳授法力。由於"授道"儀式變成了
男子的成年禮，因此，獲得傳授法力的，往往是他們的男性親屬。當
宗族成了書面追捧的對象時，這類"授道"記錄就因利乘便成為編纂族

6　Patricia Buckley Ebrey, "The early stages in the development of descent group
　　organization," in Patricia Buckley Ebrey and James L. Watson, eds. *Kinship
　　Organization in Late Imperial China, 1000-1940* (Berkeley: University of California
　　Press, 1986).

譜的基礎了。[7]

因此，曾經研究過珠江三角洲的學者，對於廣東客家山區即今天梅州市地區的鄉村，會有似曾相識之感。廣東客家山區的祠堂，在建築形制上模仿"家廟"形制，但正如民居着重風水一樣，客家祠堂也結合了追尋"龍脈"的風水設計。但是，研究過珠江三角洲的學者也會注意到客家宗族與珠江三角洲宗族的顯著差別，這些差別，往往是因為客家地區的閭山派傳統所造成的，閭山派傳統在客家地區，根基雄厚。因此，祖先與巫師、鬼神關係密切這個現象，在珠江三角洲很少見，在客家地區卻很常見，一份有關梅州市五華縣鍾氏的調查報告指出：

鐵爐村鍾姓則敬鍾公，……所敬鍾公為鍾萬公，其廟建於該村河堤中段，稱為萬公祠。……現已 70 多歲的官老太太說，鍾萬公為鍾姓上祖，曾拜雪山仙師學法，學成後廣為民眾驅邪、治病，並受封為鍾萬十三郎，故其神位為：鍾萬十三郎尊神位。世人稱為鍾萬公，鍾姓人則稱其為"叔公太"。萬公祠常有神童。清末及民國的二位神童均為本村鍾姓人，一名鍾天友，一名鍾阿城，均有"落童"為他人治病、驅邪之能。[8]

356

根據一份有關閩西的調查報告，祖先除了身兼巫師之外，有時候更有斬妖除魔的本領，這在臨水夫人陳靖姑的原本故事裏表現得最清

7　Michel Strickmann, "The Tao among the Yao, Taoism and the sinification of south China," 載酒井忠夫先生古稀祝賀記念の会編，《歷史における民眾と文化：酒井忠夫先生古稀祝賀記念論集》（東京：國書刊行會，1982），頁 23-30；Chan Wing-hoi（陳永海），"Ordination names in Hakka genealogies: a religious practice and its decline," in David Faure and Helen F. Siu, eds. *Down To Earth, the Territorial Bond in South China* (Stanford: Stanford University Press, 1995), pp. 65-82; John Lagerwey, "Patterns of religion in west-central Fujian: the local monograph record," *Minsu quyi*, Vol. 129 (2001), pp. 43-236.

8　張泉清，〈粵東五華縣華城鎮廟會大觀〉，載房學嘉編，《梅州地區的廟會與宗族》（香港：國際客家學會，海外華人研究社，法國遠東學院，1996），頁 19。

楚。根據這故事，在長汀縣，有"精靈"作怪，村民每年要向它獻上一對童男童女，以保平安。涂坊鄉涂氏、賴氏的兩名開基祖，就到閭山求法，以便除去這"精靈"。[9] 除了這些傳說之外，我們也發現，在梅縣松源鄉一些宗族，參與祭祀的族人，把神主牌位輪流請回自己家中供奉，這樣也就形成了祭祀祖先的輪班制度，稱為"祭大牌"、"走大牌"。在珠江三角洲，這類輪流負責祭祀的制度，更像是拜神的制度，而非祭祖的制度。[10] 我們不妨這樣分析：文人及官僚推動的儒家祭祖傳統，與通過科儀書冊而傳播的閭山派傳統，大不相同。祖先身兼巫師、輪流祭祀祖先等這類現象，在客家地區較多，在珠江三角洲地區較少，原因是這兩個地區建立儒家祭祖傳統的時間不同。雖然如此，我們並不認為，珠江三角洲在使用書冊之前，就沒有驅鬼之類的儀式；我們認為，由於這些古老的宗教儀式沒有文字撐腰，因此更容易被文人設計的理學儀式所取代。在客家山區，道教科儀書冊的傳統，早於文人傳統出現之前就已建立，因此也就融合到祭祖儀式內，迄今仍能從口述訪問中看出來。

我們對於客家山區提出以上宏觀分析時，完全意識到，目前研究中，存在着一些重大空白，無法填補。客家人沿着兩條河流移民的路線，眾所周知：或東下東江，進入珠江三角洲；或西下梅江、韓江而至於汕頭，並再北上至閩東。客家人在移民過程中，發展出對於客家山區的身份認同。但即使如此，當客家人移民到這些地區，當地許多人民早已擁有族譜、並按明朝建立起來的制度來祭祀祖先了。客家移民與他們接觸，理論上應該會發展出許多不同的祭祀禮儀。但事實並非如此。對此，有一種證據還不太確鑿的看法認為，客家人移民到汕頭、珠江三角洲這類在明朝以後發展成熟的社會，無法融入當地社會，反而強化客家移民身上的"異類"標籤。就清朝汕頭而言，吸引

9　楊彥杰，〈閩西客家地區的畬族 —— 以上杭官莊藍姓為例〉，載《梅州地區的廟會與宗族》，頁 193。

10　王心靈，〈粵東梅縣松源鎮郊的宗族與神明崇拜調查〉，載《梅州地區的廟會與宗族》，頁138。

客家移民的並非汕頭這城市本身，而是新近劃入版圖的台灣。對於客家移民而言，汕頭也好，台灣也好，其實都是農業社會，在這些社會裏，當地人利用族羣的身份、官府的權威，控制了大部分土地。因此，客家人只能依靠其自己的宗教、宗族傳統，並增強各客家村落的聯盟，以求自保。這種策略，很容易出事，導致族羣之間的械鬥。

在更加遙遠之處，祖先和地方神靈的結合，方式也更加不同。珠江三角洲以西、高州地區的馮氏，說自己的祖先是唐朝冼夫人的駙馬的後裔。但佛山冼氏雖然自稱很早就在佛山定居，但佛山冼氏編纂於明朝的族譜，卻完全無意和冼夫人這位顯赫女性攀關係。同樣，要理解高州及珠江三角洲在這方面的異同，我們又要研究歷史、比較兩地區的禮儀。我們不要忘記，高州位於通往湖南的早期商貿路線之上，直至南宋（大約在十三世紀），才被西江所取代。在高州至湖南這條商貿路線上，至少還有兩個祖先與神靈結合的例子。它們體現於雷州半島的雷神廟，和湖南、貴州之間的幾座飛山公廟。正如肇慶的龍母廟、廣州黃埔附近的南海神廟一樣，雷神廟、飛山公廟都是財力雄厚的廟宇，其信眾往往來自遠方，原因當然是因為這些廟宇位於早期商貿路線之上。高州以外，海南島也有冼夫人廟，宋代從雷州開始的移民路線，是經高州而至海南島，這條路線，與沿着海岸線南下、連接東南亞及阿拉伯貿易的路線是不同的。海南島的冼夫人廟也好，雷州的雷神廟也好，都有土人的石雕像，這些土人雙手反縛於背後，作跪地求饒狀。至於雷州雷神廟的雷神，更有兩座神像，各有獨立的祭壇，各代表着並宣揚着不同的宗教傳統。主殿上的雷神陳文玉，以漢人的形狀出現，但卻是由蛋孵出來的；偏殿裏的雷神，則是胡人而鳥喙的形狀，且揮斧打雷。廟裏的捐款碑顯示，至遲從明朝開始，大部分捐款的村落，都以陳姓為主。至於飛山公楊再思，也同樣既是祖先

358

又是地方神靈。[11]

可見,自從嘉靖年間的禮儀革命以來,三百年間,在華南許多地區,包括從福建到海南,用禮儀表現政治權力的方式,都經歷了劇烈的變化。從現有的研究中,我們可以舉出一些證據,證明這種變化,與王朝國家以里甲制度承認地方勢力有關,也與王朝基層政府統治方式的演變有關。

過去二十年有關福建地方歷史的研究顯示,我們在珠江三角洲所能看到的禮儀轉變,其關鍵的推動力,來自基層政府行政制度的改變。雖然鄭振滿、丁荷生似乎沒有考究莆田地區里甲制度的實行,但他們的研究顯示,自十二世紀以來,莆田各個"社"的神靈即社公,就被王朝整合到一個區域廟宇體系內;而在十六世紀,在祠堂祭祀祖先這種風尚也出現了,至於祠堂究竟是甚麼形制,並不重要。他們二人對於莆田在十六世紀以後的描述,非常精彩,並反映了莆田與珠江三角洲極為相似。丁荷生引述了鄭紀(1440—1516 年)的文章,該文章鄭紀臨死前寫的,為戶籍登記、賦役、宗族的關連,提供了第一手觀察。鄭紀來自莆田附近的仙遊,其宗族歷史悠久,根基雄厚,但他所屬的支派,是大約在十五世紀中葉才富起來的,祠堂也是從這時才建起來的。鄭紀筆下的這座祠堂,正好缺乏嘉靖改革的新元素,例如,該祠堂繼續使用祖先畫像。不過,正如其他地區一樣,對祖先的孝思,為設立嘗產創造了理由。鄭紀的文章因此與我們在珠江三角洲所見,互相發明。但是,除此之外之外,鄭紀對於里甲制度更有一番獨到的見解。有一次,他寫信給一位高官,介紹自己家鄉仙遊縣的里甲制度的歷史。明初,仙遊縣分為 64 圖,合共在籍 6,400 戶,其中,1,900 戶為軍戶,其餘為民戶。永樂、宣德年間(1403—1435 年),

359

11　宋銳,〈雷公廟及雷祖陳文玉〉,《湛江郊區文史》,1986 年第 5 期,頁 190-7;王增權,〈雷州的"儺"考〉,《湛江文史》,1997 年第 16 期,頁 108-18;明澤貴,〈飛山廟〉,《荊州文史資料》,1985 年第 2 期,頁 160-3;楊文基、楊思藩、龍明躍,〈會同侗族特徵考察〉,《會同文史資料》,1988 年第 3 期,頁 37-41;王興瑞,《冼夫人與馮氏家族:隋唐間廣東南部地區社會歷史的初步研究》(北京:中華書局,1984);符永光,《瓊史尋蹤》(海南島:亞洲出版社,1998),頁 29-32。

勞役繁重，瘟疫蔓延，里甲戶數萎縮。到了正統、景泰年間（1436—
1457 年），只剩 12 里，大概就是 1,200 戶的意思。天順年間（1457—
1464 年），流民湧入，也就被編入里甲，因此里甲數目增至 14 里，大
概就是 1,400 戶的意思。所謂流民，其實就是從前沒有被編入里甲的
人。鄭紀這封信清楚地顯示，明朝上半葉，所謂仙遊縣 64 圖 6,400 戶
云云，並不可靠，全縣人口中真正被登記為里甲戶的，其實很少，而
真正的里甲戶，又以軍戶居多，這與珠江三角洲的情況是一樣的。鄭
紀除了描述仙游縣里甲戶數之外，還記錄了當時一份里甲賦役黃冊及
一次里甲登記過程，彌足珍貴。鄭紀說，從這份黃冊引述的官員姓名
看來，這份黃冊應該出現於成化年間（1465—1487 年），當時，鄭紀的
弟弟發動 140 戶里甲戶，向縣官遞狀陳情，要求將力役折銀，形同要
求減稅。正如丁荷生指出，鄭紀這篇文章不意味着里甲制已經崩潰，
從鄭紀筆下里甲制由明初到他年代的演變看來，剛好相反，只有當力
役折為白銀稅，只有當里甲戶以宗族名義轉變為法人團體，里甲制才
推行成功。[12]

　　比在十六世紀的珠江三角洲來說，在福建沿海地區，包括莆田在
內，按家廟形制建立祠堂這新式宗族制度出現時，卻遭遇更重大的震
盪，因為從十六世紀中葉開始，福建沿海受到"倭寇"的侵擾，遠比珠
江三角洲嚴重。"倭寇"的侵擾，對於福建沿海地區宗族制度的發展，
的確產生極為重要的影響。鄭振滿認為，在莆田，"倭寇"的侵擾、
防衛的需要，導致依附式宗族衰落，合同式宗族興起。同樣研究莆田
的丁荷生，也看重地域防衛聯盟的出現，他甚至認為："從明代中葉
開始，地方上各種禮儀組織，開始發生轉變，從以血緣、宗族為基礎
的組織，過渡為以地域為基礎的體系。"對於莆田與珠江三角洲的分
別，我們可以從幅度、規模兩方面來理解。據丁荷生研究，當時整個
莆田縣都被組織在"七境"之下，每一個這樣的區域，都大於珠江三

12　鄭紀，《東園文集》，卷 9，頁 7b-9b、10a-13b，卷 10，頁 10b-13a，載文淵閣本《四庫
　　全書》（上海：上海古籍出版社，1987 縮印），第 1249 冊，總頁 816-7、827-8。

角洲任何一"鄉"。儘管在明朝,每個"七境"裏都有大姓崛起,交結官府,雄霸一方,但即使在明朝,也不太可能由一姓主導一"七境"。因此,莆田的地域聯盟,幾乎必然是宗族聯盟而非單一宗族組織。"七境"的成員,應該就是各個聚落,亦即村莊;這些村莊之中,部分應該是單姓村莊;而這些單姓村莊之中,部分勢力壯大的村莊,應該會在祠堂建築上模仿家廟形制。但是,一小撮人富起來,不代表該地區其他人也提升地位,因為一地區繁榮了,就會吸引貧窮的移民,而每逢經濟衰退,即使富裕階層也可能破產。因此,正如鄭振滿、丁荷生指出,組成"七境"的,既有多姓村成分,也有單姓村成分,石亭村黃氏,就是加入這類地域聯盟的古老宗族的例子。在珠江三角洲,直至十六世紀各類危機爆發之前,除了佛山、小欖這類比較大型的市鎮之外,宗族聯盟並不常見。但是,莆田由於比珠江三角洲更早遭遇動亂,也就比珠江三角洲更早發展出宗族聯盟。珠江三角洲也好,莆田也好,地方軍事化的現象延續至清初,直至康熙初年遷界為止。十七世紀八十年代,隨着遷界政策結束,重返沿海地區的人民,重新建立宗族及里甲。但是,里甲雖然重建,其作用很快就因《賦役全書》這種統一的賦役記錄的出現而相形見絀。到了十八世紀,莆田從前的地域聯盟,就繼續以遊神、建廟這些禮儀活動而表現出來,另一方面,宗族則成為帶有法人色彩的、擁有財產的組織。[13]

南台島在莆田以北,位於福州城附近海域。宋怡明對該島的研究清楚顯示,從十三世紀中葉到十四世紀中葉,該島人民被組織到里甲制度裏;然後,以里甲為基礎的身份結構,被模仿家廟形制建立祠堂的宗族所取代。宋怡明研究當地的宗族傳說、分析當地族譜編纂的歷史,他指出,明朝南台島上的不少著名宗族,很可能過去曾經住在船上,而住在船上的人,即使在南台島當地人眼中,也算是蜑民。在南台島,最早的祠堂大概興建於十四世紀初,但並非模仿家廟形制而興

13　鄭振滿,《明清福建家族組織與社會變遷》;Kenneth Dean, "Transformation of the *she* (altars of the soil) in Fujian," *Cahiers d'Extreme-Asie*, 10, pp. 19-75, p. 53.

建，一説該祠堂改建自當地兩位賢士的書齋，這兩位賢士名望很高，

以至於在十六世紀躋身縣鄉賢祠。下一間祠堂，則興建於弘治十六年
（1503 年）。從此，愈來愈多這類祠堂興建起來了。但是，宋怡明也指
出，並非所有宗族興建祠堂時都能夠成功。如果我們以家廟式祠堂的
出現作為社會變遷的標誌，則宋怡明的提醒是極為有用的：宗族成員
完全有可能在融資問題上談不攏，因此無法興建祠堂。[14]

　　但是，華南並非所有地區都向宗族建設的方向邁進。陳春聲研
究汕頭附近的樟林時強調，主導樟林的，是多姓防衛聯盟，而非大宗
族。嘉靖三十五年（1556 年），面對"倭寇"威脅，當地百姓得到官府
批准，組織防衛聯盟，築牆建寨。三十年後，又是在官方批准下，蜑
民也得以改變其身份。這時候，樟林寨裏的三山國王廟，已經成為該
地區最重要的廟宇，新近加入該防衛聯盟的成員，包括樟林寨附近的
個別村莊，例如蜑民村莊等，會被安置於四個"社"之內，這已成為
一種固定的做法。步入清朝，樟林成為繁盛的港口市鎮。樟林並不排
斥外姓人定居，這一點與佛山相同；但樟林似乎始終沒有產生任何高
官，這一點與佛山不同。清朝中葉，樟林隨處可見祠堂，但這些祠堂
規模甚小，樟林的禮儀活動，主要由廟宇包辦。[15]

　　在珠江三角洲、福建沿海，甚至江西這三地區，表達地方權力
的禮儀，其變化的時間，都有互相契合之處。這就反映出，這三地區
明清時期的社會形態，主要受兩個宏觀歷史過程所影響。第一，在明
代，王朝基層政府承認地方豪強的土地權，以換取地方豪強的支持。
這個趨勢，在十八世紀曾出現短暫的逆轉，因為雍正皇帝的賦稅改
革，顯着增強了地方政府的財力。第二，王朝國家把王朝禮儀推行到

14　Michael Szonyi, *Practicing Kinship: Lineage and Descent in Late Imperial China*
　　(Stanford: Stanford University Press, 2002).

15　陳春聲，〈社神崇拜與社區地域關係——樟林三山國王的研究〉，《中山大學史學集刊》，
　　1994 年第 2 期，頁 90-105；〈從《游火帝歌》看清代樟林社會——兼論潮州歌冊的社會
　　史資料價值〉，《潮學研究》，1995 年第 1 期，頁 79-111。陳達在其研究中也不點名地提
　　及樟林，見其《南洋華僑與閩粵社會》（長沙：商務印書館，1938）。

地方社會，依靠的不是威逼，而是利誘。一方面，王朝把士紳的儀態
舉止，捧為百姓之表率；另一方面，愈來愈多人通過科舉考試而提升
其社會地位，也愈來愈多人攀附這些擁有科舉功名的人而提升其自己
的社會地位。在珠江三角洲，這兩個歷史過程的影響很顯著，很大程
度是因為，在明代之前，珠江三角洲有大量土地未被開發，明初的戶
籍登記，就成為在這些土地上確立地權的手段。宋怡明研究的福州附
近海域的南台島，也有極為相似的過程，該島相當多的蜑民，就是通
過王朝基層政府的戶籍登記，自行改變其賤民身份。在莆田地區，明
初的里甲制、十六世紀的禮儀改革，也同樣出現。不過，由於早在宋
朝，莆田就已有大量土地被開發，而其地主早已和王朝國家建立密切
關係，這種密切關係所產生出來的權力結構，維護了廟宇在莆田社會
的地位，因此，明初的里甲制、十六世紀的禮儀改革，就要在莆田既
有的社會基礎上進行。當然，以上這種宏觀分析，還遠遠說不上是定
論。相反，這種宏觀分析雖然解答了不少問題，卻也開啟了不少疑
竇。例如，珠江三角洲的權力結構，與土地的控制密切相關。既然
莆田開發較早，則早期的土地關係，應該會影響後來的土地關係。在
珠江三角洲，佛教寺院曾經擁有大片土地，但到了明朝，這些佛教寺
院的寺產就全被剝奪了。在莆田，類似的現象也有可能發生，誠若如
此，則宋朝佛教寺院控制土地的制度，與鄭振滿、丁荷生研究的由廟
宇包辦的水利工程之間，可能有其一脈相承、不絕如縷之處。[16]

　　我們簡略地回顧了有關江西及福建的地方歷史的研究，可以作出
這樣的結論：地方社會整合到王朝國家時，當地社會的等級、身份結
構，及表現這種結構的禮儀，都會大受影響。莆田被整合到王朝國家
內，時當宋朝，因此莆田有很多由宋朝敕封的神靈，祂們“威靈”長
存。到了明朝，整合社會與國家的機制，先是里甲，後是宗族，雖然
這些機制得到政權的支持，但在莆田，這些明朝機制卻不得不立足於

16　參見張小軍、余理民，《福建杉洋村落碑銘》（香港：華南研究出版社，2003）。該書記載
　　了以“功德寺”名義控制財產並且最終演化成祠堂的有趣過程。

宋朝就形成的文化之上。在珠江三角洲，宋朝的影響很小，珠江三角洲大部分地區在明朝被整合到王朝國家時，可以説是在一片空白中建立禮儀，在這片空白中，王朝把當地百姓登記為里甲戶，而里甲戶又演變為宗族。我們從以上研究中，可以得出一個相當有趣的、能夠應用於整個華南的看法：一個地方社會的禮儀特色，與該社會何時被整合到王朝、當時流行的是甚麼樣的整合機制，有密切關係。王朝政權的建立、正統禮儀的推行，固然重要；但是，實現社會與國家整合的地方社會也同樣重要，無論這王朝政權或這正統禮儀是否源自當地。

　　根據這種看法，我們可以研究西南地區更為複雜多變的國家與社會的整合過程。我們幾乎可以肯定，"猺"、"獞" 這類字眼，是明朝基層政府發明出來的族羣標籤。里甲實施之處，里甲制的成員顧名思義就成為王朝的臣民，即所謂 "民"。在明朝被稱為 "獞" 的人，則不受里甲制束縛，而由他們的部落酋長即 "土司" 統治。至於 "猺"，則既非里甲制裏的 "民"，也非 "土司" 所統治的 "獞"。[17] 至於台灣，從十七世紀開始，大量移民湧入，這些移民，或來自福建，或來自福建、廣東交界地區。他們移民台灣，也就把自己原有的禮儀傳統移植台灣。台灣的地域組織，一般是以廟宇為中心的多姓聯盟，充分結合了道教閭山派的禮儀。而且，由於台灣開發較晚，以書面契約進行土地交易這種制度，已經成熟。因此，在台灣，移民一旦定居，就立即利用地契控制土地，而不必經歷像明初珠江三角洲那樣的過渡期；在明初珠江三角洲，土地契約可以説是絕無僅有的，土地權體現於里甲登記中。貴州山區也有類似情況。從十八世紀開始，商業性質的伐木活動，突然刺激當地經濟發展。當地的苗人，立即採用地契以確立地權，並強化自己的族羣疆界，抗衡蜂擁而來的湖南移民。苗人也開始模仿漢人形制，興建木屋。到了十九世紀，苗人派遣男丁參軍抗擊太

363

17　David Faure, "The Yao Wars in the mid-Ming and their impact on Yao ethnicity," in Pamela Kyle Crossley, Helen Siu and Donald Sutton, eds., *Empire at the Margins: Culture, Ethnicity and Frontier in Early Modern China* (Berkeley: University of California Press, 2005), pp. 171-89.

平軍，為朝廷立了大功，因而編起族譜來。[18] 在雲南，情形又有所不同。廣東及福建的地方社會，分別蛻化自東南沿海的南漢國及閩國，而南漢國及閩國在明代尚未建立之前就早已消失。但在雲南，從九世紀到十三世紀，雲南的大理王國及爨王國，一直維持其統治，儘管文字對雲南地方社會尚未產生影響。中國王朝整合雲南時，就必須在雲南早期王朝的基礎上進行整合。在明朝，雲南原有的許多佛教政權就以土司控制的族羣的形式重新出現，後來也演變出幾個規模龐大的宗族。[19]

有一種看法認為，作為社會組織的宗族，在華北並不如在華南普遍。我們如今可以相當堅定地指出，這種看法，並不正確。但是，由於我們對於華北的史料研究甚少，究竟華北地方社會如何演變，對此問題，我們應該承認自己近乎一無所知。有關山西票號的史料，提及宗族，毫無疑問，許多這類宗族是有圍牆包圍的單姓村落，[20] 有些已成了博物館，要前往探訪，甚為便利。沿着今天的旅遊點路線，我們還能夠發現更多的單姓村莊，原因之一，是有些這樣的單姓村莊保留了壯觀的建築：例如毗鄰河南省的陽城縣皇城村，該村為陳氏宗族所建；或者陽城縣以西的襄汾縣丁村，該村的建築，流露着江南園林的

364

18　在這方面的詳細記載，參見貴州省編輯組編，《侗族社會歷史調查》（貴陽，貴州民族出版社，1988），張應強，《木材之流動：清代清水江下游地區的市場、權力與社會》（北京：三聯書店，2006）。

19　參見白鳥芳郎，《華南文化史研究》（東京：六興出版，1985），該書將西南民族的活動放置在中國王朝的擴張這一脈絡下加以考察，值得注意。這個領域的近期研究，對我產生莫大的裨益，參見 John E. Herman, *Amid the Clouds and Mist: China's Colonization of Guizhou, 1200-1700* (Harvard East Asian Monographs 293, Cambridge, Mass.: Harvard University Asia Center, distributed by Harvard University Press, 2007); 連瑞枝，《隱藏的祖先：妙香國的傳說和社會》（北京：三聯書店，2007）。

20　張正明，《晉商盛衰史》（太原：山西古籍出版社，1995），頁 206-46；有關山西地區最著名的單姓村之一，喬家大院的照片，參見《老房子・山西民居》（南京：江蘇美術出版社，1995），頁 8，該書頁 6 的照片，顯示祠堂位於一通道之盡頭，顯然，這祠堂是整個用圍牆圍起來的建築羣的一部分，但根據明朝法律，家廟必須是一單獨的建築物。

雅致。[21] 皇城村陳氏及丁村丁氏，均定居於明朝，並延續至清朝。另外，如果我們有機會讀讀華北近年編纂的村莊歷史，我們就會發現，村莊由單姓支配的現象，甚為明顯。以五台縣槐陰村為例，其《槐陰村志》收錄了 1919 年至 1952 年間歷任村長、副村長、秘書的姓名，1959 年至 1984 年間歷任生產隊隊長的姓名，亦即 1985 年至 1994 年間歷任村委會主席的姓名。除三人以外，其餘所有人均屬同一姓氏。[22] 此外，還有著名的洪洞縣大槐樹移民的故事，等於華南珠璣巷移民傳說的華北版本，但是，對於這個華北移民傳說，迄今為止，基本上沒多少人研究過。[23]

華北宗族建設的最精彩例子之一，是代縣鹿蹄澗村楊氏，這就是著名的北宋楊家將的家鄉，楊家將的事跡，成為全國各地戲曲的題材。該村的楊氏宗祠，今天仍然保留一塊石碑，據碑文記載，明嘉靖三十五年（1556 年），山西提學副使探訪該村，發現該村大約有五百人，自宋朝以來，就"共族同塋"。他們有族譜，有祠堂，並自稱為楊業的後裔，楊業就是楊家將的大家長。提學副使還指出楊氏在元朝的祖先的名字，並說，在明朝，楊氏"重祠祭、明宗譜、立家約"，守"聖教"，設"公田"，立"射圃"。我們今天在村內除能讀到這塊碑之外，還果然能夠讀到元朝泰定元年（1324 年）、天曆二年（1329 年）的家譜

21　皇城的碑銘，包括墓志銘的文字，在當地已經出版了，見栗守田，《皇城石刻文編》（刊行機構不詳，1998），我在皇城地區沒有發現任何族譜，但樊書堂的著作讓人感到該地區在過去是有宗族的，見氏編，《皇城故事集》（出版機構不詳，1998）。我在 2000 年夏探訪皇城時，村莊的牆壁已被翻新，幾座新房子也建起來了，顯然，這都是為發展旅遊業作準備。想知道翻新之前的模樣，參見《老房子‧山西民居》，頁 190-203。該書也收錄了明末已存在的、有牆壁圍起來的其他村莊，見該書頁 166-89。我在砥泊發現了一塊崇禎十一年（1638）的碑，碑上還刻上該城的地圖。陶富海對於丁村及其族譜作了很好的研究，見氏編，《平陽民俗叢譚》（太原：山西古籍出版社，1995）。

22　山西省史志研究院，《槐陰村志》（太原：山西古籍出版社，1999），頁 8-14。這三個人都是在非常時期充任村莊領袖的。他們是：1949 年 1 月至 1952 年 12 月期間的村長；這同一人又在 1965 年 1 月至 1971 年 2 月期間擔任生產隊隊長；以及 1992 年 1 月至 1994 年 12 月期間的村委會主席。

23　追蹤洪洞縣移民，近年來已經成為顯學，參見黃有泉、高勝恩、楚刃，《洪洞大槐樹移民》（太原：山西古籍出版社，1993）；潘永修、鄭玉琢，《根在洪洞》（北京：中國檔案出版社，1998）；鄭守來、黃澤嶺，《大槐樹尋根》（北京：華文出版社，1999）。

碑，另外，還有一塊字跡模糊、大約也立於泰定元年（1324 年）的石碑，該碑題為〈宣聖十德〉，內容為十條有關個人修養及社會責任的道德訓誡。此外，要讓提學副使的觀察完滿無缺，我們當然也找到一間經歷多次重建、重修的祠堂，裏面保存了不少石碑。據嘉靖二十九年（1550 年）的一塊碑顯示，據提學副使探訪該村前幾年，有一位進士也撰文作記，紀念楊氏的悠久歷史，該碑為楊氏兩名成員所立，一為族中耆老，一為驛站官員。明初，鹿蹄澗楊氏並沒有人做大官，但楊氏的宗族傳統肯定已經建立起來，其族譜顯示，部分族人於元朝擔任軍職，雖然族譜並沒有把這些元朝族人與宋朝族人的譜系連接起來。[24]

山西的地方歷史史料非常豐富，但其地方歷史一直未被仔細研究過，真是奇怪得很。大衛・約翰遜（David Johnson）利用〈中國地方戲劇研究計劃〉所搜集的史料，重構山西潞城縣一條村莊的節慶，在他筆下，節慶所反映出來的社會關係，與華南社會往往相似。該節慶是由 "社" 的頭目及十二家（約翰遜稱之為 "宗族"）代表共同籌辦的。[25] 我也根據碑銘資料，重構了明代山西兩條村莊的歷史。其一是宋朝著名學者及官員司馬光家鄉夏縣的族人的村莊。司馬氏祖先的墳墓，一向由司馬氏宗族看管，這是人人都接受的。但是，明代夏縣地方官及當地名望發現，在過去兩百年間，司馬氏族人已遷移四散，因此他們同意，把目前定居浙江的司馬氏子孫請回夏縣，以便維持司馬光的香火。部分定居浙江的司馬氏子孫果然來到夏縣，這段引人入勝的故事，還記錄了這樣一幕：這些來自浙江的司馬氏子孫，必須出示證據，證明自己就是司馬光的子孫，證據不僅包括一本極為簡略的族譜，還包括一張司馬光的畫像。這些來自浙江的司馬氏子孫，口口聲

---

24 我於 2001 年夏探訪鹿蹄澗村，對這些碑銘做了記錄，其中部分碑銘以及其中一部族譜，也收錄於代縣地方志編纂委員會編，《代縣志》（北京：書目文獻出版社，1988），頁392-8。關於楊氏的更詳細的研究，參見常征，《楊家將史事考》（天津：天津人民出版社，1980）。

25 David Johnson, "Temple festivals in southeastern Shansi: the sai of Nan-she Village and Big West Gate," *Minsu quyi*, Vol. 91 (1994), pp. 641-734.

聲説自己如何孝順司馬光，但當時為此事撰文作記的人都知道、並且毫不含糊地指出，他們來夏縣，主要是看中了以司馬光名義控制的田產。[26] 我研究過的另一條村莊，位於明代潞安府的府治，據〈新開潞安府治記碑〉，嘉靖十二年（1533 年），潞安升格為府四年之後，原本屬王府的儀賓為了宣示對於地方官的忠誠，希望變成模範宗族，他們宣稱自己五代同居，沒有分過家。嘉靖二年（1524 年），著名學者呂楠經過此地，村民們聚集二百人，設宴歡迎，並請求他幫忙設立鄉約。[27]

以上山西的個案都顯示，十六世紀的新禮儀，把祭祀祖先作為社會組織的核心，而山西地方社會顯然都嘗試迎合這套禮儀。但是，在這些個案中，我們找不到任何可被稱為"家廟"的建築。[28] 豎立於司馬光墳前的，是歷代祖先的塑像，而非神主牌位。山西通行的祭祖禮儀，不是在家廟裏獻祭，而是把家廟及所有祖先神主牌位畫在一幅布上，把這幅布畫掛在牆上，進行祭祀。即使富裕之家也這麼做。對於部分觀察者而言，這幅布畫也可算是族譜，因為它把所有祖先的神主牌位都畫進去。也許，由於家廟未能普及於十六世紀的山西，這樣的一幅布畫，就成了家廟的替代品，即使宗族已經有財有勢，也繼續維持這種祭祖方式。[29]

本書寫到這裏，是時候談一談江南了。明清時期，中國最重要的城市，有許多就位於江南。江南的水道交通網絡，錯綜複雜，變化頻仍，江南東部的土地開發，產生了棉花與小麥復種的種植方式，凡

366

26　David Faure, "It takes a sage .... Notes on land and lineage at Sima Guangs grave in Xia county, Shanxi province," *Minsu quyi*, Vol. 131 (2001), pp. 27-56.

27　科大衛，〈動亂，官府與地方社會，讀〈新開潞安府治記碑〉〉，《中山大學學報》，2000 年第 2 期，頁 66-73。

28　出身直隸武強縣的張渠，雍正八年至十三年（1730-5）間在廣東當官，他説："吾鄉乃邦畿之地，以卿大夫而有宗祠者尚寥寥無幾，其尊祖睦族之道反不如瘴海蠻鄉，是可慨也。" 見張渠撰，程明校點，《粵東聞見錄》（廣州：廣東高等教育出版社，1990），頁 49。

29　有關這些布畫的例子，參見 Myron Cohen, "Lineage organisation in north China," *Journal of Asian Studies*, Vol. 49 No.3 (1990), p. 518; 中生勝美，〈華北農村の社會慣性〉，載三谷孝編，《村から中國を読む：華北農村五十年史》（東京：青木書店，2000），頁 221。喬家大院裏，也掛着一張這樣的布畫，見《老房子・山西民居》，頁 15。

此種種，都要求研究者對於江南地方社會的差異，保持高度警惕。從杭州上溯新安江，就來到安徽省徽州，徽州以宗族著稱。早於二十世紀六十年代，葉顯恩就注意到，嘉靖禮儀改革，推動了徽州的祠堂建設。[30] 希拉莉·貝蒂（Hilary Beattie）的研究，算是二十世紀七十年代宗族研究的大作，她研究十六世紀同樣也位於安徽省的桐城的宗族歷史時發現由一羣"受過教育、有錢、有閒"但不一定擁有高等科舉功名的男子，組成領導"核心"，是桐城宗族生存的重要條件。貝蒂的這個描述，可謂準確把握了宗族的一面，因為從外部看來，定期舉辦各種禮儀，確實也是宗族的主要工作。[31] 鄧爾麟（Jerry Denneline）研究元明之際無錫華氏宗族，他筆下的華氏宗族發展模式，與珠江三角洲的模式很相似：明初，對於地方勢力與宗族結構都很有影響，是里甲制度，而里甲制度後來演變為宗族賴以控制財產的嘗產制度。[32] 太湖沿岸，元代以來就出現了繁華的商業市鎮，其中部分市鎮的宗族，也正是發源於元代的。但是，在元代，家廟尚未普及，宗族活動也以廟宇為中心。濱島敦俊研究江南水利工程背後的社會組織時，也假設宗族已經出現於江南。之後，濱島敦俊研究江南的各種宗教信仰，尤其是"總管"信仰，更提出饒有意味的看法：總管信仰可能是祖先信仰與地方神靈信仰的結合。江南存在宗族，這當然不成問題，成問題的是：江南各地區的宗族，究竟在甚麼時候發展起來？我們應該牢記二十世紀三十年代費孝通在開弦弓村的觀察：他發現，這條多姓村莊裏的兩座廟宇，是由道士們"擁有"的，他們的"重要功能"之一，就是"為村民保存祖先記錄（原文如此）"。費孝通對此的描述可謂毫不含糊，也似乎完全不感到詫異："村民的族譜，收藏於各廟宇外面。村民付錢給

30 葉顯恩，《明清徽州農村社會與佃僕制》（合肥：安徽人民出版社，1983）。

31 Hilary Beattie, *Land and Lineage in China, A Study of T'ung-ch'eng County, Anhui, in the Ming and Ch'ing Dynasties* (Cambridge: Cambridge University Press, 1979), p. 126.

32 Jerry Dennerline, "Marriage, adoption, and charity in the development of lineages in Wu-hsi from Sung to Ching," in Patricia Buckley Ebrey and James L. Watson, *Kinship Organisation in Late Imperial China, 1000-1940* (Stanford: Stanford University Press, 1986), pp. 170-209.

廟宇的道士，因為道士替村民保存其族先姓名所系之族譜。因此，在
某個意義上，村民的祖先記錄成了道士的私人財產。"[33] 最近，顏學誠
的民族志研究，終於澄清了費孝通的觀察。寄存在廟宇的祖先記錄，
是五服內的祖先姓名，村民僱用和尚，保管這些記錄的，以便為這些
祖先舉辦喪禮、及日後定期祭祀這些祖先。顏學誠認為，這些祖先記
錄"類似族譜"。保存這類祖先記錄的其中一條村莊，名水頭村，他研
究水頭村的結論是：水頭村"沒有宗族組織，也沒有族譜。"[34]

　　我認為，珠江三角洲宗族建設的歷史，與彼得‧包爾（Peter Bol）
筆下、理學崛興於十二世紀並復興於十五、六世紀的金華地區歷史，
互相發明。彼得‧包爾研究的重點，為陳白沙的老師吳與弼，說吳與
弼有一種"地方主義"（localism）傾向。這顯示，到了十六世紀，宗族
的發展並非孤立現象。在十二世紀，理學扎根地方各省，靠的是朝廷
設立地方學校的政策。而到了十五世紀，中國許多地方上的文人，不
僅認同儒家的各類核心價值觀，而且還通過著作、私人通信、政治立
場來互相影響。[35]

　　着眼於一地區，仔細研究該地區裏各種地方組織所賴以成立的關
鍵制度，用這種研究方法來研究珠江三角洲，本書發現，這關鍵制度
就是宗族。如果這種研究方法有何啟示的話，這就是：社會史研究如
果要有說服力，就必須結合地理。所謂地理，不是坐在椅子上觀看地
形圖，而是要明白當地人如何把這些地形理解為他們的地區或地區的
一部分。河流、山脈，對於商貿往來、人民流動，及因此造成的思想

367

33　引文見 Fei Hsiao-tung, *Peasant Life in China, A Field Study of Country Life in the Yangtze Valley* (London: Routledge & Kegan Paul, 1939, 1962), p. 105; 有關分析，見同書頁 104-5。

34　顏學誠，〈長江三角洲農村父系親屬關係中的"差序格局"——以二十世紀初的水頭村為例〉，載莊英章編，《華南農村社會文化研究論文集》（台北：中央研究院，1998），頁 95。

35　Peter K. Bol, "Neo-Confucianism and local society, twelfth to sixteenth century: a case study," in Paul Jakov Smith and Richard von Glahn, eds. *The Song-Yuan-Ming Transition in Chinese History* (Camb. Mass.: Harvard University Asia Centre, 2003), pp. 241-283; "The 'localist turn' and 'local identity' in later imperial China," *Late Imperial China*, Vol. 24, No. 2 (2003), pp. 1-50.

傳播，當然是重要的，本書完全無意貶低這些地形的重要性。本書要鼓吹的是，我們極須做大量的開拓研究，研究人類的活動如何影響區域社會的形成。這些區域社會，正是國家政權擴張到原有的地方社會時，由國家政權劃分形成的。地方社會原有的障礙，大部分都因此被國家政權摧毀，蕩然無存。這新近加建的政治結構，也披上了一層文化脈絡，權力，就是通過這文化脈絡而體現出來。研究珠江三角洲也好，研究中國其他地區也好，並不是要證明全國各地的歷史進程都必然相似；但這些研究，確實可讓我們從不同地區找出共同問題，以了解王朝國家形成的過程。其中一個共同問題是：地方神靈與祖先何時被整合到王朝國家的意識形態之中？另一個共同問題是：王朝基層政府何時建立、規模如何？另外，在區域社會以外，中國的王朝國家的性質本身，也值得一提。明王朝滲透到各個地方社會，擁抱各個地方社會的差異，將之消融於一體。里甲制成了劃分王朝內外的界限，登記到里甲內的，就是皇帝的臣民；未被登記到里甲的，在南方就被稱為"猺"或"僮"。明王朝有一套統一的意識形態，有一套正統的禮儀，有一隊不問種族出身、以科舉考試拔擢的官僚，並通過里甲制而清楚劃分誰是"民"、誰不是"民"。這樣看來，明王朝也許是全球最早的民族國家之一。羅友枝（Evelyn Rawski）及柯嬌燕（Pamela Crossley）最近的研究，則顯示清朝與明朝不同，因為清朝把明朝的"民"定義為"漢人"，這就為清朝的成員制度打上了族羣標籤。[36]

　　說傳統的中國社會史研究是"坐在椅子上"的研究，這批評是否太苛刻？恐怕不是。我們真的必須到中國各地走一走，才能夠體會到中國地域之廣大、社會差異之巨大。我們也必須到中國各地走一走，才能夠親眼看到各種歷史遺跡，它們見證着已經消逝的社會。我們也必須到中國各地走一走，才能夠搜集到史料文獻，這些史料文獻，包括碑銘，以及由個人珍重保存的殘卷。以這種方法書寫中國歷史，不知

368

36　Evelyn S. Rawski, "Reenvisioning the Qing: The Significance of the Qing Period in Chinese History," *Journal of Asian Studies*, Vol. 55, No.4, pp. 829-50; Pamela Crossley, *The Manchus* (Cambridge, Mass.; Oxford : Blackwell Publishers, 1997).

還能維持多久，時間恐怕不多了。明清時期的社會建構的偉大成就，還有些痕跡保留至今，還能讓當代歷史學家看見。當代歷史學家應該感到幸運，把握這個機會，寫出明清時期的社會建構的歷史，應該是當代歷史學家的責任。

參考書目

譜牒、年譜類（按宗族及人物姓氏筆畫排列）

王氏　　《鰲台王氏族譜》，民國四年（1915）刊，藏廣東省圖書館，編號
　　　K0.189/936

方氏
《方氏家譜》，光緒十六年（1890）刊，藏廣東省圖書館，編號 K0.189/438
《東莞方氏家譜》，香港：1965 年，藏香港大學圖書館，編號 2252.9/0240.1

孔氏
《番禺小龍房孔氏家譜》。光緒二十三年（1897）刊，藏中山大學圖書館。
《南海羅格孔氏家譜》，民國十八年（1929）刊。

甘氏
《甘氏祠譜》，民國十三年（1924）刊，藏廣東省圖書館，編號 K0.189/945.2
《廣東台山上川房甘氏族譜》，民國二十四年（1935）刊，藏廣東省圖書館，
　　　編號 K0.189/945

朱氏
《南海九江朱氏家譜》，同治八年（1869）刊，藏廣東省圖書館，編號
　　　K0.189/977
《順德縣古粉村朱族地方志》，無刊行年份，無刊行地點，藏廣東省圖書館。

李氏
《李氏族譜》，崇禎十五年（1642）刊，藏佛山市博物館。
李喜發等增輯，《泰寧李氏族譜》，民國三年（1914）刊，載《北京圖書館
　　　藏家譜叢刊・閩粵（僑鄉）卷，北京：北京圖書館出版社，2000，第
　　　19-20 冊。

《雲步李氏族譜》，1928年刊。

吳氏　　《吳氏家譜》，光緒二十五年（1899）刊。

何氏

何崇祖，《盧江郡何氏家記》，宣德九年（1434）刊本，載鄭振鐸輯，《玄覽堂叢書續集》，南京：國立中央圖書館，民國三十六年（1947）影印。

《盧江郡何氏家譜》，同治九年（1870）刊，藏新會縣景堂圖書館。

《家規要言》，光緒二十二年（1896）刊。

《何烏環堂重修族譜》，光緒三十三年（1907）刊，蕭鳳霞贈送，藏科大衛處。

何自宏，《裕澤堂家事記》，影印光緒戊申年（1908）手抄本，藏香港大學圖書館，編號：中789.3/21.5

《何氏族譜》，民國十二年（1923）刊，頁31a，藏廣東省圖書館，編號K0.189/349.1

《何氏九郎譜》，民國十四年（1925）刊，蕭鳳霞贈送，藏科大衛處。

何仰鎬，《據我所知中山小欖鎮何族歷代的發家史及其他有關資料》，1965，抄本，承蒙蕭鳳霞借閱。

宋氏　　《平岡宋氏緣俊祖房家譜》，民國三十二年（1943）刊，油印本，藏廣東省圖書館，編號K0.189/414.3

林氏　　《雙桂書院志略》，廣州忠孝堂光緒癸未（1883）刊，藏香港中文大學圖書館善本部，編號AS452.S48 S5 v.1-4

周氏　　《周氏族譜》，無刊行年份，藏廣東省圖書館，編號K 0.189/910.2

冼氏

《鶴園冼氏家譜》，宣統二年（1910）刊，無頁數，藏廣東省圖書館，編號K0.189.3/72-2

《嶺南冼氏族譜》，宣統二年（1910）刊，藏廣東省圖書館，編號K0.189/72

冼寶幹修，《南海鶴園冼氏族譜》，宣統二年(1910) 刊，藏廣東省圖書館，
　　編號 K0.189/272.2

屈大均　汪宗衍，《屈翁山先生年譜》，澳門：於今書屋，1970。

《南海氏族》，刊行年份不詳，無頁碼。

翁氏　　《翁氏族譜》，無刊行年份，殘本，藏廣東省圖書館，編號
　　K0.189/868.2

容氏　　《容氏譜牒》，容聯芳編，民國己巳年 (1929) 長世堂刊，藏香港中
　　文大學圖書館。

莫氏　　《鉅鹿顯承堂重修家譜》，同治十二年（1873）據同治八年（1869）
　　本重刊，藏廣東省圖書館，編號 K0.189/581

麥氏
《麥氏族譜及輿圖》，同治二年（1863）刊，藏廣東省圖書館，編號
　　K0.189/521
《欖溪麥氏族譜》，光緒十九年(1893)刊，藏香港大學圖書館微縮膠捲部，
　　編號 CMF 26013
《麥氏族譜》，民國二十七年（1938）刊，稿本，藏廣東省圖書館，編號
　　K0.189/516.2
《新會麥氏族譜》，無刊行年份，稿本，藏廣東省圖書館，編號 K0.189/521。

區氏　　《南海區氏族譜》，稿本，刊行年份不詳，藏廣東省圖書館，編號
　　K0.189/8216

梁氏
《梁氏崇桂堂族譜》，嘉慶二十年 [1815] 刊，藏廣東省圖書館，編號
　　K0.189/406.2
《諸祖傳錄》，光緒十一年（1885）刊，藏佛山市博物館。

《千乘侯祠全書》，民國九年 [1920] 刊，藏廣東省圖書館，編號 K0.189/402

《梁肇基公族譜》，刊行年份不詳，藏廣東省圖書館，編號 K0.189/403.2

張氏

《清河族譜》，光緒六年（1880）刊，藏廣東省圖書館，編號 K0.189/227.4

《番禺五鳳鄉張氏宗譜》，光緒二十三年（1897）刊，藏中山大學圖書館，編號：史 [2]507

《張如見堂族譜》，民國十一年（1922）刊，藏廣東省圖書館，編號 K0.189/230.2

《南海大范張氏族譜》，民國十四年（1925）刊，藏香港大學圖書館，編號：山 789.2-11

陸氏　《陸氏世德記》，民國二十一年（1932）刊，藏中山大學圖書館。

陳氏

《順德沙窖陳氏族譜》，道光二十八年（1848）刊，手稿，不分卷，無頁碼，藏廣東省圖書館，編號 K0.189/278

《金魚塘陳氏族譜》，光緒二十三年（1898）刊，藏廣東省圖書館，編號 K0.189/272

《陳氏族譜》，光緒二十六年（1900），鈔本，藏廣東省圖書館，編號 K0.189/276

陳紹臣編，《陳氏族譜（觀佐房譜)》，宣統三年 [1911] 刊。

《新會陳氏族譜》，民國元年（1912）刊，頁 11a-12a，藏廣東省圖書館，編號 K 0.189/277

《南海鶴園陳氏族譜》，民國六年（1917）刊，藏廣東省圖書館 K0.189/272.2

《陳氏族譜》，民國十二年（1923）刊，承蒙蕭鳳霞借閱。

《汶村陳氏愷翁十世孫復新祖房之家譜》，民國十六年（1927）刊，藏廣東省圖書館，編號 K0.189/273.2

《墩頭陳氏族譜》，民國二十二年（1933）刊，藏廣東省圖書館，編號 K.0.89/273

馮氏

《馮氏族譜》，無刊行年份，無頁數，抄本，藏廣東省圖書館，編號
　　K0.189/64.2

馮成修　勞潼，《馮潛齋先生年譜》，宣統三年（1911）刊，載《北京圖書館
　　藏珍本年譜叢刊》，北京：北京圖書館出版社，1999，第 97 冊。

黃氏

《黃氏全譜》，嘉慶二十五年 [1820] 刊。

《黃氏梅月房譜》，光緒五年（1879）刊，藏廣東省圖書館，編號 K0.189/501

《南海黃氏族譜》，光緒二十五年（1899）刊。

程氏

周紹泉、趙亞光，《寶山公家議校注》，合肥：黃山書社，1993。

《程氏族譜》，光緒二年（1876）刊，藏廣東省圖書館，編號 K 0.189/311

曾氏　　《武城曾氏重修族譜》，光緒五年（1879），藏廣東省圖書館，編號
　　K0.189/466.2

葉氏　　《南陽葉氏宗譜》，光緒二十一年（1895）刊於香港，藏香港大學圖
　　書館，編號：中 789.3/45-42

趙氏　　《趙氏族譜》，香港：趙揚名閣石印局，1937。

廖氏　　《廖維則堂家譜》，民國十九年（1930）刊，藏廣東省圖書館，編號
　　K0.189/765

蔡氏

《南海深村蔡氏族譜》，光緒元年（1875）刊，藏廣東省圖書館，編號
　　K0.189/619

歐陽氏　《歐陽在必堂家譜》，民國八年（1919）刊，藏美國普林斯頓大學格
　　斯特圖書館（Gest Library）。

黎氏

《順德大羅黎氏家譜》，宣統二年（1910）刊，藏廣東省圖書館，編號
　　K0.189/711

黎簡　蘇文擢，《黎簡先生年譜》，香港：香港中文大學，1973。

衛氏　　《衛氏倡議建祠備錄》，光緒三十四年（1908）刊，藏廣東省圖書
　　館，編號 K0.189/377

劉氏

《逢簡南鄉劉追遠堂族譜》，無出版年份，手稿，無頁碼，藏科大衛處。

《劉氏家譜》，稿本，刊行年份不詳，藏廣東省圖書館，編號 K0.189/765.2

鄭氏　　《義門鄭氏家譜》，光緒十五年（1889）刊，藏廣東省圖書館，編號
　　K0.189/140

潘氏

潘進，《潘氏家乘》，光緒六年（1880）刊，藏中山大學圖書館。

《滎陽潘氏家乘》，光緒八年（1882）刊，藏廣東省圖書館，編號 K0.189/55

《潘式典族譜》，民國十三年（1924）刊，藏廣東省圖書館，編號 K0.189/53

鄧氏

《龍躍頭鄧氏族譜》，無刊行年份，鈔本，藏香港大學圖書館善本部，編
　　號：羅 700.17-7

《南陽鄧氏族譜》，無刊行年份，手稿本，藏香港大學圖書館，編號：大
　　789.3 17-43

《順德龍山鄉鄧氏族譜》稿本，刊行年份不詳，藏廣東省圖書館，編號
　　K2.418.0/811/2

霍氏

霍韜，《霍渭厓家訓》，嘉靖八年（1529）刊，載《涵芬樓秘笈》第二集，上
　　海：商務印書館，1916。

《南海佛山霍氏族譜》，約康熙四十二年（1703）刊，藏廣東省圖書館，編
　　號 K0.189/470.2

《上園霍氏族譜》，同治七年(1868) 刊，藏廣東省圖書館，編號 K0.189/471

《石頭霍氏族譜》，光緒二十八年（1902）刊，藏廣東省圖書館，編號
　　K0.189/470

《太原霍氏族譜》，無刊行年份，無出版地點，藏佛山市博物館。

盧氏　　《新會潮連蘆鞭盧氏族譜》，宣統三年（1911）刊，藏廣東省圖書
　　館，編號 KO.189/790

龍氏　　龍景愷等總纂，《廣東順德縣大良鄉龍氏族譜》，民國十一年
　　（1922）敦厚堂活字本。

謝氏　　《南社謝氏族譜》，1942 年抄本，楊寶霖先生借閱。

簡氏　　簡朝亮等纂修，《粵東簡氏大同譜》，民國 17 年（1928）刊，載
　　《北京圖書館藏家譜叢刊・閩粵僑鄉卷》，北京：北京圖書館出版社，
　　2000，第 42-44 冊。

關氏

《南海山南聯鑣里關氏族譜》，光緒十五年(1889) 刊，藏中山大學圖書館，
　　編號：史（2）050

《南海九江關氏族譜》，光緒二十三年（1897）刊，藏廣東省圖書館，編號
　　K0.189/860

《關敦睦堂墓志》，光緒三十一年（1905）刊，稿本，藏廣東省圖書館，編
　　號 K0.189/860.2

羅氏　　《順德北門羅氏族譜》，光緒九年（1883）刊，藏東京大學東洋文化
　　研究所。

譚氏　　《譚氏族譜》，康熙三十一年（1692）刊，藏新會縣景堂圖書館，編
　　號：D/D923-7

龐氏　　龐尚鵬，《龐氏家訓》，載《叢書集成初編》，長沙：商務印書館，
　　　1939 年據道光二十八年（1848）本排印，第 974-977 號。

蘇氏　　《武功書院族譜》，民國十八年（1929）刊，藏廣東省圖書館，編號
　　　K0.189/635

方志、地理類（按作者姓氏及地名筆畫排列）

一般類

王士性，《廣志繹》，萬曆二十五年（1597）刊，載《王士性地理書三種》，
　　　上海：上海古籍出版社，1993。

杜光庭，《洞天福地岳瀆名山記》，載《道藏》（北京：文物；上海：上海書
　　　店；天津：天津古籍，1988），第 11 冊。

周去非，《嶺外代答》，載《叢書集成初編》，上海：商務印書館，1936，第
　　　3118-3119 號。

屈大均，《廣東新語》，香港：中華書局，1974。

范成大著，胡起望、覃光廣校注，《桂海虞衡志校註》，成都：四川民族出
　　　版社，1986。

郝玉麟等監修，魯曾煜等編纂，《廣東通志》，雍正九年（1731）刊，載文
　　　淵閣本《四庫全書》，上海：上海古籍出版社，1987 縮印，第 563 冊。

麥應榮，〈廣州五縣遷海事略〉，載廣東文物展覽會編，《廣東文物》，香
　　　港：中國文化協進會，1941，頁 408-417。

郭棐纂修，《萬曆廣東通志》，萬曆三十年（1602）刻，載《四庫全書存目叢
　　　書》（台南縣柳營鄉：莊嚴文化事業有限公司，1996），史部第 197 冊。

張渠著、程明校點，《粵東聞見錄》，乾隆三年（1738）刊，廣州：廣東高
　　　等教育出版社，1990。

陳大震、呂桂孫纂修，廣州市地方志編纂委員會辦公室編，《元大德南海志
　　　殘本‧附輯佚》，廣州：廣東人民出版社，1991 據 1304 年殘本排印。

陳昌齊等纂、阮元等修，《廣東通志》，道光二年（1822）刊，上海：商務
　　　印書館，1934 影印。

黃佐纂修，《廣東通志》，嘉靖四十年（1561）刊，香港：大東圖書公司，
　　1977 影印。

鈕琇著，南炳文、傅貴久點校，《觚賸》，康熙三十九年（1700）刊，明清
　　筆記叢書，上海：上海古籍出版社，1986 排印。

楊孚撰，曾釗輯，《異物志》，成書於二至三世紀，輯本刊於 1821 年，載楊
　　偉羣校點，《南越五主傳及其它七種》，廣州：廣東人民出版社，1982。

劉恂，《嶺表錄異》，載《叢書集成初編》，上海：上海商務印書館，1936，
　　第 3123 號。

廣東省人民政府民族事務委員會，《陽江沿海及中山港口沙田蛋民調查材
　　料》，手稿本，1953，藏廣東省圖書館。

鄧雨生，《全粵社會實錄初稿》，廣州：調查全粵社會處，1910。

戴璟、張岳等纂修，《廣東通志初稿》，嘉靖十四年（1535）刊，載《北京圖
　　書館古籍珍本叢刊》，北京：書目文獻出版社，1988 據本影印，第 38 冊。

應檟，《蒼梧總督軍門志》，萬曆七年（1579）刊，北京：全國圖書館文獻
　　縮微複製中心，1991 年影印。

個別地區類

九江、龍山、龍江、桑園圍

黎春曦纂，《南海九江鄉志》，順治十四年（1657）刊，載《中國地方志集成・
　　鄉鎮志專輯》，南京：江蘇古籍出版社，1992 影印，第 31 冊。

溫汝能纂，《龍山鄉志》，清嘉慶十年（1805）金紫閣刻本，載《中國地方志
　　集成・鄉鎮志專輯》（南京：江蘇古籍出版社，1992），第 31 冊。

溫汝適，《桑園圍歲修志》，14 卷，清同治年間廣州富文齋刊，新加坡：新
　　加坡國立大學 1981 年影印。

明之綱，《桑園圍總志》，同治九年（1870）廣州西湖街富文齋刻本，載《四
　　庫未收書輯刊》（北京：北京出版社，2000），第 9 輯，第 6 冊。

馮栻宗纂，《九江儒林鄉志》，光緒九年（1883）刊，載《中國地方志集成・
　　鄉鎮志專輯》（南京：江蘇古籍出版社，1992 影印），第 31 冊。

不著撰人，《順德龍江鄉志》（又名《龍江志略》），民國十五年（1926）龍江
　　雙井街明新印務局鉛印本，載《中國地方志集成・鄉鎮志專輯》，南京：
　　江蘇古籍出版社，1992 影印，第 30 冊。

何炳坤，《續桑園圍志》，民國四年（1915）刊。

不著撰人，《龍山鄉志》，民國十九年（1930）刊。

山西

代縣地方志編纂委員會編，《代縣志》，北京：書目文獻出版社，1988。

栗守田，《皇城石刻文編》，出版機構不詳，1998。

樊書堂編，《皇城故事集》，出版機構不詳，1998。

山西省史志研究院，《槐陰村志》，太原：山西古籍出版社，1999。

佛山

陳炎宗總輯，《佛山忠義鄉志》，乾隆十七年（1752）刊，藏香港浸會大學
　　圖書館特藏部，編號 T 673.35/105 2525.1 1752 v.1-4。

不著撰人，《佛山街略》，道光十年（1830）刊，藏大英圖書館，編號
　　15069.e.8

吳榮光纂，《佛山忠義鄉志》，道光十一年（1831）刊，載《中國地方志集成‧
　　鄉鎮志專輯》，南京：江蘇古籍出版社，1992 影印，第 30 冊。

汪宗准修、冼寶幹纂，《佛山忠義鄉志》，民國十五年（1926）刊，載《中國
　　地方志集成‧鄉鎮志專輯》，南京：江蘇古籍出版社，1992 影印，第 30
　　冊。

廣東省社會科學院歷史研究所中國古代史研究室、中山大學歷史系中國古
　　代史教研室、廣東省佛山市博物館編，《明清佛山碑刻文獻經濟資料》，
　　廣州：廣東人民出版社，1987。

東莞

張二果、曾起莘著，楊寶霖點校，《崇禎東莞縣志》，崇禎十年（1639）刊，
　　東莞：東莞市人民政府，1995 排印。

郭文炳編纂，《康熙東莞縣志》，康熙十八年（1689）刊，東莞：東莞市人
　　民政府，1994 據日本內閣文庫藏本影印。

葉覺邁修，陳伯陶等纂，《東莞縣志》，民國十六年（1927）刊，載《中國地
　　方志集成‧廣州府縣志輯》，上海：上海書店，2003，第 19 冊。

袁應淦編、劉文亮補編，《茶山鄉志》，民國二十四年（1935）鉛印本，卷
　　2，頁 16b-17a，載《中國地方志集成‧鄉鎮志專輯》（南京：江蘇古籍出
　　版社，1992），第 32 冊

南海

劉廷元修，王學曾、龐尚鴻裁定，《萬曆南海縣志》，明萬曆己酉（1609）
　　刊本，美國國會圖書館攝製北平圖書館善本書膠片第 496 卷。

郭爾伋、胡雲客纂修，《南海縣志》，康熙三十年（1691）刻本，載《日本藏
　　中國罕見地方志叢刊》，北京：書目文獻出版社，1992 影印。

潘尚楫等修，鄧士憲等纂，《南海縣志》，同治八年（1869）刊，藏香港中
　　文大學崇基書院圖書館特藏部。

鄭夢玉等主修，梁紹獻等總纂，《續修南海縣志》，廣州富文齋同治壬申
　　（1872）刊，載《中國方志叢書》第 50 號，台北：成文出版社，1967。

鄭榮等修，桂坫等纂，《南海縣志》，清宣統二年（1910）刊本，載《中國方
　　志叢書・華南地方》第 181 號，台北：成文出版社，1974。

香山、小欖

鄧遷修，黃佐主纂，楊維震撰，《嘉靖香山縣志》，嘉靖十七年（1548）刊，
　　載《日本藏中國罕見地方志叢刊》，北京：書目文獻，1991。

申良韓纂修，《香山縣志》，康熙十二年（1673）刊，鈔本，藏香港中文大
　　學圖書館。

田明曜修，陳澧纂，《重修香山縣志》，光緒五年（1879）刊，新修方志叢
　　刊第 123 號，台北：台灣學生書局，1968。

厲式金修，汪文炳、張丕基纂，《民國香山縣志續編》，民國十二年（1923）
　　刊，載《中國地方志集成・廣東府縣志輯》，上海：上海書店，2003，
　　第 32 冊。

何大佐，《欖屑》，無刊行年份，抄本，無頁碼，承蒙蕭鳳霞借閱。

何仰鎬，《欖溪雜輯》，無刊行年份，抄本，承蒙蕭鳳霞借閱。

高要

馬呈圖等纂修，《宣統高要縣志》，民國二十七年（1938）鉛印本，載《中國
　　地方志集成・廣東府縣志輯》（上海：上海書店，2003），第 47 冊。

順德沙灣

不著撰人，《辛亥壬子年經理鄉族文件草部》，無刊行年份，鈔本，藏沙灣
　　鎮政府辦公室，轉引自劉志偉、陳春聲，〈清末民初廣東鄉村一瞥 ——

《辛亥壬子年經理鄉族文件草部》介紹〉，載柏樺編，《慶祝王鐘翰教授八十五暨韋慶遠教授七十華誕學術論文合集》，合肥：黃山書社，1999，頁 433-8。

番禺

胡定纂，陳志儀修，《乾隆順德縣志》，乾隆十五年（1750）刻本，載中國科學院圖書館選編，《稀見中國地方志彙刊》，北京：中國書店，1992，第 45 冊。

羅天尺，《五山志林》，乾隆二十六年(1761) 刊，大良：順德縣志辦公室，1986。

何若瑤、史澄纂，李福泰修，《番禺縣志》，同治十年（1871）刊，載《中國地方志集成‧廣東府縣志輯》，上海：上海書店出版社；成都：巴蜀書社；南京：江蘇古籍出版社，2003，第 6 冊。

梁鼎芬修，丁仁長、吳道鎔等纂，《宣統番禺縣續志》，宣統三年（1911）刊，載《中國地方志集成‧廣州府縣志輯》（上海：上海書店，2003），第 7 冊。

黃任恒編，《番禺河南小志》，民國三十四年（1945）傳抄稿本，載《中國地方志集成‧鄉鎮志專輯》，南京：江蘇古籍出版社，1992，第 32 冊。

郭汝誠修、馮奉初等纂，《順德縣志》，咸豐三年（1853）刊，載《中國方志叢書‧華南地方》第 187 號，台北：成文出版社，1974 影印。

龍葆誠，《鳳城識小錄》，順德：作者自行刊印，光緒三十一年（1905）。

周之貞等倡修、周朝槐等編纂，《順德縣續志》，出版者不詳，己巳年[1929] 刊，藏香港中文大學圖書館特藏部。

新安、香港

舒懋官修，王崇熙纂，《嘉慶新安縣志》，嘉慶二十四年（1819）刊本，載《中國地方志集成‧廣州府縣志輯》，上海：上海書店，2003 影印，第 18 冊。

科大衛（David Faure）、陸鴻基、吳倫霓霞編，《香港碑銘彙編》，香港：香港市政局，1986。

新會

王命璿修，黃淳纂，《新會縣志》，萬曆三十七年（1609）刊本，香港大學
　　圖書館據日本上野圖書館藏本拍攝，藏香港大學圖書微縮膠捲部，編號
　　CMF1324

顧嗣協，《岡州遺稿》，康熙四十九年（1710）刊。

陳殿蘭，《岡城枕戈記》，咸豐五年（1855）刊，載《四庫未收書輯刊》，北
　　京：北京出版社，2000，第 3 輯第 15 冊。

不著撰人，《外海龍溪志略》，咸豐八年（1858）刊，香港：旅港新會外海
　　同鄉會有限公司，1971 重印。

聶爾康著，譚棣華輯錄，《岡州公牘》，光緒己卯（1879）刊本，香港：致
　　用文化事業，1993 影印。

不著撰人，《新會縣鄉土志》，光緒三十四年（1908）刊，香港：出版機構
　　不詳，1970 年重印，頁 41-2。

新會縣城鄉聯絡委員會聯絡處，《關於劉怡記案的初步資料》，1951 年影印
　　本，藏新會縣檔案館。

中共新會縣委宣傳部，《新會縣土改運動資料匯編》，新會會城，中共新會
　　縣委宣傳部，約 1960。

福建

張小軍、余理民，《福建杉洋村落碑銘》，香港：華南研究出版社，2003。

肇慶

史樹駿修、區簡臣纂，《肇慶府志》，康熙十二年（1673）刊，載中國科學
　　院圖書館選編，《稀見中國地方志彙刊》，北京：中國書店，1992，第
　　47 冊。

不著撰人，《悅城龍母廟志》，咸豐元年（1851）刊本。

廣州

黃佐著，陳憲猷疏註、點校，《廣州人物傳》，廣州：廣東高等教育出版
　　社，1991 年據 1526 年刊本排印。

顏俊彥，《盟水齋存牘》，崇禎五年（1632）刊，北京：中國政法大學出版
　　社，2002。

何淙纂輯，《光孝寺志》，原刊乾隆三十四年（1769），上海：中華書局，1935 影印。

仇池石，《羊城古鈔》，嘉慶十一年（1806）刊，順德潘小盤縮印，1981。

逯英，《誠求錄》，道光二十一年（1841）刊。

戴肇辰等修纂，《光緒廣州府志》，光緒五年（1879）刊，載《中國地方志集成・廣州府縣志輯》，上海：上海書店，2003，第 1-3 冊。

崔弼，《波羅外紀》，光緒八年（1882）據嘉慶二年本（1797）重刊。

黃佛頤（1885-1946）著，鍾文校點，《廣州城坊志》，嶺南叢書，廣州：暨南大學出版社，1994 據 1948 年嶺南叢書本排印。

潮州

吳穎纂修，《順治潮州府志》，順治十八年（1661）刊，載《北京圖書館古籍珍本叢刊》（北京：書目文獻出版社，1988 影印），第 40 冊。

澳門

印光任，《澳門記略》，乾隆十六年（1751）刊，廣州：廣東高等教育出版社，1988。

陳樹榮，《同善堂一百周年特刊》，澳門：同善堂值理會，1992。

劉芳，《葡萄牙東波塔檔案館藏清代澳門中文檔案彙編》，澳門：澳門基金會，1999。

濰縣

常之英修，劉祖幹纂，《民國濰縣志稿》，民國三十年（1941）刊，載《中國地方志集成・山東府縣志輯》，南京：鳳凰出版社，2004，第 40-41 冊。

羅浮山

黃佐等纂，《羅浮山志》，嘉靖三十六年（1557）刊，藏香港中文大學圖書館微縮膠捲部，編號 mic890。

宋廣業，《羅浮山志會編》，康熙五十五年（1716）刊，載《續修四庫全書》，上海：上海古籍出版社，1995，史部第 725 冊。

其他史料（按作者姓氏或書籍名稱筆畫排列）

七弦河上釣叟，〈英吉利入城始末〉，載中國史學會，《第二次鴉片戰爭》，
　　上海：上海人民出版社，1978。

《大清律例統纂集成》，道光十年（1830）刊。

《久敬堂會規》，同治二年（1863）刊，藏新會縣景堂圖書館。

王士禎，《廣州遊覽小志》，康熙年間（1662-1720）刊，載《四庫全書存目
　　叢書》，台南縣柳營鄉：莊嚴文化事業有限公司，1996，史部，第 254
　　冊。

王世貞，《觚不觚錄》，萬曆十四年（1586）刊，載文淵閣本《四庫全書》，
　　上海：上海古籍出版社，1987 縮印，第 1041 冊。

王圻，《續文獻通考》，明萬曆三十一年（1603）曹時聘等刻本，載《四庫全
　　書存目叢書》，台南縣柳營鄉：莊嚴文化事業有限公司，1995，子部第
　　185-9 冊。

中國人民大學清史研究所檔案系中國政治制度史教研室編，《康雍乾時期城
　　鄉人民反抗鬥爭資料》，北京：中華書局，1979。

中國第一歷史檔案館，〈嘉慶十年廣東海上武裝公立約單〉，《歷史檔案》，
　　第 36 期（1989）。

中國第一歷史檔案館編，《雍正朝漢文朱批奏摺匯編》，南京：江蘇古籍，
　　1989。

升平局出售黃永鳳魚塘契約，咸豐七年（1857）立，由許舒博士（James
　　Hayes）購自香港一舊書肆。

田雙南，《按粵疏草》，無刊行年份。

成鷲，《紀夢編年》，康熙五十五年（1716）刊，載蔡鴻生，《清初嶺南佛門
　　事略》，廣州：廣東高等教育出版社，1997，頁 103-47。

朱彧撰，李偉國校點，《萍洲可談》，宋元筆記叢書，上海：上海古籍出版
　　社，1989。

朱雲木輯，《粵東成案初編》，道光十二年（1832）刊，藏香港大學縮影資
　　料部，編號 CMPT 1108

朱鑒，《朱簡齋公奏議》，康熙五十二年（1713）刊，藏劍橋大學圖書館，
　　編號 FB353.137

危素，《危學士全集》，乾隆二十三年（1758）芳樹園刻本，載《四庫全書存

目叢書》，台南柳營鄉：莊嚴文化，1995，集部第 24 冊。

江進之，《説帖辨例新編》，道光十七年（1837）刊。

李士楨，《撫粵政略》，無刊行年份。

李昉等編，《太平廣記》，北京：中華書局，1961。

李鈞，《使粵日記》，道光十四年（1834）刊，藏東洋文庫。

李燾，《續資治通鑒長編》，北京：中華書局，1986），頁 3430。

吳道鎔輯，《廣東文徵》，香港：香港中文大學，1973。

余靖，《武溪集（附余襄公奏議)》，香港：僑港余氏宗親會，1958 影印成化本。

沈德符，《萬曆野獲編》，北京：中華書局，1959。

那彥成，《那文毅公奏議》，道光十四年（1834）刊，載《續修四庫全書》，上海：上海古籍出版社，1995，史部第 495-7 冊。

林富著，惠威錄、舒柏輯，《省吾林公兩廣疏略》，隆慶五年（1571）孫兆恩刊本，藏東洋文庫，編號 XI-3-A-d-186。

林福祥，〈平海心籌〉，道光二十三年（1843）刊，載廣東省文史研究館，《三元里人民抗英鬥爭史料》，北京：中華書局，1978。

岳珂，《桯史》，北京：中華書局，1981 據 1214 年刊刻本排印。

屈大均著，歐初、王貴忱編，《屈大均全集》，北京：人民文學，1996。

英國政府公共檔案部檔案，FO 931/89

故宮博物院文獻館編，《清代文字獄》，原刊於 1931-1934 年，上海：上海書店，1986。

計六奇，《明季南略》，康熙九年（1670）刊，北京：中華書局，1984。

夏言，《夏桂洲先生文集》，明崇禎十一年（1638）吳一璘刻本，載《四庫全書存目叢書》，台南縣柳營鄉：莊嚴文化事業有限公司，1995，集部第 74 冊。

徐一夔等撰，《明集禮》，洪武二年（1369）刊，載文淵閣本《四庫全書》，上海：上海古籍出版社，1987 縮印，第 649 冊。

徐松輯，《宋會要輯稿》，台北：新文豐：1976 年影印清輯本。

孫蕡等著，梁守中點校，《南園前五先生詩》，廣州：中山大學出版社，1990。

崔與之，《崔清獻公集》，香港：美亞公司，1976 年影印 1850 年芹桂堂刻本。

脫脫等編纂，《宋史》，北京：中華書局，1977。

《郭振波記本》，民國十八年（1929）刊，科大衛購於香港一舊書肆。

郭嵩燾，《郭嵩燾日記》，長沙：湖南人民出版社，1981。

《清實錄》，大滿洲帝國國務院 1937 年瀋陽原刊本，北京：中華書局，
　　1985-87 影印

梁廷楠，《粵海關志》，清道光（1821-1850）刻本，載《續修四庫全書》，上
　　海：上海古籍出版社，1995，第 835 冊。

梁廷楠，林梓宗校點，《南漢書》，廣州：廣東人民出版社，1981 年據道光
　　九年（1829）刊本排印校點。

梁廷楠，邵循正校注，《夷氛聞記》，大約刊行於同治十三年（1874），北
　　京：中華書局，1959 排印。

張之洞著，王樹楠編，《張文襄公全集》，台北：文海出版社，1963。

張廷玉等編，《明史》，北京：中華書局，1974。

張萱，《西園存稿》，藏國家圖書館善本部。

張萱，《西園聞見錄》，民國二十九年（1940）哈佛燕京學社印本，載《續修
　　四庫全書》，上海：上海古籍出版社，1995，子部第 1168-70 冊。

張楠、王忍之編，《辛亥革命前十年間時論選集》，北京：三聯書店，1979。

陳白沙，《陳獻章集》，北京：中華書局，1987。

陳恭尹著，郭培忠校點，《獨漉堂集》，康熙十三年（1674）刊，廣州：中
　　山大學出版社，1988。

陳師道，《後山集》，載文淵閣本《四庫全書》，上海：上海古籍出版社，
　　1987 縮印，第 1114 冊。

《華字日報》，1895 年 5 月 27 日；1895 年 6 月 14 日；1901 年 8 月 19 日號；
　　1901 年 10 月 22 日號；1902 年 7 月 18 日號；1902 年 7 月 19 日；1903
　　年 4 月 8 日號；1903 年 5 月 19 日；1903 年 10 月 19 日。

華廷傑，《觸藩始末》，載中國史學會，《第二次鴉片戰爭》，上海：上海人
　　民出版社，1978。

黃永豪，《許舒博士所輯廣東宗族契據匯錄》（東京：東洋文化研究所，
　　1987），頁 170-86。

黃佐，《泰泉鄉禮》，嘉靖二十八年（1549）刊，載文淵閣本《四庫全書》，
　　上海：上海古籍出版社，1987 縮印，第 142 冊。

黃晉，《黃學士文集》，元至正十五年（1355）刊，載《續金華叢書》，台北：
　　藝文印書館，1972 影印。

黃瑜撰，魏連科點校，《雙槐歲鈔》，歷代史料筆記叢刊，北京：中華書局，1999。

曾釗，《面城樓集鈔》，光緒十二年（1886）學海堂叢刻本，載《續修四庫全書》，上海：上海古籍出版社，1995，第 1521 冊，總頁 560-5。

葉春及，《石洞集》，載文淵閣本《四庫全書》，上海：上海古籍出版社，1987 縮印，第 1286 冊。

葉盛，《葉文莊公奏疏》，崇禎四年（1631）葉重華刻本，載《四庫全書存目叢書》，台南縣柳營鄉：莊嚴文化事業有限公司，1996，史部第 58 冊。

葉權，《賢博編》，元明史料筆記叢刊，北京：中華書局，1987。

楊寅秋，《臨皋文集》，載文淵閣本《四庫全書》，上海：上海古籍出版社，1987 縮印。

《粵東例案》，無刊行年份，鈔本，藏廣東省圖書館，編號 K3.0487/8281

歐大任等著、鄭力民點校，《南園後五先生詩》，廣州：中山大學出版社，1990。

歐陽修、宋祁等撰，《新唐書》，北京：中華書局，1975。

樂史，《太平寰宇記》，北京：中華書局，2007。

劉鶚，《惟實集》，載文淵閣本《四庫全書》，上海：上海古籍出版社，1987 縮印，第 1206 冊。

廣州 32 家商貿會館於咸豐九年（1859）致英國駐廣州領事的請願書，載 1859 年 12 月 2 日布魯斯（Bruce）致巴克斯（Parkes）的公函，藏英國外交部檔案 FO 228/268、FO 682/1992/15

《廣東巡撫衙門文書》，無刊行年份，鈔本，藏廣東省圖書館，編號 K3.0487/8281

廣東省檔案館申報廣東資料選輯編輯組編，《申報廣東資料選輯》，廣州：廣東省檔案館申報廣東資料選輯編輯組 , 1995。

廣東省文史研究館等編，《廣東紅兵起義史料》，廣州：廣東人民出版社，1992。

《廣東探報》，稿本，刊行年份不詳，估計成於道光二十三年（1843）或二十四年（1844），藏大英圖書館，編號 OR 7404.40b

《廣東清代檔案錄》，無刊行年份，無頁碼，鈔本，藏英屬哥倫比亞大學圖書館普班特藏部（Puban Collection）第 694 號，編號 DS793.K7 K858 1800z

鄭紀,《東園文集》,載文淵閣本《四庫全書》,上海:上海古籍出版社,
　　1987 縮印,第 1249 冊。

霍與瑕,《霍勉齋集》,道光三年(1823)刊,藏香港中文大學崇基書院圖
　　書館特藏部。

霍韜,《霍文敏公渭厓集》,載羅雲山編,《廣東文獻》,順德:春輝堂,同
　　治二年(1863)刊。

霍韜,《渭厓文集》,萬曆四年(1576)霍與瑕刻本,載《四庫全書存目叢
　　書》,台南縣柳營鄉:莊嚴文化事業有限公司,1997,集部第 69 冊。

龍廷槐,《敬學軒文集》,道光十二年(1832)刊,藏香港大學圖書館特藏
　　部,編號:杜 823 683 v.1-4

戴孚,《廣異記》,載陶宗儀,《說郛》,上海:商務印書館,1927。

《鵝湖鄉事往還尺牘》,無刊行年份,鈔本,藏佛山市博物館。

魏校撰,歸有光編次,《莊渠先生遺書》,明嘉靖癸亥年(1563)刊,美國
　　國會圖書館攝製北平圖書館善本書膠片第 986-987 卷,藏香港大學圖書
　　館微卷部 CMF25861-2

鄺露著,梁鑒江選註,《鄺露詩選》,廣州:廣東人民出版社,1987

嚴中平等編,《中國近代經濟史統計資料選輯》,北京:科學出版社,1955。

顧祿,《桐橋倚棹錄》,上海:上海古籍出版社,1980。

China Imperial Maritime Customs Service. *Decennial Report* 1882-91. Shang-
　　hai, 1892, 1898.

China Mail. 15th October 1884

Hong Kong Government. "Report on the Census of the Colony for 1901," *Ses-
　　sional Papers of the Legislative Council of Hong Kong.* Hong Kong: Hong
　　Kong Government Printer, 1901.

Hong Kong Government. "Report on the Census of the Colony for 1921," *Ses-
　　sional Papers of the Legislative Council of Hong Kong.* 1921.

North China Herald and Supreme Court and Consular Gazette, March 14, 1879;
　　July 19, 1881; August 28, 1897; September 2, 1911; May 10, 1913.

Williams, S. Wells. *The Chinese Commercial Guide.* Hong Kong: A. Shortrede &
　　Co, 1863.

Wood, A.E. *Report on the Chinese Guilds of Hong Kong.* Hong Kong: Noronha
　　& Co., 1912. 轉引自 David Faure, *A Documentary History of Hong Kong*,
　　vol. 2, Society. Hong Kong: Hong Kong University Press, 1997.

研究論著（按作者姓氏筆畫及字母排列）

王川，〈市舶太監李鳳事跡考述〉，載蔡鴻生編著，《廣州與海洋文明》，廣州：廣州中山大學，1997。

王心靈，〈粵東梅縣松源鎮郊的宗族與神明崇拜調查〉，載房學嘉編，《梅州地區的廟會與宗族》，頁 129-50。

王增權，〈雷州的"儺"考〉，《湛江文史》，1997 年第 16 期，頁 108-18。

王興瑞，《洗夫人與馮氏家族：隋唐間廣東南部地區社會歷史的初步研究》，北京：中華書局，1984。

井上徹，〈黃佐"泰泉鄉礼"の世界 —— 約保甲制に関連して〉，《東洋學報》，第 67 卷，第 3-4 期（1986），頁 81-111。

井上徹，〈元末明初における宗族形成の風潮〉，《文經論叢》，第 27 卷第 3 期（1992），頁 273-321。

中元秀、馬建釗、馬逢達，《廣州伊斯蘭古跡研究》，銀川：寧夏人民出版社，1989。

中生勝美，〈華北農村の社会慣性〉，載三谷孝編，《村から中国を読む：華北農村五十年史》，東京：青木書店，2000。

中國史學會，《第二次鴉片戰爭》，上海：上海人民出版社，1978。

片山剛，〈清末広東省珠江デルタ圖甲表とそれおめぐる諸問題：税糧、戶籍、同族〉，《史學雜誌》第 91 卷第 4 期（1982），頁 42-81

片山剛，〈珠江デルタ桑園囲の構造と治水組織 —— 清代乾隆年間～民国期〉，《東洋文化研究所紀要》，第 121 期（1993），頁 137-209。

田仲一成著，錢杭、任余白譯，《中國的宗族與戲劇》，上海：上海古籍出版社，1992。

丘捷，〈廣東商人與辛亥革命〉，載丘捷編，《孫中山領導的革命運動與清末民初的廣東》，廣州：廣東人民出版社，1996，頁 245-82

丘捷編，《孫中山領導的革命運動與清末民初的廣東》，廣州：廣東人民出版社，1996。

白鳥芳郎，《華南文化史研究》，東京：六興出版，1985。

《老房子‧山西民居》，南京：江蘇美術出版社，1995。

西川喜久子，〈清代珠江下流域の沙田について〉，《東洋學報》，第 63 卷，第 1-2 期，頁 93-135。

西川喜久子，〈順德北門羅氏族譜考〉，《北陸史學》，第 32 期（1983），頁 1-22；第 33 期（1984），頁 21-38。

西川喜久子，〈順德團練總局の成立〉，《東洋文化研究所紀要》，卷 105（1988），頁 283-378。

西川喜久子，〈珠江のデルタの地域社会 —— 新会県の ぼあい〉，《東洋文化研究所紀要》，卷 124（1994），頁 189-290；卷 130（1996），頁 1-72。

朱勇，《清代宗族法研究》，長沙：湖南教育出版社，1987。

朱鴻林，〈明儒湛若水撰帝學用書《聖學格物通》的政治背景與內容特色〉，《中央研究院歷史語言研究所集刊》第 62 本第 3 分冊（1993），頁 495-530。

朱鴻林，〈明代嘉靖年間的增城沙堤鄉約〉，《燕京學報》，新第 8 期（2000），頁 107-59。

全漢昇，〈南宋稻米的生產與運銷〉，載氏著，《中國經濟史論叢》，香港：新亞研究所，1972，頁 265-294。

全漢昇，〈宋代廣州的國內外貿易〉，載氏著，《中國經濟史研究》，香港：新亞研究所，1976，頁 85-158。

全漢昇，《中國行會制度史》，台北：食貨，1978；此書近年版本，見全漢昇，《中國行會制度史》，天津：百花文藝出版社，2007。

多賀秋五郎，《中國宗譜の研究》，東京：日本學術振興會，1981-1982。

江燦騰，《晚明佛教叢林改革與佛學諍辯之研究 —— 以憨山德清的改革生涯為中心》，台北：新文豐出版社，1990）。

江獻珠，《蘭齋舊事與南海十三郎》，香港：萬里書店，1998。

杜文玉，《狄仁杰評傳》，西安：三秦，2000。

李緒柏，〈清代廣東的書坊及其刻書〉，載中山大學歷史系編，《中山大學史學集刊》第一卷，廣州：廣東人民出版社，1992，頁 130-44。

李履庵，〈關於何吾騶伍瑞隆史跡之研究〉，載廣東文物展覽會編，《廣東文物》，香港：中國文化協進會，1941，頁 612-644。

李默，〈廣東傜族與百越族（俚僚）的關係〉，《中南民族學院學報》，第 23 期（1986），頁 115-125。

李龍潛，〈明代廣東對外貿易及其對社會經濟的影響〉，載《明清廣東社會經濟形態研究》，廣州：廣東人民出版社，1985，頁 279-312。

李龍潛，〈明代廣州三十六行考釋 —— 兼論明代廣州、澳門的對外貿易和牙行制度〉，《中國史研究》1982 年第 3 期，頁 33-46。

李獻璋，《媽祖信仰の研究》，東京：泰山文物社，1979。

呂作燮，〈明清時期的會館並非工商業行會〉，《中國史研究》，1982 年第 2 期，頁 66-79。

吳玉成，《粵南神話研究》，載《國立北京大學中國民俗學會民俗叢書》，台北：東方文化書局，1974 影印 1932 本。

何卓堅，〈新會葵業史略〉，《廣東文史資料》，第 15 期(1964)，頁 132-51。

何漢威，〈清末廣東的賭博與賭稅〉，《中央研究院歷史語言研究所集刊》第 66 本第 2 分（1995），頁 489-555。

何漢威，〈從清末剛毅、鐵良南巡看中央和地方的財政關係〉，《中央研究院歷史語言研究所集刊》，第 68 本第 1 分（1997），頁 55-115。

何漢威，〈廣東進士賭商劉學詢（1855-1935）〉，《中央研究院歷史語言研究所集刊》，第 73 本第 2 分（2002），頁 303-54。

佛山市革命委員會編寫組，《珠江三角洲農業志》，佛山：佛山市革命委員會，1976。

余思偉，〈論澳門國際貿易港的興起，早期發展及明至清的管轄〉，載《明清廣東社會經濟形態研究》，廣州：廣東人民出版社，1985，頁 259-279。

汪士信，〈我國手工業行會的產生、性質及其作用〉，《中國社會科學院經濟研究所集刊》，1981 年第 2 期，頁 213-47。

宋銳，〈雷公廟及雷祖陳文玉〉，《湛江郊區文史》，1986 年第 5 期，頁 190-7。

林天蔚，〈論宋代對外貿易中廣州的繁榮問題〉，載國際宋史研討會秘書處編，《國際宋史研討會論文集》，台北：中國文化大學史學研究所史學系，1988，頁 63-79。

林滿紅，〈中國的白銀外流與世界金銀減產〉，載吳劍雄編，《中國海洋發展史論文集》，台北：中央研究院中山人文社會科學研究所，1991。

松田吉郎，〈明末清初広東珠江デルタの沙田開発と郷紳支配の形成過程〉，《社會經濟史學》，第 46 卷第 6 期（1981），頁 55-81。

明澤貴，〈飛山廟〉，《荊州文史資料》，1985 年第 2 期，頁 160-3。

岡田宏二著，趙令志、李德龍譯，《中國華南民族社會史研究》，北京：中華書局，1993。

竺沙雅章，〈宋代墳祠考〉，《東洋學號》，第 61 卷第 1-2 期（1979），頁 35-67。

周源和，〈珠江三角洲水系的歷史演變〉，《復旦學報(社會科學版)》增刊，1980 年，頁 85-95。

冼玉清，〈招子庸研究〉，載氏著，《冼玉清文集》，廣州：中山大學出版社，1995，頁 138-43。

冼玉清，《冼玉清文集》，廣州：中山大學出版社，1995。

房學嘉編，《梅州地區的廟會與宗族》，香港：國際客家學會，海外華人研究社，法國遠東學院，1996。

邵鴻，〈五百年耕讀，五百年農商 —— 流坑的歷史〉，載周鑾書編，《千古一村：流坑歷史文化的考察》，南昌：江西人民出版社，1997，頁 26-74。

科大衛，〈動亂，官府與地方社會，讀〈新開潞安府治記碑〉〉，《中山大學學報》，2000 年第 2 期，頁 66-73。

姜伯勤，《石濂大汕與澳門禪史：清初嶺南禪學史初稿》，上海：學林，1994。

馬楚堅，〈明末何吾騶相國之生平與志節〉，《明史研究專刊》，第 4 卷（1981），頁 1-57。

袁良義，《清一條鞭法》，北京：北京大學出版社，1995。

根岸佶，《中國のギルド》，原刊 1953 年，東京：大空社，1998。

徐松石，《粵江流域人民史》（1938），載氏著，《民族學研究著作五種》（廣州：廣東人民出版社，1993。

翁同文，〈康熙初葉以萬為姓集團餘黨建立天地會〉，Institute of Humanities and Social Sciences, Nanyang University, Occasional papers series, no. 3, 1975.

唐文基，《明代賦役制度史》，北京：中國社會科學出版社，1991。

朗擎霄，〈清代粵東械鬥史實〉，《嶺南學報》，第 4 卷第 2 期（1935）。

莊吉發，《清世宗與賦役制度的改革》，台北：台灣學生書局，1985。

麥少麟，〈民族英雄張家玉〉，載《廣東文物》，頁 588-611。

連瑞枝，《隱藏的祖先：妙香國的傳說和社會》，北京：三聯書店，2007。

曹湛英，〈太平天國時期的大瀝團練與大瀝打砂起源〉，《南海文史資料》，卷 1(1982)，頁 25-36。

區季鸞、黃蔭普，《廣州之銀業》，廣州：國立中山大學法學院經濟調查處，1932。

常征，《楊家將史事考》，天津：天津人民出版社，1980。

常建華，《明代宗族研究》，上海：上海人民出版社，2005。

符永光，《瓊史尋蹤》，海南島：亞洲出版社，1998，頁 29-32。

郭正忠，《宋鹽管窺》，太原：山西經濟，1990。

章文欽，〈從封建官商到買辦商人 —— 清代廣東行商伍怡和家族剖析〉，《近代史研究》，1984 年第 3 期，頁 167-97，第 4 期，頁 231-53。

清水盛光，《支那族產の結構》，東京：岩波書店，1949。

梁方仲，〈易知由單的研究〉，原刊於《嶺南學報》第 11 卷第 2 期（1951），收入《梁方仲經濟史論文集》，北京：中華書局，1989，頁 368-484。

梁方仲，《中國歷代戶口田地田賦統計》，上海：上海人民出版社，1980。

梁伯超、廖燎，〈悅城龍母廟〉，載廣東省政協文史資料研究委員會編，《廣東風情錄》，廣州：廣東人民出版社，1987，頁 12-3。

梁洪生，〈積厚遺遠，古韻猶存 —— 流坑的風俗民情〉，載周鑾書主編，《流坑歷史文化的考察》，南昌：江西人民出版社，1997，頁 254-318。

梁嘉彬，《廣東十三行考》，1937 年刊，廣州：廣東人民出版社，1999。

張正明，《晉商盛衰史》，太原：山西古籍出版社，1995。

張泉清，〈粵東五華縣華城鎮廟會大觀〉，載房學嘉編，《梅州地區的廟會與宗族》，香港：國際客家學會，海外華人研究社，法國遠東學院，1996，頁 1-36。

張應強，《木材之流動：清代清水江下游地區的市場、權力與社會》，北京：三聯書店，2006。

陳支平，《清代賦役制度演變新探》，廈門：廈門大學出版社，1988。

陳玉環，〈論一九零五至一九零六年的粵路風潮〉，廣州市文化局、廣州市文博學會編，《羊城文物博物研究》，廣州：廣東人民出版社，1993，頁 165-83。

陳玉環，〈三元古廟與三元里的鄉村組織 —— 以〈重修三元古廟碑記〉為中心的考察〉，載廣州文物館編，《鎮海樓論稿 —— 廣州博物館成立七十周年紀念》，廣州：嶺南美術出版社，1999。

陳春聲，《市場機制與社會變遷：十八世紀廣東米價分析》，廣州：中山大學出版社，1992。

陳春聲，〈社神崇拜與社區地域關係 —— 樟林三山國王的研究〉，《中山大學史學集刊》，1994 年第 2 期，頁 90-105。

陳春聲，〈從《游火帝歌》看清代樟林社會 —— 兼論潮州歌冊的社會史資料價值〉，《潮學研究》，1995 年第 1 期，頁 79-111。

陳柏堅、黃啟臣，《廣州外貿史》，廣州：廣州出版社，1995。

〈陳啟沅與南海紡織工業史〉專號，《南海文史資料》，第 10 期（1987），頁 3-75。

陳達，《南洋華僑與閩粵社會》，長沙：商務印書館，1938。

陳學軍，〈宋代廣州的蕃姓海商〉，載蔡鴻生編，《廣州與海洋文明》，廣州：中山大學出版社，1997。

陶富海編，《平陽民俗叢譚》，太原：山西古籍出版社，1995。

黃永豪，《土地開發與地方社會 —— 晚清珠江三角洲沙田研究》，香港：文化創造出版社，2005。

黃有泉、高勝恩、楚刃，《洪洞大槐樹移民》，太原：山西古籍出版社，1993。

黃芝岡，〈論兩廣祀蛇之習〉，《中流半月刊》，第 1 卷，第 6 期（1936），頁 366-369。

黃海妍，《清代以來的廣州合族祠》，博士論文，廣州：中山大學歷史系，2002。

黃海妍，《在城市與鄉村之間 —— 清代以來廣州合族祠研究》，北京：三聯書店，2008。

黃啟臣，〈人痘西傳與牛痘東漸 —— 絲綢之路的文化效應之一〉，《海交史研究》，第 35 卷（1999），頁 34-40。

黃啟臣，《澳門歷史》，澳門：澳門歷史學會，1995。

黃慈博，《珠璣巷民族南遷記》，南雄：廣東省南雄縣地方志編委會，1985 據中山大學 1957 年油印本排印。

森田明，〈広東省南海県桑園囲の治水機構について —— 村落との関連お中心として〉，《東洋學報》，第 47 卷第 2 期（1964），頁 65-88。

貴州省編輯組編，《侗族社會歷史調查》，貴陽，貴州民族出版社，1988。

喬盛西、唐文雅編，《廣州地區舊志氣候史料匯編與研究》，廣州：廣東人民出版社，1993。

曾一民，《隋唐廣州南海神廟之探索》，台中：東魯書室，1991。

曾昭璇，《廣州歷史地理》，廣州：廣東人民出版社，1991。

曾昭璇、黃少敏，《珠江三角洲歷史地貌學研究》，廣州：廣東高等教育出版社，1987。

曾華滿，《唐代嶺南發展的核心性》，香港：香港中文大學出版社，1973。

滋賀秀三，〈清代訴訟制度之民事法源的概括性考察 —— 情、理、法〉，載
　　王亞新、梁治平編譯，《明清時期的民事審判與民間契約》，北京：法律
　　出版社，1998，頁 19-53。

賀躍夫，〈廣東士紳在清末憲政中的政治動向〉，《近代史研究》，1986 年第
　　4 期，頁 31-54。

葉少華，〈我所知道的東莞明倫堂〉，《廣東文史資料》，第 16 期（1964），
　　頁 1-21

葉漢明，〈明代中後期嶺南的地方社會與家族文化〉，《歷史研究》，2000 年
　　第 3 期，頁 15-30。

葉顯恩，《明清徽州農村社會與佃僕制》，合肥：安徽人民出版社，1983。

葉顯恩、譚棣華，〈論珠江三角洲的族田〉，載廣東歷史學會編，《明清廣東
　　社會經濟形態研究》，廣州：廣東人民出版社，1985，頁 22-64。

葉顯恩編，《廣東航運史（古代部分）》，北京：人民交通出版社，1995。

楊文信，〈試論雍正、乾隆年間廣東的“正音運動”及其影響〉，載單周堯
　　編，《第一屆國際粵方言研討會論文集》，香港：現代教育研究出版社，
　　1994，頁 118-36。

楊文基、楊思藩、龍明躍，〈會同侗族特徵考察〉，《會同文史資料》，1988
　　年第 3 期，頁 37-41。

楊彥杰，〈閩西客家地區的畬族 —— 以上杭官莊藍姓為例〉，載房學嘉編，
　　《梅州地區的廟會與宗族》，香港：國際客家學會，海外華人研究社，法
　　國遠東學院，1996，頁 188-201。

鄔慶時，〈廣東沙田之一面〉，《文史資料選輯》，第 5 卷（1962），頁 72-89。

經君健，《清代社會的賤民等級》，杭州：浙江人民出版社，1993。

蔡志祥，〈從土地契約看十九世紀末二十世紀初的潮汕社會〉，載鄭良樹
　　編，《潮州學國際研討會論文集》，廣州：暨南大學出版社，1994，頁
　　790-806。

劉丹，〈祠堂的發展和變遷 —— 以江西流坑村為例〉，《清華社會學評論》，
　　2002 年第 1 期，頁 127-61。

劉志偉，〈略論清初稅收管理中央集權體制的形成〉，載中山大學歷史系
　　編，《中山大學史學集刊》第一輯，廣州：廣東人民出版社，1992，頁
　　115-129。

劉志偉，〈神明的正統性與地方化 —— 關於珠江三角洲地區北帝崇拜的一

個解釋〉，中山大學歷史系編，《中山大學史學集刊》，第二輯，廣州：廣東人民出版社，1994，頁 107-25。

劉志偉，《在國家與社會之間 —— 明清廣東里甲服役制度研究》，廣州：中山大學出版社，1997。

劉志偉、陳春聲，〈清末民初廣東鄉村一瞥 ——《辛亥壬子年經理鄉族文件草部》介紹〉，載柏樺編，《慶祝王鐘翰教授八十五暨韋慶遠教授七十華誕學術論文合集》，合肥：黃山書社，1999，頁 433-8。

廣州市地方志編纂委員會與湖北省氣候應用研究所編，《廣州地區舊志氣候史料匯編與研究》，廣州：廣東人民出版社，1993。

廣州市文化局、廣州市文博學會編，《羊城文物博物研究》，廣州：廣東人民出版社，1993。

廣州市文物管理委員會、中國社會科學院考古研究所、廣東省博物館，《西漢南越王墓》，北京：文物出版社，1991。

廣州市越秀區地方志辦公室，《廣州高第街許氏家族》，廣州：廣東人民出版社，1992。

廣東民間工藝館編《陳氏書院》，北京：文物出版社，1993。

鄭守來、黃澤嶺，《大槐樹尋根》，北京：華文出版社，1999。

鄭振滿，《明清福建家族組織與社會變遷》，長沙：湖南教育出版社，1992。

潘永修、鄭玉琢，《根在洪洞》，北京：中國檔案出版社，1998。

閻愛民，〈"大禮議"之爭與明代的宗法思想〉，《南開史學》，1991 年第 1 期，頁 33-55。

鮑煒，〈清初廣東遷界前後的盜賊問題 —— 以桂洲事件為例〉，《歷史人類學學刊》，第 1 卷第 2 期（2003），頁 85-97。

蕭子顯，《南齊書》，北京：中華書局，1972。

蕭國健，〈宋代名臣李昴英與大嶼山梅窩發現之"李府食邑稅山"解釋〉，載林天蔚、蕭國健編著，《香港前代史論集》，台北：商務印書館，1985。

戴裔煊，《宋代鈔鹽制度研究》，上海：商務印書館，1957。

韓伯泉、陳三株，《廣東地方神祇》，香港：中華書局，1992，頁 91-111。

韓溥，《江西佛教史》，北京：光明日報社，1995。

謝國楨，《明清之際黨社運動考》，原刊 1934 年，北京：中華書局，1982。

濱下武志，1999 年 10 月 29 日在香港科技大學的演講。

濱島敦俊，《総管信仰：近世江南農村社会と民間信仰》，東京：研文出版，2001。

魏徵等編撰，《隋書》，北京：中華書局，1973。

顏虛心，〈明史陳邦彥傳旁證〉，載《廣東文物》，頁 551-587。

顏學誠，〈長江三角洲農村父系親屬關係中的"差序格局"——以二十世紀初的水頭村為例〉，載莊英章編，《華南農村社會文化研究論文集》（台北：中央研究院，1998）。

關履權，《宋代廣州的海外貿易》，廣州：廣東人民出版社，1987。

羅一星，〈清初兩藩據粵的橫徵暴斂及對社會經濟的影響〉，《嶺南學報》，1985 年第 1 期，頁 75-81；

羅一星，《明清佛山經濟發展與社會變遷》，廣州：廣東人民出版社，1994。

羅玉東，《中國厘金史》，原刊 1936 年，台北：學海出版社，1970。

羅香林，《廣東歷史問題論文集》，台北：稻荷出版社，1993。

羅香林，《唐代廣州光孝寺與中印交通之關係》，香港：中國學社，1960。

羅香林，《一八四二年以前之香港及其對外交通》，香港：中國學社，1959。

譚棣華，《清代珠江三角洲的沙田》，廣州：廣東人民出版社，1993。

譚棣華、曹騰騑、冼劍民編，《廣東碑刻集》，廣州：廣東高等教育出版社，2001。

蘇慶彬，《兩漢迄五代入居中國之蕃人氏族研究》，香港：新亞研究所，1967。

Baker, Hugh D.R. *Sheung Shui, A Chinese Lineage Village*. London: Frank Cass, 1968.

Baker, Hugh D.R. "Extended kinship in the traditional city," in G. William Skinner, ed., *The City in Late Imperial China*. Stanford: Stanford University Press, 1977, pp. 499-518.

Baker, Hugh D.R. and Stephan Feuchtwang, eds., *An Old State in New Settings, Studies in the Social Anthropology of China in Memory of Maurice Freedman*. Oxford: JASO, 1991,

Baptandier-Berthier, Brigitt. "The Lady Linshui: how a woman becomes a goddess," in Meir Shahar and Robert P. Weller, eds. *Unruly Gods: Divinity and Society in China*. Honolulu: University of Hawaii Press, 1996.

Beattie, Hilary. *Land and Lineage in China, A Study of T'ung-ch'eng County, Anhui, in the Ming and Ch'ing Dynasties*. Cambridge: Cambridge University Press, 1979.

Berman, Harold J. *Law and Revolution, the Formation of the Western Legal Tradition*. Camb. Mass.: Harvard University Press, 1983.

Blundell, David ed. *Austronesian Taiwan, Linguistics, History, Ethnology, Prehistory*. Berkeley and Taipei: Phoebe A. Hearst Museum of Anthropology. University of California, and Shung Ye Museum of Formosan Aborigines, 2001.

Bol, Peter K. "Neo-Confucianism and local society, twelfth to sixteenth century: a case study," in Paul Jakov Smith and Richard von Glahn, eds., *The Song-Yuan-Ming Transition in Chinese History*. Camb. Mass.: Harvard University Asia Centre, 2003, pp. 241-83.

Bol, Peter K. "The 'localist turn' and 'local identity' in later imperial China," *Late Imperial China*, Vol. 24, No. 2 (2003), pp. 1-50.

Boxer, C.R. *Fidalgos in the Far East 1550-1770*. Hong Kong: Oxford University Press, 1968.

Brook, Timothy. *Praying for Power: Buddhism and the Formation of Gentry Society in Late-Ming China*. Camb., Mass.: Council on East Asian Studies, Harvard University, 1993.

Chan Wing-hoi 陳永海 . "Ordination names in Hakka genealogies: a religious practice and its decline," in David Faure and Helen F. Siu, eds., *Down to Earth, the Territorial Bond in South China*, Stanford: Stanford University Press, 1995, pp. 65-82.

Chan Wing-hoi 陳永海 . "Ethnic labels in a mountainous niche, the case of She 'bandits'," in Pamela Kyle Crossley, Helen Siu and Donald Sutton, eds., *Empire at the Margins: Culture, Ethnicity and Frontier in Early Modern China*. Berkeley: University of California Press, 2005, pp. 255-84.

Chan Wing-tsit 陳榮捷 , *Neo-Confucian Terms Explained (The Pei-hsi tzu-i) by Ch'en Ch'un, 1159-1223*. New York: Columbia University Press, 1986.

Chen Han-seng 陳翰笙 . *Landlord and Peasant in China: a Study of the Agrarian Crisis in South China*. New York: International Publishers, 1936.

Cheong, Weng Eang. *The Hong Merchants of Canton, Chinese Merchants in Sino-Western Trade*. Richmond, Surrey: Curzon, 1997.

Ching May-bo 程美寶, *Guangdong Culture and Identity in the Late Qing and the Early Republic*, D.Phil. thesis. Oxford: University of Oxford, 1996.

Choi Chi-cheung 蔡志祥. *Descent Group Unification and Segmentation in the Coastal Area of Southern China*, Ph.D. dissertation. Tokyo: Tokyo University, 1987.

Choi Chi-cheung 蔡志祥. "Family and land transfer practice in Guangdong" in *Proceedings of the 10th International Symposium on Asian Studies: July 25-28, 1988 vol.1*, Hong Kong: Asian Research Service, 1989, pp. 489-497.

Chu Hung-lam 朱鴻林. "Intellectual Trends in the Fifteenth Century," *Ming Studies*, Vol. 27 (1989), pp. 1-33.

Chu Hung-lam 朱鴻林. "The ideal and applicatin of community rites as an administrative aid to social regulation in mid-Ming China," paper for the Conference "Learning the Rule: Schooling, Law and the Reproduction of Social Order in Early Modern Eurasia, 1350-1750," at the University of Minnesota, Minneapolis, May 10-11, 1991.

Chung Po-yin Stephanie 鍾寶賢. *Chinese Business Groups in Hong Kong and Political Change in South China, 1900-25*. Houndmills, Basingstoke: Macmillan, 1998.

Cohen, Myron L. "Lineage organisation in north China," *Journal of Asian Studies*, Vol. 49, No. 3 (1990), pp 509-34.

Cohen, Myron L. "Commodity creation in late imperial China, corporations, shares, and contracts in one rural community," in David Nugent, ed. *Locating Capitalism in Time and Space: Global Restructurings, Politics, and Identity* (Stanford: Stanford University Press, 2002), pp. 80-112.

Constable, Nicole. *Christian souls and Chinese Spirits: a Hakka Community in Hong Kong*. Berkeley: University of California Press, 1994.

Crossley, Pamela Kyle. *Orphan Warriors: Three Manchu Generations and the End of the Qing World*. Princeton: Princeton University Press, 1990.

Crossley, Pamela Kyle. *The Manchus*. Cambridge, Mass.; Oxford: Blackwell Publishers, 1997.

Crossley, Pamela Kyle, Helen Siu and Donald Sutton eds. *Empire at the Margins: Culture, Ethnicity and Frontier in Early Modern China*. Berkeley: University of California Press, 2005.

Dardess, John W. "The Cheng communal family: social organization and neo-Confucianism in Yuan and early Ming China," *Harvard Journal of Asiatic Studies*, Vol. 34 (1974), pp. 7-52.

Dean, Kenneth. *Taoist Ritual and Popular Cults of Southeast China*. Princeton: Princeton University Press, 1993.

Dean, Kenneth. "Transformation of the *she* (altars of the soil) in Fujian," *Cahiers d'Extreme-Asie*, Vol. 10 (1998), pp. 19-75.

Dean, Kenneth. *Lord of the Three in One: the Spread of a Cult in Southeast China*. Princeton: Princeton University Press, 1998.

Dennerline, Jerry. "Marriage, adoption, and charity in the development of lineages in Wu-hsi from Sung to Ch'ing," in Patricia Buckley Ebrey and James L. Watson, *Kinship Organisation in Late Imperial China, 1000-1940* (Stanford: Stanford University Press, 1986), pp. 170-209.

Duara, Prasenjit. *Culture, Power, and the State, Rural North China, 1900-1942*. Stanford: Stanford University Press, 1988.

Eberhard, Wolfram, trans. Alide Eberhard. *The Local Cultures of South and East China*. Leiden: E.J. Brill, 1968.

Ebrey, Patricia Buckley and James L. Watson, eds. *Kinship Organization in Late Imperial China, 1000-1940*. Berkeley: University of California Press, 1986.

Ebrey, Patricia Buckley. "Types of lineages in Ch'ing China: a re-examination of the Chang lineage of T'ung-ch'eng," *Ch'ing-shih wen-t'i*, Vol. 4, No. 9 (1983), pp. 1-20.

Ebrey, Patricia Buckley. *Confucianism and Family Rituals in Imperial China*, Princeton: Princeton University Press, 1991.

Elman, Benjamin A. *From Philosophy to Philology, Intellectual and Social Aspects of Change in Late Imperial China*. Camb. Mass.: Council on East Asian Studies, Harvard University, 1984.

Elman, Benjamin A. *A Cultural History of Civil Examinations in Late Imperial China*. Berkeley: University of California Press, 2000.

Eng, Robert Y. "Institutional and secondary landlordism in the Pearl River delta, 1600-1949," *Modern China*, Vol. 12, No. 1 (1986), pp. 3-37.

Eng, Robert Y. *Economic Imperialism in China: Silk Production and Exports, 1861-1932*. Berkeley: Institute of East Asian Studies, University of California, 1986.

Faure, Bernard, "Relics and flesh bodies: the creation of Ch'an pilgrimage sites," in Susan Naquin and Chen-fang Yü eds. *Pilgrims and Sacred Sites in China*. Berkeley: University of California, 1992, pp. 150-189.

Faure, David. "The Tangs of Kam Tin– a hypothesis on the rise of a gentry family", in David Faure, James Hayes, Alan Birch eds., *From Village to City, Studies in the Traditional Roots of Hong Kong Society*. Hong Kong: Centre of Asian Studies, University of Hong Kong, 1984, pp. 24-42.

Faure, David. *The Structure of Chinese Rural Society: Lineage and Village in the Eastern New Territories, Hong Kong*. Hong Kong: Oxford University Press, 1986.

Faure, David. "The lineage as a cultural invention: the case of the Pearl River delta," *Modern China* vol. 15 no. 1 (1989), pp. 4-36.

Faure, David. *The Rural Economy of Pre-Liberation China, Trade Increase and Peasant Livelihood in Jiangsu and Guangdong, 1870 to 1937*. Hong Kong: Oxford University Press, 1989.

Faure, David. "The lineage as business company: patronage versus law in the development of Chinese business," in Yung-san Lee and Ts'ui-jung Liu, eds. *China's Market Economy in Transition* (Taipei: Academia Sinica, 1990), pp. 105-34.

Faure, David. "What made Foshan a town? The evolution of rural-urban identities in Ming-Qing China", *Late Imperial China*, Vol. 11, No. 2 (1990), pp. 1-31.

Faure, David. "The written and the unwritten: the political agenda of the written genealogy," in Institute of Modern History, Academia Sinica ed, *Family Process and Political Process in Modern Chinese History*. Taipei: Institute of Modern History, Academia Sinica, 1992, pp. 261-98.

Faure, David. "Lineage socialism and community control: Tangang xiang in the 1920s and 1930s," in David Faure and Helen F. Siu, eds. *Down to Earth, the Territorial Bond in South China*. Stanford: Stanford University Press, 1995.

Faure, David ed. *A Documentary History of Hong Kong, vol. 2, Society*. Hong Kong: Hong Kong University Press, 1997.

Faure, David. "The emperor in the village, representing the state in south China," in Joseph McDermott, ed., *State and Court Ritual in China*. Cambridge: Cambridge University Press, 1999, pp. 267-98.

Faure, David. "Recreating the indigenous identity in Taiwan: cultural aspirations in their social and economic environment," in David Blundell, ed. *Austronesian Taiwan, Linguistics, History, Ethnology, Prehistory*. Berkeley and Taipei: Phoebe A. Hearst Museum of Anthropology, University of California, and Shung Ye Museum of Formosan Aborigines, 2001, pp. 97-130.

Faure, David. "State and rituals in modern China: comments on the 'civil society' debate," 載王秋桂、莊英章、陳中民編,《社會、民族與文化展演國際研討會論文集》,台北:漢學研究中心,2001,頁 509-536。

Faure, David. "Contractual arrangements and the emergence of a land market in the Pearl River delta, 1500 to 1800," 載陳秋坤、洪麗完編,《企業文書與社會生活 (1600-1900)》,台北:中央研究院台灣史研究所籌備處,2001,頁 265-284。

Faure, David. "It takes a sage .... Notes on land and lineage at Sima Guang's grave in Xia county, Shanxi province," *Minsu quyi*, Vol. 131 (2001), pp. 27-56.

Faure, David. "The Heaven and Earth Society in the nineteenth century: an interpretation," in Kwang-ching Liu and Richard Shek, eds. *Heterodoxy in Late Imperial China*. Honolulu: University of Hawaii Press, 2004.

Faure, David. "Between house and home, the family in south China," in Ronald G. Knapp and Kai-yin Lo, *House Home and Family: Living and Being Chinese*. Honolulu: University of Hawaii Press, 2005.

Faure, David. "The Yao Wars in the mid-Ming and their impact on Yao ethnicity," in Pamela Kyle Crossley, Helen Siu and Donald Sutton eds. *Empire at the Margins: Culture, Ethnicity and Frontier in Early Modern China*. Berkeley: University of California Press, 2005, pp. 171-89.

Fei Hsiao-tung 費孝通. *Peasant Life in China, A Field Study of Country Life in the Yangtze Valley*. London: Routledge & Kegan Paul, 1939, 1962.

Feuchtwang, Stephan. "A Chinese religion exists," in Hugh D.R. Baker and Stephan Feuchtwang, eds., *An Old State in New Settings, Studies in the Social Anthropology of China in Memory of Maurice Freedman*. Oxford: JASO, 1991, pp. 139-161.

Feuchtwang, Stephan. *The Imperial Metaphor: Popular Religion in China*. London: Routledge, 1992.

Fisher, Carney T. *The Chosen One, Succession and Adoption in the Court of Ming Shizong*. Sydney: Allen & Unwin, 1990.

Freedman, Maurice. *Chinese Lineage and Society: Fukien and Kwangtung*. London: Athlone Press, 1966.

Freedman, Maurice. *The Study of Chinese Society, Essays by Maurice Freedman*. Stanford: Stanford University Press, 1979.

Fried, Morton H. "Clans and lineages: how to tell them apart and why -- with special reference to Chinese society," *Bulletin of the Institute of Ethnology, Academia Sinica*, 1970, pp. 11-36

Gardella, Robert. "Squaring accounts: commercial bookkeeping methods and capitalist rationalism in late Qing and "Republican China," *Journal of Asian Studies* 51:2 (1992), pp. 317-339.

Gilbert Rozman, *Urban Networks in Ch'ing China and Tokugawa Japan*. Princeton: Princeton University Press, 1973.

Goodrich, Carrington and Fang Zhaoying. *Dictionary of Ming biography, 1368-1644*. New York: Columbia University Press, 1976.

Haar, Barend J. Ter. *Ritual and Mythology of the Chinese Triads: Creating an Identity*. Leiden: Brill, 1998.

Hansen, Valerie. *Changing Gods in Medieval China, 1127-1276*. Princeton: Princeton University Press, 1990.

Hayes, James. *The Hong Kong Region, 1850-1922*. Hamden, Conn.: Archon Books, 1977.

Hayes, James. "Hong Kong Island before 1841," *Journal of the Hong Kong Branch of the Royal Asiatic Society*, vol. 24 (1984), pp. 105-142.

Herman, John E. *Amid the Clouds and Mist: China's Colonization of Guizhou, 1200-1700*. Harvard East Asian Monographs 293, Cambridge, Mass.: Harvard University Asia Center, distributed by Harvard University Press, 2007.

Ho Ke-en. "The Tanka or boat people of south China," in F. S. Drake, ed., *Symposium on Historical, Archaeological and Linguistic Studies on Southern China*. Hong Kong: Hong Kong University Press, 1967, pp. 120-123.

Hourani, George F. *Arab Seafaring*. Princeton: Princeton University Press, 1995.

Hsiao Kung-Chuan 蕭公權. *Rural China: Imperial Control in the Nineteenth Century*. Seattle: University of Washington Press, 1960.

Huang, Ray 黃仁宇. *Taxation and Governmental Finance in Sixteenth-century Ming China*. Cambridge: Cambridge University Press, 1974.

Hunter, William C. *The 'Fan Kwae' at Canton Before Treaty Days, 1825-1844*. London, 1882, repr. Taipei: Chengwen, 1970.

Hunter, William C. *Bits of Old China*. London: Kegan Paul, Trench & Co, 1855.

Hymes, Robert P. *Statesmen and Gentlemen: the Elite of Fu-Chou, Chiang-Hsi, in Northern and Southern Sung*. Cambridge: Cambridge University Press, 1986.

Johnson, David. "The City-God Cults of T'ang and Sung China," *Harvard Journal of Asiatic Studies* vol. 45, no. 2 (1985), pp.363-457.

Johnson, David. "Temple festivals in southeastern Shansi: the sai of Nan-she Village and Big West Gate," *Minsu quyi*, Vol. 91 (1994), pp. 641-734.

Katz, Paul. *Demon Hordes and Burning Boats: The Cult of Marshal Wen in Late Imperial Chekiang*. Albany: State University of New York Press, 1993.

Kleeman, Terry. *A God's Own Tale: The Book of Transformations of Wenchang, the Divine Lord of Zitong*. Albany: State University of New York Press, 1994.

Knapp, Ronald G. and Kai-yin Lo. *House Home and Family: Living and Being Chinese*. Honolulu: University of Hawaii Press, 2005.

Kroker, Edward. "The concept of property in Chinese customary law," *The Transactions of the Asiatic Society of Japan*, 3rd ser., vol. 7 (1959), pp. 123-146.

Kuhn, Philip A. *Rebellion and Its Enemies in Late Imperial China, Militarization and Social Structure, 1796-1864*. Camb. Mass.: Harvard University Press, 1970.

Kuhn, Philip A. "Local self-government under the Republic, problems of control, autonomy, and mobilization," in Frederic Wakeman and Carolyn Grant, eds. *Conflict and Control in Late Imperial China*. Berkeley: University of California Press, 1975, pp. 257-98.

Lagerwey, John. *Taoist Ritual in Chinese Society and History*. London: Macmillan, 1987.

Lagerwey, John. "Patterns of religion in west-central Fujian: the local monograph record," *Minsu quyi*, Vol. 129 (2001), pp. 43-236.

Lang, Olga. *Chinese Family and Society*. New Haven: Yale University Press, 1946.

Lee, James Z. and Wang Feng, *One Quarter of Humanity: Malthusian Mythology and Chinese Realities, 1700-2000*. Camb., Mass.: Harvard University Press, 1999.

Leong Sow-theng 梁肇庭 . *Migration and Ethnicity in Chinese History, Hakkas, Pengmin, and Their Neighbours*. Stanford: Stanford University Press, 1997.

Levenson, Joseph R. *Confucian China and Its Modern Fate, A Trilogy*. Berkeley: University of California Press, 1968.

Li, Thomas Shiyu and Susan Naquin. "The Baoming Temple: religion and the throne in Ming and Qing China," *Harvard Journal of Asiatic Studies*, Vol. 48, No. 1 (1988), pp. 131-188.

Liang Fangzhong 梁方仲 , trans. Wang Yu-ch'uan, *The Single-whip Method (I-t'iao-pien fa) of Taxation in China*. Camb. Mass.: Harvard University Press, 1956

Liang Hongsheng 梁洪生 , "Motivations for and consequences of village and lineage (*xiangzu*) development by Jiangxi scholars of the Wang Yangming school, the case of Liukeng, *Chinese Studies in History*, Vol. 35, No. 1 (2001), pp. 61-95

Liang Peichi 梁培熾 . *A Study of Nanyin and Yueou*. San Francisco: Asian American Studies, School of Ethnic Studies, San Francisco State University, 1988.

Liu Zhiwei 劉志偉 . "Lineage on the sands: the case of Shawan," in David Faure and Helen F. Siu, eds, *Down To Earth, the Territorial Bond in South China*. Stanford: Stanford University Press, 1995, pp. 21-43.

Liu, Wang Hui-chen. *The Traditional Chinese Clan Rules*. Locust Valley, NY: J.J. Augustin, 1959.

Mann, Susan. *Local Merchants and theChinese Bureaucracy, 1750-1950*. Stanford: Stanford University Press, 1987.

Maspero, Henri. trans. Frank A. Kierman, Jr., *Taoism and Chinese Religion*. Amherst: University of Massachusetts Press, 1971.

Matsubara Kentaro 松原健太郎 , *Law of the Ancestors: Property Holding Practices and Lineage Social Structures in Nineteenth Century South China* D. Phil. thesis (Oxford: Oxford University, 2004).

Mazumda, Suchetar. *Sugar and Society in China: Peasants, Technology, and the World Market*. Camb. Mass.: Harvard University Press, 1998.

McDermott, Joseph ed., *State and Court Ritual in China*. Cambridge: Cambridge University Press, 1999.

McDermott, Joseph. *A Social History of the Chinese Book: Books and Literati Culture in Late Imperial China*. Hong Kong: Hong Kong University Press, 2006.

McKeown, Adam. *Chinese Migrant Networks and Cultural Change: Peru, Chicago, Hawaii, 1900-1936*. Chicago: University of Chicago Press, 2001.

McKnight, Brian E. *Village and Bureaucracy in Southern Sung China*. Chicago: University of Chicago Press, 1971.

McMullen, David. *State and Scholars in T'ang China*. Cambridge: Cambridge University Press, 1988.

Miles, Steven Bradley 麥哲維 . *Local Matters: Lineage, Scholarship and the Xuehaitang Academy in the Construction of Regional Identities in South China, 1810-1880* Ph.D. thesis. Washington: University of Washington, 2000.

Miles, Steven Bradley 麥哲維 . "Rewriting the Southern Han (917-971): the production of local culture in nineteenth-century Guangzhou," *Harvard Journal of Asiatic Studies* 62:1 (2002), pp. 39-75.

Morse, H.B. *The International Relations of the Chinese Empire*. London: Longmans, Green, 1910-18.

Morse, H.B. *The Chronicles of the East India Company Trading to China, 1635-1834*. Oxford: The Clarendon Press, 1926-1929.

Murray, Dian H. *Pirates of the South China Coast, 1790-1810*. Stanford: Stanford University Press, 1987.

Ng Chin-keong. *Trade and Society, the Amoy Network on the China Coast 1683-1735*. Singapore: Singapore University Press, 1983.

Oliphant, Laurence. *Narrative of the Earl of Elgin's Mission to China and Japan in the Years 1857, '58, '59*. Edinburgh and London: William Blackwood and Sons, 1865.

Ownby, David. *Brotherhoods and Secret Societies in Early and Mid-Qing China: the Formation of a Tradition*. Stanford: Standford University Press, 1996.

Polachek, James M. *The Inner Opium War*. Camb. Mass.: Council on East Asian Studies, Harvard University, 1992.

Polanyi, Karl. *The Great Transformation. New York: Rhinehart, 1944*.

Pomeranz, Kenneth. *The Great Divergence: China, Europe, and the Making of the Modern World Economy*. Princeton: Princeton University Press, 2000.

Purcell, Victor. *The Chinese in Southeast Asia*. London: Oxford University Press, 1951.

Rankin, Mary Backus. "Managed by the people: officials, gentry, and the Foshan chairtable granary, 1795-1845," *Late Imperial China* 15:2 (1994), pp. 1-52.

Rankin, Mary Backus. *Elite Activism And Political Transformation In China: Zhejiang Province, 1865-1911*. Stanford: Stanford University Press, 1986.

Rawski, Evelyn S. "Reenvisioning the Qing: the significance of the Qing period in Chinese history," *Journal of Asian Studies* vol. 55, no. 4 (1996), pp. 829-850.

Rhoads, Edward J.M. *China's Republican Revolution, the Case of Kwangtung, 1895-1913*. Camb. Mass.: Harvard University Press, 1975.

Rowe, William T. *Hankow: Commerce and Society in a Chinese city, 1796-1889*. Stanford,Calif. : Stanford University Press, 1984.

Rowe, William T. *Saving the World, Chen Hongmou and Elite Consciousness in Eighteenth-century China*. Stanford: Stanford University Press, 2001.

Sargent, G. E. "The intellectual atmosphere in Lingnan at the time of the introduction of Buddhism," in F.S. Drake ed., *Symposium on Historical, Archaeological and Linguistic Studies on Southern China*. Hong Kong: Hong Kong University Press, 1967, pp. 167-169.

Schafer, Edward H. *The Vermilion Bird, T'ang Images of the South*. Berkeley: University of California Presss, 1967.

Schipper, Kristoffer. "The Written Memorial in Taoist Ceremonies", in Arthur P. Wolf ed., *Religion and Ritual in Chinese Society*. Stanford: Stanford University Press, 1974, pp. 309-324.

Schipper, Kristoffer. "Vernacular and classical ritual in Taoism," *Journal of Asian Studies* vol. 65 (1985), pp. 21-51.

Schneewind, Sarah. "Competing institutions: community schools and 'improper shrines' in sixteenth century China," *Late Imperial China*, Vol. 20, No. 1 (1999), pp. 85-106.

Schurmann, H.F. "Traditional property concepts in China," *Far Eastern Quarterly* 15:4 (1956), pp. 507-516.

Segawa Masahisa 瀨川昌久 , "The ethnic identity of the She and the cultural influence of the Hakka: a study based on a survey of She villages in Chaozhou, Guangdong," in Suenari Michio 末 成 道 男 , J.S. Eades and Christian Daniels, eds. *Perspectives on Chinese Society*. Canterbury and Tokyo: Centre for Social Anthropology and Computing, University of Kent at Canterbury, and the Institute for the Study of the Languages and Cultures of Asia and Africa, Tokyo University of Foreign Studies, 1995.

Shao Hong 邵鴻 , "Associations in village society in Jiangxi in the Ming-Qing period, the case of Liukeng village, Le'an county," *Chinese Studies in History*, Vol. 35, No. 1 (2001), pp. 31-60

Sinn, Elizabeth 冼玉儀 . *Power and Charity, the Early History of the Tung Wah Hospital, Hong Kong*. Hong Kong: Oxford University Press, 1989.

Siu, Helen F. *Agents and Victims in South China: Accomplices in Rural Revolution*. New Haven: Yale University Press, 1989.

Siu, Helen F. "Where were the Women? Rethinking Marriage Resistance and Regional Culture History," *Late Imperial China*, Vol. 11, No. 2 (1990), pp. 32-62.

Siu, Helen F. "Recycling tradition: culture, history, and political economy in the chrysanthemum festival of south China," *Comparative Study of Society and History*, 32:4 (1990), pp. 765-794.

Siu, Helen F. "Subverting lineage power: local bosses and territorial control in the 1940s," in Faure and Siu eds., *Down to Earth, the Territorial Bond in South China*, 1995, pp. 209-22.

Skinner, G. William. "Marketing and social structure in rural China," *Journal of Asian Studies*, Vol. 24, No. 1-3 (1964-1965), pp. 2-43, 195-228, 363-399.

Smith, Paul Jakov and Richard von Glahn, eds., *The Song-Yuan-Ming Transition in Chinese History*. Camb. Mass.: Harvard University Asia Centre, 2003.

Souza, George Bryan. *The Survival of Empire, Portuguese Trade and Society in China and the South China Sea 1630-1754*. Cambridge: Cambridge University Press, 1986.

Soymié, Michel. "Le Lo-feou chan, etude de geographie religieuse," *Bulletin de l'Ecole francaise d'Extreme-Orient*, 48:1(1956), pp. 104-119.

Strickman, Michel. "The Mao Shan revelations: Taoism and the aristocracy," *T'oung-pao* vol. 63 (1977), pp. 1-64;

Strickman, Michel. "History, anthropology, and Chinese religion," *Harvard Journal of Asiatic Studies* vol. 40 (1980), pp. 201-48.

Strickman, Michel. "The Tao among the Yao, Taoism and the sinification of south China," 載酒井忠夫先生古稀祝賀記念の會編，《歷史における民衆と文化：酒井忠夫先生古稀祝賀記念論集》，東京：國書刊行會，1982，頁 23-30。

Struve, Lynn. *The Southern Ming, 1644-1662*. New Haven: Yale University Press, 1984.

Szonyi, Michael. "The illusion of standardizing the gods: the cult of the five emperors in late imperial China," *Journal of Asian Studies*, Vol. 56, No. 1 (1997), pp. 113-135.

Szonyi, Michael. *Practicing Kinship: Lineage and Descent in Late Imperial China*. Stanford: Stanford University Press, 2002.

Teiser, Stephen. *The Ghost Festival in Medieval China*. Princeton: Princeton University Press, 1988.

Thompson, Roger. *China's Local Councils in the Age of Constitutional Reform, 1898-1911*. Camb. Mass.: Council on East Asian Studies, Harvard University, 1995.

Thornton, Susanna. *Buddhist Monasteries in Hangzhou in the Ming and Early Qing* D.Phil. thesis, University of Oxford, 1996.

Tien Ju-k'ang 田汝康 . "The decadence of Buddhist temples in fu-chien in late Ming and early Ch'ing," in E.B. Vermeer, ed., *Development and Decline of Fukien Province in the 17th and 18th Centuries* (Leiden: Brill, 1990), pp. 83-100.

Tillman, Hoyt Cleveland. *Confucian Discourse and Chu Hsi's Ascendancy*. Honolulu: University of Hawaii Press, 1992.

Tsin, Michael. *Nation, Governance, and Modernity in China*. Stanford: Stanford University Press, 1999.

Twitchett, Denis. "The Fan clan's charitable estate, 1050-1760," in David S. Nivison and Arthur F. Wright, eds. *Confucianism in Action*. Stanford: Stanford University Press,1959.

Viraphol, Sarasin. *Tribute and Profit: Sino-Siamese Trade, 1652-1853*. Camb. Mass.: Council on East Asian Studies, Harvard University, 1977.

von Glahn, Richard. *Fountain of Fortune: Money and Monetary Policy in China, 1000-1700*. Berkeley: University of California Press, 1996.

Wagner, Rudolf G. "The role of the foreign community in the Chinese public sphere," *China Quarterly*, Vol. 142 (1995), pp. 423-43.

Wakeman, Frederic Jr. *Strangers at the Gate: Social Disorder in South China, 1839-1861*. Berkeley: University of California Press, 1966.

Wakeman, Frederic Jr. *The Great Enterprise, The Manchu Reconstruction of Imperial Order in Seventeenth-century China*. Berkeley: University of California Press, 1985.

Wang Yeh-chien 王業鍵 , "Secular trends of rice prices in the Yangzi delta, 1638-1935," in Thomas G. Rawski and Lillian M. Li, eds. *Chinese History in Economic Perspective*. Berkeley: University of California Press, 1992.

Ward, Barbara E. *Through Other Eyes: Essays in Understanding "Conscious Models" –Mostly in Hong Kong*. Hong Kong: Chinese University of Hong Kong Press, 1985.

Watson, James L. "Transactions in people: the Chinese market in slaves, servants, and heirs," in James L. Watson, ed. *Asian and African Systems of Slavery*. Oxford: Basil Blackwell, 1980, pp. 223-250.

Watson, James L. "Standardizing the gods: the promotion of T'ien Hou ('Empress of Heaven') Along the South China Coast, 960-1960," in David Johnson, Andrew J. Nathan, and Evelyn S. Rawski, eds. *Popular Culutre in Late Imperial China*. Berkeley: University of California Press, 1985, pp. 292-324.

Watson, James L. "Anthropological overview: the development of Chinese descent groups," in Patricia Buckley Ebrey and James L. Watson, eds., *Kinship Organization in Late Imperial China, 1000-1940*. Berkeley, Calif.: University of California Press, 1986, pp. 274-292.

Watson, James L. "Waking the dragon: visions of the Chinese imperial state in local myth," in Hugh D.R. Baker and Stephan Feuchtwang, eds., *An Old State in New Settings, Studies in the Social Anthropology of China in Memory of Maurice Freedman*. Oxford: JASO, 1991, pp. 162-177.

Watson, Rubie S. *Inequality Among Brothers: Class and Kinship in South China*. Cambridge: Cambridge University Press, 1985.

Watt, John R. *The District Magistrate in Late Imperial China*. New York: Columbia University Press, 1972.

Wiens, Herold J. *China's March Toward the Tropics: a Discussion of the Southward Penetration of China's Culture, Peoples, and Political Control in Relation to the Non-Han-Chinese Peoples of South China and in the Perspective of Historical and Cultural Geography*. Hamden, Conn.: Shoe String Press, 1954.

Wilson, Thomas A. *Genealogy of the Way: the Construction and Uses of the Confucian Tradition in Late Imperial China*. Stanford: Stanford University Press, 1995.

Wolf, Arthur P. ed., *Religion and Ritual in Chinese Society*. Stanford: Stanford University Press, 1974.

Wolf, Arthur. "Gods, ghosts and ancestors," in Arthur P. Wolf ed., *Studies in Chinese Society*. Stanford: Stanford University Press, 1978, pp. 131-182.

Wong, J.Y. *Deadly Dreams, Opium and the Arrow War (1856-1860) in China*. Cambridge: Cambridge University Press, 1998.

Woo, Ann-ping Chin. *Chan Kan-ch'uan and the Continuing Neo-Confucian Discourse on Mind and Principle*, Ph.D. dissertation, Columbia University, 1984.

Ye Xian'en 葉顯恩 . "Notes on the territorial connections of the Dan," in David Faure and Helen F. Siu, Down to Earth, *the Territorial Bond in South China*. Stanford: Stanford University Press, 1995.

Zelin, Madeleine. *The Magistrate's Tael, Rationalizing Fiscal Reform in Eighteenth-century Ch'ing China*. Berkeley: University of California Press, 1984.

Zheng Zhenman, trans. Michael Szonyi. *Practicing Kinship, Lineage and Descent in Late Imperial China*. Stanford: Stanford University Press, 2002.